처음부터 제대로 만드는
파이썬 웹 애플리케이션 **예제로 배우는**

Django 4

저자 안토니오 멜레 **번역** 김성원

예제로 배우는

Django 4

Django 4 By Example: Build powerful and reliable Python web applications from scratch, 4th Edition
Copyright ©Packt Publishing 2022.
First pubilshed in the English language under this title
'Django 4 By Example - [978-1801813051]' All right reserved.
KOREAN language edition © 2024 by YOUNGJIN.COM INC.
KOREAN translation rights arranged with Packt Publishing Ltd
through Lee&Lee Foreign Rights Agency, Korea.

ISBN 978-89-314-7443-5

독자님의 의견을 받습니다

이 책을 구입한 독자님은 영진닷컴의 가장 중요한 비평가이자 조언가입니다. 저희 책의 장점과 문제점이 무엇인지, 어떤 책이 출판되기를 바라는지, 책을 더욱 알차게 꾸밀 수 있는 아이디어가 있으면 팩스나 이메일,, 또는 우편으로 연락주시기 바랍니다. 의견을 주실 때에는 책 제목 및 독자님의 성함과 연락처(전화번호나 이메일)를 꼭 남겨 주시기 바랍니다. 독자님의 의견에 대해 바로 답변을 드리고, 또 독자님의 의견을 다음 책에 충분히 반영하도록 늘 노력하겠습니다.

이메일 support@youngjin.com
주 소 (우)08057 서울특별시 금천구 가산디지털1로 128 STX-V 타워 4층 401호
(주)영진닷컴 기획1팀
등 록 2007. 4. 27. 제16-4189호

파본이나 잘못된 도서는 구입하신 곳에서 교환해 드립니다.

저자 안토니오 멜레 | **역자** 김성원 | **총괄** 김태경 | **기획** 현진영
표지 임정원 | **내지 디자인** 강민정 | **내지 편집** 이경숙
영업 박준용, 김용수, 김도현, 이윤철 | **마케팅** 이승희, 김근주, 김도연, 김민지, 김진희, 이현아
제작 황장협 | **인쇄** 예림인쇄

마감에 쫓기는 완벽주의자들을 위한 웹 프레임워크, 장고

저는 이 슬로건을 참 좋아합니다. 개발자가 제시간에 실행 가능한 코드를 제공해야 할 때 완벽주의에 빠지기 쉽기 때문입니다.

시중에는 훌륭한 웹 프레임워크가 많이 있지만, 프로젝트를 적절하게 구성해야 하고, 적합한 플러그인을 찾아야 하며, 기존 추상화를 우아하게 사용해야 하는 등 개발자에게 너무 많은 것을 요구하는 경우가 있습니다.

장고는 프레임워크를 결정할 때 발생하는 이러한 종류의 피로를 대부분 덜어주고, 훨씬 더 많은 기능을 제공합니다. 하지만 방대한 프레임워크이기 때문에 처음부터 배우는 것이 부담스러울 수는 있습니다.

저는 2017년에 장고를 배웠습니다. 그 당시 CodeChalleng.es라는 제 파이썬 코딩 플랫폼의 핵심 기술로 선택했기 때문에 배울 필요가 있어서였습니다. 저는 플랫폼 개설 이래로부터 수천 명의 파이썬 개발자 지망생과 숙련된 개발자에게 제공해왔던 실제로 코딩 중에 벌어지는 주요 문제에 관한 솔루션을 계속 만들면서 동시에 장고를 배워야 했습니다.

이러던 중 어느날 이 책의 초판을 발견했습니다. 이 책은 보물창고와도 같았습니다. 이 책에서는 흥미로우며 실제로 존재할 만한 수준의 애플리케이션을 구축하는 방식으로 장고를 가르칩니다. 뿐만 아니라, 저자인 안토니오가 프로젝트를 구현하는 방법에서 알 수 있듯이 실제 경험과 지식이 풍부합니다.

안토니오는 Postgres를 사용하여 데이터베이스 쿼리를 최적화하는 방법, django-taggit과 같은 유용한 패키지, 다양한 플랫폼을 사용한 소셜 인증, (모델) 매니저, 템플릿 태그 등 덜 알려진 기능을 소개하는 기회를 놓치지 않습니다.

이번 4판에서는 여러 장에 스키마, 이미지, 메모를 추가하고 jQuery에서 바닐라 JavaScript로 전환했습니다(멋지네요!).

이 책은 잘 설명된 깔끔한 코드 예제를 사용해서 장고를 철저히 다룰 뿐만 아니라 모든 장고 개발자에게 필수적인 관련 기술도 설명합니다. 장고 REST 프레임워크,

django-debug-toolbar, 프론트엔드/JS, 그리고 마지막으로 Docker도 그중 하나입니다.

더 중요한 것은 전문적인 환경에서 효과적인 장고 개발자가 되기 위해 필요한 많은 양의 디테일과 모범 사례를 찾을 수 있다는 것입니다.

이렇게 다방면에 걸친 리소스를 찾기란 쉽지 않은데, 이 책을 최신 상태로 유지하기 위해 꾸준히 노력한 안토니오에게 감사의 말을 전하고 싶습니다.

장고를 많이 사용하는 파이썬 개발자로서 이 책은 제 책상에 가까이 두고 싶은 필수 가이드가 되었습니다. 이 책을 여러 번 읽었고 5년 동안 장고를 사용하였음에도 매번 이 책을 다시 볼 때마다 새로운 것을 배웁니다.

이 여정을 시작한다면 손을 놀릴 생각을 하지 마세요. 이 책은 실용적인 가이드이므로 맛있는 커피를 마시면서 많은 장고 코드를 타이핑하게 될 것이라고 각오하세요! 하지만 그게 가장 좋은 학습 방법이기도 합니다. 그렇지 않나요? :)

밥 벨더보스

Pybites의 공동 창립자

저자 소개

안토니오 멜레(Antonio Melé)는 핀테크 플랫폼 Nucoro의 공동 창립자이자 최고 기술 책임자(CTO)로, 금융 기관이 디지털 자산 관리 제품을 구축, 자동화 및 확장할 수 있는 플랫폼을 제공합니다. 안토니오는 또한 영국 시장을 위한 AI 기반 디지털 투자 플랫폼인 Exo Investing의 CTO입니다.

안토니오는 2006년부터 여러 산업 분야의 고객을 위해 장고 프로젝트를 개발해 왔습니다. 2009년에는 디지털 제품 구축을 전문으로 하는 개발 회사인 Zenx IT를 설립했습니다. 여러 기술 기반 스타트업에서 CTO 및 기술 컨설턴트로 일했으며, 대규모 디지털 비즈니스를 위한 프로젝트를 구축하는 개발 팀을 관리해 왔습니다. 안토니오는 ICAI - Universidad Pontificia Comillas에서 컴퓨터 공학 석사 학위를 받았으며, 현재 초기 단계의 스타트업을 멘토링하고 있습니다.

그의 아버지는 컴퓨터와 프로그래밍에 대한 그의 열정에 영감을 준 분입니다.

리뷰어 소개

아시프 사이프 우딘(Asif Saif Uddin)은 방글라데시 출신의 소프트웨어 기술자입니다. 그는 파이썬과 장고로 쌓은 10년 이상의 전문 경력이 있습니다. 다양한 스타트업 및 클라이언트를 위해 일하면서도 아시프는 몇몇 자주 사용되는 파이썬과 장고 패키지에 기여하고 있습니다. 그의 오픈 소스 기여로 인해 Celery, oAuthLib, PyJWT 및 auditwheel의 핵심 유지자가 되었습니다. 또한 장고와 장고 REST 프레임워크 확장 패키지의 공동 유지자이기도 합니다. 그는 Django Software Foundation(DSF)의 투표 회원이며 Python Software Foundation(PSF)의 기여 회원이자 관리 회원입니다. 그는 많은 젊은 사람들에게 파이썬과 장고를 전문적으로나 개인적으로 배우도록 지도해오고 있습니다.

그리고 이 책의 내용을 더욱 향상하기 위해 책을 읽고 피드백을 제공해 준 **카렌 스팅겔(Karen Stingel)**과 **이스미르 쿨롤리(Ismir Kullolli)**에게 특별한 감사의 말씀을 드립니다. 여러분도 도움 주시면 감사드리겠습니다!

장고는 빠른 개발과 깔끔하고 실용적인 디자인을 장려하는 오픈 소스 파이썬 웹 프레임워크입니다. 웹 개발의 번거로움을 상당 부분 처리하고 초보 프로그래머에게 비교적 얇은 학습 곡선을 제공합니다. 장고는 파이썬의 "건전지 포함(batteries included)" 철학을 따르며 일반적인 웹 개발 문제를 해결하는 풍부하고 다양한 모듈 세트와 함께 제공됩니다. 장고의 단순성과 강력한 기능은 초보자와 전문 프로그래머 모두에게 매력적입니다. 장고는 단순성, 유연성, 안정성 및 확장성을 위해 설계되었습니다.

오늘날 장고는 Instagram, Spotify, Pinterest, Udemy, Robinhood 및 Coursera 와 같은 수많은 스타트업 및 대기업에서 사용되고 있습니다. 지난 몇 년간 Stack Overflow의 연례 개발자 조사에서 세계적으로 개발자들에 의해 가장 사랑받는 웹 프레임워크 중 하나로 꾸준히 선택되어 온 것은 우연이 아닙니다.

이 책은 장고로 전문적인 웹 애플리케이션을 개발하는 전체 과정을 안내합니다. 이 책은 여러 프로젝트를 처음부터 구축해서 장고 웹 프레임워크가 어떻게 작동하는지 설명하는 데 중점을 둡니다. 이 책은 프레임워크의 가장 관련성이 높은 측면을 다룰 뿐만 아니라 매우 다양한 실제 상황에 장고를 적용하는 방법도 설명합니다.

이 책에서는 장고뿐만 아니라 PostgreSQL, Redis, Celery, RabbitMQ, Memcached와 같은 다른 인기 기술도 소개합니다. 이 책을 통해 이러한 기술을 장고 프로젝트에 통합해서 고급 기능을 만들고 복잡한 웹 애플리케이션을 구축하는 방법을 배우게 됩니다.

또한 이 책은 따라 하기 쉬운 단계별 접근 방식을 사용해서 실제 애플리케이션을 만들고, 일반적인 문제를 해결한 뒤 모범 사례를 구현하는 과정을 안내합니다.

이 책을 읽고 나면 장고의 작동 방식과 본격적인 파이썬 웹 애플리케이션을 구축하는 방법을 잘 이해할 수 있을 것입니다.

이 책의 대상

이 책은 장고를 처음 시작하는 프로그래머를 위한 입문서 역할을 합니다. 그리고 이 책은 실용적인 방식으로 장고를 배우고자 하는, 파이썬 지식이 있는 개발자를 대상으로 합니다. 장고를 완전히 처음 접하거나 이미 조금 알고 있지만 최대한 활용하고 싶을 수도 있습니다. 이 책은 처음부터 실용적인 프로젝트를 구축해서 프레임워크의 가장 관련성이 높은 영역을 마스터하는 데 도움이 될 것입니다. 이 책을 읽으려면 프로그래밍 개념에 익숙해야 합니다. 기본적인 파이썬 지식 외에도 HTML과 JavaScript에 대한 사전 지식이 어느 정도 있다고 가정합니다.

이 책에서 다루는 내용

이 책은 장고를 사용한 웹 애플리케이션 개발의 다양한 주제를 다룹니다. 이 책은 17개 장에 걸쳐 완전한 기능을 갖춘 네 가지 웹 애플리케이션을 구축하는 과정을 안내합니다.

- 블로그 애플리케이션(1~3장)
- 이미지 북마크 웹사이트(4~7장)
- 온라인 상점(8장~11장)
- e-러닝 플랫폼(12~17장)

각 장에서는 장고의 여러 기능을 다룹니다.

1장, '블로그 애플리케이션 만들기'에서는 블로그 애플리케이션을 통해 프레임워크를 소개합니다. 블로그 게시물을 표시하기 위한 기본 블로그 모델, 뷰, 템플릿 및 URL을 생성합니다. 장고 객체 관계형 매퍼(ORM)를 사용하여 QuerySet을 빌드하는 방법을 배우고, 장고 관리 사이트를 구성합니다.

2장, '고급 기능으로 블로그 향상하기'에서는 블로그에 페이징을 추가하는 방법과 장고 클래스 기반 뷰를 구현하는 방법을 설명합니다. '장고로 이메일 보내기'에서는 장고로 이메일을 보내고 폼과 모델 폼을 처리하는 방법을 배웁니다. 또한 블로그 게시물에 댓글을 다는 시스템을 구현합니다.

3장, '블로그 애플리케이션 확장하기'에서는 서드파티 애플리케이션을 통합하는 방법을 살펴봅니다. 이 장에서는 태그 시스템을 만드는 과정을 안내하고, 유사한 게시물을 추천하기 위해 복잡한 QuerySet을 구축하는 방법을 배웁니다. 그 후 커스텀 템플릿 태그와 필터를 만드는 방법을 설명합니다. 또한 사이트맵 프레임워크를 사용하고 게시물에 대한 RSS 피드를 만드는 방법도 배웁니다. 마지막으로 PostgreSQL의 전문 검색 기능을 사용해서 검색 엔진을 구축함으로써 블로그 애플리케이션을 완성합니다.

4장, '소셜 웹사이트 구축하기'에서는 소셜 웹사이트를 구축하는 방법을 설명합니다. 장고 인증 프레임워크를 사용하는 방법을 배우고 커스텀 프로필 모델로 사용자 모델을 확장합니다. 또한 이 장에서는 메시지 프레임워크를 사용하는 방법을 배우고 커스텀 인증 백엔드를 빌드합니다.

5장, '소셜 인증 구현하기'에서는 파이썬 소셜 인증과 함께 OAuth 2를 사용해 구글, 페이스북, 트위터에서 소셜 인증을 구현하는 방법을 다룹니다. 그 후 장고 확장 (Extensions)을 사용해서 HTTPS를 통해 개발 서버를 실행하고 소셜 인증 파이프라인을 사용자 정의해서 사용자 프로필 생성을 자동화하는 방법을 알아봅니다.

6장, '웹사이트에서 콘텐츠 공유하기'에서는 소셜 애플리케이션을 이미지 북마크 웹사이트로 변환하는 방법을 설명합니다. 그 후 모델에 대한 다대다 관계를 정의하고 프로젝트에 통합되는 JavaScript 북마클릿을 생성합니다. 또한 이 장에서는 이미지 썸네일을 생성하는 방법을 보여줍니다. 마지막으로 JavaScript와 장고를 사용해 비동기 HTTP 요청을 구현하는 방법과 무한 스크롤 페이징을 구현하는 방법을 배웁니다.

7장, '사용자 활동 추적하기'에서는 사용자를 위한 팔로워 시스템을 구축하는 방법을 보여줍니다. 사용자 활동 스트림 애플리케이션을 만들어 이미지 북마크 웹사이트를 완성합니다. 모델 간에 일반 관계를 생성하고 QuerySet을 최적화하는 방법을 배웁니다. 신호로 작업하고 비정규화를 구현합니다. 장고 디버그 도구 모음을 사용해서 관련 디버그 정보를 얻습니다. 마지막으로, 이미지 조회수를 계산하기 위해 Redis를 프로젝트에 통합하고 Redis로 가장 많이 조회된 이미지의 순위를 생성합니다.

8장, '온라인 상점 구축하기'에서는 온라인 상점을 만드는 방법을 살펴봅니다. 제품 카탈로그에 대한 모델을 빌드하고 장고 세션을 사용해서 쇼핑 카트를 생성합니다. 쇼핑 카트를 위한 콘텍스트 프로세서를 빌드하고 고객 주문을 관리하는 방법을 배웁니다. 이 장에서는 Celery와 RabbitMQ를 사용해서 비동기 알림을 보내는 방법을 설명합니다. 또한 Flower를 사용해 Celery를 모니터링하는 방법도 배웁니다.

9장, '결제 및 주문 관리하기'에서는 결제 게이트웨이를 스토어에 통합하는 방법을 설명합니다. Stripe Checkout을 통합하고 애플리케이션에서 비동기 결제 알림을 수신합니다. 관리 사이트에서 커스텀 뷰를 구현하고 주문을 CSV 파일로 내보내도록 관리 사이트를 커스터마이징할 수도 있습니다. 또한 PDF 인보이스를 동적으로 생성하는 방법도 배웁니다.

10장, '온라인 상점 확장하기'에서는 쿠폰 시스템을 생성해서 카트에 할인을 적용하는 방법을 알아봅니다. 쿠폰 할인을 구현하기 위해 Stripe Checkout 연동 기능을 업데이트하고 주문에 쿠폰을 적용합니다. 마지막으로 Redis를 사용하여 일반적으로 함께 구매하는 제품을 저장하고 이 정보를 사용하여 제품 추천 엔진을 구축합니다.

11장, '온라인 상점에 국제화 추가하기'에서는 프로젝트에 국제화를 추가하는 방법을 보여 줍니다. 번역 파일을 생성 및 관리하고 파이썬 코드와 장고 템플릿에서 문자열을 번역하는 방법을 배웁니다. Rosetta를 사용해서 번역을 관리하고 언어별 URL을 구현합니다. django-parler를 사용해서 모델 필드를 번역하는 방법과 ORM에서 번역을 사용하는 방법을 배우게 됩니다. 마지막으로 django-localflavor를 사용하여 현지화된 폼 필드를 생성합니다.

12장, 'e-러닝 플랫폼 구축하기'에서는 e-러닝 플랫폼을 만드는 과정을 안내합니다. 프로젝트에 픽스처(fixtures)를 추가하고 콘텐츠 관리 시스템을 위한 초기 모델을 생성합니다. 모델 상속을 사용해서 다형성 콘텐츠에 대한 데이터 모델을 생성합니다. 객체를 주문하는 필드를 작성해서 커스텀 모델 필드를 만드는 방법을 배웁니다. 또한 CMS에 대한 인증 뷰를 구현합니다.

13장, '콘텐츠 관리 시스템 만들기'에서는 클래스 기반 뷰와 믹스인을 사용해서 CMS를 만드는 방법을 설명합니다. 장고 그룹 및 권한 시스템을 사용해서 뷰에 대한 접근을 제한하고 폼셋을 구현해 강좌 콘텐츠를 수정합니다. 또한 드래그 앤 드롭 기능을 만들고 JavaScript 및 장고를 사용해서 강좌 모듈과 해당 콘텐츠를 재정렬합니다.

14장, '콘텐츠 렌더링과 캐시'에서는 강좌 카탈로그에 대한 공개 뷰를 구현하는 방법을 보여 줍니다. 학생 등록 시스템을 생성하고 강좌에서 학생 등록을 관리합니다. 강좌 모듈에 대해 다양한 유형의 콘텐츠를 렌더링하는 기능을 생성합니다. 장고 캐시 프레임워크를 사용해서 콘텐츠를 캐시하는 방법을 배우고, 프로젝트에 대한 Memcached 및 Redis 캐시 백엔드를 구성합니다. 마지막으로 관리 사이트를 사용해서 Redis를 모니터링하는 방법을 배웁니다.

15장, 'API 구축하기'에서는 장고 REST 프레임워크를 사용해서 프로젝트용 RESTful API를 구축하는 방법을 살펴봅니다. 모델의 시리얼라이저를 만들고 커스텀 API 뷰를 만드는 방법을 배웁니다. API 인증을 처리하고 API 뷰 권한을 구현합니다. API 뷰셋과 라우터를 빌드하는 방법을 배웁니다. 이 장에서는 requests 라이브러리를 사용해서 API를 사용하는 방법도 알려줍니다.

16장, '채팅 서버 구축하기'에서는 장고 채널을 사용해 학생들을 위한 실시간 채팅 서버를 만드는 방법을 설명합니다. 웹소켓을 통해 비동기 통신에 의존하는 기능을 구현하는 방법을 배우게 됩니다. 파이썬으로 웹소켓 컨슈머를 생성하고 JavaScript로 웹소켓 클라이언트를 구현합니다. Redis를 사용해 채널 레이어를 설정하고 웹소켓 컨슈머를 완전히 비동기식으로 만드는 방법을 배웁니다.

17장, '실서비스화'에서는 여러 환경에 맞는 설정을 생성하는 방법과 PostgreSQL, Redis, uWSGI, NGINX, Daphne을 사용해 프로덕션 환경을 설정하는 방법을 Docker Compose와 함께 보여줍니다. 그 후 HTTPS를 통해 프로젝트를 안전하게 서비스하는 방법과 장고 시스템 검사 프레임워크(system check framework)를 사용하는 방법을 배우게 됩니다. 이 장에서는 커스텀 미들웨어를 빌드하고 커스텀 관리 명령을 만드는 방법도 알려줍니다.

이 책을 최대한 활용하려면

- 파이썬 실무 지식이 풍부해야 합니다.
- HTML과 JavaScript에 익숙해야 합니다.
- 공식 장고 문서(https://docs.djangoproject.com/en/4.1/intro/tutorial01/)의 튜토리얼 1~3부를 살펴볼 것을 권장합니다.

예제 코드 파일 다운로드

이 책의 예제 코드는 GitHub(https://github.com/PacktPublishing/Django4-by-example) 및 영진닷컴 고객센터에서 제공됩니다. 또한 다른 다양한 책과 비디오의 코드 번들도 사용 가능한데, https://github.com/PacktPublishing/에서 확인할 수 있습니다. 꼭 확인해 보세요!

컬러 이미지 다운로드

이 책에 사용된 스크린샷/도표의 컬러 이미지가 포함된 PDF 파일도 제공합니다. https://static.packt-cdn.com/downloads/9781801813051_ColorImages.pdf에서 다운로드할 수 있습니다.

사용된 규칙

이 책에는 여러 가지 텍스트 규칙이 사용됩니다.

CodeInText: 텍스트, 데이터베이스 테이블 이름, 폴더 이름, 파일 이름, 파일 확장자, 경로 이름, 더미 URL, 사용자 입력 및 X(구 트위터) 핸들의 코드 단어를 표현합니다. 예를 들면 다음과 같습니다.

> "Shop 애플리케이션의 models.py 파일 편집"

코드 블록은 다음과 같이 표시됩니다.

```
from django.contrib import admin
from .models import Post
admin.site.register(Post)
```

코드 블록의 특정 부분에 주의를 환기시키고자 하는 경우 관련 줄이나 항목이 굵게 표시됩니다.

```
INSTALLED_APPS = [
    'django.contrib.admin',
    'django.contrib.auth',
```

```
    'django.contrib.contenttypes',
    'django.contrib.sessions',
    'django.contrib.messages',
    'django.contrib.staticfiles',
    'blog.apps.BlogConfig',
]
```

모든 커맨드라인 입력 또는 출력은 다음과 같이 작성됩니다:

```
python manage.py runserver
```

굵게 표시: 화면에 표시되는 새로운 용어, 중요한 단어 또는 단어들을 나타냅니다. 예를 들어 메뉴나 대화 상자의 단어는 다음과 같이 텍스트에 표시됩니다. 예를 들면 "양식을 채우고 **Save** 버튼을 클릭하세요." 같이 표시됩니다.

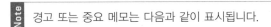 경고 또는 중요 메모는 다음과 같이 표시됩니다.

Tip 팁과 요령은 다음과 같이 표시됩니다.

4장 소셜 웹사이트 구축하기   199

1장

블로그 애플리케이션 만들기

django

이 책에서는 전문적인 장고 프로젝트를 구축하는 방법을 배웁니다. 우선 1장에서는 프레임워크의 주요 컴포넌트들을 사용해서 장고 애플리케이션을 빌드하는 방법을 알려줍니다. 아직 장고를 설치하지 않았다면 곧 설치법을 알게 될 것입니다.

첫 번째 장고 프로젝트를 시작하기 전에 잠시 시간을 내어 무엇을 배우게 될지를 살펴보겠습니다. 이 장에서는 프레임워크의 일반적인 개요를 제공합니다. 그 후 완전한 기능을 갖춘 웹 애플리케이션을 만들기 위한 다양한 컴포넌트(모델, 템플릿, 뷰 및 URL)를 소개합니다. 이 장을 마치면, 장고가 작동하는 방식과 다양한 프레임워크 컴포넌트들이 어떻게 상호작용하는지 잘 이해할 수 있을 것입니다.

그리고 이 장에서는 장고 프로젝트와 애플리케이션의 차이점과 장고의 주요 설정들을 배웁니다. 이를 바탕으로 사용자가 게시된 모든 게시물을 조회하고 하나의 게시물을 읽을 수 있는 간단한 블로그 애플리케이션을 빌드합니다. 또 게시물을 관리하고 게시하는 간단한 관리자 인터페이스를 만듭니다. 다음 두 장에서는 더 수준 높은 기능들로 블로그 애플리케이션을 확장합니다.

이 장은 완전한 장고 애플리케이션을 빌드하기 위한 가이드 역할을 하면서 프레임워크가 어떻게 작동하는지에 대한 통찰력을 제공합니다. 프레임워크의 모든 면을 이해하지 못하더라도 걱정할 필요는 없습니다. 이 책 전체에서 다양한 프레임워크 컴포넌트들에 대해 자세히 살펴보게 될 것이기 때문입니다.

이 장은 다음 내용으로 구성되어 있습니다.

- 파이썬 설치하기
- 파이썬 가상 환경 만들기
- 장고 설치하기
- 장고 프로젝트 만들고 설정하기
- 장고 애플리케이션 빌드하기
- 데이터 모델 설계하기
- 모델 마이그레이션 만들고 적용하기
- 모델 관리 페이지 만들기
- QuerySet 및 모델 관리자 작업하기
- 뷰, 템플릿 및 URL 작성하기
- 장고 요청/응답 주기 이해하기

1.1 파이썬 설치하기

장고 4.1은 파이썬 3.8, 3.9 및 3.10을 지원합니다. 이 책의 예제에서는 파이썬 3.10.6을 사용합니다.

Linux나 macOS를 사용하는 경우 파이썬이 설치되어 있을 수 있습니다. Windows를 사용하는 경우 https://www.python.org/downloads/windows/에서 파이썬 설치 프로그램을 다운로드할 수 있습니다.

컴퓨터의 명령 셸 프롬프트를 엽니다. macOS를 사용하는 경우 Finder에서 /Applications/Utilities 디렉터리를 연 다음 Terminal을 두 번 클릭합니다. Windows를 사용하는 경우 **시작** 메뉴를 열고 검색 박스에 cmd를 입력한 후 **명령 프롬프트** 애플리케이션을 클릭해서 엽니다.

셸 프롬프트에 다음 명령을 입력해서 컴퓨터에 파이썬이 설치되어 있는지 확인합니다.

```
python
```

다음과 같이 표시되면 컴퓨터에 파이썬이 설치되어 있는 것입니다.

```
Python 3.10.6 (v3.10.6:9c7b4bd164, Aug  1 2022, 17:13:48) [Clang 13.0.0
(clang-1300.0.29.30)] on darwin Type "help", "copyright", "credits" or
"license" for more information.
```

설치된 파이썬이 3.10보다 버전이 낮거나 컴퓨터에 파이썬이 설치되어 있지 않을 경우 https://www.python.org/downloads/에서 파이썬 3.10.6을 다운로드하고 지침에 따라 설치합니다. 다운로드 사이트에서 Windows, macOS, Linux용 파이썬을 찾을 수 있습니다.

일부 시스템에서는 python3라는 명령어를 사용해야 할 수도 있지만, 이 책 전체에서 파이썬을 사용할 때는 python을 사용합니다. Linux 또는 macOS를 사용 중이고 시스템의 파이썬 버전이 2인 경우 설치한 파이썬 3를 사용하려면 python3를 사용해야 합니다.

Windows에서 python은 기본으로 설치된 파이썬을 실행하는 반면, py는 파이썬 런처입니다. Windows용 파이썬 런처는 파이썬 3.3에서 도입되었습니다. 컴퓨터에 설치된 파이썬 버전을 감지해서 자동으로 최신 버전에 연결해줍니다. Windows를 사용하는 경우 python을 py 명령으로 대체하는 것이 좋습니다. Windows 파이썬 런처에 관한 자세한 내용은 https://docs.python.org/3/using/windows.html#launcher에서 확인할 수 있습니다.

1.2 파이썬 가상 환경 만들기

파이썬 애플리케이션을 작성할 때 보통 표준 파이썬 라이브러리에 포함되지 않은 패키지와 모듈들을 사용합니다. 이때 동일한 모듈의 다른 버전이 필요한 파이썬 애플리케이션이 존재할 수도 있습니다. 문제는 특정 버전의 모듈을 시스템 전체(system-wide)에 적용되도록 설치해 버릴 수 있는데, 이런 식으로 한 애플리케이션의 모듈 버전을 업그레이드하면 해당 모듈의 이전 버전이 필요한 다른 애플리케이션들에서 문제가 발생할 수 있습니다.

이 문제를 해결하기 위해 파이썬 가상 환경을 사용할 수 있습니다. 가상 환경을 사용하면 파이썬 모듈을 전체 애플리케이션에 영향을 주는 실제 위치에 설치하는 대신 격리된 위치에 설치할 수 있습니다. 각 가상 환경에는 고유한 파이썬 바이너리가 존재하며 해당 환경 디렉터리에 설치된 일련의 독립된 파이썬 패키지들을 가질 수 있습니다.

버전 3.3부터 파이썬은 가벼운 가상 환경 생성을 지원하는 **venv** 라이브러리와 함께 제공됩니다. 파이썬 **venv** 모듈을 사용해서 격리된 파이썬 환경을 생성하면 프로젝트마다 다른 패키지 버전을 사용할 수 있습니다. **venv**를 사용하는 또 다른 이점도 있습니다. 파이썬 패키지를 설치하는데 관리자 권한이 필요하지 않다는 점입니다.

Linux 또는 macOS를 사용하는 경우 다음 명령을 사용해서 격리된 환경을 만듭니다.

```
python -m venv my_env
```

시스템에 파이썬 2가 제공되고 파이썬 3를 설치한 경우 **python** 대신 **python3**를 사용해야 합니다. Windows를 사용하는 경우 대신 다음 명령을 사용하세요.

```
py -m venv my_env
```

이 명령은 Windows에서 파이썬 런처를 실행합니다. 그리고 이 두 명령들은 **my_env/**라는 새 디렉터리에 파이썬 환경을 만드는 명령입니다. 가상 환경이 활성화되어 있는 동안 설치하는 모든 파이썬 라이브러리는 **my_env/lib/python3.10/site-packages** 디렉터리로 이동합니다.

Linux 또는 macOS를 사용하는 경우, 다음 명령을 실행해서 가상 환경을 활성화합니다.

```
source my_env/bin/activate
```

Windows를 사용하는 경우 대신 다음 명령을 사용합니다.

```
.\my_env\Scripts\activate
```

셀 프롬프트에는 다음과 같이 괄호로 묶인 활성 가상 환경의 이름이 표시됩니다.

```
(my_env) zenx@pc:~ zenx$
```

deactivate 명령을 사용해서 언제든지 가상 환경을 비활성화할 수 있으며, https://docs.python.org/3/library/venv.html 에서 venv에 관한 자세한 정보를 얻을 수 있습니다.

1.3 장고 설치하기

장고 4.1을 이미 설치한 경우 이 섹션을 건너뛰고 "1.7 첫 번째 프로젝트 만들기"로 바로 이동해도 됩니다.

장고는 파이썬 모듈로 제공되므로 모든 파이썬 환경에 설치할 수 있습니다. 장고를 아직 설치하지 않은 경우, 컴퓨터에 장고를 설치하는 간단한 방법을 준비했습니다.

1.3.1 pip를 사용해서 장고 설치하기

pip 패키지 관리 시스템은 장고를 설치하는 기본적인 방법입니다. 파이썬 3.10에는 pip가 함께 들어 있지만 별도로 https://pip.pypa.io/en/stable/installation/에서 pip 설치 지침을 볼 수 있습니다.

셀 프롬프트에서 다음 명령을 실행해서 pip로 장고를 설치합니다.

```
pip install Django~=4.1.0
```

그러면 가상 환경의 파이썬 site-packages/ 디렉터리에 장고의 최신 4.1 버전이 설치됩니다. 이제 장고가 성공적으로 설치되었는지 확인하겠습니다. 셀 프롬프트에서 다음 명령을 실행합니다.

```
python -m django --version
```

4.1.X(역자의 경우 4.1.5)라고 버전이 출력되면 장고가 컴퓨터에 성공적으로 설치된 것이며, `No module named Django`라는 메시지가 출력되면 장고가 컴퓨터에 설치되지 않은 것입니다. 장고 설치에 문제가 있는 경우 `https://docs.djangoproject.com/en/4.1/intro/install/`에서 다양한 설치 옵션들을 검토할 수 있습니다.

> **Note** 장고는 다양한 방법으로 설치할 수 있습니다. `https://docs.djangoproject.com/en/4.1/topics/install/`에서 다양한 설치 옵션을 찾을 수 있습니다.

이 장에서 사용되는 모든 파이썬 패키지들은 해당 장의 소스 코드에 있는 `requirements.txt` 파일에 포함되어 있습니다. 다음 섹션의 지침에 따라 각 파이썬 패키지를 설치하거나 `pip install -r requirements.txt` 명령으로 필요한 모든 패키지들을 한 번에 설치할 수 있습니다.

1.3.2 장고 4의 새로운 기능

장고 4는 이전 버전과 호환되지 않는 일부 변경 사항을 포함한 일련의 새로운 기능들을 도입하는 동시에 일부 기능들을 더 이상 사용하지 않고(deprecated) 오래된 기능들을 제거했습니다. 정해진 간격의 시간에 맞추어 새 버전이 나오는 방식이기 때문에 장고 4에서 급격한 변화는 없어 장고 3 애플리케이션을 4.1로 쉽게 마이그레이션할 수 있습니다. 장고 3는 처음으로 **ASGI**(Asynchronous Server Gateway Interface) 지원을 포함했으며 장고 4.0에서는 장고 모델에 대한 기능적 고유 제약 조건, Redis를 사용한 데이터 캐싱 내장 지원, 표준 파이썬 패키지 `zoneinfo`를 사용한 기본 시간대 구현, 새로운 `scrypt` 패스워드 해시 지원, 폼에 대한 템플릿 기반 렌더링 이외에도 소소한 신기능들이 추가되었습니다.

장고 4.0은 파이썬 3.6, 3.7의 지원을 중단했습니다. 또한 PostgreSQL 9.6, Oracle 12.2 및 Oracle18c의 지원도 중단했습니다. 장고 4.1은 클래스 기반 뷰를 위한 비동기 핸들러, 비동기 ORM 인터페이스, 모델 제약 조건의 새로운 유효성 검사 및 폼 렌더링을 위한 새로운 템플릿을 도입했습니다. 4.1 버전은 PostgreSQL 10과 MariaDB 10.2에 대한 지원을 중단했습니다.

장고 4.0 릴리즈 노트와 4.1 릴리즈 노트 전체 변경 목록은 각기 `https://docs.djangoproject.com/en/dev/releases/4.0/`와 `https://docs.djangoproject.com/en/4.1/releases/4.1/`에서 확인할 수 있습니다.

1.4 장고 개요

장고는 일반적인 웹 개발 문제들을 해결하는 일련의 컴포넌트들로 구성된 프레임워크입니다. 장고 컴포넌트는 느슨하게 결합되어 있어, 독립적으로 관리할 수 있습니다. 이는 프레임워크 의 여러 계층의 책임을 분리하는데 도움이 됩니다. 데이터베이스 계층은 데이터가 표시되는 방식에 대해 아무것도 모르고, 템플릿 시스템은 웹 요청에 대해 아무것도 모르는 식입니다.

장고는 DRY(don't repeat yourself) 원칙에 따라 코드 재사용성을 최대로 제공합니다. 장고 는 또한 개발이 빨라지도록 도움을 주며 인트로스펙션(introspection)과 같은 파이썬의 동 적 기능을 활용해 적은 코드를 사용할 수 있도록 합니다.

장고의 디자인 철학에 관해서는 https://docs.djangoproject.com/en/4.1/misc/ design-philosophies/에서 자세히 알아볼 수 있습니다.

1.5 주요 프레임워크 컴포넌트

장고는 잘 알려진 MVC(Model-View-Controller) 패턴과 약간 유사한 패턴인 MTV(Model-Template-View) 패턴을 따릅니다. 템플릿이 뷰 역할을 하고 프레임워크 자체가 컨트롤러 역할을 합니다.

장고 MTV 패턴의 각 요소의 역할은 다음과 같이 나뉩니다.

- **모델** – 논리적 데이터 구조를 정의하는 데이터베이스와 뷰 사이의 데이터 핸들러입니다.
- **템플릿** – 프레젠테이션 계층입니다. 장고는 브라우저가 렌더링하는 모든 것을 가진 일반 텍스트 템플릿 시스템을 사용합니다.
- **뷰** – 모델을 통해 데이터베이스와 통신하고 뷰를 위해 데이터를 템플릿으로 전송합니다.

프레임워크 자체가 컨트롤러 역할을 합니다. 장고 URL 구성에 따라 적절한 뷰로 요청을 보 냅니다.

장고 프로젝트를 개발할 때는 항상 모델, 뷰, 템플릿 및 URL로 작업합니다. 이 장에서는 이 요소들이 어떻게 조합되는지 배울 것입니다.

1.6 장고 아키텍처

그림 1.1은 장고가 요청을 처리하는 방법과 URL, 뷰, 모델 그리고 템플릿과 같은 장고의 주요 컴포넌트들을 사용해서 요청/응답 사이클을 관리하는 방법을 보여줍니다.

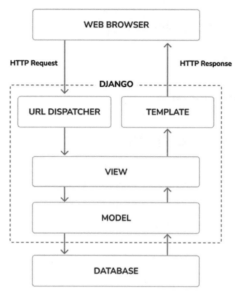

그림 1.1 장고 아키텍처

다음은 장고가 HTTP 요청을 처리하고 응답을 생성하는 방법입니다.

1. 웹 브라우저가 URL로 페이지를 요청하고 웹 서버가 HTTP 요청을 장고에 전달합니다.
2. 장고는 설정된 URL 패턴을 살펴보고 처음에 매치되는 URL 패턴을 발견합니다.
3. 장고는 일치하는 URL 패턴에 해당하는 뷰를 실행합니다.
4. 뷰는 가능한 데이터 모델을 사용해서 데이터베이스로부터 정보를 검색합니다.
5. 데이터 모델은 데이터 정의 및 동작을 제공합니다. 데이터베이스에 질의하는 데 사용됩니다.
6. 뷰는 템플릿(일반적으로 HTML)을 렌더링하여 데이터를 표시하고 HTTP 응답과 함께 반환합니다.

이 장 마지막의 "1.13 요청/응답 주기"에서 장고가 수행하는 이 과정을 다시 볼 수 있습니다. 장고는 또한 요청/응답 프로세스에 미들웨어라고 하는 후크를 포함하고 있습니다. 단순하게 표현하기 위해 미들웨어는 그림 1.1에서 제외하였습니다. 이 책의 다양한 예제에서 미들웨어를 사용하고 "17장, 실서비스화"에서 커스텀 미들웨어를 만드는 방법을 배웁니다.

1.7 첫 번째 프로젝트 만들기

첫 번째로 만들어 볼 장고 프로젝트는 블로그 애플리케이션입니다. 블로그용 장고 프로젝트와 장고 애플리케이션을 만드는 것으로 시작하겠습니다. 그런 다음 모델을 만들고 데이터베이스와 동기화합니다.

장고는 초기 프로젝트 파일 구조를 생성할 수 있는 명령을 제공하는데, 쉘 프롬프트에서 다음과 같이 실행하면 됩니다.

```
django-admin startproject mysite
```

이 명령은 mysite라는 장고 프로젝트를 생성합니다.

Tip 내장 파이썬 또는 장고 모듈의 이름을 따서 프로젝트 이름을 짓지 마세요. 충돌이 발생합니다.

생성된 프로젝트 구조를 살펴보겠습니다.

```
mysite/
    manage.py
    mysite/
        __init__.py
        asgi.py
        settings.py
        urls.py
        wsgi.py
```

외부 **mysite/** 디렉터리는 우리 프로젝트의 컨테이너입니다. 여기에는 다음 파일들이 포함되어 있습니다.

- **manage.py**: 프로젝트와 상호작용하는 데 사용되는 커맨드라인 도구입니다. 이 파일을 편집할 필요는 없습니다.
- **mysite/**: 아래 파일들로 구성된 파이썬 패키지입니다.
  - **__init__.py**: mysite 디렉터리를 파이썬 모듈로 취급하도록 파이썬에 지시하는 빈 파일입니다.
  - **asgi.py**: ASGI 호환 웹 서버와 함께 ASGI(Asynchronous Server Gateway Interface) 애플리케이션으로 프로젝트를 실행하기 위한 구성(configuration)입니다. ASGI는 비동기 웹 서버 및 애플리케이션을 위한 파이썬 표준입니다.

- settings.py: 프로젝트 설정 및 구성을 나타내며 초기 기본 설정을 포함합니다.
- urls.py: URL 패턴이 있는 곳입니다. 여기에 정의된 각 URL은 뷰에 매핑됩니다.
- wsgi.py: WSGI 호환 웹 서버와 함께 WSGI(Web Server Gateway Interface) 애플리케이션으로 프로젝트를 실행하기 위한 구성입니다.

1.7.1 초기 데이터베이스 마이그레이션 적용하기

장고 애플리케이션에는 대용량 데이터를 위한 데이터베이스가 필요합니다. settings.py 파일에는 프로젝트를 위한 데이터베이스 구성이 DATABASES 설정에 포함되어 있습니다. 기본 구성은 SQLite3 데이터베이스입니다. SQLite는 파이썬 3와 함께 번들로 제공되며 모든 파이썬 애플리케이션에서 사용할 수 있습니다. SQLite는 장고로 개발할 때 함께 사용할 수 있는 경량 데이터베이스입니다. 프로덕션 환경에 애플리케이션을 배포하고자 한다면 PostgreSQL, MySQL 또는 Oracle과 같은 완전한 기능을 갖춘 데이터베이스를 사용해야 합니다. https://docs.djangoproject.com/en/4.1/topics/install/#database-installation에서 장고와 함께 데이터베이스를 사용하는 방법에 관한 자세한 정보를 볼 수 있습니다.

settings.py 파일에는 기본적으로 프로젝트에 추가되는 일반 장고 애플리케이션이 포함된 INSTALLED_APPS라는 목록도 포함되어 있습니다. "1.7.3 프로젝트 설정"에서 이러한 애플리케이션들을 살펴보겠습니다.

장고 애플리케이션에는 데이터베이스 테이블에 매핑되는 데이터 모델이 포함되어 있습니다. "1.8 블로그 데이터 모델 만들기"에서 고유 모델을 만들 것입니다. 프로젝트 설정을 완료하려면 INSTALLED_APPS 설정에 포함된 기본 장고 애플리케이션의 모델과 연결된 테이블을 만들어야 합니다. 장고는 데이터베이스 마이그레이션을 관리하는데 도움이 되는 시스템이 함께 제공됩니다.

셸 프롬프트를 열고 다음 명령을 실행합니다.

```
cd mysite
python manage.py migrate
```

다음과 같은 메시지들이 출력됩니다.

```
Applying contenttypes.0001_initial... OK
Applying auth.0001_initial... OK
Applying admin.0001_initial... OK
Applying admin.0002_logentry_remove_auto_add... OK
Applying admin.0003_logentry_add_action_flag_choices... OK
Applying contenttypes.0002_remove_content_type_name... OK
Applying auth.0002_alter_permission_name_max_length... OK
Applying auth.0003_alter_user_email_max_length... OK
Applying auth.0004_alter_user_username_opts... OK
Applying auth.0005_alter_user_last_login_null... OK
Applying auth.0006_require_contenttypes_0002... OK
Applying auth.0007_alter_validators_add_error_messages... OK
Applying auth.0008_alter_user_username_max_length... OK
Applying auth.0009_alter_user_last_name_max_length... OK
Applying auth.0010_alter_group_name_max_length... OK
Applying auth.0011_update_proxy_permissions... OK
Applying auth.0012_alter_user_first_name_max_length... OK
Applying sessions.0001_initial... OK
```

이 메시지들은 장고에서 적용한 데이터베이스 마이그레이션입니다. 초기 마이그레이션을 적용하면 INSTALLED_APPS 설정에 열거된 애플리케이션을 위한 테이블들이 데이터베이스에 생성됩니다.

migrate 관리 명령에 대한 자세한 내용은 "1.8.8 마이그레이션 생성 및 적용" 섹션에서 알아보겠습니다.

1.7.2 개발 서버 실행하기

장고는 프로덕션 서버를 구성하기 위한 시간을 소비하지 않고도 코드를 빠르게 실행할 수 있는 경량 웹서버와 함께 제공됩니다. 장고 개발 서버를 실행하면 코드의 변경 사항을 지속적으로 확인해서 변경 사항이 자동으로 다시 로드되기 때문에 변경 후 수동으로 다시 로드할 필요가 없습니다. 그러나 프로젝트에 새 파일을 추가하는 것과 같은 일부 작업을 인식하지 못할 수 있는데, 이런 경우 수동으로 다시 시작해야 합니다.

쉘 프롬프트에 다음 명령을 입력해서 개발 서버를 시작합니다.

```
python manage.py runserver
```

다음과 같은 내용이 표시되어야 합니다.

```
Watching for file changes with StatReloader Performing system checks...
System check identified no issues (0 silenced).
January 01, 2022 - 10:00:00
Django version 4.0, using settings 'mysite.settings'
Starting development server at http://127.0.0.1:8000/ Quit the server with
CONTROL-C.
```

이제 브라우저에서 http://127.0.0.1:8000/을 엽니다. 그림 1.2와 같이 프로젝트가 성공적으로 실행되고 있다는 메시지가 표시되어야 합니다.

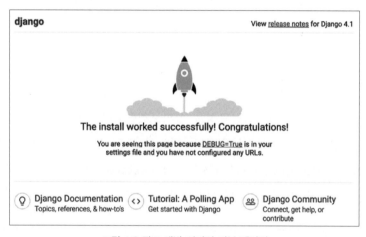

그림 1.2 장고 개발 서버의 기본 페이지

위 스크린샷은 장고가 실행 중임을 나타냅니다. 콘솔을 보면 브라우저에 의한 GET 요청을 볼 수 있습니다.

```
[01/Jan/2022 17:20:30] "GET / HTTP/1.1" 200 16351
```

각 HTTP 요청은 개발 서버에 의해 콘솔에 기록됩니다. 개발 서버를 실행하는 동안 발생하는 모든 오류는 콘솔에도 나타납니다.

다음과 같이 커스텀 호스트 및 포트에서 장고 개발 서버를 실행해서 장고에 특정한 설정 파일을 로드하도록 지시할 수 있습니다.

```
python manage.py runserver 127.0.0.1:8001 --settings=mysite.settings
```

> **Tip** 서로 다른 구성이 필요한 여러 환경을 관리해야 하는 경우, 환경마다 다른 설정 파일을 만들 수 있습니다.

이 서버는 개발 전용이며 프로덕션 용도로는 적합하지 않습니다. 프로덕션 환경에서 장고를 배포하려면 Apache, Gunicorn 또는 uWSGI와 같은 웹 서버를 사용하는 WSGI 애플리케이션으로 실행하거나 Daphne 또는 Uvicorn과 같은 서버를 사용하는 ASGI 애플리케이션으로 실행해야 합니다. https://docs.djangoproject.com/en/4.1/howto/deployment/wsgi/에서 다른 웹 서버와 함께 장고를 구성하는 방법에 관한 자세한 정보를 찾을 수 있으며, "17장, 실서비스화"에서는 장고 프로젝트를 위한 프로덕션 환경을 설정하는 방법을 설명합니다.

1.7.3 프로젝트 설정하기

settings.py 파일을 열고 프로젝트 구성을 살펴보겠습니다. 장고가 이 파일에 미리 포함해 둔 몇 가지 설정이 있지만 이것들은 사용 가능한 모든 장고 설정 중 일부일 뿐입니다. https://docs.djangoproject.com/en/4.1/ref/settings/에서 모든 설정들과 기본 값들을 볼 수 있습니다. 몇 가지 프로젝트 설정을 살펴 보겠습니다.

• DEBUG는 프로젝트의 디버그 모드를 켜고 끄는 부울 값입니다. True로 설정하면 장고는 애플리케이션에서 처리하지 않은 예외가 발생할 때 자세한 오류 페이지를 표시합니다. 프로덕션 환경으로 옮길 때 이를 False로 설정해야 합니다. 민감한 프로젝트 관련 데이터가 노출될 수 있으므로 DEBUG를 켠 상태로 사이트를 프로덕션에 배포하지 마세요.

• ALLOWED_HOSTS는 디버그 모드가 켜져 있거나 테스트가 동작 중일 때는 적용되지 않습니다. 사이트를 프로덕션으로 옮기고 DEBUG를 False로 설정했다면, 장고 사이트를 제공할 수 있도록 이 설정에 도메인/호스트를 추가해야 합니다.

• INSTALLED_APPS는 모든 프로젝트를 위해 편집해야 하는 설정입니다. 이 설정은 장고에게 이 사이트에서 어떤 애플리케이션들을 활성화할지를 알려줍니다. 기본적으로 장고에는 다음 애플리케이션이 포함되어 있습니다.

- django.contrib.admin: 관리 사이트

- django.contrib.auth: 인증 프레임워크

- django.contrib.contenttypes: 콘텐츠 유형을 처리하기 위한 프레임워크

- django.contrib.sessions: 세션 프레임워크

- django.contrib.messages: 메시징 프레임워크

- django.contrib.staticfiles: 정적 파일 관리를 위한 프레임워크

- MIDDLEWARE는 실행할 미들웨어가 포함된 목록입니다.
- ROOT_URLCONF는 애플리케이션의 루트 URL 패턴이 정의된 파이썬 모듈을 가리킵니다.
- DATABASES는 프로젝트에서 사용할 모든 데이터베이스 설정을 포함하는 딕셔너리입니다. 항상 기본 데이터베이스가 있어야 합니다. 기본 구성은 SQLite3 데이터베이스를 사용합니다.
- LANGUAGE_CODE는 이 장고 사이트의 기본 언어 코드를 정의합니다.
- USE_TZ는 장고에게 시간대 지원을 활성화/비활성화하도록 지시합니다. 장고는 시간대를 인식하는 datetime을 지원합니다. 이 설정은 startproject 관리 명령으로 새 프로젝트를 만들면 True로 설정됩니다.

여기서 살펴본 내용들을 잘 이해하지 못하겠더라도 걱정하지 마세요. 앞으로 배울 장들에서 다양한 장고 설정에 관해 자세히 알아볼 예정입니다.

1.7.4 프로젝트와 애플리케이션

이 책 전체에서 **프로젝트**와 **애플리케이션**이라는 용어를 지속적으로 접하게 될 것입니다. 장고에서 프로젝트는 몇 가지 설정이 있는 장고의 설치라는 의미입니다. 애플리케이션은 모델, 뷰, 템플릿 및 URL의 그룹입니다. 애플리케이션은 프레임워크와 상호작용해서 특정 기능을 제공하고 다양한 프로젝트에서 재사용할 수 있습니다. 프로젝트는 다른 장고 프로젝트에서도 사용할 수 있는 블로그, 위키 또는 포럼 같은 여러 애플리케이션을 포함하는 웹사이트로 생각할 수 있습니다.

그림 1.3은 장고 프로젝트의 구조를 보여줍니다.

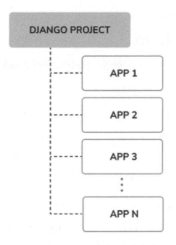

그림 1.3 장고 프로젝트/애플리케이션 구조

1.7.5 애플리케이션 생성하기

첫 번째 장고 애플리케이션을 만들어 봅시다. 기초부터 차근차근 블로그 애플리케이션을 구축하겠습니다. 프로젝트 루트 디렉터리의 쉘 프롬프트에서 다음 명령을 실행합니다.

```
python manage.py startapp blog
```

그러면 다음과 같은 응용 애플리케이션의 기본 구조가 생성됩니다.

```
blog/
    __init__.py
    admin.py
    apps.py
    migrations/
        __init__.py
    models.py
    tests.py
    views.py
```

생성된 파일들은 다음과 같습니다.

- **__init__.py**: 블로그 디렉터리를 파이썬 모듈로 취급하도록 파이썬에 지시하는 빈 파일입니다.
- **admin.py**: 장고 관리 사이트에 포함할 모델을 등록하는 곳입니다. 이 사이트를 사용하는 것은 선택 사항입니다.
- **apps.py**: 여기에는 **blog** 애플리케이션의 주요 구성이 포함됩니다.
- **migrations**: 이 디렉터리에는 애플리케이션의 데이터베이스 마이그레이션이 포함됩니다. 마이그레이션을 통해 장고는 모델 변경 사항을 추적하고 그에 따라 데이터베이스를 동기화할 수 있습니다. 이 디렉터리에는 빈 **__init__.py** 파일이 있습니다.
- **models.py**: 여기에는 애플리케이션의 데이터 모델이 포함됩니다. 모든 장고 애플리케이션에는 **models.py** 파일이 필요하지만 비워 둘 수 있습니다.
- **test.py**: 여기에는 애플리케이션을 위한 테스트를 추가할 수 있습니다.
- **views.py**: 애플리케이션의 로직이 여기에 위치합니다. 각 뷰는 HTTP 요청을 수신해서 처리하고 응답을 반환합니다.

이제 애플리케이션의 구조가 준비되었으므로 블로그용 데이터 모델 작성을 시작하겠습니다.

1.8 블로그 데이터 모델 만들기

파이썬 객체는 데이터와 메서드의 모음입니다. 클래스는 데이터와 기능을 함께 묶기 위한 청사진입니다. 새로운 클래스를 만들면 해당 유형의 인스턴스를 만들 수 있는 새로운 객체 유형이 만들어집니다.

장고 모델은 데이터의 정보와 동작의 근원입니다. **django.db.models.Model**의 하위 클래스인 파이썬 클래스로 구성됩니다. 각 모델은 데이터베이스 필드가 클래스의 각 속성을 표현하는 단일 데이터베이스 테이블에 매핑됩니다. 모델을 만들 때 장고는 데이터베이스의 객체를 쉽게 쿼리할 수 있는 실용적인 API를 제공합니다.

우선 블로그 애플리케이션을 위한 데이터베이스 모델을 정의할 것입니다. 그런 다음 해당 데이터베이스 테이블을 생성하기 위해 모델에 대한 데이터베이스 마이그레이션을 만들겠습니다. 마이그레이션을 적용할 때 장고는 애플리케이션의 **models.py** 파일에 정의된 각 모델의 테이블을 생성합니다.

1.8.1 게시물 모델 만들기

먼저 블로그 게시물(Post)을 데이터베이스에 저장할 수 있는 Post 모델을 정의합니다. blog 애플리케이션의 models.py 파일에 다음 줄들을 추가합니다. 새로운 줄은 굵게 표시해서 강조 표시하였습니다.

```
from django.db import models


class Post(models.Model):
    title = models.CharField(max_length=250)
    slug = models.SlugField(max_length=250)
    body = models.TextField()


    def __str__(self):
        return self.title
```

블로그 게시물의 데이터 모델을 만들어 보았습니다. 게시물에는 제목(title), slug라는 짧은 레이블 그리고 본문(body)이 있습니다.

- title: 게시물의 제목 필드입니다. SQL 데이터베이스의 VARCHAR로 변환되는 CharField 필드입니다.
- slug: SQL 데이터베이스에서 VARCHAR로 변환되는 SlugField 필드입니다. 슬러그(slug)는 문자, 숫자, 밑줄 또는 하이픈만 포함하는 짧은 레이블입니다. *"Django Reinhardt: A legend of Jazz"*라는 제목의 게시물의 슬러그는 *django-reinhardt-legend-jazz*와 같이 쓸 수 있습니다. *"2장, 고급 기능으로 블로그 향상하기"*에서 slug 필드를 사용해서 검색 엔진 친화적인 깔끔한 블로그 게시물 URL을 작성할 것입니다.
- body: 게시물의 본문을 저장하는 필드입니다. 이것은 SQL 데이터베이스의 TEXT 컬럼으로 변환되는 TextField 필드입니다.

또한 모델 클래스에 __str__() 메서드를 추가했습니다. 이는 사람이 읽을 수 있는, 객체를 표현하는 문자열을 반환하는 파이썬의 기본 메서드입니다. 장고는 이 메서드를 사용해서 장고 관리 사이트와 같은 여러 위치에서 객체의 이름으로 표시합니다.

> Note
> 파이썬 2를 사용하고 있는 경우, 파이썬 3에서는 모든 문자열이 기본적으로 유니코드로 간주됨을 인지해야 합니다. 따라서 이 책에서는 __str__() 메서드만 사용합니다. 파이썬 2의 __unicode__() 메서드는 더 이상 사용되지 않습니다.

모델과 해당 필드가 데이터베이스 테이블과 열로 반환되는 방법을 살펴보겠습니다. 다음 다이어그램은 Post 모델을 데이터베이스에 동기화할 때 장고가 생성할 해당 데이터베이스 테이블을 보여줍니다.

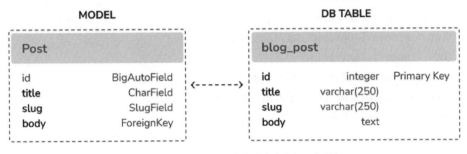

그림 1.4 초기 Post 모델과 데이터베이스 테이블

장고는 각 모델 필드(title, slug, body)에 맞는 데이터베이스 컬럼을 생성합니다. 각 필드의 유형이 데이터베이스 데이터 유형에 어떻게 대응하는지 확인할 수 있을 것입니다.

기본적으로 장고는 각 모델에 자동으로 증가하는 기본(primary) 키 필드를 추가합니다. 이 필드 유형은 각 애플리케이션 구성에 따라 또는 DEFAULT_AUTO_FIELD 설정을 통해 전역적으로 지정됩니다. startapp 명령으로 애플리케이션을 생성할 때 DEFAULT_AUTO_FIELD의 기본 값은 BigAutoField입니다. 자동 증가하는 사용가능한 64비트 정수 ID입니다. 모델 기본 키를 지정하지 않으면 장고가 이 필드를 자동으로 추가합니다. primary_key=True를 모델 필드에 설정해서 모델 필드 중 하나를 기본 키로 정의할 수도 있습니다.

우리는 추가 필드와 동작으로 Post 모델을 확장할 것입니다. 완료되면 데이터베이스 마이그레이션을 생성하고 적용하여 데이터베이스와 동기화하겠습니다.

1.8.2 datetime 필드 추가하기

계속해서 Post 모델에 다른 datetime 필드들을 추가하겠습니다. 게시물은 각기 특정 날짜와 시간에 게시됩니다. 따라서 게시 날짜와 시간을 저장할 필드가 필요합니다. 또 Post 객체가 생성되고 마지막으로 수정된 날짜와 시간을 저장하려 합니다.

blog 애플리케이션의 models.py 파일을 편집해서 다음과 같이 만듭니다. 새로운 줄은 굵게 표시해서 강조하였습니다.

```
from django.db import models
from django.utils import timezone

class Post(models.Model):
    title = models.CharField(max_length=250)
    slug = models.SlugField(max_length=250)
    body = models.TextField()
    publish = models.DateTimeField(default=timezone.now)
    created = models.DateTimeField(auto_now_add=True)
    updated = models.DateTimeField(auto_now=True)

    def __str__(self):
        return self.title
```

Post 모델에 추가한 필드들은 다음과 같습니다.

- publish: SQL 데이터베이스의 DATETIME 컬럼으로 변환되는 DateTimeField 필드입니다. 게시물이 게시된 날짜와 시간을 저장하는데 사용합니다. 장고의 timezone.now 메서드를 필드의 기본 값으로 사용합니다. 이 방법을 사용하기 위해 timezone 모듈을 임포트(import)했습니다. timezone.now는 시간대를 인식하여 알맞은 형식으로 datetime을 반환합니다. 표준 파이썬 datetime.now 메서드의 시간대 인식 버전으로 생각할 수 있습니다.
- created: DateTimeField 필드입니다. 게시물이 생성된 날짜와 시간을 저장하는 데 사용합니다. auto_now_add를 사용하면 객체를 생성할 때 날짜가 자동으로 저장됩니다.
- updated: DateTimeField 필드입니다. 게시물이 갱신된 마지막 날짜와 시간을 저장하는데 사용합니다. auto_now를 사용하면 객체를 저장할 때 날짜가 자동으로 갱신됩니다.

1.8.3 기본 정렬 순서 정의하기

블로그 게시물은 일반적으로 시간의 역순으로 표시됩니다(최신 항목에서 가장 오래된 항목순). 이제 모델의 기본 순서를 정의하겠습니다. 쿼리에 순서가 지정되지 않은 경우, 데이터베이스에서 객체를 가져올 때 기본 순서로 적용됩니다.

blog 애플리케이션의 models.py 파일을 편집해서 다음과 같이 만듭니다. 새로운 줄은 굵게 표시해서 강조하였습니다.

```
from django.db import models
from django.utils import timezone


class Post(models.Model):
    title = models.CharField(max_length=250)
    slug = models.SlugField(max_length=250)
    body = models.TextField()
    publish = models.DateTimeField(default=timezone.now)
    created = models.DateTimeField(auto_now_add=True)
    updated = models.DateTimeField(auto_now=True)

    class Meta:
        ordering = ['-publish']

    def __str__(self):
        return self.title
```

모델 내부에 **Meta** 클래스를 추가했습니다. 이 클래스는 모델에 대한 메타데이터를 정의합니다. **ordering** 속성을 사용해서 장고에 **publish** 필드를 사용해 결과를 정렬하라고 지시합니다. 이 순서는 쿼리에 특정 순서가 제공되지 않는 경우 데이터베이스 쿼리에 기본적으로 적용됩니다. 필드 이름 앞에 **-publish**와 같이 하이픈을 사용해서 내림차순을 표현합니다. 게시물은 기본 값으로 게시된 시간의 역순으로 반환될 것입니다.

1.8.4 데이터베이스 인덱스 추가하기

publish 필드로 데이터베이스 인덱스를 정의해 보겠습니다. 이렇게 하면 이 필드를 기준으로 결과를 필터링하거나 정렬하는 쿼리의 성능이 크게 향상됩니다. 기본 값으로 **publish** 필드를 사용해서 결과를 정렬하므로 많은 쿼리가 이 인덱스를 활용할 것으로 기대됩니다.
blog 애플리케이션의 **models.py** 파일을 편집해서 다음과 같이 만듭니다. 새로운 줄은 굵게 강조하여 표시됩니다.

```
from django.db import models
from django.utils import timezone


class Post(models.Model):
```

```python
    title = models.CharField(max_length=250)
    slug = models.SlugField(max_length=250)
    body = models.TextField()
    publish = models.DateTimeField(default=timezone.now)
    created = models.DateTimeField(auto_now_add=True)
    updated = models.DateTimeField(auto_now=True)

    class Meta:
        ordering = ['-publish']
        indexes = [
            models.Index(fields=['-publish']),
        ]
    def __str__(self):              return self.title
```

모델의 `Meta` 클래스에 `indexes` 옵션을 추가했습니다. 이 옵션을 사용하면 모델의 데이터베이스 인덱스를 정의할 수 있는데, 이 인덱스는 오름차순 또는 내림차순으로 하나 이상의 필드로 구성하거나 함수 표현식 및 데이터베이스 함수로 정의할 수 있습니다. 여기서는 `publish` 필드에 인덱스를 추가했습니다. 필드 이름 앞에 하이픈을 사용해서 인덱스를 내림차순으로 정의합니다. 이 인덱스의 생성은 나중에 블로그 모델용으로 생성할 데이터베이스 마이그레이션에 포함됩니다.

> **Note** 인덱스 순서 지정은 MySQL에서 지원되지 않습니다. 데이터베이스에 MySQL을 사용하면 내림차순 인덱스가 인덱스로 생성됩니다.

모델의 인덱스를 정의하는 방법은 https://docs.djangoproject.com/en/4.1/ref/models/indexes/에서 자세히 볼 수 있습니다.

1.8.5 애플리케이션 활성화하기

장고가 애플리케이션을 추적하고 해당 모델에 대해 데이터베이스 테이블을 생성할 수 있도록 하려면 프로젝트에서 blog 애플리케이션을 활성화해야 합니다.
`settings.py` 파일을 편집해서 `blog.apps.BlogConfig`를 `INSTALLED_APPS` 설정에 추가합니다. 그러면 다음과 같이 보일 것입니다. 새로운 줄은 굵게 강조 표시했습니다.

```
INSTALLED_APPS = [
    'django.contrib.admin',
    'django.contrib.auth',
    'django.contrib.contenttypes',
    'django.contrib.sessions',
    'django.contrib.messages',
    'django.contrib.staticfiles',
    'blog.apps.BlogConfig',
]
```

BlogConfig 클래스는 애플리케이션 구성입니다. 이제 장고는 이 프로젝트에 대해 애플리케이션이 활성화되어 있고 애플리케이션 모델을 로드할 수 있음을 알 수 있습니다.

1.8.6 상태 필드 추가하기

블로그의 일반적인 기능으로 게시할 준비가 될 때까지 게시물을 임시로 저장하는 기능이 있습니다. 블로그 게시물의 상태를 관리할 수 있는 상태(status) 필드를 모델에 추가합니다. Draft(임시) 및 Published(게시됨)을 게시물에 대한 상태로 사용하겠습니다.
blog 애플리케이션의 models.py 파일을 편집해서 다음과 같이 보이도록 합니다. 새로운 줄은 굵게 표시하였습니다.

```
from django.db import models
from django.utils import timezone


class Post(models.Model):

    class Status(models.TextChoices):
        DRAFT = 'DF', 'Draft'
        PUBLISHED = 'PB', 'Published'

    title = models.CharField(max_length=250)
    slug = models.SlugField(max_length=250)
    body = models.TextField()
    publish = models.DateTimeField(default=timezone.now)
    created = models.DateTimeField(auto_now_add=True)
```

```
    updated = models.DateTimeField(auto_now=True)
    status = models.CharField(max_length=2,
                              choices=Status.choices,
                              default=Status.DRAFT)


    class Meta:
        ordering = ['-publish']
        indexes = [
            models.Index(fields=['-publish']),
        ]


    def __str__(self):
        return self.title
```

models.TextChoices를 상속(subclass)해서 열거형 클래스 Status를 정의했습니다. 게시 상태에 사용할 수 있는 선택 항목은 DRAFT 및 PUBLISHED입니다. 각각의 값은 DF, PB이며, 레이블 또는 읽을 수 있는 명칭은 Draft, Published입니다.

장고는 단순히 선택을 정의하기 위해 하위 클래스로 분류할 수 있는 열거형을 제공합니다. 이들은 파이썬 표준 라이브러리의 enum 객체를 기반으로 합니다. 열거형에 관한 자세한 내용은 https://docs.python.org/3/library/enum.html에서 볼 수 있습니다.

그리고 장고의 열거형은 enum 대비 몇 가지 수정 사항이 있는데, https://docs.django project.com/en/4.1/ref/models/fields/#enumeration-types에서 차이점에 관해 알아볼 수 있습니다.

Post.Status.choices에 액세스해서 사용 가능한 선택 항목을, Post.Status.labels에 액세스해서 사람이 읽을 수 있는 명칭을, Post.Status.values에 액세스해서 선택 항목의 실제 값을 얻을 수 있습니다.

또 CharField의 인스턴스인 status 필드를 모델에 추가했습니다. 필드 값을 Status.choices의 선택 항목으로 제한하는 choices 매개 변수가 포함되어 있습니다. 그리고 default 매개 변수를 통해 필드의 기본 값을 설정했습니다. 이 필드의 기본 선택 값으로 DRAFT를 사용합니다.

 모델 클래스 내에서 선택 항목을 정의하고 열거형을 사용하는 것이 좋습니다. 이렇게 하면 코드의 모든 위치에서 선택 항목의 레이블, 값 또는 이름을 쉽게 조회할 수 있습니다. Post 모델을 임포트해서 Post.Status.DRAFT를 코드 어디에서나 임시 저장 상태에 대한 참조로 사용할 수 있습니다.

상태의 선택 항목을 사용하는 방법을 살펴보겠습니다. 쉘 프롬프트에서 다음 명령을 실행해서 파이썬 쉘을 엽니다.

```
python manage.py shell
```

그리고 다음 줄들을 입력합니다.

```
>>> from blog.models import Post
>>> Post.Status.choices
```

다음과 같은 값-레이블 쌍으로 열거형 항목들을 얻을 수 있습니다.

```
[('DF', 'Draft'), ('PB', 'Published')]
```

다시 다음 줄을 입력합니다.

```
>>> Post.Status.labels
```

다음과 같이 사람이 읽을 수 있는 열거형 항목 명칭을 얻을 수 있습니다.

```
['Draft', 'Published']
```

다음 줄을 입력합니다.

```
>>> Post.Status.values
```

다음과 같이 열거형 항목들의 값을 얻을 수 있습니다. 데이터베이스의 상태 필드에 저장할 수 있는 값입니다.

```
['DF', 'PB']
```

다음 줄을 입력합니다.

```
>>> Post.Status.names
```

다음과 같이 열거형 항목들의 명칭을 얻을 수 있습니다.

```
['DRAFT', 'PUBLISHED']
```

Post.Status.PUBLISHED처럼 열거형의 특정 항목에 액세스할 수 있으며 해당 항목의 .label, .name, .value 속성에도 액세스할 수 있습니다.

1.8.7 다대일 관계 추가하기

게시물은 항상 작성자가 존재합니다. 어떤 사용자가 어떤 게시물을 작성했는지를 나타내는 사용자와 게시물 간의 관계를 생성하겠습니다. 장고는 사용자 계정을 처리하는 인증 프레임 워크를 함께 제공합니다. 장고 인증 프레임워크는 django.contrib.auth 패키지로 제공되며 User 모델을 포함하고 있습니다. 장고 인증 프레임워크의 User 모델을 사용해서 사용자와 게시물 간의 관계를 생성합니다.

blog 애플리케이션의 models.py 파일을 편집해서 다음과 같이 만듭니다. 새로운 줄은 굵게 강조 표시하였습니다.

```python
from django.db import models
from django.utils import timezone
from django.contrib.auth.models import User


class Post(models.Model):

    class Status(models.TextChoices):
        DRAFT = 'DF', 'Draft'
        PUBLISHED = 'PB', 'Published'
    title = models.CharField(max_length=250)
    slug = models.SlugField(max_length=250)
    author = models.ForeignKey(User,
                               on_delete=models.CASCADE,
                               related_name='blog_posts')
    body = models.TextField()
    publish = models.DateTimeField(default=timezone.now)
    created = models.DateTimeField(auto_now_add=True)
    updated = models.DateTimeField(auto_now=True)
```

```
    status = models.CharField(max_length=2,
                              choices=Status.choices,
                              default=Status.DRAFT)
    class Meta:
        ordering = ['-publish']
        indexes = [
            models.Index(fields=['-publish']),
        ]

    def __str__(self):
        return self.title
```

django.contrib.auth.models 모듈에서 User 모델을 가져왔고 Post 모델에 author 필드를 추가했습니다. 이 필드는 다대일 관계를 정의합니다. 즉, 각 게시물은 사용자에 의해 작성되고 사용자는 원하는 수의 게시물을 작성할 수 있습니다. 이 필드의 경우 장고는 관련 모델의 기본 키를 사용해서 데이터베이스에 외래 키를 생성합니다.

on_delete 매개 변수는 참조된 객체가 삭제될 때 선택할 수 있는 동작을 지정하는데, 이것은 장고에만 국한된 것이 아닌 SQL 표준입니다. CASCADE를 사용해서 참조된 사용자가 삭제될 때 데이터베이스가 모든 관련 블로그 게시물들도 삭제하도록 지시합니다. https://docs.djangoproject.com/en/4.1/ref/models/fields/#django.db.models.ForeignKey.on_delete에서 가능한 모든 옵션들을 살펴볼 수 있습니다.

related_name을 사용해서 User에서 Post로의 역방향 관계의 명칭을 지정합니다. 이렇게 하면 user.blog_posts 표기법을 사용해서 User 객체에서 관련 객체에 쉽게 액세스할 수 있습니다. 나중에 자세히 알아보겠습니다.

장고에는 모델을 정의하는 데 사용할 수 있는 다양한 유형의 필드가 있습니다. https://docs.djangoproject.com/en/4.1/ref/models/fields/에서 모든 필드 유형을 살펴볼 수 있습니다.

이제 Post 모델이 완성되어 이를 데이터베이스와 동기화할 수 있습니다. 하지만 그 전에 장고 프로젝트에서 blog 애플리케이션을 활성화해야 합니다.

1.8.8 마이그레이션 생성 및 적용하기

먼저 블로그 게시물에 대한 데이터 모델이 있으므로 해당 데이터베이스 테이블을 만들어야 합니다. 장고는 모델의 변경 사항을 추적하고 데이터베이스에 적용할 수 있는 마이그레이션 시스템이 있습니다.

migrate 명령은 INSTALLED_APPS에 열거된 모든 애플리케이션에 마이그레이션을 적용합니다. 데이터베이스를 현재 모델 및 기존 마이그레이션과 동기화합니다.

먼저 **Post** 모델의 초기 마이그레이션을 생성해야 합니다.

프로젝트 루트 디렉터리의 쉘 프롬프트에서 다음 명령을 실행합니다.

```
python manage.py makemigrations blog
```

앞의 명령으로 다음과 유사한 출력이 표시되어야 합니다.

```
Migrations for 'blog':
    blog/migrations/0001_initial.py
        - Create model Post
        - Create index blog_post_publish_bb7600_idx on field(s)
            - publish of model post
```

장고는 방금 **blog** 애플리케이션의 migrations 디렉터리 내에 **0001_initial.py** 파일을 생성했습니다. 이 마이그레이션에는 **Post** 모델의 데이터베이스 테이블을 생성하는 SQL 문과 **publish** 필드에 대한 데이터베이스 인덱스의 정의가 들어 있습니다.

파일 내용을 살펴보고 마이그레이션이 정의된 방법을 확인할 수 있습니다. 마이그레이션은 변경된 모델과 동기화하기 위해 데이터베이스에서 수행할 다른 마이그레이션 및 작업에 대한 종속성을 명시합니다.

장고가 모델의 테이블을 생성하기 위해 데이터베이스에서 실행할 SQL 코드를 살펴봅시다. sqlmigrate 명령은 마이그레이션 이름을 가져와 실행하지 않고 SQL을 반환합니다.

쉘 프롬프트에서 다음 명령을 실행해서 첫 번째 마이그레이션의 SQL 출력을 살펴봅니다.

```
python manage.py sqlmigrate blog 0001
```

출력은 다음과 같아야 합니다.

```
BEGIN;
--
-- Create model Post
--
CREATE TABLE "blog_post" (
  "id" integer NOT NULL PRIMARY KEY AUTOINCREMENT,
  "title" varchar(250) NOT NULL,
  "slug" varchar(250) NOT NULL,
  "body" text NOT NULL,
  "publish" datetime NOT NULL,
  "created" datetime NOT NULL,
  "updated" datetime NOT NULL,
  "status" varchar(10) NOT NULL,
  "author_id" integer NOT NULL REFERENCES "auth_user" ("id") DEFERRABLE
INITIALLY DEFERRED);
--
-- Create blog_post_publish_bb7600_idx on field(s) -publish of model post
--
CREATE INDEX "blog_post_publish_bb7600_idx" ON "blog_post" ("publish" DESC);
CREATE INDEX "blog_post_slug_b95473f2" ON "blog_post" ("slug");
CREATE INDEX "blog_post_author_id_dd7a8485" ON "blog_post" ("author_id");
COMMIT;
```

정확한 출력은 사용 중인 데이터베이스에 따라 다릅니다. 위 출력은 SQLite를 사용한 경우의 출력입니다. 출력에서 볼 수 있듯이 장고는 애플리케이션 소문자로 이름과 모델의 이름을 조합해 테이블 이름(blog_post)을 만들지만 모델의 Meta 클래스에서 db_table 속성을 사용해 데이터베이스 이름을 사용자가 지정할 수도 있습니다.

장고는 각 모델의 기본 키로 사용되는 자동 증가 id 컬럼을 생성하지만 모델 필드 중 하나에 primary_key=True를 지정해서 이를 재정의할 수도 있습니다. 모델에 자동으로 추가되는 기본 id 컬럼은 자동으로 증가하는 정수로 구성됩니다.

다음으로 세 가지의 데이터베이스 인덱스가 생성됩니다.

- publish 컬럼의 내림차순 인덱스: 모델의 메타 클래스의 indexes 옵션을 사용해서 명시적으로 정의한 인덱스입니다.
- slug 컬럼의 인덱스: SlugField 필드는 기본적으로 인덱스를 가집니다.
- author_id 컬럼의 인덱스: ForeignKey 필드는 기본적으로 인덱스를 가집니다.

Post 모델을 해당 데이터베이스 blog_post 테이블과 비교해 보겠습니다.

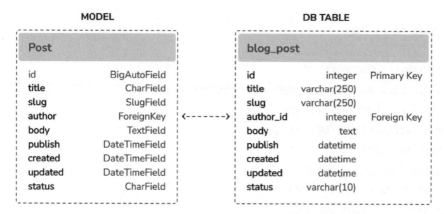

그림 1.5 Post 모델과 해당 데이터베이스 테이블

그림 1.5는 모델의 필드가 데이터베이스 테이블 컬럼에 어떻게 대응하는지를 보여줍니다.
데이터베이스를 새로운 모델과 동기화해 보겠습니다.

셸 프롬프트에서 다음 명령을 실행해서 기존 마이그레이션을 적용합니다.

```
python manage.py migrate
```

다음 줄로 끝나는 메시지가 출력됩니다.

```
Applying blog.0001_initial... OK
```

방금 blog 애플리케이션을 포함해서 INSTALLED_APPS에 나열된 애플리케이션에 마이그레이션을 적용했습니다. 마이그레이션을 적용하고 나면 데이터베이스는 모델의 현재 상태를 반영합니다.

기존 모델의 필드를 추가, 삭제 또는 변경하기 위해 models.py 파일을 편집하거나 새 모델을 추가하는 경우 makemigrations 명령을 사용해서 새 마이그레이션을 생성해야 합니다. 각 마이그레이션을 통해 장고는 모델 변경 사항을 추적할 수 있습니다. 그런 다음 데이터베이스를 모델과 동기화된 상태로 유지하려면 migrate 명령을 사용해서 마이그레이션을 적용해야 합니다.

1.9 모델용 관리 사이트 만들기

이제 **Post** 모델이 데이터베이스와 동기화되었으므로 블로그 게시물을 관리하는 간단한 관리 사이트를 만들 수 있습니다.

장고에는 콘텐츠 편집에 매우 유용한 내장 관리 인터페이스가 함께 제공됩니다. 장고 사이트는 모델의 메타 데이터를 읽고 프로덕션에 즉시 사용할 수 있는 인터페이스를 제공해서 동적으로 만들어집니다. 모델이 표시되는 방식을 구성해서 즉시 사용할 수 있습니다. `django.contrib.admin` 애플리케이션은 이미 INSTALLED_APPS 설정에 포함되어 있으므로 추가할 필요가 없습니다.

1.9.1 슈퍼유저 생성하기

먼저 관리 사이트를 관리할 사용자를 생성해야 합니다. 다음 명령을 실행합니다.

```
python manage.py createsuperuser
```

다음과 같은 출력이 차례로 표시되는데, 원하는 사용자 이름, 이메일 및 패스워드를 입력합니다.

```
Username (leave blank to use 'admin'): admin
Email address: admin@admin.com
Password: ********
Password (again): ********
```

그러면 다음과 같은 성공 메시지가 출력됩니다.

```
Superuser created successfully.
```

가장 높은 권한을 가진 관리용 사용자를 생성했습니다.

1.9.2 장고 관리 사이트

다음 명령으로 개발 서버를 시작합니다.

```
python manage.py runserver
```

브라우저에서 http://127.0.0.1:8000/admin/ 주소를 엽니다. 그림 1.6과 같이 관리 사이트 로그인 페이지가 표시되어야 합니다.

그림 1.6 장고 관리 사이트 로그인 화면

앞에서 생성한 사용자 자격 증명을 사용해서 로그인합니다. 그러면 그림 1.7과 같은 관리 사이트 인덱스 페이지가 표시됩니다.

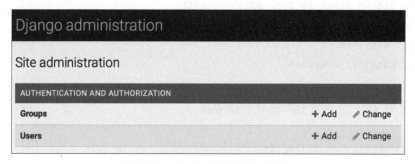

그림 1.7 장고 관리 사이트 인덱스 페이지

앞의 스크린샷의 Group과 Users 모델은 django.contrib.auth에 있는 장고 인증 프레임워크의 일부입니다. Users를 클릭하면 앞서 생성한 사용자를 볼 수 있습니다.

1.9.3 관리 사이트에 모델 추가하기

블로그 모델을 관리 사이트에 추가해 보겠습니다. 다음과 같이 blog 애플리케이션의 admin.py 파일을 편집합니다. 새로운 줄은 굵게 강조 표시했습니다.

```python
from django.contrib import admin
from .models import Post


admin.site.register(Post)
```

이제 브라우저에서 관리 사이트를 다시 로드하면, 다음과 같이 사이트에 Post 모델이 표시되어야 합니다.

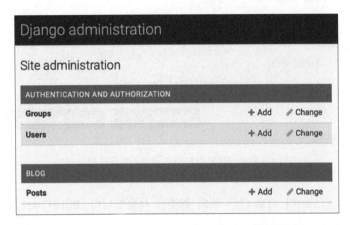

그림 1.8 장고 관리 사이트 인덱스 페이지에 포함된 blog 애플리케이션의 Post 모델

참 쉽죠? 장고 관리 사이트에 모델을 등록하면 모델을 살펴보고 간단히 객체를 조회, 수정, 생성 및 삭제할 수 있는 사용자 친화적인 인터페이스를 얻을 수 있습니다.

Posts 옆에 있는 Add 링크를 클릭해서 새로운 게시물을 추가합니다. 그림 1.9와 같이 장고가 모델에 맞추어 동적으로 생성한 입력 폼을 확인할 수 있습니다.

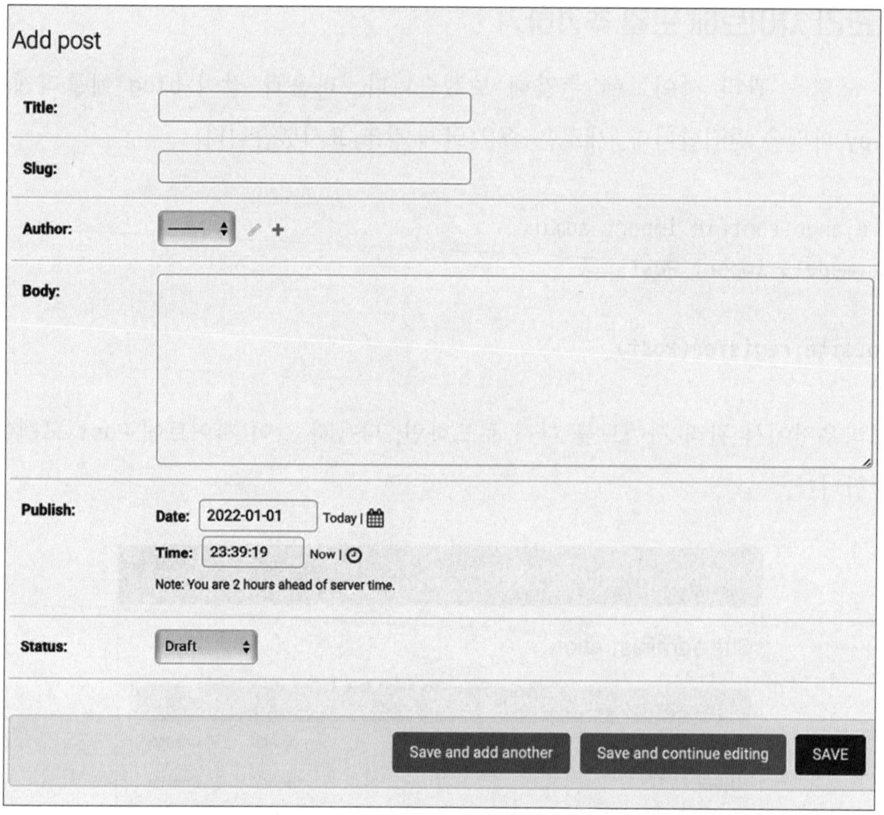

그림 1.9 Post 모델에 대한 장고 관리 사이트의 편집 양식

장고는 각 유형의 필드마다 서로 다른 폼의 위젯을 사용합니다. `DateTimeField`와 같은 복잡한 필드도 JavaScript 데이트 픽커(date picker)와 같은 쉬운 인터페이스로 표시됩니다. 폼을 작성하고 **SAVE** 버튼을 클릭합니다. 그림 1.10과 같이 성공 메시지와 방금 만든 게시물이 있는 게시물 목록 페이지로 리디렉션(redirection)되어야 합니다.

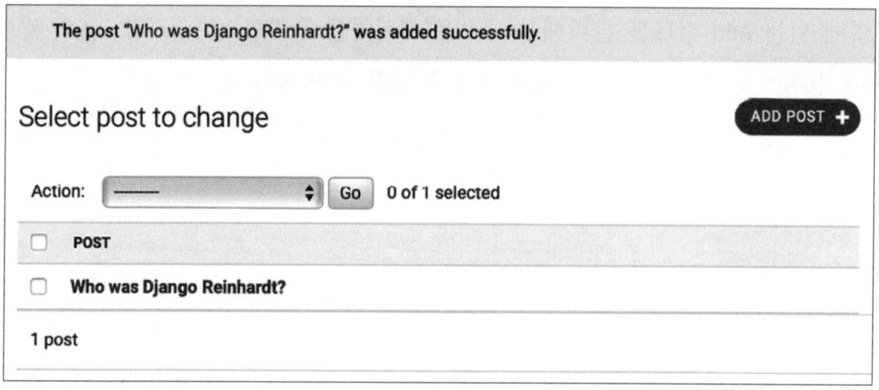

그림 1.10 성공 메시지와 함께 Post 모델에 대한 장고 관리 사이트의 목록 보기

1.9.4 모델 표시 방법 커스터마이징하기

이제 관리 사이트를 커스터마이징하는 방법을 알아보겠습니다.

blog 애플리케이션의 admin.py 파일을 편집해서 다음과 같이 변경합니다. 새로운 줄은 굵게 강조 표시하였습니다.

```
from django.contrib import admin
from .models import Post


@admin.register(Post)
class PostAdmin(admin.ModelAdmin):
    list_display = ['title', 'slug', 'author', 'publish', 'status']
```

ModelAdmin을 상속한 커스텀 클래스를 사용해서 모델이 사이트에 등록되었음을 장고 관리 사이트에 알려줍니다. 이 클래스에서는 사이트에 모델을 표시하는 방법과 모델과 상호작용하는 방법에 관한 정보를 포함할 수 있습니다.

list_display 속성을 사용하면 관리 객체 목록 페이지에 표시할 모델의 필드를 설정할 수 있습니다. @admin.register() 데코레이터는 변경 전의 admin.site.register() 함수와 동일한 기능으로 데코레이트하는 ModelAdmin 클래스의 등록을 수행합니다.

몇 가지 추가 옵션으로 admin 모델을 커스터마이징해 봅시다.

blog 애플리케이션의 admin.py 파일을 편집하고 다음과 같이 변경합니다. 새로운 줄은 굵게 강조하여 표시했습니다.

```
from django.contrib import admin
from .models import Post


@admin.register(Post)
class PostAdmin(admin.ModelAdmin):
    list_display = ['title', 'slug', 'author', 'publish', 'status']
    list_filter = ['status', 'created', 'publish', 'author']
    search_fields = ['title', 'body']
    prepopulated_fields = {'slug': ('title',)}
    raw_id_fields = ['author']
    date_hierarchy = 'publish'
    ordering = ['status', 'publish']
```

브라우저로 돌아가 게시물 목록 페이지를 새로고침하면 다음과 같이 표시됩니다.

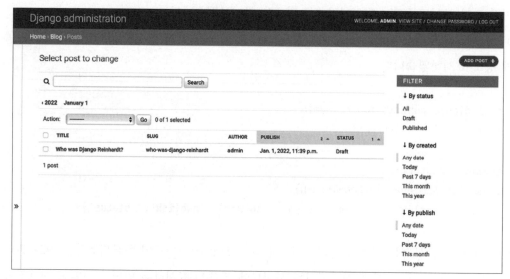

그림 1.11 장고 관리 사이트 커스텀 목록 화면(Post 모델)

게시물 목록 페이지에 표시되는 필드가 `list_display` 속성에 지정한 필드임을 알 수 있습니다. 이제 목록 페이지에는 `list_filter` 속성에 포함된 필드별로 결과를 필터링할 수 있는 오른쪽 사이드 바가 포함되었습니다.

페이지에 검색 바(search bar)가 나타났습니다. `search_fields` 속성을 사용해서 검색 가능한 필드 목록을 정의했기 때문입니다. 검색 바 바로 아래에는 연월일 단계로 날짜를 고를 수 있는 내비게이션 링크가 위치합니다. 이 링크는 `date_hierarchy` 속성으로 정의하였습니다. 또한 게시물이 기본적으로 STATUS 및 PUBLISH 컬럼으로 정렬된 것을 볼 수 있는데, 이는 `ordering` 속성을 사용해서 기본 정렬 기준을 지정했기 때문입니다.

다음으로 ADD POST 버튼을 클릭합니다. 여기에서 몇 가지 변경 사항을 확인해 보겠습니다. 새로운 게시물의 제목을 입력하면 slug 필드가 자동으로 채워집니다. `prepopulated_fields` 속성을 사용해서 `title` 필드의 입력으로 `slug` 필드를 채우도록 장고에 지정했습니다.

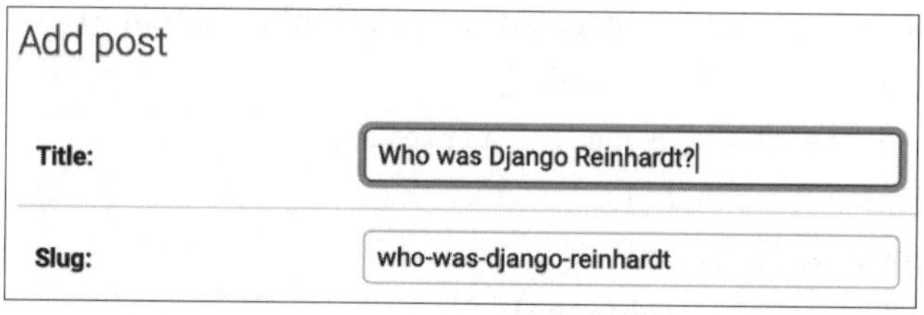

Add post

Title: Who was Django Reinhardt?|

Slug: who-was-django-reinhardt

그림 1.12 제목을 입력하면 자동으로 채워지는 slug 모델

또한 `author` 필드는 이제 조회 위젯과 함께 표시되며, 이는 수천 명의 사용자가 있을 때 드롭 다운을 통한 셀렉트 박스(Select Box) 입력보다 훨씬 나을 수 있습니다. 이것은 `raw_id_fields` 속성에 의한 것이며 다음 그림과 같습니다.

그림 1.13 Post 모델의 author 필드의 관련 객체를 선택하는 위젯

몇 줄의 코드로 모델이 관리 사이트에 표시되는 방식을 커스터마이징했습니다. 장고 관리 사이트를 커스터마이징하고 확장하는 방법은 많습니다. 자세한 내용은 이 책의 뒤에서 배우게 될 것입니다.

https://docs.djangoproject.com/en/4.1/ref/contrib/admin/에서 장고 관리 사이트에 대한 자세한 정보를 찾을 수 있습니다.

1.10 QuerySet과 관리자로 작업하기

이제 블로그 게시물을 관리할 수 있는 완전한 기능을 갖춘 관리 사이트가 있으므로, 프로그래밍 방식으로 데이터베이스에서 콘텐츠를 읽고 쓰는 방법을 배우겠습니다.

장고 객체 관계형 매퍼(ORM)는 객체를 데이터베이스에 쉽게 생성, 검색, 갱신 및 삭제할 수 있는 강력한 데이터베이스 추상화 API입니다. ORM을 사용하면 파이썬의 객체지향 패러다임을 사용해서 SQL 쿼리를 생성할 수 있습니다. 직접 SQL 쿼리를 작성하는 대신 파이썬 방식으로 데이터베이스와 상호작용할 수 있는 방법입니다.

ORM은 모델을 데이터베이스 테이블에 매핑하고 데이터베이스와 상호작용할 수 있는 간단한 파이썬 인터페이스를 제공합니다. ORM은 SQL 쿼리를 생성하고 질의 결과를 모델 객체에 매핑합니다. 장고 ORM은 MySQL, PostgreSQL, SQLite, Oracle 및 MariaDB와 호환됩니다.

프로젝트의 `settings.py` 파일의 DATABASES 설정에서 프로젝트의 데이터베이스를 정의할 수 있음을 기억하세요. 장고는 한 번에 여러 데이터베이스로 작업할 수 있으며, 데이터베이스 라우터를 프로그래밍해서 커스텀 데이터 라우팅 스키마를 만들 수 있습니다.

일단 데이터 모델을 생성했다면, 장고는 모델과 상호작용할 수 있는 API를 무료로 제공합니다. https://docs.djangoproject.com/en/4.1/ref/models/에서 데이터 모델 레퍼런스에 관한 공식 문서를 찾아볼 수 있습니다.

장고 ORM은 QuerySet을 기반으로 합니다. QuerySet은 데이터베이스에서 객체를 검색하기 위한 일련의 데이터베이스 쿼리 모음입니다. QuerySet에 필터를 적용해서 주어진 매개변수를 기반으로 쿼리 결과의 범위를 좁힐 수 있습니다.

1.10.1 객체 만들기

쉘 프롬프트에서 다음 명령을 실행해서 파이썬 쉘을 엽니다.

```
python manage.py shell
```

그리고 다음 코드 줄들을 입력합니다.

```
>>> from django.contrib.auth.models import User
>>> from blog.models import Post
>>> user = User.objects.get(username='admin')
>>> post = Post(title='Another post',
...             slug='another-post',
...             body='Post body.',
...             author=user)
>>> post.save()
```

입력한 코드가 무엇을 하는지 살펴봅시다. 먼저 사용자 이름이 admin인 user 객체를 조회합니다.

```
user = User.objects.get(username='admin')
```

get() 메서드를 사용하면 데이터베이스에서 단일 객체를 검색할 수 있습니다. 이 메서드는 쿼리와 일치하는 결과를 기대합니다. 데이터베이스에서 결과가 반환되지 않으면 이 메서드는 DoesNotExist 예외를 발생시키고 데이터베이스가 둘 이상의 결과를 반환하면 MultipleObjectsReturned 예외를 발생시킵니다. 두 예외 모두 쿼리가 수행되는 모델 클래스의 속성입니다.

다음으로 title, slug, body를 원하는 값으로 설정하고 앞서 조회해서 얻은 게시물의 저자인 user를 author로 설정해서 Post 인스턴스를 생성합니다.

```
post = Post(title='Another post', slug='another-post', body='Post body.',
author=user)
```

이 객체는 메모리에 있으며 데이터베이스에 있는 것은 아닙니다. 실행 중에 사용할 수 있지만 데이터베이스에 저장되지 않은 파이썬 객체를 만든 것입니다.

마지막으로 save() 메서드를 사용해서 Post 객체를 데이터베이스에 저장합니다.

```
post.save()
```

이 메서드는 백그라운드에서 INSERT SQL을 수행합니다.

먼저 메모리에 객체를 만든 다음 데이터베이스에 저장했습니다. 다음과 같이 create() 메서드를 사용해서 한 줄로 객체를 만들고 데이터베이스에 바로 저장할 수도 있습니다.

```
Post.objects.create(title='One more post',
                     slug='one-more-post',
                     body='Post body.',
                     author=user)
```

1.10.2 객체 수정하기

이제 게시물의 제목을 다른 것으로 변경하고 객체를 다시 저장하겠습니다.

```
>>> post.title = 'New title'
>>> post.save()
```

save() 메서드가 이번에는 UPDATE SQL문을 수행합니다.

> **Note** 모델 객체의 변경 사항은 save() 메서드를 호출할 때까지 데이터베이스에 반영되지 않습니다.

1.10.3 객체 조회하기

get() 메서드를 사용해서 데이터베이스에서 단일 객체를 조회하는 방법은 이미 알고 있습니다. Post.objects.get()을 사용해서 이 메서드에 액세스했습니다. 장고 모델은 각기 최소 하나의 관리자가 있으며 기본 관리자는 objects라고 합니다. 모델 관리자를 사용해 QuerySet 객체를 얻습니다.

테이블에서 모든 객체를 조회하려면 다음과 같이 기본 관리자에서 all() 메서드를 사용합니다.

```
>>> all_posts = Post.objects.all()
```

이것이 데이터베이스의 모든 객체를 반환하는 QuerySet을 만드는 방법입니다. 이 QuerySet은 아직 실행되지 않았습니다. 장고 QuerySet은 느린(lazy) 특성을 가지는데, 이는 필요할 때만 실행된다는 의미입니다. 이 동작은 QuerySet을 매우 효율적으로 만듭니다. QuerySet을 변수에 할당하지 않고 대신 파이썬 쉘에 직접 호출해 내용을 출력하도록 하면 QuerySet의 SQL문이 실행됩니다.

```
>>> Post.objects.all()
<QuerySet [<Post: Who was Django Reinhardt?>, <Post: New title>]>
```

filter() 메서드 사용하기

QuerySet을 필터링하기 위해서는 관리자의 filter() 메서드를 사용할 수 있습니다. 예를 들어 다음 QuerySet을 사용해서 2023년에 게시된 모든 게시물들을 조회할 수 있습니다.

```
>>> Post.objects.filter(publish__year=2023)
```

여러 필드에 필터링을 적용할 수도 있습니다. 예를 들어 사용자 이름이 admin인 작성자가 2023년에 게시한 모든 게시물을 검색할 수 있습니다.

```
>>> Post.objects.filter(publish__year=2023, author__username='admin')
```

이는 여러 필터들을 연결해서 동일한 QuerySet을 만드는 것과 같습니다.

```
>>> Post.objects.filter(publish__year=2023) \
>>>             .filter(author__username='admin')
```

> **Note** 필드 룩업 메서드가 있는 쿼리는 `publish__year`와 같이 두 개의 밑줄을 사용해서 작성되지만,
> `auth__username`과 같이 관련 모델의 필드에 액세스할 때도 동일한 표기법이 적용됩니다.

exclude() 사용하기

관리자의 `exclude()` 메서드를 사용해서 QuerySet에서 특정 결과를 제외할 수 있습니다.
예를 들어 제목이 **Why**로 시작하지 않는 2023년에 게시된 모든 게시물은 다음과 같이 조회
할 수 있습니다.

```
>>> Post.objects.filter(publish__year=2023) \
>>>             .exclude(title__startswith='Why')
```

order_by() 사용하기

관리자의 `order_by()` 메서드를 사용해서 필드별로 결과를 정렬할 수 있습니다. 예를 들어
다음과 같이 모든 객체를 `title`로 정렬해 조회할 수 있습니다.

```
>>> Post.objects.order_by('title')
```

정렬은 기본적으로 오름차순입니다. 다음과 같이 음의 부호를 접두사로 사용해서 내림차순
으로 나타낼 수 있습니다.

```
>>> Post.objects.order_by('-title')
```

1.10.4 객체 삭제하기

객체를 삭제하기 위해서는 객체 인스턴스에서 delete() 메서드를 사용할 수 있습니다.

```
>>> post = Post.objects.get(id=1)
>>> post.delete()
```

객체를 삭제할 때는 ForeinKey 객체에 on_delete를 CASCADE로 설정해서 정의한 모든 종속관계의 객체들도 삭제됨에 유의하세요.

1.10.5 QuerySet이 평가되는 시점

QuerySet 생성은 평가될 때까지 어떠한 데이터베이스 활동도 하지 않습니다. QuerySet은 일반적으로 평가되지 않은 다른 QuerySet을 반환합니다. 원하는 만큼 QuerySet을 연결할 수 있으며 QuerySet이 평가될 때까지 데이터베이스에 적용되지 않습니다. QuerySet이 평가되면 데이터베이스에 대한 SQL 쿼리로 변환됩니다.
QuerySet은 다음과 같은 경우에만 평가됩니다.

- QuerySet의 첫 반복 시
- Post.objects.all()[:3]과 같이 나눌 때
- 피클(pickle) 또는 캐시할 때
- QuerySet에 대해 repr() 또는 len()을 호출할 때
- 명시적으로 list()를 호출할 때
- bool(), or, and, if와 같은 명령문에서 체크할 때

1.10.6 모델 관리자 생성하기

모든 모델의 기본 관리자는 objects 관리자입니다. 이 관리자는 데이터베이스의 모든 객체를 조회합니다. 그러나 모델에 커스텀 관리자를 정의할 수도 있습니다.
PUBLISHED 상태의 모든 게시물을 조회하는 커스텀 관리자를 만들어 보겠습니다.
모델에 관리자를 추가하거나 커스터마이징하는 방법에는 두 가지가 있습니다. 기존 관리자에 관리자 메서드를 추가하거나 관리자가 반환하는 초기 QuerySet을 수정해서 새로운 관리

자를 만들 수 있습니다. 첫 번째 방법은 Post.objects.my_manager()와 같은 QuerySet 표기법을, 두 번째 방법은 Post.my_manager.all()과 같은 QuerySet 표기법을 제공합니다. 우리는 Post.published.all() 표기법을 사용해서 게시물을 조회할 수 있는 관리자를 구현하는 두 번째 방법을 선택합니다.

blog 애플리케이션의 models.py 파일을 편집해서 다음과 같이 커스텀 관리자를 추가하세요. 새로운 줄은 굵게 강조해서 표시했습니다.

```python
class PublishedManager(models.Manager):
    def get_queryset(self):
        return super().get_queryset()\
                            .filter(status=Post.Status.PUBLISHED)


class Post(models.Model):
    # model 필드
    # ...
    objects = models.Manager() # 기본 관리자
    published = PublishedManager() # 커스텀 관리자
    class Meta:
        ordering = ['-publish']
    def __str__(self):
        return self.title
```

모델에 선언된 첫 번째 관리자가 기본 관리자가 됩니다. Meta의 속성 default_manager_name을 사용해서 다른 기본 관리자를 지정할 수 있습니다. 모델에 정의된 관리자가 없으면 장고는 자동으로 objects 기본 관리자를 생성합니다. 모델의 관리자를 선언했지만, objects 관리자도 유지하려면 모델에 명시적으로 추가해야 합니다. 이전 코드에서는 기본 관리자 objects와 커스텀 관리자 published를 Post 모델에 추가했습니다.

관리자의 get_queryset() 메서드는 실행할 QuerySet을 반환합니다. 상태별로 게시물을 필터링하고 PUBLISHED 상태의 게시물만 포함하는 연속된 QuerySet을 반환하는 커스텀 QuerySet을 만들기 위해 이 메서드를 재정의했습니다.

이제 Post 모델에 커스텀 관리자를 정의했습니다. 테스트해 봅시다!

셸 프롬프트에서 다음 명령을 사용해서 개발 서버를 다시 시작합니다.

```
python manage.py shell
```

이제 Post 모델을 임포트해서 title이 'Who'로 시작하는 게시된 모든 게시물을 검색하기 위해 다음 QuerySet을 실행할 수 있습니다.

```
>>> from blog.models import Post
>>> Post.published.filter(title__startswith='Who')
```

이 QuerySet에 대한 결과를 얻으려면 제목이 'Who' 문자열로 시작하는 Post 객체의 status 필드가 PUBLISHED로 설정되어 있어야 합니다.

1.11 목록과 상세 뷰 만들기

이제 ORM 사용 방법을 이해했으므로 blog 애플리케이션의 뷰를 만들 준비가 되었습니다. 장고 뷰는 웹 요청을 수신하고 웹 응답을 반환하는 파이썬 함수일 뿐입니다. 원하는 응답을 반환하는 모든 로직은 뷰에 들어갑니다.

먼저 애플리케이션 뷰를 생성하고 뷰에 맞는 URL 패턴을 정의합니다. 끝으로 뷰에서 생성된 데이터를 렌더링하는 HTML 템플릿을 생성합니다. 각 뷰는 템플릿을 렌더링하고 변수를 전달하고 렌더링된 출력과 함께 HTTP 응답을 반환합니다.

1.11.1 목록 및 상세 뷰 생성하기

게시물의 목록을 보여주는 뷰를 만들어보겠습니다.

blog 애플리케이션의 views.py 파일을 편집해서 다음과 같이 만듭니다. 새로운 라인은 굵게 강조 표시하였습니다.

```
from django.shortcuts import render
from .models import Post


def post_list(request):
    posts = Post.published.all()
    return render(request,
                'blog/post/list.html',
                {'posts': posts})
```

이것은 우리의 첫 장고 뷰입니다. `post_list` 뷰는 `request` 객체를 유일한 매개 변수로 사용합니다. 이 매개 변수는 모든 뷰에 필요합니다.

이 뷰는 앞서 생성한 `published` 관리자를 사용해서 PUBLISHED 상태의 모든 게시물을 조회합니다.

마지막으로 장고에서 제공되는 숏컷(shortcut)[1] 함수 `render()`를 사용해서 주어진 템플릿으로 게시물 목록을 렌더링할 수 있습니다. 이 함수는 `request` 객체, 템플릿 경로 및 콘텍스트 변수를 사용해서 주어진 템플릿을 렌더링하는데, 렌더링된 텍스트(일반적인 HTML 코드)와 함께 `HttpResponse` 객체를 반환합니다.

`render()` 숏컷 함수는 요청에 관련된 정보를 템플릿에 전달할 때 사용됩니다. 지정된 템플릿에 설정된 모든 변수는 템플릿 콘텍스트 프로세서에 의해 접근 가능합니다. 템플릿 콘텍스트 프로세서는 변수를 설정하는 callable[2]입니다. "4장, 소셜 웹사이트 구축하기"에서 콘텍스트 프로세서를 사용하는 방법을 배웁니다.

하나의 게시물을 표현하는 두 번째 뷰를 만들어 보겠습니다. `views.py` 파일에 다음 함수를 추가합니다.

```python
from django.http import Http404

def post_detail(request, id):
    try:
        post = Post.published.get(id=id)
    except Post.DoesNotExist:
        raise Http404("No Post found.")

    return render(request,
                  'blog/post/detail.html',
                  {'post': post})
```

게시물 상세 뷰입니다. 이 뷰는 게시물의 `id`의 인수를 사용합니다. 뷰에서 우리는 기본 `objects` 관리자에서 `get()` 메서드를 호출해서 주어진 `id`를 가진 `Post` 객체를 조회하려 합니다. 결과가 없어 `DoesNotExist` 예외가 발생하면 HTTP 404 오류를 반환하기 위해 `Http404` 예외를 발생시킵니다.

---

1   [역자주] 장고가 제공하는 패키지로 MVC의 여러 수준에 걸쳐 있는 일련의 도우미 함수 및 클래스들입니다.

2   [역자주] 파이썬에서 callable은 호출 가능한 클래스 인스턴스, 함수, 메서드 등의 객체입니다.

마지막으로 render() 숏컷 함수로 템플릿을 사용해 검색된 게시물을 렌더링합니다.

1.11.2 get_object_or_404 숏컷 함수 사용하기

장고는 주어진 모델 관리자에서 get()을 호출하는 숏컷 함수를 제공하는데, 이 함수는 객체 가 발견되지 않을 경우 DoesNotExist 예외 대신 Http404 예외를 발생시킵니다.
views.py 파일을 편집해서 get_object_or_404 숏컷 함수를 임포트한 후 post_detail 뷰 를 다음과 같이 변경하세요. 새로운 코드는 굵게 강조하여 표시했습니다.

```python
from django.shortcuts import render, get_object_or_404

# ...
def post_detail(request, id):
    post = get_object_or_404(Post,
                             id=id,
                             status=Post.Status.PUBLISHED)
    return render(request,
                  'blog/post/detail.html',
                  {'post': post})
```

상세 보기에서 이제 get_object_or_404() 숏컷 함수를 사용해서 원하는 게시물을 조회 합니다. 이 함수는 주어진 매개 변수와 일치하는 객체를 찾거나 해당 객체가 없으면 HTTP 404(찾을 수 없음) 예외를 발생시킵니다.

1.11.3 뷰에 맞는 URL 패턴 추가하기

URL 패턴을 사용해서 URL을 뷰에 매핑할 수 있습니다. URL 패턴은 문자열 패턴, 뷰 및 선택적으로 프로젝트 전체의 URL 이름을 지정할 수 있는 이름으로 구성됩니다. 장고는 각 URL 패턴을 살펴서 요청된 URL과 일치하는 첫 번째 패턴을 찾아냅니다. 그런 다음 장고는 일치하는 URL 패턴의 뷰를 가져와, HttpRequest 클래스의 인스턴스와 키워드 또는 위치 인수를 전달해서 실행합니다.
blog 애플리케이션의 디렉터리에 urls.py 파일을 만들고 다음 줄을 추가합니다.

```
from django.urls import path
from . import views

app_name = 'blog'
urlpatterns = [
    # post 뷰
    path('', views.post_list, name='post_list'),
    path('<int:id>/', views.post_detail, name='post_detail'),
]
```

코드에서는 app_name 변수를 사용해서 애플리케이션 네임스페이스를 정의합니다. 이를 통해 애플리케이션 별로 URL을 구성하고 참조할 때 이름을 사용할 수 있습니다. path() 함수를 사용해서 두 가지 다른 패턴을 정의합니다. 첫 번째 URL 패턴은 어떤 인수도 취하지 않고 post_list 뷰에 매핑됩니다. 두 번째 패턴은 post_detail 뷰에 매핑되며 패스 컨버터(path converter)에 int로 설정되어 정수 값으로 매칭되는 하나의 인자 id만을 취합니다. URL에서 값을 캡처하기 위해서는 꺾쇠괄호를 사용할 수 있습니다. <parameters>처럼 URL 패턴에 지정된 모든 값은 문자열로 캡처됩니다. <int:year>와 같이 패스 컨버터를 사용해서 일치되는 값을 정수로 반환합니다. 예를 들어 <slug:post>는 명시적으로 슬러그(문자, 숫자, 밑줄 또는 하이픈만 포함할 수 있는 문자열)와 일치하도록 합니다.

path() 및 컨버터를 사용하는 것으로 충분하지 않은 경우 re_path()를 대신 사용해서 파이썬 정규식으로 복잡한 URL 패턴을 정의할 수 있습니다. https://docs.djangoproject.com/en/4.1/ref/urls/#django.urls.re_path에서 정규식으로 URL 패턴을 정의하는 방법에 관해 자세히 찾아볼 수 있습니다. 이전에 정규식을 사용해 본 적이 없다면 먼저 https://docs.python.org/3/howto/regex.html에 있는 "Regular Expression HOW-TO"를 살펴보는 것이 좋습니다.

Tip 각 애플리케이션마다 urls.py 파일을 만드는 것이 다른 프로젝트에서 애플리케이션을 재사용할 수 있도록 만드는 가장 좋은 방법입니다.

다음으로 프로젝트의 기본 URL 패턴에 blog 애플리케이션의 URL 패턴을 포함해야 합니다. 프로젝트 mysite 디렉터리에 있는 urls.py 파일을 편집해서 다음과 같이 만듭니다. 새로운 코드는 굵게 강조 표시했습니다.

```
from django.contrib import admin
from django.urls import path, include

urlpatterns = [
    path('admin/', admin.site.urls),
    path('blog/', include('blog.urls', namespace='blog')),
]
```

include로 정의된 새로운 URL 패턴은 blog/ 하위 경로를 포함시키기 위해 blog 애플리케이션에 정의된 URL 패턴을 참조합니다. blog 네임스페이스 하위에 해당 패턴들을 포함시킵니다. 네임스페이스는 전체 프로젝트에서 고유해야 합니다. 나중에 네임스페이스 뒤에 콜른과 URL 이름(예: blog:post_list 및 blog:post_detail)을 사용해서 블로그 URL을 쉽게 참조할 수 있습니다. https://docs.djangoproject.com/en/4.1/topics/http/urls/#url-namespaces에서 URL 네임스페이스에 관해 자세히 살펴볼 수 있습니다.

1.12 뷰에 맞는 템플릿 생성하기

blog 애플리케이션에 대한 뷰와 URL 패턴을 작성했습니다. URL 패턴은 URL을 뷰에 매핑하고 뷰는 사용자에게 반환되는 데이터를 결정합니다. 템플릿은 데이터가 표시되는 방식을 정의합니다. 일반적으로 장고 템플릿 언어와 함께 HTML로 작성됩니다. 장고 템플릿 언어에 관한 자세한 내용은 https://docs.djangoproject.com/en/4.1/ref/templates/language/에서 확인할 수 있습니다.

애플리케이션에 템플릿을 추가해서 사용자에게 친숙한 방식으로 게시물을 표시해 보겠습니다.

blog 애플리케이션 디렉터리 내에 다음 디렉터리와 파일을 생성합니다.

```
templates/
    blog/
        base.html
        post/
            list.html
            detail.html
```

앞의 구조는 템플릿의 파일 구조가 됩니다. `base.html` 파일은 웹사이트의 기본 HTML 구조를 가지고 콘텐츠를 기본 콘텐츠 영역과 사이드 바로 나눕니다. `list.html`과 `detail.html` 파일은 각 블로그 게시물 목록 및 세부 정보 보기를 렌더링하기 위해 `base.html` 파일에서 상속됩니다.

장고에는 데이터 표시 방법을 지정할 수 있는 강력한 템플릿 언어가 있습니다. 템플릿 태그, 템플릿 변수 그리고 템플릿 필터를 기반으로 합니다.

- 템플릿 태그는 템플릿의 렌더링을 제어하며 `{% tag %}`처럼 씁니다.
- 템플릿 변수는 템플릿이 렌더링될 때 값으로 대체되며 `{{ variable }}`처럼 씁니다.
- 템플릿 필터를 사용하면 표시할 변수를 수정하고 `{{ variable|filter }}`와 같이 표시할 수 있습니다.

https://docs.djangoproject.com/en/4.1/ref/templates/builtins/에서 모든 내장 템플릿 태그와 필터를 볼 수 있습니다.

1.12.1 기본 템플릿 만들기

`base.html` 파일을 편집하고 다음 코드를 추가합니다.

```
{% load static %}
<!DOCTYPE html>
<html>
<head>
  <title>{% block title %}{% endblock %}</title>
  <link href="{% static "css/blog.css" %}" rel="stylesheet">
</head>
<body>
  <div id="content">
    {% block content %}
    {% endblock %}
  </div>
<div id="sidebar">     <h2>My blog</h2>
  <p>This is my blog.</p>
  </div>
</body>
</html>
```

{% load static %}는 INSTALL_APPS 설정에 포함된 `django.contrib.staticfiles` 애플리케이션에서 제공하는 정적 템플릿 태그를 로드하도록 합니다. 이것을 로드한 후 이 템플릿 전체에서 { %static% } 템플릿 태그를 사용할 수 있습니다. 이 템플릿 태그를 사용해서 `blog.css` 파일과 같은 정적 파일을 포함할 수 있습니다. 이 파일은 `blog` 애플리케이션의 `static/` 디렉터리 아래에 있는 예제 코드에서 찾을 수 있습니다. 제공되는 이 책의 코드에서 이 장의 샘플 코드의 `static/` 디렉터리를 프로젝트의 동일한 위치에 복사하여 CSS 스타일을 템플릿에 적용합니다. https://github.com/PacktPublishing/Django4-by-Example/tree/master/Chapter01/mysite/blog/static에서 디렉터리의 내용을 찾을 수 있습니다.

앞의 코드에는 두 개의 {% block %} 태그가 있는 것을 볼 수 있습니다. 이들은 장고에게 해당 영역에 블록을 정의한다고 알려줍니다. 이 템플릿에서 상속된 템플릿은 콘텐츠로 블록을 채울 수 있습니다. 코드에서는 `title`이라는 블록과 `content`라는 블록을 정의했습니다.

1.12.2 게시물 목록 템플릿 만들기

`post/list.html` 파일을 편집해서 다음과 같이 만듭니다.

```
{% extends "blog/base.html" %}
{% block title %}My Blog{% endblock %}
{% block content %}
  <h1>My Blog</h1>
  {% for post in posts %}
    <h2>
      <a href="{% url 'blog:post_detail' post.id %}">
        {{ post.title }}
      </a>
    </h2>
    <p class="date">
      Published {{ post.publish }} by {{ post.author }}
    </p>
    {{ post.body|truncatewords:30|linebreaks }}
  {% endfor %}
{% endblock %}
```

{% extends %} 템플릿 태그를 사용하면 장고가 blog/base.html 템플릿을 상속받도록 지시할 수 있습니다. 그런 다음 기본 템플릿의 title과 content 블록을 해당 콘텐츠로 채웁니다. 게시물들을 순회하면서 게시물들의 상세 페이지로 이동하기 위한 URL 링크를 포함한 title, date, author 그리고 body를 표시합니다. 여기서 링크의 URL은 장고에서 제공하는 { %url% } 템플릿 태그를 사용해서 구성합니다.

이 템플릿 태그를 사용하면 URL을 이름을 가지고 동적으로 구성할 수 있습니다. blog 네임스페이스에서 post_detail의 URL을 참조하기 위해서는 blog:post_detail을 사용합니다. 필수 매개 변수 post.id를 전달해서 해당 게시물의 URL을 작성합니다.

> **Note** 하드코딩된 URL을 작성하는 대신 항상 { %url% } 템플릿 태그를 사용해서 템플릿에서 사용하는 URL을 구성하세요. 그렇게 하면 URL을 더 유지하기 쉽게 만들 수 있습니다.

게시물 body에 두 가지 템플릿 필터를 적용합니다. truncatewords는 값을 지정된 단어 수로 자르고 linebreaks는 출력을 HTML 줄 바꿈으로 변환합니다. 원하는 만큼 템플릿 필터를 연결할 수 있는데, 각 템플릿 필터는 이전 필터에서 생성된 출력에 적용됩니다.

1.12.3 애플리케이션에 액세스하기

셸 프롬프트를 열고 다음 명령으로 개발 서버를 시작합니다.

```
python manage.py runserver
```

브라우저에서 http://127.0.0.1/blog/를 엽니다. 여러분이 잘 따라 했다면 지금까지의 모든 것이 실행되는 모습을 볼 수 있습니다. 여기에 표시하려면 PUBLISHED 상태의 게시물이 있어야 하는데, 있다면 그림 1.14와 유사한 내용이 표시될 것입니다.

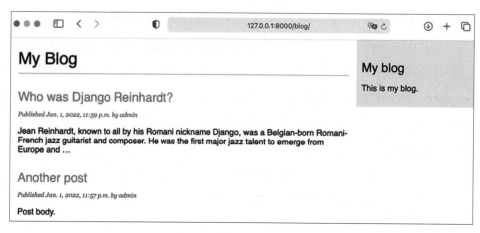

그림 1.14 게시글 목록 보기 페이지

1.12.4 게시물 상세 템플릿 만들기

다음으로, `post/detail.html` 파일을 작성합니다.

```
{% extends "blog/base.html" %} {% block title %}{{ post.title }}{% endblock %}
{% block content %}
  <h1>{{ post.title }}</h1>
  <p class="date">
    Published {{ post.publish }} by {{ post.author }}
  </p>
  {{ post.body|linebreaks }}
{% endblock %}
```

그런 다음 브라우저로 돌아가 게시물 제목 중 하나를 클릭해서 게시물의 상세 뷰를 볼 수 있습니다. 해당 게시글의 내용이 다음과 유사하게 표시되어야 합니다.

그림 1.15 게시물 상세보기 페이지

URL을 유심히 살펴보기 바랍니다. ./blog/1/과 같이 자동으로 생성된 게시물 ID가 있어야 합니다.

1.13 요청/응답 주기

우리가 만든 애플리케이션으로 장고의 요청(request)/응답(response) 주기를 살펴보겠습니다. 그림 1.16은 장고가 HTTP 요청을 처리하고 HTTP 응답을 생성하는 과정을 간단히 보여줍니다.

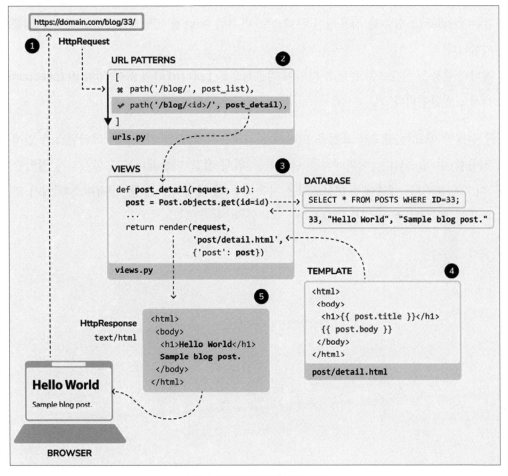

그림 1.16 장고의 요청/응답 주기

장고의 요청/응답 처리 절차는 다음과 같습니다.

1. 웹 브라우저는 URL(예: `https://domain.com/blog/33/`)로 페이지를 요청합니다. 웹 서버가 HTTP 요청을 수신해서 장고에게 전달합니다.
2. 장고는 URL 패턴의 구성에 정의된 각 URL 패턴을 검사합니다. 프레임워크는 주어진 URL 경로에 대해 각 패턴을 나타나는 순서대로 확인하고 요청된 URL과 매칭하는 첫 번째 패턴에서 검사를 멈춥니다. 그림에서는 `/blog/<id>/` 패턴이 `/blog/33/` 경로와 매칭됩니다.
3. 장고는 일치하는 URL 패턴의 뷰를 가져와 `HttpRequest` 클래스의 인스턴스와 키워드 또는 위치 인수를 전달해 실행합니다. 뷰는 모델을 사용해 데이터베이스에서 정보를 조회합니다. 장고 ORM QuerySet을 사용하면 SQL로 변환되어 데이터베이스에서 실행됩니다.
4. 뷰는 `render()` 함수를 사용해서 콘텍스트 변수로 `Post`를 전달해 HTML 템플릿을 렌더링합니다.
5. 렌더링 내용은 콘텐츠는 콘텐츠 타입이 기본적으로 `text/html`인 뷰에 의해 `HttpResponse` 객체로 반환됩니다.

방금 설명한 개요는 장고가 요청을 어떻게 처리하는지에 관한 기본적인 레퍼런스로 언제든지 사용할 수 있습니다. 여기에서는 단순화를 위해 장고 미들웨어는 포함시키지 않았습니다. 이 책의 다양한 예제에서 미들웨어를 사용하게 될 것이며, "*17장, 실서비스화*"에서 커스텀 미들웨어를 만드는 방법을 배웁니다.

1.14 추가 자료

다음의 자료들은 이 장에서 설명한 항목들과 관련된 추가 정보를 제공합니다.

- 이 장의 소스 코드 – https://github.com/PacktPublishing/Django-4-by-example/ tree/main/Chapter01
- 가상 환경을 위한 파이썬 venv 라이브러리 – https://docs.python.org/3/library/ venv.html
- 장고 설치 옵션 – https://docs.djangoproject.com/en/4.1/topics/install/
- 장고 4.0 릴리즈 노트 – https://docs.djangoproject.com/en/dev/releases/4.0/
- 장고 4.1 릴리즈 노트 – https://docs.djangoproject.com/en/dev/releases/4.1/
- 장고의 디자인 철학 – https://docs.djangoproject.com/en/dev/misc/designphil osophies/
- 장고 모델 필드 자료 – https://docs.djangoproject.com/en/4.1/ref/models/fields/
- 모델 Index 자료 – https://docs.djangoproject.com/en/4.1/ref/models/indexes/
- 파이썬의 열거형 지원 – https://docs.python.org/3/library/enum.html
- 장고 모델 열거형 – https://docs.djangoproject.com/en/4.1/ref/models/ fields/#enumeration-types
- 장고 설정 자료 – https://docs.djangoproject.com/en/4.1/ref/settings/
- 장고 관리 사이트 – https://docs.djangoproject.com/en/4.1/ref/contrib/admin/
- 장고 ORM을 사용한 쿼리 작성 – https://docs.djangoproject.com/en/4.1/topics/ db/queries/
- 장고 디스패처(dispatcher) – https://docs.djangoproject.com/en/4.1/topics/ http/urls/
- 장고 URL resolver 도구 – https://docs.djangoproject.com/en/4.1/ref/ urlresolvers/
- 장고 템플릿 언어 – https://docs.djangoproject.com/en/4.1/ref/templates/ language/
- 내장 템플릿 태그 및 필터 – https://docs.djangoproject.com/en/4.1/ref/ templates/ builtins/
- 이 장의 코드에 대한 정적 파일 – https://github.com/PacktPublishing/Django-4- by-example/tree/main/Chapter01/mysite/blog/static

1.15 요약

이 장에서는 간단한 블로그 애플리케이션을 생성해서 장고 웹 프레임워크의 기본 사항을 배웠습니다. 데이터 모델을 설계하고 데이터베이스에 마이그레이션을 적용했습니다. 블로그에 필요한 뷰, 템플릿 및 URL도 만들었습니다.

다음 장에서는 모델에 맞는 표준 URL을 만드는 방법과 블로그 게시물에 대한 SEO(검색 엔진 최적화) 친화적인 URL을 만드는 방법을 배웁니다. 또한 객체의 페이징을 구현하는 방법과 클래스 기반 뷰를 빌드하는 방법을 배웁니다. 그리고 장고 템플릿을 구현해서 사용자가 이메일로 게시물을 추천하고 게시물에 댓글을 달 수 있도록 합니다.

2장

고급 기능으로
블로그 향상하기

django

1장에서는 간단한 블로그 애플리케이션을 개발하면서 장고의 주요 컴포넌트를 배웠습니다. 뷰, 템플릿 그리고 URL을 사용해서 간단한 블로그 애플리케이션을 만들었습니다.

이번 장에서는 오늘날 많은 블로깅 플랫폼에서 볼 수 있는 기능으로 블로그 애플리케이션의 기능을 확장합니다.

이 장에서는 다음 주제를 배웁니다.

- 모델에 표준(canonical) URL 사용하기
- 게시물에 대한 SEO 친화적인 URL 생성하기
- 게시물 목록 보기에 페이징 추가하기
- 클래스 기반 뷰 만들기
- 장고로 이메일 보내기
- 장고 폼(form)을 사용해서 이메일을 통해 게시물 공유하기
- 모델 폼을 사용해서 게시물에 댓글 달기

이 장의 소스 코드는 `https://github.com/PacktPublishing/Django-4-by-example/tree/main/Chapter02`에서 찾을 수 있습니다.

이 장에서 사용되는 모든 파이썬 패키지는 이 장의 소스 코드에 있는 `requirements.txt` 파일에 있습니다. 다음 섹션의 지침에 따라 각 파이썬 패키지를 설치하거나 `pip install -r requirements.txt` 명령을 사용해서 모든 필요한 패키지들을 한 번에 설치할 수 있습니다.

2.1 모델에 표준 URL 사용하기

웹사이트에는 동일한 콘텐츠를 표시하는 다른 페이지가 있을 수 있습니다. 우리 애플리케이션에서 각 게시물의 일부 콘텐츠 정보는 게시물 목록 페이지와 게시물 상세 페이지 모두에서 표시됩니다. 표준 URL은 리소스에 대한 기본 URL입니다. 특정 콘텐츠의 가장 대표적인 페이지 URL이라고 생각하면 됩니다. 사이트에서 게시물을 표시하는 서로 다른 페이지가 존재할 수 있지만 게시물의 기본 URL로 사용하는 URL은 하나입니다. 표준 URL을 사용하면 페이지의 마스터 사본에 대한 URL을 지정할 수 있습니다. 장고의 경우 모델에서 `get_absolute_url()` 메서드를 구현해서 객체의 표준 URL을 반환할 수 있습니다.

애플리케이션의 URL 패턴에 정의된 **post_detail** URL을 사용해서 **Post** 객체에 대한 표준 URL을 만들 것입니다. 장고는 URL 이름과 필요한 매개 변수를 사용해서 동적으로 URL을 작성할 수 있는 다양한 URL 해석(resolver) 기능을 제공합니다. 우리는 **django.urls** 모듈의 **reverse()** 유틸리티 함수를 사용할 것입니다.

다음과 같이 **blog** 애플리케이션의 **models.py** 파일을 편집해서 **reverse()** 함수를 임포트하고 **get_absolute_url()** 메서드를 Post 모델에 추가합니다. 새로운 코드는 굵게 강조해 표시했습니다.

```python
from django.db import models
from django.utils import timezone
from django.contrib.auth.models import User
from django.urls import reverse


class PublishedManager(models.Manager):
    def get_queryset(self):
        return super().get_queryset()\
                    .filter(status=Post.Status.PUBLISHED)
class Post(models.Model):
    class Status(models.TextChoices):
        DRAFT = 'DF', 'Draft'
        PUBLISHED = 'PB', 'Published'
    title = models.CharField(max_length=250)
    slug = models.SlugField(max_length=250)
    author = models.ForeignKey(User,
                               on_delete=models.CASCADE,
                               related_name='blog_posts')
    body = models.TextField()
    publish = models.DateTimeField(default=timezone.now)
    created = models.DateTimeField(auto_now_add=True)
    updated = models.DateTimeField(auto_now=True)
    status = models.CharField(max_length=2,
                              choices=Status.choices,
                              default=Status.DRAFT)
    class Meta:
        ordering = ['-publish']
        indexes = [
            models.Index(fields=['-publish']),
        ]
```

```
    def __str__(self):
        return self.title
    def get_absolute_url(self):
        return reverse('blog:post_detail',
                       args=[self.id])
```

reverse() 함수는 URL 패턴에 정의된 URL 이름을 사용해서 URL을 동적으로 만듭니다. 우리는 blog 네임스페이스 뒤에 콜론과 URL 이름 post_detail을 사용했습니다. blog 네임스페이스는 프로젝트의 메인 urls.py 파일에 blog.urls를 URL 패턴에 포함시키면서 정의했다는 것을 기억하세요. post_detail URL은 블로그 애플리케이션의 urls.py에 정의되었습니다. 따라서 게시물 상세 페이지 URL을 참조하기 위해 blog:post_detail을 프로젝트 전역에서 사용할 수 있습니다. 이 URL에는 조회할 블로그 게시물의 id인 필수 매개 변수가 있습니다. args=[self.id]를 사용해서 Post 객체의 id를 위치 인자(positional argument)로 포함했습니다.

https://docs.djangoproject.com/en/4.1/ref/urlresolvers/에서 URL의 유틸리티 함수에 대해 자세히 알아볼 수 있습니다.

게시물 상세 템플릿의 URL을 새로운 get_absolute_url() 메서드로 교체해 보겠습니다. blog/post/list.html 파일을 편집해서 다음 줄을 변경합니다.

```
<a href="{% url 'blog:post_detail' post.id %}">
```

위의 줄을 아래와 같이 변경합니다.

```
<a href="{{ post.get_absolute_url }}">
```

이제 blog/post/list.html 파일이 다음과 같은 모습일 것입니다.

```
{% extends "blog/base.html" %} {% block title %}My Blog{% endblock %}
{% block content %}
  <h1>My Blog</h1>
  {% for post in posts %}
    <h2>
      <a href="{{ post.get_absolute_url }}">
        {{ post.title }}
```

```
      </a>
    </h2>
    <p class="date">
      Published {{ post.publish }} by {{ post.author }}
    </p>
    {{ post.body|truncatewords:30|linebreaks }}
  {% endfor %}
{% endblock %}
```

쉘 프롬프트를 열고 다음 명령으로 개발 서버를 시작시킵니다.

```
python manage.py runserver
```

브라우저에서 http://127.0.0.1:8000/blog/를 엽니다. 각 게시물별 링크는 여전히 동작해야 합니다. 장고는 이제 Post 모델의 get_absolute_url() 메서드를 사용해서 이것을 만들어냅니다.

2.2 검색엔진최적화(SEO)에 부합하는 게시물 URL 만들기

블로그 게시물 상세 페이지의 표준 URL은 /blog/1/처럼 사용합니다. SEO 친화적인 게시물 URL을 만들기 위해 URL 패턴을 변경하겠습니다. publish 날짜와 slug 값을 모두 사용해서 단일 게시물에 대한 URL을 만들겠습니다. 날짜를 조합해서 /blog/2023/1/who-was-django-reinhardt/와 같은 게시물의 상세 페이지 URL을 만듭니다. 게시물의 제목과 날짜를 모두 포함해 검색 엔진에 색인을 생성할 수 있는 SEO 친화적인 URL을 제공합니다.

단일 게시물을 게시 날짜와 슬러그의 조합으로 조회하려면 기존 게시물과 동일한 slug와 publish 날짜를 가진 게시물이 존재하지 않도록 해야 합니다. 게시물의 게시 날짜를 기준으로 슬러그를 고유하게 정의해서 Post 모델이 중복 게시물을 저장하지 않도록 하겠습니다. models.py 파일을 편집해서 다음 unique_for_date 매개 변수를 Post 모델의 slug 필드에 추가하세요.

```
class Post(models.Model):
    # ...
```

```
    slug = models.SlugField(max_length=250,
                            unique_for_date='publish')
    # ...
```

unique_for_date를 사용하면 이제 slug 필드가 게시 필드에 지정된 날짜의 중복을 허용하지 않게 됩니다. publish 필드는 DateTimeField의 인스턴스지만 고유 값의 확인은 날짜(시간이 아님)에만 수행됩니다. 장고는 주어진 게시 날짜에 새로운 게시물이 기존 게시물과 동일한 슬러그를 사용해서 저장되는 것을 방지합니다. 이제 슬러그가 게시 날짜를 기준으로 고유하다는 것을 보장할 수 있으므로 publish와 slug 필드로 단일 게시글을 조회할 수 있습니다.

모델을 변경했으므로 마이그레이션을 생성해 보겠습니다. unique_for_date는 데이터베이스 수준에서 적용되지 않으므로 데이터베이스 마이그레이션이 필요하지 않습니다. 그러나 장고는 마이그레이션을 사용해서 모든 모델 변경 사항을 추적합니다. 마이그레이션을 모델의 현재 상태와 일치시키기 위해 마이그레이션을 생성하겠습니다.

셸 프롬프트에서 다음 명령을 실행합니다.

```
python manage.py makemigrations blog
```

다음과 같은 메시지가 출력되어야 합니다.

```
Migrations for 'blog':
    blog/migrations/0002_alter_post_slug.py
    - Alter field slug on post
```

장고는 방금 블로그 애플리케이션의 마이그레이션 디렉터리 내에 002_alter_post_slug.py 파일을 생성합니다. 셸 프롬프트에서 다음 명령을 실행해서 마이그레이션을 적용합니다.

```
python manage.py migrate
```

그러면 다음과 같은 메시지가 출력됩니다.

```
Applying blog.0002_alter_post_slug... OK
```

이렇게 하면 장고는 모든 마이그레이션이 적용되고 모델과 동기화된 것으로 간주합니다.

unique_for_date가 데이터베이스 수준에서 적용이 강제되지 않기 때문에 데이터베이스에서 수행되는 작업은 없습니다.

2.3 URL 패턴 수정하기

게시물 상세 URL에 게시 날짜와 슬러그를 사용하도록 URL 패턴을 수정해 보겠습니다. blog 애플리케이션의 urls.py 파일을 편집합니다.

```
path('<int:id>/', views.post_detail, name='post_detail'),
```

앞의 라인을 다음과 같이 바꿉니다.

```
path('<int:year>/<int:month>/<int:day>/<slug:post>/',
        views.post_detail,
        name='post_detail'),
```

이제 urls.py 파일은 다음과 같을 것입니다.

```
from django.urls import path from . import views
app_name = 'blog'
urlpatterns = [
    # Post 뷰
    path('', views.post_list, name='post_list'),
    path('<int:year>/<int:month>/<int:day>/<slug:post>/',
        views.post_detail,
        name='post_detail'),
]
```

post_detail 뷰의 URL 패턴은 다음 인수를 사용합니다.

- year: 정수
- month: 정수
- day: 정수

- post: 슬러그(문자, 숫자, 밑줄 또는 하이픈만 포함하는 문자열)

패스 컨버터(path converter) int는 year, month, day 매개 변수에 사용되는 반면 패스 컨버터 slug는 post 매개 변수에 사용됩니다. 이전 장에서 패스 컨버터에 관해 다뤘습니다. https://docs.djangoproject.com/en/4.1/topics/http/urls/#path-converters에 서 장고가 제공하는 모든 패스 컨버터를 볼 수 있습니다.

2.4 뷰 수정하기

이제 새로운 URL 매개 변수와 일치하도록 post_detail 뷰의 매개 변수를 변경하고 이를 사용해서 해당 Post 객체를 조회해야 합니다.

views.py 파일을 열어 다음과 같이 post_detail 뷰를 편집합니다.

```python
def post_detail(request, year, month, day, post):
    post = get_object_or_404(Post,
                             status=Post.Status.PUBLISHED,
                             slug=post,
                             publish__year=year,
                             publish__month=month,
                             publish__day=day)
    return render(request,
                  'blog/post/detail.html',
                  {'post': post})
```

year, month, day와 post 인수를 취하고 지정된 슬러그 및 게시 날짜로 게시된 게시물을 검색하도록 post_detail 뷰를 수정했습니다. 앞서 Post 모델의 slug 필드에 unique_for_date = 'publish'를 추가해서 주어진 날짜에 해당 슬러그가 포함된 게시물이 하나만 있도록 했습니다. 따라서 날짜와 슬러그를 사용해서 단일 게시물을 조회할 수 있습니다.

2.5 게시물의 표준 URL 수정하기

우리는 또한 새로운 URL 매개 변수와 일치하도록 블로그 게시물의 표준 URL 매개 변수를 수정해야 합니다.

blog 애플리케이션의 models.py 파일을 열어 다음과 같이 get_absolute_url() 메서드를 편집합니다.

```python
class Post(models.Model):
    # ...
    def get_absolute_url(self):
        return reverse('blog:post_detail',
                       args=[self.publish.year,
                             self.publish.month,
                             self.publish.day,
                             self.slug])
```

셸 프롬프트에 다음 명령을 입력해서 개발 서버를 시작합니다.

```
python manage.py runserver
```

그런 다음 브라우저로 돌아가 게시물들 중 하나의 제목을 클릭해서 게시물 상세 뷰를 볼 수 있는데, 다음과 같이 보여야 합니다.

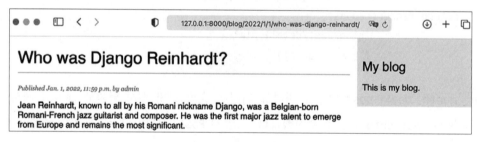

그림 2.1 게시물 상세 페이지

브라우저의 주소를 살펴보세요. /blog/2022/1/1/who-was-django-reinhardt/처럼 보일 것입니다. 이렇게 SEO 친화적인 블로그 게시물 URL을 설계했습니다.

2.6 페이징 추가하기

블로그에 콘텐츠를 추가하다 보면 금방 수십 또는 수백 개의 게시물이 데이터베이스에 저장되기 쉽습니다. 한 페이지에 모든 게시물을 표시하는 대신 게시물 목록을 여러 페이지로 나누고 다른 페이지로 이동하는 링크를 추가할 수 있습니다. 이 기능을 페이징이라고 하며, 긴 목록을 표시하는 거의 모든 웹 애플리케이션에서 볼 수 있습니다.

일례로, Google은 페이징을 사용해서 검색 결과를 여러 페이지로 나눕니다. 그림 2.2는 검색 결과 페이지에 대한 Google의 페이징 링크를 보여줍니다.

그림 2.2 검색 결과 페이지에 대한 Google 페이징 링크

장고에는 페이징 데이터를 쉽게 관리할 수 있는 페이징을 위한 클래스가 내장되어 있습니다. 페이지당 반환할 객체 수를 정할 수 있으며 사용자가 요청한 페이지에 해당하는 게시물들을 조회할 수 있습니다.

2.6.1 게시물 목록 뷰에 페이징 추가하기

blog 애플리케이션의 views.py 파일을 편집해서 장고의 Paginator 클래스를 임포트하고 다음과 같이 post_list 뷰를 수정합니다.

```python
from django.shortcuts import render, get_object_or_404
from .models import Post
from django.core.paginator import Paginator
def post_list(request):
    post_list = Post.published.all()
    # 페이지당 3개의 게시물로 페이지 매김
    paginator = Paginator(post_list, 3)
    page_number = request.GET.get('page', 1)
    posts = paginator.page(page_number)
    return render(request,
                'blog/post/list.html',
                {'posts': posts})
```

뷰에 추가한 새 코드를 살펴보겠습니다.

1. 페이지당 반환할 객체 수와 함께 **Paginator** 클래스를 인스턴스화합니다. 페이지당 3개의 게시물을 표시합니다.
2. 우리는 HTTP GET 매개 변수 **page**를 조회해서 그 값을 **page_number** 변수에 저장합니다. 이 매개 변수는 요청하는 페이지 번호를 가지는데, **page** 매개 변수가 요청의 GET 파라미터에 없을 경우 기본 값으로 1을 사용해서 결과의 첫 번째 페이지를 로드합니다.
3. **Paginator**의 **page()** 메서드를 호출해서 원하는 페이지의 객체를 얻습니다. 이 메서드는 **posts** 변수에 저장할 **Page** 객체를 반환합니다.
4. 페이지 번호와 게시물 객체를 템플릿에 전달합니다.

2.6.2 페이징 템플릿 만들기

사용자가 다른 페이지들을 조회할 수 있도록 페이지 네비게이션을 만들어야 합니다. 페이징 링크를 표시하는 템플릿을 생성합니다. 웹사이트에서 다른 객체들의 페이징에서도 템플릿을 재사용할 수 있도록 일반화힐 것입니다.

templates/ 디렉터리에서 새로운 파일을 만들고 이름을 **pagination.html**로 지정합니다. 파일에 다음 HTML 코드를 추가합니다.

```
<div class="pagination">
  <span class="step-links">
    {% if page.has_previous %}
      <a href="?page={{ page.previous_page_number }}">Previous</a>
    {% endif %}
    <span class="current">
      Page {{ page.number }} of {{ page.paginator.num_pages }}.      </span>
    {% if page.has_next %}
      <a href="?page={{ page.next_page_number }}">Next</a>
    {% endif %}
  </span>
</div>
```

이것은 페이징을 일반화한 템플릿입니다. 템플릿은 이전과 다음 링크를 렌더링하고 현재 페이지와 결과의 총페이지를 표시하기 위한 **Page** 객체를 콘텍스트에 가지고 있어야 합니다. 다음과 같이 blog/post/list.html 템플릿으로 돌아가서 {% content %} 하단에 pagenation.html 템플릿을 포함시키겠습니다.

```
{% extends "blog/base.html" %}

{% block title %}My Blog{% endblock %}

{% block content %}
  <h1>My Blog</h1>
  {% for post in posts %}
    <h2>
      <a href="{{ post.get_absolute_url }}">
        {{ post.title }}
      </a>
    </h2>
    <p class="date">
      Published {{ post.publish }} by {{ post.author }}
    </p>
    {{ post.body|truncatewords:30|linebreaks }}
  {% endfor %}
  {% include "pagination.html" with page=posts %}
{% endblock %}
```

{% include %} 템플릿 태그는 지정된 템플릿을 불러와 현재 템플릿 콘텍스트를 사용해 렌더링합니다. 그리고 추가 콘텍스트 변수를 전달하기 위해 with를 사용합니다. 페이지네이션 템플릿은 page 변수를 사용해서 렌더링되는데, 우리가 뷰에서 템플릿으로 전달하는 객체는 posts라는 이름을 가지고 있습니다. with page=posts를 사용하여 페이지네이션 템플릿에서 기대하는 변수를 전달합니다.

이 방법을 사용하면 어떤 종류의 객체든 상관 없이 페이지네이션 템플릿을 사용할 수 있습니다.

쉘 프롬프트에 다음 명령을 입력해서 개발 서버를 시작합니다.

```
python manage.py runserver
```

브라우저에서 http://127.0.0.1:8000/admin/blog/post/를 열고 관리 사이트를 사용해 총 4개의 게시물을 작성합니다. 모든 게시물은 Published 상태여야 한다는 것에 유의하세요.

이제 브라우저에서 `http://127.0.0.1:8000/blog/`를 엽니다. 처음 3개의 게시물이 시간 역순으로 표시되고 게시물 목록 하단에 다음과 같은 내비게이션 링크가 표시됩니다.

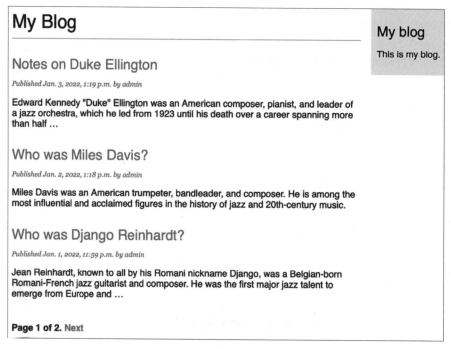

그림 2.3 페이징이 추가된 게시물 목록 페이지

Next를 클릭하면 마지막 게시물이 표시됩니다. 두 번째 페이지의 URL에는 `?page=2`처럼 GET 매개 변수가 포함되어 있습니다. 이 매개 변수는 뷰에서 `paginator`를 통해 요청된 결과 페이지를 가져오는 데 사용됩니다.

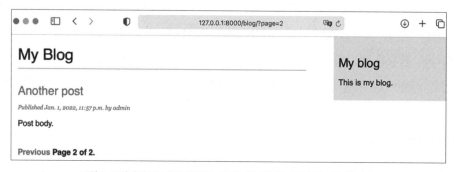

그림 2.4 결과의 두 번째 페이지. 와우! 페이징 링크들이 잘 작동합니다.

2.6.3 페이징 오류 처리하기

이제 페이징이 잘 작동하기 때문에 뷰에서 페이징 오류에 대한 예외 처리를 추가해 봅시다. page 파라미터는 지정된 페이지를 검색하기 위해 뷰에서 사용되는데, 존재하지 않는 페이지 번호나 페이지 번호로 쓸 수 없는 문자열과 같이 잘못된 값으로 인해 오류가 발생할 수 있습니다. 이런 경우 적절한 오류 처리를 구현해야 합니다.

브라우저에서 http://127.0.0.1:8000/blog/?page=3을 엽니다. 다음과 같은 오류 페이지가 표시될 것입니다.

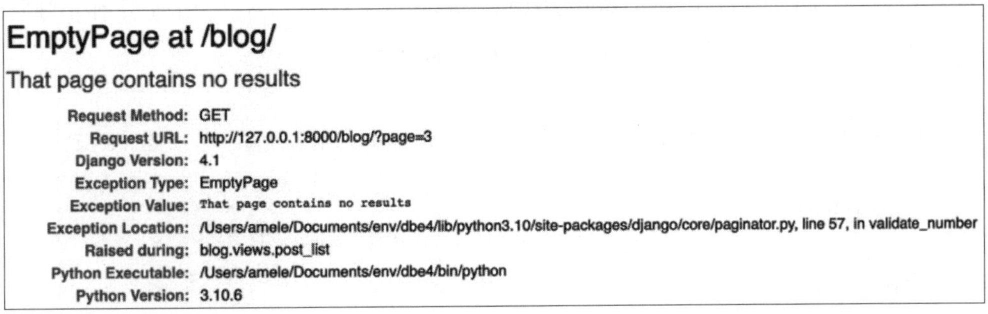

그림 2.5 EmptyPage 오류

Paginator 객체는 페이지 3을 조회할 때 범위를 벗어나기 때문에 EmptyPage 에러를 발생시킵니다. 표시할 결과가 없습니다. 뷰에서 이 오류를 처리해 보겠습니다.

blog 애플리케이션의 views.py 파일을 편집해서 필요한 임포트를 추가하고 다음과 같이 post_list 뷰를 수정합니다.

```python
from django.shortcuts import render, get_object_or_404
from .models import Post
from django.core.paginator import Paginator, EmptyPage


def post_list(request):
    post_list = Post.published.all()
    # 페이지당 3개의 게시물로 페이지 매김
    paginator = Paginator(post_list, 3)
    page_number = request.GET.get('page', 1)
    try:
        posts = paginator.page(page_number)
    except EmptyPage:
        # 페이지 번호가 범위를 벗어난 경우 결과의 마지막 페이지를 전달
```

```
        posts = paginator.page(paginator.num_pages)
    return render(request,
                  'blog/post/list.html',
                  {'posts': posts})
```

페이지를 검색할 때 EmptyPage 예외를 관리하기 위해 try, except 블록을 추가했습니다.
요청한 페이지가 범위를 벗어나면 결과의 마지막 페이지를 반환합니다. paginator.num_
pages로 총페이지 수를 얻습니다. 총페이지 수는 마지막 페이지 번호와 동일합니다.
브라우저에서 http://127.0.0.1:8000/blog/?page=3를 다시 엽니다. 이제 뷰에서 예외를
처리해서 결과의 마지막 페이지가 다음과 같이 반환됩니다.

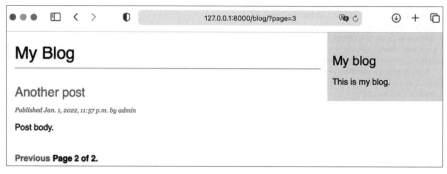

그림 2.6 결과의 마지막 페이지

page 매개 변수에 정수가 아닌 다른 것이 전달되는 경우에도 뷰가 처리해야 합니다.
브라우저에서 http://127.0.0.1:8000/blog/?page=asdf를 엽니다. 다음 오류 페이지가
표시되어야 합니다.

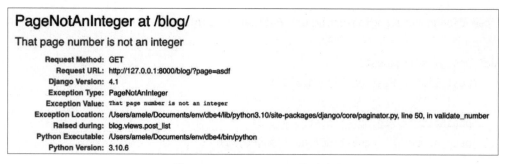

그림 2.7 PageNotAnInteger 오류 페이지

이 경우 페이지 번호는 정수만 될 수 있기 때문에 페이지 asdf를 조회할 때 Paginator가 PageNotAnInteger 예외를 던집니다. 뷰에서 이 오류를 처리해 봅시다.

blog 애플리케이션의 views.py 파일을 편집해서 필요한 임포트를 추가하고 다음과 같이 post_list 뷰를 수정합니다.

```python
from django.shortcuts import render, get_object_or_404
from .models import Post
from django.core.paginator import Paginator, EmptyPage,\
                                PageNotAnInteger

def post_list(request):
    post_list = Post.published.all()
    # 페이지당 3개의 게시물로 페이지 매김
    paginator = Paginator(post_list, 3)
    page_number = request.GET.get('page')
    try:
        posts = paginator.page(page_number)
    except PageNotAnInteger:
        # page_number가 정수가 아닌 경우 첫 번째 페이지를 전달
        posts = paginator.page(1)
    except EmptyPage:
        # 페이지 번호가 범위를 벗어난 경우 결과의 마지막 페이지를 전달
        posts = paginator.page(paginator.num_pages)
    return render(request,
                  'blog/post/list.html',
                  {'posts': posts})
```

페이지를 조회할 때 PageNotAnInteger 예외를 처리하기 위해 새로운 except 블록을 추가했습니다. 요청한 페이지가 정수가 아닌 경우 결과의 첫 번째 페이지를 반환합니다.

브라우저에서 http://127.0.0.1:8000/blog/?page=asdf를 다시 엽니다. 이제 뷰에서 예외를 처리해서 결과의 첫 번째 페이지가 다음과 같이 반환됩니다.

그림 2.8 결과의 첫 번째 페이지

블로그 게시물의 페이징이 이제 완전히 구현되었습니다.

https://docs.djangoproject.com/en/4.1/ref/paginator/에서 Paginator 클래스에 관해 자세히 알아볼 수 있습니다.

2.7 클래스 기반 뷰 만들기

지금까지 함수 기반 뷰를 사용해서 블로그 애플리케이션을 구축했습니다. 함수 기반 뷰는 간단하고 강력하지만 장고에서는 클래스를 사용해서 뷰를 만들 수도 있습니다.

클래스 기반 뷰는 함수 대신 파이썬 객체로 뷰를 구현하는 방법입니다. 뷰는 웹 요청을 받고 응답을 반환하는 함수이므로 뷰를 클래스 메서드로 정의할 수도 있습니다. 장고는 자신만의 뷰를 구현하는 데 사용할 수 있는 기본 뷰 클래스를 제공합니다. 이들 모두는 HTTP 메서드 디스패치(dispatch) 및 기타 공통 기능을 처리하는 View 클래스를 상속합니다.

2.7.1 왜 클래스 기반 뷰를 사용하는가?

클래스 기반 뷰는 특정 사례에 유용한 함수 기반 뷰에 비해 몇 가지 장점을 제공합니다.

- GET, POST, PUT 등 HTTP 메서드와 관련된 코드를 조건부 분기 대신 별도의 메서드로 구성
- 다중 상속을 사용해 재사용 가능한 뷰 클래스(믹스인) 생성

2.7.2 게시글 목록에 클래스 기반 뷰를 사용하기

클래스 기반 뷰를 작성하는 방법을 이해하기 위해 `post_list` 뷰와 동일한 새로운 클래스 기반 뷰를 생성합니다. 장고에서 제공하는 `ListView` 뷰를 상속한 클래스를 만듭니다. `ListView`를 사용하면 모든 유형의 객체들을 나열할 수 있습니다.

`blog` 애플리케이션의 `views.py` 파일을 편집해서 다음 코드를 추가합니다.

```python
from django.views.generic import ListView

class PostListView(ListView):
    """
    Alternative post list view
    """
    queryset = Post.published.all()
    context_object_name = 'posts'
    paginate_by = 3
    template_name = 'blog/post/list.html'
```

`PostListView` 뷰는 이전에 빌드한 `post_list` 뷰와 유사합니다. `ListView` 클래스를 상속한 클래스 기반의 뷰를 구현했었는데, 이 클래스 기반의 뷰는 다음과 같은 속성을 가졌습니다.

- 모든 객체를 조회하지 않고 커스텀 QuerySet을 사용하기 위한 `queryset`이 있습니다. `queryset`을 정의하지 않고 `model = Post`를 사용해 모델을 지정하면 장고가 일반적인 `Post.objects.all()` QuerySet을 만듭니다.
- 쿼리 결과를 위한 콘텍스트 변수 `posts`를 사용합니다. `context_object_name`을 지정하지 않을 경우 기본 변수는 `object_list`입니다.
- 페이지당 3개의 객체를 반환하도록, `paginate_by`로 페이징을 정의합니다.

- `template_name`을 설정해 커스텀 템플릿을 사용합니다. 기본 템플릿을 설정하지 않으면 ListView는 기본적으로 blog/post_list.html을 사용합니다.

이제 다음과 같이 blog 애플리케이션의 urls.py 파일을 편집해서 이전의 post_list URL 패턴을 주석 처리하고 PostListView 클래스를 사용해, 새로운 URL 패턴을 추가합니다.

```
urlpatterns = [
    # Post 뷰
    # path('', views.post_list, name='post_list'),
    path('', views.PostListView.as_view(), name='post_list'),
    path('<int:year>/<int:month>/<int:day>/<slug:post>/',
        views.post_detail,
        name='post_detail'),
]
```

페이징 작업을 계속하려면 템플릿에 전달되는 올바른 페이지 객체를 사용해야 합니다. 장고의 ListView는 page_obj라고 하는 변수에 요청된 페이지를 전달합니다. 다음과 같이 올바른 변수를 사용해서 paginator를 포함하도록 템플릿 post/list.html을 편집해야 합니다.

```
{% extends "blog/base.html" %}

{% block title %}My Blog{% endblock %}

{% block content %}
  <h1>My Blog</h1>
  {% for post in posts %}
    <h2>
      <a href="{{ post.get_absolute_url }}">
        {{ post.title }}
      </a>
    </h2>
    <p class="date">
      Published {{ post.publish }} by {{ post.author }}
    </p>
    {{ post.body|truncatewords:30|linebreaks }}
  {% endfor %}
  {% include "pagination.html" with page=page_obj %}
{% endblock %}
```

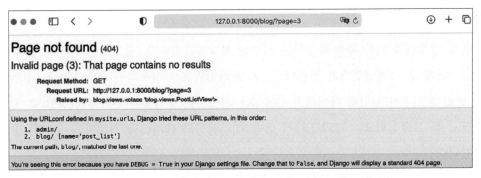

그림 2.9 HTTP 404 페이지를 찾을 수 없음 응답

HTTP 404 상태코드를 반환하는 예외 처리는 **ListView** 뷰에서 제공됩니다.

지금까지 간단히 클래스 기반 뷰를 작성하는 방법의 예를 보여 드렸습니다. 클래스 기반 뷰에 관한 자세한 내용은 "*13장, 콘텐츠 관리 시스템 만들기*" 및 이어지는 장을 참조하세요.

`https://docs.djangoproject.com/en/4.1/topics/class-based-views/intro/`에서 클래스 기반 뷰에 관한 소개를 볼 수 있습니다.

2.8 이메일로 게시물 추천하기

이제 장고로 폼(Form)을 만드는 방법과 이메일을 보내는 방법을 알아보겠습니다. 우리는 사용자가 이메일을 통해 게시물 추천을 보내, 다른 사람들과 블로그 게시물을 공유할 수 있도록 하겠습니다.

이전 장에서 배운 내용을 상기해 뷰, URL 및 템플릿을 사용해서 이 기능을 만드는 방법을 잠시 생각해 봅시다.

사용자가 이메일을 통해 게시물을 공유할 수 있도록 하려면 다음 작업들이 필요합니다.

- 사용자가 자신의 이름, 이메일 주소, 수신자 이메일 주소와 필요에 따라 코멘트를 남길 수 있는 폼을 만들어야 합니다.
- 게시된 데이터를 처리하고 이메일을 보내는 뷰를 `views.py` 파일에 생성해야합니다.
- 블로그 애플리케이션의 `urls.py` 파일에 새로운 뷰에 대한 URL 패턴을 추가해야 합니다.
- 템플릿 폼을 만들어 폼을 표시해야 합니다.

2.8.1 장고로 폼 만들기

게시물을 공유하기 위한 폼을 작성하는 것부터 시작하겠습니다. 장고에는 양식을 쉽게 만들수 있는 내장 폼 프레임워크가 있습니다. 폼 프레임워크를 사용하면 폼의 필드를 정의하고 표시 방법을 지정하고 입력 데이터의 유효성을 검사하는 방법을 간단하게 지정할 수 있습니다. 장고 폼 프레임워크는 HTML에서 폼을 렌더링하고 데이터를 처리하는 유연한 방법을 제공합니다.

장고에는 폼을 작성하기 위한 두 가지 클래스가 있습니다.

- Form: 필드와 유효성 검사를 정의해서 표준 폼을 작성할 수 있습니다.
- ModelForm: 모델 인스턴스에 연결된 폼을 작성할 수 있습니다. 기본 Form 클래스의 모든 기능을 제공하지만, 폼 필드들은 명시적으로 선언하거나 모델 필드에서 자동으로 생성할 수 있습니다. 폼은 모델 인스턴스를 생성하거나 수정하는데 사용할 수 있습니다.

우선 blog 애플리케이션의 디렉터리 내에 forms.py 파일을 만들고 다음 코드를 추가합니다.

```python
from django import forms

class EmailPostForm(forms.Form):
    name = forms.CharField(max_length=25)
    email = forms.EmailField()
    to = forms.EmailField()
    comments = forms.CharField(required=False,
                               widget=forms.Textarea)
```

첫 번째 장고 폼을 정의했습니다. EmailPostForm 폼은 기본 Form 클래스를 상속합니다. 서로 다른 필드 유형을 사용해서 그에 따라 데이터를 검증합니다.

> **Note** 폼은 장고 프로젝트의 어디에서나 쓸 수 있습니다. 일반적으로는 애플리케이션마다 각자의 **forms. py** 파일 안에 작성합니다.

폼에는 다음 필드들이 있습니다.

- name: 최대 길이 25자인 CharField의 인스턴스입니다. 게시물을 보내는 사람의 이름으로 사용합니다.
- email: EmailField의 인스턴스입니다. 게시물 추천을 보내는 사람의 이메일로 사용합니다.

- to: EmailField의 인스턴스입니다. 게시물 추천 이메일을 받을 수신자의 이메일로 사용합니다.
- comments: CharField의 인스턴스입니다. 게시물 추천 이메일에 포함할 추천 코멘트로 사용합니다. required를 False로 설정해서 이 필드를 선택 사항으로 만들고 필드를 렌더링할 커스텀 위젯을 지정했습니다.

각 필드 유형에는 필드가 HTML에서 렌더링되는 방식을 결정하는 기본 위젯이 있습니다. name 필드는 CharField의 인스턴스입니다. 이 유형의 필드는 HTML의 `<input type="text">` 엘리먼트로 렌더링됩니다. 위젯 속성으로 기본 위젯을 재정의할 수 있습니다. comment 필드에서 Textarea 위젯을 사용해 기본 `<input>` 엘리먼트 대신 `<textarea>` 엘리먼트로 표시합니다.

필드 유효성 검사는 필드의 유형에 따라 다릅니다. 예를 들어 email과 to 필드는 EmailField입니다. 두 필드 모두 유효한 이메일 주소가 필요합니다. 그렇지 않으면 forms.ValidationError 예외가 발생하고 폼이 유효하지 않게 됩니다. 다른 필드들도 폼 필드 유효성 검사를 하는데, "name 필드의 최대 길이는 25" 또는 "comment 필드는 선택 사항"과 같은 것들입니다.

이들은 장고가 폼에 제공하는 일부의 필드 유형일 뿐입니다. https://docs.djangoproject.com/en/4.1/ref/forms/fields/에서 사용 가능한 모든 필드 유형의 목록을 볼 수 있습니다.

2.8.2 뷰에서 폼 처리하기

이메일을 통해 게시물을 추천하는 폼을 정의했습니다. 이제 폼의 인스턴스를 생성하고 전송된 폼의 값들을 처리하기 위한 뷰가 필요합니다.

blog 애플리케이션의 views.py 파일을 열어서 다음 코드를 추가합니다.

```
from .forms import EmailPostForm


def post_share(request, post_id):
    # id로 게시물 조회
    post = get_object_or_404(Post, id=post_id, status=Post.Status.PUBLISHED)
    if request.method == 'POST':
        # 폼이 제출되었다면
```

```
        form = EmailPostForm(request.POST)
        if form.is_valid():
            # 유효성 검사를 통과한 폼 필드들
            cd = form.cleaned_data
            # ... 이메일 전송
    else:
        form = EmailPostForm()
    return render(request, 'blog/templates/post/share.html', {'post': post,
                                                              'form': form})
```

request 객체와 post_id를 매개 변수로 사용하는 post_share라는 뷰를 정의했습니다. get_object_or_404() 함수를 사용해서 id로 게시된 게시물을 조회합니다.

폼을 표시하고 수신된 데이터를 처리하는데 모두 동일한 뷰를 사용합니다. HTTP 요청 메서드를 사용하면 폼의 값들이 수신된 것인지를 구분할 수 있습니다. GET 요청은 빈 폼이 사용자에게 표시되어야 함을 나타내고 POST 요청은 폼의 값들이 수신되었음을 나타냅니다. request.method == 'POST'를 사용해서 두 시나리오를 구분합니다.

다음은 폼을 표시하고 수신된 폼 값들을 처리하는 프로세스입니다.

1. 페이지가 처음 로드되면 뷰는 GET 요청을 받습니다. 이 경우 새로운 EmailPostForm 인스턴스가 생성되어 form 변수에 저장됩니다. 이 폼 인스턴스는 템플릿에 비어 있는 폼을 표시하는데 사용됩니다.

```
form = EmailPostForm()
```

2. 사용자가 폼을 작성하고 POST를 통해 전송하면 request.POST에 포함된 수신 데이터를 사용해서 폼 인스턴스가 생성됩니다.

```
if request.method == 'POST':
    # 전송된 폼
    form = EmailPostForm(request.POST)
```

3. 그런 다음 수신된 데이터를 폼의 is_valid() 메서드를 사용해서 유효성 검사를 합니다. 이 메서드는 폼의 각 필드들의 데이터를 검사하고 모든 필드에 유효한 데이터가 들어있을 경우 True를 반환합니다. 잘못된 데이터가 있으면 is_valid()는 False를 반환합니다. 유효성 검사 에러 목록은 form.errors로 얻을 수 있습니다.

4. 폼이 유효하지 않은 경우 제출된 데이터를 가지고 템플릿에 다시 렌더링됩니다. 유효성 검사의 오류가 템플릿에 표시됩니다.

5. 폼이 유효하면 유효한 데이터은 `form.cleaned_data`로 조회할 수 있습니다. 이 속성은 폼 필드와 해당 값을 담은 딕셔너리(dictionary)입니다.

Note 만약 폼 데이터가 유효하지 않다면, `cleaned_data`에는 유효한 필드들만 포함됩니다.

폼을 표시하고 전송된 폼 데이터를 처리하는 뷰를 구현했습니다. 이제 장고를 사용해서 이메일을 보내는 방법을 배우고 그 기능을 post_share 뷰에 추가하겠습니다.

2.8.3 장고로 이메일 보내기

장고로 이메일을 보내는 것은 매우 간단합니다. 장고로 이메일을 보내려면 로컬 SMTP(Simple Mail Transfer Protocol) 서버가 있거나, 이메일 서비스 공급자와 같은 외부 SMTP 서버에 액세스해야 합니다.

다음 설정을 사용하면 장고로 이메일을 보내는 SMTP 구성을 정의할 수 있습니다.

- `EMAIL_HOST`: SMTP 서버 호스트. 기본 값은 localhost
- `EMAIL_PORT`: SMTP 포트. 기본 값은 25
- `EMAIL_HOST_USER`: SMTP 서버의 사용자 이름
- `EMAIL_HOST_PASSWORD`: SMTP 서버의 패스워드
- `EMAIL_USE_TLS`: TLS(Transport Layer Security) 보안 연결 사용 여부
- `EMAIL_USE_SSL`: SSL 연결 사용 여부

이 예에서는 표준 Gmail 계정과 함께 Google의 SMTP 서버를 사용합니다.

Gmail 계정이 있다면, 프로젝트의 settings.py 파일을 열고 다음 코드를 추가합니다.

```
# 이메일 서버 구성
EMAIL_HOST = 'smtp.gmail.com'
EMAIL_HOST_USER = 'your_account@gmail.com'
EMAIL_HOST_PASSWORD = ''
EMAIL_PORT = 587
EMAIL_USE_TLS = True
```

your_account@gmail.com을 실제 여러분의 Gmail 계정으로 바꾸세요. Gmail 계정이 없는 경우 이메일 서비스 제공업체의 SMTP 서버 구성을 사용할 수 있습니다.

Gmail 대신 SendGrid(https://sendgrid.com) 또는 Amazon Simple Email Service(https://aws.amazon.com/ses/)와 같이 사용자 고유의 도메인을 사용해서 SMTP를 통해 이메일을 보낼 수 있는 확장성 있는 전문 이메일 서비스를 사용할 수도 있습니다. 두 서비스 모두 도메인 그리고 보낸 사람의 이메일 계정을 검증하고 이메일을 보낼 수 있는 SMTP 자격 증명을 제공합니다. 장고 애플리케이션 django-sendgrid과 django-ses는 프로젝트에 SendGrid 또는 Amazon SES를 추가하는 작업을 단순화합니다. django-sendgrid 설치 지침은 https://github.com/sklarsa/django-sendgrid-v5에서, django-ses 설치 지침은 https://github.com/django-ses/django-ses에서 찾을 수 있습니다.

SMTP 서버를 사용할 수 없다면, settings.py 파일에 다음 설정을 추가해서 장고가 콘솔에 이메일을 출력하도록 지시할 수 있습니다.

```
EMAIL_BACKEND = 'django.core.mail.backends.console.EmailBackend'
```

이 설정을 사용하면 장고는 모든 이메일을 보내는 대신 쉘에 출력합니다. 이는 SMTP 서버 없이 애플리케이션을 테스트하는데 매우 유용합니다.

Gmail 구성을 완성하려면 SMTP 서버의 패스워드를 입력해야 합니다. Google은 2단계 인증 프로세스와 추가적인 보안 조치를 사용하므로 Google 계정 패스워드를 직접 사용할 수 없습니다. 대신 Google에서는 계정에 접근할 수 있는 앱별 패스워드를 만들 수 있습니다. 앱 패스워드는 덜 안전한 앱이나 장치가 Google 계정에 접근할 수 있도록 하는 16자리의 암호입니다.

브라우저에서 https://myaccount.google.com을 엽니다. 왼쪽 메뉴에서 "보안"을 클릭합니다. 그러면 다음 화면이 표시됩니다.

그림 2.10 'Google 계정'의 'Google에 로그인' 페이지

'Google에 로그인' 블록에서 **앱 비밀 번호**를 클릭합니다. 만약 **앱 비밀 번호**가 보이지 않는다면, 여러분의 계정에 2단계 인증이 설정되지 않았거나 계정이 일반 Gmail 계정이 아닌 조직(기업) 계정이거나 Google의 고급 보호 기능을 켰기 때문일 수 있습니다. 일반 Gmail 계정을 사용해야 하고 해당 계정에 2단계 인증을 활성화해야 합니다. 자세한 내용은 https://support.google.com/accounts/answer/185833에서 확인할 수 있습니다. **앱 비밀 번호**를 클릭하면 다음 화면이 나옵니다.

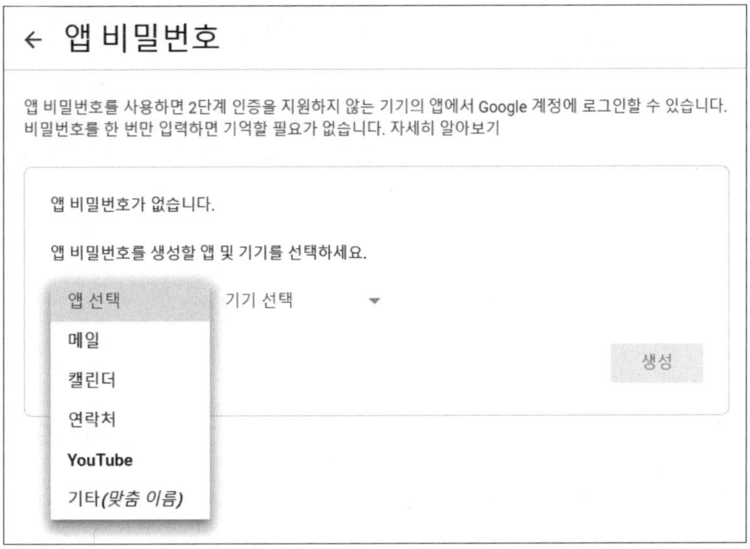

그림 2.11 새로운 app password를 만들기 위한 폼

앱 선택 드롭다운 셀렉트 박스에서 **기타**를 선택합니다.

그런 다음 이름 Blog를 입력하고 다음과 같이 **생성** 버튼을 클릭합니다.

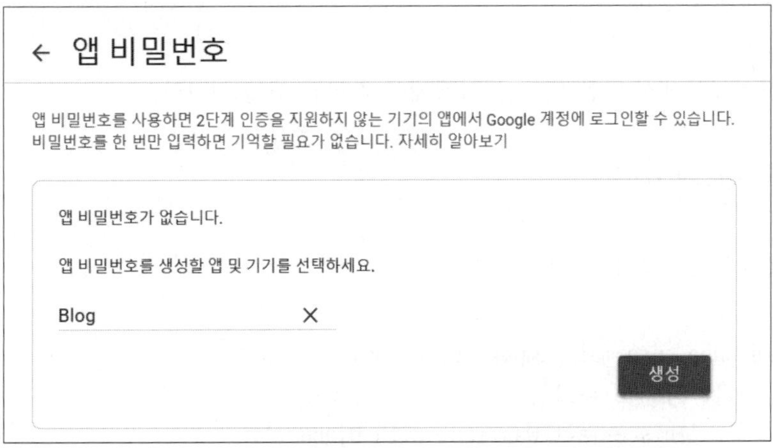

그림 2.12 Google App password를 생성하는 폼

새로운 패스워드가 생성돼서 다음과 같이 표시됩니다.

생성된 앱 비밀번호

기기용 앱 비밀번호

XXXX XXXX XXXX XXXX

사용 방법

설정하려는 애플리케이션 또는 기기의
Google 계정 설정으로 이동합니다. 비밀번호
를 위에 표시된 16자리 비밀번호로 교체합니
다.
일반적인 비밀번호와 마찬가지로 이 앱 비밀
번호는 Google 계정에 대한 완전한 액세스 권
한을 부여합니다. 비밀번호를 기억하지 않아
도 되므로 적어 놓거나 다른 사용자와 공유하
지 마세요.

Email
securesally@gmail.com

Password
●●●●●●●●●●●

확인

그림 2.13 생성된 Google 앱 비밀 번호

만들어진 Google 앱 비밀 번호를 복사합니다.

다음과 같이 프로젝트의 settings.py 파일을 편집하고 앱 비밀 번호를 EMAIL_HOST_
PASSWORD 설정에 추가합니다.

```
# 이메일 서버 구성
EMAIL_HOST = 'smtp.gmail.com'
EMAIL_HOST_USER = 'your_account@gmail.com'
EMAIL_HOST_PASSWORD = 'xxxxxxxxxxxxxxxx'
EMAIL_PORT = 587
EMAIL_USE_TLS = True
```

시스템 셸 프롬프트에서 다음 명령을 실행해서 파이썬 셸을 엽니다.

```
python manage.py shell
```

파이썬 셸에서 다음 코드를 실행합니다.

```
>>> from django.core.mail import send_mail
>>> send_mail('Django mail',
...           'This e-mail was sent with Django.',
...           'your_account@gmail.com',
```

```
...                ['your_account@gmail.com'],
...                fail_silently=False)
```

send_mail() 함수는 subject, message, sender 및 recipients 목록을 필수 매개 변수로
로 사용합니다. 선택 매개 변수 fail_silently는 False로 설정해서 이메일을 보낼 수 없는
경우 예외를 발생시키도록 지시합니다. 표시되는 출력이 1이면 이메일이 성공적으로 전송된
것입니다.

받은 편지함을 확인해 보세요. 다음과 유사한 이메일을 받았을 것입니다.

그림 2.14 Gmail에서 본 테스트 이메일

참고를 사용해서 첫 번째 이메일을 보냈습니다! 참고로 이메일을 보내기 위한 자세한 사항
은 https://docs.djangoproject.com/en/4.1/topics/email/에서 확인할 수 있습니다.
이 기능을 post_share 뷰에 추가해 보겠습니다.

2.8.4 뷰에서 이메일 보내기

다음과 같이 blog 애플리케이션의 views.py 파일에서 post_share 뷰를 편집합니다.

```python
from django.core.mail import send_mail

def post_share(request, post_id):
    # id로 게시물 조회
    post = get_object_or_404(Post, id=post_id, status=Post.Status.PUBLISHED)
    sent = False
    if request.method == 'POST':
        # 폼이 제출되었다면
```

```
        form = EmailPostForm(request.POST)
        if form.is_valid():
            # 유효성 검사를 통과한 폼 필드들
            cd = form.cleaned_data
            post_url = request.build_absolute_uri(
                post.get_absolute_url())
            subject = f"{cd['name']} recommends you read " \
                        f"{post.title}"
            message = f"Read {post.title} at {post_url}\n\n" \
                        f"{cd['name']}\'s comments: {cd['comments']}"
            send_mail(subject, message, 'your_account@gmail.com',
                        [cd['to']])
            sent = True
    else:
        form = EmailPostForm()
    return render(request, 'blog/templates/post/share.html', {'post': post,
                                                    'form': form,
                                                    'sent': sent})
```

console.EmailBackend 대신 SMTP 서버를 사용하는 경우 your_account@gmail.com을 여러분의 실제 이메일 계정으로 변경하세요.

앞의 코드에서 초기값이 False인 sent 변수를 선언했습니다. 이메일이 전송된 후 이 변수를 True로 설정합니다. 나중에 템플릿에서 보낸 변수를 사용해서 폼이 성공적으로 전송되면 성공 메시지를 표시합니다.

이메일에 게시물에 대한 링크를 포함해야 하므로, get_absolute_url() 메서드를 사용해서 게시물의 경로를 조회합니다. 이 경로를 request.build_absolute_uri()의 입력으로 사용해서 HTTP 스키마와 호스트 이름을 가진 완전한 URL을 만듭니다.

검증된 폼의 정리된 데이터를 사용해서 이메일의 제목과 메시지 본문을 작성합니다. 끝으로, 폼의 필드에 있는 이메일 주소로 이메일을 보냅니다.

뷰가 완료되었으므로 새로운 URL 패턴을 추가해야 합니다. blog 애플리케이션의 urls.py 파일을 열어 다음과 같이 post_share URL 패턴을 추가합니다.

```
from django.urls import path
from . import views
```

```
app_name = 'blog'
urlpatterns = [
    # Post views
    # path('', views.post_list, name='post_list'),
    path('', views.PostListView.as_view(), name='post_list'),
    path('<int:year>/<int:month>/<int:day>/<slug:post>/',
        views.post_detail,
        name='post_detail'),
    path('<int:post_id>/share/',
        views.post_share, name='post_share'),
]
```

2.8.5 템플릿에서 폼 렌더링하기

폼을 작성하고, 뷰를 프로그래밍하고, URL 패턴을 추가하고 나면 남는 유일한 것은 뷰의
템플릿입니다.

blog/templates/blog/post/ 디렉터리에서 새로운 파일 share.html을 만듭니다.
새로운 share.html 템플릿에 다음 코드를 추가합니다.

```
{% extends "blog/base.html" %}

{% block title %}Share a post{% endblock %}

{% block content %}
  {% if sent %}
    <h1>E-mail successfully sent</h1>
    <p>
      "{{ post.title }}" was successfully sent to {{ form.cleaned_data.to }}.
    </p>
  {% else %}
    <h1>Share "{{ post.title }}" by e-mail</h1>
    <form method="post">
      {{ form.as_p }}
      {% csrf_token %}
      <input type="submit" value="Send e-mail">
```

```
    </form>
  {% endif %}
{% endblock %}
```

이메일을 통해 게시물들을 공유하기 위한 폼을 표시하고 이메일이 전송되고 나면 성공 메시지를 표시하는 데 사용하는 템플릿입니다. 우리는 **{% if sent %}**를 통해 두 가지 경우를 구분합니다.

폼을 표시하기 위해 **POST** 메서드를 사용해 제출하도록 HTML form 엘리먼트를 정의했습니다.

```
<form method="post">
```

{{ form.as_p }}로 폼 인스턴스를 포함시켰습니다. **as_p** 메서드를 사용해서 HTML 단락 (paragraph)을 나타내는 **<p>** 엘리먼트를 사용해 폼 필드들을 렌더링하도록 합니다. 또 **as_ul**을 사용해서 정렬되지 않은 목록으로 폼을 렌더링하거나 **as_table**을 사용해서 HTML 테이블로 렌더링 할 수도 있습니다. 다른 방법은 다음 예제와 같이 폼 필드를 반복해서 각 필드를 렌너링하는 방법입니다.

```
{% for field in form %}
  <div>
    {{ field.errors }}
    {{ field.label_tag }} {{ field }}
  </div>
{% endfor %}
```

템플릿 태그 **{% csrf_token %}**를 추가했습니다. 이 태그는 CSRF(교차 사이트 요청 위조) 공격을 방지하기 위해 자동 생성된 토큰이 숨겨진 필드를 도입했습니다. 이러한 공격은 사이트에서 사용자에게 원하지 않는 작업을 수행하게 하는 악의적인 웹사이트나 프로그램일 수 있습니다. CSRF에 관한 자세한 내용은 https://owasp.org/www-community/attacks/csrf에서 확인할 수 있습니다.

템플릿 태그 **{% csrf_token %}**는 다음과 같이 렌더링되는 숨겨진 필드를 생성합니다.

```
<input type='hidden' name='csrfmiddlewaretoken'
 value='26JjKo2lcEtYkGoV9z4XmJIEHLXN5LDR' />
```

기본적으로 장고는 모든 **POST** 요청에서 **CSRF** 토큰을 확인합니다. 따라서 **POST**를 통해 제출되는 모든 폼에 **csfr_token** 태그를 포함해야 합니다.

blog/post/detail.html 템플릿을 다음과 같이 수정합니다.

```
{% extends "blog/base.html" %}
{% block title %}{{ post.title }}{% endblock %}
{% block content %}
  <h1>{{ post.title }}</h1>
  <p class="date">
    Published {{ post.publish }} by {{ post.author }}
  </p>
  {{ post.body¦linebreaks }}
  <p>
    <a href="{% url "blog:post_share" post.id %}">
      Share this post
    </a>
  </p>
{% endblock %}
```

post_share의 URL 링크를 추가했습니다. URL은 장고에서 제공하는 템플릿 태그 {% url %}을 사용해 동적으로 만들어집니다. blog라는 네임스페이스와 post_share라는 URL을 사용합니다. URL을 만들어 내기 위해 게시물의 id를 매개 변수로 전달합니다.

쉘 프롬프트를 열고 다음 명령을 실행합니다.

```
python manage.py runserver
```

브라우저에서 http://127.0.0.1:8000/blog/을 연 뒤 원하는 게시물 제목을 클릭해서 게시물 상세 페이지로 갑니다. 게시물 본문 아래에 그림 2.15와 같이 방금 추가한 링크가 보입니다.

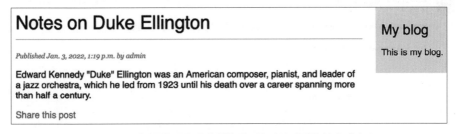

그림 2.15 게시물을 공유하기 위한 링크를 가진 게시물 상세 페이지

`Share this post`를 클릭하면 다음과 같이 이 게시물을 이메일로 공유하기 위한 폼을 가진 페이지가 표시됩니다.

그림 2.16 이메일로 게시물을 공유하기 위한 페이지

폼의 CSS 스타일은 예제 코드 `static/css/blog.css` 파일에 포함되어 있습니다. `SEND E-MAIL` 버튼을 클릭하면 폼이 전송되어 입력 값들이 유효한지 검증됩니다. 모든 필드에 유효한 데이터가 포함되어 있으면 다음과 같은 성공 메시지가 표시됩니다.

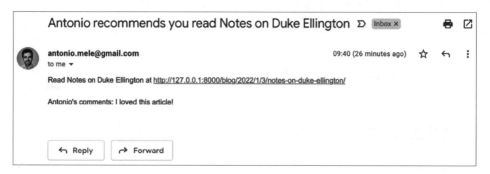

그림 2.17 이메일을 통한 게시물 공유의 성공 메시지

자신의 이메일 주소로 게시물을 보내고 받은 편지함을 확인해 보세요. 받은 이메일은 다음과 유사할 것입니다.

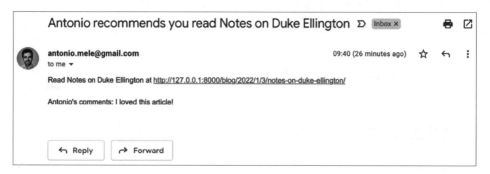

그림 2.18 Gmail에 표시된 테스트 이메일

잘못된 데이터가 포함된 폼을 제출하면 폼이 모든 유효성 검사 오류와 함께 다시 렌더링됩니다.

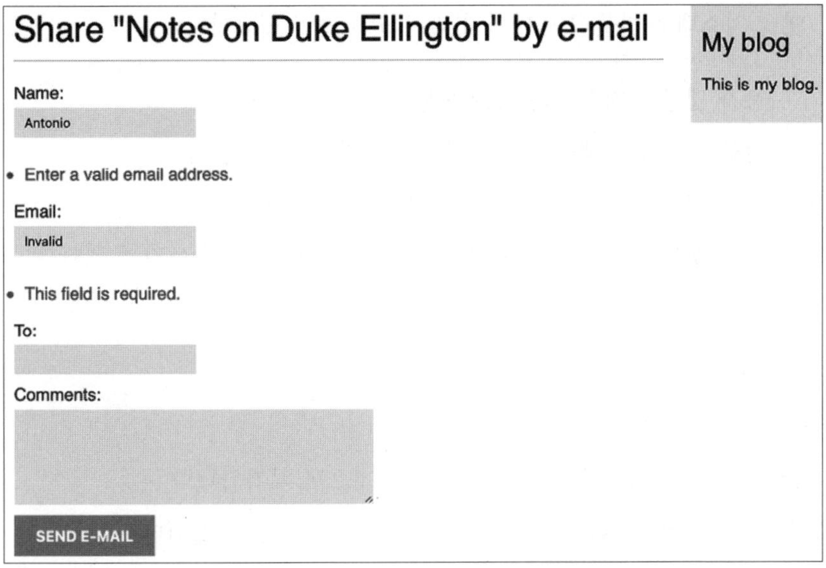

그림 2.19 잘못된 데이터의 오류를 표시하는 게시물 공유를 위한 폼

대부분의 최신 브라우저는 비어 있거나 잘못된 필드가 있는 폼을 제출(Submit)하지 못하도록 합니다. 이는 브라우저가 폼을 제출하기 전에 속성(attribute)을 기반으로 필드의 유효성을 검사하기 때문입니다. 이 경우 폼은 제출되지 않으며 브라우저는 잘못된 필드에 대한 오류 메시지를 표시합니다. 최신 브라우저를 사용해서 장고의 폼 유효성 검사를 테스트하려면 `<form method="post" novalidate>`와 같이 HTML `<form>` 엘리먼트에 `novalidate` 속성을 추가해서 브라우저의 폼 유효성 검사를 건너뛸 수 있습니다. 이 속성을 추가해서 브라우저가 필드 유효성을 검사하지 못하도록 하고 자체적인 폼 유효성 검사를 테스트할 수 있습니다. 테스트를 마친 후에는 `novalidate` 속성을 제거해서 브라우저 폼 유효성 검사를 원래대로 되돌려 놓습니다.

이제 이메일로 게시물을 공유하는 기능이 만들어졌습니다. `https://docs.djangoproject.com/en/4.1/topics/forms/`에서 폼을 다루는 것에 관한 정보를 찾을 수 있습니다.

2.9 댓글 시스템 만들기

계속해서 사용자들이 게시물에 댓글을 달 수 있는 댓글 시스템으로 blog 애플리케이션을 확장합니다. 댓글 시스템을 만들려면 다음과 같은 요소들이 필요합니다.

- 게시물의 사용자 댓글을 저장하는 댓글 모델
- 사용자가 댓글을 작성해서 제출하고 데이터를 검증할 수 있는 폼
- 폼을 처리하고 데이터베이스에 새로운 댓글을 저장하는 뷰
- 게시물 상세 템플릿에 포함할 수 있는 댓글 목록과 새로운 댓글 추가를 위한 템플릿

2.9.1 댓글 모델 만들기

게시물의 사용자 댓글을 저장하는 모델을 만드는 것으로 시작합니다.
blog 애플리케이션의 models.py 파일을 열고 다음 코드를 추가합니다.

```python
class Comment(models.Model):
    post = models.ForeignKey(Post,
                             on_delete=models.CASCADE,
                             related_name='comments')
    name = models.CharField(max_length=80)
    email = models.EmailField()
    body = models.TextField()
    created = models.DateTimeField(auto_now_add=True)
    updated = models.DateTimeField(auto_now=True)
    active = models.BooleanField(default=True)
    class Meta:
        ordering = ['created']
        indexes = [
            models.Index(fields=['created']),
        ]
    def __str__(self):
        return f'Comment by {self.name} on {self.post}'
```

이것이 Comment(댓글) 모델입니다. 각 댓글을 단일 게시물과 연결하기 위해 ForeignKey 필드를 추가했습니다. 댓글은 하나의 게시물에 작성되고 각 게시물은 여러 개의 댓글이 있을

수 있기 때문에 이 다대일(many-to-one) 관계는 Comment 모델에서 정의됩니다.

related_name 속성을 사용해서 관련된 객체에서 다시 이 객체로의 관계에 사용되는 속성의 이름을 지정할 수 있습니다. comment.post를 사용해서 댓글 객체의 해당 게시물을 조회하고 post.comments.all()을 사용해서 게시물과 관련된 모든 댓글을 조회할 수 있습니다. related_name 속성을 정의하지 않으면 장고는 소문자로 모델의 이름에 _set을 붙여서(즉, comment_set) 관련 객체와 모델 객체 관계의 이름으로 사용합니다.

https://docs.djangoproject.com/en/4.1/topics/db/examples/many_to_one/에서 다대일 관계에 대해 자세히 알아볼 수 있습니다.

댓글 상태를 제어하기 위해 부울 필드 active를 정의했습니다. 이 필드를 사용하면 관리 사이트에서 부적절한 댓글을 수동으로 비활성화할 수 있습니다. default=True로 모든 댓글이 기본적으로 활성화됨을 나타냅니다.

댓글이 생성된 날짜와 시간을 저장하기 위해 created 필드를 정의했습니다. auto_now_add를 사용하면 객체를 생성할 때 날짜가 자동으로 저장됩니다. 모델의 Meta 클래스에 ordering=['created']를 추가해서 댓글을 기본적으로 시간순으로 정렬했습니다. 그리고 created 필드에 대한 인덱스를 오름차순으로 추가했습니다. 이렇게 하면 created 필드를 통한 데이터베이스 조회와 조회 결과를 정렬하는 성능이 향상됩니다.

우리가 만든 Comment 모델은 데이터베이스와 동기화되지 않았습니다. 해당 데이터베이스 테이블을 생성하기 위해서는 새로운 데이터베이스 마이그레이션을 생성해야 합니다.

쉘 프롬프트에서 다음 명령을 실행합니다.

```
python manage.py makemigrations blog
```

그러면 다음과 같은 메시지가 출력됩니다.

```
Migrations for 'blog':
blog/migrations/0003_comment.py
    - Create model Comment
```

장고가 blog 애플리케이션의 migrations/ 디렉터리 내에 0003_comment.py 파일을 생성합니다. 관련 데이터베이스 스키마를 생성하고 변경 사항을 데이터베이스에 적용합니다.

다음 명령을 실행해서 마이그레이션을 적용합니다.

```
python manage.py migrate
```

다음과 유사한 메시지가 출력됩니다.

```
Applying blog.0003_comment... OK
```

마이그레이션이 적용되어 데이터베이스에 blog_comment 테이블이 만들어졌습니다.

2.9.2 관리 사이트에 댓글 추가

다음으로 간단한 인터페이스로 댓글을 관리하기 위해 관리 사이트에 새로운 모델을 추가하 겠습니다.

blog 애플리케이션의 admin.py 파일을 열고 Comment 모델을 가져온 후 다음 ModelAdmin 클래스를 추가합니다.

```python
from .models import Post, Comment

@admin.register(Comment)
class CommentAdmin(admin.ModelAdmin):
    list_display = ['name', 'email', 'post', 'created', 'active']
    list_filter = ['active', 'created', 'updated']
    search_fields = ['name', 'email', 'body']
```

셸 프롬프트를 열고 다음 명령을 실행해서 개발 서버를 시작합니다.

```
python manage.py runserver
```

브라우저에서 http://127.0.0.1:8000/admin/을 엽니다. 그림 2.20과 같이 BLOG 섹션에 포함된 새로운 모델을 볼 수 있습니다.

그림 2.20 장고 관리 사이트의 블로그 애플리케이션 모델

이제 모델이 관리 사이트에 등록되었습니다.

Comment(댓글) 줄에서 Add를 클릭합니다. 새로운 댓글을 추가하기 위한 폼이 표시됩니다.

그림 2.21 장고 관리 사이트의 블로그 애플리케이션 모델

이제 관리 사이트를 사용해서 Comment 인스턴스들을 관리할 수 있습니다.

2.9.3 모델에서 폼 만들기

사용자가 블로그 게시물에 댓글을 달 수 있도록 폼을 작성해야 합니다. 장고에는 폼을 만드는 데 사용할 수 있는 두 가지 기본 클래스 Form과 ModelForm이 있습니다. 사용자가 이메일로 게시물을 공유할 수 있게 할 때 Form 클래스를 사용했습니다. 기존 Comment 모델을 활용하고 동적으로 폼을 만들기 위해 ModelForm을 사용할 것입니다.

blog 애플리케이션의 forms.py 파일을 편집해서 다음 줄들을 추가합니다.

```
from .models import Comment

class CommentForm(forms.ModelForm):
    class Meta:
        model = Comment
        fields = ['name', 'email', 'body']
```

모델에서 폼을 만들려면 폼의 Meta 클래스에서 폼을 빌드할 모델을 지정하기만 하면 됩니다.

장고가 모델을 검사하고 해당 폼을 동적으로 만듭니다.

모델의 각 필드 유형에는 해당하는 기본 폼 필드 유형이 존재합니다. 폼 유효성 검사를 위해 모델 필드의 속성을 고려합니다. 기본적으로 장고는 모델에 포함된 각 필드에 대한 폼 필드를 만듭니다. 그러나 `fields` 속성을 사용해서 폼에 포함할 필드를 장고에 명시적으로 알리거나 `exclude` 속성을 사용해서 제외할 필드를 정의할 수 있습니다. `CommentForm` 폼에서는 `name`, `email`, `body` 필드를 명시적으로 포함하고 있습니다. 이 필드들만이 폼에 포함될 수 있습니다.

`https://docs.djangoproject.com/en/4.1/topics/forms/modelforms/`에서 모델에서 폼을 만드는 방법에 관한 자세한 정보를 찾을 수 있습니다.

2.9.4 뷰에서 ModelForms 처리하기

이메일로 게시물을 공유하기 위해 동일한 뷰를 사용해서 폼을 표시하고 제출된 데이터를 처리했었습니다. 두 경우를 구분하기 위해 HTTP 메서드를 이용했습니다. GET은 폼을 표시하고 POST는 폼에 입력된 값들을 처리합니다. 이 경우는 게시물 상세 페이지에 댓글 폼을 추가하고 폼 입력 값들을 처리하기 위한 별도의 뷰를 만들어야 합니다. 폼을 처리하는 새로운 뷰는 댓글이 데이터베이스에 저장된 다음에야 사용자가 게시물 상세 뷰로 돌아갈 수 있도록 합니다.

blog 애플리케이션의 `views.py` 파일을 열어 다음 코드를 추가합니다.

```python
from django.shortcuts import render, get_object_or_404, redirect
from .models import Post, Comment
from django.core.paginator import Paginator, EmptyPage,\
                                  PageNotAnInteger
from django.views.generic import ListView
from .forms import EmailPostForm, CommentForm
from django.core.mail import send_mail
from django.views.decorators.http import require_POST


# ...
@require_POST
def post_comment(request, post_id):
    post = get_object_or_404(Post, id=post_id, status=Post.Status.PUBLISHED)
```

```
    comment = None
    # 댓글이 달림
    form = CommentForm(data=request.POST)
    if form.is_valid():
        # 데이터베이스에 저장하지 않고 Comment 객체 만들기
        comment = form.save(commit=False)
        # 댓글에 게시물 할당하기
        comment.post = post
        # 댓글을 데이터베이스에 저장
        comment.save()
    return render(request, 'blog/post/comment.html',
                          {'post': post,
                           'form': form,
                           'comment': comment})
```

request 객체와 변수 post_id를 매개 변수로 취하는 post_comment 뷰를 정의했습니다. 이 뷰를 사용해서 입력을 처리할 것입니다. HTTP POST 메서드를 사용해서 폼을 제출해야 합니다. 장고에서 제공하는 require_POST 데코레이터를 사용해서 이 뷰에 는 POST 요청만을 허용하게 합니다. 장고에서는 뷰에 허용되는 HTTP 메서드를 제한할 수 있습니다. 다른 HTTP 메서드로 뷰에 접근하면 장고에서 HTTP 405(허용되지 않는 메서드) 오류가 발생합니다.

이 뷰에서 다음 동작들을 구현합니다.

1. get_object_or_404() 함수를 사용해서 id로 게시된 게시물을 조회합니다.

2. 초기값 None으로 comment 변수를 정의합니다. 이 변수는 Comment 객체가 생성될 때 그 객체를 저장하는 데 사용됩니다.

3. 수신된 POST 데이터를 사용해서 폼을 인스턴스화하고 is_valid() 메서드를 사용해서 유효성을 검사합니다. 폼이 유효하지 않으면 유효성 검사 오류를 포함해서 템플릿이 렌더링됩니다.

4. 폼 값이 유효하면 다음과 같이 폼의 save() 메서드를 호출해서 새로운 Comment 객체를 만들고 이를 comment 변수에 할당합니다.

```
comment = form.save(commit=False)
```

5. save() 메서드는 폼이 연결된 모델의 인스턴스를 생성하고 데이터베이스에 저장합니다.

commit=False로 설정하고 호출하면 모델 인스턴스가 생성되지만 데이터베이스에 저장되지 않습니다. 이를 통해 객체를 최종적으로 저장하기 전에 수정할 수 있습니다.

 save() 메서드는 ModelForm에는 사용할 수 있지만 Form 인스턴스는 연결된 모델이 없어 사용할 수 없습니다.

6. 작성한 댓글의 게시물을 지정합니다.

```
comment.post = post
```

7. save() 메서드를 호출해서 새로운 댓글을 데이터베이스에 저장합니다.

```
comment.save()
```

8. blog/post/comment.html 템플릿을 렌더링하고 템플릿 콘텍스트에 post, form 그리고 comment 객체를 전달합니다. 이 템플릿은 아직 존재하지 않는데, 나중에 만들 것입니다.

이 뷰의 URL 패턴을 생성해보겠습니다. blog 애플리케이션의 urls.py 파일을 열어 다음 URL 패턴을 추가합니다.

```
from django.urls import path
from . import views

app_name = 'blog'
urlpatterns = [
    # Post 뷰
    # path('', views.post_list, name='post_list'),
    path('', views.PostListView.as_view(), name='post_list'),
    path('<int:year>/<int:month>/<int:day>/<slug:post>/',
        views.post_detail,
        name='post_detail'),
    path('<int:post_id>/share/',
        views.post_share, name='post_share'),
    path('<int:post_id>/comment/',
        views.post_comment, name='post_comment'),
]
```

댓글 제출 및 해당 URL을 처리하는 뷰를 구현했습니다. 이제 필요한 템플릿을 만들어 봅시다.

2.9.5 댓글 폼용 템플릿 만들기

다음 두 곳에서 사용할 댓글 폼의 템플릿을 만듭니다.

- 사용자가 댓글을 게시할 수 있도록 하기 위한 post_deatil 뷰와 연결된 게시물 상세 템플릿
- 폼에 오류가 있는 경우 폼을 다시 표시하기 위한 post_comment 뷰와 연결된 게시물 댓글 템플릿

폼 템플릿을 만들고 나서 {% include %} 템플릿 태그를 사용해 다른 두 템플릿에서 불러들입니다. 그 후 templates/blog/post/ 디렉터리에 새로운 디렉터리 include/를 만듭니다. 이 디렉터리에 comment_form.html이라는 이름의 새로운 파일을 만듭니다.

이제 파일 구조는 다음과 같아야 합니다.

```
templates/
  blog/
    post/
      includes/
        comment_form.html
      detail.html
      list.html
      share.html
```

blog/post/includes/comment_form.html 템플릿 파일을 열어 다음 코드를 추가합니다.

```
<h2>Add a new comment</h2>
<form action="{% url "blog:post_comment" post.id %}" method="post">
  {{ form.as_p }}
  {% csrf_token %}
  <p><input type="submit" value="Add comment"></p>
</form>
```

이 템플릿에서는 {% url %} 템플릿 태그를 사용해서 동적으로 HTML <form> 엘리먼트를 처리하는 action URL을 만듭니다. 폼을 처리할 post_comment 뷰의 URL을 작성합니다.

폼을 단락(paragraph)을 사용해 표현하고, 이 폼은 POST 메서드로 제출되기 때문에 CSRF 보호를 위해 {% crsf_token %}을 포함시킵니다.

blog 애플리케이션의 templates/blog/post/ 디렉터리에 새 파일을 만들고 이름을 comment.html로 지정합니다. 파일 구조는 아래와 같아야 합니다.

```
templates/
  blog/
    post/
      includes/
        comment_form.html
      comment.html
      detail.html
      list.html
      share.html
```

새로운 blog/post/comment.html 템플릿을 열고 다음 코드를 추가합니다.

```
{% extends "blog/base.html" %} {% block title %}Add a comment{% endblock %}
{% block content %}
  {% if comment %}
    <h2>Your comment has been added.</h2>
    <p><a href="{{ post.get_absolute_url }}">Back to the post</a></p>
  {% else %}
    {% include "blog/post/includes/comment_form.html" %}
  {% endif %}
{% endblock %}
```

이것이 게시물 댓글 뷰의 템플릿입니다. 이 뷰에서는 폼이 POST 메서드를 통해 제출될 것으로 예상합니다. 템플릿은 두 가지 다른 시나리오를 다룹니다.

• 제출된 폼 데이터가 유효하면 comment 변수에 생성된 댓글 객체가 담기고 성공 메시지가 표시됩니다.

• 제출된 폼 데이터가 유효하지 않은 경우 comment 변수는 None이 됩니다. 이 경우 댓글 폼을 표시합니다. {% include %} 템플릿 태그를 사용해서 이전에 생성한 comment_form. html 템플릿을 불러옵니다.

2.9.6 게시물 상세 뷰에 댓글 추가하기

blog 애플리케이션의 `views.py` 파일을 열어 다음과 같이 `post_detail` 뷰를 편집합니다.

```python
def post_detail(request, year, month, day, post):
    post = get_object_or_404(Post,
                                status=Post.Status.PUBLISHED,
                                slug=post,
                                publish__year=year,
                                publish__month=month,
                                publish__day=day)
    # 이 글의 active 댓글 목록
    comments = post.comments.filter(active=True)
    # 사용자가 댓글을 달 수 있는 폼
    form = CommentForm()
    return render(request,
                    'blog/post/detail.html',
                    {'post': post,
                     'comments': comments,
                     'form': form})
```

`post_detail` 뷰에 추가한 코드를 살펴보겠습니다.

• 다음과 같이 게시물에 대한 모든 활성 댓글을 조회하기 위해 QuerySet을 추가했습니다.

```python
comments = post.comments.filter(active=True)
```

• 이 QuerySet은 `post` 객체를 사용해서 작성됩니다. `Comment` 모델에 대한 `QuerySet`을 직접 작성하는 대신 `post` 객체를 활용해서 관련 `Comment` 객체들을 조회합니다. `Comment` 모델에서 `Post` 모델을 향한 `ForeignKey` 필드를 정의할 때 `related_name` 속성을 사용해 게시물과 관련된 `Comment` 객체들을 comments로 명명했었습니다.

• `form = CommentForm()`로 댓글 폼의 인스턴스도 만들었습니다.

2.9.7 게시물 상세 템플릿에 댓글 추가하기

다음을 구현하려면 blog/post/detail.html 템플릿을 편집해야 합니다.

- 게시물의 총댓글 수 표시
- 댓글 목록 표시
- 사용자가 새로운 댓글을 추가할 수 있는 폼 표시

게시물의 총댓글 수 표시 기능을 추가하는 것으로 시작하겠습니다. blog/post/detail.html 템플릿을 열어 다음과 같이 수정합니다.

```
{% extends "blog/base.html" %} {% block title %}{{ post.title }}{% endblock %}
{% block content %}
  <h1>{{ post.title }}</h1>
  <p class="date">
    Published {{ post.publish }} by {{ post.author }}
  </p>
  {{ post.body|linebreaks }}
  <p>
    <a href="{% url "blog:post_share" post.id %}">
      Share this post
    </a>
  </p>
  {% with comments.count as total_comments %}
    <h2>
      {{ total_comments }} comment{{ total_comments|pluralize }}    </h2>
  {% endwith %}
{% endblock %}
```

템플릿에서 장고 ORM을 사용해서 comments.count() QuerySet을 실행합니다. 장고 템플릿 언어는 메서드 호출에 괄호를 사용하지 않습니다. 그리고 {% with %} 태그를 사용하면 {% endwith %} 태그까지 템플릿에서 사용할 수 있는 새로운 변수에 값을 할당할 수 있습니다.

> **Note** {% with %} 템플릿 태그는 데이터베이스 사용이나 비용이 많이 드는 메서드를 여러 번 호출하는 것을 방지하는데 유용합니다.

total_comments 값에 따라 "comment"라는 단어의 복수형 접미사를 표시하기 위해 pluralizer 템플릿 필터를 사용합니다. 템플릿 필터는 적용되는 변수의 값을 입력으로 사용해서 계산된 값을 반환합니다. "*3장. 블로그 애플리케이션 확장하기*"에서 템플릿 필터에 관해 자세히 알아보겠습니다.

pluralize 템플릿 필터는 값이 1이 아닌 경우 문자 "s"가 포함된 문자열을 반환합니다. 코드 내에서 텍스트는 게시물에 대한 활성화된 댓글의 수에 따라 0 comments, 1 comment, N comments로 렌더링됩니다.

이제 게시물 상세 템플릿에 활성화된 댓글의 목록을 추가해 보겠습니다.

blog/post/detail.html 템플릿을 열어 다음 변경 사항을 적용합니다.

```
{% extends "blog/base.html" %}

{% block title %}{{ post.title }}{% endblock %}

{% block content %}
  <h1>{{ post.title }}</h1>
  <p class="date">
    Published {{ post.publish }} by {{ post.author }}
  </p>
  {{ post.body|linebreaks }}
  <p>
    <a href="{% url "blog:post_share" post.id %}">
      Share this post
    </a>
  </p>
  {% with comments.count as total_comments %}    <h2>
      {{ total_comments }} comment{{ total_comments|pluralize }}    </h2>
  {% endwith %}
  {% for comment in comments %}
    <div class="comment">
    <p class="info">
      Comment {{ forloop.counter }} by {{ comment.name }}
      {{ comment.created }}
    </p>
    {{ comment.body|linebreaks }}
    </div>
  {% empty %}
    <p>There are no comments.</p>
  {% endfor %}
{% endblock %}
```

게시물 댓글 관련 연산을 반복하기 위해 **(% for %)** 템플릿 태그를 추가했습니다. 댓글 목록이 비어 있으면 사용자에게 이 게시물에 달린 댓글이 없음을 알리는 메시지를 표시합니다. 각 반복 시 반복 횟수를 가지는 **{{ forloop.counter }}** 변수와 함께 댓글들을 열거합니다. 각 댓글에는 댓글을 단 사용자 이름, 날짜, 댓글 본문이 표시됩니다.

마지막으로 템플릿에 댓글 폼을 추가하겠습니다.

blog/post/detail.html 템플릿을 편집해서 다음과 같이 댓글 폼 템플릿을 포함시킵니다.

```
{% extends "blog/base.html" %} {% block title %}{{ post.title }}{% endblock %}
{% block content %}
  <h1>{{ post.title }}</h1>
  <p class="date">
    Published {{ post.publish }} by {{ post.author }}
  </p>
  {{ post.body|linebreaks }}
  <p>
    <a href="{% url "blog:post_share" post.id %}">
      Share this post
    </a>
  </p>
  {% with comments.count as total_comments %}
    <h2>
      {{ total_comments }} comment{{ total_comments|pluralize }}     </h2>
  {% endwith %}
  {% for comment in comments %}
    <div class="comment">
      <p class="info">
        Comment {{ forloop.counter }} by {{ comment.name }}
        {{ comment.created }}       </p>
      {{ comment.body|linebreaks }}
    </div>
  {% empty %}
    <p>There are no comments.</p>
  {% endfor %}
  {% include "blog/post/includes/comment_form.html" %}
{% endblock %}
```

브라우저에서 http://127.0.0.1:8000/blog/를 열고 게시물 제목을 클릭하면 게시물 세부 정보 페이지를 볼 수 있습니다. 그림 2.22와 같은 모습을 볼 수 있습니다.

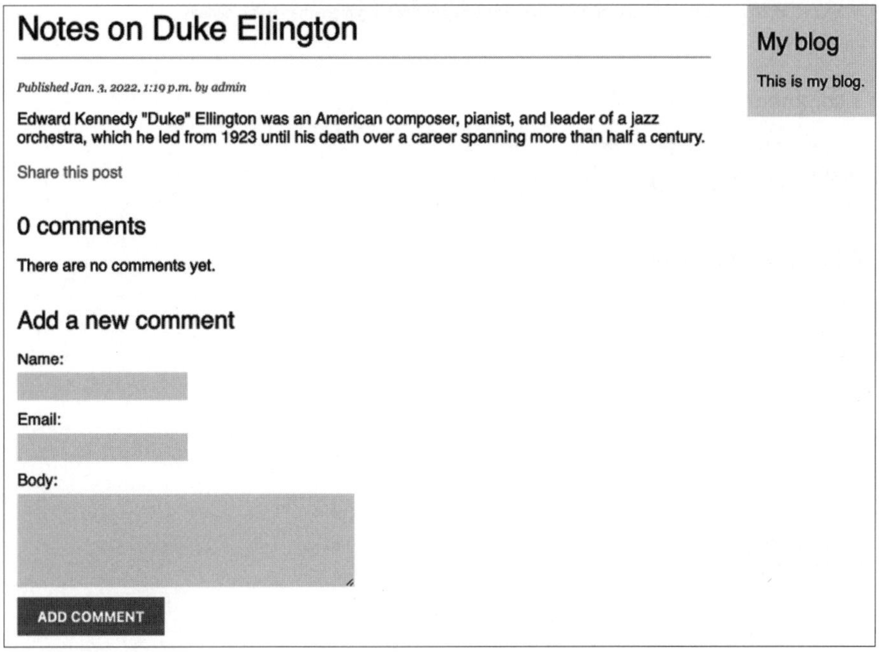

Notes on Duke Ellington
Published Jan. 3, 2022, 1:19 p.m. by admin
Edward Kennedy "Duke" Ellington was an American composer, pianist, and leader of a jazz orchestra, which he led from 1923 until his death over a career spanning more than half a century.
Share this post
0 comments
There are no comments yet.
Add a new comment
Name:
Email:
Body:
ADD COMMENT
My blog
This is my blog.

그림 2.22 댓글을 추가하는 폼을 포함한 게시물 상세 페이지

유효한 데이터로 댓글 폼을 채우고 "ADD COMMENT"를 클릭하면 다음 페이지가 표시됩니다.

Your comment has been added.
Back to the post
My blog
This is my blog.

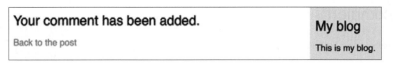

그림 2.23 댓글 추가 성공 페이지

Back to the post 링크를 클릭합니다. 게시물 세부 정보 페이지로 다시 리디렉션되고 다음과 같이 방금 추가한 댓글을 볼 수 있어야 합니다.

Notes on Duke Ellington

Published Jan. 3, 2022, 1:19 p.m. by admin

Edward Kennedy "Duke" Ellington was an American composer, pianist, and leader of a jazz orchestra, which he led from 1923 until his death over a career spanning more than half a century.

Share this post

1 comment

Comment 1 by Antonio Jan. 3, 2022, 7:58 p.m.

I didn't know that!

Add a new comment

Name:

Email:

Body:

ADD COMMENT

My blog

This is my blog.

그림 2.24 댓글이 포함된 게시물 상세 페이지

게시물에 댓글을 하나 더 추가합니다. 댓글은 다음과 같이 게시물 내용 아래에 시간순으로 표시됩니다.

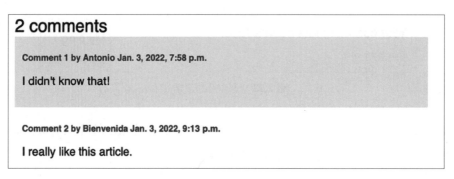

2 comments

Comment 1 by Antonio Jan. 3, 2022, 7:58 p.m.

I didn't know that!

Comment 2 by Bienvenida Jan. 3, 2022, 9:13 p.m.

I really like this article.

그림 2.25 게시물 상세 페이지에 있는 댓글 목록

브라우저에서 `http://127.0.0.1:8000/admin/blog/comment/`를 열면, 다음과 같이 여러분이 만든 댓글 목록이 있는 관리 페이지를 볼 수 있습니다.

그림 2.26 관리 사이트에서의 댓글 목록

게시물 중 하나의 이름을 클릭해서 편집합니다. 다음과 같이 Active 체크박스의 체크를 풀고 Save 버튼을 클릭합니다.

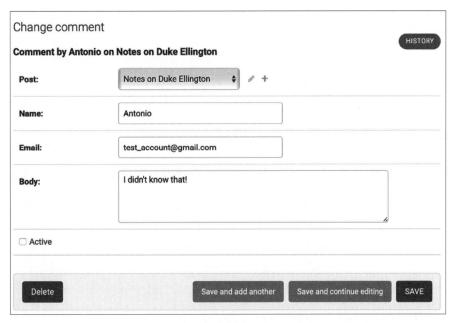

그림 2.27 관리 사이트에서의 댓글 수정

댓글 목록으로 리디렉션됩니다. Active 컬럼에는 그림 2.28과 같이 댓글의 비활성화 아이콘이 표시됩니다.

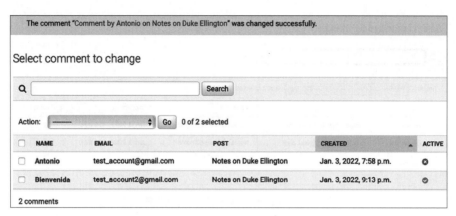

그림 2.28 관리 사이트에서의 활성/비활성 댓글

게시물 상세 뷰로 돌아오면 비활성화된 댓글이 더 이상 표시되지 않으며, 게시물 총댓글 수에도 포함되지 않는 것을 볼 수 있습니다.

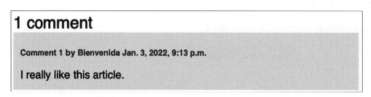

그림 2.29 게시물 상세 페이지에 표시된 활성화된 댓글이 하나뿐인 경우

active 필드 덕분에 부적절한 댓글을 비활성화하고 게시물에 노출되는 것을 막을 수 있습니다.

2.10 추가 자료

다음 리소스들은 이 장에서 다루는 주제와 관련된 추가 정보를 제공합니다. 이 장의 소스 코 드 는 https://github.com/PacktPublishing/Django-4-by-example/tree/main/ Chapter02에서 얻을 수 있습니다.

- URLs 유틸리티 함수 – https://docs.djangoproject.com/en/4.1/ref/ urlresolvers/
- URL 경로 변환기 – https://docs.djangoproject.com/en/4.1/topics/http/urls/ #pathconverters
- 장고 Paginator 클래스– https://docs.djangoproject.com/en/4.1/ref/ paginator/
- 클래스 기반 뷰 소개 – https://docs.djangoproject.com/en/4.1/topics/classbased-views/intro/
- 장고로 이메일 보내기 – https://docs.djangoproject.com/en/4.1/topics/email/
- 폼 다루기 – https://docs.djangoproject.com/en/4.1/topics/forms/
- 모델에서 폼 만들기 – https://docs.djangoproject.com/en/4.1/topics/forms/ modelforms/
- 다대일 모델 관계 – https://docs.djangoproject.com/en/4.1/topics/db/ examples/many_to_one/

2.11 요약

이 장에서는 모델의 표준 URL을 정의하는 방법을 배웠습니다. SEO 친화적인 블로그 게시물 URL을 만들었고 게시물 목록 페이징을 구현했습니다. 또 장고 폼 및 모델 폼으로 작업하는 방법을 배웠습니다. 이메일로 게시물을 추천하는 시스템을 만들고 블로그 댓글 시스템을 만들었습니다.

다음 장에서는 블로그의 태그 시스템을 만듭니다. 유사성을 통해 객체를 조회하기 위한 복잡한 QuerySet을 만드는 방법을 배웁니다. 커스텀 템플릿 태그 및 필터를 만드는 방법도 배웁니다. 또한 블로그 게시물에 대한 커스텀 사이트맵(sitemap)과 피드(feed)를 만들고 게시물에 대한 전문 검색(full-text search) 기능을 구현합니다.

3장

블로그 애플리케이션 확장하기

django

2장에서 폼의 기초와 댓글 시스템을 만드는 방법을 배웠습니다. 또 장고를 이용하여 이메일을 보내는 방법도 배웠습니다. 이번 장에서는 태그, 유사한 게시물 추천, 독자에게 RSS 피드 제공 및 게시물 검색과 같이 다른 블로그 플랫폼에서 사용되는 유용한 기능들로 블로그 애플리케이션을 확장할 것입니다. 이런 기능들을 만들면서 장고의 새로운 컴포넌트와 기능에 대해 배우게 될 것입니다.

이 장에서는 다음 주제를 다룹니다.

- 서드파티 애플리케이션 통합하기
- `django-taggit`을 사용한 태깅 시스템 구현하기
- 유사한 게시물 추천을 위한 복잡한 QuerySet 만들기
- 사이드 바에 최신 게시물 및 가장 댓글이 많은 게시물 목록을 표시하기 위한 커스텀 템플릿 태그 및 필터 작성하기
- 사이트맵 프레임워크를 사용한 사이트 맵 생성하기
- 신디케이션(syndication) 프레임워크를 사용한 RSS 피드 구축하기
- PostgreSQL 설치하기
- 장고 및 PostgreSQL로 전문 검색 엔진 구현하기

이 장의 소스 코드는 `https://github.com/PacktPublishing/Django-4-by-example/tree/main/Chapter03`에서 찾을 수 있습니다.

이 장에서 사용된 모든 파이썬 패키지는 이 장의 소스 코드 `requirements.txt` 파일에 기술되어 있습니다. 다음 섹션에서 지침에 따라 각 파이썬 패키지를 설치하거나 `pip install -r requirements.txt` 명령을 사용해서 모든 필요 패키지들을 한 번에 설치할 수도 있습니다.

3.1 태깅 기능 추가하기

블로그의 매우 일반적인 기능으로 태그(tag)를 사용해서 게시물을 분류하는 기능이 있습니다. 태그를 사용하면 간단한 키워드를 사용해 콘텐츠를 비계층적 방식으로 분류할 수 있습니다. 태그는 단순히 게시물에 할당할 수 있는 레이블 또는 키워드입니다. 서드파티 장고 태깅 애플리케이션을 프로젝트에 통합해서 태깅 시스템을 만들겠습니다.

django-taggit은 주로 Tag 모델과 관리자를 제공해 모든 모델에 태그를 쉽게 추가할 수 있게 해 주는 재사용 가능한 애플리케이션입니다. https://github.com/jazzband/django-taggit에서 소스 코드를 볼 수 있습니다.

먼저 다음 명령을 실행해서 pip를 통해 django-taggit을 설치합니다.

```
pip install django-taggit==3.0.0
```

그런 다음, mysite 프로젝트의 settings.py 파일을 열고 INSTALLED_APPS 설정에 다음과 같이 taggit을 추가합니다.

```
INSTALLED_APPS = [
    'django.contrib.admin',
    'django.contrib.auth',
    'django.contrib.contenttypes',
    'django.contrib.sessions',
    'django.contrib.messages',
    'django.contrib.staticfiles',
    'blog.apps.BlogConfig',
    'taggit',
]
```

blog 애플리케이션의 models.py 파일을 열고 다음 코드와 같이 django-traggit에서 제공하는 TaggableManager 관리자를 Post 모델에 추가합니다.

```
from taggit.managers import TaggableManager
class Post(models.Model):
    # ...
    tags = TaggableManager()
```

이제 tags 관리자를 사용해서 태그를 추가, 검색 및 제거할 수 있습니다.

다음 스키마는 태그를 생성하고 관련 태그가 지정된 객체를 저장하기 위해 django-taggit에서 정의하고 있는 데이터 모델을 보여줍니다.

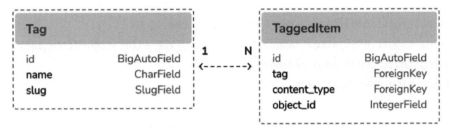

그림 3.1 django-taggit의 태그 모델

Tag 모델은 태그를 저장하는 데 사용됩니다. 이 모델은 name과 slug 필드를 가지고 있습니다.

TaggedItem 모델은 관련 태깅된 객체를 저장하는 데 사용되는데, 관련 Tag 객체의 Foreign Key 필드가 있습니다. 또 ContentType 객체의 ForeignKey와 태그가 지정된 객체의 id를 저장하기 위한 IntegerField가 있습니다. content_type와 object_id 필드를 결합함으로써 프로젝트의 모든 모델과 일반화한 관계(generic relations)를 형성할 수 있는데, 이렇게 하면 Tag 인스턴스와 애플리케이션의 다른 모델의 인스턴스 간의 관계를 만들 수 있습니다. "7장, 사용자 활동 추적하기"에서 일반화한 관계에 대해 배울 것입니다.

셸 프롬프트에서 다음 명령을 실행해서 모델의 변경 사항에 대한 마이그레이션을 만듭니다.

```
python manage.py makemigrations blog
```

다음과 같은 메시지가 출력되어야 합니다.

```
Migrations for 'blog':
blog/migrations/0004_post_tags.py
    - Add field tags to post
```

이제 다음 명령을 실행하여 django-taggit 모델에 필요한 데이터베이스 테이블을 생성하고 모델의 변경 사항을 동기화합니다.

```
python manage.py migrate
```

다음과 같이 마이그레이션이 적용되었음을 나타내는 출력이 표시됩니다.

```
Applying taggit.0001_initial... OK
Applying taggit.0002_auto_20150616_2121... OK
```

```
Applying taggit.0003_taggeditem_add_unique_index... OK
Applying taggit.0004_alter_taggeditem_content_type_alter_taggeditem_tag... OK
Applying taggit.0005_auto_20220424_2025... OK
Applying blog.0004_post_tags... OK
```

데이터베이스는 이제 **taggit** 모델과 동기화되었으며 **django-taggit**의 기능을 사용할 수 있게 되었습니다.

이제 태그 관리자를 사용하는 방법을 살펴보겠습니다. 쉘 프롬프트에서 다음 명령을 실행해서 장고 쉘을 엽니다.

```
python manage.py shell
```

다음 코드를 실행해서 게시물 중 하나(**id**가 1인 게시물)를 조회합니다.

```
>>> from blog.models import Post
>>> post = Post.objects.get(id=1)
```

그런 다음 일부 태그를 추가하고 태그를 검색해서 성공적으로 추가되었는지 확인합니다.

```
>>> post.tags.add('music', 'jazz', 'django')
>>> post.tags.all()
<QuerySet [<Tag: jazz>, <Tag: music>, <Tag: django>]>
```

끝으로, 태그를 제거하고 태그 목록을 다시 확인합니다.

```
>>> post.tags.remove('django')
>>> post.tags.all()
<QuerySet [<Tag: jazz>, <Tag: music>]>
```

정의한 관리자(**post.tags**)를 사용해서 모델에서 태그를 추가, 조회 또는 제거하는 것은 정말 쉽습니다. 다음 명령을 사용해서 쉘 프롬프트에서 개발 서버를 시작합니다.

```
python manage.py runserver
```

브라우저에서 http://127.0.0.1:8000/admin/taggit/tag/를 열면 **taggit** 애플리케이션의 **Tag** 객체들의 목록을 볼 수 있는 관리 페이지가 나타납니다.

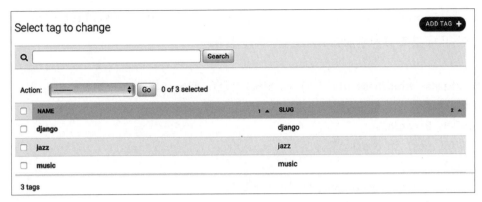

그림 3.2 장고 관리 사이트에서 태그 변경 목록 보기

jazz 태그를 클릭하면 다음과 같이 표시됩니다.

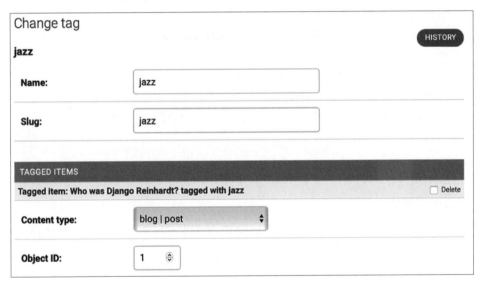

그림 3.3 Post 객체의 관련 tags 필드

`http://127.0.0.1:8000/admin/blog/post/1/change/`로 이동해서 id가 1인 게시물을 편집합니다. 이제 게시물에 다음과 같이 태그를 쉽게 편집할 수 있는 새로운 Tags 필드가 있는 것을 볼 수 있습니다.

그림 3.4 Post 객체의 관련 Tags 필드

이제, 태그를 표시하도록 블로그 게시물을 편집해야 합니다. `blog/post/list.html` 템플릿을 열어 굵게 강조 표시된 HTML 코드를 추가합니다.

```
{% extends "blog/base.html" %} {% block title %}My Blog{% endblock %}
{% block content %}
  <h1>My Blog</h1>
  {% for post in posts %}
    <h2>
      <a href="{{ post.get_absolute_url }}">
        {{ post.title }}
      </a>
    </h2>
    <p class="tags">Tags: {{ post.tags.all|join:", " }}</p>
    <p class="date">
      Published {{ post.publish }} by {{ post.author }}
    </p>
    {{ post.body|truncatewords:30|linebreaks }}
  {% endfor %}
  {% include "pagination.html" with page=page_obj %}
{% endblock %}
```

`join` 템플릿 필터는 파이썬 문자열 `join()` 메서드와 동일하게 동작하는데, 요소들을 지정된 문자열로 연결합니다.

브라우저에서 http://127.0.0.1:8000/blog/를 엽니다. 각 게시물 제목 아래에 태그 목록 (Tags)이 있어야 합니다.

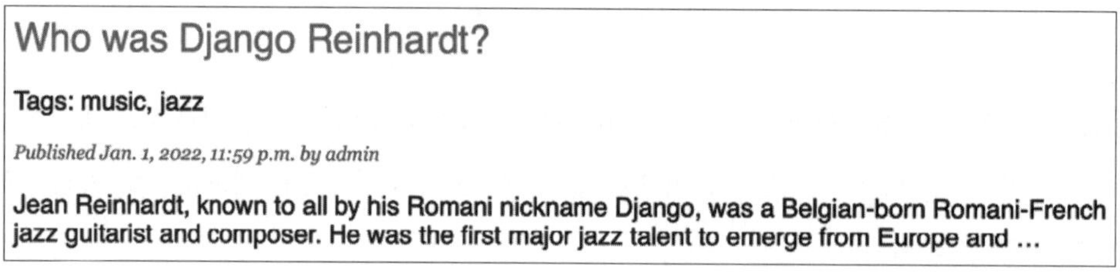

Who was Django Reinhardt?

Tags: music, jazz

Published Jan. 1, 2022, 11:59 p.m. by admin

Jean Reinhardt, known to all by his Romani nickname Django, was a Belgian-born Romani-French jazz guitarist and composer. He was the first major jazz talent to emerge from Europe and ...

그림 3.5 관련된 태그들을 표시한 게시물 목록

다음으로 사용자가 특정 태그로 태깅된 게시물들을 조회할 수 있도록 `post_list` 뷰를 편집하겠습니다.

`blog` 애플리케이션의 `views.py` 파일을 열어 `django-taggit`에서 `Tag` 모델을 임포트하고

다음과 같이 필요에 따라 게시물을 태그별로 필터링하도록 post_list 뷰를 변경합니다. 새로운 코드는 굵게 강조 표시했습니다.

```python
from taggit.models import Tag

def post_list(request, tag_slug=None):
    post_list = Post.published.all()
    tag = None
    if tag_slug:
        tag = get_object_or_404(Tag, slug=tag_slug)
        post_list = post_list.filter(tags__in=[tag])
    # 페이지당 3개의 게시물로 페이지 매김
    paginator = Paginator(post_list, 3)
    page_number = request.GET.get('page', 1)
    try:
        posts = paginator.page(page_number)
    except PageNotAnInteger:
        # page_number가 정수가 아닌 경우 첫 번째 페이지를 전달
        posts = paginator.page(1)
    except EmptyPage:
        # 페이지 번호가 범위를 벗어난 경우 결과의 마지막 페이지를 전달
        posts = paginator.page(paginator.num_pages)
    return render(request,
                  'blog/post/list.html',
                  {'posts': posts,
                   'tag': tag})
```

post_list 뷰는 이제 다음과 같이 동작합니다.

1. 기본 값이 None인 tag_slug 매개 변수를 사용합니다. 이 매개 변수는 URL로 전달됩니다.

2. 뷰에서 기본 QuerySet을 만들어 게시된 모든 게시물을 조회하고 지정된 태그 슬러그가 있는 경우 get_object_or_404() 함수를 사용해서 지정된 슬러그로 Tag 객체를 획득합니다.

3. 그런 다음, 주어진 태그가 포함된 게시물을 기준으로 게시물 목록을 필터링합니다. 다대다 관계이기 때문에 주어진 목록에 포함된 태그를 기준으로 게시물을 필터링해야 합니다. 이 경우에는 목록에 하나의 태그만이 포함되어 있습니다. __in 필드 검색을 사용합니

다. 다대다 관계는 한 모델의 여러 객체들이 또 다른 모델의 여러 객체들과 연관될 때 발생합니다. 우리의 애플리케이션에서는 하나의 게시물은 여러 개의 태그를 가질 수 있고, 하나의 태그는 여러 개의 게시물에 달릴 수 있습니다. "*6장, 웹사이트에서 콘텐츠 공유하기*"에서 다대다 관계를 생성하는 방법을 배웁니다. https://docs.djangoproject.com/en/4.1/topics/db/examples/many_to_many/에서 다대다 관계에 대해 자세히 알아볼 수 있습니다.

4. 끝으로 render() 함수는 이제 새로운 **tag** 변수를 템플릿에 전달합니다.

QuerySet은 게으르다(필요시에 실행된다)는 점을 기억하세요. 게시물을 검색하기 위한 QuerySet은 템플릿을 렌더링할 때나 게시물을 반복할 때만 실행됩니다.

blog 애플리케이션의 urls.py 파일을 열고 클래스 기반 **PostListView** URL 패턴을 주석 처리하고 다음과 같이 post_list 뷰의 주석 처리를 제거합니다.

```
path('', views.post_list, name='post_list'),
# path('', views.PostListView.as_view(), name='post_list'),
```

게시물을 태그별로 나열하기 위해 다음 URL 패턴을 추가합니다.

```
path('tag/<slug:tag_slug>/',
     views.post_list, name='post_list_by_tag'),
```

보이는 것처럼 두 패턴 모두 동일한 뷰를 가리키지만 이름이 다릅니다. 첫 번째 패턴은 옵션 매개 변수 없이 post_list 뷰를 호출하는 반면, 두 번째 패턴은 **tag_slug** 매개 변수를 사용해서 뷰를 호출합니다. slug 경로 변환기(path converter)를 사용해서 ASCII 문자 또는 숫자, 하이픈, 밑줄 문자가 포함된 소문자 문자열로 매개 변수를 매칭시킵니다.

blog 애플리케이션의 urls.py 파일은 이제 다음과 같아야 합니다.

```
from django.urls import path from . import views

app_name = 'blog'
urlpatterns = [
    # Post views
    path('', views.post_list, name='post_list'),
    # path('', views.PostListView.as_view(), name='post_list'),
    path('tag/<slug:tag_slug>/',
```

```
            views.post_list, name='post_list_by_tag'),
    path('<int:year>/<int:month>/<int:day>/<slug:post>/',
            views.post_detail,
            name='post_detail'),
    path('<int:post_id>/share/',
            views.post_share, name='post_share'),
    path('<int:post_id>/comment/',
            views.post_comment, name='post_comment'),
]
```

post_list 뷰를 사용하고 있으므로 blog/post/list.html 템플릿을 수정해서 페이징에
posts 객체를 사용하도록 합니다.

```
{% include "pagination.html" with page=posts %}
```

굵게 표시된 줄을 blog/post/list.html 템플릿에 추가합니다.

```
{% extends "blog/base.html" %} {% block title %}My Blog{% endblock %}
{% block content %}
  <h1>My Blog</h1>
  {% if tag %}
    <h2>Posts tagged with "{{ tag.name }}"</h2>
  {% endif %}
  {% for post in posts %}
    <h2>
      <a href="{{ post.get_absolute_url }}">
        {{ post.title }}
      </a>
    </h2>
    <p class="tags">Tags: {{ post.tags.all|join:", " }}</p>
    <p class="date">
      Published {{ post.publish }} by {{ post.author }}
    </p>
    {{ post.body|truncatewords:30|linebreaks }}
  {% endfor %}
  {% include "pagination.html" with page=posts %}
{% endblock %}
```

사용자가 블로그에 액세스하면 모든 게시물 목록이 표시됩니다. 특정 태그로 태깅된 게시물로 필터링하면 지정된 태그가 표시됩니다.

이제 blog/post/list.html 템플릿을 수정해서 다음과 같이 태그가 표시되는 방식을 변경합니다. 새로운 줄은 굵게 강조 표시했습니다.

```
{% extends "blog/base.html" %} {% block title %}My Blog{% endblock %}
{% block content %}
  <h1>My Blog</h1>
  {% if tag %}
    <h2>Posts tagged with "{{ tag.name }}"</h2>
  {% endif %}
  {% for post in posts %}
    <h2>
      <a href="{{ post.get_absolute_url }}">
        {{ post.title }}
      </a>
    </h2>
    <p class="tags">
      Tags:
      {% for tag in post.tags.all %}
        <a href="{% url "blog:post_list_by_tag" tag.slug %}">
          {{ tag.name }}
        </a>
        {% if not forloop.last %}, {% endif %}
      {% endfor %}
    </p>
    <p class="date">
      Published {{ post.publish }} by {{ post.author }}
    </p>
    {{ post.body|truncatewords:30|linebreaks }}
  {% endfor %}
  {% include "pagination.html" with page=posts %}
{% endblock %}
```

앞의 코드에서는 게시물에 태깅된 모든 태그들을 반복하면서 해당 태그로 게시물들을 필터링할 수 있는 커스텀 URL 링크를 표시합니다. URL의 이름과 태그의 **slug**를 매개 변수로 {% url "blog:post_list_by_tag" tag.slug %}와 같이 URL을 만듭니다. 태그는 쉼표를 가지고 분리합니다.

브라우저에서 `http://127.0.0.1:8000/blog/tag/jazz/`를 엽니다. 다음과 같이 해당 태그로 필터링된 게시물 목록이 표시됩니다.

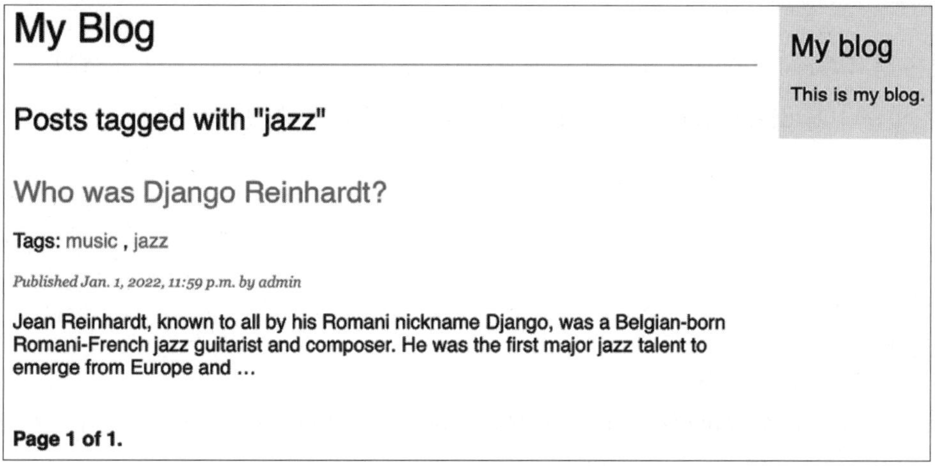

그림 3.6 "jazz" 태그로 필터링된 게시물

3.2 유사한 게시물 조회하기

이제 블로그 게시물 태깅을 구현했으므로 태그를 사용해서 많은 재미난 작업을 할 수 있습니다. 태그를 사용하면 비계층적인 방식으로 게시물들을 분류할 수 있습니다. 비슷한 주제의 게시물에는 공통된 태그가 여러 개 있을 것입니다. 비슷한 게시물들이 공유하는 태그의 수를 표시하는 기능을 만들어보겠습니다. 이런 방식으로 사용자가 게시물을 읽을 때 관련 다른 게시물도 읽을 수 있도록 제안할 수 있습니다.

특정 게시물과 비슷한 게시물들을 조회하려면 다음의 단계들을 수행해야 합니다.

1. 현재 게시물에 대한 모든 태그를 조회
2. 해당 태그로 태그가 지정된 모든 게시물 획득
3. 동일한 게시물을 추천하지 않으려면 현재 게시물을 해당 목록에서 제외
4. 현재 게시물과 공통된 태그의 수에 따라 결과를 정렬
5. 태그가 동일한 게시물이 2개 이상인 경우 가장 최근 게시물을 추천
6. 추천할 게시물의 수를 제한하도록 쿼리 제한

이러한 단계들은 post_detail 뷰에 포함할 복잡한 QuerySet들로 처리됩니다.
blog 애플리케이션의 views.py 파일을 열고 상단에 다음의 임포트를 추가합니다.

```
from django.db.models import Count
```

이것은 장고 ORM의 **Count** 집계 함수입니다. 이 함수를 사용하면 태그들의 집계된 수를 얻을 수 있습니다. django.db.models에는 다음의 집계 함수들이 있습니다.

- Avg: 평균값
- Max: 최댓값
- Min: 최솟값
- Count: 객체의 총수

https://docs.djangoproject.com/en/4.1/topics/db/aggregation/에서 집계(aggregation)에 관해 찾아볼 수 있습니다.

blog 애플리케이션의 views.py 파일의 post_detail 뷰에 다음 줄을 추가합니다. 새로운 줄들은 굵게 강조 표시했습니다.

```
def post_detail(request, year, month, day, post):
    post = get_object_or_404(Post,
                             status=Post.Status.PUBLISHED,
                             slug=post,
                             publish__year=year,
                             publish__month=month,
                             publish__day=day)
    # 이 글의 active 댓글 목록
    comments = post.comments.filter(active=True)
    # 사용자가 댓글을 달 수 있는 폼
    form = CommentForm()
    # 유사한 게시물들의 목록
    post_tags_ids = post.tags.values_list('id', flat=True)
    similar_posts = Post.published.filter(tags__in=post_tags_ids)\
                                  .exclude(id=post.id)
    similar_posts = similar_posts.annotate(same_tags=Count('tags'))\
                                 .order_by('-same_tags','-publish')[:4]
    return render(request,
                  'blog/post/detail.html',
```

```
                    {'post': post,
                     'comments': comments,
                     'form': form,
                     'similar_posts': similar_posts})
```

앞의 코드는 다음과 같습니다.

1. 현재 게시물에 태깅된 태그들을 담은 파이썬 리스트에서 태그의 ID들만 조회해 냅니다. values_list() QuerySet은 [(1,), (2,), (3,) ...]와 같이 주어진 필드의 값을 튜플의 리스트로 반환하는데, flat=True를 사용하면 [1, 2, 3, ...]와 같이 튜플이 아닌 단일 값을 가진 리스트로 반환합니다.

2. 현재 게시물에 태깅된 태그들이 포함된 모든 게시물을 획득하는데, 현재의 게시물은 제외합니다.

3. Count 집계 함수를 사용해서 질의(query)된 모든 태그와 공통된 태그 수를 가진 계산된 필드(same_tags)를 만듭니다.

4. 공통된 태그 수로 결과를 정렬(내림차순)하고 공통된 태그 수가 같은 게시물은 최근 게시물을 먼저 표시하도록 publish를 기준으로 정렬합니다. 결과를 잘라서 첫 4개의 게시물만을 조회합니다.

5. render() 함수의 콘텍스트 딕셔너리에 similar_posts 객체를 전달합니다.

이제 blog/post/detail.html 템플릿을 열어 다음 코드를 추가합니다. 추가할 코드는 굵게 강조 표시했습니다.

```
{% extends "blog/base.html" %} {% block title %}{{ post.title }}{% endblock %}
{% block content %}
  <h1>{{ post.title }}</h1>
  <p class="date">
Published {{ post.publish }} by {{ post.author }}
  </p>
  {{ post.body|linebreaks }}
  <p>
    <a href="{% url "blog:post_share" post.id %}">
      Share this post
    </a>
  </p>
```

```
<h2>Similar posts</h2>
{% for post in similar_posts %}
  <p>
    <a href="{{ post.get_absolute_url }}">{{ post.title }}</a>
  </p>
{% empty %}    There are no similar posts yet.
{% endfor %}
{% with comments.count as total_comments %}
  <h2>
    {{ total_comments }} comment{{ total_comments|pluralize }}
  </h2>
{% endwith %}
{% for comment in comments %}
  <div class="comment">
    <p class="info">
      Comment {{ forloop.counter }} by {{ comment.name }}
      {{ comment.created }}    </p>
    {{ comment.body|linebreaks }}
  </div>
{% empty %}
  <p>There are no comments yet.</p>
{% endfor %}
{% include "blog/post/includes/comment_form.html" %}
{% endblock %}
```

이제 게시물 상세 페이지는 다음과 같아야 합니다.

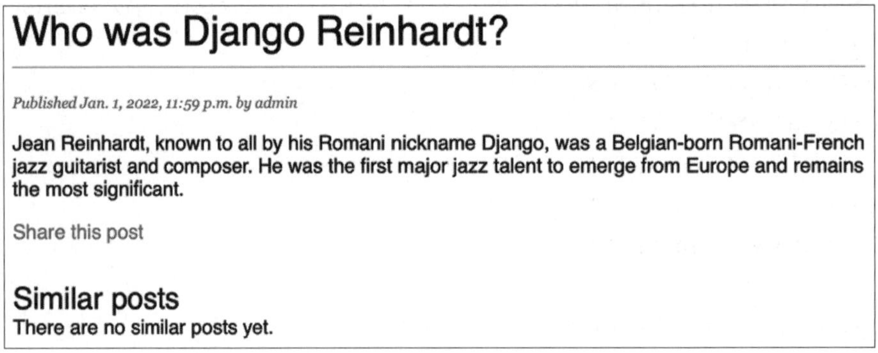

Who was Django Reinhardt?

Published Jan. 1, 2022, 11:59 p.m. by admin

Jean Reinhardt, known to all by his Romani nickname Django, was a Belgian-born Romani-French jazz guitarist and composer. He was the first major jazz talent to emerge from Europe and remains the most significant.

Share this post

Similar posts
There are no similar posts yet.

그림 3.7 유사한 게시물 목록을 가진 게시물 상세 페이지

브라우저에서 http://127.0.0.1:8000/admin/blog/post/를 열고 태그가 없는 게시물을

수정해서 다음과 같이 `music`, `jazz` 태그를 추가합니다.

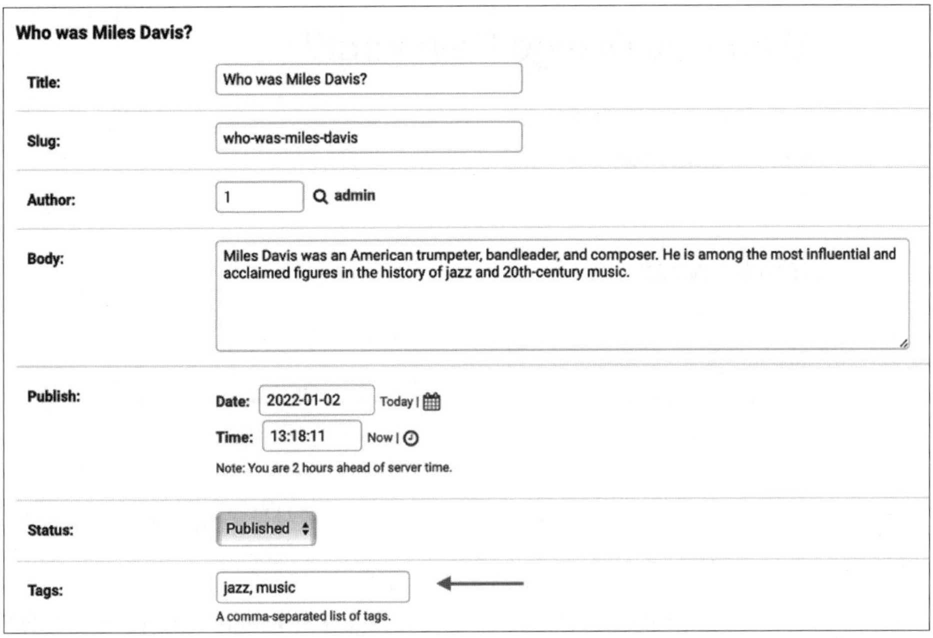

그림 3.8 게시물에 "jazz"와 "music" 태그를 추가

다른 게시물을 수정해서 다음과 같이 `jazz` 태그를 추가합니다.

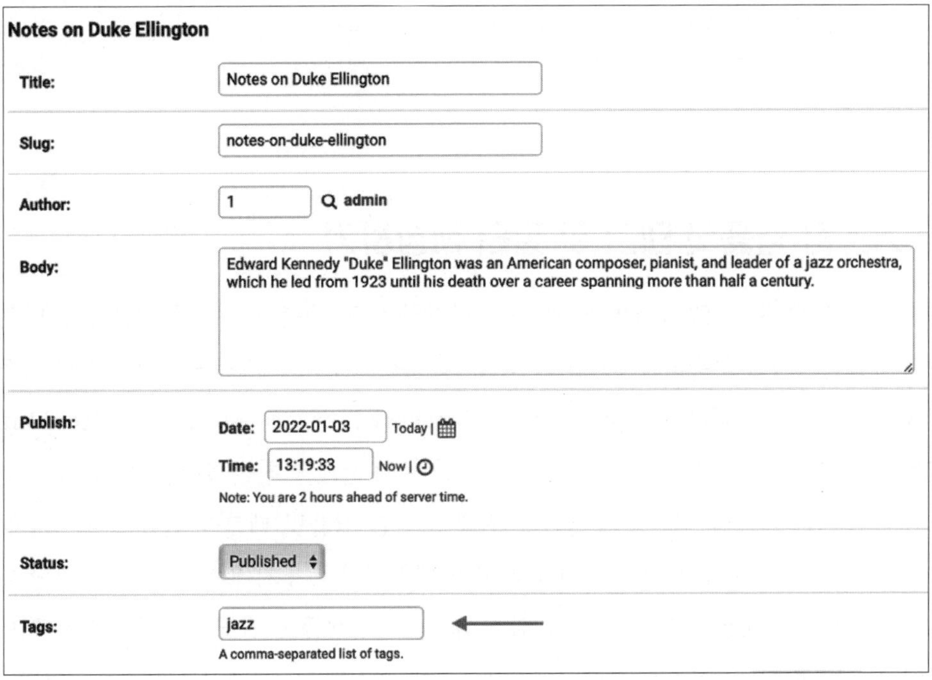

그림 3.9 게시물에 "jazz" 태그 추가

이제 첫 번째 게시물의 게시물 상세 페이지가 다음과 같이 표시됩니다.

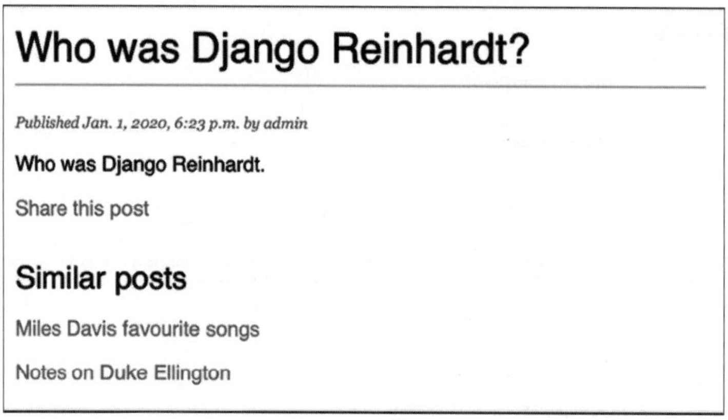

그림 3.10 유사한 게시물 목록을 포함한 게시물 상세 페이지

페이지의 Similar posts 섹션에서 추천된 게시물은 원본 게시물과 공통된 태그 수를 기준으로 내림차순으로 표시됩니다.

이제 비슷한 게시물을 독자에게 추천할 수 있게 되었습니다. django-taggit에는 공통된 태그들로 객체를 검색하는 데 사용할 수 있는 similar_objects() 관리자 API도 있습니다. https://django-taggit.readthedocs.io/en/latest/api.html에서 django-taggit의 모든 관리자 API를 볼 수 있습니다. 또한 blog/post/list.html 템플릿에서와 같은 방법으로 게시물 상세 템플릿에 태그 목록을 추가할 수 있습니다.

3.3 커스텀 템플릿 태그 및 필터 생성하기

장고는 {% if %} 또는 {% block %}과 같은 다양한 내장 템플릿 태그를 제공합니다. "1장, 블로그 애플리케이션 구축하기"과 "2장, 고급 기능으로 블로그 향상하기"에서 서로 다른 템플릿 태그를 사용했습니다. https://docs.djangoproject.com/en/4.1/ref/templates/builtins/에서 내장 템플릿 태그 및 필터에 관한 전체 문서를 찾을 수 있습니다.

장고를 사용하면 커스텀 액션을 수행하기 위해 고유한 템플릿 태그를 만들 수도 있습니다. 커스텀 템플릿 태그는 장고 템플릿 태그의 코어 세트에서 다루지 않는 기능을 추가할 때 매우 유용합니다. QuerySet을 실행하기 위한 태그 또는 템플릿 간에 재사용하려는 서버 측 처리에 사용할 수도 있습니다. 예를 들어 블로그에 게시된 최신 게시물 목록을 표시하는데 템플릿 태그를 쓸 수 있는데, 템플릿 태그를 사이드 바에 포함시켜 요청을 처리하는 뷰와 관계없이 항상 볼 수도 있습니다.

3.3.1 커스텀 템플릿 구현하기

장고는 템플릿 태그를 쉽게 생성할 수 있도록 다음과 같은 도우미 함수를 제공합니다.

- simple_tag: 주어진 데이터를 처리하고 문자열을 반환
- inclusion_tag: 주어진 데이터를 처리하고 렌더링된 템플릿을 반환

템플릿 태그는 장고 애플리케이션 내에 있어야 합니다.
blog 애플리케이션 디렉터리 안에 디렉터리를 만들고 이름을 templatetag로 명명한 후 빈 __init__.py 파일을 추가합니다. 같은 폴더에 blog_tags.py로 명명한 다른 이름의 파일을 만듭니다. 블로그 애플리케이션의 파일 구조는 다음과 같아야 합니다.

```
blog/
    __init__.py
    models.py
    ...
    templatetags/
        __init__.py
        blog_tags.py
```

파일의 이름이 중요합니다. 이 모듈의 이름을 사용해서 템플릿에 태그를 불러옵니다.

3.3.2 간단한 템플릿 태그 만들기

블로그에 게시된 모든 게시물을 조회하는 간단한 태그를 생성하는 것으로 시작해 보겠습니다. 방금 만든 templatetag/blog_tags.py 파일을 열어 다음 코드를 추가합니다.

```
from django import template
from ..models import Post


register = template.Library()
```

```
@register.simple_tag
def total_posts():
    return Post.published.count()
```

블로그에 게시된 게시물의 수를 반환하는 간단한 템플릿 태그를 만들었습니다.

템플릿 태그를 포함하는 각 모듈은 유효한 태그 라이브러리가 되도록 register라는 변수를 정의해야 합니다. 이 변수는 template.Library의 인스턴스이며, 애플리케이션의 템플릿 태그와 필터를 등록하는 데 사용됩니다.

앞의 코드에서는 간단한 파이썬 함수를 사용해서 total_posts라는 태그를 정의했습니다. 심플(simple) 태그로 등록하기 위해 함수에 데코레이터 @register.simple_tag를 추가했습니다. 장고는 함수 이름을 태그명으로 사용합니다. 다른 이름을 사용해서 등록하려면 @register.simple_tag(name='my_tag')와 같이 name 속성을 지정하면 됩니다.

> **Note** 새로운 템플릿 태그 모듈을 추가한 후 장고 템플릿에서 새로운 태그를 사용하려면 장고 개발 서버를 다시 시작해야 합니다.

커스텀 템플릿 태그를 사용하기 전에 {% load %} 태그를 사용해서 템플릿에서 태그를 사용할 수 있도록 해야 합니다. 앞에서 언급했듯이 템플릿 태그와 필터를 포함한 파이썬 모듈의 이름을 사용해야 합니다.

blog/templates/base.html 템플릿을 편집해서 상단에 {% load blog_tags %}를 추가해 템플릿 태그 모듈을 로드합니다. 그런 다음 생성한 태그를 사용해서 다음과 같이 전체 게시물의 수를 표시합니다. 새로운 줄은 굵게 강조 표시했습니다.

```
{% load blog_tags %}
{% load static %} <!DOCTYPE html>
<html>
<head>
  <title>{% block title %}{% endblock %}</title>
  <link href="{% static "css/blog.css" %}" rel="stylesheet">
</head> <body>
  <div id="content">
    {% block content %}
    {% endblock %}
  </div>
```

```
<div id="sidebar">      <h2>My blog</h2>      <p>
    This is my blog.
    I've written {% total_posts %} posts so far.
  </p>   </div>
</body>
</html>
```

프로젝트에 추가된 새로운 파일을 추적하려면 서버를 다시 시작해야 합니다. Ctrl + C로 실행 중인 개발 서버를 중지하고 다음 명령을 사용해서 다시 실행합니다.

```
python manage.py runserver
```

브라우저에서 `http://127.0.0.1:8000/blog/`를 엽니다. 다음과 같이 사이트의 사이드 바에 게시물의 총량이 표시되어야 합니다.

My blog

This is my blog. I've written 4 posts so far.

그림 3.11 사이드 바에 표시된 게시된 게시물 총량

다음 오류 메시지가 표시되면 개발 서버를 다시 시작하지 않았을 가능성이 높습니다.

TemplateSyntaxError at /blog/2022/1/1/who-was-django-reinhardt/

'blog_tags' is not a registered tag library. Must be one of:
admin_list
admin_modify
admin_urls
cache
i18n
l10n
log
static
tz

그림 3.12 템플릿 태그 라이브러리가 등록되지 않았을 경우 오류 메시지

템플릿 태그를 사용하면 실행된 뷰에 관계없이 모든 데이터를 처리하고 이를 모든 템플릿에 추가할 수 있습니다. QuerySet을 수행하거나 데이터를 처리해서 템플릿에 결과를 표시할 수 있습니다.

3.3.3 인클루젼 템플릿 태그 만들기

블로그의 사이드 바에 최신 게시물을 표시하기 위해 또 다른 태그를 생성합니다. 이번에는 인클루젼(inclusion) 태그를 구현해 보겠습니다. 인클루젼 태그를 사용하면 템플릿 태그에서 반환된 콘텍스트 변수로 템플릿을 렌더링할 수 있습니다.

templatetags/blog_tags.py 파일을 열어 다음 코드를 추가합니다.

```python
@register.inclusion_tag('blog/post/latest_posts.html')
def show_latest_posts(count=5):
    latest_posts = Post.published.order_by('-publish')[:count]
    return {'latest_posts': latest_posts}
```

앞의 코드에서 데코레이터 @register.inclusion_tag를 사용해서 템플릿 태그를 등록했습니다. 반환된 값으로 렌더링될 템플릿으로 blog/post/latest_posts.html을 지정했습니다. 템플릿 태그는 기본 값이 5인 선택(optional) 매개 변수 count를 가지고 있습니다. 이 매개 변수를 사용하면 표시할 게시물의 수를 지정할 수 있습니다. 이 변수로 쿼리 Post.published.order_by('-publish')[:count]의 결과를 제한합니다.

이 함수는 단순한 값 대신 변수들을 담은 딕셔너리를 반환합니다. 인클루젼 태그는 지정된 템플릿을 렌더링하기 위한 콘텍스트로서, 사용될 값들을 담은 딕셔너리를 반환해야 합니다.

방금 만든 템플릿 태그는 {% show_latest_posts 3 %}와 같이 사용해서 표시할 게시물의 수를 필요시 지정할 수 있습니다.

이제 blog/post/ 아래 새로운 템플릿 파일을 만들고 이름을 latest_posts.html로 지정합니다.

새로운 blog/post/latest_posts.html 템플릿을 열고 다음 코드를 추가합니다.

```html
<ul>
  {% for post in latest_posts %}
    <li>
      <a href="{{ post.get_absolute_url }}">{{ post.title }}</a>
    </li>
  {% endfor %}
</ul>
```

앞의 코드는 템플릿 태그에서 반환된 latest_posts 변수를 사용해 정렬되지 않은 게시물 목록을 표시합니다. 이제 다음과 같이 blog/base.html 템플릿을 열고 새로운 템플릿 태그를 추가해서 가장 최근 세 개의 게시물을 표시합니다. 새로운 라인은 굵게 강조 표시했습니다.

```
{% load blog_tags %}
{% load static %}
<!DOCTYPE html>
<html>
<head>
  <title>{% block title %}{% endblock %}</title>
  <link href="{% static "css/blog.css" %}" rel="stylesheet">
</head>
<body>
  <div id="content">
    {% block content %}
    {% endblock %}
  </div>
  <div id="sidebar">    <h2>My blog</h2>        <p>
      This is my blog.
      I've written {% total_posts %} posts so far.      </p>
    <h3>Latest posts</h3>
    {% show_latest_posts 3 %}
  </div>
</body>
</html>
```

템플릿 태그가 호출돼서 표시할 게시물의 수를 전달하면 주어진 콘텍스트로 알맞은 장소에서 렌더링됩니다.

그런 다음 브라우저로 돌아가서 페이지를 새로고침합니다. 이제 사이드 바는 다음과 같이 표시됩니다.

그림 3.13 최근 게시된 게시물을 표시하는 블로그 사이드 바

3.3.4 QuerySet을 반환하는 템플릿 태그 만들기

끝으로 값을 반환하는 간단한 템플릿 태그를 만들겠습니다. 결과를 직접 출력하지 않고 재사용할 수 있는 변수에 저장합니다. 댓글이 가장 많이 달린 게시물을 표시하는 태그를 만들겠습니다.

templatetags/blog_tags.py을 열어 임포트문을 비롯한 코드를 추가합니다.

```python
from django.db.models import Count


@register.simple_tag
def get_most_commented_posts(count=5):
    return Post.published.annotate(
            total_comments=Count('comments')
        ).order_by('-total_comments')[:count]
```

앞의 템플릿 태그에서는 annotate() 함수로 QuerySet을 작성해서 각 게시물에 대한 총 댓글의 수를 집계합니다. Count 집계 함수를 사용해서 각 Post 객체에 대해 계산된 댓글 수를 total_comments 필드에 저장합니다. 계산된 필드를 기준으로 QuerySet을 내림차순으로 정렬합니다. 또한 반환되는 댓글의 총수를 제한해야 할 경우 count 변수를 제공합니다.

Count 외에도 장고는 Avg, Max, Min, Sum 같은 집계함수들을 제공합니다. 집계함수에 관한 자세한 내용은 https://docs.djangoproject.com/en/4.1/topics/db/aggregation/에서 볼 수 있습니다.

다음으로 blog/base.html 템플릿을 열어 수정하고 굵게 강조 표시된 다음의 코드를 추가합니다.

```html
{% load blog_tags %}
{% load static %} <!DOCTYPE html>
<html>
<head>
  <title>{% block title %}{% endblock %}</title>
  <link href="{% static "css/blog.css" %}" rel="stylesheet">
</head>
<body>
  <div id="content">
    {% block content %}
    {% endblock %}
```

```
    </div>
    <div id="sidebar">      <h2>My blog</h2>
      <p>
        This is my blog.
        I've written {% total_posts %} posts so far.
      </p>
      <h3>Latest posts</h3>
      {% show_latest_posts 3 %}
      <h3>Most commented posts</h3>
      {% get_most_commented_posts as most_commented_posts %}
      <ul>
        {% for post in most_commented_posts %}
          <li>
            <a href="{{ post.get_absolute_url }}">{{ post.title }}</a>
          </li>
        {% endfor %}
      </ul>
    </div>
  </body>
</html>
```

앞의 코드에서 템플릿 태그를 호출하고 as 다음에 변수 이름을 지정해서 커스텀 변수에 결과를 저장합니다. 템플릿 태그의 경우 (% get_most_commented_posts as most_commented_posts %)를 사용해서 템플릿 태그의 결과를 most_commented_posts라는 새로운 변수에 저장합니다. 그런 다음 HTML의 정렬되지 않은 리스트를 표시하는 <ul> 엘리먼트를 사용해서 반환된 게시물들을 표시합니다.

이제 브라우저를 열고 페이지를 새로 고쳐 최종 결과를 확인하세요. 다음과 같아야 합니다.

그림 3.14 최신 게시물과 댓글이 가장 많이 달린 게시물을 표시한 사이드 바를 가진 게시물 목록 뷰

이제 커스텀 템플릿 태그를 작성하는 방법을 명확히 알게 되었습니다. https://docs.djangoproject.com/en/4.1/howto/custom-template-tags/에서 더 자세한 내용을 읽을 수 있습니다.

3.3.5 커스텀 템플릿 필터 구현하기

장고는 템플릿의 변수를 변경할 수 있는 다양한 내장 템플릿 필터가 있습니다. 이것들은 필터가 적용될 변수의 값과 필요에 따라 사용하는(optional) 인수로 한 두 개의 매개 변수를 사용하는 일반적인 파이썬 함수로 페이지에 표시되거나 다른 필터에서 처리할 수 있는 값을 반환합니다.

필터는 {{ variable|my_filter }}와 같이 작성되고, 인수가 있는 필터는 {{ variable|my_filter:"foo" }}와 같이 작성됩니다. 예를 들어, capfirst 필터를 {{ value|capfirst }}와 같이 사용해서 값의 첫 번째 문자를 대문자로 표시할 수 있습니다. 만약 값이 django면 출력은 Django가 됩니다. {{ variable|filter1|filter2 }}와 같이 변수에 원하는 만큼 많은 필터를 적용할 수 있으며 각 필터는 이전 필터에서 생성된 출력에 대해 적용됩니다.

장고의 내장 템플릿 필터 목록은 https://docs.djangoproject.com/en/4.1/ref/templa

tes/builtins/#built-in-filter-reference에서 찾을 수 있습니다.

3.3.6 마크다운 구문을 지원하는 템플릿 필터 만들기

블로그 게시물에서 마크다운 구문을 사용하고 템플릿에서 게시물 본문을 HTML로 변환할 수 있도록 커스텀 필터를 생성하겠습니다.

마크다운은 사용이 매우 간단한 일반 텍스트 서식 구문으로 HTML로 변환하기 위한 것입니다. 마크다운 구문을 배우는 것이 HTML을 배우는 것보다 훨씬 쉽습니다. 마크다운을 사용하면 관련 기술을 잘 모르는 사람도 여러분의 블로그에 쉽게 게시물을 작성하도록 할 수 있습니다.

https://daringfireball.net/projects/markdown/basics에서 마크다운 형식의 기본 사항을 배울 수 있습니다. 먼저 쉘 프롬프트에서 다음 명령을 사용해서 **pip**를 통해 파이썬 마크다운 모듈을 설치합니다.

```
pip install markdown==3.4.1
```

그런 다음 templatetags/blog_tags.py 파일을 편집해서 다음 코드를 추가합니다.

```
from django.utils.safestring import mark_safe

import markdown
@register.filter(name='markdown')
def markdown_format(text):
    return mark_safe(markdown.markdown(text))
```

템플릿 태그와 동일한 방식으로 템플릿 필터를 등록합니다. 함수 이름과 markdown 모듈 간의 충돌을 방지하기 위해 함수 이름을 markdown_format으로 지정하고 {{ variable|markdown }}과 같이 템플릿에서 사용할 수 있도록 필터 이름을 지정했습니다. 장고는 필터에 의해 생성된 HTML 코드를 이스케이프 처리합니다. HTML 엔티티의 문자는 HTML 인코딩 문자로 대체되는데, 예를 들어 <p>는 <p>(~보다 작다 기호, 문자 p, ~보다 크다 기호)와 같이 변환됩니다.

결과를 템플릿에서 렌더링할 안전한 HTML로 표시하기 위해 장고에서 제공하는 **mark_safe** 함수를 사용합니다. 기본적으로 장고는 HTML 코드를 신뢰하지 않으며 출력으로 내보내기 전에 HTML 코드를 이스케이프합니다. 유일한 예외는 이스케이프로부터 안전한 것으로 표시된 변수입니다. 이 동작은 장고가 잠재적으로 위험한 HTML을 출력하는 것을 방지하고 안전한 HTML을 반환하기 위해 예외를 생성할 수 있는 방법입니다.

blog/post/detail.html 템플릿을 편집해서 다음의 굵게 강조 표시된 새로운 코드를 추가합니다.

```
{% extends "blog/base.html" %}
{% load blog_tags %}
{% block title %}{{ post.title }}{% endblock %}
{% block content %}
  <h1>{{ post.title }}</h1>
  <p class="date">
    Published {{ post.publish }} by {{ post.author }}
  </p>
  {{ post.body|markdown }}
  <p>
    <a href="{% url "blog:post_share" post.id %}">
      Share this post
    </a>
  </p>
  <h2>Similar posts</h2>
  {% for post in similar_posts %}
    <p>
      <a href="{{ post.get_absolute_url }}">{{ post.title }}</a>
    </p>
  {% empty %}
    There are no similar posts yet.
  {% endfor %}
  {% with comments.count as total_comments %}
    <h2>
      {{ total_comments }} comment{{ total_comments|pluralize }}
    </h2>
  {% endwith %}
  {% for comment in comments %}
    <div class="comment">
      <p class="info">
        Comment {{ forloop.counter }} by {{ comment.name }}
        {{ comment.created }}
```

```
    </p>
    {{ comment.body|linebreaks }}
  </div>
{% empty %}
  <p>There are no comments yet.</p>
{% endfor %}
{% include "blog/post/includes/comment_form.html" %}
{% endblock %}
```

템플릿 변수 {{ post.body }}의 linebreaks 필터를 markdown 필터로 교체했습니다. 이 필터는 줄 바꿈을 <p> 태그로 변환할 뿐만 아니라, 마크다운 서식을 HTML로 변환합니다. blog/post/list.html 템플릿을 편집해서 굵게 강조 표시된 다음의 새로운 코드를 추가합니다.

```
{% extends "blog/base.html" %}
{% load blog_tags %}
{% block title %}My Blog{% endblock %}
{% block content %}
  <h1>My Blog</h1>
  {% if tag %}
    <h2>Posts tagged with "{{ tag.name }}"</h2>
  {% endif %}
  {% for post in posts %}
    <h2>
      <a href="{{ post.get_absolute_url }}">
        {{ post.title }}
      </a>
    </h2>
    <p class="tags">
      Tags:
      {% for tag in post.tags.all %}
        <a href="{% url "blog:post_list_by_tag" tag.slug %}">
          {{ tag.name }}
        </a>
        {% if not forloop.last %}, {% endif %}
      {% endfor %}
    </p>
```

```
    <p class="date">
      Published {{ post.publish }} by {{ post.author }}
    </p>
    {{ post.body|markdown|truncatewords_html:30 }}
  {% endfor %}
  {% include "pagination.html" with page=posts %}
{% endblock %}
```

템플릿 변수 {{ post.body }}에 새로운 markdown 필터를 추가했습니다. 이 필터는 마크다운 콘텐츠를 HTML로 변환합니다. 따라서 이전의 truncatewords 필터를 truncatewords_html 필터로 교체했습니다. 이 필터는 닫히지 않은 HTML 태그를 피해서 특정 수의 단어 이상의 문자열을 자릅니다.

이제 브라우저에서 http://127.0.0.1:8000/admin/blog/post/add/를 열어 다음 본문으로 새로운 게시물을 작성합니다.

```
This is a post formatted with markdown
--------------------------------------
*This is emphasized* and **this is more emphasized**.
Here is a list:
*    One
*    Two
*    Three
And a [link to the Django website](https://www.djangoproject.com/).
```

새로운 게시물 등록 폼을 다음과 같이 채웁니다.

그림 3.15 마크다운 콘텐츠가 HTML로 렌더링된 게시물

브라우저에서 `http://127.0.0.1:8000/blog/`를 열고 새로운 게시물이 어떻게 렌더링되는지 살펴보세요. 다음과 같은 출력이 표시되어야 합니다.

그림 3.16 HTML로 렌더링된 마크다운 콘텐츠 게시물

그림 3.16에서 볼 수 있듯이 커스텀 템플릿 필터는 서식을 커스터마이징하는데 매우 유용합니다. 커스텀 필터에 관한 자세한 내용은 https://docs.djangoproject.com/en/4.1/howto/custom-template-tags/#writing-custom-template-filters에서 찾을 수 있습니다.

3.4 사이트에 사이트맵 추가하기

장고에는 사이트에 대한 사이트맵을 동적으로 생성할 수 있는 사이트맵 프레임워크가 있습니다. 사이트맵은 검색 엔진에 웹사이트의 페이지, 관련성 및 업데이트 빈도를 알려주는 XML 파일입니다. 사이트맵을 사용하면 크롤러가 웹사이트 콘텐츠를 인덱싱하는 데 도움이 되므로 검색 엔진 순위에서 우리의 사이트를 더 잘 볼 수 있습니다.

장고 사이트맵 프레임워크는 django.contrib.sites에 의존하는데, 이를 통해 프로젝트에서 실행 중인 특정 웹사이트에 객체를 연결할 수 있습니다. 단일 장고 프로젝트를 사용해서 여러 사이트를 실행하려는 경우 유용합니다. 사이트맵 프레임워크를 설치하려면 프로젝트에서 sites와 sitemaps 애플리케이션을 모두 활성화해야 합니다.

프로젝트의 settings.py 파일을 편집해서 django.contrib.sites 및 django.contrib.

sitemaps를 INSTALLED_APPS 설정에 추가합니다. 또 다음과 같이 SITE_ID에 새로운 설정을 정의합니다. 새로운 코드는 굵게 강조 표시했습니다.

```
# ...
SITE_ID = 1
# 애플리케이션 정의
INSTALLED_APPS = [
    'django.contrib.admin',
    'django.contrib.auth',
    'django.contrib.contenttypes',
    'django.contrib.sessions',
    'django.contrib.messages',
    'django.contrib.staticfiles',
    'blog.apps.BlogConfig',
    'taggit',
    'django.contrib.sites',
    'django.contrib.sitemaps',
]
```

이제 쉘 프롬프트에서 다음 명령을 실행해서 데이터베이스에 장고 sites 애플리케이션의 테이블을 만듭니다.

```
python manage.py migrate
```

다음 줄과 같은 메시지가 출력되어야 합니다.

```
Applying sites.0001_initial... OK
Applying sites.0002_alter_domain_unique... OK
```

이제 sites 애플리케이션이 데이터베이스와 동기화되었습니다.

다음으로 blog 애플리케이션 디렉터리에 내에 새로운 파일을 만들고 이름을 sitemaps.py로 지정합니다. 해당 파일을 열고 다음 코드를 추가합니다.

```
from django.contrib.sitemaps import Sitemap
from .models import Post


class PostSitemap(Sitemap):
```

```
    changefreq = 'weekly'
    priority = 0.9
    def items(self):
        return Post.published.all()

    def lastmod(self, obj):
        return obj.updated
```

sitemaps 모듈의 Sitemap 클래스를 상속해서 커스텀 사이트맵을 정의했습니다.
changefreq와 priority 속성은 게시물 페이지의 변경 빈도와 사이트에서의 관련성을 나타냅니다(최댓값은 1).

items() 메서드는 이 사이트맵에 포함할 객체(여기서는 게시물)들의 QuerySet을 반환합니다. 기본적으로 장고는 각 객체에서 get_absolute_url() 메서드를 호출해서 해당 객체의 URL을 조회합니다. 게시물의 표준 URL을 정의하기 위해 "2장, 고급 기능으로 블로그 향상하기"에서 이 메서드를 구현했음을 기억하세요. 각 객체에 URL을 지정하려는 경우 여러분의 사이트맵 클래스에 location 메서드를 추가할 수 있습니다.

lastmod 메서드는 items()에서 반환된 각 객체를 받아서 객체가 마지막으로 수정된 시간을 반환합니다. changefreq 및 priority는 모두 메서드이거나 속성일 수 있습니다. https://docs.djangoproject.com/en/4.1/ref/contrib/sitemaps/에서 사이트맵에 관한 공식 장고 문서를 찾아볼 수 있습니다.

사이트맵을 만들었습니다. 이제 우리는 사이트맵의 URL을 만들기만 하면 됩니다.
mysite 프로젝트의 메인 urls.py 파일을 편집하고 다음과 같이 사이트맵을 추가합니다. 새로운 줄은 굵게 강조 표시했습니다.

```
from django.urls import path, include
from django.contrib import admin
from django.contrib.sitemaps.views import sitemap
from blog.sitemaps import PostSitemap

sitemaps = {
    'posts': PostSitemap,
}
urlpatterns = [
    path('admin/', admin.site.urls),
```

```
        path('blog/', include('blog.urls', namespace='blog')),
        path('sitemap.xml', sitemap, {'sitemaps': sitemaps},
            name='django.contrib.sitemaps.views.sitemap') ]
```

앞의 코드에서는 필요한 임포트를 추가하고 `sitemaps` 딕셔너리를 정의했습니다. 사이트에 여러 사이트맵을 정의할 수 있습니다. 우리는 `sitemap.xml` 패턴과 일치하는 URL 패턴을 정의했으며 장고에서 제공하는 `sitemap` 뷰를 사용했습니다. `sitemaps` 딕셔너리가 `sitemap` 뷰로 전달됩니다.

다음 명령으로 쉘 프롬프트에서 개발 서버를 실행합니다.

```
python manage.py runserver
```

브라우저에서 `http://127.0.0.1:8000/sitemap.xml`을 열면 다음과 같이 게시된 모든 게시물을 포함한 XML 출력이 표시됩니다.

```
<urlset xmlns="http://www.sitemaps.org/schemas/sitemap/0.9"
xmlns:xhtml="http://www.w3.org/1999/xhtml">
  <url>
    <loc>http://example.com/blog/2022/1/22/markdown-post/</loc>
    <lastmod>2022-01-22</lastmod>
    <changefreq>weekly</changefreq>
    <priority>0.9</priority>
  </url>
  <url>
    <loc>http://example.com/blog/2022/1/3/notes-on-duke-ellington/</loc>
    <lastmod>2022-01-03</lastmod>
    <changefreqa>weekly</changefreqa>
    <priority>0.9</priority>
  </url>
  <url>
    <loc>http://example.com/blog/2022/1/2/who-was-miles-davis/</loc>
    <lastmod>2022-01-03</lastmod>
    <changefreq>weekly</changefreq>
    <priority>0.9</priority>
  </url>
  <url>
    <loc>http://example.com/blog/2022/1/1/who-was-django-reinhardt/</
```

```
loc>
    <lastmod>2022-01-03</lastmod>
    <changefreq>weekly</changefreq>
    <priority>0.9</priority>
  </url>
  <url>
    <loc>http://example.com/blog/2022/1/1/another-post/</loc>
    <lastmod>2022-01-03</lastmod>
    <changefreq>weekly</changefreq>
    <priority>0.9</priority>
  </url>
</urlset>
```

각 Post 객체의 URL은 get_absolute_url() 메서드를 호출해서 만들어집니다. lastmode 속성은 여러분의 사이트맵에 지정한 대로 게시물의 updated 날짜 필드에 해당하며, changfreq와 priority 속성도 PostSitemap 클래스에서 가져옵니다.

URL을 만드는 데 사용된 도메인은 example.com입니다. 이 도메인은 데이터베이스에 저장된 Site 객체에서 가져오는데, 이 디폴트 객체는 사이트의 프레임워크를 데이터베이스와 동기화할 때 만들어집니다. 사이트 프레임워크에 관한 자세한 내용은 https://docs.djangoproject.com/en/4.1/ref/contrib/sites/에서 확인할 수 있습니다.

브라우저에서 http://127.0.0.1:8000/admin/sites/site/을 열면, 다음과 같은 내용이 표시되어야 합니다.

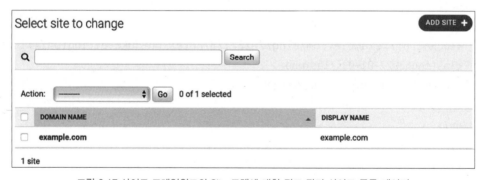

그림 3.17 사이트 프레임워크의 Site 모델에 대한 장고 관리 사이트 목록 페이지

그림 3.17은 사이트 프레임워크에 포함돼 있는 사이트 목록의 관리 페이지입니다. 여기에서 사이트 프레임워크 및 이에 의존하는 애플리케이션에서 사용할 도메인 또는 호스트를 설정할 수 있습니다. 로컬 환경에 존재하는 URL을 생성하려면 그림 3.18과 같이 도메인 이름을

`localhost:8000`으로 변경하고 저장합니다.

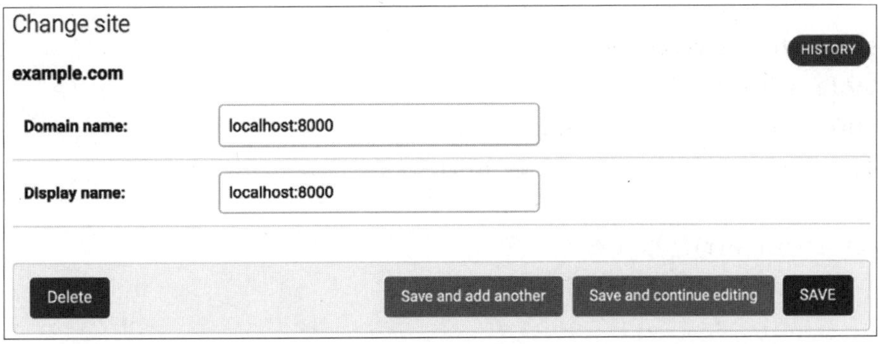

그림 3.18 사이트 프레임워크의 **Site** 모델에 대한 장고 관리 사이트 편집 페이지

브라우저에서 `http://127.0.0.1:8000/sitemap.xml`을 다시 엽니다. 각 객체에 대해 표시되는 URL은 이제 새로운 호스트 이름을 사용해 `http://localhost:8000/blog/2022/1/22/markdownpost/`과 같이 표시됩니다. 이제 로컬 환경에서 해당 링크에 액세스 할 수 있습니다. 프로덕션 환경에서는 웹사이트의 도메인을 사용해서 절대(absolute) URL을 생성해야 합니다.

3.5 블로그 게시물용 피드 만들기

장고에는 사이트 프레임워크를 사용해서 사이트맵을 만드는 것과 유사한 방식으로 RSS 또는 Atom 피드(feed)를 동적으로 생성하는 데 사용할 수 있는 신디케이션(syndication) 피드 프레임워크가 내장되어 있습니다. 웹 피드는 사용자에게 가장 최근에 업데이트된 콘텐츠를 제공하는 데이터 형식(일반적으로 XML)입니다. 사용자는 피드를 읽고 새로운 콘텐츠의 알림을 받는 데 사용되는 소프트웨어인 피드 수집기를 사용해서 피드를 구독할 수 있습니다. blog 애플리케이션 디렉터리에 새로운 파일을 만들고 이름을 `feeds.py`로 지정하고, 다음 코드를 추가합니다.

```
import markdown
from django.contrib.syndication.views import Feed
from django.template.defaultfilters import truncatewords_html
from django.urls import reverse_lazy
```

```
from .models import Post

class LatestPostsFeed(Feed):
    title = 'My blog'
    link = reverse_lazy('blog:post_list')
    description = 'New posts of my blog.'

    def items(self):
        return Post.published.all()[:5]

    def item_title(self, item):
        return item.title

    def item_description(self, item):
        return truncatewords_html(markdown.markdown(item.body), 30)

    def item_pubdate(self, item):
        return item.publish
```

이전 코드에서는 신디케이션 프레임워크의 **Feed** 클래스를 상속받아 피드를 정의했습니다. **title**, **link**, **description** 속성은 각기 RSS 엘리먼트 **<title>**, **<link>**, **<description>**에 해당합니다.

link 속성의 URL을 작성하기 위해 **reverse_lazy()**를 사용합니다. **reverse()** 메서드를 사용하면 이름으로 URL을 작성하고 필요에 따라 매개 변수를 전달할 수 있습니다. "*2장, 고급 기능으로 블로그 향상하기*"에서 reverse()를 사용했습니다.

reverse_lazy() 함수는 **reverse()** 함수의 지연 연산(lazy evaluation) 버전입니다. 프로젝트의 URL 구성이 로드되기 전에 URL 리버설(reversal)을 사용할 수 있게 해 줍니다.

items() 메서드는 피드에 포함할 객체를 조회합니다. 가장 최근에 게시된 게시물 5개를 조회해서 피드에 포함시킵니다.

item_title(), **item_description()**, **item_pubdate()** 메서드는 **items()**에서 반환된 객체들 중 각 객체를 받아서 해당 객체의 제목, 설명, 게시일을 반환합니다.

item_description() 메서드에서는 **markdown()** 함수를 사용해서 마크다운 콘텐츠를 HTML로 반환하고 **truncatewords_html()** 템플릿 필터 함수를 사용해서 닫히지 않은 HTML 태그를 피해서 30 단어가 넘는 게시물 설명의 뒷부분을 잘라냅니다.

이제 다음과 같이 blog/urls.py 파일을 편집해서 LatestPostsFeed 클래스를 임포트하고 새로운 URL 패턴에서 피드를 인스턴스화합니다. 코드에서 새로운 줄들은 굵게 강조 표시했습니다.

```python
from django.urls import path
from . import views
from .feeds import LatestPostsFeed

app_name = 'blog'
urlpatterns = [
    # Post views     path('', views.post_list, name='post_list'),
    # path('', views.PostListView.as_view(), name='post_list'),
    path('tag/<slug:tag_slug>/',
        views.post_list, name='post_list_by_tag'),
    path('<int:year>/<int:month>/<int:day>/<slug:post>/',
        views.post_detail,
        name='post_detail'),
    path('<int:post_id>/share/',
        views.post_share, name='post_share'),
    path('<int:post_id>/comment/',
        views.post_comment, name='post_comment'),
    path('feed/', LatestPostsFeed(), name='post_feed'),
]
```

브라우저에서 http://127.0.0.1:8000/blog/feed/로 이동합니다. 이제 가장 최근에 게시된 5개의 블로그 게시물을 포함한 RSS 피드가 표시됩니다.

```xml
<?xml version="1.0" encoding="utf-8"?>
<rss xmlns:atom="http://www.w3.org/2005/Atom" version="2.0">
  <channel>
    <title>My blog</title>
    <link>http://localhost:8000/blog/</link>
    <description>New posts of my blog.</description>
    <atom:link href="http://localhost:8000/blog/feed/" rel="self"/>
    <language>en-us</language>
    <lastBuildDate>Fri, 2 Jan 2020 09:56:40 +0000</lastBuildDate>
    <item>
      <title>Who was Django Reinhardt?</title>
```

```
      <link>http://localhost:8000/blog/2020/1/2/who-was-django
   reinhardt/</link>
      <description>Who was Django Reinhardt.</description>
      <guid>http://localhost:8000/blog/2020/1/2/who-was-django
   reinhardt/</guid>
    </item>
    ...
  </channel>
</rss>
```

Chrome을 사용하는 경우 XML 코드가 표시됩니다. Safari를 사용하는 경우라면 RSS 피드 리더를 설치하라는 메시지가 표시됩니다.

사용자 친화적 인터페이스로 RSS 피드를 보기 위해 RSS 데스크톱 클라이언트를 설치해 봅시다. 다중 플랫폼을 지원하는 RSS 리더인 Fluent Reader를 사용하겠습니다.

`https://github.com/yang991178/fluent-reader/releases`에서 Linux, macOS 또는 Windows 용 Fluent Reader를 다운로드합니다.

다운로드한 Fluent Reader를 설치하고 열면 다음 화면이 표시됩니다.

그림 3.19 RSS 피드 소스가 없는 Fluent Reader

창의 오른쪽 상단의 설정 아이콘(톱니)을 클릭합니다. 다음과 같은 RSS 피드 소스를 추가하는 화면이 표시됩니다.

그림 3.20 Fluent Reader에 RSS 피드 추가

추가 필드에 `http://127.0.0.1:8000/blog/feed/`를 입력하고 "추가" 버튼을 클릭합니다. 그러면 다음과 같이 폼 아래 표에 새로운 항목으로 블로그의 RSS 피드가 표시됩니다.

그림 3.21 Fluent Reader에 추가된 피드 소스

이제 Fluent Reader의 메인 화면으로 돌아가면 다음과 같이 블로그 RSS 피드에 포함된 게시물들을 볼 수 있습니다.

그림 3.22 Fluent Reader에서 블로그 RSS 피드 게시물을 클릭하면 설명을 볼 수 있다

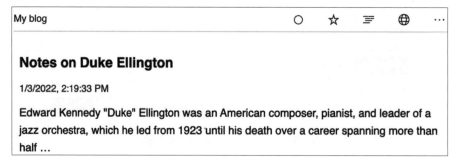

그림 3.23 Fluent Reader의 게시물 설명

창 오른쪽 상단에 있는 세 번째 아이콘을 클릭하면 게시물 페이지의 전체 콘텐츠를 불러올 수 있습니다.

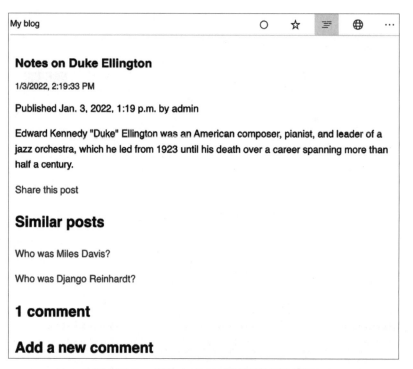

그림 3.24 Fluent Reader에 표시된 게시물 전체 콘텐츠

마지막 단계는 블로그의 사이드 바에 RSS 피드 구독 링크를 추가하는 것입니다. blog/base.html 템플릿을 열고 굵게 강조 표시된 다음의 코드를 추가합니다.

```
{% load blog_tags %}
{% load static %}
<!DOCTYPE html>
```

```
<html>
<head>
  <title>{% block title %}{% endblock %}</title>
  <link href="{% static "css/blog.css" %}" rel="stylesheet">
</head>
<body>
  <div id="content">
    {% block content %}
    {% endblock %}
  </div>
  <div id="sidebar">
    <h2>My blog</h2>
    <p>
      This is my blog.
      I've written {% total_posts %} posts so far.
    </p>
    <p>
      <a href="{% url "blog:post_feed" %}">
        Subscribe to my RSS feed
      </a>
    </p>
    <h3>Latest posts</h3>
    {% show_latest_posts 3 %}
    <h3>Most commented posts</h3>
    {% get_most_commented_posts as most_commented_posts %}
    <ul>
      {% for post in most_commented_posts %}
        <li>
          <a href="{{ post.get_absolute_url }}">{{ post.title }}</a>
        </li>
      {% endfor %}
    </ul>
  </div>
</body>
</html>
```

이제 브라우저에서 http://127.0.0.1:8000/blog/를 열고 사이드 바를 살펴봅시다. 새로운 링크가 사용자를 블로그 피드로 안내합니다.

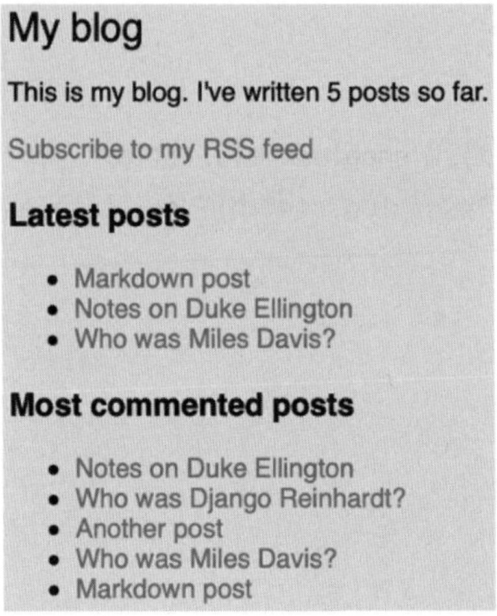

My blog

This is my blog. I've written 5 posts so far.

Subscribe to my RSS feed

Latest posts

- Markdown post
- Notes on Duke Ellington
- Who was Miles Davis?

Most commented posts

- Notes on Duke Ellington
- Who was Django Reinhardt?
- Another post
- Who was Miles Davis?
- Markdown post

그림 3.25 사이드 바에 추가된 RSS 피드 구독 링크

장고의 신디케이션 피드 프레임워크에 관한 자세한 내용은 https://docs.djangoproject.com/en/4.1/ref/contrib/syndication/에서 확인할 수 있습니다.

3.6 블로그에 전문(full-text) 검색 추가하기

다음으로 블로그에 검색 기능을 추가하겠습니다. 사용자 입력으로 데이터베이스에서 데이터를 검색하는 것은 웹 애플리케이션에서 흔한 작업입니다. 장고 ORM을 사용하면 contains 필터(또는 대소문자를 구분하지 않는 버전인 icontains)를 사용해서 간단한 매칭 연산을 수행할 수 있습니다. 다음 쿼리를 사용해서 본문에 framework라는 단어가 포함된 게시물을 찾을 수 있습니다.

```
from blog.models import Post
Post.objects.filter(body__contains='framework')
```

그러나 복잡한 검색을 수행하는 경우 유사성을 기준으로 결과를 검색하거나 텍스트에 나타나는 빈도 또는 서로 다른 필드의 중요도(예: 제목과 본문에 나타나는 용어의 관련성)에 따라 용어에 가중치를 지정하려면 전문 검색 엔진을 사용해야 합니다. 커다란 텍스트 블록을 고려하면 문자열 연산은 쿼리를 작성하는 것만으로는 충분하지 않습니다. 전문 검색은 검색 조건과의 일치를 확인할 때 저장된 콘텐츠에서 실제 단어를 검사합니다.

장고는 PostgreSQL의 전문 검색 기능을 기반으로 구축된 강력한 검색 기능을 제공합니다. `django.contrib.postgres` 모듈은 장고가 지원하는 다른 데이터베이스와 공유하지 않고 PostgreSQL에서만 제공하는 기능을 제공합니다. `https://www.postgresql.org/docs/14/textsearch.html`에서 PostgreSQL의 전문 검색 지원에 관해 알아볼 수 있습니다.

> **Note** 장고는 데이터베이스 독립적인 웹 프레임워크지만 장고가 지원하는 다른 데이터베이스에서는 제공하지 않고 PostgreSQL에서만 제공하는 풍부한 기능들을 지원하는 모듈을 제공합니다.

3.6.1 PostgreSQL 설치하기

현재 `mysite` 프로젝트에 SQLite 데이터베이스를 사용하고 있습니다. SQLite의 전문 검색 지원은 제한적이며 장고는 직접적으로 지원하지 않습니다. 그러나 PostgreSQL은 전문 검색에 훨씬 더 적합하며 `django.contrib.postgres` 모듈을 사용해서 PostgreSQL의 전문 검색 기능을 사용할 수 있습니다. 전문 검색 기능을 활용하기 위해 데이터를 SQLite에서 PostgreSQL로 마이그레이션하겠습니다.

> **Note** SQLite는 개발 목적으로는 충분합니다. 그러나 프로덕션 환경의 경우 PostgreSQL, MariaDB, MySQL, Oracle같은 보다 강력한 데이터베이스가 필요합니다.

`https://www.postgresql.org/download/`에서 macOS 또는 Windows용 PostgreSQL 설치 프로그램을 다운로드합니다. 동일한 페이지에서 여러 Linux 배포판에 PostgreSQL을 설치하기 위한 지침을 찾을 수 있습니다. PostgreSQL을 설치하고 실행하려면 웹사이트의 지침을 따르세요.

macOS를 사용 중이고 `Postgre.app`을 사용해 PostgreSQL을 설치하도록 선택한 경우 `https://postgresapp.com/documentation/cli-tools.html`에 설명된 대로 커맨드라인 도구를 사용하도록 `$PATH` 변수를 구성해야 합니다.

파이썬용 `psycopg2` PostgreSQL 어댑터도 설치해야 합니다. 셸 프롬프트에서 다음 명령을 실행해서 설치합니다.

```
pip install psycopg2-binary==2.9.3
```

3.6.2 PostgreSQL 데이터베이스 생성하기

PostgreSQL 데이터베이스에 사용자를 생성해 보겠습니다. PostgreSQL의 터미널 기반 프론트엔드 **psql**을 사용합니다. 쉘 프롬프트에서 다음 명령을 실행해서 PostgreSQL 터미널로 진입합니다.

```
psql
```

다음 출력이 표시됩니다.

```
psql (14.2)
Type "help" for help.
```

다음 명령을 입력해서 데이터베이스를 생성할 수 있는 사용자를 만듭니다.

```
CREATE USER blog WITH PASSWORD 'xxxxxx';
```

xxxxxx를 원하는 암호로 바꾸고 명령을 실행합니다. 다음과 같은 출력이 표시됩니다.

```
CREATE ROLE
```

사용자가 생성되었습니다. 이제 **blog** 데이터베이스를 만들고 방금 만든 **blog** 사용자에게 소유권을 부여해 보겠습니다. 다음 명령을 실행합니다.

```
CREATE DATABASE blog OWNER blog ENCODING 'UTF8';
```

이 명령을 사용해서 PostgreSQL에 **blog**라는 데이터베이스를 생성하도록 지시하고, 이전에 생성한 사용자 **blog**에게 데이터베이스 소유권을 부여하며 **UTF8** 인코딩이 새로운 데이터베이스에 사용되어야 함을 지시합니다. 다음 출력이 표시될 것입니다.

```
CREATE DATABASE
```

PostgreSQL 사용자 및 데이터베이스를 성공적으로 생성했습니다.

3.6.3 기존 데이터 덤프하기

장고 프로젝트에서 데이터베이스를 전환하기 전에 SQLite 데이터베이스에서 기존의 데이터를 덤프해야 합니다. 기존 데이터를 내보내고, 프로젝트의 데이터베이스를 PostgreSQL로 전환한 뒤 데이터를 새로운 데이터베이스로 가져와야 합니다.

장고는 데이터를 데이터베이스에서 **픽스처(fixtures)**라는 파일로 로드하고 덤프하는 간단한 방법을 제공합니다. 장고는 JSON, XML 또는 YAML 형식의 픽스처를 지원합니다. 데이터베이스에 포함된 모든 데이터를 픽스처로 만들 것입니다.

dumpdata 명령은 데이터베이스의 데이터를 기본적으로 JSON 형식으로 직렬화된 표준 출력으로 덤프합니다. 결과 데이터 구조에는 장고가 모델을 데이터베이스에 로드할 수 있는 모델의 정보와 해당 필드들이 포함됩니다.

명령에 애플리케이션 이름을 제공하거나, 데이터를 출력하려는 단일 모델을 app.Model 형식으로 지정해서 출력을 애플리케이션 모델로 제한할 수 있습니다. --format 플래그를 사용해서 형식을 지정할 수도 있습니다. 기본적으로 dumpdata에는 직렬화된 데이터를 표준 출력으로 사용합니다. 그러나 --output 플래그를 사용하여 출력 파일을 지정할 수도 있습니다. 그리고 --indent 플래그를 사용하면 들여쓰기를 지정할 수 있습니다. dumpdata의 매개 변수에 관한 자세한 내용을 보기 위해서는 python manage.py dumpdata -help를 실행하세요.

쉘 프롬프트에서 다음 명령을 실행합니다.

```
python manage.py dumpdata --indent=2 --output=mysite_data.json
```

다음과 비슷하게 출력될 것입니다.

```
[......................................................]
```

모든 기존 데이터는 JSON 형식의 mysite_data.json이라는 새로운 파일로 내보내겼습니다. 파일의 내용을 보면 설치된 애플리케이션의 다양한 모델에 대한 다양한 데이터 객체를 가진 JSON 구조를 볼 수 있을 것입니다. 명령을 실행할 때 인코딩 오류가 발생하면 다음과 같이 -Xutf8 플래그를 사용해서 파이썬의 UTF-8 모드를 활성화합니다.

```
python -Xutf8 manage.py dumpdata --indent=2 --output=mysite_data.json
```

이제 장고 프로젝트에서 데이터베이스를 전환한 다음 데이터를 새로운 데이터베이스로 가져옵니다.

3.6.4 프로젝트에서 데이터베이스 전환하기

프로젝트의 `settings.py` 파일을 편집해서 DATABASES 설정을 다음과 같이 수정합니다. 새로운 코드는 굵게 강조 표시했습니다.

```python
DATABASES = {
    'default': {
        'ENGINE': 'django.db.backends.postgresql',
        'NAME': 'blog',
        'USER': 'blog',
        'PASSWORD': 'xxxxxx',
    }
}
```

xxxxxx를 PostgreSQL 사용자를 생성할 때 사용한 패스워드로 바꿉니다. 현재 새로운 데이터베이스는 비어 있습니다.

다음 명령으로 모든 데이터베이스 마이그레이션을 새로운 PostgreSQL 데이터베이스에 적용합니다.

```
python manage.py migrate
```

다음과 같이 모든 마이그레이션이 적용되었다는 메시지가 출력됩니다.

```
Operations to perform:
  Apply all migrations: admin, auth, blog, contenttypes, sessions, sites,
taggit Running migrations:
  Applying contenttypes.0001_initial... OK
  Applying auth.0001_initial... OK
  Applying admin.0001_initial... OK
  Applying admin.0002_logentry_remove_auto_add... OK
  Applying admin.0003_logentry_add_action_flag_choices... OK
  Applying contenttypes.0002_remove_content_type_name... OK
```

```
Applying auth.0002_alter_permission_name_max_length... OK
Applying auth.0003_alter_user_email_max_length... OK
Applying auth.0004_alter_user_username_opts... OK
Applying auth.0005_alter_user_last_login_null... OK
Applying auth.0006_require_contenttypes_0002... OK
Applying auth.0007_alter_validators_add_error_messages... OK
Applying auth.0008_alter_user_username_max_length... OK
Applying auth.0009_alter_user_last_name_max_length... OK
Applying auth.0010_alter_group_name_max_length... OK
Applying auth.0011_update_proxy_permissions... OK
Applying auth.0012_alter_user_first_name_max_length... OK
Applying taggit.0001_initial... OK
Applying taggit.0002_auto_20150616_2121... OK
Applying taggit.0003_taggeditem_add_unique_index... OK
Applying blog.0001_initial... OK
Applying blog.0002_alter_post_slug... OK
Applying blog.0003_comment... OK
Applying blog.0004_post_tags... OK
Applying sessions.0001_initial... OK
Applying sites.0001_initial... OK
Applying sites.0002_alter_domain_unique... OK
Applying taggit.0004_alter_taggeditem_content_type_alter_taggeditem_tag... OK
Applying taggit.0005_auto_20220424_2025... OK
```

3.6.5 새로운 데이터베이스에 데이터 가져오기

다음 명령을 실행해서 PostgreSQL 데이터베이스에 데이터를 가져옵니다.

```
python manage.py loaddata mysite_data.json
```

다음과 같은 메시지가 출력됩니다.

```
Installed 104 object(s) from 1 fixture(s)
```

객체 수는 데이터베이스에 생성된 사용자, 게시물, 댓글 및 다른 객체에 따라 다를 수 있습니다.

다음 명령을 사용해서 쉘 프롬프트에서 개발 서버를 시작합니다.

```
python manage.py runserver
```

브라우저에서 `http://127.0.0.1:8000/admin/blog/post/`를 열어 모든 게시물이 새로운 데이터베이스에 불려 왔는지 확인합니다. 다음과 같이 모든 게시물이 표시되어야 합니다.

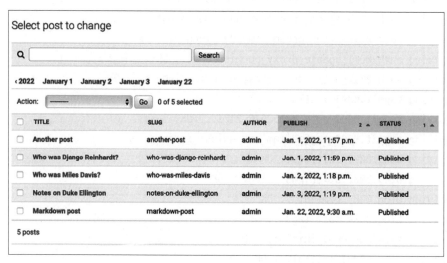

그림 3.26 관리 페이지의 게시물 목록

3.6.6 간단한 검색 조회하기

다음과 같이 프로젝트의 `settings.py` 파일을 편집해서 `django.contrib.postgres`를 INSTALLED_APPS 설정에 추가합니다.

```
INSTALLED_APPS = [
    'django.contrib.admin',
    'django.contrib.auth',
    'django.contrib.contenttypes',
    'django.contrib.sessions',=
    'django.contrib.messages',
    'django.contrib.staticfiles',
    'blog.apps.BlogConfig',
    'taggit',
```

```
    'django.contrib.sites',
    'django.contrib.sitemaps',
    'django.contrib.postgres',
]
```

쉘 프롬프트에서 다음 명령을 실행해서 장고 쉘을 엽니다.

```
python manage.py shell
```

이제 단일 필드에 대해 **search** QuerySet을 사용해서 검색할 수 있습니다.
파이썬 쉘에서 다음 코드를 실행합니다.

```
>>> from blog.models import Post
>>> Post.objects.filter(body__search='django')
<QuerySet [<Post: Who was Django Reinhardt?>]>
```

이 쿼리는 PostgreSQL을 사용해서 **body** 필드의 검색 벡터와 **django**라는 용어의 검색 쿼
리를 만듭니다. 쿼리를 벡터와 매칭시켜 결과를 얻습니다.

3.6.7 여러 필드를 검색하기

여러분은 아마도 여러 필드를 검색하기를 원할 것입니다. 이 경우 **SearchVector** 객체를 정
의해야 합니다. **Post** 모델의 **title** 및 **body** 필드를 검색할 수 있는 벡터를 만들어 봅시다.
파이썬 쉘에서 다음 코드를 실행합니다.

```
>>> from django.contrib.postgres.search import SearchVector
>>> from blog.models import Post
>>>
>>> Post.objects.annotate(
...     search=SearchVector('title', 'body'),
... ).filter(search='django')
<QuerySet [<Post: Markdown post>, <Post: Who was Django Reinhardt?>]>
```

annotate를 사용해서 두 필드로 **SearchVector**를 정의하면 게시물의 **title**과 **body** 모두에
매칭시키는 기능을 제공합니다.

전문 검색은 집약적인 프로세스입니다. 수백 개 이상의 행을 검색하는 경우 사용 중인 검색 벡터와 일치하는 기능적인 인덱스를 정의해야 합니다. 장고는 모델을 위한 **SearchVectorField** 필드를 제공합니다. 자세한 내용은 **https://docs.djangoproject.com/en/4.1/ref/contrib/postgres/search/#performance**에서 확인할 수 있습니다.

3.6.8 검색 뷰 만들기

이제 사용자가 게시물을 검색할 수 있도록 커스텀 뷰를 만들겠습니다. 먼저 검색 폼이 필요합니다. blog 애플리케이션의 forms.py 파일을 편집해서 다음 폼을 추가합니다.

```python
class SearchForm(forms.Form):
    query = forms.CharField()
```

query 필드를 사용하여 사용자가 검색어를 제공할 수 있습니다. blog 애플리케이션의 views.py 파일을 편집해서 다음 코드를 추가합니다.

```python
# ...
from django.contrib.postgres.search import SearchVector
from .forms import EmailPostForm, CommentForm, SearchForm

# ...

def post_search(request):
    form = SearchForm()
    query = None
    results = []

    if 'query' in request.GET:
        form = SearchForm(request.GET)
        if form.is_valid():
            query = form.cleaned_data['query']
            results = Post.published.annotate(
                search=SearchVector('title', 'body'),
            ).filter(search=query)

    return render(request,
```

```
                'blog/post/search.html',
                {'form': form,
                 'query': query,
                 'results': results})
```

앞의 뷰에서는 먼저 SearchForm 폼을 인스턴스화합니다. 폼이 서버로 제출된 것인지 확인하기 위해 request.GET 딕셔너리에서 query 매개 변수를 찾습니다. 최종 URL에 query 매개 변수가 포함되어 공유하기 쉽도록 POST 대신 GET 메서드를 사용해서 폼을 제출합니다. 폼이 제출되면 제출된 GET 데이터로 폼을 인스턴스화하고 폼의 데이터가 유효한지 확인합니다. 폼이 유효하면 title 및 body 필드로 만들어진 커스텀 SearchVector 인스턴스로 게시된 게시물을 조회합니다.

이제 검색 뷰가 준비되었습니다. 사용자가 검색을 수행할 때 폼과 결과를 표시할 템플릿을 만들어야 합니다.

templates/blog/post/ 디렉터리 내에 search.html이라는 이름의 새로운 파일을 만들고 다음 코드를 추가합니다.

```
{% extends "blog/base.html" %}
{% load blog_tags %}
{% block title %}Search{% endblock %}
{% block content %}
  {% if query %}
    <h1>Posts containing "{{ query }}"</h1>
    <h3>
      {% with results.count as total_results %}
        Found {{ total_results }} result{{ total_results|pluralize }}
      {% endwith %}       </h3>
    {% for post in results %}
      <h4>
        <a href="{{ post.get_absolute_url }}">
          {{ post.title }}
        </a>
      </h4>
      {{ post.body|markdown|truncatewords_html:12 }}
    {% empty %}
      <p>There are no results for your query.</p>
    {% endfor %}
```

```
      <p><a href="{% url "blog:post_search" %}">Search again</a></p>
  {% else %}
    <h1>Search for posts</h1>
    <form method="get">
      {{ form.as_p }}
      <input type="submit" value="Search">
    </form>
  {% endif %}
{% endblock %}
```

검색 뷰에서와 같이 query 매개 변수의 존재 여부로 폼이 제출되었는지를 구분합니다. query를 제출하기 전에는 폼과 제출 버튼을 표시합니다. 검색 폼이 제출되면 수행된 쿼리, 총결과 수 및 검색 쿼리와 일치하는 게시물 목록이 나타납니다.

끝으로 blog 애플리케이션의 urls.py 파일을 편집해서 굵게 강조 표시된 다음 URL 패턴을 추가합니다.

```
urlpatterns = [
    # Post 뷰
    path('', views.post_list, name='post_list'),
    # path('', views.PostListView.as_view(), name='post_list'),
    path('tag/<slug:tag_slug>/',
        views.post_list, name='post_list_by_tag'),
    path('<int:year>/<int:month>/<int:day>/<slug:post>/',
        views.post_detail,
        name='post_detail'),
    path('<int:post_id>/share/',
        views.post_share, name='post_share'),
    path('<int:post_id>/comment/',
        views.post_comment, name='post_comment'),
    path('feed/', LatestPostsFeed(), name='post_feed'),
    path('search/', views.post_search, name='post_search'),
]
```

그런 다음, 브라우저에서 http://127.0.0.1:8000/blog/search/을 엽니다. 다음과 같은 검색 폼이 표시되어야 합니다.

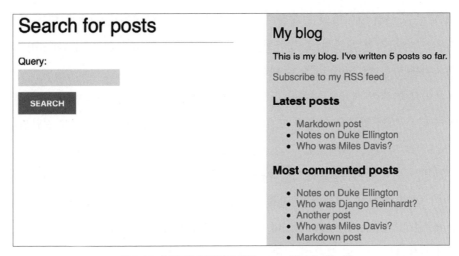

그림 3.27 게시물을 검색하기 위한 query 필드가 있는 폼

검색어를 입력하고 SEARCH 버튼을 클릭합니다. 다음과 같이 검색 쿼리의 결과가 표시됩니다.

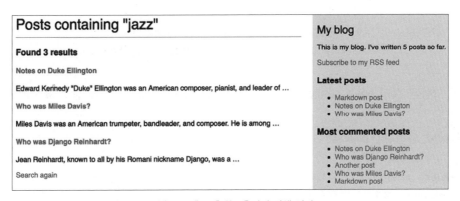

그림 3.28 "jazz"라는 용어의 검색 결과

축하합니다! 기본적인 블로그용 검색 엔진을 만들었습니다.

3.6.9 형태소 분석 및 결과 순위 매기기

형태소 분석은 단어를 어간(stem), 어기(base), 어근(root) 형태로 줄이는 프로세스입니다. 형태소 분석은 검색 엔진에서 색인된 단어를 해당 어간으로 줄이고 변화된 단어나 파생된 단어로 매칭 여부를 검사할 수 있습니다. 예를 들어, 단어 "music", "musical", "musically"는 검색 엔진에서 유사한 단어로 여겨질 수 있습니다. 형태소 분석 프로세스는 각 검색 토큰을 어휘소(어형의 변화를 통해 관련된 일련의 단어들의 기초가 되는 사전적 의미의 단위 – 추상적인 대표형)로 정규화합니다. "music", "musical", "musically"라는 단어는 검색어를 만들 때 "music"으로 변환됩니다.

장고는 용어를 검색어 객체로 변환하기 위한 SearchQuery 클래스를 제공합니다. 기본적으로 용어는 더 나은 일치 항목을 얻는데 도움이 되는 형태소 분석 알고리즘을 통해 전달됩니다.

PostgreSQL 검색 엔진은 "a", "the", "on" 그리고 "of"와 같은 불용어를 제거합니다. 불용어는 언어에서 관용적으로 사용되는 단어들입니다. 너무 자주 나타나서 검색과 관련이 없기 때문에 검색어를 만들 때 제거됩니다. https://github.com/postgres/postgres/blob/master/src/backend/snowball/stopwords/english.stop에서 PostgreSQL에서 사용하는 영어의 불용어 목록을 찾을 수 있습니다.

또한 관련성에 따라 결과를 정렬하려 합니다. PostgreSQL은 쿼리 용어가 나타나는 빈도와 서로 근접한 정도에 따라 결과를 정렬해서 순위를 매기는 함수를 제공합니다.

blog 애플리케이션의 views.py 파일을 수정해서 다음 임포트 구문을 추가합니다.

```
from django.contrib.postgres.search import SearchVector, \
                                          SearchQuery, ScarchRank
```

그리고 다음과 같이 post_search 뷰를 수정합니다. 새로운 코드는 굵게 강조 표시했습니다.

```
def post_search(request):
    form = SearchForm()
    query = None
    results = []

    if 'query' in request.GET:
        form = SearchForm(request.GET)
        if form.is_valid():
            query = form.cleaned_data['query']
            search_vector = SearchVector('title', 'body')
            search_query = SearchQuery(query)
            results = Post.published.annotate(
                search=search_vector,
                rank=SearchRank(search_vector, search_query)
            ).filter(search=search_query).order_by('-rank')
    return render(request,
```

```
                    'blog/post/search.html',
                    {'form': form,
                     'query': query,
                     'results': results})
```

앞의 코드에서는 SearchQuery 객체를 만들고 이를 기준으로 결과를 필터링한 후 SearchRank를 사용해 관련성에 따라 결과를 정렬합니다.

브라우저에서 http://127.0.0.1:8000/blog/search/를 열고 다양한 검색을 테스트해서 형태소 분석 및 랭킹을 테스트할 수 있습니다. 다음은 게시물의 제목과 본문에서 django라는 단어의 발생 횟수를 기준으로 순위를 매긴 예입니다.

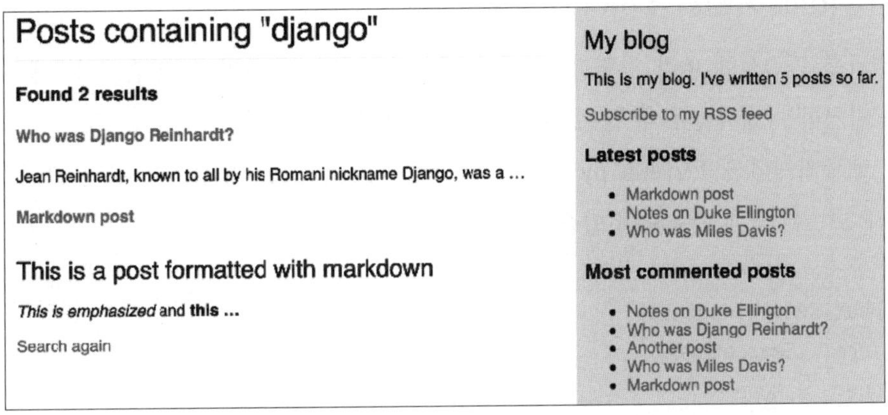

그림 3.29 "django"라는 용어 검색 결과

3.6.10 서로 다른 언어에서 형태소를 분석하고 불용어 제거하기

우리는 모든 언어에서 형태소 분석을 실행하고 불용어를 제거하도록 SearchVector 및 SearchQuery를 설정할 수 있습니다. 다른 검색 환경을 사용하기 위해 config 속성을 SearchVector와 SearchQuery에 전달할 수 있습니다. 이를 통해 다른 언어의 구문 해석기 (parser)와 사전(dictionary)을 사용할 수 있습니다. 다음 예는 형태소 분석을 실행해 스페인어에서 불용어를 제거합니다.

```
search_vector = SearchVector('title', 'body', config='spanish')
search_query = SearchQuery(query, config='spanish')
```

```
results = Post.published.annotate(
    search=search_vector,
    rank=SearchRank(search_vector, search_query)
).filter(search=search_query).order_by('-rank')
```

PostgreSQL에서 사용하는 스페인어의 불용어 사전은 https://github.com/postgres/postgres/blob/master/src/backend/snowball/stopwords/spanish.stop에서 찾을 수 있습니다.

3.6.11 쿼리에 가중치 부여하기

검색 결과를 관련성에 따라 정렬할 때 특정 벡터의 가중치를 높일 수 있습니다. 예를 들어, 제목과 일치하는 게시물에 더 많은 관련성을 부여할 수 있습니다.

블로그 애플리케이션의 views.py 파일을 편집해서 post_search 뷰를 다음과 같이 수정합니다. 새 코드는 굵게 강조되어 있습니다.

```
def post_search(request):
    form = SearchForm()
    query = None
    results = []

    if 'query' in request.GET:
        form = SearchForm(request.GET)
        if form.is_valid():
            query = form.cleaned_data['query']
            search_vector = SearchVector('title', weight='A') + \
                            SearchVector('body', weight='B')
            search_query = SearchQuery(query)
            results = Post.published.annotate(
                search=search_vector,
                rank=SearchRank(search_vector, search_query)
            ).filter(rank__gte=0.3).order_by('-rank')
    return render(request,
                  'blog/post/search.html',
                  {'form': form,
```

```
                'query': query,
                'results': results})
```

앞의 코드에서는 title 및 body 필드를 사용해서 만든 검색 벡터에 서로 다른 가중치를 적용합니다. 기본 가중치는 D, C, B, A이며 각기 숫자 0.1, 0.2, 0.4, 1.0을 나타냅니다. title 검색 벡터(A)에 1.0의 가중치를 적용하고 body 벡터(B)에 0.4의 가중치를 적용합니다. 제목의 일치가 본문의 일치보다 우선합니다. 결과를 필터링해서 순위가 0.3보다 높은 항목만 표시합니다.

3.6.12 트라이그램 유사성을 이용하여 검색하기

또 다른 검색 방식은 트라이그램(trigram) 유사성입니다. 트라이그램은 세 개의 연속된 문자 그룹입니다. 두 문자열이 공유하는 트라이그램의 수를 세어 두 문자열의 유사성을 측정할 수 있습니다. 이 접근법은 많은 언어에서 단어의 유사성을 측정하는 데 매우 효과적입니다. PostgreSQL에서 트라이그램을 사용하려면 먼저 pg_trgm 확장을 설치해야 합니다. 쉘 프롬프트에서 다음 명령을 실행해서 데이터베이스에 연결합니다.

```
psql blog
```

그런 다음 명령을 실행해서 pg_trgm 확장을 설치합니다.

```
CREATE EXTENSION pg_trgm;
```

다음과 같은 결과가 표시됩니다.

```
CREATE EXTENSION
```

뷰를 수정해서 트라이그램을 사용한 검색을 해보겠습니다.
blog 애플리케이션의 views.py을 수정해서 다음과 같이 임포트를 추가합니다.

```
from django.contrib.postgres.search import TrigramSimilarity
```

그런 다음, post_search 뷰를 다음과 같이 수정합니다. 새로운 코드는 굵게 강조 표시했습니다.

```
def post_search(request):
    form = SearchForm()
    query = None
    results = []

    if 'query' in request.GET:
        form = SearchForm(request.GET)
        if form.is_valid():
            query = form.cleaned_data['query']
            results = Post.published.annotate(
                similarity=TrigramSimilarity('title', query),
            ).filter(similarity__gt=0.1).order_by('-similarity')
    return render(request,
                  'blog/post/search.html',
                  {'form': form,
                   'query': query,
                   'results': results})
```

브라우저에서 http://127.0.0.1:8000/blog/search/를 열어 다양하게 트라이그램을 사용한 검색을 테스트해 보세요. 다음 예는 용어 django에 일부러 오타를 만들어 yango로 검색한 결과를 보여줍니다.

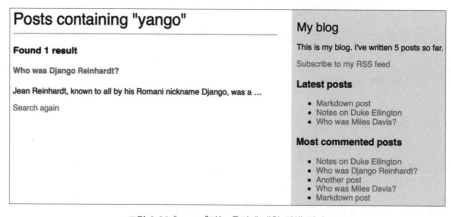

그림 3.30 "yango"라는 용어에 대한 검색 결과

blog 애플리케이션에 강력한 검색 엔진을 추가했습니다.

전문 검색에 관한 더 자세한 정보는 https://docs.djangoproject.com/en/4.1/ref/contrib/postgres/search/에서 찾을 수 있습니다.

3.7 추가 자료

다음 리소스는 이 장에서 다루는 주제와 관련된 추가 정보를 제공합니다.

- 이 장의 소스 코드 – https://github.com/PacktPublishing/Django-4-by-example/tree/main/Chapter03
- Django-taggit – https://github.com/jazzband/django-taggit
- Django-taggit ORM 관리자 – https://django-taggit.readthedocs.io/en/latest/api.html
- 다대다 관계 – https://docs.djangoproject.com/en/4.1/topics/db/examples/many_to_many/
- 장고 집계 함수 – https://docs.djangoproject.com/en/4.1/topics/db/aggregation/
- 내장 템플릿 태그 및 필터 – https://docs.djangoproject.com/en/4.1/ref/templates/builtins/
- 커스텀 템플릿 태그 작성 – https://docs.djangoproject.com/en/4.1/howto/customtemplate-tags/
- 마크다운 형식 참고 – https://daringfireball.net/projects/markdown/basics
- 장고 사이트맵 프레임워크 – https://docs.djangoproject.com/en/4.1/ref/contrib/sitemaps/
- 장고 사이트 프레임워크 – https://docs.djangoproject.com/en/4.1/ref/contrib/sites/
- 장고 신디케이션 피드 프레임워크 – https://docs.djangoproject.com/en/4.1/ref/contrib/syndication/
- PostgreSQL 다운로드 – https://www.postgresql.org/download/
- PostgreSQL 전문 검색 기능 – https://www.postgresql.org/docs/14/textsearch.html
- PostgreSQL 전문 검색에 대한 장고 지원 – https://docs.djangoproject.com/en/4.1/ref/contrib/postgres/search/

3.8 요약

이 장에서는 서드파티 애플리케이션을 프로젝트와 통합해서 태깅 시스템을 구현했습니다. 복잡한 QuerySet을 사용해서 게시물 추천도 만들었습니다. 또한 템플릿에 커스텀 기능을 제공하기 위해 커스텀 장고 템플릿 태그 및 필터를 만드는 방법도 배웠습니다. 사이트를 크롤링하는 검색 엔진용 사이트맵과 사용자가 블로그를 구독할 수 있도록 RSS 피드를 만들었습니다. 그런 다음 PostgreSQL의 전문 검색 엔진을 사용해서 블로그용 검색 엔진을 구축했습니다.

다음 장에서는 장고 인증 프레임워크를 사용해서 소셜 웹사이트를 구축하는 방법과 사용자 계정 및 프로필을 구현하는 방법을 배웁니다.

4장

소셜 웹사이트 구축하기

django

3장에서는 태깅 시스템을 구현하는 방법과 유사한 게시물을 추천하는 방법을 배웠고, 커스텀 템플릿 태그 및 필터를 구현했습니다. 또한 사이트에 사이트맵과 피드를 만드는 방법을 배웠으며, PostgreSQL을 이용해 전문 검색 엔진을 구축했습니다.

이번 장에서는 사용자 등록, 암호 관리, 프로필 수정 및 인증을 포함한 소셜 웹사이트를 만들기 위한 사용자 계정 관리 기능을 개발하는 방법을 배웁니다. 다음 장에서는 사용자가 이미지를 공유하고 서로 상호작용할 수 있도록 소셜 기능을 이 사이트에 구현할 것입니다. 사용자는 인터넷의 모든 이미지를 북마크하고 다른 사용자와 공유할 수 있게 됩니다. 또한 팔로우하는 사용자의 플랫폼 활동과 공유한 이미지에 "좋아요"나 "싫어요"를 표시할 수 있게 됩니다.

이 장에서는 다음 주제를 다룹니다.

- 로그인 뷰 생성하기
- 장고 인증 프레임워크 사용하기
- 장고 로그인, 로그아웃, 패스워드 변경 및 패스워드 재설정 뷰를 위한 템플릿 생성하기
- 맞춤형 프로필 모델로 사용자 모델 확장하기
- 사용자 등록 뷰 생성하기
- 미디어 파일 업로드를 위한 프로젝트 구성하기
- 메시지 프레임워크 사용하기
- 맞춤형 인증 백엔드 구축하기
- 사용자가 기존 이메일을 사용하지 못하도록 방지하기

새로운 프로젝트를 만들어 시작하겠습니다.

이 장의 소스 코드는 https://github.com/PacktPublishing/Django-4-by-example/tree/main/Chapter04에서 찾을 수 있습니다.

이 장에서 사용되는 모든 파이썬 패키지는 해당 장의 소스 코드에 있는 requirements.txt 파일에 포함되어 있습니다. 다음 섹션의 지침에 따라 각 파이썬 패키지를 설치하거나 pip install -r requirements.txt 명령을 사용해서 모든 필요 패키지들을 한 번에 설치할 수 있습니다.

4.1 소셜 웹사이트 프로젝트 만들기

우리는 사용자가 인터넷에서 찾은 이미지를 공유할 수 있는 소셜 애플리케이션을 만들 것입니다. 이 프로젝트에서는 다음 요소들을 만들어야 합니다.

- 사용자가 등록, 로그인, 프로필 편집, 패스워드 변경 또는 재설정을 하기 위한 인증 시스템
- 사용자가 웹사이트에서 서로를 팔로우할 수 있는 팔로우 시스템
- 공유 이미지를 표시하는 기능과 사용자가 모든 웹사이트에서 이미지를 공유할 수 있는 시스템
- 사용자가 자신이 팔로우하는 사람들이 업로드한 콘텐츠를 볼 수 있는 활동 스트림

이 장에서는 목록의 첫 번째 항목을 다루겠습니다.

4.1.1 소셜 웹사이트 프로젝트 시작하기

터미널을 열고 다음 명령을 사용해서 이번 프로젝트의 가상 환경을 만듭니다.

```
mkdir env
python -m venv env/bookmarks
```

Linux 또는 macOS를 사용하는 경우 다음 명령을 실행해서 가상 환경을 활성화합니다.

```
source env/bookmarks/bin/activate
```

Windows를 사용하는 경우 다음 명령을 사용하세요.

```
.\env\bookmarks\Scripts\activate
```

쉘 프롬프트는 다음과 같이 활성 가상 환경을 표시합니다.

```
(bookmarks)laptop:~ zenx$
```

다음 명령을 사용해서 가상 환경에 장고를 설치합니다.

```
pip install Django~=4.1.0
```

다음 명령을 사용해서 새로운 프로젝트를 만듭니다.

```
django-admin startproject bookmarks
```

초기 프로젝트 구조가 생성되었습니다. 다음 명령을 사용해 프로젝트 디렉터리로 이동해서 account라는 새로운 애플리케이션을 만듭니다.

```
cd bookmarks/
django-admin startapp account
```

settings.py 파일의 INSTALLED_APPS 설정에 애플리케이션 이름을 추가하여 프로젝트에 새로운 애플리케이션을 추가해야 합니다.

settings.py를 편집해서 INSTALLED_APPS 목록에서 기존의 다른 설치된 앱 앞에, 아래 굵게 강조 표시된 줄을 추가합니다.

```
INSTALLED_APPS = [
    'account.apps.AccountConfig',
    'django.contrib.admin',
    'django.contrib.auth',
    'django.contrib.contenttypes',
    'django.contrib.sessions',
    'django.contrib.messages',
    'django.contrib.staticfiles',
]
```

장고는 INSTALLED_APPS 설정에서 나타나는 순서대로 애플리케이션 템플릿 디렉터리에서 템플릿을 찾습니다. django.contrib.admin 앱에는 account 애플리케이션에서 재정의할 표준 인증 템플릿이 포함되어 있습니다. INSTALLED_APPS 설정에 애플리케이션을 먼저 배치하면 django.contrib.admin에 포함된 인증 템플릿 대신 커스텀 인증 템플릿이 기본적으로 사용됩니다.

다음 명령을 실행해서 INSTALLED_APPS 설정에 포함된 기본 애플리케이션의 모델과 데이터베이스를 동기화합니다.

```
python manage.py migrate
```

모든 기본 장고 데이터베이스 마이그레이션이 적용된 것을 볼 수 있습니다. 다음으로 장고 인증 프레임워크를 사용해서 프로젝트에 인증 시스템을 구축합니다.

4.2 장고 인증 프레임워크 사용하기

장고는 사용자 인증, 세션, 권한 및 사용자 그룹을 처리할 수 있는 인증 프레임워크를 기본적으로 제공합니다. 인증 시스템에는 로그인, 로그아웃, 암호 변경 및 암호 재설정과 같은 일반적인 사용자 작업에 사용되는 뷰가 포함됩니다.

인증 프레임워크는 `django.contrib.auth`에 있으며 다른 장고 `contrib` 패키지들에서 사용됩니다. "1장, 블로그 애플리케이션 만들기"에서 이미 인증 프레임워크를 사용해서 블로그 애플리케이션이 관리 사이트에 접근할 수 있는 슈퍼 사용자를 생성했음을 기억하세요.

`startproject` 명령을 사용해서 새로운 장고 프로젝트를 생성하면 프로젝트의 기본 설정에 인증 프레임워크가 포함됩니다. 이것은 `django.contrib.auth` 애플리케이션과 프로젝트의 `MIDDLEWARE` 설정에 있는 다음의 두 미들웨어 클래스로 구성됩니다.

- `AuthenticationMiddleware`: 세션을 사용해서 사용자와 요청(request)을 연결합니다.
- `SessionMiddleware`: 요청 간에 현재 세션을 처리합니다.

미들웨어는 요청 또는 응답(response) 단계에서 전역적으로 실행되는 메서드가 있는 클래스입니다. 이 책 전체에서 미들웨어 클래스를 여러 번 사용하게 되며, "17장, 실서비스화"에서 커스텀 미들웨어를 만드는 방법을 배우게 됩니다.

인증 프레임워크에는 `django.contrib.auth.models` 정의된 다음의 모델도 포함됩니다.

- `User`: 기본 필드들을 가진 사용자 모델입니다. 이 모델의 주요 필드는 `username`, `password`, `email`, `first_name`, `last_name` 및 `is_active`입니다.
- `Group`: 사용자를 분류하기 위한 그룹 모델입니다.
- `Permission`: 사용자 또는 그룹이 특정 작업을 수행하기 위한 플래그

프레임워크에는 나중에 사용할 기본 인증 뷰 및 폼도 포함되어 있습니다.

4.2.1 로그인 뷰 생성하기

장고 인증 프레임워크를 사용해서 사용자가 웹사이트에 로그인할 수 있도록 하는 것으로 이 섹션을 시작하겠습니다. 사용자 로그인을 위해 다음 작업을 수행하는 뷰를 만듭니다.

- 사용자에게 로그인 폼 표시
- 사용자가 폼을 제출할 때 사용자가 제공한 사용자 이름과 암호를 획득
- 데이터베이스에 저장된 데이터로 사용자 인증
- 사용자가 활성 상태인지 확인
- 사용자를 웹사이트에 로그인시키고 인증된 세션을 시작

로그인 폼을 만드는 것부터 시작합니다.

account 애플리케이션 디렉터리에 새로운 forms.py 파일을 만들고 다음 코드를 추가합니다.

```python
from django import forms

class LoginForm(forms.Form):
    username = forms.CharField()
    password = forms.CharField(widget=forms.PasswordInput)
```

이 폼은 데이터베이스의 데이터로 사용자를 인증하는 데 사용됩니다. PasswordInput 위젯을 사용해서 password HTML 엘리먼트를 렌더링합니다. 여기에는 브라우저가 패스워드 입력으로 취급하도록 HTML에 type="password"가 포함됩니다.

account 애플리케이션의 views.py 파일을 편집해서 다음 코드를 추가합니다.

```python
from django.http import HttpResponse
from django.shortcuts import render
from django.contrib.auth import authenticate, login
from .forms import LoginForm

def user_login(request):
    if request.method == 'POST':
        form = LoginForm(request.POST)
        if form.is_valid():
            cd = form.cleaned_data
            user = authenticate(request,
                                username=cd['username'],
```

```
                        password=cd['password'])
        if user is not None:
            if user.is_active:
                login(request, user)
                return HttpResponse('Authenticated successfully')
            else:
                return HttpResponse('Disabled account')
        else:
            return HttpResponse('Invalid login')
    else:
        form = LoginForm()
    return render(request, 'account/login.html', {'form': form})
```

이 코드는 기본 로그인 뷰가 수행하는 작업입니다.

user_login 뷰가 GET 요청으로 호출되면 새로운 로그인 폼이 form=LoginForm()으로 인스턴스화됩니다. 그런 다음 폼이 템플릿으로 전달됩니다.

사용자가 POST를 통해 폼을 제출하면 다음 작업이 수행됩니다.

- form = LoginForm(request.POST)을 통해 제출된 데이터로 인스턴스화됩니다.
- 폼은 form.is_valid()로 검증됩니다. 유효하지 않은 경우 나중에 폼 오류가 템플릿에 표시됩니다(예: 사용자가 필드 중 하나를 채우지 않은 경우).
- 제출된 데이터가 유효한 경우 사용자는 authenticate() 메서드를 사용해 데이터베이스에 인증합니다. 이 메서드는 요청 객체, username, password 매개 변수를 취해서 사용자가 성공적으로 인증된 경우 User 객체를 반환하고 그렇지 않으면 None을 반환합니다. 사용자가 성공적으로 인증되지 않은 경우 잘못된 로그인 메시지와 함께 기본 HttpResponse가 Invalid login 메시지와 함께 반환됩니다.
- 사용자가 성공적으로 인증되면 is_active 속성을 체크해서 사용자의 상태를 확인합니다. 이것은 장고 User 모델의 속성입니다. 사용자가 활성 상태가 아니면 Disabled account 메시지와 함께 HttpResponse가 반환됩니다.
- 사용자가 활성 상태이면 사이트에 로그인됩니다. login() 메서드를 호출해서 세션에 사용자를 설정합니다. Authenticated successfully 메시지가 반환됩니다.

Note
authenticate()와 login()의 차이에 유의하세요. authenticate()는 사용자의 자격 증명을 확인하고 올바른 경우 User 객체를 반환합니다. login()은 현재 세션에 사용자를 설정합니다.

이제 이 뷰의 URL 패턴을 생성합니다.

account 애플리케이션 디렉터리에 새로운 urls.py 파일을 만들고 다음 코드를 추가합니다.

```python
from django.urls import path
from . import views

urlpatterns = [
    path('login/', views.user_login, name='login'),
]
```

다음과 같이 bookmarks 프로젝트 디렉터리에 있는 기본 urls.py 파일을 편집해서 include 를 임포트하고 account 애플리케이션의 URL 패턴을 추가합니다. 새로운 코드는 굵게 강조 표시했습니다.

```python
from django.contrib import admin from django.urls import path, include

urlpatterns = [
    path('admin/', admin.site.urls),
    path('account/', include('account.urls')),
]
```

이제 URL을 통해 로그인 뷰에 액세스할 수 있습니다.

이 뷰의 템플릿을 만들어 보겠습니다. 아직 프로젝트에 템플릿이 없기 때문에 로그인 템플 릿으로 확장될 기본 템플릿을 만드는 것부터 시작하겠습니다.

account 애플리케이션 디렉터리 내에 다음 파일 및 디렉터리를 작성합니다.

```
templates/
    account/
        login.html
    base.html
```

base.html 템플릿을 편집해서 다음 코드를 추가합니다.

```html
{% load static %}
<!DOCTYPE html>
<html>
<head>
```

```
    <title>{% block title %}{% endblock %}</title>
    <link href="{% static "css/base.css" %}" rel="stylesheet">
</head>
<body>
  <div id="header">
    <span class="logo">Bookmarks</span>
  </div>
  <div id="content">
    {% block content %}
    {% endblock %}
  </div>
</body>
</html>
```

이 코드가 웹사이트의 기본 템플릿이 됩니다. 이전 프로젝트와 마찬가지로 기본 템플릿에 CSS 스타일을 불러오는데, 제공되는 이 장의 예제 코드에서 해당 정적 파일을 찾을수 있습니다. 정적 파일을 사용할 수 있도록 이 장의 소스 코드에서 account 애플리케이션의 static 디렉터리를 프로젝트의 동일한 위치에 복사합니다. https://github.com/PacktPublishing/Django-4-by-Example/tree/master/Chapter04/bookmarks/account/static에서 디렉터리의 내용을 찾을 수 있습니다. 기본 템플릿은 확장된 템플릿으로 내용을채울 수 있는 title 블록과 content 블록을 정의합니다.

로그인 양식의 템플릿을 작성해 봅시다. account/login.html 템플릿을 열고 다음 코드를추가합니다.

```
{% extends "base.html" %}
{% block title %}Log-in{% endblock %}
{% block content %}

  <h1>Log-in</h1>
  <p>Please, use the following form to log-in:</p>
  <form method="post">
    {{ form.as_p }}
    {% csrf_token %}
    <p><input type="submit" value="Log in"></p>
  </form>

{% endblock %}
```

이 템플릿에는 뷰에서 인스턴스화된 폼이 포함됩니다. 폼은 POST를 통해 제출되므로 CSRF(교차 사이트 요청 위조) 보호를 위해 템플릿 태그 {% csrf_token %}를 포함시킵니다. "2장, 고급 기능으로 블로그 향상하기"에서 CSRF 보호에 대해 배웠습니다.

데이터베이스에 아직 사용자가 없습니다. 다른 사용자를 관리하기 위해 관리 사이트에 액세스하려면 먼저 슈퍼유저를 생성해야 합니다. 셀 프롬프트에서 다음 명령을 실행합니다.

```
python manage.py createsuperuser
```

다음 출력이 표시됩니다. 다음과 같이 원하는 사용자 이름, 이메일 및 패스워드를 입력합니다.

```
Username (leave blank to use 'admin'): admin
Email address: admin@admin.com
Password: ********
Password (again): ********
```

그러면 다음과 같은 성공 메시지가 표시됩니다.

```
Superuser created successfully.
```

다음 명령을 사용해서 개발 서버를 실행합니다.

```
python manage.py runserver
```

브라우저에서 http://127.0.0.1:8000/admin/을 엽니다. 방금 생성한 사용자의 자격 증명을 사용해서 관리 사이트에 접속합니다. 다음과 같이 장고 인증 프레임워크의 User 및 Group 모델을 가진 장고 관리 사이트가 표시됩니다.

그림 4.1 Users 및 Groups를 포함한 장고 관리 사이트 인덱스 페이지

Users 행에서 Add 링크를 클릭합니다.

다음과 같이 관리 사이트를 사용해 새로운 사용자를 만듭니다.

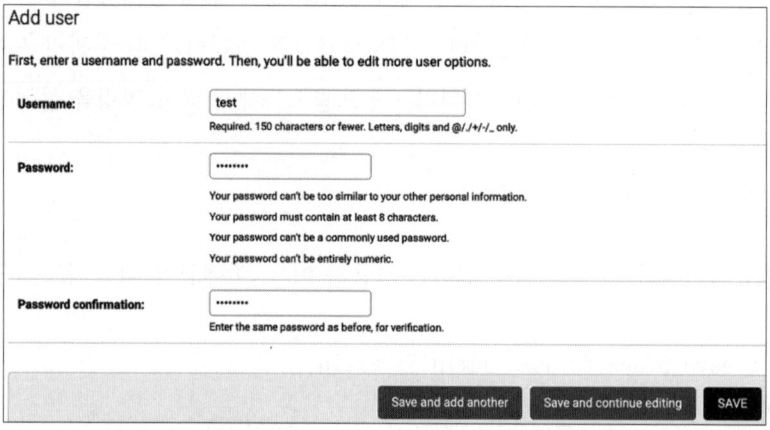

Add user

First, enter a username and password. Then, you'll be able to edit more user options.

Username: test
Required. 150 characters or fewer. Letters, digits and @/./+/-/_ only.

Password: ••••••••
Your password can't be too similar to your other personal information.
Your password must contain at least 8 characters.
Your password can't be a commonly used password.
Your password can't be entirely numeric.

Password confirmation: ••••••••
Enter the same password as before, for verification.

Save and add another   Save and continue editing   SAVE

그림 4.2 장고 관리 사이트의 사용자 추가 양식

사용자 세부 정보를 입력하고 **SAVE** 버튼을 클릭해서 새로운 사용자를 데이터베이스에 저장합니다.

그런 다음 Personal info에서 First name, Last name, Email address 필드를 다음과같이 입력하고 Save 버튼을 클릭해서 변경 사항을 저장합니다.

Personal info

First name: Antonio

Last name: Melé

Email address: test@gmail.com

그림 4.3 장고 관리 사이트의 사용자 정보 편집 폼

http://127.0.0.1:8000/account/login/을 엽니다. 로그인 폼을 가진 렌더링된 템플릿이 표시되어야 합니다.

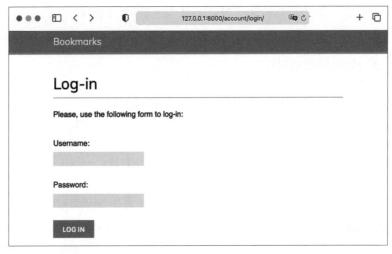

그림 4.4 사용자 로그인 페이지

유효하지 않은 자격 증명을 입력하고 양식을 제출해 봅니다. 다음과 같은 Invalid login 응답을 받아야 합니다.

그림 4.5 잘못된 로그인 일반 텍스트 응답

유효한 자격 증명을 입력합니다. 다음과 같은 Authenticated successfully 응답을 받게 됩니다.

그림 4.6 성공적인 인증 일반 텍스트 응답

사용자를 인증하고 자신만의 인증 뷰를 만드는 방법을 배웠습니다. 자신만의 인증 뷰를 만들 수도 있지만 장고에는 즉시 사용할 수 있는 인증 뷰가 함께 제공됩니다.

4.2.2 장고의 인증 뷰 사용하기

장고에는 바로 사용할 수 있는 인증 프레임워크의 여러 폼과 뷰가 포함되어 있습니다.
우리가 만든 로그인 뷰는 장고의 사용자 인증 프로세스를 이해하는 훌륭한 연습입니다.

그러나 대부분의 경우 장고의 기본적인 인증 뷰를 사용할 수 있습니다.

장고는 인증을 처리하기 위해 다음과 같은 클래스 기반 뷰를 제공하는데, 모두 `django.contrib.auth.views`에 있습니다.

- `LoginView`: 로그인 폼을 처리하고 사용자를 로그인시킵니다.
- `LogoutView`: 사용자를 로그아웃시킵니다.

장고는 패스워드 변경을 처리하기 위해 다음의 뷰를 제공합니다.

- `PasswordChangeView`: 사용자의 패스워드를 변경하는 폼을 처리합니다.
- `PasswordChangeDoneView`: 성공적인 패스워드 변경 후 사용자가 리디렉션되는 성공 뷰입니다.

장고에는 사용자가 패스워드를 재설정할 수 있도록 다음 뷰들도 포함하고 있습니다.

- `PasswordResetView`: 사용자가 패스워드를 재설정할 수 있습니다. 토큰으로 일회용 링크를 생성해서 사용자의 이메일 계정으로 보냅니다.
- `PasswordResetDoneView`: 사용자에게 패스워드 재설정 링크가 포함된 이메일이 전송되었음을 알립니다.
- `PasswordResetConfirmView`: 사용자가 새로운 패스워드를 설정할 수 있습니다.
- `PasswordResetCompleteView`: 사용자가 패스워드를 성공적으로 재설정한 후 리디렉션되는 성공 뷰입니다.

이러한 뷰들은 사용자 계정을 가진 웹 애플리케이션을 구축할 때 많은 시간을 절약할 수 있습니다. 뷰는 렌더링할 템플릿의 위치나 뷰에서 사용할 폼과 같이 재정의할 수 있는 기본적인 값을 사용합니다.

https://docs.djangoproject.com/en/4.1/topics/auth/default/#all-authentication-views에서 내장된 인증 뷰에 관한 자세한 정보를 얻을 수 있습니다.

4.2.3 로그인 및 로그아웃 뷰

`account` 애플리케이션의 `urls.py` 파일을 편집해서 굵게 강조 표시된 코드를 추가합니다.

```
from django.urls import path
from django.contrib.auth import views as auth_views
from . import views

urlpatterns = [
    # 이전 로그인 url
    # path('login/', views.user_login, name='login'),

    # 로그인 / 로그아웃 url
    path('login/', auth_views.LoginView.as_view(), name='login'),
    path('logout/', auth_views.LogoutView.as_view(), name='logout'),
]
```

앞의 코드에서 이전에 생성한 user_login 뷰의 URL 패턴을 주석 처리했습니다. 이제 장고 인증 프레임워크의 LoginView 뷰를 사용할 것입니다. LogoutView 뷰의 URL 패턴도 추가했습니다.

account 애플리케이션의 templates/ 디렉터리 내에 새 디렉터리를 만들고 이름을 registration으로 지정합니다. 이것은 장고 인증 뷰에서 인증 템플릿이 있을 것으로 예상하는 기본 경로입니다.

django.contrib.admin 모듈에는 로그인 템플릿 같이 관리 사이트에서 사용되는 인증 템플릿이 포함돼 있습니다. 프로젝트를 구성할 때 account 애플리케이션을 INSTALLED_APPS 설정의 맨 위에 배치해서 장고가 다른 애플리케이션에 정의된 템플릿 대신 우리가 만든 인증 템플릿을 사용하도록 했습니다.

templates/registration/ 디렉터리 내에 새로운 파일을 만들고 이름을 login.html로 명명한 후 다음 코드를 추가합니다.

```
{% extends "base.html" %}
{% block title %}Log-in{% endblock %}
{% block content %}
  <h1>Log-in</h1>
  {% if form.errors %}
    <p>
      Your username and password didn't match.
      Please try again.
    </p>
  {% else %}
```

```
      <p>Please, use the following form to log-in:</p>
    {% endif %}
    <div class="login-form">
      <form action="{% url 'login' %}" method="post">
        {{ form.as_p }}
        {% csrf_token %}
        <input type="hidden" name="next" value="{{ next }}" />
        <p><input type="submit" value="Log-in"></p>
      </form>
    </div>
  {% endblock %}
```

이 로그인 템플릿은 이전에 만든 템플릿과 매우 유사합니다. 장고는 기본적으로 `django.`
`contrib.auth.forms`에 있는 `AuthenticationForm` 폼을 사용합니다. 이 폼은 사용자 인증
을 시도하고 로그인에 실패하면 유효성 검사 오류를 발생시킵니다. 제공된 자격 증명이 잘
못되었는지 확인하기 위해 템플릿에서 `{% if form.errors %}`를 사용합니다.

`next`라는 변수의 값을 제출하기 위해 숨겨진 `<input>` HTML 엘리먼트를 추가했습니다.
`http://127.0.0.1:8000/account/login/?next=/account/`와 같이 요청에 `next`라는 파
라미터를 전달하면 이 변수는 로그인 뷰에 전달됩니다.

`next` 매개 변수는 URL이어야 합니다. 이 매개 변수가 제공되면 장고 로그인 뷰는 성공적인
로그인 후 사용자를 주어진 URL로 리디렉션합니다.

이제, `templates/registration/` 디렉터리에 `logged_out.html` 템플릿을 생성하고 다음
코드와 같이 보이도록 합니다.

```
{% extends "base.html" %}
{% block title %}Logged out{% endblock %}
{% block content %}
  <h1>Logged out</h1>
  <p>
    You have been successfully logged out.
    You can <a href="{% url "login" %}">log-in again</a>.
  </p>
{% endblock %}
```

위 코드는 사용자가 로그아웃한 후 장고가 표시할 템플릿입니다.

로그인과 로그아웃 뷰에 대한 URL 패턴 및 템플릿을 추가했습니다. 이제 사용자는 장고의 인증 뷰를 사용해서 로그인 및 로그아웃할 수 있습니다.

이제 사용자가 계정에 로그인할 때 대시보드를 표시하는 새로운 뷰를 만듭니다.

account 애플리케이션의 views.py 파일을 편집해서 다음 코드를 추가합니다.

```python
from django.contrib.auth.decorators import login_required

@login_required
def dashboard(request):
    return render(request,
                  'account/dashboard.html',
                  {'section': 'dashboard'})
```

우리는 dashboard 뷰를 생성하고 여기에 인증 프레임워크의 login_required 데코레이터를 적용했습니다. login_required 데코레이터는 현재 사용자가 인증되었는지 확인합니다. 사용자가 인증되었으면 데코레이트된 뷰를 실행합니다. 사용자가 인증되지 않은 경우 원래 요청된 URL을 next라는 GET 매개 변수에 담아서 사용자를 로그인 URL로 리디렉션합니다. 이를 통해 로그인 뷰는 사용자가 성공적으로 로그인한 후 액세스를 시도했던 원래 URL로 사용자를 리디렉션합니다. 이 목적을 위해 로그인 템플릿에 next라는 숨겨진 <input> HTML 엘리먼트를 추가했음을 기억하세요.

section 변수도 정의했습니다. 이 변수를 사용해서 사이트의 기본 메뉴에서 현재 섹션을 강조 표시합니다.

다음으로 대시보드 뷰의 템플릿을 만들어야 합니다. templates/account/ 디렉터리에 새로운 파일을 만들고 dashboard.html로 명명합니다. 이 파일에 다음 코드를 추가합니다.

```html
{% extends "base.html" %}
{% block title %}Dashboard{% endblock %}
{% block content %}
  <h1>Dashboard</h1>
  <p>Welcome to your dashboard.</p>
{% endblock %}
```

account 애플리케이션의 urls.py 파일을 편집해서 뷰에 대해 다음 URL 패턴을 추가합니다.

새로운 코드는 굵게 강조 표시했습니다.

```python
urlpatterns = [
    # 이전 로그인 url
    # path('login/', views.user_login, name='login'),

    # 로그인 / 로그아웃 url
    path('login/', auth_views.LoginView.as_view(), name='login'),
    path('logout/', auth_views.LogoutView.as_view(), name='logout'),

    path('', views.dashboard, name='dashboard'),
]
```

프로젝트의 settings.py 파일을 편집해서 다음 코드를 추가합니다.

```python
LOGIN_REDIRECT_URL = 'dashboard'
LOGIN_URL = 'login'
LOGOUT_URL = 'logout'
```

다음 설정을 정의했습니다.

- LOGIN_REDIRECT_URL: 요청에 next 매개 변수가 없는 경우 성공적인 로그인 후 사용자를 리디렉션할 URL을 장고에게 알려줍니다.
- LOGIN_URL: 로그인하도록 사용자를 리디렉션하는 URL(예: login_required 데코레이터를 사용하는 뷰)입니다.
- LOGOUT_URL: 사용자가 로그아웃하도록 리디렉션하는 URL입니다.

우리는 이전에 URL 패턴에서 path( ) 함수의 name 속성으로 정의한 URL의 이름을 사용했습니다. URL 이름 대신 하드코딩된 URL을 이 설정에 사용할 수도 있습니다.

지금까지의 작업을 요약해 보겠습니다.

- 프로젝트에 장고 내장 인증 로그인 및 로그아웃 뷰를 추가했습니다.
- 두 뷰 모두에 커스텀 템플릿을 만들고 로그인 후 사용자를 리디렉션할 간단한 대시보드 뷰를 정의했습니다.
- 마지막으로 장고가 이러한 URL들을 기본적으로 사용하도록 설정을 추가했습니다.

이제 기본 템플릿에 로그인 및 로그아웃 링크를 추가합니다. 그러기 위해서는 각각의 경우 적절한 링크를 표시하기 위해 현재 사용자의 로그인 여부를 판단해야 합니다. 현재 사용자는 인증 미들웨어에 의해 HttpRequest 객체에 설정됩니다. request.user를 사용해서 액세스할 수 있습니다. 사용자가 인증되지 않은 경우에도 요청에서 User 객체를 찾을 수 있습니다. 인증되지 않은 사용자는 요청에 AnonymousUser의 인스턴스가 설정됩니다. 현재 사용자가 인증되었는지 확인하는 가장 좋은 방법은 읽기 전용 속성인 is_authenticated를 체크하는 것입니다.

template/base.html 템플릿을 편집해서 굵게 강조 표시된 코드를 추가합니다.

```
{% load static %} <!DOCTYPE html>
<html>
<head>
  <title>{% block title %}{% endblock %}</title>
  <link href="{% static "css/base.css" %}" rel="stylesheet">
</head>
<body>
  <div id="header">
    <span class="logo">Bookmarks</span>
    {% if request.user.is_authenticated %}
      <ul class="menu">
        <li {% if section == "dashboard" %}class="selected"{% endif %}>
          <a href="{% url "dashboard" %}">My dashboard</a>
        </li>
        <li {% if section == "images" %}class="selected"{% endif %}>
          <a href="#">Images</a>
        </li>
        <li {% if section == "people" %}class="selected"{% endif %}>
          <a href="#">People</a>
        </li>
      </ul>
    {% endif %}
    <span class="user">
      {% if request.user.is_authenticated %}
        Hello {{ request.user.first_name|default:request.user.username }},
        <a href="{% url "logout" %}">Logout</a>
      {% else %}
        <a href="{% url "login" %}">Log-in</a>
      {% endif %}
    </span>
```

```
      </div>
      <div id="content">
        {% block content %}
        {% endblock %}
      </div>
    </body>
  </html>
```

사이트의 메뉴는 인증된 사용자에게만 표시됩니다. section 변수는 메뉴 <li> 목록의 항목
에서 현재의 섹션에 selected 스타일 클래스 속성을 추가하기 위해 검사됩니다. 이렇게 하
면 현재 섹션에 해당하는 메뉴 항목이 CSS를 사용해서 강조 표시됩니다. 사용자가 인증된
경우 사용자의 이름(first name)과 로그아웃 링크가 표시됩니다. 그렇지 않으면 로그인 링
크가 표시됩니다.

request.user.first_name¦default:request.user.username 구문을 통해 first_name
이 비어 있으면 대신 username이 표시됩니다.

브라우저에서 http://127.0.0.1:8000/account/login/을 엽니다. 로그인 페이지가 표시
되어야 합니다. 유효한 사용자 이름과 패스워드를 입력하고 Log-in 버튼을 클릭합니다. 다
음 화면이 표시됩니다.

그림 4.7 대시보드 페이지

My dashboard 메뉴 아이템이 CSS로 강조 표시됩니다. 사용자가 인증되었으므로 헤더 오른
쪽에 사용자의 이름이 표시됩니다. Logout 링크를 클릭합니다. 다음 페이지가 표시됩니다.

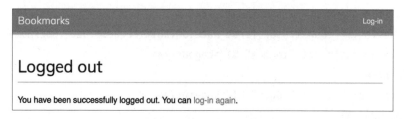

그림 4.8 로그아웃 페이지

이 페이지에서 사용자가 로그아웃되어 웹사이트의 메뉴가 표시되지 않는 것을 볼 수 있습니다. 헤더 오른쪽에 표시되는 링크는 이제 Log-in입니다.

4.2.4 패스워드 뷰 수정하기

사용자가 사이트에 로그인한 후 암호를 변경할 수 있어야 합니다. 패스워드 변경을 위한 장고 인증 뷰를 통합하겠습니다.

account 애플리케이션의 urls.py 파일을 열고 굵은 글씨로 강조 표시된 다음 URL 패턴을 추가합니다.

```python
urlpatterns = [
    # 이전 로그인 url
    # path('login/', views.user_login, name='login'),

    # 로그인 / 로그아웃 url
    path('login/', auth_views.LoginView.as_view(), name='login'),
    path('logout/', auth_views.LogoutView.as_view(), name='logout'),
    # 패스워드 url 변경
    path('password-change/',
    auth_views.PasswordChangeView.as_view(),
    name='password_change'),
    path('password-change/done/',
        auth_views.PasswordChangeDoneView.as_view(),
        name='password_change_done'),
    path('', views.dashboard, name='dashboard'),
]
```

PasswordChangeView 뷰는 패스워드를 변경하는 폼을 처리하고, PasswordChangeDoneView 뷰는 사용자가 패스워드를 성공적으로 변경한 후 성공 메시지를 표시합니다. 각 뷰의 템플릿을 만들어 보겠습니다.

account 애플리케이션의 templates/registration/ 디렉터리 내에 새로운 파일을 추가하고 이름을 password_change_form.html로 정한 후 다음 코드를 추가합니다.

```
{% extends "base.html" %}
{% block title %}Change your password{% endblock %}
{% block content %}
  <h1>Change your password</h1>
  <p>Use the form below to change your password.</p>
  <form method="post">
    {{ form.as_p }}
    <p><input type="submit" value="Change"></p>
    {% csrf_token %}
  </form>
{% endblock %}
```

password_change_form.html 템플릿에는 패스워드를 변경하는 폼이 있습니다.

이제 동일한 디렉터리에 다른 파일을 만들고 이름을 password_change_done.html로 지정한 후 다음 코드를 추가합니다.

```
{% extends "base.html" %}
{% block title %}Password changed{% endblock %}
{% block content %}
  <h1>Password changed</h1>
  <p>Your password has been successfully changed.</p>
{% endblock %}
```

password_change_done.html 템플릿에는 사용자가 패스워드를 성공적으로 변경했을 때 표시될 성공 메시지만 포함돼 있습니다.

브라우저에서 http://127.0.0.1:8000/account/password-change/를 엽니다. 로그인하지 않은 경우 브라우저에서 Log-in 페이지로 리디렉션됩니다. 인증에 성공하면 다음과 같은 패스워드 변경 페이지가 표시됩니다.

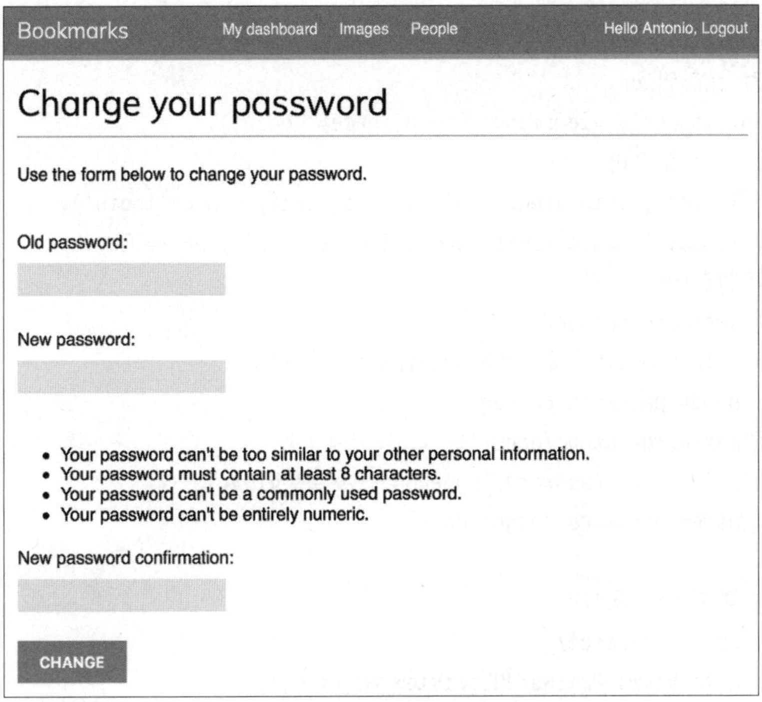

그림 4.9 패스워드 변경 폼

현재 패스워드와 새 패스워드로 폼을 작성하고 **CHANGE** 버튼을 클릭하세요. 다음과 같은 성공 페이지가 표시됩니다.

그림 4.10 패스워드 변경 성공 페이지

로그아웃했다가 새로운 패스워드를 사용해서 다시 로그인해 모든 것이 예상대로 작동하는지 확인합니다.

4.2.5 패스워드 뷰 재설정하기

`account` 애플리케이션의 `urls.py` 파일을 편집하고 굵게 강조 표시된 다음 URL 패턴을 추·가합니다.

```
urlpatterns = [
    # 이전 로그인 url
    # path('login/', views.user_login, name='login'),
    # 로그인 / 로그아웃 url
    path('login/', auth_views.LoginView.as_view(), name='login'),
    path('logout/', auth_views.LogoutView.as_view(), name='logout'),
    # 패스워드 url 변경
    path('password-change/',
         auth_views.PasswordChangeView.as_view(),
         name='password_change'),
    path('password-change/done/',
         auth_views.PasswordChangeDoneView.as_view(),
         name='password_change_done'),

    # 패스워드 url 재설정
    path('password-reset/',
         auth_views.PasswordResetView.as_view(),
         name='password_reset'),
    path('password-reset/done/',
         auth_views.PasswordResetDoneView.as_view(),
         name='password_reset_done'),
    path('password-reset/<uidb64>/<token>/',
         auth_views.PasswordResetConfirmView.as_view(),
         name='password_reset_confirm'),
    path('password-reset/complete/',
         auth_views.PasswordResetCompleteView.as_view(),
         name='password_reset_complete'),

    path('', views.dashboard, name='dashboard'),
]
```

account 애플리케이션의 templates/registration/ 디렉터리에 새로운 파일을 추가하고 이름을 password_reset_form.html로 지정한 후 다음 코드를 추가합니다.

```
{% extends "base.html" %}

{% block title %}Reset your password{% endblock %}
```

```
{% block content %}
  <h1>Forgotten your password?</h1>
  <p>Enter your e-mail address to obtain a new password.</p>
  <form method="post">
    {{ form.as_p }}
    <p><input type="submit" value="Send e-mail"></p>
    {% csrf_token %}
  </form>
{% endblock %}
```

이제 동일한 디렉터리에 다른 파일을 만들고 이름을 password_reset_email.html로 지정한 후 다음 코드를 추가합니다.

```
Someone asked for password reset for email {{ email }}. Follow the link
below: {{ protocol }}://{{ domain }}{% url "password_reset_confirm"
uidb64=uid token=token %}
Your username, in case you've forgotten: {{ user.get_username }}
```

password_reset_email.html 템플릿은 패스워드를 재설정하기 위해 사용자에게 전송된 이메일을 렌더링하는 데 사용합니다. 여기에는 뷰에서 생성된 재설정 토큰이 포함됩니다.

같은 디렉터리에 password_reset_done.html이라는 이름으로 다른 파일을 만들고 다음 코드를 추가합니다.

```
{% extends "base.html" %}

{% block title %}Reset your password{% endblock %}

{% block content %}
  <h1>Reset your password</h1>
  <p>We've emailed you instructions for setting your password.</p>
  <p>If you don't receive an email, please make sure you've entered the
address you registered with.</p>
{% endblock %}
```

같은 디렉터리에 다른 템플릿을 만들고 이름을 password_reset_confirm.html로 지정한 후 다음 코드를 추가합니다.

```
{% extends "base.html" %}

{% block title %}Reset your password{% endblock %}

{% block content %}
  <h1>Reset your password</h1>
  {% if validlink %}
    <p>Please enter your new password twice:</p>
    <form method="post">
      {{ form.as_p }}
      {% csrf_token %}
      <p><input type="submit" value="Change my password" /></p>
    </form>
  {% else %}
    <p>The password reset link was invalid, possibly because it has already
been used. Please request a new password reset.</p>
  {% endif %}
{% endblock %}
```

이 템플릿에서는 validlink 변수를 확인해서 패스워드 재설정 링크가 유효한지 확인
합니다. PasswordResetConfirmView 뷰는 URL에 제공된 토큰의 유효성을 검사하고
validlink 변수를 템플릿에 전달합니다. 링크가 유효하면 사용자 패스워드 재설정 폼이 표
시됩니다. 사용자는 유효한 패스워드 재설정 링크가 있는 경우에만 새로운 패스워드를 설정
할 수 있습니다.

password_reset_complete.html라는 다른 템플릿을 만들고 다음 코드를 입력합니다.

```
{% extends "base.html" %}

{% block title %}Password reset{% endblock %}

{% block content %}
  <h1>Password set</h1>
  <p>Your password has been set. You can <a href="{% url "login" %}">log in
now</a></p>
{% endblock %}
```

끝으로, account 애플리케이션의 `registration/login.html` 템플릿을 편집해서 굵게 강조 표시된 다음 줄을 추가합니다.

```
{% extends "base.html" %}
{% block title %}Log-in{% endblock %}
{% block content %}
  <h1>Log-in</h1>
  {% if form.errors %}
    <p>
      Your username and password didn't match.
      Please try again.
    </p>
  {% else %}
    <p>Please, use the following form to log-in:</p>
  {% endif %}
  <div class="login-form">
    <form action="{% url 'login' %}" method="post">
      {{ form.as_p }}
      {% csrf_token %}
      <input type="hidden" name="next" value="{{ next }}" />
      <p><input type="submit" value="Log-in"></p>
    </form>
    <p>
      <a href="{% url "password_reset" %}">
        Forgotten your password?
      </a>
    </p>
  </div>
{% endblock %}
```

이제 브라우저에서 `http://127.0.0.1:8000/account/login/`을 엽니다. 이제 로그인 페이지에는 다음과 같이 패스워드 재설정 페이지 링크가 포함돼 있어야 합니다.

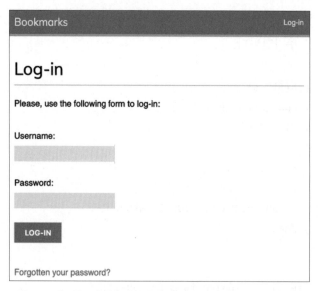

그림 4.11 패스워드 재설정 페이지에 대한 링크가 포함된 Log-in 페이지

Forgotten your password? 링크를 클릭하면 다음 페이지가 표시됩니다.

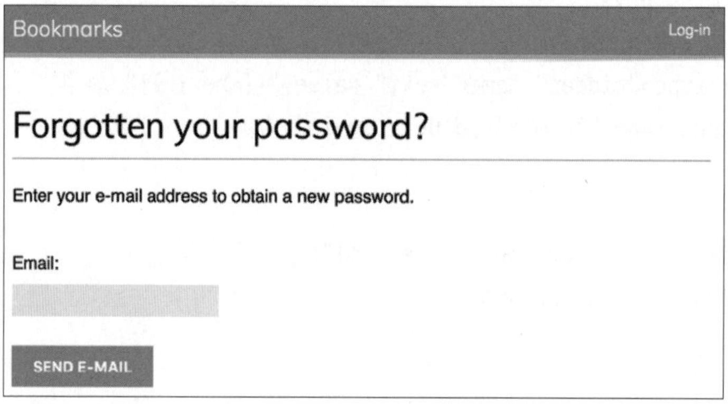

그림 4.12 패스워드 재설정 폼

이 시점에서 장고가 이메일을 보낼 수 있도록 프로젝트의 settings.py 파일에 SMTP (Simple Mail Transfer Protocol) 구성을 추가해야 합니다. "2장, 고급 기능으로 블로그 향상하기"에서 프로젝트에 이메일 설정을 추가하는 방법을 배웠습니다. 그러나 개발 중에 이메일을 SMTP 서버를 통해 보내는 대신 표준 출력에 작성하도록 장고를 구성할 수 있습니다. 장고는 이메일을 콘솔에 출력할 수 있는 이메일 백엔드를 제공합니다.

프로젝트의 settings.py 파일을 편집해서 다음 줄을 추가합니다.

```
EMAIL_BACKEND = 'django.core.mail.backends.console.EmailBackend'
```

EMAIL_BACKEND 설정은 이메일을 보내는 데 사용되는 클래스를 가리킵니다.
브라우저로 돌아가 기존 사용자의 이메일 주소를 입력하고 SEND E-MAIL 버튼을 클릭하면
다음 페이지가 표시됩니다.

그림 4.13 패스워드 재설정 이메일 전송 페이지

개발 서버를 실행 중인 쉘 프롬프트를 살펴보면, 다음과 같이 생성된 이메일이 출력됩니다.

```
Content-Type: text/plain; charset="utf-8"
MIME-Version: 1.0
Content-Transfer-Encoding: 7bit
Subject: Password reset on 127.0.0.1:8000
From: webmaster@localhost
To: test@gmail.com
Date: Mon, 10 Jan 2022 19:05:18 -0000
Message-ID: <162896791878.58862.14771487060402279558@MBP-amele.local>
Someone asked for password reset for email test@gmail.com. Follow the link
below:
http://127.0.0.1:8000/account/password-reset/MQ/ardx0ub4973cfa2c70d652a190e79
054bc479a/ Your username, in case you've forgotten: test
```

이메일은 이전에 만든 password_reset_email.html 템플릿을 사용해서 렌더링됩니다. 패
스워드를 재설정하기 위한 URL에는 장고에서 동적으로 생성한 토큰이 포함되어 있습니다.
http://127.0.0.1:8000/account/ password-reset/MQ/ardx0ub4973cfa2c70d652a190
e79054bc479a/와 유사하게 생긴 URL을 이메일 출력에서 복사해서 브라우저로 열면, 다음
페이지가 표시됩니다.

그림 4.14 패스워드 재설정 폼

새 패스워드를 설정하는 페이지는 `password_reset_confirm.html` 템플릿을 사용합니다. 새 패스워드를 입력하고 CHANGE MY PASSWORD 버튼을 클릭합니다. 장고에서 해시된 새 패스워드를 생성하여 데이터베이스에 저장합니다. 다음과 같은 성공 페이지가 표시됩니다.

그림 4.15 패스워드 재설정 성공 페이지

이제 새 패스워드를 사용해서 사용자 계정에 다시 로그인할 수 있습니다.

새 패스워드를 설정하는 각 토큰은 한 번만 사용할 수 있습니다. 받은 링크를 다시 열면 토큰이 유효하지 않다는 메시지가 표시됩니다.

이제 장고 인증 프레임워크의 뷰를 프로젝트에 통합했습니다. 이런 뷰들은 대부분의 경우 적절하지만, 다른 동작이 필요한 경우에는 자신만의 뷰를 만들 수 있습니다.

장고는 방금 만든 것과 동일한 인증 뷰의 URL 패턴을 제공합니다. 인증 URL 패턴을 장고에서 제공하는 패턴을 대체합니다.

다음과 같이 account 애플리케이션의 urls.py 파일에 추가한 인증 URL 패턴을 주석 처리
하고 대신 django.contrib.auth.urls를 include합니다. 새로운 코드는 굵게 강조 표시했
습니다.

```python
from django.urls import path, include
from django.contrib.auth import views as auth_views
from . import views

urlpatterns = [
    # 이전 로그인 뷰
    # path('login/', views.user_login, name='login'),
    # path('login/', auth_views.LoginView.as_view(), name='login'),
    # path('logout/', auth_views.LogoutView.as_view(), name='logout'),
    # 패스워드 변경 url
    # path('password-change/',
    # auth_views.PasswordChangeView.as_view(),
    # name='password_change'),
    # path('password-change/done/',
    # auth_views.PasswordChangeDoneView.as_view(),
    # name='password_change_done'),
    # 패스워드 재설정 url
    # path('password-reset/',
    # auth_views.PasswordResetView.as_view(),
    # name='password_reset'),
    # path('password-reset/done/',
    # auth_views.PasswordResetDoneView.as_view(),
    # name='password_reset_done'),
    # path('password-reset/<uidb64>/<token>/',
    # auth_views.PasswordResetConfirmView.as_view(),
    # name='password_reset_confirm'),
    # path('password-reset/complete/',
    # auth_views.PasswordResetCompleteView.as_view(),
    # name='password_reset_complete'),
    path('', include('django.contrib.auth.urls')),
    path('', views.dashboard, name='dashboard'),
]
```

https://github.com/django/django/blob/stable/4.0.x/django/contrib/auth/urls.

py에서 장고에서 제공하는 인증 URL들의 패턴을 볼 수 있습니다.

이제 프로젝트에 필요한 모든 인증 뷰를 추가했습니다. 다음으로 사용자 등록을 구현합니다.

4.3 사용자 등록 및 사용자 프로필

이제 사이트의 사용자는 로그인, 로그아웃, 패스워드 변경 및 재설정을 할 수 있게 되었습니다. 그러나 방문자가 사용자 계정을 만들 수 있도록 뷰를 만들어야 합니다.

4.3.1 사용자 등록

웹사이트에서 사용자 등록을 허용하는 간단한 뷰를 만들어 보겠습니다. 처음에는 사용자가 사용자 이름, 실제 이름 및 암호를 입력할 수 있는 폼을 만들어야 합니다.

account 애플리케이션 디렉터리 내에 있는 forms.py 파일을 편집해서 굵게 강조된 다음 줄을 추가합니다.

```python
from django import forms
from django.contrib.auth.models import User


class LoginForm(forms.Form):
    username = forms.CharField()
    password = forms.CharField(widget=forms.PasswordInput)


class UserRegistrationForm(forms.ModelForm):
    password = forms.CharField(label='Password',
                               widget=forms.PasswordInput)
    password2 = forms.CharField(label='Repeat password',
                                widget=forms.PasswordInput)

    class Meta:
        model = User
        fields = ['username', 'first_name', 'email']
```

사용자 모델에 대한 모델 폼을 만들었습니다. 이 양식에는 User 모델의 username, first_

name 및 email 필드가 있습니다. 이 필드들은 모델에서 해당 필드의 유효성 검사로 유효성이 검사됩니다. 예를 들어 사용자가 이미 존재하는 사용자 이름을 선택하면 사용자 이름이 unique=True로 정의된 필드이기 때문에 유효성 검사 오류가 발생합니다.

우리는 사용자가 패스워드를 설정하고 확인 입력을 할 수 있도록 두 개의 필드(password 및 password2)를 추가했습니다. 두 패스워드가 동일한지 확인하기 위해 필드 유효성 검사를 추가해 보겠습니다.

account 애플리케이션에서 forms.py 파일을 편집해서 다음 clean_password2() 메서드를 UserRegistrationForm 클래스에 추가합니다. 새로운 코드는 굵게 강조 표시했습니다.

```python
class UserRegistrationForm(forms.ModelForm):
    password = forms.CharField(label='Password',
                               widget=forms.PasswordInput)
    password2 = forms.CharField(label='Repeat password',
                                widget=forms.PasswordInput)

    class Meta:
        model = User
        fields = ['username', 'first_name', 'email']

    def clean_password2(self):
        cd = self.cleaned_data
        if cd['password'] != cd['password2']:
            raise forms.ValidationError('Passwords don\'t match.')
        return cd['password2']
```

clean_password2() 메서드를 정의해서 두 번째 패스워드를 첫 번째 패스워드와 비교하고, 패스워드가 일치하지 않으면 유효성 검사 오류를 발생시킵니다. 이 메서드는 is_valid() 메서드를 호출해서 폼의 유효성을 검사할 때 실행됩니다. 우리는 clean_<fieldname>() 메서드를 폼의 필드에 제공해서 특정 필드에 대한 값을 정리하거나 폼의 유효성 검사 오류를 발생시킬 수 있습니다. 또 폼에는 전체 폼의 유효성을 검사하는 clean() 메서드가 있는데, 이것은 서로 의존 관계에 있는 필드의 유효성 검사에 유용합니다. 이 경우 폼의 clean() 메서드를 재정의(overriding)하는 대신 필드별로 제공하는 방식인, clean_password2() 유효성 검사를 사용합니다. 이렇게 하면 ModelForm이 모델에 설정된 여러 제약 사항을 기반으로 검사를 하기 때문에 다른 필드별 검사에 대한 재정의를 피할 수 있습니다(예: 사용자 이름이 고유한지 확인).

참고 또한 우리가 만든 폼과 매우 유사한 `django.contrib.auth.forms`에 있는 `UserCreationForm` 폼을 제공합니다.

`account` 애플리케이션의 `views.py` 파일을 편집해서 굵게 강조 표시된 다음 라인들을 추가합니다.

```python
from django.http import HttpResponse
from django.shortcuts import render
from django.contrib.auth import authenticate, login
from django.contrib.auth.decorators import login_required
from .forms import LoginForm, UserRegistrationForm


# ...


def register(request):
    if request.method == 'POST':
        user_form = UserRegistrationForm(request.POST)
        if user_form.is_valid():
            # 새로운 사용자 객체를 만들지만 저장하지는 않음
            new_user = user_form.save(commit=False)
            # 선택한 패스워드를 설정
            new_user.set_password(
                user_form.cleaned_data['password'])
            # User 객체를 저장
            new_user.save()
            return render(request,
                          'account/register_done.html',
                          {'new_user': new_user})
    else:
        user_form = UserRegistrationForm()
    return render(request,
                  'account/register.html',
                  {'user_form': user_form})
```

사용자 계정을 만드는 방법은 매우 간단합니다. 보안상의 이유로 사용자가 입력한 패스워드를 그대로 저장하는 대신 User 모델의 `set_password()` 메서드를 사용합니다. 이 메서드는 패스워드를 데이터베이스에 저장하기 전에 패스워드를 해시(hash) 처리합니다.

장고는 일반 텍스트 암호를 저장하지 않고 해시 패스워드를 저장합니다. 해시는 주어진 키를 다른 값으로 변환하는 처리입니다. 해시 함수는 수학적 알고리즘에 따라 고정 길이의 값을 생성하는 데 사용합니다. 장고는 보안 알고리즘을 사용해서 패스워드를 해시함으로써 데이터베이스에 저장된 사용자 패스워드를 해킹하는데 막대한 컴퓨팅 시간이 필요하도록 합니다.

기본적으로 장고는 **SHA256** 해시와 함께 **PBKDF2** 해시 알고리즘을 사용해서 모든 패스워드를 저장합니다. 그러나 장고는 **PBKDF2**로 해시된 기존 암호의 확인을 지원할 뿐만 아니라 **PBKD2SHA**, **argon2**, **bcrypt** 및 **scrypt**와 같은 다른 알고리즘으로 해시되어 저장된 패스워드의 확인도 지원합니다.

PASSWORD_HASHERS 설정은 장고 프로젝트가 지원하는 패스워드 해시를 정의합니다.

```
PASSWORD_HASHERS = [
    'django.contrib.auth.hashers.PBKDF2PasswordHasher',
    'django.contrib.auth.hashers.PBKDF2SHA1PasswordHasher',
    'django.contrib.auth.hashers.Argon2PasswordHasher',
    'django.contrib.auth.hashers.BCryptSHA256PasswordHasher',
    'django.contrib.auth.hashers.ScryptPasswordHasher', ]
```

장고는 목록의 첫 번째 항목(이 경우 **PBKDF2PasswordHasher**)을 사용해서 모든 패스워드를 해시합니다. 나머지 해시는 장고에서 기존 패스워드를 확인하는 데 사용할 수 있습니다.

> **Note**
> **scrypt** 해시 처리자는 장고 4.0에서 도입되었습니다. **PBKDF2** 보다 더 안전하고 권장됩니다. 그러나 **scrypt**에는 OpenSSL 1.1+ 이상 그리고 더 많은 메모리가 필요하므로 여전히 **PBKDF2**가 기본 해시 처리자입니다.

https://docs.djangoproject.com/en/4.1/topics/auth/passwords/에서 장고가 패스워드를 저장하는 방법과 포함된 패스워드 해시 처리자에 관해 자세히 알아볼 수 있습니다.

이제 **account** 애플리케이션의 **urls.py** 파일을 편집해서 굵게 강조 표시된 다음 URL 패턴을 추가합니다.

```
urlpatterns = [
    # ...
    path('', include('django.contrib.auth.urls')),
    path('', views.dashboard, name='dashboard'),
    path('register/', views.register, name='register'),
]
```

끝으로 account 애플리케이션의 템플릿 디렉터리 templates/account에 register.html 이라는 새로운 템플릿을 만들고 다음 코드를 추가합니다.

```
{% extends "base.html" %}

{% block title %}Create an account{% endblock %}

{% block content %}
  <h1>Create an account</h1>
  <p>Please, sign up using the following form:</p>
  <form method="post">
    {{ user_form.as_p }}
    {% csrf_token %}
    <p><input type="submit" value="Create my account"></p>
  </form>
{% endblock %}
```

동일한 디렉터리에 register_done.html이라는 추가 템플릿을 만들고 다음 코드를 추가합니다.

```
{% extends "base.html" %}
{% block title %}Welcome{% endblock %}
{% block content %}
  <h1>Welcome {{ new_user.first_name }}!</h1>
  <p>
    Your account has been successfully created.
    Now you can <a href="{% url "login" %}">log in</a>.
  </p>
{% endblock %}
```

브라우저에서 http://127.0.0.1:8000/account/register/를 엽니다. 작성한 등록 페이지가 표시됩니다.

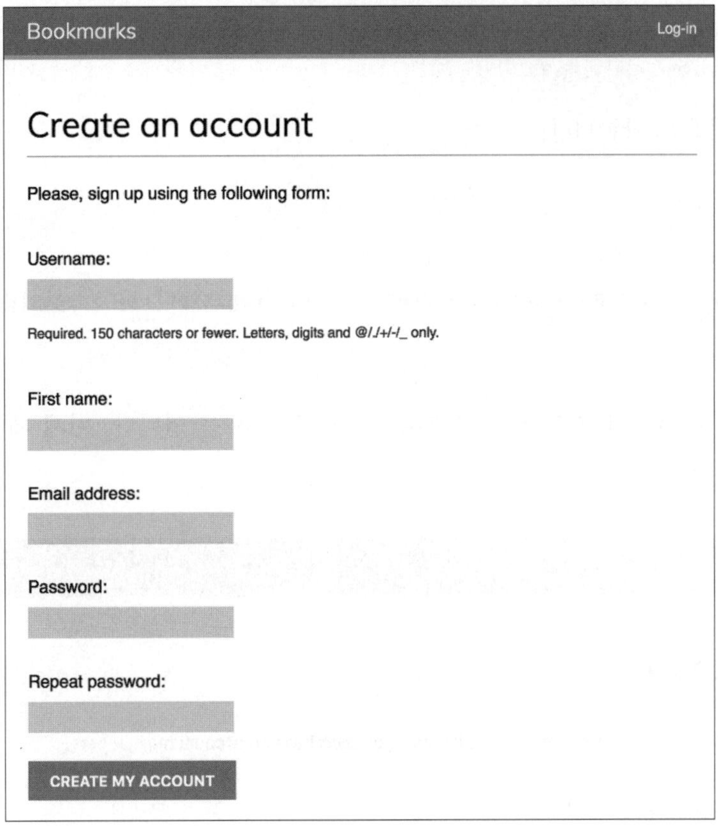

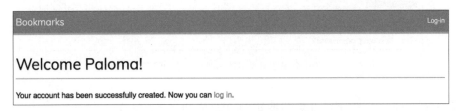

그림 4.16 계정 생성 폼

새 사용자의 세부 정보를 입력하고 CREATE MY ACCOUNT 버튼을 클릭합니다.
모든 필드가 유효하면 사용자가 생성되고 다음과 같은 성공 메시지가 표시됩니다.

그림 4.17 계정 생성 성공 페이지

Log-in 링크를 클릭하고 사용자 이름과 패스워드를 입력해서 새로 만든 계정에 액세스할 수
있는지 확인합니다.
로그인 템플릿을 추가해 봅시다. registration/login.html 템플릿을 열어서 다음 줄을 찾
습니다.

```
<p>Please, use the following form to log-in:</p>
```

해당 줄을 다음으로 바꿉니다.

```
<p>
  Please, use the following form to log-in.
  If you don't have an account <a href="{% url "register" %}">register here</a>.
</p>
```

브라우저에서 `http://127.0.0.1:8000/account/login/`을 엽니다. 이제 페이지는 다음과 같이 표시됩니다.

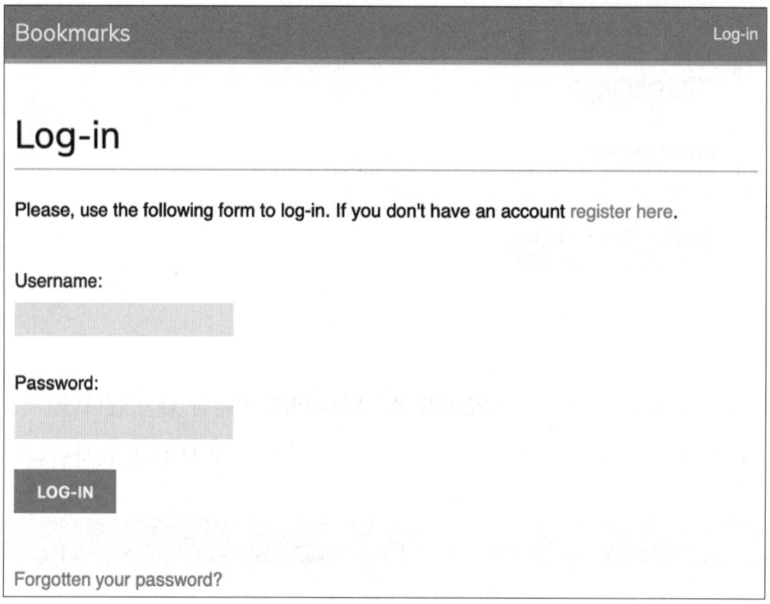

그림 4.18 등록 링크를 가진 Log-in 페이지

Log-in 페이지에서 등록 페이지로 이동할 수 있도록 만들었습니다.

4.3.2 사용자 모델 확장하기

사용자 계정을 다루다 보면, 장고 인증 프레임워크의 User 모델이 대부분의 일반적인 경우에 적합하다는 것을 알게 될 것입니다. 그러나 표준 User 모델은 제한된 필드만을 제공하는데, 애플리케이션과 관련된 추가 정보로 이를 확장해야 할 수 있습니다.

사용자 모델을 확장하는 간단한 방법은 장고 **User** 모델과 일대일 관계를 가진 프로필 모델을 만들고 거기에 추가 필드들을 넣는 것입니다. 일대일 관계는 매개 변수가 unique=True인 **ForeignKey** 필드와 유사합니다. 이 관계는 다르게 보면 여러 요소들을 위한 관리자 대신, 관련 모델과의 암묵적인 일대일 관계라고 할 수 있겠습니다. 관계의 각 측면에서 관련된 하나의 객체에 액세스합니다.

account 애플리케이션의 models.py 파일을 열어 굵게 강조 표시된 다음 코드를 추가합니다.

```python
from django.db import models
from django.conf import settings

class Profile(models.Model):
    user = models.OneToOneField(settings.AUTH_USER_MODEL,
                                on_delete=models.CASCADE)
    date_of_birth = models.DateField(blank=True, null=True)
    photo = models.ImageField(upload_to='users/%Y/%m/%d/',
                              blank=True)
    def __str__(self):
        return f'Profile of {self.user.username}'
```

> **Note** 코드를 범용적으로 유지하려면 auth 사용자 모델을 직접 참조하는 대신 get_user_model() 메서드를 사용하여 사용자 모델을 검색하고, 모델과 사용자 모델과의 관계를 정의할 때 AUTH_USER_MODEL 설정을 사용하여 참조하세요. 자세한 내용은 https://docs.djangoproject.com/en/4.1/topics/auth/customizing/#django.contrib.auth.get_user_model에서 볼 수 있습니다.

사용자 프로필에는 사용자의 생년월일과 사용자 이미지가 포함됩니다.

일대일 필드인 user는 프로필을 해당 사용자와 연결하는 데 사용합니다. on_delete=models.CASCADE를 사용하면 User 개체가 삭제될 때 관련 Profile 객체가 강제로 삭제됩니다.

date_of_birth 필드는 DateField입니다. blank=True로 이 필드를 선택사항으로 만들었으며 null=True로 null 값을 허용합니다.

사진 필드는 ImageField입니다. blank=True로 이 필드를 선택사항으로 만들었습니다. ImageField 필드는 이미지 파일의 저장소를 관리합니다. 제공된 파일이 유효한 이미지인지 확인하고 upload_to 매개 변수로 표시된 디렉터리에 이미지 파일을 저장하고, 관련 데이터베이스 필드에 파일의 상대 경로를 저장합니다. ImageField 필드는 기본적으로 데이터베이스의 VARCHAR(100) 컬럼으로 변환됩니다. 값이 비어 있으면 빈 문자열이 저장됩니다.

4.3.3. Pillow 설치 및 미디어 파일 서비스하기

이미지를 관리하려면 Pillow 라이브러리를 설치해야 합니다. Pillow는 파이썬에서 이미지 처리를 위한 사실상의 표준 라이브러리입니다. Pillow는 여러 이미지 형식을 지원하며 강력한 이미지 처리 함수를 제공합니다. 이미지필드를 사용하여 이미지를 처리하려면 장고에서 Pillow가 필요합니다.

셸 프롬프트에서 다음 명령을 실행해서 Pillow를 설치합니다.

```
pip install Pillow==9.2.0
```

프로젝트의 settings.py 파일을 편집해서 다음 줄을 추가합니다.

```
MEDIA_URL = 'media/'
MEDIA_ROOT = BASE_DIR / 'media'
```

이렇게 하면 장고가 파일 업로드를 관리하고 미디어 파일을 제공할 수 있습니다. MEDIA_URL 은 사용자가 업로드한 미디어 파일을 제공하는 데 사용되는 기본 URL입니다. MEDIA_ROOT 는 미디어 파일이 있는 로컬 경로입니다. 파일의 경로와 URL은 이식성을 위해 프로젝트 경로나 미디어 URL을 앞에 추가해서 동적으로 작성됩니다.

이제 bookmarks 프로젝트의 메인 urls.py 파일을 편집해서 다음과 같이 코드를 수정합니다. 새로운 줄은 굵게 강조 표시하였습니다.

```
from django.contrib import admin
from django.urls import path, include
from django.conf import settings
from django.conf.urls.static import static

urlpatterns = [
    path('admin/', admin.site.urls),
    path('account/', include('account.urls')),
]
```

```
if settings.DEBUG:
    urlpatterns += static(settings.MEDIA_URL,
                          document_root=settings.MEDIA_ROOT)
```

개발 중(즉, DEBUG 설정이 True로 설정된 경우)에는 장고 개발 서버에서 미디어 파일을 서비스할 수 있도록 도우미 함수 static()을 추가했습니다.

> **Note**
> static() 도우미 함수는 개발용으로 적합하지만 운영용으로는 적합하지 않습니다. 장고는 정적 파일을 제공하는 데 매우 비효율적입니다. 프로덕션 환경에서 장고로 정적 파일을 제공하지 마세요. "17장. 실서비스화"에서 정적 파일을 제공하는 방법을 배웁니다.

4.3.4 프로필 모델에 대한 마이그레이션 만들기

셸 프롬프트를 열고 다음 명령을 실행해서 새로운 모델에 대한 데이터베이스 마이그레이션을 만듭니다.

```
python manage.py makemigrations
```

다음과 같은 메시지가 출력됩니다.

```
Migrations for 'account':
  account/migrations/0001_initial.py
    - Create model Profile
```

그런 다음 셸 프롬프트에서 다음 명령을 사용해서 데이터베이스를 동기화합니다.

```
python manage.py migrate
```

다음과 같은 메시지가 출력됩니다.

```
Applying account.0001_initial... OK
```

account 애플리케이션의 admin.py 파일을 편집해서 굵게 강조 표시된 코드를 추가해서 관리 사이트에 프로필을 등록합니다.

```
from django.contrib import admin
from .models import Profile

@admin.register(Profile)
class ProfileAdmin(admin.ModelAdmin):
    list_display = ['user', 'date_of_birth', 'photo']
    raw_id_fields = ['user']
```

쉘 프롬프트에서 다음 명령을 사용해서 개발 서버를 실행합니다.

```
python manage.py runserver
```

브라우저에서 http://127.0.0.1:8000/admin/을 엽니다. 이제 다음과 같이 프로젝트의 관리 사이트에서 프로필 모델을 볼 수 있습니다.

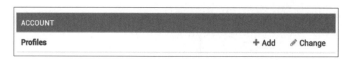

그림 4.19 관리 사이트 인덱스 페이지에 있는 ACCOUNT 블록

Profiles 행의 Add 링크를 클릭합니다. 새로운 프로필을 추가하기 위한 다음과 같은 폼이 표시됩니다.

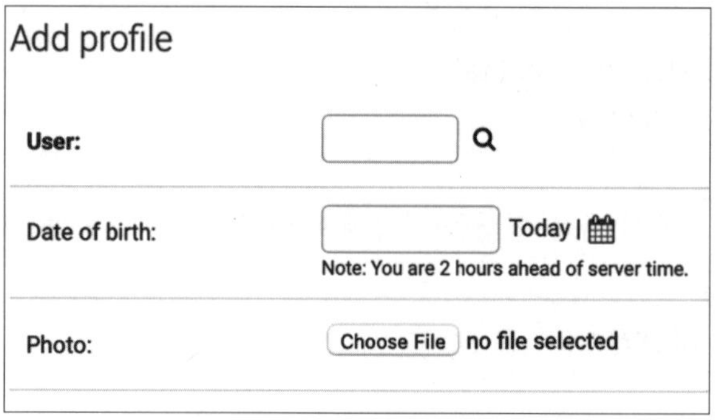

그림 4.20 프로필 추가 폼

데이터베이스의 기존 사용자 각각에 대해 프로필 객체를 수동으로 만듭니다.

다음으로 사용자가 웹사이트에서 자신의 프로필을 편집할 수 있도록 하겠습니다.

account 애플리케이션의 forms.py 파일을 편집해서 굵게 강조 표시된 다음 줄을 추가합니다.

```
# ...
from .models import Profile
# ...

class UserEditForm(forms.ModelForm):
    class Meta:
        model = User
        fields = ['first_name', 'last_name', 'email']

class ProfileEditForm(forms.ModelForm):
    class Meta:
        model = Profile
        fields = ['date_of_birth', 'photo']
```

이런 폼들은 다음과 같습니다.

- UserEditForm: 사용자가 기본 제공하는 장고 User 모델의 속성인 이름, 성 및 이메일을 편집할 수 있습니다.
- ProfileEditForm: 커스텀 Profile 모델에 저장된 프로필 데이터를 편집할 수 있습니다. 사용자는 생년월일을 편집하고 프로필용 사진 이미지를 업로드할 수 있습니다.

account 애플리케이션의 views.py 파일을 편집해서 굵게 강조 표시된 다음 줄을 추가합니다.

```
# ...
from .models import Profile

# ...
def register(request):
    if request.method == 'POST':
        user_form = UserRegistrationForm(request.POST)
        if user_form.is_valid():
            # 주문이 성공적으로 생성될 때 이메일 알림을 보내는 작업을 생성
            new_user = user_form.save(commit=False)
            # 선택한 패스워드를 설정
            new_user.set_password(
                user_form.cleaned_data['password'])
            # User 객체를 저장
            new_user.save()
```

```
            # 사용자 프로필 생성
            Profile.objects.create(user=new_user)
            return render(request,
                          'account/register_done.html',
                          {'new_user': new_user})
    else:
        user_form = UserRegistrationForm()
    return render(request,
                  'account/register.html',
                  {'user_form': user_form})
```

사용자가 사이트에 등록하면 Profile 객체가 생성되고 관련 User 객체와 연결됩니다.
이제 사용자가 자신의 프로필을 편집할 수 있습니다.

account 애플리케이션의 views.py 파일을 편집해서 굵게 강조 표시된 다음 코드를 추가합니다.

```
from django.http import HttpResponse
from django.shortcuts import render
from django.contrib.auth import authenticate, login
from django.contrib.auth.decorators import login_required
from .forms import LoginForm, UserRegistrationForm, \
                    UserEditForm, ProfileEditForm
from .models import Profile

# ...

@login_required
def edit(request):
    if request.method == 'POST':
        user_form = UserEditForm(instance=request.user,
                                 data=request.POST)
        profile_form = ProfileEditForm(
                                       instance=request.user.profile,
                                       data=request.POST,
                                       files=request.FILES)
        if user_form.is_valid() and profile_form.is_valid():
            user_form.save()
            profile_form.save()
```

```
    else:
        user_form = UserEditForm(instance=request.user)
        profile_form = ProfileEditForm(
    instance=request.user.profile)
    return render(request,
                  'account/edit.html',
                  {'user_form': user_form,
                   'profile_form': profile_form})
```

사용자가 자신의 개인정보를 편집할 수 있도록 새로운 edit 뷰를 추가했습니다. 인증된 사용자만 프로필을 편집할 수 있으므로 login_required 데코레이터를 뷰에 추가했습니다.
이 뷰에서는 두 가지 모델 폼을 사용합니다. UserEditForm은 내장 User 모델의 데이터를 저장하고 ProfileEditForm은 커스텀 Profile 모델의 추가 개인 데이터를 저장합니다. 제출된 데이터의 유효성을 검사하기 위해 두 폼의 is_valid() 메서드를 모두 호출합니다. 두 폼 모두 유효한 데이터를 포함한 경우 save() 메서드를 호출해서 두 폼을 모두 저장함으로써 데이터베이스의 해당 객체를 업데이트합니다.
account 애플리케이션의 urls.py에 다음 URL 패턴을 추가합니다.

```
urlpatterns = [
    # ...
    path('', include('django.contrib.auth.urls')),
    path('', views.dashboard, name='dashboard'),
    path('register/', views.register, name='register'),
    path('edit/', views.edit, name='edit'),
]
```

끝으로, templates/account/ 디렉터리에 이 뷰에 대한 템플릿을 만들고 이름을 edit. html로 지정한 후 다음 코드를 추가합니다.

```
{% extends "base.html" %}
{% block title %}Edit your account{% endblock %}
{% block content %}
  <h1>Edit your account</h1>
  <p>You can edit your account using the following form:</p>
  <form method="post" enctype="multipart/form-data">
```

```
    {{ user_form.as_p }}
    {{ profile_form.as_p }}
    {% csrf_token %}
    <p><input type="submit" value="Save changes"></p>
  </form>
{% endblock %}
```

이전 코드에서 파일 업로드를 활성화하기 위해 HTML의 `<form>` 엘리먼트에
enctype="multipart/form-data"를 추가했습니다. HTML 폼을 사용해서 user_form과
profile_form 폼 모두를 제출합니다.

URL http://127.0.0.1:8000/account/register/를 열고 새로운 사용자를 등록합니다.
그런 다음 새로운 사용자로 로그인해서 http://127.0.0.1:8000/account/edit/ URL을
엽니다. 그러면 다음 페이지가 표시됩니다.

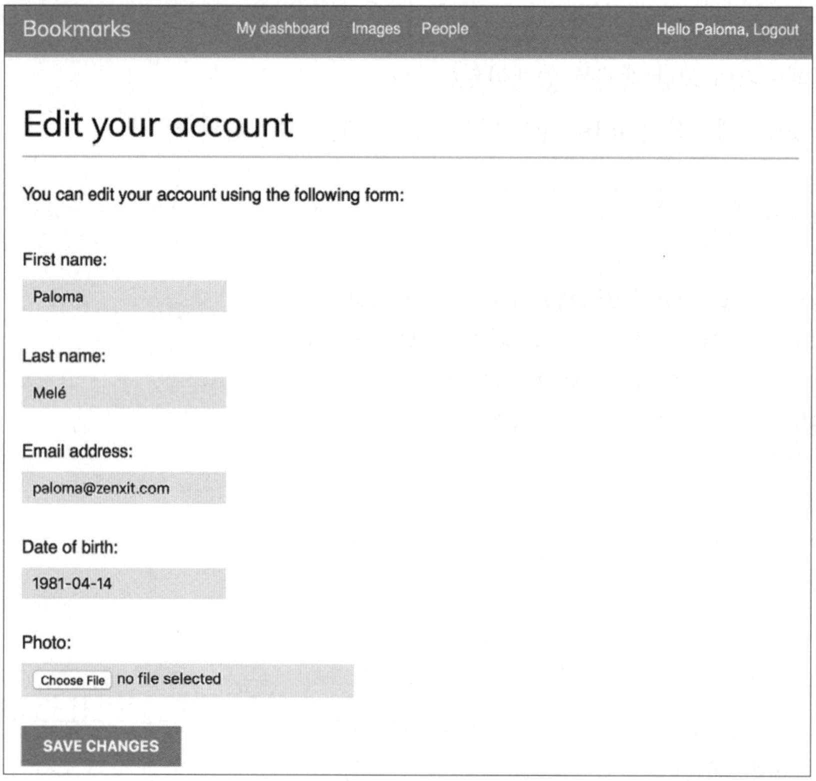

그림 4.21 프로필 수정 폼

이제 프로필 정보를 추가하고 변경 사항을 저장할 수 있습니다.

프로필과 패스워드 변경 페이지 링크를 포함하도록 대시보드 템플릿을 편집합니다. `templates/account/dashboard.html` 템플릿을 열고 굵게 강조 표시된 다음 줄을 추가합니다.

```
{% extends "base.html" %}
{% block title %}Dashboard{% endblock %}
{% block content %}
  <h1>Dashboard</h1>
  <p>
    Welcome to your dashboard. You can <a href="{% url "edit" %}">edit your
    profile</a> or <a href="{% url "password_change" %}">change your
password</a>.
  </p>
{% endblock %}
```

이제 사용자는 폼에 액세스해서 대시보드에서 자신의 프로필을 편집할 수 있습니다. 브라우저에서 http://127.0.0.1:8000/account/를 열고 사용자의 프로필을 편집할 수 있는 새로운 링크를 테스트합니다. 이제 대시보드는 다음과 같이 표시됩니다.

Dashboard

Welcome to your dashboard. You can edit your profile or change your password.

그림 4.22 프로필 편집 및 패스워드 변경 링크를 포함한 대시보드 페이지

4.3.5 커스텀 사용자 모델 사용하기

장고는 `User` 모델을 커스텀 모델로 대체하는 방법도 제공합니다. `User` 클래스는 장고의 `AbstractUser` 클래스에서 상속되어야 합니다. `AbstractUser` 클래스는 기본 `User`의 전체 구현을 추상 모델로 제공합니다. 이 방법에 관한 자세한 내용은 https://docs.djangoproject.com/en/4.1/topics/auth/customizing/#substituting-a-custom-user-model에서 읽을 수 있습니다.

커스텀 사용자 모델을 사용하면 더 많은 유연성을 얻을 수 있지만, 장고의 인증 사용자 모델과 직접 상호작용하는 플러그형 애플리케이션과의 통합이 더 어려워질 수도 있습니다.

4.3.6 메시지 프레임워크 사용하기

사용자가 플랫폼과 상호작용할 때 종종 어떤 작업의 결과를 알리고 싶은 경우가 있습니다. 장고에는 사용자에게 일회성 알림을 표시할 수 있는 내장 메시지 프레임워크가 있습니다. 메시지 프레임워크는 django.contrib.messages에 있으며 python manage.pystartproject 명령으로 새로운 프로젝트를 생성할 때 settings.py 파일의 INSTALLED_APPS 기본 목록에 포함되어 있습니다. 설정 파일에는 미들웨어도 django.contrib.messages.middleware. MessageMiddleware도 포함되어 있습니다.

메시지 프레임워크는 사용자에게 메시지를 추가하는 간단한 방법을 제공합니다. 메시지들은 기본적으로 쿠키에 저장되며 사용자의 다음 요청 시에 표시되고 삭제됩니다. 다음과 같이 뷰에 메시지 messages 모듈을 임포트하고 간단한 함수 호출을 추가함으로써 메시지 프레임워크를 사용할 수 있습니다.

```
from django.contrib import messages
messages.error(request, 'Something went wrong')
```

add_message() 메서드 또는 다음의 편리한 메서드들을 사용해서 새로운 메시지를 만들 수 있습니다.

- success(): 작업이 성공했을 때, 표시할 성공 메시지를 만들 때 사용합니다.
- info(): 정보성 메시지 출력 시 사용합니다.
- warning(): 장애가 아직 발생하지 않았지만 곧 발생할 수 있다는 메시지를 만들 때 사용합니다.
- error(): 작업이 실패했거나 오류가 발생했다는 메시지를 만들 때 사용합니다.
- debug(): 프로덕션 환경에서는 제거해야 하거나 무시되는 디버그 메시지를 만들 때 사용합니다.

프로젝트에 메시지를 추가해 보겠습니다. 메시지 프레임워크는 프로젝트에 전역적(global)으로 적용됩니다. 기본 템플릿을 사용해서 사용 가능한 메시지를 클라이언트에 표시하겠습니다. 이렇게 하면, 모든 페이지에서 어떤 작업이든 결과를 사용자에게 알릴 수 있습니다. account 애플리케이션의 templates/base.html 템플릿을 열고 굵게 강조 표시된 다음 코드를 추가합니다.

```
{% load static %}
<!DOCTYPE html>
<html>
<head>
  <title>{% block title %}{% endblock %}</title>
  <link href="{% static "css/base.css" %}" rel="stylesheet">
</head>
<body>
<div id="header">
    ...
  </div>
  {% if messages %}
    <ul class="messages">
      {% for message in messages %}
        <li class="{{ message.tags }}">
          {{ message|safe }}
          <a href="#" class="close">x</a>
        </li>
      {% endfor %}
    </ul>
  {% endif %}
  <div id="content">
    {% block content %}
    {% endblock %}
  </div>
</body>
</html>
```

메시지 프레임워크에는 messages 변수를 요청 콘텍스트에 추가하는 콘텍스트 프로세서 django.contrib.messages.context_processors.messages가 포함돼 있습니다. 프로젝트의 settings.py 파일의 TEMPLATES 설정에 있는 context_processors 목록에서 찾을 수 있습니다. 템플릿의 messages 변수를 사용해서 모든 기존 메시지를 사용자에게 표시할 수 있습니다.

> **Note**
>
> 콘텍스트 프로세서는 request 객체를 인수로 사용하고 요청 콘텍스트에 추가되는 딕셔너리를 반환하는 파이썬 함수입니다. "*8장, 온라인 상점 구축하기*"에서 고유의 콘텍스트 프로세서를 만드는 방법을 배웁니다.

메시지 프레임워크를 사용하도록 edit 뷰를 수정하겠습니다.

account 애플리케이션의 views.py를 열어 굵게 강조된 다음 줄을 추가합니다.

```
# ...
from django.contrib import messages
# ...
@login_required def edit(request):
    if request.method == 'POST':
        user_form = UserEditForm(instance=request.user,
                                 data=request.POST)
        profile_form = ProfileEditForm(
                                    instance=request.user.profile,
                                    data=request.POST,
                                    files=request.FILES)
        if user_form.is_valid() and profile_form.is_valid():
            user_form.save()
            profile_form.save()
            messages.success(request, 'Profile updated '\
                        'successfully')
        else:
            messages.error(request, 'Error updating your profile')
    else:
        user_form = UserEditForm(instance=request.user)
        profile_form = ProfileEditForm(
                                    instance=request.user.profile)
    return render(request,
                'account/edit.html',
                {'user_form': user_form,
                'profile_form': profile_form}
```

사용자가 프로필을 성공적으로 업데이트하면 성공 메시지가 만들어집니다. 그러나 폼에 유효하지 않은 데이터가 포함된 경우 오류 메시지가 생성됩니다.

브라우저에서 http://127.0.0.1:8000/account/edit/을 열고 사용자 프로필을 편집합니다. 프로필이 성공적으로 업데이트되면 다음 메시지가 표시됩니다.

그림 4.23 프로필 갱신 성공 메시지

Date of birth 필드에 유효하지 않은 날짜를 입력하고 폼을 다시 제출합니다. 다음과 같은
메시지가 표시돼야 합니다.

그림 4.24 프로필 갱신 실패 메시지

사용자에게 작업 결과를 알리는 메시지를 생성하는 것은 아주 간단합니다. 다른 뷰에도 메
시지를 쉽게 추가할 수 있습니다.

https://docs.djangoproject.com/en/4.1/ref/contrib/messages/에서 메시지 프레임
워크에 관해 자세히 찾아볼 수 있습니다.

이제 사용자 인증 및 프로필 편집과 관련된 모든 기능을 구축했으므로 커스텀 인증에 관해
자세히 살펴보겠습니다. 사용자가 이메일 주소를 사용해서 사이트에 로그인할 수 있도록 커
스텀 백엔드 인증을 구축해 봅시다.

4.4 커스텀 인증 백엔드 구축하기

장고를 사용하면 다양한 방식으로 사용자를 인증할 수 있습니다. `AUTHENTICATION_`
`BACKENDS` 설정에는 프로젝트에서 사용가능한 인증 백엔드 목록이 포함됩니다. 이 설정의
기본 값은 다음과 같습니다.

```
['django.contrib.auth.backends.ModelBackend']
```

기본 `ModelBackend`는 `django.contrib.auth`의 `User` 모델을 사용해서 데이터베이스에
사용자를 인증합니다. 이는 대부분의 웹 프로젝트에 적합하지만, 커스텀 백엔드를 만들어
LDAP(Lightweight Directory Access Protocol) 디렉터리 또는 기타 시스템과 같은 다른
소스에도 사용자를 인증할 수 있습니다.

https://docs.djangoproject.com/en/4.1/topics/auth/customizing/#other-authen
tication-sources에서 커스텀 인증에 관한 자세한 정보를 볼 수 있습니다.

`django.contrib.auth`의 `authenticate()` 함수가 사용될 때마다 장고는 `AUTHENTI`

CATION_BACKENDS에 정의된 각 백엔드에 하나씩 사용자 인증을 시도합니다. 모든 백엔드가 인증에 실패한 경우에만 사용자가 인증되지 않습니다.

장고는 커스텀 인증 백엔드를 정의하는 간단한 방법을 제공합니다. 인증 백엔드는 다음 두 가지 방법을 제공하는 클래스입니다.

- authenticate(): request 객체 및 사용자 자격 증명을 매개 변수로 사용합니다. 자격 증명이 유효하면 해당 자격 증명과 일치하는 user 객체를 반환하고 그렇지 않으면 None 을 반환해야 합니다. request 매개 변수는 HttpRequest 객체로, authenticate() 함수 에 제공되지 않은 경우 None을 반환합니다.
- get_user(): 사용자 ID를 매개 변수로 취해서 user 객체를 반환해야 합니다.

커스텀 인증 백엔드를 만드는 것은 두 가지 메서드를 모두 구현하는 파이썬 클래스를 작성 하여 간단하게 구현 가능합니다. 사용자가 사용자 이름 대신 이메일 주소를 사용해서 사이 트에 인증할 수 있도록 인증 백엔드를 만들어 보겠습니다.

account 애플리케이션 디렉터리 내에 새로운 파일을 만들고 이름을 authentication.py로 지정한 후 다음 코드를 추가합니다.

```python
from django.contrib.auth.models import User


class EmailAuthBackend:
    """
    e-mail을 사용한 인증
    """
    def authenticate(self, request, username=None, password=None):
        try:
            user = User.objects.get(email=username)
            if user.check_password(password):
                return user
            return None
        except (User.DoesNotExist, User.MultipleObjectsReturned):
            return None
    def get_user(self, user_id):
        try:
            return User.objects.get(pk=user_id)
        except User.DoesNotExist:
            return None
```

앞의 코드는 간단한 인증 백엔드입니다. `authenticate()` 메서드는 `request` 객체와 선택적 매개 변수로 `username`과 `password`를 받습니다. 다른 매개 변수를 사용할 수 있지만 `username`과 `password`를 사용해서 백엔드가 인증 프레임워크의 뷰와 바로 작동하도록 합니다. 앞의 코드는 다음과 같이 동작합니다.

- `authenticate()`: 주어진 이메일 주소를 가진 사용자를 조회하고 내장된 사용자 모델의 `check_password()` 메서드를 사용해서 패스워드를 확인합니다. 이 메서드는 패스워드를 해시 처리한 패스워드와 데이터베이스에 저장된 패스워드를 비교합니다. 두 개의 서로 다른 QuerySet 예외인 `DoesNotExist`와 `MultipleObjectsReturned`가 캡처(예외 처리)되는데, 지정된 이메일 주소를 가진 사용자가 없으면 `DoesNotExist` 예외가 발생하고, 동일한 이메일 주소를 가진 여러 사용자가 발견되면 `MultipleObjectsReturned` 예외가 발생합니다. 사용자가 이미 존재하는 이메일 주소를 사용하지 못하도록 나중에 등록 및 편집 뷰를 수정할 것입니다.

- `get_user()`: `user_id` 매개 변수에 제공된 ID를 통해 사용자를 획득합니다. 장고는 사용자를 인증한 백엔드를 사용해서 사용자 세션이 살아있는 동안 `User` 객체를 조회합니다. `pk`는 데이터베이스의 각 레코드에 대한 고유 식별자인 **기본 키**(primary key)의 약자입니다. 모든 장고 모델에는 기본 키 역할을 하는 필드가 존재합니다. 기본적으로 기본 키는 자동으로 생성된 ID 필드입니다. 기본 키는 장고 ORM에서 `pk`라고도 합니다.

https://docs.djangoproject.com/en/4.1/topics/db/models/#automatic-primary-key-fields에서 자동 기본 키 필드의 자세한 정보를 찾을 수 있습니다.

프로젝트의 `settings.py` 파일을 편집해서 다음 코드를 추가합니다.

```
AUTHENTICATION_BACKENDS = [
    'django.contrib.auth.backends.ModelBackend',
    'account.authentication.EmailAuthBackend',
]
```

앞의 설정에서는 사용자 이름과 패스워드로 인증하는 데 사용되는 기본 `ModelBackend`를 유지한 채 자체 이메일 기반 인증 백엔드 `EmailAuthBackend`를 포함합니다.

브라우저에서 http://127.0.0.1:8000/account/login/을 엽니다. 장고는 각 백엔드에 사용자 인증을 시도하므로 이제 사용자 이름이나 이메일 계정을 사용해서 원활하게 로그인할 수 있어야 합니다.

ModelBackend를 사용해 사용자 자격 증명을 확인하고 사용자가 반환되지 않으면 EmailAuth Backend를 사용해서 자격 증명을 확인합니다.

> **Note** AUTHENTICATION_BACKENDS 설정에 나열된 백엔드의 순서가 중요합니다. 동일한 자격 증명이 여러 백엔드에 유효한 경우, 장고는 사용자를 성공적으로 인증하는 첫 번째 백엔드에서 확인을 중지합니다.

4.4.1 사용자가 이미 존재하는 이메일을 사용하지 못하도록 막기

인증 프레임워크의 User 모델은 동일한 이메일 주소를 가진 사용자 생성을 금지하지 않았습니다. 둘 이상의 사용자 계정이 동일한 이메일 주소를 공유하는 경우 어떤 사용자가 인증을 시도하는지 식별할 수 없습니다. 이제 사용자는 이메일 주소를 사용해서 로그인할 수 있으므로 사용자가 이미 존재하는 이메일 주소를 등록하는 것을 방지해야 합니다.

이제 여러 사용자가 동일한 이메일 주소로 등록하는 것을 방지하기 위해 사용자 등록 폼을 변경하겠습니다.

account 애플리케이션의 forms.py 파일을 열고 굵게 강조 표시된 다음 줄을 UserRegistrationForm 클래스에 추가합니다.

```python
class UserRegistrationForm(forms.ModelForm):
    password = forms.CharField(label='Password',
                               widget=forms.PasswordInput)
    password2 = forms.CharField(label='Repeat password',
                                widget=forms.PasswordInput)

    class Meta:
        model = User
        fields = ['username', 'first_name', 'email']
    def clean_password2(self):
        cd = self.cleaned_data
        if cd['password'] != cd['password2']:
            raise forms.ValidationError('Passwords don\'t match.')
        return cd['password2']

    def clean_email(self):
        data = self.cleaned_data['email']
        if User.objects.filter(email=data).exists():
```

```
        raise forms.ValidationError('Email already in use.')
    return data
```

사용자가 기존 이메일 주소로 등록하지 못하도록 email 필드에 대한 유효성 검사를 추가했습니다. 동일한 이메일 주소를 가진 기존 사용자를 조회하기 위해 QuerySet을 만듭니다. exists() 메서드로 결과가 있는지 확인합니다. exists() 메서드는 QuerySet에 결과가 있으면 True를 반환하고, 그렇지 않으면 False를 반환합니다.

이제 굵게 강조 표시된 다음 줄을 UserEditForm 클래스에 추가합니다.

```
class UserEditForm(forms.ModelForm):
    class Meta:
        model = User
        fields = ['first_name', 'last_name', 'email']

    def clean_email(self):
        data = self.cleaned_data['email']
        qs = User.objects.exclude(id=self.instance.id)\
                         .filter(email=data)
        if qs.exists():
            raise forms.ValidationError(' Email already in use.')
        return data
```

이 경우 사용자가 기존 이메일 주소를 다른 사용자의 기존 이메일 주소로 변경하지 못하도록 email 필드에 대한 유효성 검사를 추가했습니다. QuerySet에서 현재 사용자를 제외합니다. 그렇지 않으면 사용자의 현재 이메일 주소가 기존 이메일 주소로 간주되어 폼이 유효하지 않게 됩니다.

4.5 추가 자료

다음 리소스들은 이 장에서 다루는 주제와 관련된 추가 정보를 제공합니다.

• 이 장의 소스 코드 – https://github.com/PacktPublishing/Django-4-by-example/tree/main/Chapter04

- 내장된 인증 뷰 – https://docs.djangoproject.com/en/4.1/topics/auth/default/ #all-authentication-views
- 인증 URL 패턴 – https://github.com/django/django/blob/stable/3.0.x/ django/ contrib/auth/urls.py
- 장고가 패스워드와 사용가능한 패스워드 해셔(hashers)를 관리하는 방법 – https://docs.
- djangoproject.com/en/4.1/topics/auth/passwords/
- 일반적인 사용자 모델과 get_user_model() 메서드 – https://docs.djangoproject. com/en/4.1/topics/auth/customizing/#django.contrib.auth.get_user_model
- 맞춤형 사용자 모델 사용 – https://docs.djangoproject.com/en/4.1/topics/auth/ customizing/#substituting-a-custom-user-model
- 장고 메시지 프레임워크 – https://docs.djangoproject.com/en/4.1/ref/contrib/ messages/
- 커스텀 인증 소스 – https://docs.djangoproject.com/en/4.1/topics/auth/ customizing/#other-authentication-sources
- 자동 기본 키 필드 – https://docs.djangoproject.com/en/4.1/topics/db/ models/#automatic-primary-key-fields

4.6 요약

이 장에서는 사이트 인증 시스템을 구축하는 방법을 배웠습니다. 사용자가 등록, 로그인, 로그아웃, 패스워드 편집 및 패스워드 재설정에 필요한 모든 뷰를 구현했습니다. 커스텀 사용자 프로필에 대한 모델을 구축하고 사용자가 자신의 이메일 주소를 사용해서 사이트에 로그인할 수 있도록 커스텀 인증 백엔드를 만들었습니다.

다음 장에서는 파이썬을 사용해서 사이트에서 소셜 인증(Python Social Auth)을 구현하는 방법을 배웁니다. 소셜 인증 사용자는 Google, Facebook 또는 Twitter 계정으로 인증할 수 있습니다. 또 장고 확장(extension) 패키지를 사용해서 HTTPS로 개발 서버의 서비스를 제공하는 방법을 배웁니다. 사용자 프로필을 자동으로 생성하도록 인증 파이프라인을 커스터마이징할 것입니다.

5장
소셜 인증 구현하기

django

5.1 사이트에 소셜 인증 추가하기

4장에서는 웹사이트에 사용자 등록과 인증을 구축했습니다. 암호 변경, 재설정 및 복구 기능을 구현하고 사용자를 위한 커스텀 프로필 모델을 만드는 방법을 배웠습니다.

이번 장에서는 Facebook, Google, Twitter를 사용한 소셜 인증을 사이트에 추가합니다. 인증을 위한 업계 표준 프로토콜인 OAuth 2.0을 사용해서 소셜 인증을 구현하기 위해 장고 소셜 인증(Django Social Auth)을 사용합니다. 또 새로운 사용자에 대한 사용자 프로필을 자동으로 생성하도록 소셜 인증의 파이프라인을 수정합니다. 이 장에서는 다음과 같은 사항들을 다룹니다.

- 파이썬 소셜 인증으로 소셜 인증 추가하기
- 장고 확장 패키지 설치하기
- HTTPS를 통해 개발 서버 실행하기
- Facebook 인증 추가하기
- X 인증 추가하기
- Google 인증 추가하기
- 소셜 인증에 등록한 사용자의 프로필 작성하기

이 장의 소스 코드는 `https://github.com/PacktPublishing/Django-4-by-example/tree/main/Chapter05`에서 찾을 수 있습니다.

이 장에서 사용되는 모든 파이썬 패키지는 해당 장의 소스 코드에 있는 `requirements.txt` 파일에 포함되어 있습니다. 다음 섹션의 지침에 따라 각 파이썬 패키지를 설치하거나 `pip install -r requiredments.txt` 명령을 사용해서 모든 요구사항을 한 번에 설치할 수 있습니다.

5.1 사이트에 소셜 인증 추가

소셜 인증은 사용자가 SSO(Single Sign-on)를 사용해서 서비스 공급자의 기존 계정을 통해 인증할 수 있도록 도와주는, 널리 사용되는 기능입니다. 인증 프로세스를 통해 사용자는 Google과 같은 소셜 서비스의 기존 계정을 사용해서 사이트에 인증할 수 있습니다. 이 섹션에서는 Facebook, X 그리고 Google을 사용해서 사이트에 소셜 인증을 추가합니다.

소셜 인증을 구현하기 위해 인증에 업계 표준 프로토콜인 OAuth 2.0를 사용합니다. OAuth

는 Open Authorization의 약자입니다. OAuth 2.0은 웹사이트 또는 애플리케이션이 사용자를 대신해서 다른 웹 앱에서 호스팅하는 리소스에 액세스할 수 있도록 설계된 표준입니다. Facebook, X 및 Google은 인증 및 권한 부여에 OAuth 2.0 프로토콜을 사용합니다.

파이썬 소셜 인증은 웹사이트에 소셜 인증을 추가하는 프로세스를 단순화하는 파이썬 모듈입니다. 이 모듈을 사용하면 사용자가 다른 서비스의 계정을 사용해서 웹사이트에 로그인할 수 있습니다. https://github.com/python-social-auth/social-app-django 에서 이 모듈의 코드를 볼 수 있습니다.

이 모듈은 장고를 포함한 다양한 파이썬 프레임워크 인증 백엔드와 함께 제공됩니다. 프로젝트의 Git 레포지토리를 통해 장고 패키지를 설치하려면 콘솔을 열어 다음 명령을 실행합니다.

```
git+https://github.com/python-social-auth/social-app-django. git@20fabcd7bd9a
8a41910bc5c8ed1bd6ef2263b328
```

이렇게 하면 장고 4.1에서 작동하는 GitHub 커밋에서 파이썬 소셜 인증이 설치됩니다. 이 책을 쓰는 시점의 최신 파이썬 소셜 인증 릴리즈는 장고 4.1과 호환되지 않지만, 이 책을 읽고 있는 지금은 호환 릴리즈가 나왔을 수 있습니다.

그리고 다음과 같이 프로젝트의 settings.py 파일에 있는 INSTALLED_APPS 설정에 social_django를 추가합니다.

```
INSTALLED_APPS = [
    # ...
    'social_django',
]
```

장고 프로젝트에 파이썬 소셜 인증을 추가하는 기본 애플리케이션입니다. 이제 다음 명령을 실행해서 파이썬 소셜 인증 모델을 데이터베이스와 동기화합니다.

```
python manage.py migrate
```

기본 애플리케이션에 대한 마이그레이션이 다음과 같이 적용되었는지 확인합니다.

```
Applying social_django.0001_initial... OK
Applying social_django.0002_add_related_name... OK ...
Applying social_django.0011_alter_id_fields... OK
```

파이썬 소셜 인증에는 여러 서비스에 맞는 인증 백엔드가 있습니다. 사용 가능한 모든 백엔드 목록은 https://python-social-auth.readthedocs.io/en/latest/backends/index.html#supported-backends에서 볼 수 있습니다.

프로젝트에 소셜 인증을 추가해서 사용자가 Facebook, X 및 Google 백엔드로 인증할 수 있도록 하겠습니다.

먼저 소셜 로그인 URL 패턴을 프로젝트에 추가해야 합니다.

bookmark 프로젝트의 메인 urls.py 파일을 열고 다음과 같이 social_django URL 패턴을 추가합니다. 새로운 줄은 굵게 강조 표시했습니다.

```
urlpatterns = [
    path('admin/', admin.site.urls),
    path('account/', include('account.urls')),
    path('social-auth/',
        include('social_django.urls', namespace='social')),
]
```

우리의 웹 애플리케이션은 현재 127.0.0.1인 로컬 호스트 아이피 또는 localhost라는 호스트명을 사용해서 액세스할 수 있었습니다. 여러 소셜 서비스는 인증에 성공한 후 사용자를 127.0.0.1 또는 localhost로 리디렉션하는 것을 허용하지 않으며, URL 리디렉션을 위한 도메인 이름을 기대합니다. 먼저 소셜 인증이 작동하도록 도메인 이름을 사용해야 합니다. 다행스럽게도 로컬 시스템의 도메인 이름으로 서비스 제공을 시뮬레이트할 수 있습니다.

컴퓨터의 host 파일을 찾습니다. Linux 또는 macOS를 사용하는 경우 호스트 파일을 /etc/hosts에 있습니다. Windows를 사용하는 경우 호스트 파일은 C:\Windows\System32\Drivers\etc\hosts에 있습니다.

컴퓨터의 hosts 파일을 편집해서 다음 행을 추가합니다.

```
127.0.0.1 mysite.com
```

이렇게 하면 mysite.com 호스트명이 자신의 컴퓨터를 가리키도록 컴퓨터에 지시합니다.

호스트명 연결이 작동하는지 확인해 봅시다. 쉘 프롬프트에서 다음 명령을 사용해서 개발 서버를 실행합니다.

```
python manage.py runserver
```

브라우저에서 http://mysite.com:8000/account/login/을 엽니다. 다음 오류가 표시될 것입니다.

```
DisallowedHost at /account/login/
Invalid HTTP_HOST header: 'mysite.com:8000'. You may need to add 'mysite.com' to ALLOWED_HOSTS.
```

그림 5.1 잘못된 호스트 헤더 메시지

장고는 ALLOWED_HOSTS 설정을 사용해서 애플리케이션을 제공할 수 있는 호스트를 제어합니다. 이는 HTTP 호스트 헤더 공격을 방지하기 위한 보안 조치입니다. 장고는 이 목록에 포함된 호스트만 애플리케이션을 제공하도록 허용합니다.

https://docs.djangoproject.com/en/4.1/ref/settings/#allowed-hosts에서 ALLOWED_HOSTS 설정에 관해 자세히 알아볼 수 있습니다.

프로젝트의 settings.py 파일을 편집해서 ALLOWED_HOSTS 설정을 다음과 같이 수정합니다. 새로운 코드는 굵게 강조 표시했습니다.

```
ALLOWED_HOSTS = ['mysite.com', 'localhost', '127.0.0.1']
```

mysite.com 호스트 외에도 localhost 및 127.0.0.1을 명시적으로 포함시켰습니다. 이렇게 하면 localhost와 127.0.0.1을 통해 사이트에 액세스할 수 있는데, 이는 DEBUG가 True이고 ALLOWED_HOSTS가 비어 있을 때의 장고의 기본 동작입니다.

브라우저에서 http://mysite.com:8000/account/login/을 다시 엽니다. 이제 오류 대신 사이트의 로그인 페이지가 표시됩니다.

5.1.1 HTTPS를 통해 개발 서버 실행하기

사용할 소셜 인증 방법 중 일부는 HTTPS 연결이 필요합니다. TLS(Transport Layer Security) 프로토콜은 보안 연결을 통해 웹사이트를 제공하기 위한 표준입니다. TLS의 전신은 SSL(Secure Sockets Layer)입니다.

SSL은 더 이상 사용되지 않지만 여러 라이브러리와 온라인 문서에서 TLS와 SSL이라는 용어에 관한 레퍼런스를 찾을 수 있습니다. 장고 개발 서버는 정식 서비스 용도가 아니기 때문에 HTTPS를 통해 사이트를 제공할 수 없습니다. HTTPS를 통해 사이트를 제공하는 소셜 인증 기능을 테스트하기 위해 장고 확장 패키지의 RunServerPlus 확장을 사용할 것입니다. 장고 확장은 장고용 서드파티 커스텀 확장들의 모음입니다. 절대 실제 환경에서 사이트를 제공하기 위해 이것을 사용해서는 안 됩니다. 단지 개발 서버이기에 사용하는 것뿐입니다.

다음 명령을 사용해서 장고 확장을 설치합니다.

```
pip install git+https://github.com/django-extensions/django-extensions.git@25a41d8a3ecb24c009c5f4cac6010a091a3c91c8
```

이 명령은 장고 4.1 지원을 포함한 GitHub 커밋에서 장고 확장을 설치합니다. 이 책을 쓰는 시점에서 최신 장고 확장의 릴리즈는 장고 4.1과 호환되지 않지만, 이 책을 읽을 시점에는 최신 호환 릴리즈가 게시되었을 것입니다.

장고 확장의 RunServerPlus 확장에 필요한 디버거 레이어가 포함된 Werkzeug를 설치해야 합니다. 다음 명령을 사용해 Werkzeug를 설치합니다.

```
pip install werkzeug==2.2.2
```

마지막으로 다음 명령을 사용해서 RunServerPlus의 SSL/TLS 기능을 사용하는데 필요한 pyOpenSSL을 설치합니다.

```
pip install pyOpenSSL==22.0.0
```

다음과 같이 프로젝트의 settings.py 파일을 편집해서 장고 확장을 INSTALLED_APPS 설정에 추가합니다.

```
INSTALLED_APPS =
[    # ...
    'django_extensions',
]
```

이제 다음과 같이 장고 확장에서 제공하는 관리 명령인 runserver_plus를 사용해서 개발 서버를 실행합니다.

```
python manage.py runserver_plus --cert-file cert.crt
```

SSL/TLS 인증서에 대한 **runserver_plus** 명령에 파일 이름을 전달했습니다. 장고 확장은 키와 인증서를 자동으로 생성합니다.[1]

브라우저에서 `https://mysite.com:8000/account/login/`을 엽니다. 이제 `http://` 대신 `https://`를 입력하여 HTTPS를 통해 사이트에 액세스합니다.

인증기관(CA)에서 신뢰하는 인증서 대신 자체 생성 인증서를 사용하기 때문에 브라우저에서 보안 경고가 표시됩니다.

Google Chrome을 사용하는 경우 다음과 같은 화면이 표시됩니다.

그림 5.2 Google Chrome의 안전 오류

이 경우, **고급**을 클릭한 후 "**mysite.com(안전하지 않음)(으)로 이동**"을 클릭합니다.

1 　[역자주] 이때 "module 'lib' has no attribute 'OpenSSL_add_all_algorithms'" 에러가 발생하면 cryptography 모듈과 pyopenssl 모듈이 호환되지 않아서 발생할 경우가 많으므로 python -m pip install -U pyOpenSSL cryptography 명령으로 두 모듈을 업데이트해야 합니다.

Safari의 경우는 다음과 같은 화면이 표시됩니다.

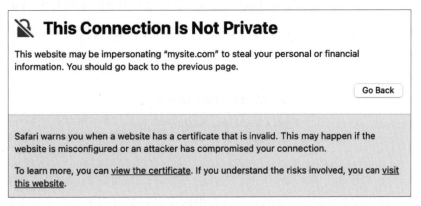

그림 5.3 Safari의 안전 오류

이 경우 **세부 정보 표시(Show details)**를 클릭한 다음 이 **웹사이트 방문(visit this website)**을
클릭합니다.

Microsoft Edge를 사용하는 경우는 다음 화면이 표시됩니다.

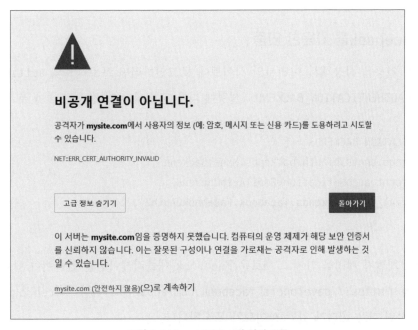

그림 5.4 Microsoft Edge의 안전 오류

이 경우 **고급**을 클릭한 다음 "mysite.com (안전하지 않음)(으)로 계속하기"를 클릭합니다.
다른 브라우저를 사용하는 경우 브라우저가 인증서를 신뢰하도록 브라우저에 표시되는 고급
정보를 확인하고 자체 서명된 인증서를 수락하세요.

URL이 `https://`로 시작하고 경우에 따라 연결이 안전함을 나타내는 자물쇠 아이콘이 표시됩니다. 일부 브라우저는 신뢰할 수 있는 인증서 대신 자체 서명된 인증서를 사용하기 때문에 깨진 자물쇠 아이콘을 표시할 수 있습니다. 이 부분은 우리가 진행할 테스트에서 문제가되지 않습니다.

그림 5.5 보안 연결 아이콘이 있는 URL

 Note 장고 확장에는 다른 많은 흥미로운 도구와 기능들이 포함되어 있습니다. 이 패키지에 관한 자세한 정보는 `https://django-extensions.readthedocs.io/en/latest/`에서 찾을 수 있습니다.

이제 개발 중에 HTTPS를 통해 사이트를 제공해서 Facebook, X 그리고 Google의 소셜 인증을 테스트할 수 있습니다.

5.1.2 Facebook을 사용한 인증

Facebook 인증을 사용해서 여러분의 사이트에 로그인하려면 프로젝트의 `settings.py` 파일에 있는 `AUTHENTICATION_BACKENDS` 설정에 다음 코드에 굵게 강조된 줄을 추가합니다.

```python
AUTHENTICATION_BACKENDS = [
    'django.contrib.auth.backends.ModelBackend',
    'account.authentication.EmailAuthBackend',
    'social_core.backends.facebook.FacebookOAuth2',
]
```

Facebook 개발자 계정을 가지고 새로운 Facebook 애플리케이션을 만들어야 합니다. 브라우저에서 `https://developers.facebook.com/apps/`을 엽니다. Facebook 개발자 계정을 생성하면 다음 헤더가 있는 사이트가 표시됩니다.

![Q Search by App Name or App ID   Create App]

그림 5.6 Facebook 개발자 포털 헤더 클릭

앱 만들기를 클릭합니다. 애플리케이션 유형을 선택하기 위한 다음 양식이 표시됩니다.

그림 5.7 애플리케이션 유형을 선택하기 위한 Facebook 앱 만들기 폼

앱 유형 선택에서 **소비자**를 선택하고 **다음**을 클릭합니다.

새로운 애플리케이션을 만들기 위한 다음 폼이 표시됩니다.

그림 5.8 애플리케이션 상세 정보 설정을 위한 Facebook 폼

앱 이름으로 **Bookmarks**를 입력하고 **앱 연락처 이메일**을 추가한 다음 **앱 만들기**를 클릭합니다.

새로운 애플리케이션을 위해 구성할 수 있는 다양한 서비스들을 표시하는 대시보드가 표시됩니다. 다음과 같은 Facebook 로그인 박스를 찾아 **설정**을 클릭합니다.

그림 5.9 Facebook 로그인 서비스 블록

다음과 같이 플랫폼을 선택하라는 메시지가 표시됩니다.

그림 5.10 Facebook 로그인을 위한 플랫폼 선택

웹 플랫폼을 선택합니다. 다음 양식이 표시됩니다.

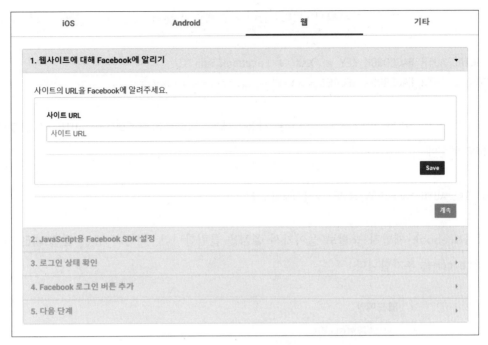

그림 5.11 Facebook 로그인을 위한 웹 플랫폼 구성

사이트 URL에 `https://mysite.com:8000/`을 입력하고 Save를 클릭합니다. 그런 다음 계속을 클릭합니다. 나머지 **빠른 시작** 프로세스는 건너뛸 수 있습니다.

왼쪽 메뉴에서 **설정**을 클릭한 다음 **기본 설정**을 클릭합니다.

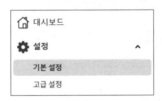

그림 5.12 Facebook 개발자 포털 사이드 바 메뉴

다음과 유사한 데이터가 포함된 폼이 표시됩니다.

그림 5.13 Facebook 애플리케이션 세부 정보

앱 ID와 앱 시크릿 코드를 복사해서 다음과 같이 프로젝트의 **settings.py** 파일에 추가합니다.

```
SOCIAL_AUTH_FACEBOOK_KEY = 'XXX' # Facebook App ID
SOCIAL_AUTH_FACEBOOK_SECRET = 'XXX' # Facebook App Secret
```

선택 사항으로, 추가 권한을 Facebook 사용자에게 요청하려면 **SOCIAL_AUTH_FACEBOOK_ SCOPE** 설정에 정의할 수 있습니다.

```
SOCIAL_AUTH_FACEBOOK_SCOPE = ['email']
```

이제 Facebook 개발자 포털로 돌아가서 **설정**을 클릭합니다. 다음과 같이 **앱 도메인** 아래 **mysite.com**을 추가합니다.

그림 5.14 Facebook 애플리케이션에 허용된 도메인

개인정보처리방침 URL란과 **사용자 데이터 삭제** 항목의 **데이터 삭제 안내 URL**란에 적절한 공개 URL을 입력해야 합니다. 다음은 개인정보 정책란에 위키피디아 페이지의 URL을 사용한 예입니다. 유효한 URL을 사용해야 합니다.

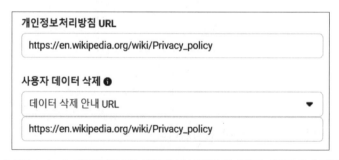

그림 5.15 Facebook 애플리케이션의 개인정보 보호정책 및 사용자 데이터 삭제 지침 URL

변경 내용 저장을 클릭합니다. 그런 다음 **제품** 아래의 왼쪽 메뉴에서 다음과 같이 **Facebook 로그인**을 클릭한 후 **설정**을 클릭합니다.

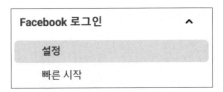

그림 5.16 Facebook 로그인 메뉴

다음 설정들만 활성화되어 있는지 확인하세요.

- 클라이언트 OAuth 로그인(Client OAuth Login)

- 웹 OAuth 로그인(Web OAuth Login)

- HTTPS 적용(Enforce HTTPS)

- 포함된 브라우저 OAuth 로그인(Embedded Browser OAuth Login)

- 리디렉션 URI에 Strict 모드 사용(Use Strict Mode for Redirect URIs)

Valid OAuth Redirect URIs 아래 `https://mysite.com:8000/social-auth/complete/facebook/`을 입력합니다. 선택 항목은 그림과 같아야 합니다.

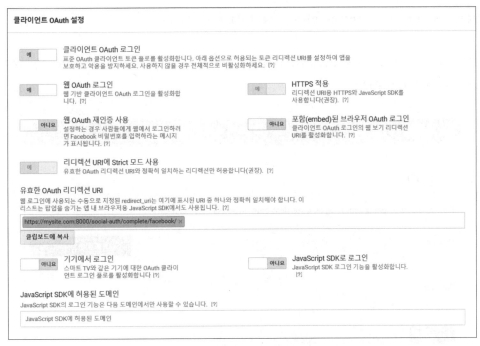

그림 5.17 Facebook 로그인을 위한 클라이언트 OAuth 설정

`account` 애플리케이션의 `registration/login.html` 템플릿을 열고 콘텐츠 블록 하단에

굵게 강조 표시된 코드를 추가합니다.

```
{% block content %}
...
  <div class="social">
    <ul>
      <li class="facebook">
        <a href="{% url "social:begin" "facebook" %}">
          Sign in with Facebook
        </a>
      </li>
    </ul>
  </div>
{% endblock %}
```

다음과 같이 장고 확장에서 제공하는 관리 명령 runserver_plus를 사용해서 개발 서버를
실행합니다.

```
python manage.py runserver_plus --cert-file cert.crt
```

브라우저에서 https://mysite.com:8000/account/login/을 엽니다. 이제 로그인 페이지
는 다음과 같이 표시됩니다.

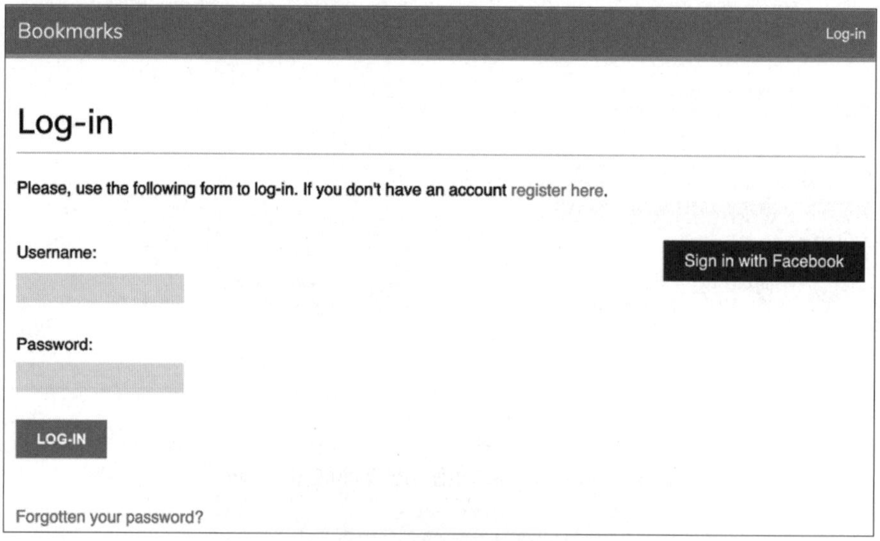

그림 5.18 Facebook 인증 버튼이 포함된 로그인 페이지

Sign in with Facebook 버튼을 클릭합니다. Facebook으로 리디렉션되고 *Bookmarks* 애플리케이션이 Facebook의 공개 프로필에 접근할 수 있는 권한을 요청하는 모달(modal) 대화 상자가 표시됩니다.

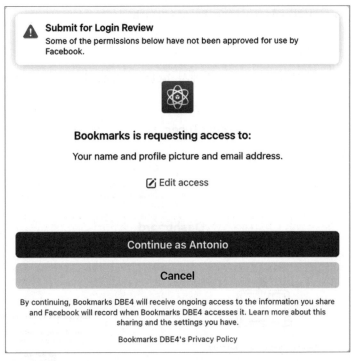

그림 5.19 애플리케이션 권한을 부여하는 Facebook 모달 대화상자

로그인 검토를 위해 신청서를 제출해야 한다는 경고가 표시됩니다. Continue as … 버튼을 클릭합니다.

로그인이 된 후 사이트의 대시보드 페이지로 리디렉션됩니다. 이 URL은 LOGIN_REDIRECT_ URL에서 설정했음을 기억하세요. 보시다시피 사이트에 소셜 인증을 추가하는 작업은 매우 간단합니다.

5.1.3 X를 사용한 인증

X를 사용하는 소셜 인증의 경우 프로젝트의 settings.py 파일에 있는 AUTHENTICATION_ BACKENDS의 설정에 굵게 강조된 다음 줄을 추가합니다.

```
AUTHENTICATION_BACKENDS = [
    'django.contrib.auth.backends.ModelBackend',
    'account.authentication.EmailAuthBackend',
    'social_core.backends.facebook.FacebookOAuth2',
    'social_core.backends.twitter.TwitterOAuth',
]
```

X 개발자 계정이 필요합니다. 브라우저에서 https://developer.twitter.com/을 열고 Sign up을 클릭합니다

X 개발자 계정을 만든 후 https://developer.twitter.com/en/portal/dashboard에서 개발자 포털 대시보드에 액세스합니다.

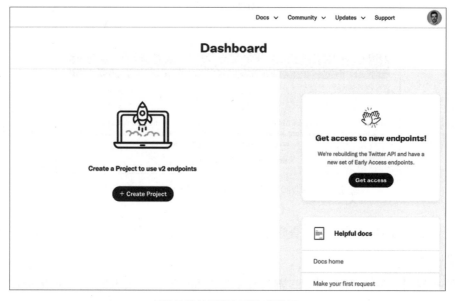

그림 5.20 X 개발자 포털 대시보드

Create Project 버튼을 클릭하면 다음 화면이 표시됩니다.

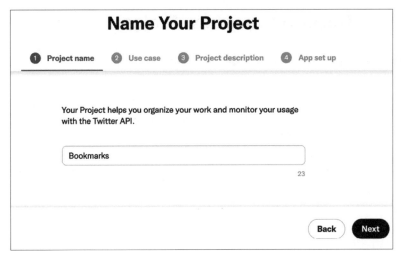

그림 5.21 X 프로젝트 만들기 – 프로젝트명 입력 화면

Project name에 Bookmarks를 입력하고 Next을 클릭합니다. 다음 화면이 표시됩니다.

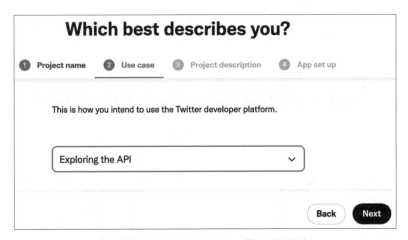

그림 5.22 X 프로젝트 만들기 – 용도 입력 화면

User case에서 Exploring the API을 선택하고 Next를 클릭합니다. 다른 용도를 클릭할 수
도 있지만 구성에는 영향을 주지 않습니다. 선택하고 나면 다음 화면이 표시됩니다.

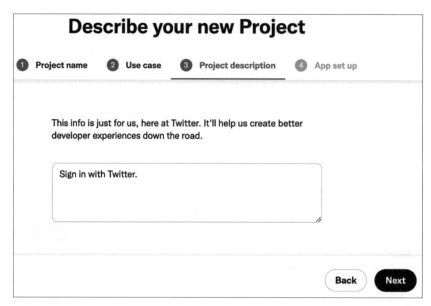

그림 5.23 X 프로젝트 만들기 – 프로젝트 설명 입력 화면

간단한 프로젝트 설명을 입력하고 다음을 클릭합니다. 이제 프로젝트가 생성되고 다음 화면
이 표시됩니다.

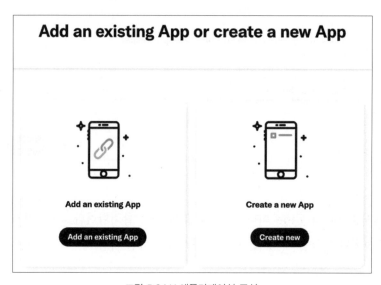

그림 5.24 X 애플리케이션 구성

새로운 애플리케이션을 생성하겠습니다. Create new 버튼을 클릭합니다. 새로운 애플리케
이션을 위한 개발 환경을 만드는 화면이 표시됩니다.

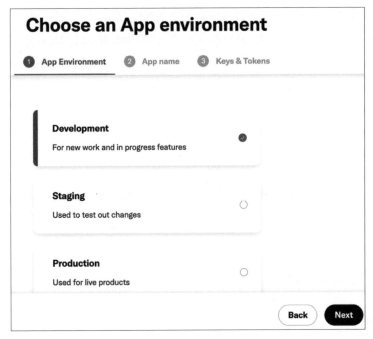

그림 5.25 X 애플리케이션 구성 – 환경 선택

App Environment에서 Development를 선택하고 Next를 클릭합니다. 애플리케이션을 위한 개발 환경을 만들어야 하기 때문입니다. 다음 화면이 표시됩니다.

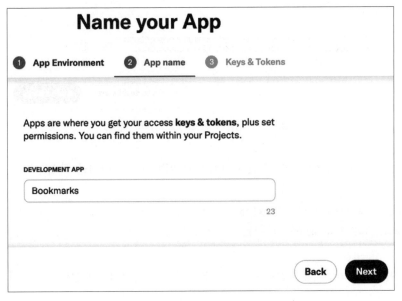

그림 5.26 X 애플리케이션 구성 – App name

App name 아래 Bookmarks를 입력합니다. X는 X에서 이미 존재하는 개발자 앱의 이름의 사용을 허락하지 않기 때문에 사용 가능한 이름을 입력해야 합니다. Next를 클릭합니다. 앱에 사용하려는 이름이 이미 사용 중인 경우 X는 오류를 표시합니다.

사용 가능한 이름을 선택하면 다음과 같은 화면이 표시됩니다.

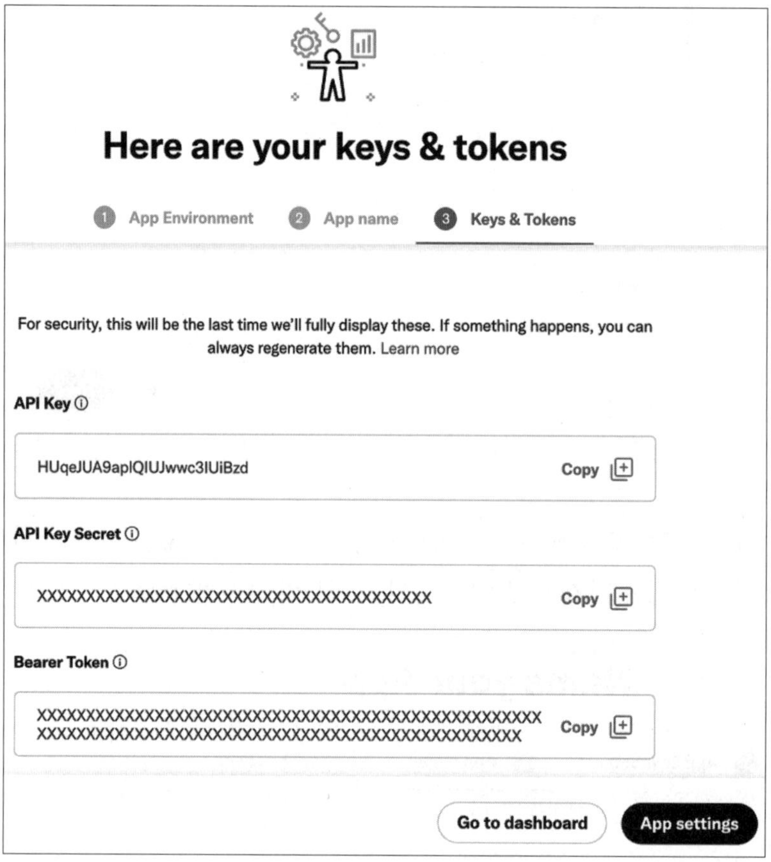

그림 5.27 X 애플리케이션 구성 – API 키 생성

프로젝트의 settings.py 파일에 있는 API Key와 API Key Secret을 복사합니다.

```
SOCIAL_AUTH_TWITTER_KEY = 'XXX' # X API Key
SOCIAL_AUTH_TWITTER_SECRET = 'XXX' # X API Secret
```

그런 다음 App setting을 클릭합니다. 다음과 같은 섹션을 가진 화면이 표시됩니다.

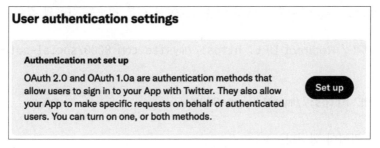

그림 5.28 X 애플리케이션 사용자 인증 설정

User authentication settings에서 Set up을 클릭하면 다음 화면이 표시됩니다.

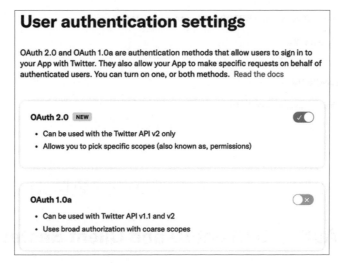

그림 5.29 X 애플리케이션 OAuth 2.0 활성화

OAuth 2.0 옵션을 활성화합니다. 이것이 우리가 사용할 OAuth 버전입니다. 그런 다음 OAuth 2.0 Settings에서 다음과 같이 Type of App에서 Web App을 선택합니다.

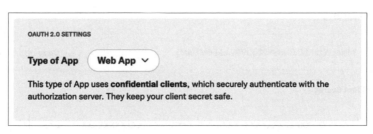

그림 5.30 X 애플리케이션 OAuth 2.0 설정

General Authentication Settings에서 애플리케이션 세부 정보를 다음과 같이 입력합니다.

- Callback URI / Redirect URL: `https://mysite.com:8000/social-auth/complete/twitter/`
- Website URL: `https://mysite.com:8000/`

설정은 다음과 같아야 합니다.

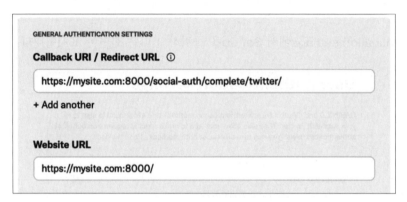

그림 5.31 X 인증 URL 구성

Save를 클릭합니다. 이제 Client ID와 Client Secret을 가진 화면이 표시됩니다.

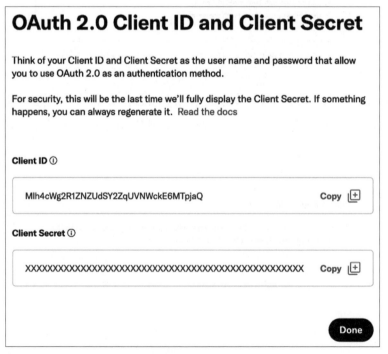

그림 5.32 X 애플리케이션 Client ID 및 Client Secret

API Key Secret 대신 API Key를 사용하므로 클라이언트 인증이 필요하지 않지만, Client Secret을 복사해서 안전한 장소에 보관해야 합니다. Done을 클릭합니다.

Client Secret을 저장하라는 또 다른 알림이 표시됩니다.

그림 5.33 X Client Secret 알림

Yes, I saved it을 클릭합니다. 이제 다음 화면과 같이 OAuth 2.0 인증이 켜진 것을 볼 수 있습니다.

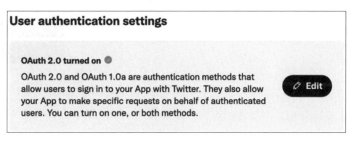

그림 5.34 X 애플리케이션 인증 설정

이제 `registration/login.html` 템플릿을 편집해서 굵게 강조 표시된 다음 코드를 `<ul>` 엘리먼트에 추가합니다.

```
<ul>
  <li class="facebook">
    <a href="{% url "social:begin" "facebook" %}">
      Sign in with Facebook
    </a>
  </li>
  <li class="x">
    <a href="{% url "social:begin" "x" %}">
      Sign in with X
    </a>
  </li>
</ul>
```

다음과 같이 장고 확장에서 제공하는 관리 명령 runserver_plus를 사용해서 개발 서버를
실행합니다.

```
python manage.py runserver_plus --cert-file cert.crt
```

브라우저에서 https://mysite.com:8000/account/login/을 엽니다. 이제 로그인 페이지
는 다음과 같이 표시됩니다.

그림 5.35 X 인증을 위한 버튼이 포함된 로그인 페이지

Sign in with X 링크를 클릭합니다. 다음과 같이 애플리케이션을 승인하라는 메시지가 표시

되는 X로 리디렉션됩니다.

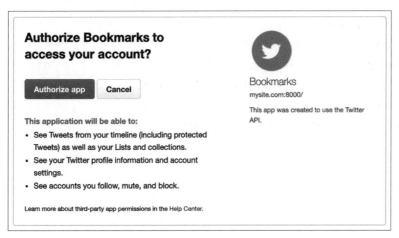

그림 5.36 X 사용자 인증 화면

Authorize app을 클릭하면, 대시보드 페이지로 리디렉션되는 잠깐 사이에 다음 페이지가
표시됩니다.

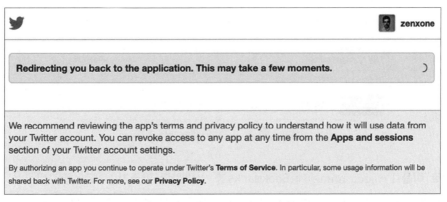

그림 5.37 X 사용자 인증 리디렉션 페이지

그러고 나면, 애플리케이션의 대시보드 페이지로 리디렉션됩니다.

5.1.4 Google을 사용한 인증

Google은 OAuth2를 사용해서 소셜 인증을 제공합니다. `https://developers.google.`
`com/identity/protocols/OAuth2`에서 Google의 OAuth2 구현에 관해 읽을 수 있습니다.
Google을 사용해서 인증을 구현하려면 프로젝트의 `settings.py` 파일에 있는 `AUTHENTI`

CATION_BACKENDS 설정에 굵게 강조 표시된 다음 줄을 추가합니다.

```
AUTHENTICATION_BACKENDS = [
    'django.contrib.auth.backends.ModelBackend',
    'account.authentication.EmailAuthBackend',
    'social_core.backends.facebook.FacebookOAuth2',
    'social_core.backends.twitter.TwitterOAuth',
    'social_core.backends.google.GoogleOAuth2',
]
```

먼저 Google 개발자 콘솔에서 API 키를 생성해야 합니다. 브라우저에서 https://console.
cloud.google.com/projectcreate을 열면 다음 화면이 표시됩니다.

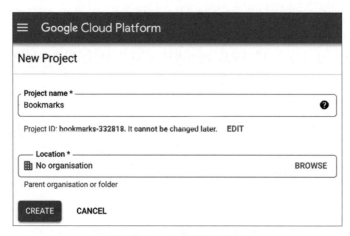

그림 5.38 Google 프로젝트 생성 폼

프로젝트 이름(Project name)에 Bookmarks를 입력하고 만들기(CREATE) 버튼을 클릭합
니다. 새로운 프로젝트가 준비되면 다음과 같이 상단의 네비게이션 바에서 해당 프로젝트가
선택되었는지 확인합니다.

그림 5.39 Google 개발자 콘솔 상단 네비게이션 바

프로젝트가 생성되면 그림과 같이 API 및 서비스 아래의 사용자 인증 정보를 클릭합니다.

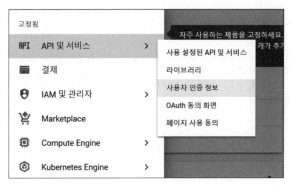

그림 5.40 Google API 및 서비스 메뉴

이제 다음과 같은 화면을 볼 수 있습니다.

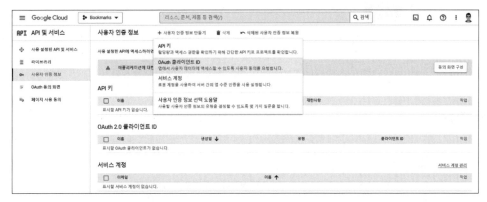

그림 5.41 API Google API에서 API 자격 증명 만들기

그런 다음 사용자 인증 정보를 클릭하고 OAuth client ID를 선택합니다.
Google은 먼저 다음과 같이 동의 화면을 구성하도록 요청합니다.

그림 5.42 OAuth 동의 화면을 구성하라는 알림

사용자의 Google 계정을 사용해서 사이트에 액세스하는데 동의하도록 표시되는 페이지를
구성합니다. **동의 화면 구성** 버튼을 클릭하면 다음 화면이 나타납니다.

그림 5.43 Google OAuth 동의 화면 설정에서 사용자 유형 선택

User Type으로 외부를 선택하고 만들기 버튼을 클릭하면 다음 화면이 표시됩니다.

그림 5.44 Google OAuth 동의 화면 설정

앱 정보 아래 앱 이름에 Bookmarks를 입력하고 사용자 지원 이메일에 여러분의 이메일 주소를 선택합니다. 승인된 도메인 아래 mysite.com을 입력해서 승인된 도메인을 추가합니다.

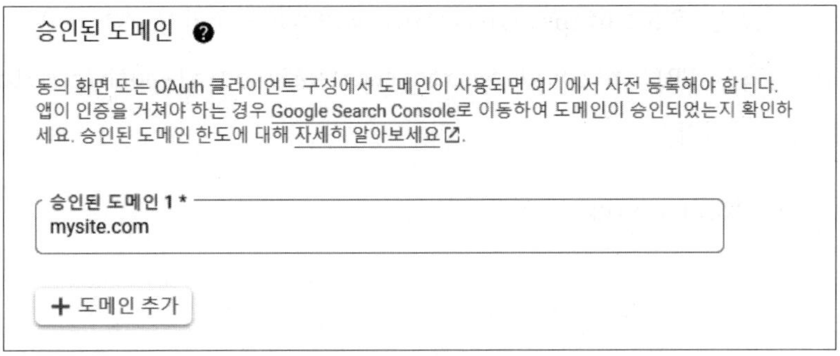

그림 5.45 Google OAuth 인증 도메인

개발자 연락처 정보에 여러분의 이메일 주소를 입력하고 **저장 후 계속** 버튼을 클릭합니다.

2단계에서는 아무것도 변경하지 말고 **저장 후 계속**을 클릭합니다.

3단계 **테스트 사용자**에 Google 사용자를 테스트 사용자에 추가하고 다음과 같이 **저장 후 계속** 버튼을 클릭합니다.

그림 5.46 Google OAuth 테스트 사용자

동의 화면 구성의 요약이 표시됩니다. **대시보드로 돌아가기**를 클릭합니다.

왼쪽 사이드 바의 메뉴에서 **사용자 인증 정보**를 클릭하고 **사용자 인증 정보 만들기**를 다시 클릭한 다음 **OAuth 클라이언트 ID**를 클릭합니다. 순서대로 다음 정보를 입력합니다.

- **애플리케이션 유형**: 웹 애플리케이션을 선택합니다.
- **이름**: Bookmarks를 입력합니다.

- 승인된 자바스크립트 원본: https://mysite.com:8000을 추가합니다.
- 승인된 리다이렉션 URI: https://mysite.com:8000/social-auth/complete/google
  oauth2/을 추가합니다.

입력 폼은 다음과 같아야 합니다.

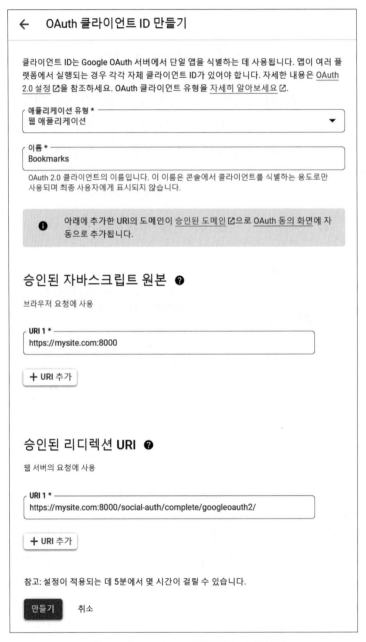

그림 5.47 Google OAuth 클라이언트 ID 생성 폼

만들기 버튼을 클릭합니다. **클라이언트 ID**와 **클라이언트 보안 패스워드**를 받게 됩니다.

OAuth 클라이언트 생성됨

API 및 서비스의 사용자 인증 정보에서 언제든지 클라이언트 ID와 보안 비밀에 액세스할 수 있습니다.

ⓘ OAuth 액세스는 OAuth 동의 화면에 나열된 테스트 사용자로 제한됩니다.

클라이언트 **ID**   967206615205-
s4bsfv8k8v7kavjugm1bj87sj4hp2f5v.apps.
googleusercontent.com

클라이언트 보안 비밀번호   GOCSPX-
oOQSosxRlfQISgh5o3MG7FV950Vm

생성일   2023년 4월 5일 PM 8시 21분 50초 GMT+9

상태   ✅사용 설정됨

⬇ JSON 다운로드

확인

그림 5.48 Google OAuth 클라이언트 ID와 클라이언트 보안 패스워드

다음과 같이 두 키를 모두 **setting.py** 파일에 추가하세요.

```
SOCIAL_AUTH_GOOGLE_OAUTH2_KEY = 'XXX' # Google Client ID
SOCIAL_AUTH_GOOGLE_OAUTH2_SECRET = 'XXX' # Google Client Secret
```

registration/login.html 템플릿을 편집해서 굵게 강조 표시된 다음 코드를 **<ul>** 엘리먼트에 추가합니다.

```
<ul>
  <li class="facebook">
    <a href="{% url "social:begin" "facebook" %}">
      Sign in with Facebook
    </a>
  </li>
  <li class="X">
    <a href="{% url "social:begin" "X" %}">
```

```
      Sign in with X
    </a>
  </li>
  <li class="google">
    <a href="{% url "social:begin" "google-oauth2" %}">
      Sign in with Google
    </a>
  </li>
</ul>
```

다음과 같이 장고 확장에서 제공하는 관리자 명령 runserver_plus를 사용해서 개발 서버를 실행합니다.

```
python manage.py runserver_plus --cert-file cert.crt
```

브라우저에서 https://mysite.com:8000/account/login/을 엽니다. 로그인 페이지는 이제 다음과 같아야 합니다.

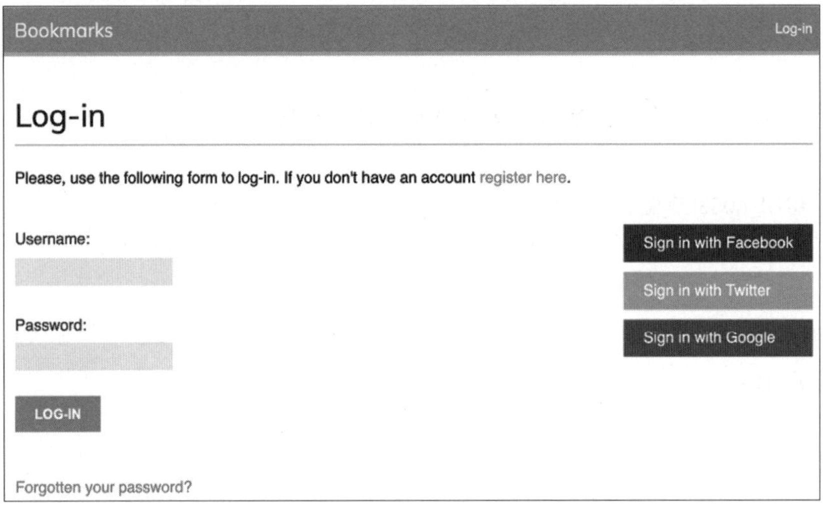

그림 5.49 Facebook, Twitter, Google 인증용 버튼을 가진 로그인 페이지

Sign in with Google 버튼을 클릭하면 다음 화면이 표시됩니다.

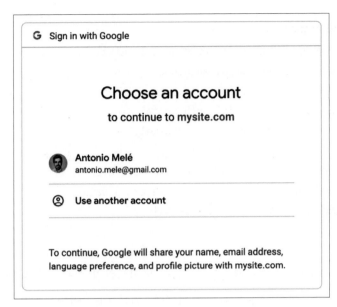

그림 5.50 Google 애플리케이션 인증 화면

애플리케이션을 승인할 Google 계정을 클릭하세요. 로그인이 되고 웹사이트의 대시보드 페이지로 리디렉션됩니다.

이제 가장 인기있는 일부 소셜 플랫폼을 사용해서 프로젝트에 소셜 인증을 추가했습니다. 파이썬 소셜 인증을 사용해서 다른 온라인 서비스와의 소셜 인증을 쉽게 구현할 수 있습니다.

5.1.5 소셜 인증으로 등록한 사용자 프로필 생성하기

사용자가 소셜 인증을 사용해서 인증할 때 해당 소셜 프로필과 연결된 기존 사용자가 없으면 새 사용자 객체가 생성됩니다. 파이썬 소셜 인증은 인증 흐름 중에 실행되는 일련의 함수 집합으로 이뤄진 파이프라인을 사용합니다. 이 파이프라인은 특정 순서로 실행됩니다. 이 함수들은 사용자 세부 정보 조회, 데이터베이스에 소셜 프로필 생성, 기존 사용자에 연결 또는 새로운 프로필 생성을 처리합니다.

현재 소셜 인증을 통해 신규 사용자가 생성되면 Profile 객체가 생성되지 않습니다. 새로운 사용자가 생성될 때 자동으로 데이터베이스에 Profile 객체를 생성하기 위해 파이프라인에 새로운 단계를 추가할 것입니다.

다음 SOCIAL_AUTH_PIPELINE 설정을 프로젝트의 settings.py 파일에 추가하세요.

```
SOCIAL_AUTH_PIPELINE = [
    'social_core.pipeline.social_auth.social_details',
    'social_core.pipeline.social_auth.social_uid',
    'social_core.pipeline.social_auth.auth_allowed',
    'social_core.pipeline.social_auth.social_user',
    'social_core.pipeline.user.get_username',
    'social_core.pipeline.user.create_user',
    'social_core.pipeline.social_auth.associate_user',
    'social_core.pipeline.social_auth.load_extra_data',
    'social_core.pipeline.user.user_details',
]
```

위 코드는 파이썬 인증에서 사용하는 기본 인증 파이프라인입니다. 사용자를 인증할 때 다양한 작업을 수행하는 여러 기능으로 구성됩니다. 기본 인증 파이프라인에 관한 자세한 내용은 https://python-social-auth.readthedocs.io/en/latest/pipeline.html에서 확인할 수 있습니다.

새로운 사용자가 생성될 때마다 데이터베이스에 Profile 객체를 생성하는 함수를 만들어 봅시다. 그런 다음 이 함수를 소셜 인증 파이프라인에 추가하겠습니다.

account/authentication.py 파일을 편집해서 다음 코드를 추가합니다.

```
from account.models import Profile

def create_profile(backend, user, *args, **kwargs):
    """
    Create user profile for social authentication
    """
    Profile.objects.get_or_create(user=user)
```

create_profile 함수는 두 개의 필수 인수를 사용합니다.

• backend: 사용자 인증에 사용되는 소셜 인증 백엔드입니다. 프로젝트의 AUTHENTI CATION_BACKENDS 설정에 소셜 인증 백엔드를 추가했던 것을 기억하세요.

• user: 인증된 신규 또는 기존 사용자의 User 인스턴스입니다.

https://pythonsocial-auth.readthedocs.io/en/latest/pipeline.html#extending-the-pipeline에서 파이프라인 함수에 전달되는 다양한 인수를 확인할 수 있습니다.

create_profile 함수에서 사용자 객체가 있는지 확인하고 get_or_create() 메서드를 사용해서 지정된 사용자의 Profile 객체를 조회하고 필요한 경우 생성합니다.

이제 인증 파이프라인에 새로운 함수를 추가해야 합니다. settings.py 파일의 SOCIAL_AUTH_PIPELINE 설정에 굵게 강조 표시된 다음 줄을 추가합니다.

```
SOCIAL_AUTH_PIPELINE = [
    'social_core.pipeline.social_auth.social_details',
    'social_core.pipeline.social_auth.social_uid',
    'social_core.pipeline.social_auth.auth_allowed',
    'social_core.pipeline.social_auth.social_user',
    'social_core.pipeline.user.get_username',
    'social_core.pipeline.user.create_user',
    'account.authentication.create_profile',
    'social_core.pipeline.social_auth.associate_user',
    'social_core.pipeline.social_auth.load_extra_data',
    'social_core.pipeline.user.user_details', ]
```

social_core.pipeline.create_user 다음에 create_profile 함수를 추가했습니다. 이 시점에서 User 인스턴스를 사용할 수 있습니다. 사용자는 기존 사용자이거나 파이프라인의 이 단계에서 생성된 새로운 사용자일 수 있습니다. create_profile 함수는 User 인스턴스를 사용해서 관련 Profile 객체를 조회하고 필요한 경우 새로운 객체를 생성합니다.

관리 사이트 https://mysite.com:8000/admin/auth/user/에서 사용자 목록에 접근합니다. 소셜 인증을 통해 생성된 모든 사용자를 제거합니다.

그런 다음 https://mysite.com:8000/account/login/을 열고 삭제한 사용자로 다시 소셜 인증을 수행합니다. 새로운 사용자가 생성되고 이제 Profile 객체도 생성됩니다. https://mysite.com:8000/admin/account/profile/에 접근해서 새로운 사용자에 대한 프로필이 생성되었는지 확인합니다.

소셜 인증을 위해 사용자 프로필을 자동으로 생성하는 함수를 성공적으로 추가했습니다.

파이썬 소셜 인증은 연결 해제 흐름을 위한 파이프라인 메커니즘도 제공합니다. 자세한 내용은 https://python-social-auth.readthedocs.io/en/latest/pipeline.html#disconnectionpipeline에서 확인할 수 있습니다.

5.2 추가 자료

다음 자료들은 이 장에서 다루는 주제와 관련된 추가 정보를 제공합니다.

- 이 장의 소스 코드 — https://github.com/PacktPublishing/Django-4-by-example/tree/main/Chapter05
- 파이썬 소셜 인증 — https://github.com/python-social-auth
- 파이썬 소셜 인증의 인증 백엔드 — https://python-social-auth.readthedocs.io/en/latest/backends/index.html#supported-backends
- 장고 허용 호스트 설정 — https://docs.djangoproject.com/en/4.1/ref/settings/#allowed-hosts
- 장고 확장 문서 — https://django-extensions.readthedocs.io/en/latest/
- Facebook 개발자 포털 — https://developers.facebook.com/apps/
- X 앱 — https://developer.twitter.com/en/apps/create
- Google의 OAuth2 구현 — https://developers.google.com/identity/protocols/OAuth2
- Google API 자격 증명 — https://console.developers.google.com/apis/credentials
- 파이썬 소셜 인증 파이프라인 — https://python-social-auth.readthedocs.io/en/latest/pipeline.html

5.3 요약

이 장에서는 파이썬 소셜 인증기능으로 OAuth 2.0을 통한 소셜 인증을 구현하여 기존의 Facebook, X 또는 Google 계정으로 로그인할 수 있도록 사이트에 소셜 인증을 추가했습니다. 장고 확장을 사용해서 개발 서버를 HTTPS로 제공하는 방법도 배웠습니다. 마지막으로, 새로운 사용자에 대한 사용자 프로필을 자동으로 생성하도록 인증 파이프라인을 커스터마이징하는 방법도 배웠습니다.

다음 장에서는 이미지 북마킹 시스템을 만들 것입니다. 다대다 관계를 가진 모델을 만들고, 폼의 동작을 커스터마이징하는 방법도 배울 것입니다. 또한 이미지 썸네일을 생성하는 방법과 JavaScript와 장고를 사용하여 AJAX 기능을 구축하는 방법도 배울 것입니다.

6장

웹사이트에서
콘텐츠 공유하기

django

5장에서 장고 소셜 인증을 사용해서 여러분의 사이트에 Facebook, Google, X를 사용한 소셜 인증을 추가했습니다. 장고 확장을 사용해서 로컬 컴퓨터에서 HTTPS로 개발 서버를 실행하는 방법을 배웠습니다. 새로운 사용자의 프로필을 자동으로 생성하도록 소셜 인증 파이프라인을 사용자화했습니다.

이번 장에서는 다른 사이트에서 내용을 가져와서 웹사이트에서 공유하는 JavaScript 북마클릿(bookmarklet)을 만드는 방법과 JavaScript와 장고를 사용해서 프로젝트에 AJAX 기능을 구현하는 방법을 배우게 됩니다.

이 장에서는 다음 주제를 배웁니다.

- 다대다 관계 생성하기
- 폼 동작 사용자화하기
- 장고에서 JavaScript 사용하기
- JavaScript 북마클릿 만들기
- **easy-thumbnails**을 사용한 이미지 썸네일 생성하기
- JavaScript와 장고로 비동기 HTTP 요청 구현하기
- 무한 스크롤 페이징 구축하기

이 장의 소스 코드는 `https://github.com/PacktPublishing/Django-4by-example/tree/main/Chapter06`에서 찾을 수 있습니다.

이 장에서 사용된 모든 파이썬 패키지는 해당 장의 소스 코드에 있는 `requirements.txt` 파일에 포함되어 있습니다. 다음 섹션의 지침에 따라 각 파이썬 패키지를 설치하거나 `pip install -r requirements.txt` 명령으로 모든 필요한 패키지를 한 번에 설치할 수 있습니다.

6.1 이미지 북마크 웹사이트 만들기

이제 사용자가 다른 웹사이트에서 찾은 이미지를 북마크하고 우리 사이트에서 공유하도록 허용하는 방법을 알아보겠습니다. 이 기능을 구축하려면 다음 요소가 필요합니다.

1. 이미지 및 관련 정보를 저장하는 데이터 모델
2. 이미지 업로드를 처리하는 폼과 뷰

3. 모든 웹사이트에서 실행할 수 있는 JavaScript 북마클릿 코드. 이 코드는 페이지 전체에서 이미지를 찾고 사용자가 북마크하려는 이미지를 선택할 수 있도록 합니다.

먼저 쉘 프롬프트에서 다음 명령을 실행해서 북마크 프로젝트 디렉터리 내에 새로운 애플리케이션을 만듭니다.

다음과 같이 프로젝트의 settings.py 파일에 있는 INSTALLED_APPS 설정에 새로운 애플리케이션을 추가합니다.

```
INSTALLED_APPS = [     # ...
    'images.apps.ImagesConfig',
]
```

프로젝트에 images 애플리케이션을 활성화했습니다.

6.1.1 이미지 모델 구축하기

images 애플리케이션의 models.py 파일을 편집하고 다음 코드를 추가합니다.

```
from django.db import models
from django.conf import settings

class Image(models.Model):
    user = models.ForeignKey(settings.AUTH_USER_MODEL,
                             related_name='images_created',
                             on_delete=models.CASCADE)
    title = models.CharField(max_length=200)
    slug = models.SlugField(max_length=200,
                            blank=True)
    url = models.URLField(max_length=2000)
    image = models.ImageField(upload_to='images/%Y/%m/%d/')
    description = models.TextField(blank=True)
    created = models.DateField(auto_now_add=True)
    class Meta:
        indexes = [
            models.Index(fields=['-created']),
        ]
```

```
        ordering = ['-created']
    def __str__(self):
        return self.title
```

이는 플랫폼에서 이미지를 저장하는 데 사용할 모델입니다. 이 모델의 필드를 살펴보겠습니다.

- user: 일대다 관계를 지정한 외래 키(Foreign key) 필드입니다. 사용자는 여러 이미지를 게시할 수 있지만 각 이미지는 한 명의 사용자에 의해 게시됩니다. on_delete 매개변수에 CASCADE를 사용해서 사용자가 삭제될 때 관련 이미지도 삭제되도록 했습니다.
- title: 이미지의 제목입니다.
- slug: SEO 친화적인 URL을 만들기 위해 문자, 숫자, 언더스코어 또는 하이픈만을 포함하는 짧은 라벨입니다.
- url: 이미지의 원래 URL입니다. max_length를 사용해서 최대 2000자로 길이를 정합니다.
- image: 이미지 파일입니다.
- description: 필요할 경우 이미지에 설명을 추가할 수 있습니다.
- created: 데이터베이스에 객체가 생성된 날짜와 시간입니다. 객체가 생성될 때 현재 날짜와 시간을 자동으로 설정하도록 auto_now_add를 추가했습니다.

모델의 Meta 클래스에서 내림차순으로 created 필드의 데이터베이스 인덱스를 정의했습니다. 또 ordering 속성을 추가하여 기본적으로 created 필드를 기준으로 결과를 정렬하도록 했습니다. 새로운 이미지가 먼저 표시되도록 -created와 같이 필드 이름 앞에 하이픈을 사용하여 내림차순으로 정렬함을 나타냈습니다.

> **Note**
> 데이터베이스 인덱스는 쿼리의 성능을 향상합니다. filter(), exclude() 또는 order_by()를 사용해서 자주 쿼리하는 필드는 인덱스를 생성하는 것이 좋습니다. ForeignKey 필드 또는 unique=True 인 필드는 인덱스 생성을 의미합니다. 데이터베이스 인덱스에 관한 자세한 내용은 https://docs.djangoproject.com/en/4.1/ref/models/options/#django.db.models.Options.indexes에서 알아볼 수 있습니다.

제목 필드의 값을 기반으로 slug 필드를 자동으로 생성하도록 Image 모델의 save() 메서드를 재정의합니다. 다음 같이 slugify() 함수를 임포트하고 Image 모델에 save() 메서드를 추가합니다. 코드에서 새로운 라인들은 굵게 강조 표시했습니다.

```
from django.utils.text import slugify
class Image(models.Model):
    # ...
    def save(self, *args, **kwargs):
        if not self.slug:
            self.slug = slugify(self.title)
        super().save(*args, **kwargs)
```

Image 객체를 저장할 때 slug 필드에 값이 없는 경우 slugify() 함수를 사용해서 이미지의 title 필드에서 슬러그를 자동으로 생성합니다. 그런 다음 Image 객체가 저장됩니다. title에서 자동으로 슬러그를 생성하기 때문에 사용자가 웹사이트에서 이미지를 공유할 때 슬러그를 별도로 입력할 필요가 없습니다.

6.1.2 다대다 관계 만들기

다음으로, 이미지를 좋아하는 사용자를 저장하기 위해 Image 모델에 다른 필드를 추가합니다. 이 경우 사용자는 여러 이미지를 좋아할 수 있고 각 이미지는 여러 사용자가 좋아할 수 있기 때문에 다대다 관계가 필요합니다.

Image 모델에 다음 필드를 추가합니다.

```
users_like = models.ManyToManyField(settings.AUTH_USER_MODEL,
                    related_name='images_liked',
                    blank=True)
```

ManyToManyField 필드를 정의할 때 장고는 두 모델의 기본 키(primary key)를 사용해서 중간에 조인 테이블(join table)을 생성합니다. 그림 6.1은 이 관계를 갖고 생성될 데이터베이스 테이블을 보여줍니다.

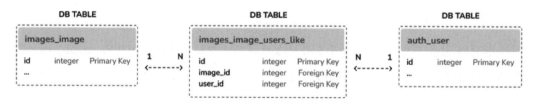

그림 6.1 다대다 관계를 위한 조인 테이블

images_image_users_like 테이블은 images_image 테이블(Image 모델) 및 auth_user 테이블 (User 테이블)에 대한 참조가 있는 중간 테이블로 장고에 의해 생성됩니다. ManyToManyField 필드는 두 관련 모델 중 한 군데서 정의할 수 있습니다.

ForeignKey 필드와 마찬가지로, ManyToManyField의 related_name 속성을 사용하면 관련 객체에서 다시 이 객체로의 관계명을 지정할 수 있습니다. ManyToManyField 필드는 image.users_like.all()과 같은 관련 객체를 조회하거나 user.images_liked.all()과 같이 사용자 객체에서 해당 객체를 가져올 수 있는 다대다 관리자를 제공합니다.

https://docs.djangoproject.com/en/4.1/topics/db/examples/many_to_many/에서 다대다 관계에 대해 자세히 살펴볼 수 있습니다.

셸 프롬프트를 열고 다음 명령을 실행해서 초기 마이그레이션을 만듭니다.

```
python manage.py makemigrations images
```

출력은 다음과 유사해야 합니다.

```
Migrations for 'images':
  images\migrations\0001_initial.py
    - Create model Image
    - Create index images_imag_created_d57897_idx on field(s) -created of
model image
```

이제 다음 명령으로 마이그레이션을 적용합니다.

```
python manage.py migrate images
```

다음과 같은 라인을 가진 출력을 얻습니다.

```
Applying images.0001_initial... OK
```

Image 모델은 이제 데이터베이스에 동기화되었습니다.

6.1.3 관리 사이트에 이미지 모델 등록하기

다음과 같이 이미지 애플리케이션의 admin.py 파일을 편집해서 이미지 모델을 관리 사이트에 등록합니다.

```
from django.contrib import admin
from .models import Image


@admin.register(Image) class
ImageAdmin(admin.ModelAdmin):
    list_display = ['title', 'slug', 'image', 'created']
    list_filter = ['created']
```

다음 명령으로 개발 서버를 시작시킵니다.

```
python manage.py runserver_plus --cert-file cert.crt
```

브라우저에서 https://127.0.0.1:8000/admin/을 열면 다음과 같이 관리 사이트에 Image 모델이 표시됩니다.

그림 6.2 장고 관리 사이트 인덱스 페이지의 이미지 블록

이미지를 저장하는 모델을 완성했습니다. 이제 해당 URL로 이미지를 조회하고 Image 모델을 사용해서 저장하는 폼을 구현하는 방법을 배웁니다.

6.2 다른 웹사이트의 콘텐츠 게시하기

우리는 사용자가 외부 웹사이트의 이미지를 북마크해서 우리 사이트에서 공유할 수 있도록 할 것입니다. 사용자는 이미지의 URL, 제목, 필요하다면 추가로 설명을 제공할 것입니다. 이미지를 다운로드하고 데이터베이스에 새로운 Image 객체를 만들기 위한 폼과 뷰를 만듭니다. 새로운 이미지를 제출하는 폼을 작성하는 것으로 시작하겠습니다.

images 애플리케이션 디렉터리 내에 새로운 forms.py 파일을 만들고 다음 코드를 추가합니다.

```python
from django import forms
from .models import Image


class ImageCreateForm(forms.ModelForm):
    class Meta:
        model = Image
        fields = ['title', 'url', 'description']
        widgets = {
            'url': forms.HiddenInput,
        }
```

Image 모델에서 title, url과 description 필드만 포함한 ModelForm 폼을 정의했습니다. 사용자는 폼에 이미지 URL을 입력하지 않습니다. 대신 외부 사이트에서 이미지를 선택할 수 있는 JavaScript 도구를 제공하고 폼은 이미지의 URL을 매개 변수로 받게 됩니다. url 필드의 기본 위젯을 HiddenInput 위젯을 사용하도록 재정의했습니다. 이 위젯은 type="hidden" 속성을 가진 HTML input 요소로 렌더링됩니다. 이 필드가 사용자에게 보이지 않도록 하기 위해 이 위젯을 사용합니다.

6.2.1 폼 필드 정리하기

제공된 이미지 URL이 유효한지 확인하기 위해 JPEG, PNG 파일만 공유할 수 있도록 파일의 확장자가 .jpg, jpeg 또는 .png로 끝나는지 확인합니다. 이전 장에서는 clean_<fieldname>() 규칙을 사용해서 필드 유효성 검사를 구현했습니다. 이 메서드는 폼 인스턴스에서 is_valid()를 호출할 때 각 필드(있는 경우)를 대상으로 실행됩니다. clean 메서드에서 필드 값을 변경하거나 필드 유효성 검사 오류를 발생시킬 수 있습니다.

images 애플리케이션의 forms.py 파일에서 다음 메서드를 ImageCreateForm 클래스에 추가합니다.

```python
def clean_url(self):
    url = self.cleaned_data['url']
    valid_extensions = ['jpg', 'jpeg', 'png']
    extension = url.rsplit('.', 1)[1].lower()
    if extension not in valid_extensions:
        raise forms.ValidationError('The given URL does not ' \
```

```
                                    'match valid image extensions.')
    return url
```

앞의 코드에서는 url 필드를 정리하기 위해 clean_url() 메서드를 정의했습니다. 코드는 다음과 같이 작동합니다.

1. 폼 인스턴스의 cleaned_data 딕셔너리에 접근해서 url 필드의 값을 검색합니다.
2. URL을 분리해서 파일의 확장자가 유효한지 확인합니다. 확장이 올바르지 않으면 ValidationError가 발생하고 폼 인스턴스의 유효성이 검사되지 않습니다.

주어진 URL의 유효성 검사를 하는 것 외에도 이미지 파일을 다운로드하고 저장해야 합니다. 예를 들어 폼을 처리하는 뷰를 사용해서 이미지 파일을 다운로드할 수 있는데, 여기서는 대신 폼이 저장될 때 이 작업을 수행하도록 모델 폼의 save() 메서드를 재정의하는 보다 일반적인 접근 방식을 취하겠습니다.

6.2.2 Requests 라이브러리 설치하기

사용자가 이미지를 북마크하면 URL로 이미지 파일을 다운로드해야 합니다. 이를 위해 Requests 파이썬 라이브러리를 사용합니다. Requests는 파이썬용으로 가장 많이 사용되는 HTTP 라이브러리입니다. HTTP 요청 처리의 복잡성을 추상화하고 HTTP 서비스를 사용하기 위한 매우 간단한 인터페이스를 제공합니다. Requests 라이브러리의 설명서는 https://requests.readthedocs.io/en/master/에서 찾을 수 있습니다.
쉘 프롬프트를 열고 다음 명령으로 Requests 라이브러리를 설치합니다.

```
pip install requests==2.28.1
```

이제 ImageCreateForm의 save() 메서드를 재정의하고 Reuqests 라이브러리를 사용해서 URL로 이미지를 조회하겠습니다.

6.2.3 ModelForm의 save() 메서드 재정의(Override)하기

아시다시피, ModelForm은 현재 모델 인스턴스를 데이터베이스에 저장하고 객체를 반환하는

save() 메서드를 제공합니다. 이 메서드는 객체가 데이터베이스에 저장돼야 하는지를 지정할 수 있는 부울 타입의 commit 매개 변수를 받습니다. commit이 False면 save() 메서드는 모델 인스턴스를 반환하지만 데이터베이스에 저장하지 않습니다. 주어진 URL로 이미지 파일을 조회해서 파일 시스템에 저장하도록 폼의 save() 메서드를 재정의하겠습니다. forms.py 파일의 맨 위에 다음 임포트를 추가합니다.

```
from django.core.files.base import ContentFile
from django.utils.text import slugify
import requests
```

그런 다음 ImageCreateForm 폼에 다음 save() 메서드를 추가합니다.

```
def save(self, force_insert=False,
              force_update=False,
              commit=True):

    image = super().save(commit=False)
    image_url = self.cleaned_data['url']
    name = slugify(image.title)
    extension = image_url.rsplit('.', 1)[1].lower()
    image_name = f'{name}.{extension}'
    # 주어진 URL에서 이미지를 다운로드
    response = requests.get(image_url)
    image.image.save(image_name,
                     ContentFile(response.content),
                     save=False)

    if commit:
        image.save()
    return image
```

ModelForm에 요구되는 파라미터들을 유지하면서 save() 메서드를 재정의했습니다. 앞의 코드에 대한 설명은 다음과 같습니다.

1. 폼의 save() 메서드를 commit=False로 호출해서 이미지 인스턴스를 만듭니다.
2. 이미지의 URL은 폼의 cleaned_data 딕셔너리에서 조회됩니다.
3. 이미지 이름은 image 제목을 슬러그화한 값과 이미지의 원본 파일의 확장자를 결합해서

만들어집니다.

4. 파이썬 라이브러리 Requests는 이미지 URL로 HTTP GET 요청을 전송해 이미지를 다운로드하는 데 사용됩니다. 응답은 **response** 객체에 저장됩니다.

5. **image** 필드의 **save()** 메서드가 호출될 때 다운로드한 파일 콘텐츠로 만들어진 **ContentFile** 객체를 전달합니다. 이런 방식으로 파일은 프로젝트의 미디어(media) 디렉터리에 저장됩니다. 객체를 데이터베이스에 저장하지 않도록 **save=False** 매개 변수가 전달됩니다.

6. 모델 폼의 원래 **save()** 메서드와 동일한 동작을 유지하기 위해 **commit** 매개 변수가 True인 경우에만 폼이 데이터베이스에 저장됩니다.

폼의 인스턴스를 만들고 전송된 폼 값을 처리하려면 뷰가 필요합니다.

이미지 애플리케이션의 **views.py** 파일을 편집해서 다음 코드를 추가합니다. 새로운 코드는 굵게 강조 표시했습니다.

```python
from django.shortcuts import render, redirect
from django.contrib.auth.decorators import login_required
from django.contrib import messages
from .forms import ImageCreateForm


@login_required
def image_create(request):
    if request.method == 'POST':
        # 폼이 수신됨
        form = ImageCreateForm(data=request.POST)
        if form.is_valid():
            # 폼 데이터가 유효하다면
            cd = form.cleaned_data
            new_image = form.save(commit=False)
            # 항목에 현재 사용자를 할당
            new_image.user = request.user
            new_image.save()
            messages.success(request,
                            'Image added successfully')
            # 새로 생성된 이미지 상세 뷰로 리디렉션
            return redirect(new_image.get_absolute_url())
    else:
        # GET을 통해 북마클릿에서 제공한 데이터로 폼을 빌드
```

```
        form = ImageCreateForm(data=request.GET)
    return render(request,
                  'images/image/create.html',
                  {'section': 'images',
                   'form': form})
```

앞의 코드에서 사이트에 이미지를 저장하는 뷰를 만들었습니다. 인증되지 않은 사용자의 접근을 방지하기 위해 image_create 뷰에 login_required 데코레이터를 추가했습니다. 이 뷰가 작동하는 방식은 다음과 같습니다.

1. 폼의 인스턴스를 생성하려면 HTTP GET 요청을 통해 초기 데이터를 제공해야 합니다. 이 데이터는 외부 웹사이트의 이미지 url과 title 속성으로 구성됩니다. 두 파라미터 모두 나중에 만들 북마클릿에 의해 GET 요청에 설정됩니다. 현재로서는 이 데이터가 요청에서 사용 가능하다고 가정합니다.

2. 폼이 HTTP POST 요청과 함께 전송돼 오면 forms.is_http로 검사합니다. 폼 데이터가 유효한 경우 form.save(commit=False)로 저장해서 새로운 이미지 인스턴스가 생성됩니다. 이때 commit=False로 인해 새로운 인스턴스는 데이터베이스에 저장되지는 않습니다.

3. 요청을 수행하는 현재 사용자와의 관계가 new_image.user = request.user로 새로운 Image 인스턴스에 추가됩니다.

4. Image 객체가 데이터베이스에 저장됩니다.

5. 마지막으로 장고 메시징 프레임워크를 사용해서 성공 메시지가 생성되고 사용자가 새 이미지의 표준 URL로 리디렉션됩니다. 아직 Image 모델의 get_absolute_url() 메서드를 구현하지 않았습니다. 나중에 구현하게 될 것입니다.

images 애플리케이션 내에 새로운 urls.py 파일을 만들고 다음의 코드를 추가합니다.

```
from django.urls import path
from . import views

app_name = 'images'
urlpatterns = [
    path('create/', views.image_create, name='create'),
]
```

다음과 같이 북마크 프로젝트의 기본 urls.py 파일을 편집해서 images 애플리케이션의 패턴을 include합니다.

```
urlpatterns = [
    path('admin/', admin.site.urls),
    path('account/', include('account.urls')),
    path('social-auth/',
        include('social_django.urls', namespace='social')),
    path('images/', include('images.urls', namespace='images')),
]
```

끝으로 폼을 렌더링할 템플릿을 만들어야 합니다. images 애플리케이션 디렉터리에 다음 디렉터리 구조를 생성합니다.

```
templates/
images/
    image/
      create.html
```

새로운 create.html 템플릿을 편집해서 다음 코드를 추가합니다.

```
{% extends "base.html" %}
{% block title %}Bookmark an image{% endblock %}
{% block content %}
  <h1>Bookmark an image</h1>
  <img src="{{ request.GET.url }}" class="image-preview">
  <form method="post">
    {{ form.as_p }}
    {% csrf_token %}
    <input type="submit" value="Bookmark it!">
  </form>
{% endblock %}
```

쉘 프롬프트에서 다음 명령을 사용해서 개발 서버를 실행합니다.

```
python manage.py runserver_plus --cert-file cert.crt
```

브라우저에서 title과 url을 GET 파라미터로 포함해서 https://127.0.0.1:8000/
images/create/?title=...&url=....를 열고 url에 기존 JPEG 이미지 URL을 제공
합니다. 예를 들어, https://127.0.0.1:8000/images/create/?title=%20Django%20
and%20Duke&url=https://upload.wikimedia.org/wikipedia/commons/8/85/Django_
Reinhardt_and_Duke_ Ellington_%28Gottlieb%29.jpg 같은 URL을 사용할 수 있습니다.
그러면 다음과 같이 이미지 미리보기가 있는 폼이 표시됩니다.

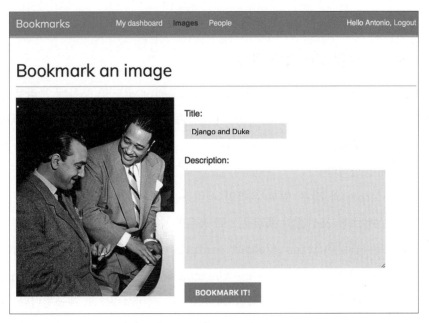

그림 6.3 새로운 이미지 만들기 북마크 페이지

설명을 추가하고 BOOKMARK IT!을 클릭하면, 새로운 Image 객체가 데이터베이스에 저장됩
니다. 그러나 다음과 같이 Image 모델에 get_absolute_url() 메서드가 없음을 알리는 오
류가 표시됩니다.

그림 6.4 Image 객체에 get_absolute_url 속성이 없음을 나타내는 오류

지금은 이 오류를 걱정하지 마세요. 나중에 이미지 모델에서 get_absolute_url을 구현하
겠습니다. 브라우저에서 https://127.0.0.1:8000/admin/images/image/를 열고 다음과
같이 새로운 이미지가 저장되었는지 확인합니다.

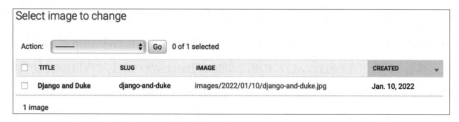

그림 6.5 생성된 이미지 객체를 보여주는 관리 사이트의 이미지 목록 페이지

6.2.4 JavaScript로 북마클릿 만들기

북마클릿은 웹 브라우저에 저장되는 북마크로 JavaScript 코드를 포함해 브라우저의 기능을 확장할 수 있습니다. 브라우저의 북마크나 즐겨찾기 바에서 북마클릿을 클릭하면, 해당 웹사이트에서 JavaScript 코드가 실행됩니다. 이는 다른 웹사이트와 상호작용하는 도구를 만드는데 매우 유용합니다.

핀터레스트(Pinterest)와 같은 일부 온라인 서비스는 자체 북마클릿을 구현해서 사용자가 다른 사이트의 콘텐츠를 자신들의 플랫폼으로 공유할 수 있도록 합니다. 브라우저 버튼이라는 핀터레스트 북마클릿은 https://about.pinterest.com/en/browser-button에서 제공됩니다. 핀터레스트의 북마클릿은 Google Chrome 확장 프로그램, Microsoft Edge 애드온, Safari와 기타 브라우저용의 일반적인 JavaScript 북마클릿으로 제공됩니다. 북마클릿을 브라우저의 북마크 바에 끌어다 놓으면, 사용자는 이미지나 웹사이트를 자신의 핀터레스트 계정에 저장할 수 있습니다.

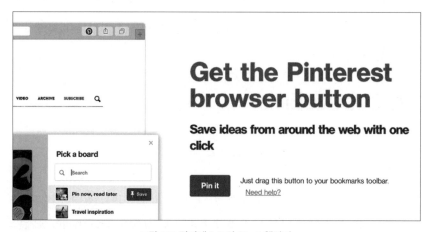

그림 6.6 핀터레스트의 Pin it 책갈피

여러분의 웹사이트에 유사한 방식으로 북마클릿을 만들어 봅시다.

다음은 사용자가 브라우저에 북마클릿을 추가하고 사용하는 방법입니다.

1. 사용자가 여러분의 사이트에서 브라우저의 북마크 바로 링크를 드래그합니다. 링크의 href 속성에는 JavaScript 코드가 포함되어 있습니다. 이 코드는 북마크에 저장됩니다.
2. 사용자가 웹사이트를 탐색하고 북마크 또는 즐겨찾기 모음에서 북마크를 클릭합니다. 북마크의 JavaScript 코드가 실행됩니다.

JavaScript 코드는 북마크로 저장되므로 사용자가 북마크 바에 추가한 후에는 업데이트할 수 없습니다. 이는 중요한 단점인데, 런처 스크립트를 구현해서 해결할 수 있습니다. 사용자는 런처 스크립트를 북마크로 저장하고 런처 스크립트는 URL에서 실질적인 JavaScript 북마클릿을 로드합니다. 이렇게 하면 언제든지 북마클릿의 코드를 업데이트할 수 있습니다. 이 방법대로 북마클릿을 구축하면 될 것 같습니다. 시작해 보겠습니다!

images/templates/ 아래에 새로운 템플릿을 만들고 이름을 bookmarklet_launcher.js 로 지정합니다. 이것이 런처 스크립트가 될 것입니다.

```
(function(){
  if(!window.bookmarklet) {
    bookmarklet_js = document.body.appendChild(document.
createElement('script'));
    bookmarklet_js.src = '//127.0.0.1:8000/static/js/bookmarklet.js?r='+Math.
floor(Math.random()*9999999999999999);
    window.bookmarklet = true;
}
  else {
    bookmarkletLaunch();
  }
})();
```

앞의 스크립트는 윈도우 변수 bookmarklet에 if(!windows.bookmarklet)를 사용해서 이미 북마클릿이 로드되었는지 검사합니다.

• windows.bookmarklet이 정의되지 않았거나 부울 콘텍스트에서 참으로 간주되지 않는 값이라면, 브라우저에 로드된 HTML 문서의 body에 <script> 엘리먼트를 추가되고 JavaScript 파일이 로드됩니다. scr 속성은 Math.random()*999999999999999으로

생성된 임의의 16자리 정수 매개 변수로 작성된 bookmarklet.js 스크립트의 URL을 적재하는 데 사용합니다. 난수는 브라우저가 브라우저 캐시로부터 파일을 로드하지 못하도록 합니다. 북마클릿 JavaScript가 과거에 로드된 적이 있는 경우 다른 매개 변수 값으로 인해 브라우저는 소스 URL로부터 스크립트를 다시 로드합니다. 이런 식으로 북마클릿이 항상 최신 JavaScript 코드를 실행하는지 확인할 수 있습니다.

- window.bookmarklet이 정의되었으면서 참으로 간주되는 값이면 bookmarkletLaunch() 함수가 실행됩니다. 우리는 bookmarklet.js 스크립트에서 bookmarkletLaunch()를 전역 함수로 정의합니다.

사용자가 북마클릿을 반복적으로 클릭한 경우, 북마클릿 window 변수 bookmarklet을 확인해서 북마클릿 JavaScript 코드가 한 번 이상 로드되는 것을 방지합니다.

북마클릿 런처 코드를 만들었습니다. 실제 북마클릿 코드는 정적 파일인 bookmarklet.js에 있습니다. 런처 코드를 사용하면 사용자가 이전에 브라우저에 추가한 북마크를 변경할 필요 없이 언제든지 북마클릿 코드를 업데이트할 수 있습니다.

사용자가 브라우저의 북마크 바에 추가할 수 있도록 북마크 런처를 대시보드 페이지에 추가해 봅시다.

account 애플리케이션의 account/dashboard.html 템플릿을 편집해서 다음과 같이 만듭니다. 새로운 코드는 굵게 강조 표시했습니다.

```
{% extends "base.html" %}
{% block title %}Dashboard{% endblock %}
{% block content %}
  <h1>Dashboard</h1>
  {% with total_images_created=request.user.images_created.count %}
    <p>Welcome to your dashboard. You have bookmarked {{ total_images_created
}} image{{ total_images_created|pluralize }}.</p>
  {% endwith %}
  <p>Drag the following button to your bookmarks toolbar to bookmark images
from other websites → <a href="javascript:{% include "bookmarklet_launcher.
js" %}" class="button">Bookmark it</a></p>
  <p>You can also <a href="{% url "edit" %}">edit your profile</a> or <a
href="{% url "password_change" %}">change your password</a>.</p>
{% endblock %}
```

템플릿 태그가 여러 줄로 분할되지 않았는지 확인합니다. 장고는 여러 줄의 태그를 지원하지 않습니다.

이제 대시보드에 사용자가 북마크한 총이미지 수가 표시됩니다. 현재 사용자가 북마크한 총 이미지 수로 변수를 생성하기 위해 **{% with %}** 템플릿 태그를 추가했습니다. 북마클릿 런처 스크립트를 href 속성에 include한 링크가 있습니다.

이 JavaScript 코드는 **bookmarklet_launcher.js** 템플릿에서 로드됩니다.

브라우저에서 **https://127.0.0.1:8000/account/**를 열면, 다음 페이지가 표시됩니다.

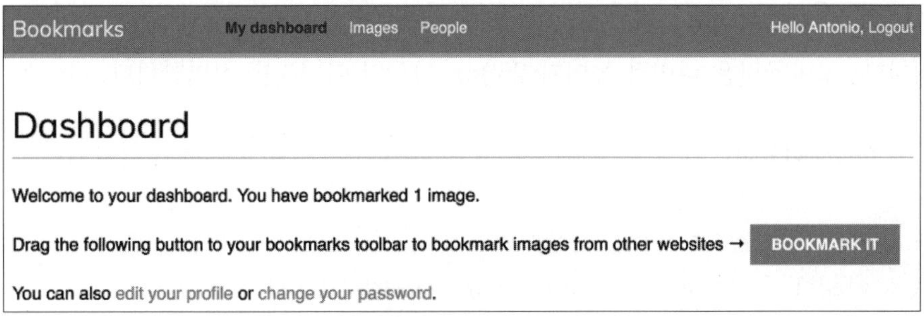

그림 6.7 북마크된 전체 이미지와 북마클릿 버튼이 포함된 대시보드 페이지

이제 images 애플리케이션 디렉터리 내에 다음 디렉터리와 파일을 생성합니다.

```
static/
  js/
    bookmarklet.js
```

이 장과 함께 제공되는 예제 코드의 **images** 애플리케이션 디렉터리 아래 **static/css/** 디렉터리가 있습니다. 이 **css/** 디렉터리를 여러분 코드의 **static/** 디렉터리로 복사합니다. **https://github.com/PacktPublishing/Django-4-by-Example/tree/main/Chapter06/ bookmarks/images/static**에서 디렉터리 내용을 찾을 수 있습니다.

css/bookmarklet.css 파일은 JavaScript 북마클릿의 스타일을 제공합니다. **static/** 디렉터리는 이제 다음과 같은 파일 구조를 가집니다.

```
css/
  bookmarklet.css
js/
  bookmarklet.js
```

정적 파일 **bookmarklet.js**을 편집해서 다음 JavaScript 코드를 추가합니다.

```
const siteUrl = '//127.0.0.1:8000/';
const styleUrl = siteUrl + 'static/css/bookmarklet.css';
const minWidth = 250;
const minHeight = 250;
```

북마클릿에서 사용할 네 가지 상수를 선언했습니다. 이 상수들은 다음과 같습니다.

- **siteUrl**과 **staticUrl**: 웹사이트의 기본 URL 및 정적 파일의 기본 URL입니다.
- **minWidth** 및 **minHeight**: 북마클릿이 사이트에서 수집할 이미지의 최소 너비와 높이(픽셀)입니다. 북마클릿은 너비와 높이가 250px 이상인 이미지를 식별합니다.

정적 파일 **bookmarklet.js**을 편집해서 굵게 강조 표시한 다음 코드를 추가합니다.

```
const siteUrl = '//127.0.0.1:8000/';
const styleUrl = siteUrl + 'static/css/bookmarklet.css';
const minWidth = 250;
const minHeight = 250;

// CSS 로드
var head = document.getElementsByTagName('head')[0];
var link = document.createElement('link');
link.rel = 'stylesheet';
link.type = 'text/css';
link.href = styleUrl + '?r=' + Math.floor(Math.random()*9999999999999999);
head.appendChild(link);
```

이 부분에서는 북마클릿의 CSS 스타일시트를 로드합니다. javaScript를 사용해서 **DOM(문서 객체 모델)**을 조작합니다. DOM은 메모리에 있는 HTML 문서를 나타내며 웹 페이지가 로드될 때 브라우저에서 생성됩니다. DOM은 HTML 문서의 구조와 내용으로 구성한 객체들의 트리로 구성됩니다.

아래 코드에서는 JavaScript를 사용해서 HTML 페이지의 〈head〉 엘리먼트에 〈link〉 엘리먼트를 추가합니다.

```
<link rel="stylesheet" type="text/css" href="//127.0.0.1:8000/static/css/
bookmarklet.css?r=1234567890123456">
```

이 작업을 수행하는 방법을 알아봅시다.

1. 사이트의 `<head>` 엘리먼트를 document.getElementsByTagName()를 사용해 찾습니다. 이 함수는 주어진 태그가 있는지 페이지의 모든 HTML 엘리먼트를 검사합니다. [0]으로 찾은 첫 번째 인스턴스에 액세스합니다. 모든 HTML 문서에는 하나의 `<head>` 요소가 있어야 하므로 첫 번째 요소에 액세스합니다.

2. document.createElement('link')로 `<link>` 엘리먼트를 생성합니다.

3. `<link>` 엘리먼트의 rel 및 type 속성(attribute)을 설정합니다. 이것은 HTML의 `<link rel="stylesheet" type="text/css">`와 같습니다.

4. `<link>` 엘리먼트의 href 속성은 bookmarklet.css 스타일시트의 URL로 설정됩니다. 브라우저가 캐시로부터 파일을 로드하지 않도록 16자리 난수를 URL 매개 변수로 사용합니다.

5. 새로운 `<link>` 엘리먼트를 head.appendChild(link)를 사용해서 HTML 페이지의 `<head>` 엘리먼트에 추가합니다.

이제 북마클릿이 실행되는 웹사이트에 컨테이너를 표시하는 HTML 엘리먼트를 만들겠습니다. HTML 컨테이너는 사이트에서 찾은 모든 이미지를 표시하고 사용자가 공유할 이미지를 선택할 수 있도록 하는 데 사용됩니다. 이 컨테이너는 **bookmarklet.css** 스타일시트에 정의된 CSS 스타일을 사용합니다.

정적 파일 bookmarklet.js을 편집해서 굵게 강조 표시된 다음 코드를 추가합니다.

```
const siteUrl = '//127.0.0.1:8000/';
const styleUrl = siteUrl + 'static/css/bookmarklet.css';
const minWidth = 250;
const minHeight = 250;

// CSS 로드
var head = document.getElementsByTagName('head')[0];
var link = document.createElement('link');
link.rel = 'stylesheet';
link.type = 'text/css';
link.href = styleUrl + '?r=' + Math.floor(Math.random()*9999999999999999);
head.appendChild(link);

// HTML 로드
var body = document.getElementsByTagName('body')[0];
boxHtml = '
```

```
    <div id="bookmarklet">
        <a href="#" id="close">&times;</a>
        <h1>Select an image to bookmark:</h1>
        <div class="images"></div>
    </div>';
body.innerHTML += boxHtml;
```

추가된 코드는 DOM의 <body> 엘리먼트를 찾은 후 찾은 엘리먼트의 innerHTML 속성을 수정해서 새로운 HTML을 추가합니다. 새로운 <div> 엘리먼트가 페이지의 본문에 추가되는데, 해당 <div> 컨테이너는 다음의 엘리먼트들로 구성됩니다.

- 컨테이너를 닫는 링크: <a href="#" id="close">×</a>
- 제목: <h1>Select an image to bookmark:</h1>
- 사이트에서 찾은 이미지를 나열하는 컨테이너: <div class="images"></div>

이 컨테이너는 처음에는 비어 있는데, 사이트에서 찾은 이미지들로 채워집니다.
이전에 로드된 CSS 스타일을 포함한 HTML 컨테이너는 그림 6.8과 같습니다.

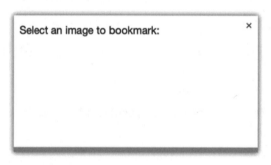

그림 6.8 이미지 선택 컨테이너

이제 북마클릿을 실행하는 함수를 구현해 보겠습니다. 정적 파일 bookmarklet.js을 편집해서 하단에 다음 코드를 추가합니다.

```
function bookmarkletLaunch() {
    bookmarklet = document.getElementById('bookmarklet');
    var imagesFound = bookmarklet.querySelector('.images');

    // 발견된 이미지 제거
    imagesFound.innerHTML = '';
```

```
    // 북마클릿 표시
    bookmarklet.style.display = 'block';

    // close 이벤트
    bookmarklet.querySelector('#close')
            .addEventListener('click', function(){
                bookmarklet.style.display = 'none'
            });
}

// 북마클릿 실행
bookmarkletLaunch();
```

코드를 추가한 bookmarkletLaunch() 함수입니다. 이 함수를 정의하기 전에 북마클릿의 CSS가 로드되고 HTML 컨테이너가 페이지의 DOM에 추가됩니다. bookmarkletLaunch() 함수의 동작은 다음과 같습니다.

1. document.getElementById()를 사용해서 ID가 bookmarklet인 DOM의 엘리먼트 즉, 북마클릿의 메인 컨테이너를 가져옵니다.

2. 다음으로 북마클릿 메인 컨테이너 엘리먼트에서 클래스가 .images인 하위 엘리먼트를 가져옵니다. querySelector() 메서드를 사용하면 CSS 셀렉터(Selector)를 사용해서 DOM 엘리먼트를 검색할 수 있는데, CSS 셀렉터는 지정된 CSS 규칙이 적용된 DOM 요소를 찾을 수 있습니다. CSS 셀렉터의 사용법은 https://developer.mozilla.org/en-US/docs/Web/CSS/CSS_Selectors 에서 찾을 수 있으며, 셀렉터를 사용해서 DOM 요소를 찾는 방법에 관한 자세한 내용은 https://developer.mozilla.org/en-US/docs/Web/API/Document_object_model/Locating_DOM_elements_using_selectors에 서 확인할 수 있습니다.

3. innerHTML 속성을 빈 문자열로 설정해서 images 컨테이너를 지우고 북마클릿 메인 컨테이너의 display CSS 속성을 block으로 설정해서 bookmarklet 엘리먼트를 표시합니다.

4. #close 셀렉터는 ID가 close인 DOM 엘리먼트를 찾는 데 사용됩니다. 클릭 이벤트는 addEventListener() 메서드를 사용해서 엘리먼트에 첨부됩니다. 사용자가 엘리먼트를 클릭하면 해당 display 속성이 none으로 설정되어 북마클릿 메인 컨테이너가 숨겨집니다.

bookmarkletLaunch() 함수를 정의했으면 바로 실행합니다.

CSS 스타일과 북마클릿의 HTML 컨테이너를 로드한 후에는 현재 웹사이트의 DOM에서 이미지 엘리먼트를 찾아야 합니다. 필요한 최소 크기를 가진 이미지들을 북마클릿의 HTML 컨테이너에 추가해야 합니다. 정적 파일 `bookmarklet.js`을 편집해서 `bookmarklet()` 함수 하단에 굵게 강조 표시된 다음 코드를 추가합니다.

```javascript
function bookmarkletLaunch() {
    bookmarklet = document.getElementById('bookmarklet');
    var imagesFound = bookmarklet.querySelector('.images');
    // 발견된 이미지 제거
    imagesFound.innerHTML = '';
    // 북마클릿 표시
    bookmarklet.style.display = 'block';
    // close 이벤트
    bookmarklet.querySelector('#close')
    .addEventListener('click',
                        function(){
                            bookmarklet.style.display = 'none'
                        });

    // DOM에서 최소 크기의 이미지 찾기
    images = document.querySelectorAll('img[src$=".jpg"], img[src$=".jpeg"],
img[src$=".png"]');
    images.forEach(image => {
                    if(image.naturalWidth >= minWidth
                       && image.naturalHeight >= minHeight)
                    {
                        var imageFound = document.createElement('img');
                        imageFound.src = image.src;
                        imagesFound.append(imageFound);
                    }
    })
}

// 북마클릿 실행
bookmarkletLaunch();
```

이 코드에서는 셀렉터 `img[src$=".jpg"]`, `img[src$=".jpeg"]` 및 `img[src$=".png"]`를 사용해서 `src` 속성이 각각 `.jpg`, `.jpeg`, `.png`로 끝나는 모든 `<img>` DOM 요소를 찾습니다.

이런 셀렉터를 document.querySelectorAll()과 함께 사용하면 웹사이트에 표시된 JPEG 및 PNG 형식의 모든 이미지들을 찾을 수 있습니다. 그 후 forEach() 메서드로 찾은 이미지들에 반복 작업을 합니다. 작은 이미지는 관련성이 없는 것으로 간주해서 필터링됩니다. minWidth 및 minHeight 변수에 지정된 크기보다 큰 이미지만 결과로 사용됩니다. 발견된 각 이미지마다 새로운 <img> 엘리먼트가 만들어지며, 원본 이미지에서 src의 소스 URL 속성이 복사되어 imagesFound 컨테이너에 추가됩니다.

보안상의 이유로 브라우저는 HTTPS를 통해 제공되는 사이트에서 HTTP를 통해 북마클릿을 실행하지 못하도록 합니다. 이것이 자동 생성된 TLS/SSL 인증서를 사용해서 개발 서버를 실행하기 위해 RunServerPlus를 계속 사용하는 이유입니다. "5장. 소셜 인증 구현하기"에서 HTTPS를 통해 개발 서버를 실행하는 방법을 배웠습니다.

프로덕션 환경에서는 유효한 TLS/SSL 인증서가 필요합니다. 도메인 네임을 소유하고 있는 경우 브라우저에서 유효성을 확인할 수 있도록 신뢰할 수 있는 인증 기관(CA)에 해당 도메인의 TLS/SSL 인증서를 발급하도록 신청할 수 있습니다. 실제 도메인에 신뢰할 수 있는 인증서를 받으려면 *Let's Encrypt* 서비스를 사용할 수 있습니다. *Let's Encrypt*는 신뢰할 수 있는 TLS/SSL 인증서를 무료로 간편하게 발급 및 갱신할 수 있는 비영리 CA입니다. 자세한 정보는 https://letsencrypt.org에서 확인할 수 있습니다.

쉘 프롬프트에서 다음 명령을 사용해서 개발 서버를 실행합니다.

```
python manage.py runserver_plus --cert-file cert.crt
```

브라우저에 https://127.0.0.1:8000/account/를 엽니다. 기존 사용자로 로그인한 후 다음과 같이 BOOKMARK IT 버튼을 클릭해서 브라우저의 북마크 바에 끌어다 놓습니다.

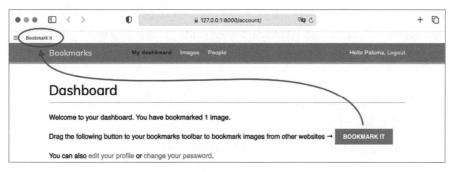

그림 6.9 북마크 바에 BOOKMARK IT 버튼 추가하기

브라우저에서 원하는 웹사이트를 열고 북마크 바에서 Bookmark it 북마클릿을 클릭합니다.

웹사이트에 새로운 흰색 오버레이가 나타나 250x250 픽셀보다 큰 크기의 모든 JPEG 및 PNG 이미지를 표시하는 것을 볼 수 있습니다. 그림 6.10은 `https://amazon.com/`에서 실행되는 북마클릿을 보여줍니다.

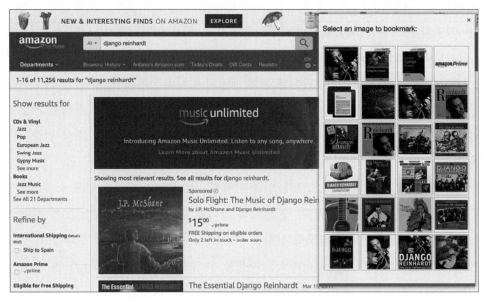

그림 6.10 amazon.com에 로드된 북마클릿

HTML 컨테이너가 표시되지 않으면 RunServer 쉘 콘솔 로그를 확인하세요. MIME 유형의 오류가 표시되면 MIME 맵 파일이 잘못되었거나 업데이트해야 할 가능성이 높습니다. `settings.py` 파일에 다음 줄을 추가해서 JavaScript 및 CSS 파일에 올바른 매핑을 적용할 수 있습니다.

```
if DEBUG:
    import mimetypes
    mimetypes.add_type('application/javascript', '.js', True)
    mimetypes.add_type('text/css', '.css', True)
```

HTML 컨테이너에는 북마크할 수 있는 이미지가 포함되어 있습니다. 이제 사용자가 원하는 이미지를 클릭해서 북마크에 추가할 수 있는 기능을 구현하겠습니다.

정적 파일 `js/bookmarklet.js`를 수정해서 `bookmarklet()` 함수의 하단에 다음 코드를 추가합니다.

```
function bookmarkletLaunch() {
    bookmarklet = document.getElementById('bookmarklet');
    var imagesFound = bookmarklet.querySelector('.images');
    // 발견된 이미지 제거
    imagesFound.innerHTML = '';
    // 북마클릿 표시
    bookmarklet.style.display = 'block';
    // close 이벤트
    bookmarklet.querySelector('#close')
                .addEventListener('click', function(){
                    bookmarklet.style.display = 'none'
                });
    // DOM에서 최소 크기의 이미지 찾기
    images = document.querySelectorAll('img[src$=".jpg"], img[src$=".jpeg"],
img[src$=".png"]');
    images.forEach(image => {
        if(image.naturalWidth >= minWidth
            && image.naturalHeight >= minHeight)
        {
            var imageFound = document.createElement('img');
            imageFound.src = image.src;
            imagesFound.append(imageFound);
        }
    })
    // 이미지 선택 이벤트
    imagesFound.querySelectorAll('img').forEach(image => {
    image.addEventListener('click', function(event){
        imageSelected = event.target;
        bookmarklet.style.display = 'none';

        window.open(siteUrl + 'images/create/?url='
                + encodeURIComponent(imageSelected.src)
                + '&title='
                + encodeURIComponent(document.title),
                '_blank');
        })
    })
}
// 북마클릿 실행
bookmarkletLaunch();
```

앞의 코드는 다음과 같이 동작합니다.

1. `imagesFound` 컨테이너 내의 각 이미지 요소에 `click()` 이벤트가 첨부됩니다.
2. 사용자가 이미지 중 하나를 클릭하면 클릭한 이미지 요소가 `imagesSelected` 변수에 담깁니다.
3. 그런 다음 북마클릿의 표시 속성을 none으로 설정해서 북마클릿을 숨깁니다.
4. 사이트의 새로운 이미지를 북마크할 URL이 포함된 새 브라우저 창이 열립니다. 웹사이트의 `<title>` 엘리먼트의 내용은 URL의 GET 매개 변수 `title`로 전달되고 선택한 이미지 URL은 `url` 매개 변수로 전달됩니다.

다음과 같이 브라우저에서 새로운 URL(예: `https://commons.wikimedia.org/`)을 엽니다.

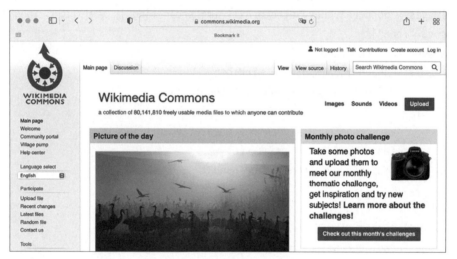

그림 6.11 Wikimedia Commons 웹사이트

> **Note**
> 그림 6.11~6.14: 토메레의 북부 이스라엘 훌라 계곡에 있는 두루미 무리(라이선스: 크리에이티브 커먼즈 저작자표시-동일조건변경허락 4.0: https:// creativecommons.org/licenses/by-sa/4.0/ deed.en)

Bookmark it 북마클릿을 클릭해서 이미지 선택 오버레이를 표시하면, 다음과 같은 이미지 선택 오버레이가 표시됩니다.

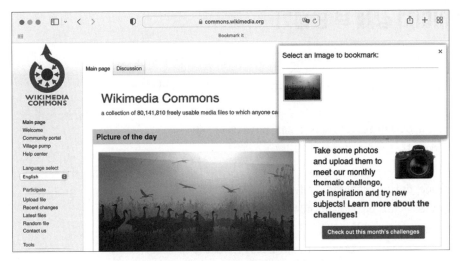

그림 6.12 외부 웹사이트에 로드된 북마클릿

이미지를 클릭하면 이미지 생성 페이지로 리디렉션되는데, 웹사이트 제목과 선택한 이미지의 URL을 GET 매개 변수로 전달합니다. 페이지의 모습은 다음과 같습니다.

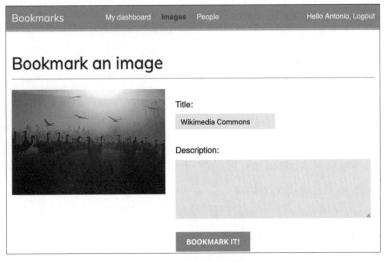

그림 6.13 이미지를 북마크하는 양식

축하합니다! 첫 번째 JavaScript 북마클릿이 장고 프로젝트에 완전히 통합되었습니다. 다음으로 이미지에 상세 뷰를 만들고 이미지에 대한 표준 URL을 구현하겠습니다.

6.3 이미지 상세 뷰 만들기

이제 사이트에서 북마크된 이미지를 표시하는 간단한 상세 뷰를 만들어 보겠습니다. images 애플리케이션의 views.py 파일을 열고 다음 코드를 추가합니다.

```
from django.shortcuts import get_object_or_404
from .models import Image

def image_detail(request, id, slug):
    image = get_object_or_404(Image, id=id, slug=slug)
    return render(request,
                  'images/image/detail.html',
                  {'section': 'images',
                   'image': image})
```

위 코드는 이미지를 표시하는 간단한 뷰입니다. images 애플리케이션의 urls.py 파일을 편집해서 굵게 강조된 다음 URL 패턴을 추가합니다.

```
urlpatterns = [
    path('create/', views.image_create, name='create'),
    path('detail/<int:id>/<slug:slug>/',
        views.image_detail, name='detail'),
]
```

이미지 애플리케이션의 models.py 파일을 편집하고 다음과 같이 이미지 모델에 get_absolute_url() 메서드를 추가합니다.

```
from django.urls import reverse
class Image(models.Model):
    # ...
    def get_absolute_url(self):
        return reverse('images:detail', args=[self.id,
                                              self.slug])
```

객체의 표준 URL을 제공하는 일반적인 패턴은 모델 내에 get_absolute_url() 메서드를 정의하는 것입니다. 끝으로 images 애플리케이션을 위한 템플릿 디렉터리 /template/im-ages/image/에 detail.html이라는 템플릿 파일을 만들고 다음 코드를 추가합니다.

```
{% extends "base.html" %}
{% block title %}{{ image.title }}{% endblock %}
{% block content %}
  <h1>{{ image.title }}</h1>
  <img src="{{ image.image.url }}" class="image-detail">
  {% with total_likes=image.users_like.count %}
    <div class="image-info">
      <div>
        <span class="count">
          {{ total_likes }} like{{ total_likes|pluralize }}
        </span>
      </div>
      {{ image.description|linebreaks }}
    </div>
    <div class="image-likes">
      {% for user in image.users_like.all %}
        <div>
          {% if user.profile.photo %}
            <img src="{{ user.profile.photo.url }}">
          {% endif %}
          <p>{{ user.first_name }}</p>
        </div>
      {% empty %}
        Nobody likes this image yet.
      {% endfor %}
    </div>
  {% endwith %}
{% endblock %}
```

위 코드는 북마크한 이미지의 상세 뷰를 표시하는 템플릿입니다. {% with %} 태그를 사용
해서 모든 사용자의 좋아요의 수를 세는 QuerySet의 결과를 담는 total_likes 변수를 만
들었습니다. 이렇게 해서 동일한 QuerySet을 두 번 수행하지 않도록 했습니다(먼저 전체
좋아요의 수를 표시한 후 pluralize 템플릿 필터[1]를 사용). 또 이미지의 설명을 포함하고
{% for %} 루프를 추가해서 image.users_like.all을 반복하게 만들어 이 이미지에 좋아
요를 누른 모든 사용자를 표시합니다.

---

1 [역자주] 복수 명사(복수형)와 단수 명사(단수형)를 올바르게 표시하기 위해 사용하는 템플릿 필터

참고 템플릿에서 쿼리를 반복해야 할 때마다 **{% with %}** 템플릿 태그를 사용하면 데이터베이스 쿼리 증가를 피할 수 있습니다.

이제 브라우저에서 외부 URL을 열고 북마클릿을 사용해서 새로운 이미지를 북마크에 추가합니다. 이미지를 게시하면 이미지의 상세 페이지로 리디렉션됩니다. 이 페이지에서 다음과 같은 성공 메시지를 볼 수 있습니다.

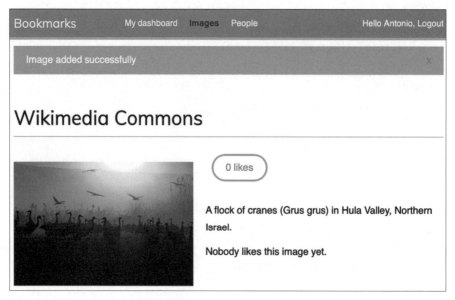

그림 6.14 이미지 북마크의 이미지 상세 페이지

좋습니다! 북마클릿 기능을 완성했습니다. 다음으로 이미지 썸네일을 만드는 방법을 배우겠습니다.

6.4 easy-thumbnails를 사용해 이미지 썸네일 만들기

상세 페이지에 원본 이미지가 표시되지만 이미지마다 크기가 상당히 다를 수 있습니다. 일부 이미지 파일은 크기가 커서 로드하는데 시간이 많이 걸릴 수 있습니다. 최적화된 이미지를 균일하게 표시하는 가장 좋은 방법은 썸네일을 생성하는 것입니다. 썸네일은 큰 이미지를 작게 표현한 이미지입니다. 썸네일은 브라우저에서 더 빠르게 로드되며, 크기가 제각각인 이미지를 균일하게 표시하는 좋은 방법입니다. 여기서는 사용자가 북마크한 이미지의 썸네일을 생성하기 위해 **easy-thumbnails**라는 장고 애플리케이션을 활용하겠습니다.
터미널을 열어서 다음 명령으로 **easy-thumbnails**을 설치합니다.

```
pip install easy-thumbnails==2.8.1
```

bookmarks 프로젝트의 **settings.py** 파일을 편집해서 다음과 같이 **INSTALLED_APPS** 설정
에 **easy_thumbnails**를 추가합니다.

```
INSTALLED_APPS = [
    # ...
    'easy_thumbnails',
]
```

그런 다음 명령으로 애플리케이션을 데이터베이스와 동기화합니다.

```
python manage.py migrate
```

다음과 같은 메시지를 포함한 출력이 표시됩니다.

```
Applying easy_thumbnails.0001_initial... OK
Applying easy_thumbnails.0002_thumbnaildimensions... OK
```

easy-thumbnails 애플리케이션은 이미지 썸네일을 정의하는 다양한 방법을 제공합니다.
이 애플리케이션은 템플릿에서 썸네일을 생성하기 위한 **{% thumbnail %}** 템플릿 태그와
모델에서 썸네일을 정의하려는 경우를 위한 **ImageField**를 제공합니다. 템플릿 태그 접근
방법을 사용해 보겠습니다.
images/image/detail.html 템플릿을 열어 다음 라인을 찾습니다.

```
<img src="{{ image.image.url }}" class="image-detail">
```

다음 코드로 이전의 라인을 대체합니다.

```
{% load thumbnail %}
<a href="{{ image.image.url }}">
  <img src="{% thumbnail image.image 300x0 %}" class="image-detail">
</a>
```

너비는 **300** 픽셀로 고정하고 세로는 **0**을 사용해서 가로 세로 비율을 유지하기 위한 유연한 높이로 썸네일을 정의했습니다. 사용자가 이 페이지를 처음 로드하면 썸네일 이미지가 생성됩니다. 썸네일은 원본 파일과 동일한 디렉터리에 저장됩니다. 위치는 `MEDIA_ROOT` 설정과 `Image` 모델 내 `image` 필드의 `upload_to` 속성에 의해 정의됩니다.

쉘 프롬프트에서 다음 명령을 사용해서 개발 서버를 실행합니다.

```
python manage.py runserver_plus --cert-file cert.crt
```

기존 이미지의 이미지 상세 페이지에 액세스합니다. 썸네일이 생성되어 사이트에 표시됩니다. 이미지를 마우스 오른쪽 버튼으로 클릭한 후 다음과 같이 "Open Image in New Tab"을 클릭합니다.

그림 6.15 새로운 탭에서 이미지 열기

브라우저에서 생성된 이미지의 URL을 확인합니다. 다음과 같은 방식으로 표시되어야 합니다.

🔒 127.0.0.1:8000/media/images/2022/01/10/django-and-duke.jpg.300x0_q85.jpg ↻

그림 6.16 생성된 이미지의 URL

원본 파일 이름 뒤에는 썸네일을 만드는 데 사용된 설정의 추가 세부 정보가 표시됩니다. JPEG 이미지의 경우 `filename.jpg.300x0_q85.jpg`와 같은 파일 이름이 표시되며, 여기서 **300x0**은 썸네일을 생성하는 데 사용되는 크기 매개 변수이고 85는 라이브러리에서 썸네일을 생성하는 데 사용되는 JPEG 품질의 기본 값입니다.

`quality` 매개 변수로 다른 품질 값을 사용할 수 있는데, 최고 품질의 JPEG로 설정하려면 `{% thumbnail image.image 300x0 quality=100 %}`과 같이 **100**으로 값을 설정합니다. 품질이 높을수록 파일 크기가 커집니다.

`easy-thumbnails` 애플리케이션은 자르기 알고리즘 및 적용할 수 있는 다양한 효과로 썸네일 이미지를 커스터마이징할 수 있는 여러 가지 옵션을 제공합니다. 썸네일을 생성하는 데 문제가 있는 경우 `settings.py` 파일에 `THUMBNAIL_DEBUG = True`를 추가해서 디버그 정보를 얻을 수 있습니다. `easy-thumbnails`에 관한 문서는 `https://easy-thumbnails.readthedocs.io/`에서 볼 수 있습니다.

6.5 JavaScript로 비동기 액션 추가하기

이미지 상세 페이지에 like 버튼을 추가해서 사용자가 이 버튼을 클릭해 이미지에 **좋아요**를 표시할 수 있도록 하겠습니다. 사용자가 like 버튼을 클릭하면 JavaScript를 사용해서 웹 서버에 HTTP 요청을 보냅니다. 그러면 전체 페이지를 다시 로드하지 않고도 좋아요 표시를 위한 액션이 수행됩니다. 이 기능을 위해 사용자가 이미지에 **좋아요/싫어요**를 표시할 수 있는 뷰를 구현할 것입니다.

JavaScript **Fetch API**는 웹 브라우저에서 웹 서버에 비동기 HTTP 요청을 하는 내장된 기능입니다. Fetch API는 페이지를 새로 고치지 않고 HTTP 요청을 하는 데 사용되는 브라우저 내장 XMLHttpRequest(XHR) 객체의 최신 후속 버전으로 출시되었습니다. 페이지를 다시 로드하지 않고 웹 서버에서 비동기적으로 데이터를 전송하고 조회하는 일련의 웹 개발 기술들을 **비동기 JavaScript 및 XML**(Asynchronous JavaScript and XML)의 약자로 AJAX라고도 합니다. AJAX는 오해의 소지가 있는 이름인데, AJAX 요청은 XML 형식뿐만 아니라 JSON, HTML, 일반 텍스트와 같은 형식으로도 데이터를 교환할 수 있기 때문입니다. 인터넷에서 Fetch API와 AJAX를 혼용하여 표기한 예들을 흔히 볼 수 있습니다.

Fetch API에 관한 정보는 https://developer.mozilla.org/en-US/docs/Web/ API/ Fetch_API/Using_Fetch에서 찾을 수 있습니다.

먼저 뷰를 구현하여 좋아요 및 싫어요 액션을 수행한 다음, 관련 템플릿에 JavaScript 코드를 추가해서 비동기 HTTP 요청을 수행하겠습니다.

images 애플리케이션의 views.py 파일을 편집해서 다음 코드를 추가합니다.

```python
from django.http import JsonResponse
from django.views.decorators.http import require_POST


@login_required
@require_POST
def image_like(request):
    image_id = request.POST.get('id')
    action = request.POST.get('action')
    if image_id and action:
        try:
            image = Image.objects.get(id=image_id)

            if action == 'like':
                image.users_like.add(request.user)
            else:
                image.users_like.remove(request.user)
            return JsonResponse({'status': 'ok'})
        except Image.DoesNotExist:
            pass
    return JsonResponse({'status': 'error'})
```

새로운 뷰에 두 개의 데코레이터를 사용했습니다. login_required 데코레이터는 로그인하지 않은 사용자가 이 뷰에 액세스하지 못하도록 합니다. require_POST 데코레이터는 HTTP 요청이 POST를 통해 수행되지 않은 경우 HttpResponseNotAllowed 객체(상태 코드 405)를 반환합니다. 이렇게 하면 이 뷰에 대한 POST 요청만이 가능합니다.

또 장고는 GET 요청만 허용하는 require_GET 데코레이터와 허용된 메서드 목록을 인수로 전달할 수 있는 require_http_methods 데코레이터를 제공합니다.

이 뷰는 다음과 같은 POST 매개 변수를 기대합니다.

- **image_id**: 사용자가 액션을 수행할 이미지 객체의 ID입니다.
- **action**: 사용자가 수행하려는 작업으로 **like** 또는 **unlike** 값이 포함된 문자열이어야 합니다.

add() 또는 remove() 메서드를 사용해서 관계에 객체를 추가하거나 제거하기 위해 **Image** 모델의 다대다 필드 **users_like**에 장고에서 제공한 관리자를 사용했습니다. 관련 객체 집합에 이미 있는 객체를 전달해서 **add()** 메서드가 호출되는 경우 해당 객체는 중복되지 않습니다. 또 관련된 객체 집합에 없는 객체를 전달해서 **remove()** 메서드를 호출하는 경우 아무 일도 일어나지 않습니다. 다대다 관리자의 또 다른 유용한 방법은 관련 객체들의 집합에서 모든 객체를 제거하는 **clear()** 메서드입니다.

뷰 응답을 생성하기 위해, 장고에서 제공하는, 주어진 객체를 JSON 출력으로 변환하여 콘텐츠 타입 **application/json**으로 HTTP 응답을 반환하는 **JsonResponse** 클래스를 사용했습니다.

images 애플리케이션의 **urls.py** 파일을 편집해서 굵게 강조 표시된 다음 URL 패턴을 추가합니다.

```
urlpatterns = [
    path('create/', views.image_create, name='create'),
    path('detail/<int:id>/<slug:slug>/',
        views.image_detail, name='detail'),
    path('like/', views.image_like, name='like'),
]
```

6.5.1 DOM에서 JavaScript 로드하기

이미지 상세 템플릿에 JavaScript 코드를 추가합니다. 템플릿에서 JavaScript를 사용하려면 먼저 프로젝트의 **base.html** 템플릿에 기본 래퍼(wrapper)를 추가합니다.

account 애플리케이션의 **base.html** 템플릿을 편집해서 닫는 **</body>** HTML 태그 앞에 굵은 굵게 강조 표시된 다음 코드를 포함합니다.

```
<!DOCTYPE html>
<html>
<head> ...
```

```
  </head>
  <body>
   ...
   <script>
    document.addEventListener('DOMContentLoaded', (event) => {
       // DOM 로드됨
       {% block domready %}
       {% endblock %}
     })
   </script>
  </body>
 </html>
```

JavaScript 코드를 넣기 위해 `<script>` 태그를 추가했습니다. `document.addEvent Listener()` 메서드는 지정된 이벤트가 트리거될 때 호출될 함수를 정의하는 데 사용됩니다. 여기서는 `DOMContentLoaded` 이벤트명을 전달하는데, 이것은 초기 HTML 문서가 완전히 로드되고 DOM(문서 객체 모델) 계층 구조가 완전히 구성되면 발생하는 이벤트입니다. 이 이벤트를 사용하면 DOM을 조작해서 HTML 엘리먼트와 상호작용하기 전에 DOM이 완전히 구성되었다는 것을 확신할 수 있습니다. 즉, 이 이벤트로 호출되는 함수 내의 코드는 DOM이 준비되어야 실행됩니다.

문서가 준비되면 실행되는 핸들러 안에는 `domready`라는 장고 템플릿 블록이 포함되어 있습니다. `base.html` 템플릿을 확장한 모든 템플릿은 이 블록을 사용해서 DOM이 준비되었을 때 실행할 특정 JavaScript 코드를 포함할 수 있습니다.

JavaScript 코드와 장고 템플릿 태그를 헷갈리지 마세요. 장고 템플릿 언어는 서버 측에서 렌더링되어 HTML 문서를 생성하고 JavaScript는 클라이언트 측의 브라우저에서 실행됩니다. 경우에 따라, QuerySet이나 서버 측의 계산 결과로 JavaScript 변수를 정의하려고 장고에서 동적으로 JavaScript 코드를 생성하는 것이 유용할 수 있습니다.

이 장의 예제에서는 장고 템플릿 안에 JavaScript 코드가 포함되어 있습니다. 특히 대용량 스크립트를 사용하는 경우 템플릿에 JavaScript 코드를 추가하는 가장 좋은 방법은 정적 파일로 제공되는 .js 파일을 로드하는 것입니다.

6.5.2 JavaScript의 HTTP 요청에 대한 사이트 간 요청 위조

*"2장, 고급 기능으로 블로그 향상하기"*에서 **사이트 간 요청 위조(CSRF)**에 대해 배웠습니다. CSRF 보호가 활성화되면 장고는 모든 **POST** 요청에서 CSRF 토큰을 찾습니다. 폼을 제출할 때 **{% csrf_token %}** 템플릿 태그를 사용해서 폼과 함께 토큰을 전송할 수 있습니다. JavaScript로 작성된 HTTP 요청은 **POST** 요청을 할 때마다 매번 CSRF 토큰도 전달해야 합니다. 장고를 사용하면 HTTP 요청에 CSRF 토큰 값으로 커스텀 **X-CSRFToken** 헤더를 설정할 수 있습니다.

JavaScript에서 시작된 HTTP 요청에 토큰을 포함하려면 CSRF 보호가 활성화되어 있는 경우, 장고에서 설정하는 **csrftoken** 쿠키에서 CSRF 토큰을 조회해야 합니다. 쿠키를 처리하기 위해 JavaScript Cookie 라이브러리를 사용합니다. JavaScript Cookie는 쿠키를 처리하기 위한 경량 JavaScript API입니다. 자세한 내용은 https://github.com/js-cookie/js-cookie에서 볼 수 있습니다.

account 애플리케이션의 **base.html** 템플릿을 편집해서 **<body>** 엘리먼트 하단에 굵은 글씨로 강조 표시된 다음 코드를 추가합니다.

```html
<!DOCTYPE html>
<html>
<head> ...
</head>
<body>
    ...
    <script src="//cdn.jsdelivr.net/npm/js-cookie@3.0.1/dist/js.cookie.min.js">
    </ script>
    <script>
        const csrftoken = Cookies.get('csrftoken');
        document.addEventListener('DOMContentLoaded', (event) => {
            // DOM 로드됨
            {% block domready %}
            {% endblock %}
        })
    </script>
</body>
</html>
```

우리는 다음과 같은 기능을 구현했습니다.

1. JavaScript Cookie 플러그인은 공용 **CDN**(콘텐츠 전송 네트워크)에서 로드됩니다.
2. **Cookies.get()**을 통해 쿠키 값을 조회해서 JavaScript 상수 **csrftoken**에 저장합니다. 안전하지 않은 HTTP 메서드(예:**POST** 또는 **PUT**)를 사용하는 모든 JavaScript 데이터 가져오기 요청에 CSRF 토큰을 포함해야 합니다. 나중에 HTTP **POST** 요청을 전송할 때 X−CSRFToken이라는 커스텀 HTTP 헤더에 상수 **csrftoken**을 포함할 것입니다.

장고의 CSRF 보호 및 AJAX에 관한 자세한 내용은 `https://docs.djangoproject.com/en/4.1/ref/csrf/#ajax`에서 확인할 수 있습니다.

다음으로 사용자가 이미지에 좋아요/싫어요를 표시할 수 있는 HTML 및 JavaScript 코드를 구현해 보겠습니다.

6.5.3 JavaScript로 HTTP 요청 수행하기

`images/image/detail.html` 템플릿을 편집해서 굵게 강조 표시된 다음 코드를 추가합니다.

```
{% extends "base.html" %}

{% block title %}{{ image.title }}{% endblock %}

{% block content %}
  <h1>{{ image.title }}</h1>
  {% load thumbnail %}
  <a href="{{ image.image.url }}">
    <img src="{% thumbnail image.image 300x0 %}" class="image-detail">
  </a>
  {% with total_likes=image.users_like.count users_like=image.users_like.all %}
    <div class="image-info">
      <div>
        <span class="count">
        <span class="total">{{ total_likes }}</span>
        like{{ total_likes|pluralize }}
        </span>
        <a href="#" data-id="{{ image.id }}" data-action="{% if request.user in users_like %}un{% endif %}like" class="like button">
```

```
          {% if request.user not in users_like %}
            Like
          {% else %}
            Unlike
          {% endif %}
        </a>
      </div>
      {{ image.description|linebreaks }}
    </div>
    <div class="image-likes">
      {% for user in users_like %}
        <div>
          {% if user.profile.photo %}
            <img src="{{ user.profile.photo.url }}">
          {% endif %}
          <p>{{ user.first_name }}</p>
        </div>
      {% empty %}
        Nobody likes this image yet.
      {% endfor %}
    </div>
  {% endwith %}
{% endblock %}
```

앞의 코드에서 {% with %} 템플릿 태그에 다른 변수(users_like)를 추가해서 image. users_like.all 쿼리의 결과를 저장하는데, 데이터베이스에 쿼리를 여러 번 실행하는 것을 방지하기 위함입니다. 이 변수는 {% if request.user in users_like %}와 {% if request.user not in users_like %}을 연이어 사용해서 현재 사용자가 이 목록에 있는지 여부를 확인하는 데 사용됩니다. 그런 다음 동일한 변수를 사용해서 이 이미지에 좋아요를 표시한 사용자에 {% for user in users_like %}를 반복합니다.

이 페이지에 이미지에 좋아요를 한 총사용자 수를 추가하고 사용자가 이미지를 좋아요 또는 싫어요로 바꿀 수 있는 링크를 추가했습니다. 관련 객체 집합(좋아요를 선택한 사용자 집합)인 users_like는 request.user가 관련 객체 집합에 포함되어 있는지를 확인해서 사용자와 이 이미지 간의 현재 관계를 기반으로 좋아요 또는 싫어요 텍스트를 표시하는 데 사용됩니다.

- **data-id**: 표시된 이미지의 ID입니다.
- **data-action**: 사용자가 링크를 클릭할 때 수행할 액션으로 좋아요 또는 싫어요 중 하나일 수 있습니다.

> **Note**
> 이름이 "data-"로 시작하는 HTML 엘리먼트의 모든 속성은 데이터 속성입니다. 데이터 속성은 애플리케이션에 대한 커스텀 데이터를 저장하는 데 사용됩니다.

HTTP 요청에 포함된 **data-id** 및 **data-action** 속성 값을 **image_like** 뷰로 전송합니다. 사용자가 좋아요/싫어요 링크를 클릭하면 브라우저에서 다음 작업을 수행합니다.

1. 이미지 **id**와 **action** 파라미터로 해서 **image_like** 뷰에 HTTP **POST** 요청을 보냅니다.
2. HTTP 요청이 성공하면 **\<a\>** HTML 엘리먼트의 action-data 속성을 반대 액션(좋아요/싫어요)으로 업데이트하고 텍스트를 그에 맞게 수정합니다.
3. 페이지에 표시되는 좋아요의 총수를 업데이트합니다.

images/image/detail.html 템플릿 하단에 다음 **domready** 블록을 추가합니다.

```
{% block domready %}
  const url = '{% url "images:like" %}';
  var options = {
    method: 'POST',
    headers: {'X-CSRFToken': csrftoken},
    mode: 'same-origin'
  }

  document.querySelector('a.like')
        .addEventListener('click', function(e){
    e.preventDefault();
    var likeButton = this;
  });
{% endblock %}
```

앞의 코드는 다음과 같이 작동합니다.

1. 템플릿 태그 **{% url %}**은 **images:like** URL을 작성하는 데 사용됩니다. 생성된 URL은 JavaScript 상수 **url**에 저장됩니다.
2. **options** 객체는 Fetch API를 사용한 HTTP 요청에 전달할 옵션으로 생성됩니다. 다음

정보를 담습니다.

- method: 사용할 HTTP 메서드입니다. 이 경우에는 POST입니다.

- headers: 요청에 포함할 추가적인 HTTP 헤더입니다. base.html 템플릿에서 정의한 csrftoken 상수 값과 함께 X-CSRFToken 헤더를 포함합니다.

- mode: HTTP 요청의 모드입니다. 동일한 출처에서 요청된 것임을 나타내기 위해 값으로 same-origin을 사용합니다. 모드에 관한 자세한 정보는 https:// developer.mozilla.org/en-US/docs/Web/API/Request/mode에서 확인할 수 있습니다.

3. a.like 셀렉터는 document.querySelector()를 사용해서 like 클래스를 가진 HTML 문서의 모든 <a> 엘리먼트를 찾는 데 사용됩니다.

4. 이벤트 리스너는 셀렉터로 타겟팅된 엘리먼트의 click 이벤트를 대상으로 정의됩니다. 이 함수는 사용자가 좋아요/싫어요 링크를 클릭할 때마다 실행됩니다.

5. 핸들러 함수 내에서 e.preventDefault()는 <a> 엘리먼트의 기본 동작을 방지하기 위해 사용됩니다. 이는 링크 엘리먼트의 기본 동작을 막아 이벤트 전파를 중지하고 링크가 URL을 따라가는 것을 방지합니다.

6. likeButton과 같은 변수는 이벤트가 트리거된 엘리먼트인 "this"를 저장하는 데 사용됩니다.

이제 Fetch API를 사용해서 HTTP 요청을 전송해야 합니다. images/image/detail.html 템플릿의 domready 블록을 편집해서 다음의 굵게 강조 표시된 코드를 추가합니다.

```
{% block domready %}
  const url = '{% url "images:like" %}';
  var options = {
    method: 'POST',
    headers: {'X-CSRFToken': csrftoken},
    mode: 'same-origin'
  }
  document.querySelector('a.like')
          .addEventListener('click', function(e){
    e.preventDefault();
    var likeButton = this;

    // request 본문 추가
    var formData = new FormData();
    formData.append('id', likeButton.dataset.id);
```

```
        formData.append('action', likeButton.dataset.action);
        options['body'] = formData;


        // request 전송
        fetch(url, options)
        .then(response => response.json())
        .then(data => {
          if (data['status'] === 'ok')
          {
          }
        })
      });
  {% endblock %}
```

새로운 코드는 다음과 같이 작동합니다.

1. 폼의 필드들과 그 값들을 나타내는 일련의 키/값 쌍들을 구성하기 위해 **FormData** 객체가 생성됩니다. 이 객체는 변수 `formData`에 저장됩니다.

2. `image_like` 뷰에서 필요로 하는 `id` 및 `action` 매개 변수가 `formData` 객체에 추가됩니다. 이 매개 변수의 값은 클릭한 `likeButton` 엘리먼트에서 조회됩니다. `data-id`와 `data-action` 속성은 `dataset.id`와 `dataset.action`으로 접근합니다.

3. HTTP 요청에 사용될 새로운 **body**라는 키가 **options** 객체에 추가됩니다. 이 키의 값으로 `formData` 객체를 할당합니다.

4. `fetch()` 함수를 호출해서 Fetch API를 사용합니다. 앞서 정의한 `url` 변수가 요청 URL로 전달되고 **options** 객체가 요청에 대한 옵션으로 전달됩니다.

5. `fetch()` 함수는 HTTP 응답을 나타내는 **Response** 객체로 해결(resolve)되는 프로미스(promise)를 반환합니다. `then()` 메서드는 프로미스의 핸들러를 정의하는 데 사용됩니다. 본문의 JSON 콘텐츠를 추출하기 위해 `response.json()`을 사용합니다. **Response** 객체에 대한 자세한 내용은 `https://developer.mozilla.org/en-US/docs/Web/API/Response`에서 확인할 수 있습니다.

6. 그 다음 `then()` 메서드는 다시 JSON으로 추출된 데이터의 핸들러를 정의하는 데 사용됩니다. 이 핸들러에서는 수신된 데이터의 **status** 속성을 사용해서 해당 값이 정상인지 확인합니다.

HTTP 요청을 전송하고 응답을 처리하는 기능을 추가했습니다. 요청이 성공하면 버튼과 관련된 동작을 좋아요에서 싫어요 또는 싫어요에서 좋아요 같이 반대되는 동작으로 변경해야 합니다. 이렇게 하면 사용자가 동작을 취소할 수 있습니다.

images/image/detail.html 템플릿의 domready 블록을 편집해서 굵게 강조 표시된 다음 코드를 추가합니다.

```
{% extends "base.html" %}

{% block title %}{{ image.title }}{% endblock %}

{% block content %}
  <h1>{{ image.title }}</h1>
  {% load thumbnail %}
  <a href="{{ image.image.url }}">
    <img src="{% thumbnail image.image 300x0 %}" class="image-detail">
  </a>
  {% with total_likes=image.users_like.count users_like=image.users_like.all %}
    <div class="image-info">
      <div>
        <span class="count">
        <span class="total">{{ total_likes }}</span>
        like{{ total_likes|pluralize }}
        </span>
        <a href="#" data-id="{{ image.id }}" data-action="{% if request.user
in users_like %}un{% endif %}like"
      class="like button">
          {% if request.user not in users_like %}
            Like
          {% else %}
            Unlike
          {% endif %}
        </a>
      </div>
      {{ image.description|linebreaks }}
    </div>
    <div class="image-likes">
      {% for user in users_like %}
        <div>
```

```
            {% if user.profile.photo %}
                <img src="{{ user.profile.photo.url }}">
            {% endif %}
            <p>{{ user.first_name }}</p>
        </div>
    {% empty %}
        Nobody likes this image yet.
    {% endfor %}
  </div>
{% endwith %}


{% block domready %}
  var url = '{% url "images:like" %}';
  var options = {
    method: 'POST',
    headers: {'X-CSRFToken': csrftoken},
    mode: 'same-origin'
  }
  document.querySelector('a.like')
          .addEventListener('click', function(e){
              e.preventDefault();
              var likeButton = this;
              // request 본문 추가
              var formData = new FormData();
              formData.append('id', likeButton.dataset.id);
              formData.append('action', likeButton.dataset.action);
              options['body'] = formData;
              // HTTP request 전송
              fetch(url, options)
              .then(response => response.json())
              .then(data => {
                  if (data['status'] === 'ok')
                  {
                      var previousAction = likeButton.dataset.action;
                      // 버튼 텍스트와 data-action 토글
                      var action = previousAction === 'like' ? 'unlike' : 'like';
                      likeButton.dataset.action = action;
                      likeButton.innerHTML = action;
                      // 좋아요 수 업데이트
```

```
                    var likeCount = document.querySelector('span.count .total');
                    var totalLikes = parseInt(likeCount.innerHTML);
                    likeCount.innerHTML = previousAction === 'like' ?
                    totalLikes + 1 :
                    totalLikes - 1;
                }
            })
        });
    {% endblock %}
```

앞의 코드는 다음과 같이 동작합니다.

1. 버튼의 이전 동작이 링크의 data-action 속성에서 조회되어 변수 previousAction에 저장됩니다.
2. 링크의 data-action과 텍스트가 토글됩니다. 이를 통해 사용자는 작업을 취소할 수 있습니다.
3. 셀렉터 span.count.total을 사용해 DOM에서 총좋아요 개수를 조회하고 조회된 값은 parseInt()를 사용해서 정수로 변환됩니다. 총좋아요 수는 수행된 작업(좋아요 또는 싫어요)에 따라 증가하거나 감소합니다.

브라우저에서 업로드한 이미지의 상세 페이지를 엽니다. 다음과 같이 초기 좋아요 수와 좋아요 버튼을 볼 수 있습니다.

그림 6.17 이미지 상세 템플릿의 좋아요 수 및 좋아요 버튼

좋아요 버튼을 클릭합니다. 다음과 같이 총좋아요 수가 1 증가하고 버튼 텍스트가 싫어요로 변경되는 것을 확인할 수 있습니다.

그림 6.18 좋아요 버튼을 클릭한 후의 좋아요 수 및 버튼

싫어요 버튼을 클릭하면 동작이 수행된 후 버튼 텍스트가 다시 좋아요로 변경되고 총개수가 그에 따라 변경됩니다.

JavaScript를 프로그래밍할 때, 특히 AJAX 요청을 수행할 때 JavaScript 및 HTTP 요청을 디버깅하는 도구를 사용하는 것이 좋습니다. 대부분의 최신 브라우저에는 JavaScript 디버깅을 위한 개발자 도구가 포함되어 있습니다. 일반적으로 웹사이트의 아무 곳이나 마우스 오른쪽 버튼으로 클릭해서 콘텍스트 메뉴를 열고 '검사' 또는 '엘리먼트 검사'를 클릭해 브라우저의 웹 개발 도구에 액세스할 수 있습니다.

다음 섹션에서는 JavaScript 및 장고로 비동기 HTTP 요청을 사용해서 무한 스크롤 페이징을 구현하는 방법을 알아봅니다.

6.6 이미지 목록에 무한 스크롤 페이징 추가하기

다음으로 웹사이트에 북마크된 모든 이미지를 나열해야 합니다. JavaScript 요청을 사용해서 무한 스크롤 기능을 만들겠습니다. 무한 스크롤은 사용자가 페이지 하단으로 스크롤할 때 다음 결과를 자동으로 로드하는 방식으로 이루어집니다.

표준 브라우저 요청과 JavaScript에서 발생하는 요청을 모두 처리하는 이미지 목록 뷰를 구현해 보겠습니다. 사용자가 처음 이미지 목록 페이지를 로드하면 이미지들의 첫 번째 페이지를 표시합니다. 사용자가 페이지 하단으로 스크롤하면 JavaScript로 다음 페이지의 항목들을 조회해서 현재 페이지의 하단에 추가합니다.

동일한 뷰로 첫 번째 페이지 및 AJAX를 사용한 무한 스크롤 페이징을 모두 처리합니다. `images` 애플리케이션의 `views.py` 파일을 편집해서 굵게 강조 표시된 다음 코드를 추가합니다.

```python
from django.http import HttpResponse
from django.core.paginator import Paginator, EmptyPage, \
                                   PageNotAnInteger

# ...

@login_required
def image_list(request):
    images = Image.objects.all()
    paginator = Paginator(images, 8)
```

```python
page = request.GET.get('page')
images_only = request.GET.get('images_only')
try:
    images = paginator.page(page)
except PageNotAnInteger:
    # page가 정수가 아니라면 첫 페이지를 전달
    images = paginator.page(1)
except EmptyPage:
    if images_only:
        # AJAX 요청 및 페이지가 범위를 벗어난 경우
        # 빈 페이지를 반환
        return HttpResponse('')
    # 페이지가 범위를 벗어난 경우 결과의 마지막 페이지를 반환
    images = paginator.page(paginator.num_pages)
if images_only:
    return render(request,
                  'images/image/list_images.html',
                  {'section': 'images',
                   'images': images})
return render(request,
              'images/image/list.html',
              {'section': 'images',
               'images': images})
```

이 뷰에서는 데이터베이스에서 모든 이미지를 조회하는 QuerySet이 만들어집니다. 그런 다음 결과를 페이지로 나누기 위해 Paginator 객체가 생성됩니다. 요청된 페이지 번호는 HTTP GET의 page 매개 변수를 조회해서 얻습니다. 전체 페이지를 렌더링해야 하는지 아니면 새 이미지만 렌더링해야 하는지를 알기 위해 images_only HTTP GET 매개 변수를 조회합니다. 브라우저를 통해 요청되었다면 전체 페이지를 렌더링합니다. 반면 Fetch API 요청에 대해서는 기존 HTML 페이지에 새로운 이미지들을 추가할 것이므로 새로운 이미지들을 가진 HTML만 렌더링합니다.

요청된 페이지가 범위를 벗어나는 경우 EmptyPage 에러가 발생합니다. 이때 이미지만 렌더링해야 하는 경우에는 빈 HTTPResponse가 반환됩니다. 이렇게 하면 마지막 페이지에 도달할 때 클라이언트 측에서 AJAX를 사용한 페이징을 중지할 수 있습니다. 결과는 두 가지 다른 템플릿을 사용해서 렌더링합니다.

- JavaScript HTTP 요청의 경우에는 `image_only` 매개 변수가 포함되며 `list_images.html` 템플릿이 렌더링됩니다. 이 템플릿에는 요청된 페이지의 이미지들만 포함됩니다.
- 브라우저 요청의 경우 `list.html` 템플릿이 렌더링됩니다. 이 템플릿은 전체 페이지를 표시하기 위해 `base.html` 템플릿을 확장하고 이미지 목록을 표시하기 위해 `list_images.html` 템플릿을 포함하고 있습니다.

`images` 애플리케이션의 `urls.py` 파일을 편집해서 굵게 강조 표시된 다음 URL 패턴을 추가합니다.

```
urlpatterns = [
    path('create/', views.image_create, name='create'),
    path('detail/<int:id>/<slug:slug>/',
        views.image_detail, name='detail'),
    path('like/', views.image_like, name='like'),
    path('', views.image_list, name='list'),
]
```

끝으로 여기에 언급된 템플릿을 만들어야 합니다. `images/image/template` 디렉터리에서 새로운 템플릿을 만들고 이름을 `list_images.html`로 지정합니다. 여기에 다음 코드를 추가합니다.

```
{% load thumbnail %}
{% for image in images %}
  <div class="image">
    <a href="{{ image.get_absolute_url }}">
      {% thumbnail image.image 300x300 crop="smart" as im %}
      <a href="{{ image.get_absolute_url }}">
        <img src="{{ im.url }}">
      </a>
    </a>
    <div class="info">
      <a href="{{ image.get_absolute_url }}" class="title">
        {{ image.title }}
      </a>
    </div>
  </div>
{% endfor %}
```

앞의 템플릿은 이미지 목록을 표시합니다. AJAX 요청 결과를 반환하는데 이 템플릿을 사용합니다. 이 코드에서는 이미지에 반복 작업을 해서 각 이미지별 정사각형 썸네일을 만듭니다. 썸네일의 크기는 300x300 픽셀로 균일화합니다. 또 crop 옵션으로 **smart**를 사용합니다. 이 옵션은 가장 엔트로피가 낮은 가장자리 부분을 제거해서 점진적으로 이미지를 요청된 크기로 자르라는 의미입니다.

같은 디렉터리에 다른 템플릿을 만들고 이름을 images/image/list.html로 지정합니다. 여기에 다음 코드를 추가합니다.

```
{% extends "base.html" %}

{% block title %}Images bookmarked{% endblock %}

{% block content %}
  <h1>Images bookmarked</h1>
  <div id="image-list">
    {% include "images/image/list_images.html" %}
  </div>
{% endblock %}
```

list 템플릿은 base.html 템플릿을 확장합니다. 코드의 반복을 피하기 위해 이미지 표시를 위한 images/image/list_images.html 템플릿을 include하고 있습니다. images/image/list.html 템플릿에는 페이지 하단으로 스크롤할 때 추가 페이지를 로드하기 위한 JavaScript 코드가 있습니다.

images/image/list.html 템플릿을 수정해서 다음과 같이 굵게 강조 표시된 코드를 추가합니다.

```
{% extends "base.html" %}

{% block title %}Images bookmarked{% endblock %}

{% block content %}
  <h1>Images bookmarked</h1>
  <div id="image-list">
    {% include "images/image/list_images.html" %}
  </div>
{% endblock %}
```

```
{% block domready %}
  var page = 1;
  var emptyPage = false;
  var blockRequest = false;
  window.addEventListener('scroll', function(e) {
    var margin = document.body.clientHeight - window.innerHeight - 200;
    if(window.pageYOffset > margin && !emptyPage && !blockRequest) {
      blockRequest = true;
      page += 1;
      fetch('?images_only=1&page=' + page)
      .then(response => response.text())
      .then(html => {
        if (html === '') {
          emptyPage = true;
        }
        else {
          var imageList = document.getElementById('image-list');
          imageList.insertAdjacentHTML('beforeEnd', html);
          blockRequest = false;
        }
      })
    }
  });

  // scroll 이벤트 실행
  const scrollEvent = new Event('scroll');
  window.dispatchEvent(scrollEvent);
{% endblock %}
```

앞의 코드는 무한 스크롤 기능을 제공합니다. base.html 템플릿에서 정의한 domready 블록에 JavaScript 코드를 가지고 있습니다. 다음은 코드의 설명입니다.

1. 아래 변수들을 정의합니다.

   • page: 현재 페이지 번호를 저장합니다

   • empty_page: 사용자가 마지막 페이지에 있으며 빈 페이지의 조회 여부를 파악합니다. 빈 페이지가 조회되면 더 이상 결과가 없는 것으로 간주해서 추가적인 HTTP 요청을 중지합니다.

   • block_request: HTTP 요청이 진행 중인 동안 추가 요청을 보내지 못하도록 합니다.

2. **window.addEventListener()**를 사용해서 **scroll** 이벤트를 캡처하고 이에 대한 핸들러 함수를 정의합니다.

3. **margin** 변수 값을 다음과 같이 계산합니다. 문서의 전체 높이와 윈도우 내부 높이의 차이를 구합니다. 구한 값은 사용자가 스크롤할 수 있는 문서의 남은 높이입니다. 이 높이가 200 픽셀에 가까워지면 페이지를 로드할 수 있도록 구한 값에서 200을 뺍니다.

4. HTTP 요청을 보내기 전에 아래 항목들을 확인합니다.
   - 오프셋 **window.pageYOffset**이 계산된 margin보다 큰지 확인합니다.
   - 사용자가 결과의 마지막 페이지에 도달한 것은 아닌지 확인합니다(**emptyPage**가 **false**이어야 함).
   - 진행 중인 다른 HTTP 요청은 없는지 확인합니다(**blockReuqest**가 **false**이어야 함).

5. 앞의 조건들이 충족되면 **scroll** 이벤트가 추가 HTTP 요청을 발생시키지 않도록 **blockRequest** 값을 **true**로 설정하고 다음 페이지를 조회하기 위해 **page** 카운터를 1 증가시킵니다.

6. HTTP GET 요청을 보내기 위해 **fetch()**를 사용하고 쿼리스트링(Query String)에 매개 변수 **image_only=1**을 설정해서 전체 HTML 페이지 대신 이미지에 대한 HTML과 요청된 페이지 번호에 대한 페이지만 조회합니다.

7. **response.text()**를 사용해서 HTTP 응답에서 본문 콘텐츠를 추출하고 반환된 HTML을 적절히 처리합니다.
   - 응답에 콘텐츠가 없을 경우: 결과의 끝에 도달했으며, 더 이상 로드할 페이지가 없습니다. **emptyPage**를 **true**로 설정해서 추가적인 HTTP 요청을 방지합니다.
   - 응답에 데이터가 포함된 경우: **id**가 **image-list**인 HTML 엘리먼트에 데이터를 추가합니다. 페이지 콘텐츠는 세로로 확장되며 사용자가 페이지 하단에 가까워지면 결과가 추가됩니다. **blockRequest**를 **false**로 설정해서 추가 HTTP 요청에 대한 잠금을 제거합니다.

8. 페이지가 로드될 때 **scroll** 이벤트를 발생시켜 실험합니다. 새로운 **Event** 객체를 만들어 이벤트를 생성한 다음 **window.dispatchEvent()**로 이벤트를 발생시킵니다. 이렇게 하면 첫 페이지의 화면이 윈도우 높이에 잘 맞아서 스크롤이 없는 경우 이벤트가 발생하도록 할 수 있습니다.

브라우저에서 **https://127.0.0.1:8000/images/**를 엽니다. 지금까지 북마크한 이미지 목록이 표시되는데, 다음과 유사하게 보일 것입니다.

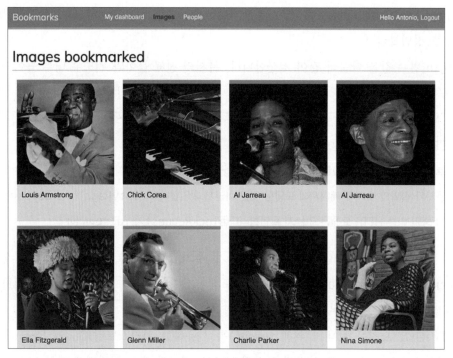

그림 6.19 무산 스크롤 페이징이 있는 이미지 목록 페이지

> **Note**
>
> ### 그림 6.19 이미지 출처
> - ataelw의 Chick Corea(라이센스: Creative Commons Attribution 2.0 Generic: `https://creativecommons.org/licenses/by/2.0/`)
> - Al Jarreau, 뒤셀도르프 1981, Eddi Laumanns 일명 RX-Guru(라이센스: Creative Commons Attribution 3.0 Unported: `https://creativecommons.org/licenses/by/3.0/`)
> - Al Jarreau, Kingkongphoto 및 `www.celebrity-photos.com`(라이센스: Creative Commons Attribution-ShareAlike 2.0 Generic: `https://creativecommons.org/ licenses/by-sa/2.0/`)

페이지당 표시할 수 있는 이미지의 수가 정해져 있으므로 북마클릿을 사용해서 8개 이상의 이미지를 북마크에 추가했는지 확인합니다. 페이지를 하단으로 스크롤해서 추가 페이지를 로드합니다.

브라우저 개발자 도구를 사용해서 AJAX 요청을 추적할 수 있습니다. 일반적으로 웹사이트의 아무 곳이나 마우스 오른쪽 버튼으로 클릭해서 나타나는 팝업 메뉴에서 "**검사**(Inspect 또는 Inspect Element)"를 클릭하여 브라우저의 웹 개발자 도구에 액세스할 수 있습니다. Network 패널을 찾습니다. 페이지를 다시 로드하고 페이지 하단으로 스크롤해서 추가 페이지를 로드합니다. 그림 6.20과 같이 첫 번째 페이지의 요청과 추가 페이지의 AJAX 요청이 표시됩니다.

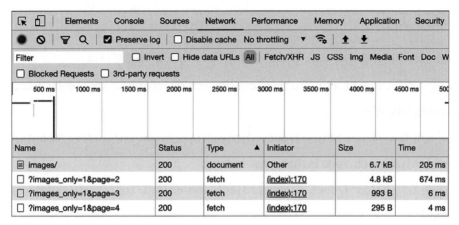

그림 6.20 브라우저의 개발자 도구에 기록된 HTTP 요청

장고를 실행하는 쉘에서는 다음과 같은 요청 발생 시의 출력을 볼 수 있습니다.

```
[08/Aug/2022 08:14:20] "GET /images/ HTTP/1.1" 200
[08/Aug/2022 08:14:25] "GET /images/?images_only=1&page=2 HTTP/1.1" 200
[08/Aug/2022 08:14:26] "GET /images/?images_only=1&page=3 HTTP/1.1" 200
[08/Aug/2022 08:14:26] "GET /images/?images_only=1&page=4 HTTP/1.1" 200
```

마지막으로 계정 애플리케이션의 base.html 템플릿을 편집해서 굵게 강조 표시된 이미지 항목의 URL을 추가합니다.

```
<ul class="menu">
  ...
  <li {% if section == "images" %}class="selected"{% endif %}>
    <a href="{% url "images:list" %}">Images</a>
  </li>
  ...
</ul>
```

이제 메인 메뉴에서 이미지 목록에 액세스할 수 있습니다.

6.7 추가 자료

다음 리소스는 이 장에서 다루는 주제와 관련된 추가 정보를 제공합니다.

- 이 장의 소스 코드 — https://github.com/PacktPublishing/Django-4-by-example/tree/main/Chapter06
- 데이터베이스 인덱스 — https://docs.djangoproject.com/en/4.1/ref/models/options/#django.db.models.Options.indexes
- 다대다 관계 — https://docs.djangoproject.com/en/4.1/topics/db/examples/many_to_many/
- 파이썬용 HTTP 라이브러리 Requests — https://requests.readthedocs.io/en/latest/
- Pinterest 브라우저 버튼 — https://about.pinterest.com/en/browser-button
- account 애플리케이션의 정적 콘텐츠 — https://github.com/PacktPublishing/Django-4-by-Example/tree/main/Chapter06/bookmarks/images/static
- CSS 셀렉터 — https://developer.mozilla.org/en-US/docs/Web/CSS/CSS_Selectors
- CSS 셀렉터를 사용해 DOM 요소 찾기 — https://developer.mozilla.org/en-US/docs/Web/API/Document_object_model/Locating_DOM_elements_using_selectors
- 무료 자동 인증 기관 Let's Encrypt — https://letsencrypt.org
- 장고 easy-thumbnails 앱 — https://easy-thumbnails.readthedocs.io/
- JavaScript Fetch API 사용 — https://developer.mozilla.org/en-US/docs/Web/API/Fetch_API/Using_Fetch
- JavaScript 쿠키 라이브러리 — https://github.com/js-cookie/js-cookie
- 장고의 CSRF 보호 및 AJAX — https://docs.djangoproject.com/en/4.1/ref/csrf/#ajax
- JavaScript Fetch API 요청 모드 — https://developer.mozilla.org/en-US/docs/Web/API/Request/mode
- JavaScript Fetch API 응답 — https://developer.mozilla.org/en-US/docs/Web/API/Response

6.8 요약

이 장에서는 다대다 관계가 있는 모델을 만들고 폼의 동작을 커스터마이징하는 방법을 배웠습니다. 여러분의 사이트에서 다른 웹사이트의 이미지를 공유하기 위한 JavaScript 북마클릿을 만들었습니다. 이 장에서는 **easy thumbnail** 애플리케이션을 사용해서 이미지 썸네일을 만드는 방법도 다뤘습니다. 끝으로 JavaScript Fetch API를 사용해서 AJAX 뷰를 구현하고 이미지 목록 뷰에 무한 스크롤 페이징을 추가했습니다.

다음 장에서는 팔로우 시스템과 활동 스트림을 구축하는 방법을 배웁니다. 일반화한 관계(generic relation), 신호 및 비정규화를 다룰 것입니다. 또 장고와 함께 Redis를 사용해서 이미지 조회수를 계산하고 이미지 순위를 생성하는 방법도 배웁니다.

7장

사용자 활동 추적하기

django

6장에서 플랫폼에서 다른 웹사이트의 콘텐츠를 공유하기 위해 JavaScript 북마클릿을 만들었습니다. 또 프로젝트에서 JavaScript로 비동기 액션을 구현하고 무한 스크롤을 만들었습니다.

이번 장에서는 팔로우 시스템을 구축하고 사용자 활동 스트림을 생성하는 방법을 배웁니다. 또한 장고 시그널이 어떻게 동작하는지 알아보고 Redis의 빠른 I/O 저장소를 프로젝트에 통합해서 항목 뷰를 저장하는 방법도 알아봅니다.

이 장에서는 다음 사항을 다룹니다.

- 팔로우 시스템 구축하기
- 중개(intermediary) 모델을 사용해 다대다 관계 만들기
- 활동 스트림 애플리케이션 만들기
- 모델에 일반화한 관계(generic relations) 추가하기
- 관련 객체에 대한 QuerySet 최적화하기
- 카운트 역정규화를 위해 시그널 사용하기
- 장고 디버그 도구 모음(Toolbar)을 사용해 관련 디버그 정보 얻기
- Redis로 이미지 뷰 카운트하기
- Redis로 가장 많이 조회된 이미지의 랭킹 정하기

이 장의 소스 코드는 `https://github.com/PacktPublishing/Django-4-by-example/tree/main/Chapter07`에서 볼 수 있습니다.

이 장에서 사용된 모든 파이썬 패키지들은 해당 장의 소스 코드에 있는 `requirements.txt` 파일에 포함되어 있습니다. 섹션의 지침에 따라 파이썬 패키지를 각기 설치하거나 `pip install -r requirements.txt` 명령을 사용해 모든 요구 사항을 한 번에 설치할 수 있습니다.

7.1 팔로우 시스템 구축하기

프로젝트에 팔로우 시스템을 구축해 봅시다. 즉, 사용자가 서로를 팔로우하고 다른 사용자가 플랫폼에서 공유하는 내용을 추적할 수 있도록 합니다. 사용자 간의 관계는 다대다 관계로 한 사용자가 여러 사용자를 팔로우할 수 있고, 그 사용자가 다시 여러 사용자를 팔로우할 수 있습니다.

7.1.1 중개 모델을 사용한 다대다 관계 만들기

이전 장에서는 관련 모델 중 하나에 ManyToManyField를 추가하고 장고에서 관계의 데이터 베이스 테이블을 생성하도록 해서 다대다 관계를 만들었습니다. 이 방법은 대부분의 경우에 적합하지만 때로는 관계의 중개 모델을 만들어야 할 수도 있습니다. 중개 모델을 생성하는 것은 관계의 추가 정보(예: 관계가 생성된 날짜 또는 관계의 특성을 설명하는 필드)를 저장 하려는 경우에 필요합니다.

사용자 간의 관계를 구축하기 위한 중개 모델을 만들어 보겠습니다. 중개 모델을 사용하는 데는 두 가지 이유가 있습니다.

- 장고에서 제공하는 사용자 모델을 사용하고 있는데, 변경하지 않으려는 경우
- 관계가 만들어진 시간을 저장하려는 경우

account 애플리케이션의 models.py 파일을 편집해서 다음 코드를 추가합니다.

```python
class Contact(models.Model):
    user_from = models.ForeignKey('auth.User',
                                  related_name='rel_from_set',
                                  on_delete=models.CASCADE)
    user_to = models.ForeignKey('auth.User',
                                related_name='rel_to_set',
                                on_delete=models.CASCADE)
    created = models.DateTimeField(auto_now_add=True)

    class Meta:
        indexes = [
            models.Index(fields=['-created']),
        ]
        ordering = ['-created']

    def __str__(self):
        return f'{self.user_from} follows {self.user_to}'
```

앞의 코드는 사용자 관계에 사용할 Contact 모델을 보여줍니다. 여기에는 다음과 같은 필드 들이 있습니다.

- user_from: 관계를 만드는 ForeignKey입니다.

- user_to: 팔로우되는 사용자에 관한 ForeignKey입니다.
- created: 관계가 만들어진 시간을 저장하기 위한 auto_now_add=True인 DateTimeField 필드입니다.

데이터베이스 인덱스는 ForeignKey 필드에 자동으로 생성됩니다. 모델의 Meta 클래스에서 created 필드에 내림차순으로 데이터베이스 인덱스를 정의했습니다. 또한 기본적으로 created 필드를 기준으로 결과를 정렬해야 한다는 것을 장고에게 알리기 위해 ordering 속성을 추가했습니다. 필드 이름 앞에 -created처럼 하이픈을 사용해서 내림차순을 나타냅니다. ORM을 사용하면 다음과 같이 사용자 user1이 다른 사용자 user2를 팔로우하는 관계를 만들 수 있습니다.

```
user1 = User.objects.get(id=1)
user2 = User.objects.get(id=2)
Contact.objects.create(user_from=user1, user_to=user2)
```

관련된 매니저인 rel_from_set 및 rel_to_set은 Contact 모델의 QuerySet을 반환합니다. User 모델에서 관계의 끝 쪽에 액세스하려면 다음과 같이 User가 ManyToManyField를 가지는 것이 좋습니다.

```
following = models.ManyToManyField('self',
                                   through=Contact,
                                   related_name='followers',
                                   symmetrical=False)
```

앞의 예제에서는 ManyToManyField에 through=Contact를 추가해서 장고에게 관계에 커스텀 중개 모델을 사용하도록 합니다. 이것은 User 모델 자신에 대한 다대다 관계이며, 동일한 모델에 관계를 생성하기 위해 ManyToManyField 필드에서 self를 참조합니다.

> **Note**
> 다대다 관계에 추가 필드가 필요한 경우 관계의 각 측면에 ForeignKey가 있는 커스텀 모델을 만듭니다. 관계된 모델 중 하나에 ManyToManyField를 추가하고 through 매개 변수를 통해 이 중개 모델을 사용해야 함을 장고에게 알립니다.

User 모델이 애플리케이션의 일부인 경우 following 필드를 모델에 추가할 수 있지만, User 클래스가 django.contrib.auth 애플리케이션에 속해 있기 때문에 직접 변경할 수 없습니다. 이 필드를 User 모델에 동적으로 추가하는 약간 다른 접근 방식을 취해보겠습니다.

account 애플리케이션의 models.py 파일을 편집해서 굵은 글씨로 강조 표시된 다음 줄을 추가합니다.

```
from django.contrib.auth import get_user_model

# ...
# User에 다음 필드를 동적으로 추가
user_model = get_user_model()
user_model.add_to_class('following',
                models.ManyToManyField('self',
                    through=Contact,
                    related_name='followers',
                    symmetrical=False))
```

앞의 코드에서는 장고에서 제공하는 일반적인 함수 get_user_model()을 사용해서 사용자 모델을 조회합니다. 사용자 모델을 몽키 패치하기 위해 장고 모델의 add_to_class() 메서드를 사용합니다.

add_to_class()를 사용하는 것은 모델에 필드를 추가를 위해 권장하는 방법이 아니라는 점에 유의하세요. 그러나 이 경우 이 메서드를 사용하면 커스텀 사용자 모델을 만들지 않고도 장고가 기본으로 제공하는 User 모델의 모든 이점을 유지할 수 있습니다.

또 user.followers.all() 및 user.following.all()과 같은 장고 ORM을 사용해서 관련 객체를 조회하는 방법을 단순하게 만듭니다. 중개 모델 Contact을 사용하면 커스텀 Profile 모델에서 관계를 정의했을 때와 같이 추가 데이터베이스 조인이 필요한 복잡한 쿼리를 피할 수 있습니다. 이 다대다 관계 테이블은 Contact 모델을 사용해서 만들어집니다. 따라서 동적으로 추가된 ManyToManyField는 장고 User 모델에 데이터베이스 변경을 필요로 하지 않습니다.

대부분의 경우 User 모델을 몽키 패치하는 대신 이전에 만든 Profile에 필드를 추가하는 것이 바람직합니다. 이상적으로는 기존 장고의 User 모델을 변경하지 않는 것이 좋습니다. 장고에서는 커스텀 사용자 모델을 사용할 수 있습니다. 커스텀 사용자 모델을 사용하려면 https://docs.djangoproject.com/en/4.1/topics/auth/customizing/#specifying-a-custom-user-model의 설명을 참고하세요.

ManyToManyField에 symmetrical=False로 지정했음을 유의하세요. 모델에서 자기 자신과 관계를 생성하는 **ManyToManyField**를 정의하면 장고는 관계가 대칭이 되도록 강제합니다[1]. 이 경우에는 대칭이 아닌 관계를 정의하기 위해 **symmetrical=False**을 설정합니다(내가 누군가를 팔로우한다고 해서 자동으로 그가 나를 팔로우하는 것은 아닙니다).

> **Note** 다대다 관계에 중개 모델을 사용할 경우 **add()**, **create()**, **remove()**와 같이 관련된 관리 메서드 중 일부가 비활성화됩니다. 대신 중개 모델의 인스턴스를 생성하거나 삭제해야 합니다.

다음 명령을 실행해서 account 애플리케이션에 초기 마이그레이션을 생성합니다.

```
python manage.py makemigrations account
```

다음과 같은 메시지가 출력됩니다.

```
Migrations for 'account':
  account/migrations/0002_auto_20220124_1106.py
    - Create model Contact
    - Create index account_con_created_8bdae6_idx on field(s) -created of model contact
```

이제 다음 명령을 실행해서 애플리케이션을 데이터베이스와 동기화합니다.

```
python manage.py migrate account
```

다음과 같은 메시지가 표시될 것입니다.

```
Applying account.0002_auto_20220124_1106... OK
```

이제 **Contact** 모델이 데이터베이스에 동기화되었으며 사용자들 사이의 관계를 만들 수 있습니다. 그러나 사이트에서 사용자를 조회하거나 특정 사용자의 프로필을 볼 수 있는 방법을 제공하고 있지 않습니다. **User** 모델 목록과 상세 뷰를 만들어보겠습니다.

---

1 [역자주] 기본적으로, symmetrical=True로 설정되어 있어서 ManyToManyField 관계가 대칭적이라고 가정합니다. 즉, 모델 A가 모델 B와 ManyToMany 관계를 가지고 있다면, 모델 B 역시 모델 A와 동일한 ManyToMany 관계를 가지게 됩니다.

7.1.2 사용자 프로필 목록 및 상세 뷰 만들기

account 애플리케이션의 views.py 파일을 열어 굵은 글씨로 강조 표시된 다음 코드를 추가합니다.

```
from django.shortcuts import get_object_or_404
from django.contrib.auth.models import User

# ...
@login_required def
user_list(request):
    users = User.objects.filter(is_active=True)
    return render(request,
                  'account/user/list.html',
                  {'section': 'people',
                   'users': users})
@login_required
def user_detail(request, username):
    user = get_object_or_404(User,
                             username=username,
                             is_active=True)
    return render(request,
                  'account/user/detail.html',
                  {'section': 'people',
                   'user': user})
```

이것은 User 객체의 간단한 목록과 상세 뷰입니다. user_list 뷰는 모든 액티브 사용자들을 가져옵니다. 장고 User 모델에는 사용자 계정이 액티브 상태인지 여부를 지정하는 is_active 플래그가 있습니다. 액티브 사용자만 반환하려면 is_active=True로 쿼리를 필터링합니다. 이 뷰는 모든 결과를 반환하는데, image_list 뷰에서와 같은 방식으로 페이징을 추가해서 이 뷰를 개선할 수 있습니다.

user_detail 뷰는 get_object_or_404() 도우미 함수를 사용해서 지정된 사용자명을 가진 액티브 사용자를 조회합니다. 이 뷰는 지정된 사용자 아이디를 가진 액티브 사용자를 찾을 수 없는 경우 HTTP 404 응답을 반환합니다.

account 애플리케이션의 urls.py 파일을 편집해서 다음과 같이 각 뷰에 맞는 URL 패턴을 추가합니다. 새로운 코드는 굵게 강조 표시했습니다.

```
urlpatterns = [
    # ...
    path('', include('django.contrib.auth.urls')),
    path('', views.dashboard, name='dashboard'),
    path('register/', views.register, name='register'),
    path('edit/', views.edit, name='edit'),
    path('users/', views.user_list, name='user_list'),
    path('users/<username>/', views.user_detail, name='user_detail'),
]
```

user_detail URL 패턴을 사용해서 사용자에 대한 표준 URL을 생성합니다. 이미 모델에 각 객체에 대한 표준 URL을 반환하는 get_absolute_url() 메서드를 정의했습니다. 모델에 URL을 지정하는 또 다른 방법은 프로젝트에 ABSOLUTE_URL_OVERRIDES 설정을 추가하는 것입니다.

프로젝트의 settings.py 파일을 편집해서 굵게 강조 표시된 다음 코드를 추가합니다.

```
from django.urls import reverse_lazy
# ...
ABSOLUTE_URL_OVERRIDES = {
    'auth.user': lambda u: reverse_lazy('user_detail',
                                        args=[u.username])
}
```

장고는 get_absolute_url() 메서드를 ABSOLUTE_URL_OVERRIDES 설정에 표시된 모든 모델에 동적으로 추가합니다. 이 메서드는 설정에 지정된 모델에 해당하는 URL을 반환합니다. 여기서는 지정된 사용자에 대한 user_detail 뷰의 URL을 반환합니다. 이제 User 인스턴스에서 get_absolute_url()을 사용해서 해당 URL을 조회할 수 있습니다.

다음 명령으로 파이썬 쉘을 엽니다.

```
python manage.py shell
```

다음 코드를 실행해서 테스트합니다.

```
>>> from django.contrib.auth.models import User
>>> user = User.objects.latest('id')
>>> str(user.get_absolute_url())
'/account/users/ellington/'
```

반환된 URL은 예상대로 **/account/users/<username>/** 형식을 따릅니다

방금 만든 뷰의 템플릿을 만들어야 합니다. account 애플리케이션의 **templates/account/** 디렉터리에 다음 디렉터리와 파일을 추가합니다.

```
/user/
    detail.html
    list.html
```

account/user/list.html 템플릿에 다음 코드를 추가합니다.

```
{% extends "base.html" %}
{% load thumbnail %} {% block title %}People{% endblock %}
{% block content %}
  <h1>People</h1>
  <div id="people-list">
    {% for user in users %}
      <div class="user">
        <a href="{{ user.get_absolute_url }}">
          <img src="{% thumbnail user.profile.photo 180x180 %}">
        </a>
        <div class="info">
          <a href="{{ user.get_absolute_url }}" class="title">
            {{ user.get_full_name }}
          </a>
        </div>
      </div>
    {% endfor %}
  </div>
{% endblock %}
```

앞의 템플릿을 사용하면 사이트의 모든 액티브 사용자를 나열할 수 있습니다. 주어진 사용자들을 반복하고 **easy-thumbnails**의 {% thumbnail %} 템플릿 태그를 사용해서 프로필 이미지를 가지고 썸네일을 생성합니다.

사용자들은 프로필 이미지가 있어야 합니다. if/else 문을 추가해서 사용자 프로필 사진 보유 여부를 확인해서 프로필 이미지가 없는 사용자에게 기본 이미지를 사용할 수 있습니다. 예를 들면, {% if user.profile.photo %} {# photo thumbnail #} {% else %} {#

default image #} {% endif %}와 같이 작성할 수 있습니다.

프로젝트의 base.html 템플릿을 열어 다음 메뉴 항목의 href 속성에 user_list URL을 추가합니다. 새로운 코드는 굵게 강조 표시했습니다.

```
<ul class="menu">
  ...
  <li {% if section == "people" %}class="selected"{% endif %}>
    <a href="{% url "user_list" %}">People</a>
  </li>
</ul>
```

다음 명령으로 개발 서버를 실행합니다.

```
python manage.py runserver
```

브라우저에서 http://127.0.0.1:8000/account/users/를 엽니다. 다음과 같은 사용자 목록이 표시될 것입니다.

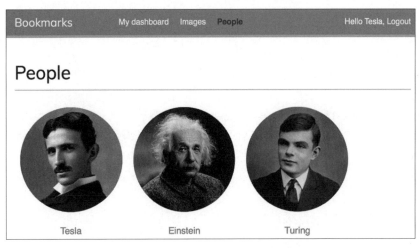

그림 7.1 프로필 이미지 썸네일이 있는 사용자 목록 페이지

썸네일을 생성하는데 문제가 있을 경우 settings.py 파일에 THUMBNAIL_DEBUG = True를 추가하면 쉘에서 디버그 정보를 얻을 수 있습니다.

account 애플리케이션의 account/user/detail.html 템플릿에 다음 코드를 추가합니다.

```
{% extends "base.html" %}
{% load thumbnail %}

{% block title %}{{ user.get_full_name }}{% endblock %}

{% block content %}
  <h1>{{ user.get_full_name }}</h1>
  <div class="profile-info">
    <img src="{% thumbnail user.profile.photo 180x180 %}" class="user-
detail">
  </div>
  {% with total_followers=user.followers.count %}
    <span class="count">
      <span class="total">{{ total_followers }}</span>
      follower{{ total_followers|pluralize }}
    </span>
    <a href="#" data-id="{{ user.id }}" data-action="{% if request.user in
user.followers.all %}un{% endif %}follow" class="follow button">
{% if request.user not in user.followers.all %}
        Follow
      {% else %}
        Unfollow
      {% endif %}
    </a>
    <div id="image-list" class="image-container">
      {% include "images/image/list_images.html" with images=user.images_
created.all %}
    </div>
  {% endwith %}
{% endblock %}
```

템플릿 태그가 여러 줄로 분할되지 않았는지 확인하세요. 장고는 하나의 태그('{'로 시작해서 '}'로 끝날 때까지)를 여러 줄로 분할해서 작성하는 것을 지원하지 않습니다.

detail 템플릿에는 사용자 프로필이 표시되고 {% thumbnail %} 템플릿 태그가 프로필 이미지를 표시하는 데 사용됩니다. 총팔로워 수가 표시되고 사용자를 팔로우하거나 언팔로우할 수 있는 링크가 표시됩니다. 이 링크는 특정 사용자를 팔로우하거나 언팔로우하는 데 사용됩니다. <a> HTML 엘리먼트의 data-id와 data-action 속성에는 사용자 아이디와 링

크를 클릭할 때 수행할 초기 작업(follow/unfollow)에 대한 정보가 있습니다. 초기 작업
(follow/unfollow)은 페이지를 요청하는 사용자가 이미 해당 사용자의 팔로워인지에 따
라 달라집니다. 사용자가 북마크한 이미지는 images/image/list_images.html 템플릿을
include해서 표시됩니다.

브라우저를 다시 열고 몇몇 북마크한 이미지를 가진 사용자를 클릭합니다. 사용자 페이지는
다음과 같이 표시됩니다.

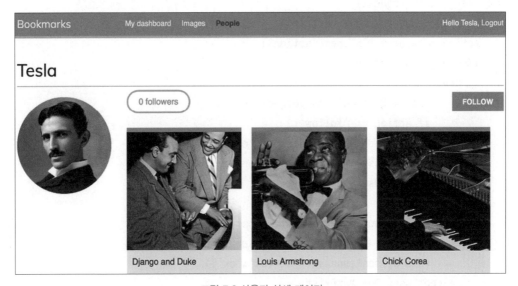

그림 7.2 사용자 상세 페이지

7.1.3 JavaScript로 사용자 팔로우/언팔로우 기능 추가하기

사용자를 팔로우/언팔로우하는 기능을 추가해 보겠습니다. 사용자를 팔로우/언팔로우할 수
있는 새로운 뷰를 만들고 팔로우/언팔로우 액션을 위해 JavaScript로 비동기 HTTP 요청
을 구현하겠습니다. account 애플리케이션의 views.py 파일을 편집해서 굵은 글씨로 강조
표시된 다음 코드를 추가합니다.

```
from django.http import JsonResponse
from django.views.decorators.http import require_POST
from .models import Contact

# ...
@require_POST
@login_required
def user_follow(request):
    user_id = request.POST.get('id')
    action = request.POST.get('action')
    if user_id and action:
        try:
            user = User.objects.get(id=user_id)
            if action == 'follow':
                Contact.objects.get_or_create(
                    user_from=request.user,
                    user_to=user)
            else:
                Contact.objects.filter(user_from=request.user,
                                       user_to=user).delete()
            return JsonResponse({'status':'ok'})
        except User.DoesNotExist:
            return JsonResponse({'status':'error'})
    return JsonResponse({'status':'error'})
```

user_follow 뷰는 "*6장, 웹사이트에서 콘텐츠 공유하기*"에서 만든 image_like 뷰와 매우 유사합니다. 사용자의 다대다 관계에 커스텀 중개 모델을 사용하고 있으므로 ManyToMany-Field의 자동 매니저(automatic manager)[2]의 기본 add()와 remove() 메서드를 사용할 수 없습니다. 대신 중개 모델 Contract를 사용하여 사용자 관계를 만들거나 삭제합니다. account 애플리케이션의 urls.py 파일을 편집해서 굵게 강조 표시된 다음 URL 패턴을 추가합니다.

---

2 [역자주] 장고에서 자동 매니저는 모델 클래스의 객체를 관리하는 기본 매니저로, 해당 모델 클래스에서 objects 속성으로 접근할 수 있습니다. 예를 들어, MyModel.objects.all()과 같이 모델 클래스의 objects 매니저를 통해 해당 모델의 모든 객체를 가져올 수 있습니다.

```
urlpatterns = [
    path('', include('django.contrib.auth.urls')),
    path('', views.dashboard, name='dashboard'),
    path('register/', views.register, name='register'),
    path('edit/', views.edit, name='edit'),
    path('users/', views.user_list, name='user_list'),
    path('users/follow/', views.user_follow, name='user_follow'),
    path('users/<username>/', views.user_detail, name='user_detail'),
]
```

user_detail URL 패턴 앞에 위의 패턴을 배치해야 합니다. 그렇지 않으면 /users/
follow/에 대한 모든 요청이 user_detail 패턴의 정규식과 일치해서 해당 뷰가 대신 실행
됩니다. 모든 HTTP 요청에서 장고는 요청된 URL을 각 패턴마다 위에서부터 순서대로 검
사하고 첫 번째로 일치하는 패턴에서 중지합니다.

account 애플리케이션의 user/detail.html 템플릿을 편집해서 다음 코드를 추가합니다.

```
{% block domready %}
  var const = '{% url "user_follow" %}';
  var options = {
    method: 'POST',
    headers: {'X-CSRFToken': csrftoken},
    mode: 'same-origin'
}

  document.querySelector('a.follow')
          .addEventListener('click', function(e){
    e.preventDefault();
    var followButton = this;

    // request 본문 추가
    var formData = new FormData();
    formData.append('id', followButton.dataset.id);
    formData.append('action', followButton.dataset.action);
    options['body'] = formData;

    // HTTP request 전송
    fetch(url, options)
```

```
    .then(response => response.json())
    .then(data => {
     if (data['status'] === 'ok'){
       var previousAction = followButton.dataset.action;

       // 토글 버튼 텍스트와 데이터 동작 토글
       var action = previousAction === 'follow' ? 'unfollow' : 'follow';
       followButton.dataset.action = action;
       followButton.innerHTML = action;

       // 팔로워 수 업데이트
       var followerCount = document.querySelector('span.count .total');
       var totalFollowers = parseInt(followerCount.innerHTML);
       followerCount.innerHTML = previousAction === 'follow' ?
 totalFollowers + 1 : totalFollowers - 1;
      }
    })
  });
 {% endblock %}
```

앞의 템플릿 블록에는 특정 사용자를 팔로우 또는 언팔로우하고 팔로우/언팔로우 링크를 전
환하기 위한 비동기 HTTP 요청을 수행하는 JavaScript 코드가 포함되어 있습니다. Fetch
API는 AJAX 요청을 수행하는 데 사용되며, 이전 값을 기반으로 **data-action** 속성과
HTML <a> 요소의 텍스트를 모두 설정합니다. 액션이 완료되면 페이지에 표시되는 총팔로
워 수 역시 업데이트됩니다.

기존 사용자의 상세 페이지를 열고 팔로우 링크를 클릭해서 방금 만든 기능을 테스트합니
다. 팔로워 수가 증가한 것을 확인할 수 있습니다.

그림 7.3 팔로워 수 및 팔로우/언팔로우 버튼

이제 팔로우 시스템이 완성되었으며, 사용자들은 서로를 팔로우할 수 있습니다. 다음으
로, 팔로우하는 사람들을 기반으로 각 사용자에게 관련 콘텐츠를 생성하는 활동 스트림
(activity stream)을 구축할 것입니다.

7.2 일반적인 활동 스트림 애플리케이션 구축하기

많은 소셜 웹사이트는 사용자에게 활동 스트림을 표시해서 다른 사용자가 플랫폼에서 수행하는 작업을 추적할 수 있도록 합니다. 활동 스트림은 사용자 또는 사용자 그룹이 수행한 최근 활동의 목록입니다. 예를 들자면 Facebook의 뉴스피드는 활동 스트림입니다. 활동의 예시로는 사용자 X가 이미지 Y를 북마크했거나, 사용자 X가 사용자 Y를 팔로우했다는 것 등이 될 수 있습니다.

모든 사용자가 자신을 팔로우하는 사용자의 최근 상호작용을 볼 수 있도록 활동 스트림 애플리케이션을 구축하려고 합니다. 이렇게 하려면 웹사이트에서 사용자가 수행한 활동을 저장하기 위한 모델과 피드에 활동을 추가하는 간단한 방법이 필요합니다.

다음 명령을 사용해서 프로젝트 내에 actions라는 이름의 새로운 애플리케이션을 만듭니다.

```
python manage.py startapp actions
```

새로운 애플리케이션을 프로젝트의 settings.py 파일에 있는 INSTALLED_APPS에 추가해서 프로젝트에서 애플리케이션을 활성화합니다. 새로운 줄은 굵은 글씨로 강조해서 표시합니다.

```
INSTALLED_APPS = [
    # ...
    'actions.apps.ActionsConfig',
]
```

actions 애플리케이션의 models.py 파일을 편집해서 다음 코드를 추가합니다.

```
from django.db import models


class Action(models.Model):
    user = models.ForeignKey('auth.User',
                             related_name='actions',
                             on_delete=models.CASCADE)
    verb = models.CharField(max_length=255)
    created = models.DateTimeField(auto_now_add=True)

    class Meta:
        indexes = [
```

```
        models.Index(fields=['-created']),
    ]
    ordering = ['-created']
```

앞의 코드는 사용자 활동을 저장하는 데 사용되는 Action 모델을 보여줍니다. 이 모델의 필드는 다음과 같습니다.

- user: 활동을 수행한 사용자로, 장고 User 모델의 ForeignKey입니다.
- verb: 사용자가 수행한 작업의 설명입니다.
- created: 이 활동이 생성된 날짜와 시간(datetime)입니다. 데이터베이스에 객체가 처음 저장될 때 자동으로 현재 날짜/시간으로 설정하도록 auto_now_add=True를 사용합니다.

모델의 Meta 클래스에서 created 필드를 기준으로 내림차순으로 데이터베이스 인덱스를 정의했습니다. 또한 ordering 속성을 추가해서 결과를 기본적으로 created 필드를 기준으로 내림차순으로 정렬하도록 장고에게 지시했습니다.

이 기본 모델에서는 "사용자 X가 무언가를 수행"과 같은 활동만 저장할 수 있습니다. "사용자 X가 이미지 Y를 북마크했다"거나 "사용자 X가 이제 사용자 Y를 팔로우한다"과 같이 target 객체와 관련된 활동을 저장하려면 추가적인 ForeignKey 필드가 필요합니다.

이미 알고 있듯이 보통의 ForeignKey는 하나의 모델만 가리킬 수 있습니다. 그러나 지금은 활동이 될 만한 기존의 여러 모델들의 인스턴스를 가리킬 수 있는 방법이 필요합니다. 이때 도움을 줄 수 있는 것이 바로 장고 contenttypes 프레임워크입니다.

7.2.1 contenttypes 프레임워크 사용하기

장고에는 django.contrib.contenttypes에 contenttypes 프레임워크가 포함되어 있습니다. 이 애플리케이션은 프로젝트에 설치된 모든 모델을 추적할 수 있으며, 모델과 상호작용할 수 있는 일반화된 인터페이스를 제공합니다.

django.contrib.contenttypes 애플리케이션은 startproject 명령을 사용해서 새로운 프로젝트를 생성할 때 기본적으로 INSTALLED_APPS 설정에 포함됩니다. 이 애플리케이션은 인증 프레임워크와 관리자 애플리케이션 같은 contrib 내의 다른 패키지들이 사용합니다.

contenttypes 애플리케이션에는 ContentType 모델이 있습니다. 이 모델의 인스턴스는 애플리케이션의 실제 모델을 나타내며 새로운 모델이 프로젝트에 설치되면 ContentType의 새로운 인스턴스가 자동으로 생성됩니다. ContentType 모델에는 다음과 같은 필드가 있습니다.

- app_label: 모델이 속한 애플리케이션의 이름을 나타냅니다. 이 이름은 모델 Meta 옵션의 app_label 속성에서 자동으로 가져옵니다. 예를 들어 Image 모델은 images 애플리케이션에 속합니다.
- model: 모델 클래스의 이름입니다.
- name: 사람이 읽을 수 있는 모델의 이름을 나타냅니다. 이 이름은 모델 Meta 옵션의 verbose_name 속성에서 자동으로 가져옵니다.

ContentType 객체와 상호작용하는 방법을 살펴보겠습니다. 다음 명령을 사용해서 쉘을 엽니다.

```
python manage.py shell
```

다음과 같이 app_label과 model 속성을 사용해서 쿼리를 수행하면 특정 모델에 해당하는 ContentType 객체를 얻을 수 있습니다.

```
>>> from django.contrib.contenttypes.models import ContentType
>>> image_type = ContentType.objects.get(app_label='images', model='image')
>>> image_type
<ContentType: images | image>
```

또, model_class() 메서드를 호출해서 ContentType 객체에서 모델 클래스를 조회할 수도 있습니다.

```
>>> image_type.model_class()
<class 'images.models.Image'>
```

다음과 같이 특정 모델 클래스의 ContentType 객체를 가져오는 것도 일반적입니다.

```
>>> from images.models import Image
>>> ContentType.objects.get_for_model(Image)
<ContentType: images | image>
```

이는 contenttypes의 몇 가지 용례에 불과합니다. 장고는 더 많은 사용법을 제공합니다. contenttypes 프레임워크의 공식 문서는 https://docs.djangoproject.com/en/4.1/

ref/contrib/contenttypes/에서 찾을 수 있습니다.

7.2.2 모델에 일반화한 관계 추가하기

일반화한 관계에서 ContentType 객체는 관계에 사용되는 모델을 가리키는 역할을 합니다.
모델에서 일반화한 관계를 설정하려면 세 개의 필드가 필요합니다.

- ContentType을 가리키는 ForeignKey 필드: 이 필드는 관계에 사용되는 모델을 알려줍니다.
- 관련 객체의 기본 키를 저장하는 필드: 일반적으로 장고의 자동 기본 키 필드와 일치하는 PositiveIntegerField입니다.
- 앞의 두 필드를 사용하여 일반화한 관계(generic relation)를 정의하고 관리하는 필드: contenttypes 프레임워크는 이를 위해 GenericForeignKey 필드를 제공합니다.

models.py 파일을 편집해서 굵게 강조 표시된 다음 코드를 추가합니다.

```python
from django.db import models
from django.contrib.contenttypes.models import ContentType
from django.contrib.contenttypes.fields import GenericForeignKey


class Action(models.Model):
    user = models.ForeignKey('auth.User',
                             related_name='actions',
                             on_delete=models.CASCADE)
    verb = models.CharField(max_length=255)
    created = models.DateTimeField(auto_now_add=True)
    target_ct = models.ForeignKey(ContentType,
                                  blank=True,
                                  null=True,
                                  related_name='target_obj',
                                  on_delete=models.CASCADE)
    target_id = models.PositiveIntegerField(null=True,
                                            blank=True)
    target = GenericForeignKey('target_ct', 'target_id')

    class Meta:
        indexes = [
```

```
        models.Index(fields=['-created']),
        models.Index(fields=['target_ct', 'target_id']),
    ]
    ordering = ['-created']
```

Action 모델에 다음 필드를 추가했습니다.

- target_ct: ContentType 모델을 가리키는 ForeignKey 필드입니다.
- target_id: 관련 객체의 기본 키를 저장하기 위한 PositiveIntegerField입니다.
- target: 이전 두 필드의 조합을 기반으로 관계된 객체를 가리키는 GenericForeignKey 필드입니다.

또한 target_ct와 target_id 필드를 포함하는 다중 필드 인덱스를 추가했습니다.

장고는 데이터베이스에 GenericForeignKey 필드를 생성하지 않습니다. 데이터베이스 필드에 매핑되는 유일한 필드는 target_ct 및 target_id입니다. 두 필드 모두 blank=True 및 null=True 속성을 가지므로 Action 객체를 저장할 때 대상 객체가 필요하지 않습니다.

> **Note** 외래 키 대신 일반화한 관계를 사용해서 애플리케이션을 더욱 유연하게 만들 수 있습니다.

다음 명령을 실행해서 actions 애플리케이션에 대한 초기 마이그레이션을 생성합니다.

```
python manage.py makemigrations actions
```

다음과 같은 메시지가 출력됩니다.

```
Migrations for 'actions':
actions/migrations/0001_initial.py
- Create model Action
- Create index actions_act_created_64f10d_idx on field(s) -created of model
  action
- Create index actions_act_target__f20513_idx on field(s) target_ct,
  target_id of model action
```

그 후 다음 명령을 실행해서 애플리케이션을 데이터베이스와 동기화합니다.

```
python manage.py migrate
```

새로운 마이그레이션이 적용되었음을 나타내는 메시지가 출력됩니다.

```
Applying actions.0001_initial... OK
```

관리 사이트에 액션 모델을 추가해 보겠습니다. `actions` 애플리케이션의 `admin.py` 파일을 편집해서 다음 코드를 추가합니다.

```python
from django.contrib import admin
from .models import Action


@admin.register(Action)
class ActionAdmin(admin.ModelAdmin):
    list_display = ['user', 'verb', 'target', 'created']
    list_filter = ['created']
    search_fields = ['verb']
```

방금 관리 사이트에 Action 모델을 등록했습니다. 다음 명령으로 개발 서버를 시작시킵니다.

```
python manage.py runserver
```

`http://127.0.0.1:8000/admin/actions/action/add/`을 엽니다. 다음과 같이 새로운 Action 객체를 만드는 페이지가 표시됩니다.

그림 7.4 장고 관리 사이트의 작업 추가 페이지

앞의 화면에서 볼 수 있듯이 실제 데이터베이스 필드에 매핑된 `target_ct`와 `target_id` 필드만 표시됩니다. `GenericForeignKey` 필드는 폼에 표시되지 않습니다. `target_ct` 필드를 사용하면 장고 프로젝트에 등록된 모델 중 하나를 선택할 수 있습니다. `target_ct` 필드의 `limit_choices_to` 속성을 사용해서 제한된 일련의 모델들 중에서 선택하도록 콘텐츠의 타입을 제한할 수 있습니다(`limit_choices_to` 속성을 사용하면 `ForeignKey` 필드의 콘텐츠를 특정 값의 집합으로 제한할 수 있습니다).

`actions` 애플리케이션 디렉터리 내에 새로운 파일을 만들고 이름을 `utils.py`로 지정합니다. 간단한 방법으로 새로운 액션 객체를 생성할 수 있는 도우미 함수를 정의하겠습니다. 새로운 `utils.py` 파일에 다음 코드를 추가합니다.

```python
from django.contrib.contenttypes.models import ContentType
from .models import Action


def create_action(user, verb, target=None):
    action = Action(user=user, verb=verb, target=target)
    action.save()
```

`create_action()` 함수를 사용하면 필요에 따라 대상(target) 객체를 포함하는 활동(action) 객체를 만들 수 있습니다. 이 함수를 코드의 어디에서나 활동 스트림에 새로운 활동을 추가하는 도우미 함수로 사용할 수 있습니다.

7.2.3 활동 스트림에서 중복 활동 피하기

간혹 사용자가 좋아요 또는 싫어요 버튼을 여러 번 클릭하거나 단기간에 동일한 활동을 여러 번 수행할 수 있습니다. 이렇게 하면 중복된 활동이 저장되고 표시될 수 있습니다. 이를 방지하기 위해 명백히 중복된 활동을 건너뛰도록 `create_action()` 함수를 개선해 보겠습니다. 다음과 같이 `actions` 애플리케이션의 `utils.py` 파일을 편집합니다.

```python
import datetime
from django.utils import timezone
from django.contrib.contenttypes.models import ContentType
from .models import Action
```

```python
def create_action(user, verb, target=None):
    # 마지막 순간에 비슷한 활동이 있었는지 확인
    now = timezone.now()
    last_minute = now - datetime.timedelta(seconds=60)
    similar_actions = Action.objects.filter(user_id=user.id,
                                            verb= verb,
                                            created__gte=last_minute)
    if target:
        target_ct = ContentType.objects.get_for_model(target)
        similar_actions = similar_actions.filter(
                                            target_ct=target_ct,
                                            target_id=target.id)
    if not similar_actions:
        # 존재하는 활동이 발견되지 않은 경우
        action = Action(user=user, verb=verb, target=target)
        action.save()
        return True
    return False
```

중복 활동을 저장하지 않고 활동이 저장되었는지를 알려주는 부울을 반환하도록 create_action() 함수를 변경했습니다. 중복을 피하는 방법은 다음과 같습니다.

1. 먼저, 장고에서 제공하는 timezone.now() 메서드를 사용해서 현재 시간을 가져옵니다. 이 메서드는 datetime.datetime.now()와 동일한 작업을 수행하지만 시간대를 인식하는 객체를 반환합니다. 장고는 시간대 지원을 활성화하거나 비활성화하기 위해 USE_TZ이라는 설정을 제공합니다. startproject 명령을 사용해서 생성된 기본 settings.py 파일에는 USE_TZ = True가 포함되어 있습니다.

2. last_minute 변수를 사용해서 1분 전의 날짜와 시간(datetime)을 저장하고 그 이후 사용자가 수행한 동일한 작업을 검색합니다.

3. 마지막 1분동안 동일한 작업이 이미 존재하지 않으면 Action 객체를 만듭니다. Action 객체가 생성되면 True를 반환하고, 그렇지 않으면 False를 반환합니다.

7.2.4 활동 스트림에 사용자 활동 추가

이제 뷰에 몇 가지 활동을 추가해서 사용자를 위한 활동 스트림을 구축할 차례입니다. 다음의 각 상호작용 활동을 저장합니다.

- 사용자가 이미지를 북마크하는 행동
- 사용자가 이미지에 좋아요를 표시하는 행동
- 사용자가 계정을 만드는 행동
- 사용자가 다른 사용자를 팔로우하기 시작하는 행동

images 애플리케이션의 views.py 파일을 열어 다음의 임포트문을 추가합니다.

```
from actions.utils import create_action
```

image_create 뷰에서 다음과 같이 이미지를 저장한 후 create_action()을 추가합니다. 새로운 줄은 굵은 글씨로 강조 표시했습니다.

```
@login_required
def image_create(request):
    if request.method == 'POST':
        # 폼이 수신됨
        form = ImageCreateForm(data=request.POST)
        if form.is_valid():
            # 폼 데이터가 유효하다면
            cd = form.cleaned_data
            new_image = form.save(commit=False)
            # 항목에 현재 사용자를 할당
            new_image.user = request.user
            new_image.save()
            create_action(request.user, 'bookmarked image', new_image)
            messages.success(request, 'Image added successfully')
            # 새로 생성된 이미지 상세 뷰로 리디렉션
            return redirect(new_image.get_absolute_url())
    else:
        # GET을 통해 북마클릿에서 제공한 데이터로 폼을 빌드
        form = ImageCreateForm(data=request.GET)
    return render(request,
                  'images/image/create.html',
```

```
                          {'section': 'images',
                           'form': form})
```

image_like 뷰에서 다음과 같이 users_like 관계에 사용자를 추가한 후 create_ action()을 추가합니다. 새로운 줄은 굵게 강조 표시했습니다.

```
@login_required
@require_POST
def image_like(request):
    image_id = request.POST.get('id')
    action = request.POST.get('action')
    if image_id and action:
        try:
            image = Image.objects.get(id=image_id)
            if action == 'like':
                image.users_like.add(request.user)
                create_action(request.user, 'likes', image)
            else:
                image.users_like.remove(request.user)
            return JsonResponse({'status':'ok'})
        except Image.DoesNotExist:
            pass
    return JsonResponse({'status':'error'})
```

이제 account 애플리케이션의 views.py 파일을 편집해서 다음 임포트문을 추가합니다.

```
from actions.utils import create_action
```

register 뷰에서 다음과 같이 Profile 객체를 만든 후 create_action()을 추가합니다. 코드의 새로운 줄은 굵게 강조 표시했습니다.

```
def register(request):
    if request.method == 'POST':
        user_form = UserRegistrationForm(request.POST)
        if user_form.is_valid():
            # 새로운 사용자 객체를 만들지만 저장하지는 않음
            new_user = user_form.save(commit=False)
```

```python
        # 선택한 패스워드를 설정
        new_user.set_password(
            user_form.cleaned_data['password'])
        # User 객체를 저장
        new_user.save()
        # 사용자 프로필 생성
        Profile.objects.create(user=new_user)
        create_action(new_user, 'has created an account')
        return render(request,
                      'account/register_done.html',
                      {'new_user': new_user})
    else:
        user_form = UserRegistrationForm()
    return render(request,
                  'account/register.html',
                  {'user_form': user_form})
```

user_follow 뷰에서 다음과 같이 create_action()를 추가합니다. 새로운 라인은 굵은 글씨로 강조 표시했습니다.

```python
@require_POST
@login_required
def ser_follow(request):
    user_id = request.POST.get('id')
    action = request.POST.get('action')
    if user_id and action:
        try:
            user = User.objects.get(id=user_id)
            if action == 'follow':
                Contact.objects.get_or_create(
                    user_from=request.user,
                    user_to=user)
                create_action(request.user, 'is following', user)
            else:
                Contact.objects.filter(user_from=request.user,
                                       user_to=user).delete()
            return JsonResponse({'status':'ok'})
        except User.DoesNotExist:
```

```
            return JsonResponse({'status':'error'})
    return JsonResponse({'status':'error'})
```

앞의 코드에서 볼 수 있듯이 Action 모델과 도우미 함수 덕분에 새로운 활동을 활동 스트림에 매우 쉽게 저장할 수 있습니다.

7.2.5 활동 스트림 표시하기

마지막으로 각 사용자의 활동 스트림을 표시하는 방법이 필요합니다. 사용자의 대시 보드에 활동 스트림을 포함하겠습니다. account 애플리케이션의 views.py 파일을 열어 편집합니다. 다음과 같이 Action 모델을 임포트하고 dashboard 뷰를 수정합니다. 새로운 코드는 굵게 강조 표시했습니다.

```
from actions.models import Action

# ...

@login_required
def dashboard(request):
    # 기본적으로 모든 작업을 표시
    actions = Action.objects.exclude(user=request.user)
    following_ids = request.user.following.values_list('id',
                                                        flat=True)
    if following_ids:
        # 사용자가 다른 사용자를 팔로우하는 경우, 해당 사용자의 작업만 검색
        actions = actions.filter(user_id__in=following_ids)
    actions = actions[:10]
    return render(request,
                  'account/dashboard.html',
                  {'section': 'dashboard',
                   'actions': actions})
```

앞의 뷰에서는 현재 사용자가 수행한 활동을 제외한 모든 활동을 데이터베이스에서 조회합니다. 기본적으로 플랫폼의 모든 사용자가 수행한 최신 작업을 조회합니다. 사용자가 다른 사용자를 팔로우하는 경우 해당 사용자가 수행한 작업만 검색하도록 쿼리를 제한합니다.

마지막으로 결과를 처음 반환된 10개의 활동으로 제한합니다. Action 모델의 Meta 옵션에 기술한 기본 순서에 의존하기 때문에 QuerySet에서 order_by()를 사용하지 않습니다. Action 모델에서 ordering = ['-created']을 설정했기 때문에 최근 활동이 먼저 표시됩니다.

7.2.6 관련 객체를 포함하는 QuerySet 최적화하기

Action 객체를 조회할 때마다 일반적으로 관련 User 객체와 사용자의 Profile 객체를 액세스하게 됩니다. 장고 ORM은 관련된 객체를 동시에 조회하는 간단한 방법을 제공하는데, 이를 통해 데이터베이스에 추가 쿼리를 피할 수 있습니다.

■ select_related() 사용하기

장고는 일대다 관계에 대해 관계된 객체를 조회할 수 있는 select_related()라는 QuerySet 메서드를 제공합니다. 이렇게 하면 하나의 더 복잡한 QuerySet으로 변환되지만 관계된 객체에 액세스할 때 추가적인 쿼리를 피할 수 있습니다. select_related 메서드는 ForeignKey와 OneToOne 필드를 위한 메서드입니다. 이 메서드는 SQL Join을 수행해서 관계된 객체의 필드들을 SELECT 문에 포함시키는 방식으로 작동합니다.

select_related()를 활용하려면 account 애플리케이션의 views.py 파일에서 이전 코드의 다음 줄을 수정해서 다음 코드와 같이 사용할 필드를 포함해서 select_related를 추가합니다. account 애플리케이션의 views.py 파일을 열어 다음 코드의 굵게 강조된 줄과 같이 수정합니다.

```
@login_required
def dashboard(request):
    # 기본적으로 모든 작업을 표시
    actions = Action.objects.exclude(user=request.user)
    following_ids = request.user.following.values_list('id',
                                                       flat=True)
    if following_ids:
        # 사용자가 다른 사용자를 팔로우하는 경우, 해당 사용자의 작업만 검색
        actions = actions.filter(user_id__in=following_ids)
    actions = actions.select_related('user', 'user__profile')[:10]
    return render(request,
```

```
                    'account/dashboard.html',
                    {'section': 'dashboard',
                     'actions': actions})
```

단일 SQL 쿼리에서 user__profile을 사용해서 Profile 테이블을 조인합니다. 인수를 전달하지 않고 select_related()을 호출하면 모든 ForeignKey 관계로부터 객체들을 조회합니다. 항상 select_related()의 범위를 나중에 액세스할 관계만으로 제한하는 것이 좋습니다.

> **Note** select_related()를 신중하게 사용하면 실행 시간을 크게 개선할 수 있습니다.

■ prefetch_related() 사용하기

select_related()는 일대다 관계에서 관계된 객체를 조회하는 성능을 향상하는데 도움이 됩니다. 그러나 select_related()는 다대다 또는 다대일 관계(ManyToMany 또는 역관계의 ForeignKey 필드)에서는 작동하지 않습니다. 장고는 select_related()로 지원하는 관계 외에도 다대다 및 다대일 관계에서 작동하는 prefetch_related라는 또 다른 QuerySet을 제공합니다. prefetch_related() 메서드는 각 관계마다 별도로 조회하고 파이썬을 사용해서 결과를 조인합니다. 이 메서드는 GenericRelation과 GenericForeignKey의 프리패칭(prefetching)도 지원합니다.

account 애플리케이션의 views.py 파일에 다음과 같이 대상 GenericForeignKey 필드에 대한 prefetch_ related()를 추가해서 쿼리를 완성합니다. 새로운 코드는 굵게 강조 표시하였습니다.

```
@login_required def dashboard(request):
    # 기본적으로 모든 작업을 표시
    actions = Action.objects.exclude(user=request.user)
    following_ids = request.user.following.values_list('id',
                                                       flat=True)

    if following_ids:
        # 사용자가 다른 사용자를 팔로우하는 경우, 해당 사용자의 작업만 검색
        actions = actions.filter(user_id__in=following_ids)
    actions = actions.select_related('user', 'user__profile')\
                    .prefetch_related('target')[:10]
    return render(request,
                  'account/dashboard.html',
```

```
                    {'section': 'dashboard',
                     'actions': actions})
```

이제 이 쿼리는 관계된 객체를 포함한 사용자 활동을 조회하는데 최적화되었습니다.

7.2.7 활동 템플릿 만들기

이제 특정 활동 객체를 표시하기 위한 템플릿을 만들어 보겠습니다. actions 애플리케이션 디렉터리 내에 새로운 디렉터리를 만들고 이름을 templates으로 지정합니다. 여기에 다음 파일 구조를 추가합니다.

```
actions/
    action/
        detail.html
```

actions/action/detail.html 템플릿 파일을 수정해서 다음 코드를 추가합니다.

```
{% load thumbnail %}

{% with user=action.user profile=action.user.profile %}
<div class="action">
  <div class="images">
    {% if profile.photo %}
      {% thumbnail user.profile.photo "80x80" crop="100%" as im %}
      <a href="{{ user.get_absolute_url }}">
        <img src="{{ im.url }}" alt="{{ user.get_full_name }}"
        class="item-img">
      </a>
    {% endif %}
    {% if action.target %}
      {% with target=action.target %}
        {% if target.image %}
          {% thumbnail target.image "80x80" crop="100%" as im %}
          <a href="{{ target.get_absolute_url }}">
            <img src="{{ im.url }}" class="item-img">
          </a>
```

```
        {% endif %}
      {% endwith %}
    {% endif %}
  </div>
  <div class="info">
    <p>
      <span class="date">{{ action.created|timesince }} ago</span>
      <br/>
      <a href="{{ user.get_absolute_url }}">
        {{ user.first_name }}
      </a>
      {{ action.verb }}
      {% if action.target %}
        {% with target=action.target %}
          <a href="{{ target.get_absolute_url }}">{{ target }}</a>
        {% endwith %}
      {% endif %}
    </p>
  </div>
</div>
{% endwith %}
```

이것은 Action 객체를 표시하는 데 사용되는 템플릿입니다. 먼저 {% with %} 템플릿 태그를 사용해서 작업을 수행하는 사용자와 관련 Profile 객체를 조회합니다. 그런 다음 Action 객체가 관계된 대상 객체를 가지고 있는 경우, 대상 객체의 이미지를 표시합니다. 마지막으로 활동을 수행한 사용자, 활동 설명, 대상 객체(있는 경우)에 대한 링크를 표시합니다.

account/dashboard.html 템플릿을 편집해서 콘텐츠 블록의 하단에 다음 굵은 글씨로 강조된 코드를 추가합니다.

```
{% extends "base.html" %}
{% block title %}Dashboard{% endblock %}
{% block content %}
  ...
  <h2>What's happening</h2>
  <div id="action-list">
    {% for action in actions %}
```

```
        {% include "actions/action/detail.html" %}
    {% endfor %}
  </div>
{% endblock %}
```

브라우저에서 http://127.0.0.1:8000/account/를 엽니다. 기존 사용자로 로그인해서 몇 가지 작업을 수행해서 데이터베이스에 저장하도록 합니다. 그런 다음 다른 사용자를 사용해 로그인해서 이전 사용자를 팔로우한 후 대시보드 페이지에 생성된 활동 스트림을 살펴봅니다. 다음과 같이 보일 것입니다.

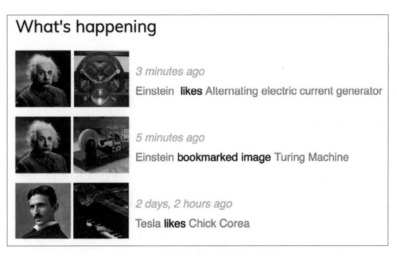

그림 7.5 현재 사용자의 활동 스트림

지금까지 완전한 사용자의 활동 스트림을 만들었으며 거기에 새로운 사용자 활동을 간단하게 추가할 수 있게 되었습니다. image_list 뷰에 사용한 것과 동일한 AJAX 페이징을 구현해서 활동 스트림에 무한 스크롤 기능을 추가할 수도 있습니다. 다음으로, 장고 시그널을 사용해서 활동 수를 역정규화하는 방법을 배우겠습니다.

7.3 카운트 역정규화를 위한 시그널 사용하기

데이터를 역정규화해야 하는 경우가 있습니다. 역정규화는 읽기 성능을 최적화하기 위한 방식으로 데이터를 중복으로 만드는 것입니다. 예를 들어, 관계된 데이터를 조회할 때 데이터베이스에 값비싼 읽기 쿼리 요청을 피하기 위해 관련 데이터를 객체에 복사할 수 있습니다. 역정규화는 주의해야 하는데, 꼭 필요한 경우에만 사용해야 합니다. 역정규화의 가장 큰 문제는 역정규화된 데이터를 최신 상태로 유지하기 어렵다는 것입니다.

카운트를 역정규화해서 쿼리를 개선하는 방법의 예를 살펴보겠습니다. `Image` 모델의 데이터를 역정규화하고 장고 시그널을 사용해서 데이터를 계속 업데이트하는 것입니다.

7.3.1 시그널로 작업하기

장고에는 특정 작업이 발생할 때 수신자 함수가 알림을 받을 수 있는 시그널 디스패처 (dispatcher)가 함께 제공됩니다. 시그널은 어떤 일이 발생할 때마다 코드가 무언가를 수행해야 할 때 매우 유용합니다. 시그널을 사용하면 로직을 분리할 수 있습니다. 해당 작업을 트리거한 애플리케이션이나 코드에 관계없이 특정 작업을 캡처해서 해당 작업이 발생할 때마다 실행되는 로직을 구현할 수 있습니다. 예를 들어 `User` 객체가 저장될 때마다 실행되는 시그널 수신 함수를 만들 수 있습니다. 이벤트가 발생할 때 다른 사람들도 알림을 받을 수 있도록 자신만의 시그널을 만들 수도 있습니다.

장고는 `django.db.models.signals`에 있는 모델을 위한 여러 시그널을 제공합니다. 그 시그널들 중 일부는 다음과 같습니다.

- `pre_save` 및 `post_save`는 모델의 `save()` 메서드를 호출하기 전이나 후에 발생합니다.
- `pre_delete` 및 `post_delete`는 모델 또는 QuerySet의 `delete()` 메서드를 호출하기 전이나 후에 발생합니다.
- `m2m_changed`는 모델의 `ManyToManyField`가 변경될 때 발생합니다.

이는 장고에서 제공하는 시그널의 일부에 불과합니다. 기본적으로 제공하는 모든 시그널의 목록은 https://docs.djangoproject.com/en/4.1/ref/signals/에서 확인할 수 있습니다.

이미지를 인기도별로 조회하고 싶다고 가정해 봅시다. 이미지를 좋아요를 누른 사용자 수에 따라 정렬해 조회하기 위해 장고 집계 함수를 사용할 수 있습니다. "3장, 블로그 애플리케이션 확장하기"에서 장고 집계 함수를 사용했음을 기억하세요. 다음 코드 예제는 좋아요 수에 따라 이미지를 조회합니다.

```python
from django.db.models import Count
from images.models import Image

images_by_popularity = Image.objects.annotate(
    total_likes=Count('users_like')).order_by('-total_likes')
```

그러나 좋아요의 총수를 계산해서 이미지를 정렬하는 것은 총수를 저장한 필드를 기준으로 정렬하는 것보다 성능 측면에서 비용이 더 많이 듭니다. Image 모델에 필드를 추가해서 총 좋아요 수를 역정규화해서 이 필드와 관련된 쿼리의 성능을 향상할 수 있습니다. 문제는 이 필드를 계속 업데이트하는 방법입니다.

images 애플리케이션의 models.py 파일을 편집해서 Image 모델에 다음 코드와 같이 total_likes 필드를 추가합니다.

```python
class Image(models.Model):
    # ...
    total_likes = models.PositiveIntegerField(default=0)
    class Meta:
        indexes = [
            models.Index(fields=['-created']),
            models.Index(fields=['-total_likes']),
        ]
        ordering = ['-created']
```

total_likes 필드를 사용하면 각 이미지에 좋아요를 누른 사용자의 총수를 저장할 수 있습니다. 이렇게 역정규화를 수행하면 QuerySet을 필터링하거나 정렬할 때 유용합니다. total_likes 필드에 내림차순으로 데이터베이스 인덱스를 추가한 이유는 이미지를 총좋아요 수의 내림차순으로 조회하기 위해서이기 때문입니다.

Tip 필드를 역정규화하기 전에 고려해야 할 몇 가지 성능 개선 방법이 있습니다. 데이터를 역정규화하기 전에 데이터베이스의 인덱스, 쿼리 최적화, 캐시(cache)를 고려해 보세요.

다음 명령을 실행해서 데이터베이스 테이블에 새로운 필드를 추가하기 위한 마이그레이션을 생성합니다.

```
python manage.py makemigrations images
```

다음과 같은 메시지가 출력됩니다.

```
Migrations for 'images':
  images/migrations/0002_auto_20220124_1757.py
    - Add field total_likes to image
    - Create index images_imag_total_l_0bcd7e_idx on field(s) -total_likes of
model image
```

다음 명령을 실행해서 마이그레이션을 적용합니다.

```
python manage.py migrate images
```

다음과 같은 메시지가 출력됩니다.

```
Applying images.0002_auto_20220124_1757... OK
```

m2m_changed 시그널에 수신 함수를 연결해야 합니다.
images 애플리케이션 디렉터리 내에 새로운 파일을 만들고 이름을 signals.py로 지정합니다. 여기에 다음 코드를 추가합니다.

```
from django.db.models.signals import m2m_changed
from django.dispatch import receiver
from .models import Image

@receiver(m2m_changed, sender=Image.users_like.through)
def users_like_changed(sender, instance, **kwargs):
    instance.total_likes = instance.users_like.count()
    instance.save()
```

먼저, receiver() 데코레이터를 사용해서 users_like_changed 함수를 수신 함수로 등록합니다. 이 함수를 m2m_changed 시그널에 연결합니다. 그런 다음 이 함수를 Image.users_like.through에 연결해서 이 발신자에 의해 m2m_changed 신호가 시작된 경우에만 함수가 호출되도록 합니다. 수신 함수를 등록하는 다른 방법도 있는데, Signal 객체의 connect() 메서드를 사용하는 것입니다.

> **Note** 장고 시그널은 동기적(synchronous)이며 블로킹(blocking)입니다. 시그널과 비동기적인 작업을 혼동하지 마세요. 그러나, 여러분의 코드가 시그널로 알림을 받아 비동기적인 작업을 수행하도록 두 가지를 결합할 수 있습니다. 8장에서 Celery를 사용하여 비동기적인 작업을 생성하는 방법을 배우게 될 것입니다.

시그널이 전송될 때마다 수신 함수가 호출되도록 시그널에 수신 함수를 연결해야 합니다. 시그널을 등록하는 일반적인 방법은 애플리케이션 구성 클래스의 `ready()` 메서드로 시그널을 임포트하는 것입니다. 장고는 애플리케이션을 구성하고 인트로스펙트(introspect)할 수 있는 애플리케이션 레지스트리를 제공합니다.

7.3.2 애플리케이션 구성 클래스

장고에서는 애플리케이션에 대한 구성(configuration) 클래스를 지정할 수 있습니다. `startapp` 명령을 사용해서 애플리케이션을 생성하면 장고는 애플리케이션 디렉터리에 `AppConfig` 클래스를 상속한, 기본 애플리케이션 구성을 가진 `apps.py` 파일을 추가합니다. 애플리케이션 구성 클래스를 사용하면 애플리케이션에 대한 메타 데이터와 구성을 저장할 수 있으며 애플리케이션에 대한 인트로스펙션을 제공합니다. 애플리케이션 구성에 관한 자세한 정보는 `https://docs.djangoproject.com/en/4.1/ref/applications/`에서 확인할 수 있습니다.

시그널 `reciever` 함수를 등록하려면 `receiver()` 데코레이터를 사용할 때 애플리케이션 구성 클래스의 `ready()` 메서드 내에서 애플리케이션의 시그널 모듈을 임포트하면 됩니다. 이 메서드는 애플리케이션 레지스트리가 완전히 채워지는 즉시 호출됩니다. 애플리케이션에 관련된 다른 모든 초기화도 이 메서드에 포함되어야 합니다.

이미지 애플리케이션의 `apps.py` 파일을 편집해서 굵게 강조 표시된 다음 코드를 추가합니다.

```
from django.apps import AppConfig


class ImagesConfig(AppConfig):
    default_auto_field = 'django.db.models.BigAutoField'
    name = 'images'
    def ready(self):
        # signal 핸들러 임포트
        import images.signals
```

images 애플리케이션이 로드될 때 임포트되도록 ready() 메서드에서 이 애플리케이션의
시그널을 가져옵니다. 다음 명령으로 개발 서버를 실행합니다.

```
python manage.py runserver
```

브라우저에서 이미지 상세 페이지를 열어서 Like 버튼을 클릭합니다.

관리 사이트로 이동해서 이미지 수정 URL(예: http://127.0.0.1:8000/admin/images/
image/1/change/)로 이동한 다음 total_likes 속성을 살펴봅니다. 다음과 같이 Like 버튼
을 누른 총사용자 수로 total_likes 속성이 업데이트된 것을 확인할 수 있습니다.

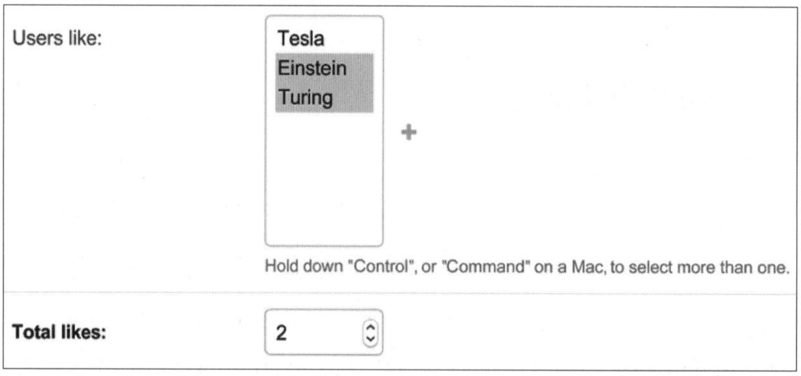

그림 7.6 총좋아요 수에 대한 역정규화를 포함한 관리 사이트의 이미지 수정 페이지

이제 total_likes 속성을 사용해서 복잡한 쿼리를 사용하지 않고도 인기도로 이미지를 정
렬하거나 원하는 위치에 값을 표시할 수 있습니다.

좋아요 수에 따라 내림차순으로 이미지를 정렬하는 다음 쿼리를 예로 들어 보겠습니다.

```
from django.db.models import Count
images_by_popularity = Image.objects.annotate(
    likes=Count('users_like')).order_by('-likes')
```

이제 앞의 쿼리를 다음과 같이 작성할 수 있습니다.

```
images_by_popularity = Image.objects.order_by('-total_likes')
```

이렇게 하면 이미지의 총좋아요 수를 역정규화해서 SQL 쿼리 비용이 줄어듭니다. 또한 장
고 시그널을 사용하는 방법도 배웠습니다.

> **Note** 시그널은 제어 흐름을 파악하기 어려울 수 있으므로 주의해서 사용해야 합니다. 대부분의 경우 알림을 받아야 하는 수신자를 알고 있다면 신호 사용을 피할 수 있습니다.

데이터베이스의 현재 상태와 일치하도록 나머지 이미지 객체의 카운트 초기 값을 설정해야 합니다. 다음 코드로 셸을 엽니다.

```
python manage.py shell
```

셸에서 다음 코드를 실행합니다.

```
>>> from images.models import Image
>>> for image in Image.objects.all():
...     image.total_likes = image.users_like.count()
...     image.save()
```

데이터베이스에 있는 기존 이미지의 좋아요 수를 수동으로 업데이트했습니다. 이제부터는 다대다 관계의 객체가 변경될 때마다 `users_like_changed` 시그널을 받는 함수가 `total_likes` 필드를 갱신하는 작업을 처리합니다.

다음으로 실행 시간, 실행된 SQL 쿼리, 렌더링된 템플릿, 등록된 시그널 등 요청에 대한 관련 디버그 정보를 얻기 위해 장고 디버그 도구 모음(Debug Toolbar)을 사용하는 방법을 배워봅시다.

7.4 장고 디버그 도구 모음

이 시점에서 여러분은 이미 장고의 디버그 페이지에 익숙해졌을 것입니다. 이전 장에서 노란색과 회색의 독특한 장고 디버그 페이지를 여러 번 봤을 것입니다. 예를 들어, "2장, 고급 기능으로 블로그 향상하기"의 페이징 오류 처리 섹션에서 객체에 페이징을 구현할 때 처리되지 않은 예외와 관련된 정보를 디버그 페이지에 표시했습니다.

장고 디버그 페이지는 유용한 디버그 정보를 제공합니다. 그러나 더 자세한 디버그 정보를 가지고 있으면서 개발할 때 정말 유용할 수 있는 장고 애플리케이션이 있습니다.

장고 디버그 도구 모음은 현재 요청/응답 주기와 관련된 디버그 정보를 볼 수 있는 장고 외부의 애플리케이션입니다. 디버그 정보는 요청/응답 데이터, 사용된 파이썬 패키지 버전, 실행 시간, 설정, 헤더, SQL 쿼리, 사용된 템플릿, 캐시, 시그널 및 로깅 등 다양한 정보를 표시하는 여러 패널로 나뉩니다.

장고 디버그 도구 모음에 관한 설명은 https://django-debug-toolbar.readthedocs.io/에서 확인할 수 있습니다.

7.4.1 장고 디버그 도구 모음 설치하기

다음 명령을 사용해서 pip를 통해 django-debut-toolbar를 설치합니다.

```
pip install django-debug-toolbar==3.6.0
```

프로젝트의 setting.py 파일을 편집해서 다음과 같이 INSTALLED_APPS 설정에 debug_toolbar를 추가합니다. 새로운 줄은 굵게 강조 표시했습니다.

```
INSTALLED_APPS = [

# ...
    'debug_toolbar',
]
```

같은 파일에 굵게 강조 표시된 다음 줄을 MIDDLEWARE 설정에 추가합니다.

```
MIDDLEWARE = [
    'debug_toolbar.middleware.DebugToolbarMiddleware',
    'django.middleware.security.SecurityMiddleware',
    'django.contrib.sessions.middleware.SessionMiddleware',
    'django.middleware.common.CommonMiddleware',
    'django.middleware.csrf.CsrfViewMiddleware',
    'django.contrib.auth.middleware.AuthenticationMiddleware',
    'django.contrib.messages.middleware.MessageMiddleware',
    'django.middleware.clickjacking.XFrameOptionsMiddleware',
]
```

장고 디버그 도구 모음은 대부분 미들웨어로 구현합니다. MIDDLEWARE 설정의 순서는 중요합니다. DebugToolbarMiddleware는 다른 미들웨어보다 먼저 배치되어야 하며, GZipMiddleware와 같이 응답의 콘텐츠를 인코딩하는 미들웨어가 있는 경우에는 해당 미들웨어가 먼저 와야 합니다.

settings.py 파일의 끝에 다음 라인을 추가합니다.

```
INTERNAL_IPS = [
    '127.0.0.1',
]
```

장고 디버그 도구 모음은 IP 주소가 INTERNAL_IPS 설정의 항목과 일치하는 경우에만 표시됩니다. 프로덕션 환경에서 디버그 정보가 표시되지 않도록 하기 위해 장고 디버그 도구 모음은 DEBUG 설정이 True인지 확인합니다.

프로젝트의 기본 urls.py 파일을 편집해서 굵은 글씨로 강조 표시된 다음 URL 패턴을 urlpatterns에 추가합니다.

```
urlpatterns = [
    path('admin/', admin.site.urls),
    path('account/', include('account.urls')),
    path('social-auth/',
        include('social_django.urls', namespace='social')),
    path('images/', include('images.urls', namespace='images')),
    path('__debug__/', include('debug_toolbar.urls')),
]
```

이제 프로젝트에 장고 디버그 도구 모음이 설치되었습니다. 이제 사용해 봅시다!

다음 명령으로 개발 서버를 실행합니다.

```
python manage.py runserver
```

브라우저에서 http://127.0.0.1:8000/images/를 엽니다. 이제 오른쪽에 접을 수 있는 사이드 바가 표시됩니다. 사이드 바는 다음과 같이 표시되어야 합니다.

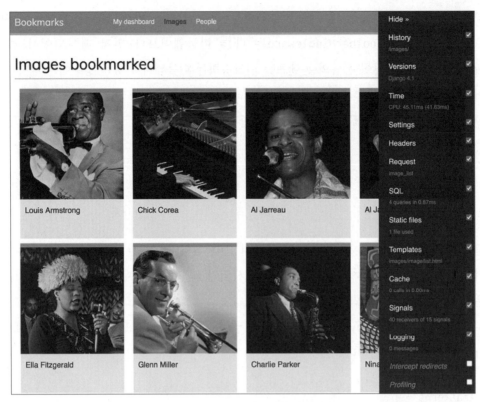

그림 7.7 장고 디버그 도구 모음 사이드 바

디버그 도구 모음이 표시되지 않으면 RunServer 셸의 콘솔 로그를 확인하세요. MIME 타입 오류가 표시되면 MIME 맵 파일이 잘못되었거나 업데이트해야 할 가능성이 큽니다. settings.py 파일에 다음 줄을 추가해서 JavaScript과 CSS 파일에 올바른 매핑을 적용할 수 있습니다.

```
if DEBUG:
    import mimetypes
    mimetypes.add_type('application/javascript', '.js', True)
    mimetypes.add_type('text/css', '.css', True)
```

7.4.2 장고 디버그 도구 모음의 패널

장고 디버그 도구 모음에는 요청/응답 주기에 대한 디버그 정보를 구성하는 여러 패널이 있습니다. 사이드 바에는 각 패널의 링크가 포함되어 있으며, 패널의 체크박스를 사용해서 활성화하거나 비활성화할 수 있습니다. 변경 사항은 다음 요청 시에 적용됩니다. 이 기능은 특정 패널들에 관심이 없음에도 요청에 너무 많은 오버헤드가 발생하는 경우 유용합니다.

사이드 바 메뉴에서 Time을 클릭합니다. 그러면 다음과 같은 패널을 볼 수 있습니다.

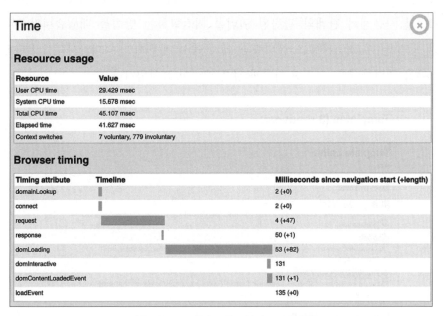

그림 7.8 Time 패널 – 장고 디버그 도구 모음

Time 패널에는 요청/응답 주기의 여러 단계에 대한 타이머가 포함되어 있습니다. 또한 CPU, 걸린(elapsed) 시간, 콘텍스트 전환 횟수도 표시됩니다. Windows를 사용하는 경우는 Time 패널을 볼 수 없습니다. Windows에서는 총시간(Total)만 볼 수 있으며 도구 모음에 표시됩니다. 사이드 메뉴에서 SQL을 클릭합니다. 다음 패널이 표시됩니다.

사이드 바 메뉴에서 SQL을 클릭하면 다음 패널이 표시됩니다.

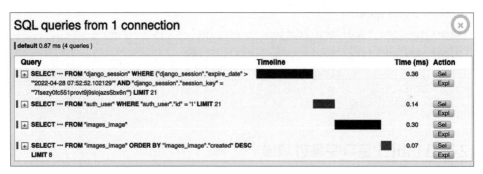

그림 7.9 SQL 패널 - 장고 디버그 도구 모음

여기에서 실행된 다양한 SQL 쿼리를 확인할 수 있습니다. 이 정보는 불필요한 쿼리, 재사용할 수 있는 중복 쿼리 또는 최적화할 수 있는 장기 실행 쿼리를 식별하는데 도움이 될 수 있습니다. 결과에 따라 뷰의 QuerySet을 개선하고, 필요한 경우 모델 필드에 새로운 인덱스를 만들거나, 정보를 캐시할 수 있습니다. 이 장에서는 select_related()과 prefetch_related()를 사용해서 관계와 관련된 쿼리를 최적화하는 방법을 배웠습니다. 데이터를 캐싱하는 방법은 "14장, 콘텐츠 렌더링과 캐시"에서 배우게 됩니다. 사이드 바 메뉴에서 Templates을 클릭합니다. 그러면 다음과 같은 패널이 표시됩니다.

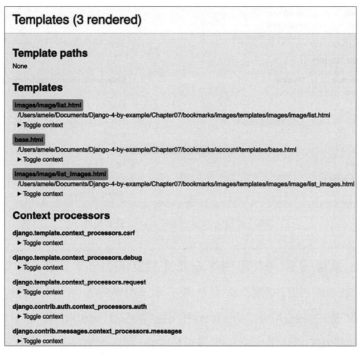

그림 7.10 템플릿 패널 - 장고 디버그 도구 모음

이 패널에는 콘텐츠를 렌더링할 때 사용되는 다양한 템플릿, 템플릿 경로 및 사용된 콘텍스트가 표시됩니다. 또한 사용된 다양한 콘텍스트 프로세서도 확인할 수 있습니다. 콘텍스트 프로세서에 대해서는 *"8장, 온라인 상점 구축하기"*에서 배웁니다.
사이드 바 메뉴에서 시그널을 클릭합니다. 그러면 다음과 같은 패널이 표시됩니다.

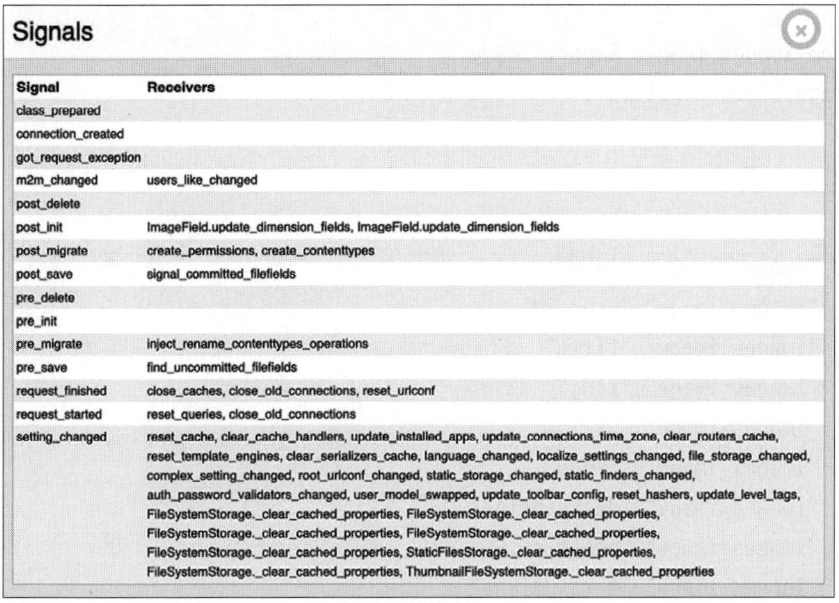
Signals

Signal	Receivers
class_prepared	
connection_created	
got_request_exception	
m2m_changed	users_like_changed
post_delete	
post_init	ImageField.update_dimension_fields, ImageField.update_dimension_fields
post_migrate	create_permissions, create_contenttypes
post_save	signal_committed_filefields
pre_delete	
pre_init	
pre_migrate	inject_rename_contenttypes_operations
pre_save	find_uncommitted_filefields
request_finished	close_caches, close_old_connections, reset_urlconf
request_started	reset_queries, close_old_connections
setting_changed	reset_cache, clear_cache_handlers, update_installed_apps, update_connections_time_zone, clear_routers_cache, reset_template_engines, clear_serializers_cache, language_changed, localize_settings_changed, file_storage_changed, complex_setting_changed, root_urlconf_changed, static_storage_changed, static_finders_changed, auth_password_validators_changed, user_model_swapped, update_toolbar_config, reset_hashers, update_level_tags, FileSystemStorage._clear_cached_properties, FileSystemStorage._clear_cached_properties, FileSystemStorage._clear_cached_properties, FileSystemStorage._clear_cached_properties, FileSystemStorage._clear_cached_properties, StaticFilesStorage._clear_cached_properties, FileSystemStorage._clear_cached_properties, ThumbnailFileSystemStorage._clear_cached_properties

그림 7.11 시그널 패널 – 장고 디버그 도구 모음

이 패널에서는 프로젝트에 등록된 모든 시그널과 각 시그널에 연결된 수신 함수를 볼 수 있습니다. 예를 들어, `m2m_changed` 시그널에 연결된 앞서 만든 `users_like_changed` 수신 함수를 볼 수 있습니다. 다른 시그널과 수신 함수는 다른 장고 애플리케이션의 부분들입니다.
장고 디버그 도구 모음과 함께 제공되는 패널 중 일부를 살펴봤습니다. `https://django-debugtoolbar.readthedocs.io/en/latest/panels.html#third-party-panels`에서 기본 제공 패널 이외에도 다운로드해서 사용할 수 있는 추가적인 서드파티 패널들을 볼 수 있습니다.

7.4.3 장고 디버그 도구 모음 명령

요청/응답 디버그 패널 외에, 장고 디버그 도구 모음은 ORM 호출에 대한 SQL 디버깅을 위한 관리 명령을 제공합니다. 관리 명령 `debugsqlshell`은 장고 셸 명령의 복제지만 장고 ORM을 사용해서 수행된 쿼리의 SQL문을 출력합니다.

다음 명령으로 쉘을 엽니다.

```
python manage.py debugsqlshell
```

다음 코드를 실행합니다.

```
>>> from images.models import Image
>>> Image.objects.get(id=1)
```

다음과 같은 출력이 표시됩니다.

```
SELECT "images_image"."id",
       "images_image"."user_id",
       "images_image"."title",
       "images_image"."slug",
       "images_image"."url",
       "images_image"."image",
       "images_image"."description",
       "images_image"."created",
       "images_image"."total_likes"
FROM "images_image"
WHERE "images_image"."id" = 1
LIMIT 21 [0.44ms]
<Image: Django and Duke>
```

이 명령을 사용해서 ORM 쿼리를 뷰에 추가하기 전에 테스트해서 결과 SQL문과 ORM 호출 실행 시간을 확인할 수 있습니다.

다음 섹션에서는 지연 시간이 짧고 처리량이 많은 데이터 액세스를 제공하는 인메모리 데이터베이스인 Redis를 사용해서 이미지 노출을 카운트하는 방법을 알아보겠습니다.

7.5 Redis로 이미지 노출 카운트하기

Redis는 다양한 유형의 데이터를 저장할 수 있는 발전된 키/값 데이터베이스입니다. 또 매우 빠른 I/O를 수행할 수 있습니다. Redis는 모든 데이터를 메모리에 저장하지만, 데이터

세트를 일정 시간마다 디스크에 덤프하거나 각 명령을 로그에 추가함으로써 영구적으로 저장할 수 있습니다. 강력한 명령 집합을 제공하고 문자열, 해시, 리스트, 셋, 정렬된 셋, 심지어 비트맵이나 HyperLogLogs와 같은 다양한 데이터 구조를 지원하기 때문에 다른 키/값 저장소에 비해 매우 다용도로 사용할 수 있습니다.

SQL은 스키마로 정의된 영구 데이터의 저장소로 가장 적합하지만, Redis는 빠르게 변화하는 데이터, 휘발성 저장소 또는 빠른 캐시가 필요한 경우에 많은 이점을 제공합니다. Redis를 사용해서 프로젝트에 새로운 기능을 구축하는 방법을 살펴보겠습니다.

Redis에 관한 자세한 내용은 `https://redis.io/`에서 확인할 수 있습니다.

Redis는 표준 구성을 가진 Redis 서버를 매우 쉽게 배포할 수 있는 Docker 이미지를 제공합니다.

7.5.1 Docker 설치하기

Docker는 널리 사용되는 오픈 소스 컨테이너 플랫폼입니다. 개발자가 애플리케이션을 컨테이너에 패키징해서 애플리케이션을 빌드, 실행, 관리 및 배포하는 프로세스를 간소화할 수 있습니다.

먼저 사용 중인 OS에 맞는 Docker를 다운로드해서 설치합니다. 설치하는 방법은 Linux, macOS 및 Windows에서 Docker를 다운로드하고 설치하는 방법은 `https://docs.docker.com/get-docker/`에서 확인할 수 있습니다.

7.5.2 Redis 설치하기

Linux, macOS 또는 Windows 머신에 Docker를 설치한 후, 간단하게 Redis Docker 이미지를 가져올 수 있습니다.

```
docker pull redis
```

그러면 로컬 머신에 Redis Docker 이미지가 다운로드됩니다. 공식 Redis Docker 이미지에 관한 정보는 `https://hub.docker.com/_/redis`에서 확인할 수 있습니다. `https://redis.io/download/`에서 Redis를 설치할 수 있는 다른 방법을 찾을 수 있습니다.

셸에서 다음 명령을 실행해서 Redis Docker 컨테이너를 시작합니다.

```
docker run -it --rm --name redis -p 6379:6379 redis
```

이 명령은 Docker 컨테이너에서 Redis를 실행합니다. -it 옵션은 대화형 입력을 위해 컨테이너 내부로 바로 이동하도록 Docker에게 지시합니다. --rm 옵션은 컨테이너가 종료될 때 자동으로 정리하고 파일 시스템을 제거하도록 Docker에게 지시합니다. --name 옵션은 컨테이너에 이름을 지정하는 데 사용됩니다. -p 옵션은 Redis가 실행되는 6379 포트를 동일한 호스트 인터페이스 포트에 게시하는 데 사용됩니다. 6379는 Redis의 기본 포트입니다.

다음 줄로 끝나는 출력이 표시되어야 합니다.

```
# Server initialized
* Ready to accept connections
```

Redis 서버를 포트 6379에서 계속 실행하고 다른 셸을 엽니다. 다음 명령으로 Redis 클라이언트를 시작합니다.

```
docker exec -it redis sh
```

해시 기호가 있는 줄이 표시됩니다.

```
#
```

다음 명령으로 Redis 클라이언트를 시작합니다.

```
# redis-cli
```

다음과 같은 Redis 클라이언트 셸 프롬프트가 표시됩니다.

```
127.0.0.1:6379>
```

Redis 클라이언트를 사용하면 셸에서 직접 Redis 명령을 실행할 수 있습니다. 몇 가지 명령을 실행해 보겠습니다. Redis 셸에 SET 명령을 입력하여 키에 값을 저장합니다.

```
127.0.0.1:6379> SET name "Peter"
OK
```

앞의 명령은 Redis 데이터베이스에 문자열 값 Peter를 사용해서 name 키를 만듭니다. OK 출력은 성공적으로 저장되었음을 나타냅니다.

그리고 다음과 같이 **GET** 명령을 사용해서 값을 조회합니다.

```
127.0.0.1:6379> GET name
"Peter"
```

EXISTS 명령을 사용해서 키의 존재 여부를 확인할 수도 있습니다. 이 명령은 지정된 키가 있으면 1을 반환하고 그렇지 않으면 0을 반환합니다.

```
127.0.0.1:6379> EXISTS name
(integer) 1
```

EXPIRE 명령을 사용해서 키가 만료되는 시간을 설정할 수 있으며, 이 명령은 초 단위로 만료 시간을 설정할 수 있습니다. 또 다른 옵션은 유닉스 타임스탬프를 사용하는 **EXPIREAT**[3] 명령을 사용하는 것입니다. 키 만료는 Redis를 캐시로 사용하거나 휘발성 데이터를 저장하는데 유용합니다.

```
127.0.0.1:6379> GET name
"Peter"
127.0.0.1:6379> EXPIRE name 2
(integer) 1
```

2초 이상 기다렸다가 같은 키를 다시 입력해보세요.

```
127.0.0.1:6379> GET name
(nil)
```

---

3 [역자주] EXPIREAT 명령어는 EXPIRE 명령어와 유사하지만, EXPIREAT 명령어는 유닉스 타임스탬프를 사용하여 만료 시간을 설정합니다. EXPIRE 명령어가 상대적인 시간을 사용해서 만료 시간을 설정하는 데 반해, EXPIREAT 명령어는 절대적인 시간을 사용합니다.

nil은 null을 뜻하며 키를 찾지 못했음을 의미합니다. 다음과 같이 **DEL** 명령을 사용해서 키를 삭제할 수도 있습니다.

```
127.0.0.1:6379> SET total 1
OK
127.0.0.1:6379> DEL total
(integer) 1
127.0.0.1:6379> GET total
(nil)
```

이는 키 작업의 기본 명령입니다. 모든 Redis 명령은 https://redis.io/commands/에서, 모든 Redis 데이터 타입은 https://redis.io/docs/manual/data-types/에서 찾을 수 있습니다.

7.5.3 파이썬과 함께 Redis 사용하기

Redis에 대한 파이썬 바인딩이 필요합니다. 다음 명령을 사용해서 **pip**를 통해 **redis-py**를 설치합니다.

```
pip install redis==4.3.4
```

redis-py의 문서는 https://redis-py.readthedocs.io/에서 찾을 수 있습니다.
redis-py 패키지는 Redis와 연동해서 Redis 명령 구문을 사용할 수 있는 파이썬 인터페이스를 제공합니다. 다음 명령으로 파이썬 쉘을 엽니다.

```
python manage.py shell
```

다음 코드를 실행합니다.

```
>>> import redis
>>> r = redis.Redis(host='localhost', port=6379, db=0)
```

앞의 코드는 Redis 데이터베이스와의 연결을 생성합니다. Redis에서 데이터베이스는 데이터베이스의 이름 대신 정수 인덱스로 식별됩니다. 기본적으로 클라이언트는 데이터베이스 0

에 연결됩니다. 사용 가능한 Redis 데이터베이스의 수는 16개로 설정되어 있지만 `redis.conf` 구성 파일에서 이를 변경할 수 있습니다. 다음으로 파이썬 셸을 사용해서 키를 설정합니다.

```
>>> r.set('foo', 'bar')
True
```

명령이 **True**를 반환하며 키가 성공적으로 생성되었음을 나타냅니다. 이제 다음과 같이 `get()` 명령을 사용해서 키를 조회할 수 있습니다.

```
>>> r.get('foo')
b'bar'
```

앞의 코드에서 알 수 있듯이 Redis의 메서드는 Redis 명령 구문을 따릅니다.

이제 프로젝트에 Redis를 통합해 보겠습니다. 북마크 프로젝트의 `settings.py` 파일을 편집해서 다음 설정을 추가합니다.

```
REDIS_HOST = 'localhost'
REDIS_PORT = 6379
REDIS_DB = 0
```

이것은 프로젝트에 사용할 Redis 서버와 데이터베이스에 대한 설정입니다.

7.5.4 Redis에 이미지 조회 횟수 저장

이미지가 조회된 총횟수를 저장하는 방법을 찾아보겠습니다. 장고 ORM을 사용해서 이를 구현하면 이미지가 표시될 때마다 SQL UPDATE 쿼리가 필요합니다.

대신 Redis를 사용하면 메모리에 저장된 카운터만 증가시키면 되므로 성능이 훨씬 향상되고 오버헤드가 줄어듭니다.

`images` 애플리케이션의 `views.py` 파일을 편집해서 기존 임포트문 뒤에 다음 코드를 추가합니다.

```
import redis from django.conf
import settings
```

```
# Redis에 연결
r = redis.Redis(host=settings.REDIS_HOST,
                port=settings.REDIS_PORT,
                db=settings.REDIS_DB)
```

앞의 코드는 뷰에서 사용하기 위한 Redis 연결을 설정합니다. **images** 애플리케이션의
views.py 파일을 편집해서 다음과 같이 **images_detail** 뷰를 수정합니다. 새로운 코드는
굵게 강조 표시했습니다.

```
def image_detail(request, id, slug):
    image = get_object_or_404(Image, id=id, slug=slug)
    # 이미지의 총조회수가 1씩 증가
    total_views = r.incr(f'image:{image.id}:views')
    return render(request,
                  'images/image/detail.html',
                  {'section': 'images',
                   'image': image,
                   'total_views': total_views})
```

이 뷰에서는 지정된 키의 값을 1씩 증가시키는 **incr** 명령을 사용합니다. 키가 없는 경우
incr 명령이 키를 만듭니다. **incr()** 메서드는 연산을 수행한 다음 키의 최종 값을 반환
합니다. 이 값을 **total_views** 변수에 저장하고 템플릿 콘텍스트에 전달합니다. **object-
type:id:field**(예: image:33:id)와 같은 표기법을 사용해서 Redis 키를 빌드합니다.

> **Note** Redis 키는 콜론 기호를 구분자로 사용해서 이름 짓는 규칙을 지켜 네임스페이스 키를 만듭니다. 이
> 렇게 하면 키 이름이 장황해지고 관련 키들이 이름에서 동일한 스키마의 일부를 공유하게 됩니다.

images 애플리케이션의 **images/image/detail.html** 템플릿을 편집해서 굵게 강조 표시된
다음 코드를 추가합니다.

```
...
<div class="image-info">
  <div>
    <span class="count">
      <span class="total">{{ total_likes }}</span>
      like{{ total_likes|pluralize }}
```

```
    </span>
    <span class="count">
      {{ total_views }} view{{ total_views|pluralize }}
    </span>
    <a href="#" data-id="{{ image.id }}" data-action="{% if request.user in
users_like %}un{% endif %}like"      class="like button">
      {% if request.user not in users_like %}
        Like
      {% else %}
        Unlike
      {% endif %}
    </a>
  </div>
  {{ image.description|linebreaks }}
</div>
...
```

다음 명령으로 개발 서버를 실행합니다.

```
python manage.py runserver
```

브라우저에서 이미지 상세 페이지를 열고 여러 번 다시 로드합니다. 뷰가 처리될 때마다 표시되는 총조회수가 1씩 증가하는 것을 볼 수 있습니다. 다음 예제를 살펴보세요.

그림 7.12 좋아요 수 및 조회수를 가지고 있는 이미지 상세 페이지

좋습니다! 이미지 조회수를 계산하기 위해 프로젝트에 Redis를 성공적으로 통합했습니다. 다음 섹션에서는 Redis를 사용해서 가장 많이 조회된 이미지의 랭킹을 작성하는 방법을 알아보겠습니다.

7.5.5 Redis에 랭킹 저장하기

이제 Redis로 좀 더 복잡한 것을 만들어 보겠습니다. Redis를 사용해서 플랫폼에서 가장 많이 조회된 이미지의 랭킹을 저장하겠습니다. 이를 위해 Redis의 정렬된 셋(sorted set)을 사용하겠습니다. 정렬된 셋은 모든 요소가 점수를 가지는 중복되지 않는 문자열 컬렉션입니다. 요소들은 점수에 따라 정렬됩니다.

`images` 애플리케이션의 `views.py` 파일을 열어 굵게 강조 표시된 다음 코드를 `image_detail` 뷰에 추가합니다.

```
def image_detail(request, id, slug):
    image = get_object_or_404(Image, id=id, slug=slug)
    # 이미지의 총조회수가 1씩 증가
    total_views = r.incr(f'image:{image.id}:views')
    # 이미지 순위가 1씩 증가
    r.zincrby('image_ranking', 1, image.id)
    return render(request,
                  'images/image/detail.html',
                  {'section': 'images',
                   'image': image,
                   'total_views': total_views})
```

`zincrby()` 명령을 사용해서 `image:ranking` 키를 가진 정렬된 셋에 이미지 조회수를 저장합니다. 정렬된 셋에서 이미지 `id`와 관련된 요소의 총점을 증가시킵니다. 이렇게 하면 모든 이미지 조회수를 전역적으로 추적하고 총조회수를 기준으로 정렬된 집합을 가질 수 있습니다.

이제 가장 많이 조회된 이미지의 랭킹을 표시하는 새로운 뷰를 만듭니다. `images` 애플리케이션의 `views.py` 파일에 다음 코드를 추가합니다.

```
@login_required
def image_ranking(request):
    # 이미지 순위 딕셔너리 가져오기
    image_ranking = r.zrange('image_ranking', 0, -1,
                             desc=True)[:10]
    image_ranking_ids = [int(id) for id in image_ranking]
    # 가장 많이 조회된 이미지 가져오기
    most_viewed = list(Image.objects.filter(
```

```
                          id__in=image_ranking_ids))
    most_viewed.sort(key=lambda x: image_ranking_ids.index(x.id))
    return render(request,
                  'images/image/ranking.html',
                  {'section': 'images',
                   'most_viewed': most_viewed})
```

image_ranking 뷰는 다음과 같이 동작합니다.

1. zrange() 명령을 사용해서 정렬된 셋의 요소들을 가져옵니다. 이 명령은 사용자가 정의한 조회할 멤버의 시작 인덱스와 조회할 멤버의 끝 인덱스를 필요로 합니다. 0을 시작 인덱스로, −1을 끝 인덱스로 사용하면 정렬된 셋의 모든 요소를 반환하도록 Redis에 요청하는 명령입니다. 또한 점수의 내림차순으로 정렬해서 요소를 조회하기 위해 desc=True를 지정합니다. 마지막으로 [:10]을 사용해서 결과를 잘라, 점수가 가장 높은 처음 10개의 요소들을 가져옵니다.

2. image_ranking_ids 변수에 정수형 리스트로 반환된 이미지들의 ID 목록을 저장합니다. 그리고 해당 ID들을 가진 Image 객체를 가져오기 위해 list() 함수를 사용해서 쿼리를 강제로 실행합니다. QuerySet 실행을 강제하는 것은 QuerySet의 실행 결과에 리스트 함수 sort()를 사용하기 위한 것입니다(따라서 QuerySet이 아닌 리스트가 객체가 필요합니다).

3. 이미지 랭킹에 나타난 인덱스에 따라 Image 객체를 정렬합니다. 이제 템플릿에서 가장 많이 본 10개의 이미지를 표시하기 위해 most_viewed 리스트를 사용할 수 있습니다.

images 애플리케이션의 images/image/template 디렉터리 내에 새로운 ranking.html 템플릿을 만들고 다음 코드를 추가합니다.

```
{% extends "base.html" %} {% block title %}Images ranking{% endblock %}
{% block content %}
  <h1>Images ranking</h1>
  <ol>
    {% for image in most_viewed %}
      <li>
        <a href="{{ image.get_absolute_url }}">
          {{ image.title }}
        </a>
```

```
        </li>
    {% endfor %}    </ol>
 {% endblock %}
```

템플릿은 매우 간단합니다. 가장 많이 본 목록에 포함된 Image 객체를 반복해서 이미지 상세 페이지로 연결되는 링크를 포함한 해당 이름을 표시하면 됩니다.

마지막으로 새로운 뷰의 URL 패턴을 만들어야 합니다. images 애플리케이션의 urls.py 파일을 편집해서 굵게 강조 표시된 다음 URL 패턴을 추가합니다.

```
urlpatterns = [
    path('create/', views.image_create, name='create'),
    path('detail/<int:id>/<slug:slug>/',
        views.image_detail, name='detail'),
    path('like/', views.image_like, name='like'),
    path('', views.image_list, name='list'),
    path('ranking/', views.image_ranking, name='ranking'),
]
```

개발 서버를 실행하고 웹 브라우저로 사이트에 액세스한 다음, 서로 다른 이미지들의 상세 페이지를 여러 번 로드합니다. 그런 다음 브라우저에서 http://127.0.0.1:8000/images/ranking/에 액세스하면, 다음과 같이 이미지 랭킹을 확인할 수 있습니다.

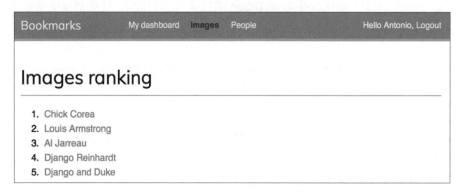

그림 7.13 Redis의 조회수 데이터로 만든 랭킹 페이지

좋습니다! 방금 Redis를 사용한 랭킹을 만들었습니다.

7.5.6 Redis로 할 수 있는 다음 단계의 일들

Redis는 SQL 데이터베이스를 대체할 수는 없지만 특정 작업에 더 적합한 빠른 인메모리 스토리지를 제공합니다. 기억해 두었다가 필요할 때 사용하면 좋습니다. 다음은 Redis가 유용할 수 있는 몇 가지 시나리오입니다.

- **계산**: 지금까지 살펴본 바와 같이, Redis로 카운트를 관리하는 것은 매우 쉽습니다. incr()과 incrby()를 사용해서 개수를 계산할 수 있습니다.
- **최신 항목 저장**: lpush()와 rpush()를 사용해서 목록의 시작과 끝에 항목을 추가할 수 있습니다. lpop()/rpop()을 사용해서 첫 번째/마지막 요소를 제거하고 반환합니다. 목록의 길이를 유지하기 위해 ltrim()을 사용해 목록의 길이를 유지할 수 있습니다.
- **큐**: Redis는 push 및 pop 명령 외에도 블록킹 push 및 블록킹 pop 명령도 제공합니다.
- **캐시**: expire() 및 expireat()를 사용하면 Redis를 캐시로 사용할 수 있습니다. 장고용 서드파티 Redis 캐시 백엔드를 찾아볼 수도 있습니다.
- **발행/구독(Pub/sub)**: Redis는 채널의 구독/구독 취소, 채널에 메시지 전송을 위한 명령을 제공합니다.
- **랭킹 및 순위표**: Redis의 정렬된 셋을 사용하면 순위표를 매우 쉽게 만들 수 있습니다.
- **실시간 추적**: Redis의 빠른 I/O는 실시간 시나리오에 적합합니다.

7.6 추가 자료

다음 자료들은 이 장에서 다루는 주제와 관련된 추가 정보를 제공합니다.

- 이 장의 소스 코드 – https://github.com/PacktPublishing/Django-4-by-example/tree/main/Chapter07
- 커스텀 User 모델 – https://docs.djangoproject.com/en/4.1/topics/auth/customizing/#specifying-a-custom-user-model
- 콘텐츠 타입 프레임워크 – https://docs.djangoproject.com/en/4.1/ref/contrib/contenttypes/
- 장고의 내장 시그널 – https://docs.djangoproject.com/en/4.1/ref/signals/

- 애플리케이션 구성 클래스 – https://docs.djangoproject.com/en/4.1/ref/applications/
- 장고 디버그 도구 모음 문서 – https://django-debug-toolbar.readthedocs.io/
- 장고 디버그 도구 모음 서드파티 패널 – https://django-debug-toolbar.readthedocs.io/ko/latest/panels.html#third-party-panels
- Redis 인메모리 데이터 저장소 – https://redis.io/
- Docker 다운로드 및 설치 지침 – https://docs.docker.com/get-docker/
- 공식 Redis Docker 이미지 – https://hub.docker.com/_/redis.
- Redis 다운로드 옵션 – https://redis.io/download/
- Redis 명령 – https://redis.io/commands/
- Redis 데이터 타입 – https://redis.io/docs/manual/data-types/
- redis-py 문서 – https://redis-py.readthedocs.io/

7.7 요약

이 장에서는 중개 모델과 다대다 관계를 사용해서 팔로우 시스템을 만들었습니다. 또한 일반화한 관계를 사용해서 활동 스트림을 생성하고 관련 객체를 조회하기 위한 QuerySet을 최적화했습니다. 그런 다음 이 장에서는 장고 시그널을 소개하고 관련된 객체의 수를 역정규화할 수 있도록 시그널 수신 함수를 만들었습니다. 시그널 핸들러를 로드하는 데 사용한 애플리케이션 구성 클래스들을 다뤘습니다. 프로젝트에 장고 디버그 도구 모음을 추가했으며 Redis를 설치하고 구성하는 방법도 배웠습니다. 마지막으로 프로젝트에서 Redis를 사용해서 항목의 노출 횟수를 저장하고 Redis로 이미지 랭킹을 작성했습니다.

다음 장에서는 온라인 상점을 구축하는 방법을 배웁니다. 세션을 사용해서 제품의 카탈로그를 만들고 쇼핑 카트를 구축합니다. 커스텀 콘텍스트 프로세서를 만드는 방법을 배웁니다. 또 Celery와 RabbitMQ를 사용해서 고객의 주문을 관리하고 비동기로 알림을 전송할 것입니다.

8장

온라인 상점 구축하기

django

7장에서는 팔로우 시스템을 만들고 사용자 활동 스트림을 구축했습니다. 또한 장고 시그널이 어떻게 작동하는지 배웠고, 이미지 조회수를 계산하기 위해 프로젝트에 Redis를 통합했습니다.

이번 장에서는 모든 기능을 갖춘 온라인 상점으로 구성된 새로운 장고 프로젝트를 시작하겠습니다. 이 장과 다음 두 장에서는 전자 상거래 플랫폼의 필수 기능을 구축하는 방법을 보여드리겠습니다. 온라인 상점에서 고객은 제품을 조회하여 장바구니에 추가하고, 할인 코드를 적용하고 결제 프로세스를 거쳐 신용카드로 결제한 뒤 송장을 받을 수 있습니다. 또한 고객에게 제품을 추천하는 추천 엔진을 구현하고 국제화를 사용해 여러 언어로 사이트를 제공할 수 있습니다.

아 장에서는 다음 내용을 배웁니다.

- 제품 카탈로그 만들기
- 장고 세션을 사용한 쇼핑 카트 구축
- 커스텀 콘텍스트 프로세스 만들기
- 고객 주문 관리
- 프로젝트에서 RabbitMQ를 메시지 브로커로 사용해서 Celery 구성하기
- Celery를 사용해서 고객에게 비동기 알림 보내기
- Flower를 사용해서 Celery 모니터링하기

이 장의 소스 코드는 https://github.com/PacktPublishing/Django-4-by-example/tree/main/Chapter08에서 찾을 수 있습니다.

이 장에서 사용된 모든 파이썬 모듈은 이 장과 함께 제공된 소스 코드의 requirements.txt 파일에 포함되어 있습니다. 각 파이썬 모듈의 지침에 따라 설치하거나 pip install -r requirements.txt 명령을 사용해서 모든 요구 사항을 한 번에 설치할 수 있습니다.

8.1 온라인 상점 프로젝트 만들기

온라인 상점을 구축하기 위한 새로운 장고 프로젝트를 시작해 보겠습니다. 사용자는 제품의 카탈로그를 조회하고 장바구니에 제품을 추가할 수 있습니다. 마지막으로 카트를 체크아웃하고 주문할 수 있습니다. 이 장에서는 온라인 상점의 다음 기능을 다룹니다.

- 제품 카탈로그 모델 생성하기, 관리 사이트에 추가하기, 카탈로그를 표시하는 기본 뷰 만들기
- 사용자가 사이트를 돌아다니면서 선택한 제품을 유지할 수 있도록 장고 세션을 사용한 쇼핑 카트 시스템 만들기
- 사이트에서 주문할 수 있는 폼 및 기능 만들기
- 사용자가 주문할 때 비동기로 확인 이메일을 사용자에게 보내기

셸을 열고 다음 명령을 사용해서 env/ 디렉터리 내에 이 프로젝트에 대한 새로운 가상 환경을 만듭니다.

```
python -m venv env/myshop
```

Linux 또는 macOS를 사용하는 경우 다음 명령을 실행해서 가상 환경을 활성화합니다.

```
source env/myshop/bin/activate
```

Windows를 사용하는 경우 대신 다음 명령을 사용합니다.

```
.\env\myshop\Scripts\activate
```

셸 프롬프트에 다음과 같이 활성 가상 환경이 표시됩니다.

```
(myshop)laptop:~ zenx$
```

다음 명령을 사용해서 가상 환경에 장고를 설치합니다.

```
pip install Django~=4.1.0
```

셸을 열고 다음 명령을 실행해서 shop이라는 애플리케이션으로 myshop이라는 새로운 프로젝트를 시작합니다.

```
django-admin startproject myshop
```

초기 프로젝트 구조가 생성되었습니다. 다음 명령을 사용해서 프로젝트 디렉터리로 이동하고 shop이라는 이름의 새로운 애플리케이션을 만듭니다.

```
cd myshop/
django-admin startapp shop
```

settings.py를 편집하고 굵은 글씨로 강조 표시된 다음 줄을 INSTALLED_APPS 목록에 추가합니다.

```
INSTALLED_APPS = [
    'django.contrib.admin',
    'django.contrib.auth',
    'django.contrib.contenttypes',
    'django.contrib.sessions',
    'django.contrib.messages',
    'django.contrib.staticfiles',
    'shop.apps.ShopConfig',
]
```

이제 이 프로젝트에 대한 애플리케이션이 활성화되었습니다. 제품 카탈로그의 모델을 정의해 보겠습니다.

8.1.1 제품 카탈로그 모델 생성

상점 카탈로그는 다양한 카테고리로 구성된 제품으로 구성됩니다. 각 제품에는 이름, 설명 (선택 사항), 이미지(선택 사항), 가격, 사용 가능성 등이 포함됩니다.

방금 생성한 상점 애플리케이션의 models.py 파일을 편집해서 다음 코드를 추가합니다.

```
from django.db import models

class Category(models.Model):
    name = models.CharField(max_length=200)
    slug = models.SlugField(max_length=200,
                            unique=True)
    class Meta:
        ordering = ['name']
        indexes = [
            models.Index(fields=['name']),
```

```
        ]
        verbose_name = 'category'
        verbose_name_plural = 'categories'
    def __str__(self):
        return self.name
class Product(models.Model):
    category = models.ForeignKey(Category,
                                 related_name='products',
                                 on_delete=models.CASCADE)
    name = models.CharField(max_length=200)
    slug = models.SlugField(max_length=200)
    image = models.ImageField(upload_to='products/%Y/%m/%d',
                              blank=True)
    description = models.TextField(blank=True)
    price = models.DecimalField(max_digits=10,
                                decimal_places=2)
    available = models.BooleanField(default=True)
    created = models.DateTimeField(auto_now_add=True)
    updated = models.DateTimeField(auto_now=True)
    class Meta:
        ordering = ['name']
        indexes = [
            models.Index(fields=['id', 'slug']),
            models.Index(fields=['name']),
            models.Index(fields=['-created']),
        ]
    def __str__(self):
        return self.name
```

이 코드는 Category 및 Product 모델입니다. Category 모델은 name 필드와 중복되지 않는 slug 필드로 구성됩니다(unique는 인덱스 생성을 의미). Category 모델의 Meta에서 name 필드를 위한 인덱스를 정의했습니다. Product 모델의 필드는 다음과 같습니다.

• category: 카테고리 모델에 대한 ForeignKey입니다. 일대다 관계입니다. 제품은 하나의 카테고리에 속하고 카테고리에는 여러 제품이 포함됩니다.

• name: 제품의 이름입니다.

• slug: 아름다운 URL을 만들기 위한 해당 제품의 슬러그입니다.

- **image**: 제품의 이미지를 저장할 수 있습니다.
- **description**: 제품 설명을 저장할 수 있습니다.
- **price**: 이 필드는 고정 소수점(decimal) 숫자를 저장하기 위해 파이썬의 `decimal.Decimal` 타입을 사용합니다. 소수점을 포함한 최대 자릿수는 `max_digits` 속성을 사용해 설정하며, 소수점 이하 자릿수는 `decimal_places` 속성을 사용해 설정합니다.
- **available**: 제품이 구매 가능한지 여부를 나타내는 부울 값입니다. 카탈로그에서 제품을 활성/비활성화하는 데 사용합니다.
- **created**: 이 필드에는 객체가 생성된 시점이 저장됩니다.
- **updated**: 이 필드에는 객체가 마지막으로 업데이트된 시점이 저장됩니다.

`price` 필드의 경우 반올림 문제를 피하기 위해 `FloatField` 대신 `DecimalField`를 사용합니다.

Tip 화폐의 금액을 저장할 때는 항상 `DecimalField`를 사용하세요. `FloatField`는 내부적으로 파이썬의 `float`를 사용하는 반면, `DecimalField`는 파이썬의 십진수 타입을 사용합니다. `Decimal` 타입을 사용하면 부동 소수점 반올림 문제를 피할 수 있습니다.

`Product` 모델의 `Meta` 클래스에서 `id` 및 `slug` 필드에 대한 다중 필드 인덱스를 정의했습니다. 두 필드를 함께 인덱싱해서 두 필드를 활용하는 쿼리의 성능을 개선합니다.

우리는 `id`와 `slug` 모두로 제품을 조회할 계획입니다. `name` 필드에 대한 인덱스와 `created` 필드에 대한 인덱스를 추가했습니다. `created` 필드 이름 앞에 하이픈을 사용해서 내림차순으로 인덱스를 정의했습니다.

그림 8.1은 생성한 두 데이터 모델을 보여줍니다.

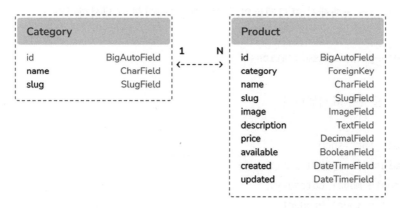

그림 8.1 제품 카탈로그용 모델

그림 8.1에서 데이터 모델의 서로 다른 필드와 **Category**와 **Product** 모델 간의 일대다 관계를 볼 수 있습니다.

이런 모델을 사용하면 그림 8.2에 다음과 같은 데이터베이스 테이블이 표시됩니다.

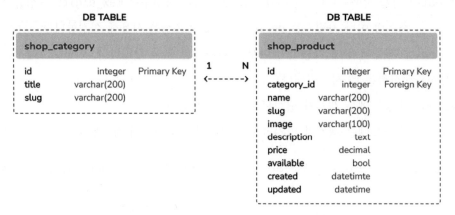

그림 8.2 제품 카탈로그 모델의 데이터베이스 테이블

두 테이블 간의 일대다 관계는 각 **Product** 객체의 관련 **Category**의 ID를 저장하는 데 사용되는 shop_product 테이블의 category_id 필드에 정의되어 있습니다.

이제 shop 애플리케이션에 대한 초기 데이터베이스 마이그레이션을 만들어 보겠습니다. 모델에서 이미지를 처리할 예정이므로 Pillow 라이브러리를 설치해야 합니다. *"4장, 소셜 웹사이트 구축하기"*에서 이미지를 관리하기 위해 Pillow 라이브러리를 설치하는 방법을 배웠음을 기억하세요. 셸을 열고 다음 명령을 사용해서 Pillow를 설치합니다.

```
pip install Pillow==9.2.0
```

이제 다음 명령을 실행해서 프로젝트의 초기 마이그레이션을 생성합니다.

```
python manage.py makemigrations
```

다음과 같은 출력이 표시됩니다.

```
Migrations for 'shop':
  shop/migrations/0001_initial.py
    - Create model Category
    - Create model Product
    - Create index shop_catego_name_289c7e_idx on field(s) name of model
```

```
category
    - Create index shop_produc_id_f21274_idx on field(s) id, slug of model
product
    - Create index shop_produc_name_a2070e_idx on field(s) name of model
product
    - Create index shop_produc_created_ef211c_idx on field(s) -created of model
product
```

다음 명령을 실행해서 데이터베이스를 동기화합니다.

```
python manage.py migrate
```

다음과 같은 라인이 포함된 메시지가 출력됩니다.

```
Applying shop.0001_initial... OK
```

이제 데이터베이스가 모델과 동기화되었습니다.

8.1.2 관리 사이트에 카탈로그 모델 등록하기

카테고리와 제품을 쉽게 관리할 수 있도록 관리 사이트에 모델을 추가해 보겠습니다. shop 애플리케이션의 admin.py 파일을 편집하고 다음 코드를 추가합니다.

```python
from django.contrib import admin
from .models import Category, Product


@admin.register(Category)
class CategoryAdmin(admin.ModelAdmin):
    list_display = ['name', 'slug']
    prepopulated_fields = {'slug': ('name',)}


@admin.register(Product)
class ProductAdmin(admin.ModelAdmin):
    list_display = ['name', 'slug', 'price',
                    'available', 'created', 'updated']
    list_filter = ['available', 'created', 'updated']
```

```
    list_editable = ['price', 'available']
    prepopulated_fields = {'slug': ('name',)}
```

다른 필드의 값을 사용해서 값이 자동으로 설정되는 필드를 지정하려면 `prepopulated_fields` 속성을 사용한다는 점을 기억하세요. 앞서 보았듯이 이것은 슬러그를 생성하는데 편리합니다.

`ProductAdmin` 클래스에 `list_editable` 속성을 사용해서 관리 사이트의 목록 페이지에서 편집할 수 있는 필드를 설정할 수 있습니다. 이렇게 하면 동시에 여러 행을 편집할 수 있습니다. 표시된 필드만 편집할 수 있으므로 `list_editable`의 모든 필드는 `list_display` 속성에도 나열되어야 합니다. 이제 다음 명령을 사용해서 사이트에 슈퍼유저를 만듭니다. 이제 다음 명령을 사용해서 사이트에 슈퍼유저를 만듭니다.

```
python manage.py createsuperuser
```

원하는 사용자 이름, 이메일, 패스워드를 입력합니다.

```
python manage.py runserver
```

브라우저에서 `http://127.0.0.1:8000/admin/shop/product/add/`를 열고 방금 생성한 사용자로 로그인합니다. 관리 인터페이스를 사용해서 새로운 카테고리와 제품을 추가합니다. 제품 추가 양식은 다음과 같이 표시되어야 합니다.

그림 8.3 제품 생성 폼

Save 버튼을 클릭합니다. 그러면 관리 페이지의 제품 변경 목록 페이지가 다음과 같이 표시됩니다.

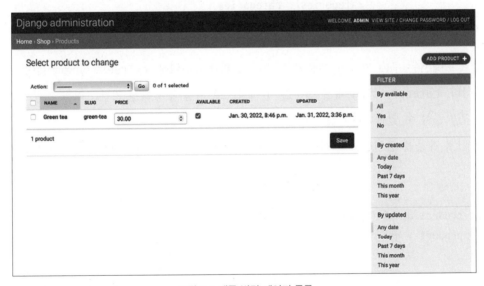

그림 8.4 제품 변경 페이지 목록

8.1.3 카탈로그 뷰 만들기

제품 카탈로그를 표시하려면 모든 제품을 나열하거나 특정 카테고리를 기준으로 제품을 필터링하는 뷰를 생성해야 합니다. shop 애플리케이션의 views.py 파일을 편집해서 굵게 강조 표시된 다음 코드를 추가합니다.

```
from django.shortcuts import render, get_object_or_404
from .models import Category, Product

def product_list(request, category_slug=None):
    category = None
    categories = Category.objects.all()
    products = Product.objects.filter(available=True)
    if category_slug:
        category = get_object_or_404(Category,
                                     slug=category_slug)
        products = products.filter(category=category)
    return render(request,
                  'shop/product/list.html',
                  {'category': category,
                   'categories': categories,
                   'products': products})
```

앞의 코드에서는 구매 가능한 제품만 조회하기 위해 available=True로 QuerySet을 필터링합니다. category_slug 매개 변수를 선택적으로 사용해서 특정 카테고리를 기준으로 제품을 필터링할 수 있습니다.

또한 단일 제품을 검색하고 표시하려면 뷰가 필요합니다. views.py 파일에 다음 뷰를 추가합니다.

```
def product_detail(request, id, slug):
    product = get_object_or_404(Product,
                                id=id,
                                slug=slug,
                                available=True)
    return render(request,
                  'shop/product/detail.html',
                  {'product': product})
```

product_detail 뷰에서는 제품 인스턴스를 검색하기 위해 id 및 slug 매개 변수가 필요합니다. ID만을 가지고도 해당 제품의 인스턴스를 획득할 수 있습니다. 그러나 SEO 친화적인 제품 URL을 작성하기 위해 URL에 슬러그를 포함해야 합니다.

제품 목록 및 상세 뷰를 만든 후에는 해당 제품 목록 및 상세 뷰의 URL 패턴을 정의해야 합니다. shop 애플리케이션 디렉터리 내에 새로운 파일을 생성하고 이름을 urls.py로 지정합니다. 여기에 다음 코드를 추가합니다.

```python
from django.urls import path
from . import views

app_name = 'shop'

urlpatterns = [
    path('', views.product_list, name='product_list'),
    path('<slug:category_slug>/', views.product_list,
        name='product_list_by_category'),
    path('<int:id>/<slug:slug>/', views.product_detail,
        name='product_detail'),
]
```

코드는 제품 카탈로그의 URL 패턴입니다. product_list 뷰에 두 가지 다른 URL 패턴을 정의했는데, 매개 변수 없이 product_list 보기를 호출하는 product_list라는 패턴이 한 가지, 전달된 카테고리에 따라 제품을 필터링하기 위해 category_slug 매개 변수를 뷰에 제공하는 product_list_by_category라는 패턴이 나머지 한 가지입니다. 특정 제품을 조회하기 위해 id 및 slug 매개 변수를 뷰에 전달하는 product_detail 뷰의 패턴도 추가했습니다.

myshop 프로젝트의 urls.py 파일을 편집해서 다음과 같이 만듭니다.

```python
from django.contrib import admin
from django.urls import path, include

urlpatterns = [
    path('admin/', admin.site.urls),
    path('', include('shop.urls', namespace='shop')),
]
```

프로젝트의 기본 URL 패턴에서 **shop**이라는 사용자 지정 네임스페이스 아래에 **shop** 애플리케이션의 URL들을 추가합니다.

그런 다음 shop 애플리케이션의 `models.py` 파일을 편집하고 `reverse()` 함수를 임포트한후, 다음과 같이 Category와 Product 모델에 `absolute_url()` 메서드를 추가합니다. 새로운 코드는 굵게 강조 표시되어 있습니다.

```python
from django.db import models
from django.urls import reverse

class Category(models.Model):
    # ...
    def get_absolute_url(self):
        return reverse('shop:product_list_by_category',
                        args=[self.slug])
class Product(models.Model):
    # ...
    def get_absolute_url(self):
        return reverse('shop:product_detail',
                        args=[self.id, self.slug])
```

이미 아시다시피 `get_absolute_url()`은 주어진 객체의 URL을 조회하는 방식입니다. 여기서는 방금 `urls.py` 파일에서 정의한 URL 패턴을 사용합니다.

8.1.4 카탈로그 템플릿 생성하기

이제 제품 목록 및 상세 페이지용 템플릿을 만들어야 합니다. 상점 애플리케이션 디렉터리 내에 다음 디렉터리와 파일을 생성합니다.

```
templates/
    shop/
        base.html
        product/
            list.html
            detail.html
```

기본 템플릿을 정의한 다음 제품 목록과 상세 템플릿으로 확장합니다. `shop/base.html` 템플릿을 편집해서 다음 코드를 추가합니다.

```
{% load static %}
<!DOCTYPE html>
<html>
  <head>
    <meta charset="utf-8" />
    <title>{% block title %}My shop{% endblock %}</title>
    <link href="{% static "css/base.css" %}" rel="stylesheet">
  </head>
  <body>
    <div id="header">
      <a href="/" class="logo">My shop</a>
    </div>
    <div id="subheader">
      <div class="cart">
        Your cart is empty.
      </div>
    </div>
    <div id="content">
      {% block content %}
      {% endblock %}
    </div>
  </body>
</html>
```

이 템플릿은 상점에 사용할 기본 템플릿입니다. 템플릿이 사용하는 CSS 스타일과 이미지를 포함하려면 이 장과 함께 제공되는 소스 파일에서 정적 파일들을 복사해야 하는데, 이 파일들은 shop 애플리케이션의 static/ 디렉터리에 있습니다. 프로젝트의 같은 위치에 복사합니다. 해당 디렉터리의 내용은 https://github.com/PacktPublishing/Django-4-by-Example/tree/main/Chapter08/myshop/shop/static에서 확인할 수 있습니다.

shop/product/list.html 템플릿을 열어 다음 코드를 추가합니다.

```
{% extends "shop/base.html" %}
{% load static %}
{% block title %}
```

```
    {% if category %}{{ category.name }}{% else %}Products{% endif %}
{% endblock %}
{% block content %}
  <div id="sidebar">
    <h3>Categories</h3>
    <ul>
      <li {% if not category %}class="selected"{% endif %}>
        <a href="{% url "shop:product_list" %}">All</a>
      </li>
      {% for c in categories %}
        <li {% if category.slug == c.slug %}class="selected"
        {% endif %}>
          <a href="{{ c.get_absolute_url }}">{{ c.name }}</a>
        </li>
      {% endfor %}
    </ul>
  </div>
  <div id="main" class="product-list">
    <h1>{% if category %}{{ category.name }}{% else %}Products
    {% endif %}</h1>
    {% for product in products %}
      <div class="item">
        <a href="{{ product.get_absolute_url }}">
          <img src="{% if product.image %}{{ product.image.url }}{% else %}{%
static "img/no_image.png" %}{% endif %}">
        </a>
        <a href="{{ product.get_absolute_url }}">{{ product.name }}</a>
        <br>
        ${{ product.price }}
      </div>
    {% endfor %}
  </div>
{% endblock %}
```

템플릿 태그가 여러 줄로 나뉘어 작성되지 않도록 주의하세요.

제품 목록 템플릿 코드입니다. shop/base.html 템플릿을 확장하고 categories 콘텍스트 변수를 사용해서 사이드 바에 모든 카테고리를 표시하고 products을 사용해서 현재 페이지의 제품을 표시합니다. 구매 가능한 모든 제품 나열할 때와 카테고리별로 필터링된 제품을 나열할 때 모두 동일한 템플릿이 사용됩니다. Product 모델의 image 필드는 없을 수 있으므로 이미지가 없는 제품의 경우 기본 이미지를 제공해야 합니다. 기본 이미지는 정적 파일 디렉터리에 상대 경로 img/no_image.png에 있습니다.

제품 이미지를 저장하는데 ImageField를 사용하므로 업로드된 이미지 파일을 제공할 개발 서버가 필요합니다.

myshop의 settings.py 파일을 열어 다음 설정을 추가합니다.

```
MEDIA_URL = 'media/'
MEDIA_ROOT = BASE_DIR / 'media'
```

MEDIA_URL은 사용자가 업로드한 미디어 파일을 제공하는 기본 URL입니다. MEDIA_ROOT는 이런 파일이 있는 로컬 경로로, BASE_DIR 변수를 동적으로 앞에 추가해서 만듭니다.

장고에서 개발 서버를 사용해서 업로드된 미디어 파일을 제공하려면 myshop의 기본 urls.py 파일에 굵은 글씨로 강조 표시된 다음 코드를 추가합니다.

```
from django.contrib import admin
from django.urls import path, include
from django.conf import settings
from django.conf.urls.static import static

urlpatterns = [
    path('admin/', admin.site.urls),
    path('', include('shop.urls', namespace='shop')),
]
if settings.DEBUG:
    urlpatterns += static(settings.MEDIA_URL,
                          document_root=settings.MEDIA_ROOT)
```

개발 중에는 정적 파일만 이 방법으로 제공한다는 점을 기억하세요. 프로덕션 환경에서는 장고 개발 서버가 정적 파일을 효율적인 방식으로 제공하지 않으므로 장고가 정적 파일을 절대로 제공하도록 해서는 안 됩니다. "17장, 실서비스화"에서는 프로덕션 환경에서 정적 파일을 제공하는 방법을 설명합니다.

다음 명령어로 개발 서버를 실행합니다.

```
python manage.py runserver
```

관리 사이트를 사용하여 상점에 몇 가지 제품을 추가하고 브라우저에서 http://127.0.0.1:8000/을 열면, 제품 목록 페이지가 다음과 유사하게 표시됩니다.

그림 8.5 제품 목록 페이지

> **Note**
> **이 장에서 사용하는 이미지**
> - **Green tea**: Unsplash에 게시된 Jia Ye의 사진
> - **Red tea**: Unsplash에 게시된 김만기의 사진
> - **Tea powder**: Unsplash에 게시된 Phuong Nguyen의 사진

관리 사이트를 사용해서 제품을 생성하면서 해당 제품에 대한 이미지를 업로드하지 않으면 기본 이미지 no_image.png가 표시됩니다.

그림 8.6 이미지가 없는 제품에 기본 이미지를 표시한 제품 목록 페이지

shop/product/detail.html 템플릿을 열어 다음 코드를 추가합니다.

```
{% extends "shop/base.html" %}
{% load static %}
{% block title %}
```

```
  {{ product.name }}
{% endblock %}
{% block content %}
  <div class="product-detail">
    <img src="{% if product.image %}{{ product.image.url }}{% else %}
    {% static "img/no_image.png" %}{% endif %}">
    <h1>{{ product.name }}</h1>
    <h2>
      <a href="{{ product.category.get_absolute_url }}">
        {{ product.category }}
      </a>
    </h2>
    <p class="price">${{ product.price }}</p>
    {{ product.description¦linebreaks }}
  </div>
{% endblock %}
```

앞의 코드에서는 관련 카테고리 객체에서 get_absolute_url() 메서드를 호출해서 동일한
카테고리에 속한 구매 가능한 제품들을 표시합니다.

이제 브라우저에서 http://127.0.0.1:8000/을 열고 제품을 클릭하여 제품 상세 페이지를
확인하면, 다음과 같이 표시됩니다.

그림 8.7 제품 상세 페이지

이제 기본 제품 카탈로그를 만들었습니다. 다음으로 사용자가 온라인 상점을 돌아다니는 동
안 제품을 추가할 수 있는 쇼핑 카트를 구현하겠습니다.

8.2 쇼핑 카트 만들기

제품 카탈로그를 만드는 다음 단계는 사용자가 구매하려는 제품을 선택할 수 있도록 쇼핑 카트를 만드는 것입니다. 장바구니를 사용하면 사용자가 사이트를 탐색하는 동안 최종 주문이 이루어질 때까지 제품을 선택하고 주문할 금액을 설정한 정보를 임시로 저장할 수 있습니다. 사용자가 방문하는 동안 카트 항목이 유지되도록 카트는 세션에서 유지되어야 합니다.

장고의 세션 프레임워크를 사용하여 카트를 유지합니다. 카트는 세션이 완료되거나 사용자가 카트에서 물건을 계산할 때까지 세션에 유지됩니다. 또한 카트 및 해당 품목에 필요한 추가 장고 모델들을 빌드해야 합니다.

8.2.1 장고 세션 사용하기

장고는 익명 세션과 사용자 세션을 지원하는 세션 프레임워크를 제공합니다. 세션 프레임워크를 사용하면 각 방문자의 데이터를 저장할 수 있습니다. 세션 데이터는 서버 측에 저장되며, 쿠키 기반 세션 엔진을 사용하지 않는 한 쿠키에는 세션 ID를 담습니다. 세션 미들웨어는 쿠키의 송수신을 관리합니다. 기본 세션 엔진은 세션 데이터를 데이터베이스에 저장하지만 다른 세션 엔진을 선택할 수 있습니다.

세션을 사용하려면 프로젝트의 MIDDLEWARE 설정에 'django.contrib.sessions.middleware.SessionMiddleware'가 포함되어 있는지 확인해야 합니다. 이 미들웨어는 세션을 관리합니다. startproject 명령을 사용해서 새로운 프로젝트를 생성할 때 기본적으로 MIDDLEWARE 설정에 추가됩니다.

세션 미들웨어는 요청 객체에서 현재 세션을 사용할 수 있도록 합니다. request.session을 사용해서 현재 세션에 액세스할 수 있는데, 세션 데이터를 저장하고 검색할 때 파이썬의 딕셔너리처럼 취급합니다. 세션 딕셔너리는 기본적으로 JSON으로 직렬화할 수 있는 모든 파이썬 객체를 허용합니다. 다음과 같이 세션에서 변수를 설정할 수 있습니다.

```
request.session['foo'] = 'bar'
```

다음과 같이 세션 키를 조회합니다.

```
request.session.get('foo')
```

다음과 같이 이전에 세션에 저장한 키를 삭제합니다.

```
del request.session['foo']
```

> **Note** 사용자가 사이트에 로그인하면 익명 세션이 사라지고 인증된 사용자를 위한 새로운 세션이 생성됩니다. 사용자가 로그인 후에도 유지해야 하는 항목을 익명 세션에 저장한 경우에는 이전 세션의 데이터를 새로운 세션으로 복사해야 합니다. 이 작업은 장고 인증 시스템의 `login()` 함수를 사용해서 사용자를 로그인시키기 전에 세션 데이터를 조회한 뒤 세션에 저장하면 됩니다.

8.2.2 세션 설정

프로젝트의 세션을 구성하는 데 사용할 수 있는 몇 가지 설정이 있습니다. 가장 중요한 것은 `SESSION_ENGINE`입니다. 이 설정을 사용하면 세션이 저장되는 위치를 설정할 수 있습니다. 기본적으로 장고는 `django.contrib.sessions` 애플리케이션의 세션 모델을 사용해서 세션을 데이터베이스에 저장합니다.

장고는 세션 데이터 저장을 위해 다음과 같은 옵션을 제공합니다.

- **데이터베이스 세션**: 세션 데이터가 데이터베이스에 저장됩니다. 기본 세션 엔진입니다.
- **파일 기반 세션**: 세션 데이터가 파일 시스템에 저장됩니다.
- **캐시 기반 세션**: 세션 데이터는 캐시 백엔드에 저장됩니다. 캐시 설정을 사용해 캐시 백엔드를 지정할 수 있습니다. 세션 데이터를 캐시 시스템에 저장하면 최상의 성능을 제공합니다.
- **캐시 데이터베이스 세션**: 세션 데이터는 쓰기 전용 캐시와 데이터베이스에 저장됩니다. 데이터가 아직 캐시에 없는 경우에만 데이터베이스에서 읽습니다.
- **쿠키 기반 세션**: 세션 데이터는 브라우저로 전송되는 쿠키에 저장됩니다.

> **참고** 성능을 향상하려면 캐시 기반 세션 엔진을 사용하세요. 장고는 기본적으로 Memcached를 지원하며 Redis 및 기타 캐시 시스템용 캐시 백엔드를 제공하는 제3의 라이브러리도 사용할 수 있습니다.

설정을 통해 세션을 커스터마이징할 수 있습니다. 다음은 몇 가지 중요한 세션 관련 설정입니다.

- SESSION_COOKIE_AGE: 세션 쿠키의 유효 기간(초)입니다. 기본 값은 1209600(2주)입니다.

- SESSION_COOKIE_DOMAIN: 세션 쿠키에 사용되는 도메인입니다. 크로스 도메인(cross-domain) 쿠키를 사용하려면 mydomain.com으로 설정하고, 표준 도메인 쿠키를 사용하려면 None으로 설정합니다.

- SESSION_COOKIE_HTTPONLY: 세션 쿠키에 HttpOnly 플래그를 사용여부를 지정하는 옵션입니다. 이 옵션을 True로 설정하면 클라이언트 측의 JavaScript에서 세션 쿠키에 액세스할 수 없습니다. 기본 값은 사용자 세션 하이재킹(hijacking)에 대한 보안을 강화하기 위해 True입니다.

- SESSION_COOKIE_SECURE: HTTPS 연결인 경우에만 쿠키를 전송해야 함을 나타내는 부울 값입니다. 기본 값은 False입니다.

- SESSION_EXPIRE_AT_BROWSER_CLOSE: 브라우저를 닫을 때 세션을 만료해야 함을 나타내는 부울 값입니다. 기본 값은 False입니다.

- SESSION_SAVE_EVERY_REQUEST: True인 경우 요청할 때마다 세션을 데이터베이스에 저장하는 부울 값입니다. 세션이 저장될 때마다 세션 만료시점도 업데이트됩니다. 기본 값은 False입니다.

세션의 모든 설정과 그 기본 값은 https://docs.djangoproject.com/ en/4.1/ref/ settings/#sessions에서 확인할 수 있습니다.

8.2.3 세션 만료

SESSION_EXPIRE_AT_BROWSER_CLOSE 설정을 사용해서 브라우저 기간(browser-length) 세션 혹은 영구 세션을 사용하도록 할 수 있습니다. 이 설정은 기본적으로 False로 설정되어 세션 지속시간을 SESSION_COOKIE_AGE 설정에 저장된 값으로 강제 설정합니다. SESSION_EXPIRE_AT_BROWSER_CLOSE를 True로 설정하면 사용자가 브라우저를 닫을 때 세션이 만료되며 SESSION_COOKIE_AGE 설정은 무시됩니다.

request.session의 set_expiry() 메서드를 사용해서 현재 세션의 기간을 덮어쓸 수 있습니다.

8.2.4 세션에 쇼핑 카트 저장하기

세션에 카트 아이템들을 저장하려면 JSON으로 직렬화할 수 있는 간단한 구조를 만들어야 합니다. 카트에는 카트에 포함된 각 품목의 다음 데이터가 포함되어야 합니다.

- Product 인스턴스의 ID
- 선택한 제품의 수량
- 제품의 단가

제품의 가격은 다를 수 있으므로 카트에 제품이 추가될 때 제품 자체와 함께 제품 가격을 저장하는 방식을 취해보겠습니다. 이렇게 하면 나중에 가격이 변경되더라도 사용자가 카트에 제품을 추가할 때 현재 가격을 사용할 수 있습니다. 즉, 고객이 카트에 품목을 추가했을 때의 가격은 결제가 완료되거나 세션이 종료될 때까지 해당 고객의 세션에서 유지됩니다.

다음으로 쇼핑 카트를 생성하고 세션과 연결하는 기능을 구축해야 합니다. 이 기능은 다음과 같이 동작해야 합니다.

- 카트가 필요한 경우 사용자의 세션 키가 설정되어 있는지 체크합니다. 세션에 설정된 키가 없을 경우 새로운 카트를 생성하고 카트 세션 키에 저장합니다.
- 이후 요청 시 동일한 확인을 수행해서 카트 세션 키에서 카트 아이템들을 가져옵니다. 세션에서 카트 아이템들을 조회하고 관련 Product 객체들을 데이터베이스에서 조회합니다.

프로젝트의 settings.py 파일을 편집하고 다음 설정을 추가합니다.

```
CART_SESSION_ID = 'cart'
```

이 키는 사용자 세션에 카트를 저장하는 데 사용할 키입니다. 장고 세션은 방문자 별로 관리되므로 모든 세션에 동일한 카트 세션 키를 사용할 수 있습니다.

장바구니를 관리하기 위한 애플리케이션을 만들어봅시다. 터미널을 열고 프로젝트 디렉터리에서 다음 명령을 실행해 새로운 애플리케이션을 만듭니다.

```
python manage.py startapp cart
```

그런 다음, 프로젝트의 settings.py 파일을 편집해서 다음 굵게 강조 표시된 줄을 IN-STALLED_APPS 설정에 추가합니다.

```
INSTALLED_APPS =
[     # ...
    'shop.apps.ShopConfig',
    'cart.apps.CartConfig',
]
```

cart 애플리케이션 디렉터리 내에 새로운 파일을 생성하고 이름을 cart.py라고 지은 후 다음 코드를 추가합니다.

```
from decimal import Decimal
from django.conf import settings
from shop.models import Product

class Cart:
    def __init__(self, request):
        """
        Initialize the cart.
        """
        self.session = request.session
        cart = self.session.get(settings.CART_SESSION_ID)
        if not cart:
            # 세션에 빈 카트 저장
            cart = self.session[settings.CART_SESSION_ID] = {}
        self.cart = cart
```

쇼핑 카트를 관리하기 위한 Cart 클래스입니다. request 객체를 인자로 카트를 초기화합니다. Cart 클래스의 다른 메서드에서 액세스할 수 있도록 self.session = request.session을 사용해 현재 세션을 저장합니다.

먼저 self.session.get(settings.CART_SESSION_ID)을 사용해서 현재 세션에서 카트를 가져옵니다. 세션에 카트가 없는 경우 세션에 빈 사전을 설정해서 빈 카트를 생성합니다.

제품 ID를 키로 사용하여 카트 딕셔너리를 작성하고 각 제품 키마다 딕셔너리에는 수량과 가격을 포함하는 값이 저장됩니다. 이렇게 하면 카트에 제품이 두 번 이상 추가되지 않는다는 것을 보장할 수 있으며 카트에서 아이템의 검색도 간소화할 수 있습니다.

카트에 제품을 추가하거나 수량을 업데이트하는 메서드를 만들어 봅시다. Cart 클래스에 다음 add()와 save() 메서드를 추가합니다.

```
class Cart:
    # ...
    def add(self, product, quantity=1, override_quantity=False):
        """
        Add a product to the cart or update its quantity.
        """
        product_id = str(product.id)
        if product_id not in self.cart:
            self.cart[product_id] = {'quantity': 0,
                                     'price': str(product.price)}
        if override_quantity:
            self.cart[product_id]['quantity'] = quantity
        else:
            self.cart[product_id]['quantity'] += quantity
        self.save()
    def save(self):
        # 세션을 "modified"으로 표시하여 저장되도록 함
        self.session.modified = True
```

add() 메서드는 다음 매개 변수들을 입력으로 받습니다.

- product: 카트에 추가하거나 업데이트할 제품의 인스턴스입니다.
- quantity: 제품의 수량입니다. 기본 값은 1입니다.
- override_quantity: 지정된 수량으로 수량을 재정의해야 하는지(True) 또는 기존 수량에 새로운 수량을 추가해야 하는지(False)를 나타내는 부울 값입니다.

카트의 콘텐츠 딕셔너리에서 제품 ID를 키로 사용합니다. 제품 ID를 문자열로 변환하는 이유는 장고에서 세션 데이터를 직렬화할 때 JSON을 사용하는데, JSON에서는 문자열 키 이름만 허용하기 때문입니다. 제품 ID가 키이며, 유지되는 값은 제품의 수량 및 가격 수치가 포함된 딕셔너리입니다. 제품의 가격을 십진수에서 문자열로 변환해서 직렬화합니다. 마지막으로 save() 메서드를 호출해서 카트를 세션에 저장합니다.

save() 메서드는 session.modified = True가 되어 세션이 수정된 것으로 표시합니다. 이렇게 세션이 변경되었으므로 저장해야 한다고 장고에게 알립니다.

카트에서 제품을 제거하는 메서드도 필요합니다. Cart 클래스에 다음 메서드를 추가합니다.

```
class Cart:
    # ...
    def remove(self, product):
        """
        Remove a product from the cart.
        """
        product_id = str(product.id)
        if product_id in self.cart:
            del self.cart[product_id]
            self.save()
```

remove() 메서드는 카트 딕셔너리에서 지정된 제품을 제거하고 save() 메서드를 호출해서
세션에서 카트를 업데이트해야 합니다.

카트에 포함된 아이템들을 반복해서 관련 Product 인스턴스에 액세스해야 합니다. 이를 위
해 Cart 클래스에 __iter__() 메서드를 정의할 수 있습니다. Cart 클래스에 다음 메서드를
추가합니다.

```
class Cart:
    # ...
    def __iter__(self):
        """
        Iterate over the items in the cart and get the products
        from the database.
        """
        product_ids = self.cart.keys()
        # Product 객체를 가져와 카트에 추가
        products = Product.objects.filter(id__in=product_ids)
        cart = self.cart.copy()
        for product in products:
            cart[str(product.id)]['product'] = product
        for item in cart.values():
            item['price'] = Decimal(item['price'])
            item['total_price'] = item['price'] * item['quantity']
            yield item
```

__iter__() 메서드에서는 카트에 있는 Product 인스턴스들을 조회해서 카트 아이템에 담
습니다. 현재 카트를 cart 변수에 복사하고 여기에 Product 인스턴스를 추가합니다. 마지

막으로 카트 아이템들을 반복해서 각 아이템의 가격을 다시 십진수로 변환하고 각 아이템에 total_price 속성을 추가합니다. 이 __iter__() 메서드를 사용하면 뷰 및 템플릿에서 카트의 품목을 쉽게 반복할 수 있습니다.

카트에 있는 아이템들의 총수를 반환하는 방법도 필요합니다. 객체에서 len() 함수가 실행되면 파이썬은 해당 객체의 __len__() 메서드를 호출해서 길이를 조회합니다. 카트에 저장된 전체 아이템들의 수를 반환하는 커스텀 메서드 __len__()을 메서드를 정의하겠습니다. Cart 클래스에 다음 __len__() 메서드를 추가합니다.

```python
class Cart:
    # ...
    def __len__(self):
        """
        Count all items in the cart.
        """
        return sum(item['quantity'] for item in self.cart.values())
```

모든 카트 아이템들의 수량의 합을 반환합니다.

카트에 있는 아이템의 총가격을 계산하기 위해 다음 메서드를 추가합니다.

```python
class Cart:
    # ...
    def get_total_price(self):
        return sum(Decimal(item['price']) * item['quantity'] for item in
self. cart.values())
```

마지막으로 카트 세션을 지우는 메서드를 추가합니다.

```python
class Cart:
    # ...
    def clear(self):
        # 카트 세션 삭제
        del self.session[settings.CART_SESSION_ID]
        self.save()
```

이제 Cart 클래스로 쇼핑 카트를 관리할 준비가 되었습니다.

8.2.5 카트 관련 뷰 만들기

이제 카트를 관리할 **Cart** 클래스가 있으므로 카트에서 아이템을 추가, 업데이트, 제거할 다음 뷰들을 만들어야 합니다.

- 현재 또는 새로운 수량을 처리할 수 있는, 카트에 아이템을 추가하거나 업데이트하는 뷰
- 카트에서 아이템을 제거하는 뷰
- 카트의 아이템 및 총액을 표시하는 뷰

■ 카트에 아이템 추가하기

카트에 아이템을 추가하려면 사용자가 수량을 선택할 수 있는 폼이 필요합니다. cart 애플리케이션 디렉터리 내에 **forms.py** 파일을 생성하고 다음 코드를 추가합니다.

```python
from django import forms

PRODUCT_QUANTITY_CHOICES = [(i, str(i)) for i in range(1, 21)]

class CartAddProductForm(forms.Form):
    quantity = forms.TypedChoiceField(
                                choices=PRODUCT_QUANTITY_CHOICES,
                                coerce=int)
    override = forms.BooleanField(required=False,
                                  initial=False,
                                  widget=forms.HiddenInput)
```

이 폼을 사용해서 카트에 제품을 추가합니다. CartAddProductForm 클래스에는 다음 두 개의 필드가 있습니다.

- **quantity**: 사용자가 1에서 20 사이의 수량을 선택할 수 있게 해 줍니다. 입력 값을 정수로 변환하기 위해 coerce=int로 설정한 TypedChoiceField 필드를 사용합니다.
- **override**: 이 제품의 카트에 있는 기존 수량에 주어진 수량을 추가할지(거짓) 또는 기존 수량을 주어진 수량으로 덮어 쓸지(참)를 표시할 수 있습니다. 이 필드는 사용자에게 표시하지 않을 것이므로 HiddenInput 위젯을 사용합니다.

카트에 아이템을 추가하기 위한 뷰를 만들겠습니다. 카트 애플리케이션의 **views.py** 파일을 편집해서 굵게 강조 표시된 다음 코드를 추가합니다.

```python
from django.shortcuts import render, redirect, get_object_or_404
from django.views.decorators.http import require_POST
from shop.models import Product
from .cart import Cart
from .forms import CartAddProductForm


@require_POST def cart_add(request, product_id):
    cart = Cart(request)
    product = get_object_or_404(Product, id=product_id)
    form = CartAddProductForm(request.POST)
    if form.is_valid():
        cd = form.cleaned_data
        cart.add(product=product,
                 quantity=cd['quantity'],
                 override_quantity=cd['override'])
    return redirect('cart:cart_detail')
```

카트에 제품을 추가하거나 기존 제품의 수량을 업데이트하기 위한 뷰입니다. POST 요청만 허용하기 위해 require_POST 데코레이터를 사용합니다. 이 뷰는 제품 ID를 매개 변수로 받습니다. 주어진 ID로 Product 인스턴스를 조회하고 CartAddProductForm의 유효성을 검사합니다. 폼이 유효하면 카트에 제품을 추가하거나 업데이트합니다. 뷰가 쇼핑 카트의 내용을 표시하는 cart_detail URL로 리디렉션됩니다. 잠시 후 cart_detail 뷰를 만들 것입니다. 카트에서 품목을 제거하기 위한 뷰도 필요합니다. cart 애플리케이션의 views.py 파일에 다음 코드를 추가합니다.

```python
@require_POST
def cart_remove(request, product_id):
    cart = Cart(request)
    product = get_object_or_404(Product, id=product_id)
    cart.remove(product)
    return redirect('cart:cart_detail')
```

cart_remove 뷰는 제품 ID를 매개 변수로 받습니다. POST 요청만 허용하기 위해 require_POST 데코레이터를 사용합니다. 주어진 ID로 Product 인스턴스를 조회하고 카트에서 제품을 제거합니다. 그런 다음 사용자를 cart_detail URL로 리디렉션합니다.

마지막으로 카트와 카트의 아이템들을 표시할 뷰가 필요합니다. cart 애플리케이션의

`views.py` 파일에 다음 뷰를 추가합니다.

```
def cart_detail(request):
    cart = Cart(request)
    return render(request, 'cart/detail.html', {'cart': cart})
```

`cart_detail` 뷰는 현재 카트를 가져와서 표시합니다.

카트에 아이템을 추가하고, 수량을 업데이트하며, 카트에서 아이템을 제거하고, 카트의 콘텐츠를 표시하는 뷰를 만들었습니다. 이러한 뷰들을 위한 URL 패턴을 추가하겠습니다. `cart` 애플리케이션 디렉터리 내에 새로운 파일을 생성하고 이름을 `urls.py`로 지정합니다. 여기에 다음 URL을 추가합니다.

```
from django.urls import path from . import views

app_name = 'cart'
urlpatterns = [
    path('', views.cart_detail, name='cart_detail'),
    path('add/<int:product_id>/', views.cart_add, name='cart_add'),
    path('remove/<int:product_id>/', views.cart_remove,
                              name='cart_remove'),
]
```

`myshop` 프로젝트의 기본 `urls.py` 파일을 편집해서 굵은 글씨로 강조 표시된 다음 URL 패턴을 추가하여 카트 URL을 포함시킵니다.

```
urlpatterns = [
    path('admin/', admin.site.urls),
    path('cart/', include('cart.urls', namespace='cart')),
    path('', include('shop.urls', namespace='shop')),
]
```

`cart.urls` 패턴은 `shop.urls` 패턴보다 더 제한적이므로 `shop.urls` 패턴보다 먼저 나타나야 합니다.

■ 카트를 표시하기 위한 템플릿 작성하기

`cart_add` 및 `cart_remove` 뷰는 렌더링할 템플릿이 필요하지 않지만 카트의 모든 아이템들

과 총액을 표시하기 위해서는 **cart_detail** 뷰용 템플릿을 만들어야 합니다.
cart 애플리케이션 디렉터리 내에 다음과 같은 파일 구조를 생성합니다.

```
templates/
    cart/
        detail.html
```

cart/detail.html 템플릿을 편집해서 다음의 코드를 추가합니다.

```
{% extends "shop/base.html" %}
{% load static %}

{% block title %}
  Your shopping cart
{% endblock %}

{% block content %}
  <h1>Your shopping cart</h1>
  <table class="cart">
    <thead>
      <tr>
        <th>Image</th>
        <th>Product</th>
        <th>Quantity</th>
        <th>Remove</th>
        <th>Unit price</th>
        <th>Price</th>
      </tr>
    </thead>
    <tbody>
      {% for item in cart %}
        {% with product=item.product %}
          <tr>
            <td>
              <a href="{{ product.get_absolute_url }}">
                <img src="{% if product.image %}{{ product.image.url }}
                {% else %}{% static "img/no_image.png" %}{% endif %}">
              </a>
            </td>
```

```
            <td>{{ product.name }}</td>
            <td>{{ item.quantity }}</td>
            <td>
              <form action="{% url "cart:cart_remove" product.id %}"
method="post">
                <input type="submit" value="Remove">
                {% csrf_token %}
              </form>
            </td>
            <td class="num">${{ item.price }}</td>
            <td class="num">${{ item.total_price }}</td>
          </tr>
        {% endwith %}
      {% endfor %}
      <tr class="total">
        <td>Total</td>
        <td colspan="4"></td>
        <td class="num">${{ cart.get_total_price }}</td>
      </tr>
    </tbody>
  </table>
  <p class="text-right">
    <a href="{% url "shop:product_list" %}" class="button
    light">Continue shopping</a>
    <a href="#" class="button">Checkout</a>
  </p>
{% endblock %}
```

템플릿 태그가 여러 줄로 분할되지는 않았는지 확인하세요.

카트의 콘텐츠를 표시하는 데 사용되는 템플릿입니다. 여기에는 현재 카트에 저장된 아이템들이 포함된 테이블이 있습니다. cart_add 뷰에 게시된 폼을 사용해서 사용자가 선택한 제품의 수량을 변경할 수 있도록 허용합니다. 또 각 아이템에 대해 Remove 버튼을 제공해서 사용자가 카트에서 해당 아이템을 제거할 수 있도록 허용합니다. 마지막으로 폼의 action 속성이 제품 ID를 파라미터로 가진 cart_remove URL을 가리키는 HTML 폼을 사용합니다.

■ 카트에 제품 추가하기

이제 제품 상세 페이지에 **Add to cart** 버튼을 추가해야 합니다. shop 애플리케이션의 views.py 파일을 편집해서 다음과 같이 product_detail 뷰에 CartAddProductForm을 추가합니다.

```python
from cart.forms import CartAddProductForm # ...

def product_detail(request, id, slug):
    product = get_object_or_404(Product, id=id,
                                         slug=slug,
                                         available=True)
    cart_product_form = CartAddProductForm()
    return render(request,
                  'shop/product/detail.html',
                  {'product': product,
                   'cart_product_form': cart_product_form})
```

shop 애플리케이션의 shop/product/detail.html 템플릿을 편집해서 제품 가격에 다음과 같이 폼을 추가합니다. 새로운 줄은 굵게 강조 표시했습니다.

```html
...
<p class="price">${{ product.price }}</p>
<form action="{% url "cart:cart_add" product.id %}" method="post">
  {{ cart_product_form }}
  {% csrf_token %}
  <input type="submit" value="Add to cart">
</form>
{{ product.description¦linebreaks }}
...
```

다음 명령으로 개발 서버를 실행합니다.

```
python manage.py runserver
```

이제 브라우저에서 http://127.0.0.1:8000/을 열고 제품의 세부 정보 페이지로 이동합니다. 여기에는 제품을 카트에 추가하기 전에 수량을 선택할 수 있는 폼이 존재합니다.

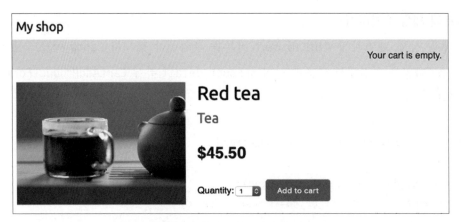

그림 8.8 카트 추가 폼이 포함된 제품 세부 정보 페이지

수량을 선택하고 Add to cart 버튼을 클릭합니다. 폼이 POST로 cart_add 뷰에 전송됩니다. 이 뷰는 현재 가격 및 선택한 수량과 함께 제품을 세션의 카트에 추가합니다. 그런 다음 사용자를 그림 8.9과 같이 카트 상세 페이지로 리디렉션합니다.

그림 8.9 카트 상세 페이지

■ 카트에 제품 수량 업데이트하기

사용자가 카트를 볼 때 주문하기 전에 제품 수량을 변경하고 싶을 수 있습니다. 사용자가 카트 상세 페이지에서 수량을 변경할 수 있도록 허용할 것입니다.

카트 애플리케이션의 views.py 파일을 편집해서 다음의 굵은 글씨로 강조 표시된 줄을 cart_detail 뷰에 추가합니다.

```
def cart_detail(request):
    cart = Cart(request)
    for item in cart:
        item['update_quantity_form'] = CartAddProductForm(initial={
                                 'quantity': item['quantity'],
                                 'override': True})
    return render(request, 'cart/detail.html', {'cart': cart})
```

카트의 각 아이템에 CartAddProductForm의 인스턴스를 생성해서 제품의 수량을 변경할 수 있도록 합니다. 현재 아이템의 수량으로 폼을 초기화하고 override 필드를 True로 설정해서 폼을 cart_add 뷰에 제출할 때 현재 수량이 새로운 수량으로 대체되도록 합니다.

이제 cart 애플리케이션의 cart/detail.html 템플릿을 편집해서 다음 줄을 찾습니다.

```
<td>{{ item.quantity }}</td>
```

이전 줄을 다음 코드로 바꿉니다.

```
<td>
  <form action="{% url "cart:cart_add" product.id %}" method="post">
    {{ item.update_quantity_form.quantity }}
    {{ item.update_quantity_form.override }}
    <input type="submit" value="Update">
    {% csrf_token %}
</form>
</td>
```

다음 명령으로 개발 서버를 실행합니다.

```
python manage.py runserver
```

브라우저를 열어 http://127.0.0.1:8000/cart/를 엽니다.
다음과 같이 카트의 각 아이템의 수량을 편집할 수 있는 폼이 표시됩니다.

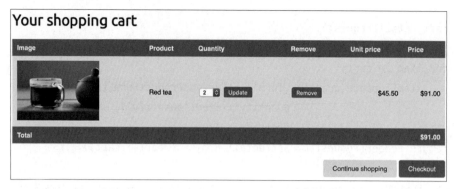

그림 8.10 제품 수량 업데이트 폼을 가진 카트의 상세 페이지

아이템의 수량을 변경하고 Update 버튼을 클릭해서 새로운 기능을 테스트합니다. Remove 버튼을 클릭해서 카트에서 해당 아이템을 제거할 수도 있습니다.

8.2.6 현재 카트에 대한 콘텍스트 프로세서 생성하기

카트에 아이템이 포함되어 있어도 사이트 헤더에 Your cart is empty라는 메시지가 표시되는 것을 보았을 것입니다. 이 메시지 대신 카트에 있는 아이템의 총개수와 총비용이 표시되어야 합니다. 이것은 모든 페이지에 표시되어야 하므로 요청을 처리하는 뷰에 관계없이 요청 콘텍스트에 현재 카트를 포함하도록 콘텍스트 프로세서를 만들어야 합니다.

■ 콘텍스트 프로세서

콘텍스트 프로세서는 요청 객체를 인수로 받아서 요청 콘텍스트에 추가된 딕셔너리를 반환하는 파이썬 함수입니다. 콘텍스트 프로세서는 모든 템플릿에서 전역적으로 사용할 수 있는 함수를 만들어야 할 때 유용합니다.

기본적으로 startproject 명령을 사용해서 새로운 프로젝트를 생성할 때 프로젝트에는 TEMPLATES 설정 내의 context_processors 옵션에 다음과 같은 템플릿 콘텍스트 프로세서가 포함됩니다.

- django.template.context_processors.debug: 요청에서 실행된 SQL 쿼리 목록을 출력하는 콘텍스트의 debug와 sql_queries 변수를 설정합니다.
- django.template.context_processors.request: 콘텍스트의 request 변수를 설정합니다.
- django.contrib.auth.context_processors.auth: 요청의 user 변수를 설정합니다.

- django.contrib.messages.context_processors.messages: 콘텍스트에 메시지 프레임워크를 사용해서 생성된 모든 메시지를 담는 message 변수를 설정합니다.

또한 장고는 django.template.context_processors.csrf를 활성화해서 사이트 간 요청 위조(CSRF) 공격을 방지합니다. 이 콘텍스트 프로세서는 설정에 없지만 항상 활성화되어 있으며 보안상의 이유로 해제할 수 없습니다.

기본적으로 제공되는 모든 콘텍스트 프로세서 목록은 https://docs.djangoproject.com/en/4.1/ ref/templates/api/#built-in-template-context-processors에서 확인할 수 있습니다.

■ 요청 콘텍스트에 카트 설정하기

현재 카트를 요청 콘텍스트에 설정하는 콘텍스트 프로세서를 만들어 보겠습니다. 이 프로세서를 사용하면 모든 템플릿에서 카트에 액세스할 수 있습니다.

cart 애플리케이션 디렉터리 내에 새로운 파일을 생성하고 이름을 context_processors.py로 지정합니다. 콘텍스트 프로세서는 코드의 어느 곳에나 위치할 수 있지만, 여기에 생성하는 것은 코드를 잘 구성하기 위한 것입니다. 파일에 다음 코드를 추가합니다.

```
from .cart import Cart


def cart(request):
    return {'cart': Cart(request)}
```

콘텍스트 프로세서에서 요청 객체를 사용해서 Cart를 인스턴스화하고 템플릿에서 cart라는 이름의 변수로 사용할 수 있도록 합니다.

프로젝트의 settings.py 파일을 편집해서 다음과 같이 TEMPLATES 설정 내의 context_processors 옵션에 cart.context_processors.cart를 추가합니다. 새로운 라인은 굵은 글씨로 강조 표시됩니다.

```
TEMPLATES = [
    {
        'BACKEND': 'django.template.backends.django.DjangoTemplates',
        'DIRS': [],
        'APP_DIRS': True,
        'OPTIONS': {
            'context_processors': [
```

```
            'django.template.context_processors.debug',
            'django.template.context_processors.request',
            'django.contrib.auth.context_processors.auth',
            'django.contrib.messages.context_processors.messages',
            'cart.context_processors.cart',
        ],
    },
  },
]
```

cart 콘텍스트 프로세서는 템플릿이 렌더링될 때마다 장고의 RequestContext를 사용해서 실행됩니다. cart 변수는 템플릿의 콘텍스트에 설정됩니다. RequestContext에 관한 자세한 내용은 https://docs.djangoproject.com/en/4.1/ref/templates/api/#django.template.RequestContext에서 볼 수 있습니다.

Tip 콘텍스트 프로세서는 RequestContext를 사용하는 모든 요청에서 실행됩니다. 특히 데이터베이스 쿼리와 관련된 기능이 모든 템플릿에 필요하지 않은 경우 콘텍스트 프로세서 대신 커스텀 템플릿 태그를 만드는 것이 좋습니다.

그런 다음 shop 애플리케이션의 shop/base.html 템플릿을 편집해서 다음 줄을 찾습니다.

```
<div class="cart">
    Your cart is empty.
</div>
```

앞의 줄을 다음 코드로 바꿉니다.

```
<div class="cart">
  {% with total_items=cart|length %}
    {% if total_items > 0 %}
      Your cart:
      <a href="{% url "cart:cart_detail" %}">
        {{ total_items }} item{{ total_items|pluralize }},
        ${{ cart.get_total_price }}
      </a>
    {% else %}
      Your cart is empty.
```

```
    {% endif %}
  {% endwith %}
</div>
```

다음 명령으로 개발 서버를 재시작합니다.

```
python manage.py runserver
```

브라우저에서 http://127.0.0.1:8000/을 열고 카트에 몇 가지 제품을 추가합니다. 이제 웹
사이트 헤더에 다음과 같이 카트에 있는 품목들의 총개수와 총비용을 확인할 수 있습니다.

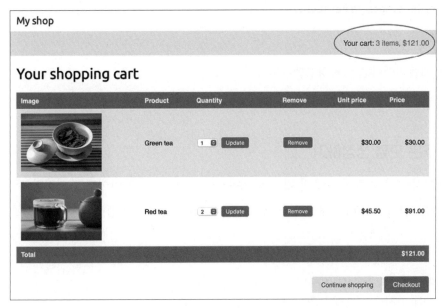

그림 8.11 카트의 현재 아이템 정보를 표시하는 사이트 헤더

카트 기능을 완성했습니다. 다음으로 고객의 주문을 등록하는 기능을 만들겠습니다.

8.3 고객 주문 등록하기

카트가 결제되면 데이터베이스에 주문을 저장해야 합니다. 주문에는 고객과 고객이 구매하
는 제품 정보가 포함됩니다.

다음 명령을 사용해서 고객의 주문을 관리하기 위한 새로운 애플리케이션을 생성합니다.

```
python manage.py startapp orders
```

프로젝트의 settings.py 파일을 편집하고 다음과 같이 INSTALLED_APPS 설정에 새로운 애플리케이션을 추가합니다.

```
INSTALLED_APPS = [
    # ...
    'shop.apps.ShopConfig',
    'cart.apps.CartConfig',
    'orders.apps.OrdersConfig',
]
```

orders 애플리케이션을 활성화했습니다.

8.3.1 주문 모델 생성하기

주문 상세 정보를 저장할 모델과 가격 및 수량을 포함해 구매한 아이템을 저장할 두 번째 모델이 필요합니다. orders 애플리케이션의 models.py 파일을 편집해서 다음 코드를 추가합니다.

```
from django.db import models
from shop.models import Product

class Order(models.Model):
    first_name = models.CharField(max_length=50)
    last_name = models.CharField(max_length=50)
    email = models.EmailField()
    address = models.CharField(max_length=250)
    postal_code = models.CharField(max_length=20)
    city = models.CharField(max_length=100)
    created = models.DateTimeField(auto_now_add=True)
    updated = models.DateTimeField(auto_now=True)
    paid = models.BooleanField(default=False)
```

```
    class Meta:
        ordering = ['-created']
        indexes = [
            models.Index(fields=['-created']),
        ]

    def __str__(self):
        return f'Order {self.id}'

    def get_total_cost(self):
        return sum(item.get_cost() for item in self.items.all())

class OrderItem(models.Model):
    order = models.ForeignKey(Order,
                              related_name='items',
                              on_delete=models.CASCADE)
    product = models.ForeignKey(Product,
                                related_name='order_items',
                                on_delete=models.CASCADE)
    price = models.DecimalField(max_digits=10,
                                decimal_places=2)
    quantity = models.PositiveIntegerField(default=1)

    def __str__(self):
        return str(self.id)

    def get_cost(self):
        return self.price * self.quantity
```

Order 모델에는 고객 정보를 저장하는 여러 필드와 기본 값이 **False**인 부울 필드 **paid**가 포함되어 있습니다. 나중에 이 필드를 사용하여 결제 주문과 미결제 주문을 구분할 것입니다. 또한 이 주문에서 구매한 품목의 총비용을 가져오는 **get_total_cost()** 메서드도 정의했습니다.

OrderItem 모델을 사용하면 각 아이템에 대해 결제한 제품, 수량, 가격을 저장할 수 있습니다. 품목 가격에 수량을 곱하여 품목의 비용을 반환하는 **get_cost()** 메서드를 정의했습니다.

다음 명령을 실행해서 orders 애플리케이션에 대한 초기 마이그레이션을 생성합니다.

```
python manage.py makemigrations
```

다음과 유사한 메시지가 출력됩니다.

```
Migrations for 'orders':
  orders/migrations/0001_initial.py
    - Create model Order
    - Create model OrderItem
    - Create index orders_orde_created_743fca_idx on field(s) -created of
model order
```

다음 명령을 실행해서 새로운 마이그레이션을 적용합니다.

```
python manage.py migrate
```

다음과 같은 출력이 표시됩니다.

```
Applying orders.0001_initial... OK
```

이제 주문 모델이 데이터베이스에 동기화되었습니다.

8.3.2 관리 사이트에 주문 모델 추가하기

관리 사이트에 주문 모델을 추가해 보겠습니다. orders 애플리케이션의 admin.py 파일을 편집해서 굵게 강조 표시된 다음 코드를 추가합니다.

```python
from django.contrib import admin
from .models import Order, OrderItem

class OrderItemInline(admin.TabularInline):
    model = OrderItem
    raw_id_fields = ['product']


@admin.register(Order)
```

```
class OrderAdmin(admin.ModelAdmin):
    list_display = ['id', 'first_name', 'last_name', 'email',
                    'address', 'postal_code', 'city', 'paid',
                    'created', 'updated']
    list_filter = ['paid', 'created', 'updated']
    inlines = [OrderItemInline]
```

OrderItem 모델을 OrderAdmin 클래스에 인라인(inline)으로 포함시키기 위해 ModelInline 클래스를 사용합니다. 인라인은 관련된 모델과 동일한 편집 페이지에 모델을 포함시킬 수 있도록 해줍니다.

다음 명령으로 개발 서버를 실행합니다.

```
python manage.py runserver
```

브라우저에서 http://127.0.0.1:8000/admin/orders/order/add/를 열면 다음 페이지가 표시됩니다.

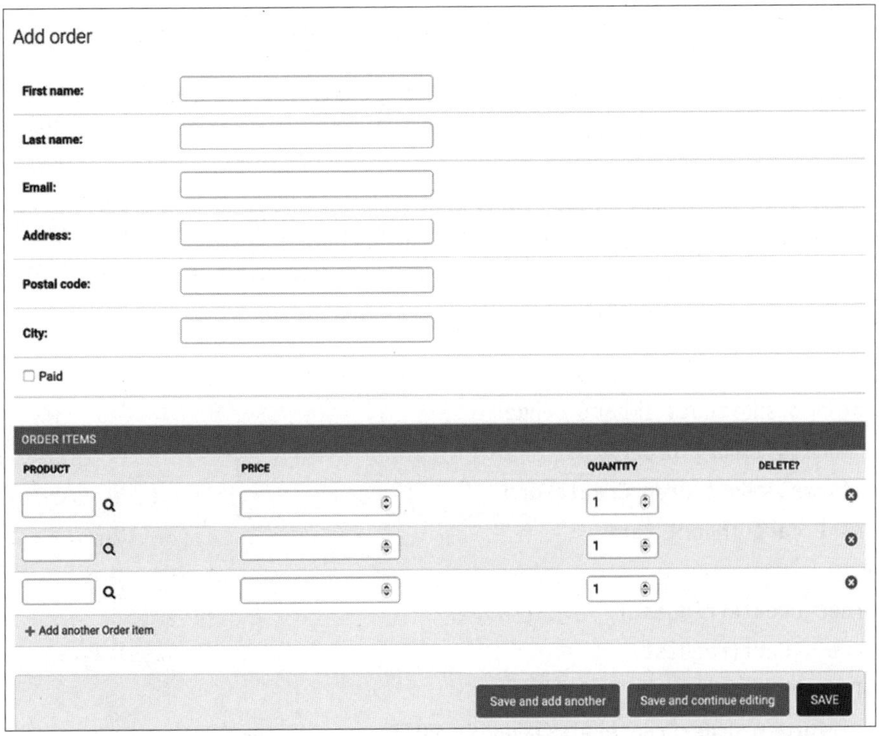

그림 8.12 OrderItemInline을 가진 주문 추가 폼

8.3.3 고객 주문 생성하기

사용자가 최종적으로 주문할 때 쇼핑 카트에 포함된 아이템들을 유지하기 위해 주문 모델을 사용하겠습니다. 새로운 주문은 다음 단계에 따라 생성됩니다.

1. 사용자에게 데이터를 입력할 주문 폼을 제시합니다.

2. 입력한 데이터로 새로운 Order 인스턴스를 생성하고, 각 아이템에 대해 해당 OrderItem 인스턴스를 생성합니다.

3. 카트의 모든 내용을 지우고 사용자를 성공 페이지로 리디렉션합니다.

먼저 주문의 상세 정보를 입력할 폼이 필요합니다. orders 애플리케이션 디렉터리 내에 새로운 파일을 생성해서 이름을 forms.py로 지정합니다. 여기에 다음 코드를 추가합니다.

```python
from django import forms
from .models import Order

class OrderCreateForm(forms.ModelForm):
    class Meta:
        model = Order
        fields = ['first_name', 'last_name', 'email', 'address',
                  'postal_code', 'city']
```

이 폼은 새로운 Order 객체를 만드는 데 사용할 폼입니다. 이제 이 폼을 처리하고 새로운 주문을 생성할 뷰가 필요합니다. orders 애플리케이션의 views.py 파일을 편집해서 굵게 강조 표시된 다음 코드를 추가합니다.

```python
from django.shortcuts import render
from .models import OrderItem
from .forms import OrderCreateForm
from cart.cart import Cart

def order_create(request):
    cart = Cart(request)
    if request.method == 'POST':
        form = OrderCreateForm(request.POST)
        if form.is_valid():
            order = form.save()
```

```
            for item in cart:
                OrderItem.objects.create(order=order,
                                        product=item['product'],
                                        price=item['price'],
                                        quantity=item['quantity'])
            # 카트 비우기
            cart.clear()
            return render(request,
                        'orders/order/created.html',
                        {'order': order})
        else:
            form = OrderCreateForm()
        return render(request,
                    'orders/order/create.html',
                    {'cart': cart, 'form': form})
```

order_create 뷰에서 cart = Cart(request)를 사용해서 세션으로부터 현재 카트를 가져옵니다. 요청의 메서드에 따라 다음 작업을 수행합니다.

- **GET 요청**: OrderCreateForm 폼을 인스턴스화하고 orders/order/create.html 템플릿을 렌더링합니다.
- **POST 요청**: 전송된 데이터의 유효성을 검사합니다. 데이터가 유효하면 order = form. save()를 사용하여 데이터베이스에 새로운 주문을 생성합니다. 카트의 아이템들을 반복해서 각 아이템에 대한 OrderItem을 생성합니다. 마지막으로 카트의 콘텐츠를 지우고 orders/order/created.html 템플릿을 렌더링합니다.

orders 애플리케이션 디렉터리 내에 새로운 파일을 생성하고 이름을 urls.py로 지정합니다. 여기에 다음 코드를 추가합니다.

```
from django.urls import path
from . import views

app_name = 'orders'
urlpatterns = [
    path('create/', views.order_create, name='order_create'),
]
```

order_create 뷰에 대한 URL 패턴입니다.

myshop의 urls.py 파일을 편집해서 다음 패턴을 포함합니다. 다음과 같이 shop.urls 패턴 앞에 배치하는 것을 잊지 마세요. 새 줄은 굵은 글씨로 강조 표시했습니다.

```python
urlpatterns = [
    path('admin/', admin.site.urls),
    path('cart/', include('cart.urls', namespace='cart')),
    path('orders/', include('orders.urls', namespace='orders')),
    path('', include('shop.urls', namespace='shop')),
]
```

cart 애플리케이션의 cart/detail.html 템플릿을 열어서 다음 줄을 찾습니다.

```html
<a href="#" class="button">Checkout</a>
```

order_create URL을 다음과 같이 href HTML 속성에 추가합니다.

```html
<a href="{% url "orders:order_create" %}" class="button">
    Checkout
</a>
```

이제 사용자는 카트 상세 페이지에서 주문 폼으로 이동할 수 있습니다.

주문 생성을 위한 템플릿을 정의해야 합니다. orders 애플리케이션 디렉터리 내에 다음 파일 구조를 생성합니다.

```
templates/
    orders/
        order/
            create.html
            created.html
```

orders/order/create.html 템플릿을 열어 다음 코드를 추가합니다.

```html
{% extends "shop/base.html" %}
{% block title %}
  Checkout
{% endblock %}
```

```
{% block content %}
  <h1>Checkout</h1>
  <div class="order-info">
    <h3>Your order</h3>
    <ul>
      {% for item in cart %}
        <li>
          {{ item.quantity }}x {{ item.product.name }}
          <span>${{ item.total_price }}</span>
        </li>
      {% endfor %}
    </ul>
    <p>Total: ${{ cart.get_total_price }}</p>
  </div>
  <form method="post" class="order-form">
    {{ form.as_p }}
    <p><input type="submit" value="Place order"></p>
    {% csrf_token %}
  </form>
{% endblock %}
```

이 템플릿은 총액과 주문을 위한 폼과 함께 카트의 아이템들을 표시합니다.

orders/order/created.html 템플릿을 편집해서 다음 코드를 추가합니다.

```
{% extends "shop/base.html" %}
{% block title %}
    Thank you
{% endblock %}
{% block content %}
    <h1>Thank you</h1>
    <p>Your order has been successfully completed. Your order number is
    <strong>{{ order.id }}</strong>.</p>
{% endblock %}
```

주문이 성공적으로 생성되면 렌더링하는 템플릿입니다.

웹 개발 서버를 시작하여 새로운 파일을 로드합니다. 브라우저에서 http://127.0.0.1:8000/ 을 열고 카트에 제품을 몇 개 추가한 후 주문 생성 페이지로 이동하면 다음과 같은 폼이 표시됩니다.

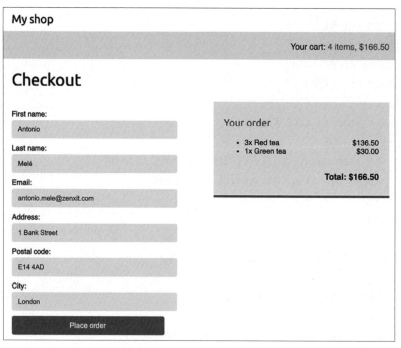

그림 8.13 결제 정보 폼과 주문 상세 정보를 가진 주문 페이지

폼을 유효한 데이터로 채우고 **Place order** 버튼을 클릭합니다. 주문이 생성되고 다음과 같은 주문 성공 페이지가 표시됩니다.

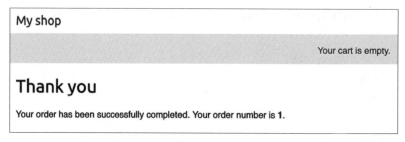

그림 8.14 주문 번호를 표시하는 주문 생성 템플릿

주문이 등록되고 카트가 비워졌습니다.

주문이 완료되면 헤더에 **Your cart is empty**라는 메시지가 표시되는 것을 보았을 것입니다. 이는 카트가 지워졌기 때문입니다. 템플릿 콘텍스트에 order 개체가 있는 뷰의 경우 이 메시지를 제거할 수 있습니다.

shop 애플리케이션의 shop/base.html 템플릿을 편집해서 굵게 강조 표시된 다음 줄을 변경합니다.

```
...
<div class="cart">
  {% with total_items=cart|length %}
    {% if total_items > 0 %}
      Your cart:
      <a href="{% url "cart:cart_detail" %}">
        {{ total_items }} item{{ total_items|pluralize }},
        ${{ cart.get_total_price }}
      </a>
    {% elif not order %}
      Your cart is empty.
    {% endif %}
  {% endwith %}
</div>
...
```

주문이 생성될 때 Your cart is empty라는 메시지가 더 이상 표시되지 않습니다.

이제 관리 사이트(http://127.0.0.1:8000/admin/orders/order/)를 엽니다. 다음과 같이 주문이 성공적으로 생성된 것을 확인할 수 있습니다.

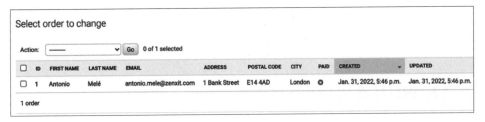

그림 8.15 생성된 주문이 표시된 관리 사이트의 주문 변경 목록 섹션

주문 시스템을 구현했습니다. 이제 사용자가 주문할 때 확인 이메일을 보내는 비동기 작업을 만들어 보겠습니다.

8.4 비동기 작업

HTTP 요청을 받으면 가능한 한 빨리 사용자에게 응답을 반환해야 합니다. "7장, 사용자 활동 추적하기"에서 장고 디버그 도구 모음을 사용해서 요청/응답 주기의 여러 단계에 걸리는 시간과 수행된 SQL 쿼리의 실행 시간을 확인했음을 기억하세요. 요청/응답 주기 동안 실행된 모든 작업은 총응답 시간에 합산됩니다. 실행이 오래 걸리는 작업은 서버 응답 속도를 심각하게 저하시킬 수 있습니다. 시간이 오래 걸리는 작업을 완료하면서 사용자에게 빠른 응답을 반환하려면 어떻게 할까요? 비동기 실행을 활용하면 가능합니다.

8.4.1 비동기 작업으로 처리하기

요청/응답 주기에서 일부 작업을 백그라운드에서 실행함으로써 작업을 분산시킬 수 있습니다. 예를 들어, 동영상 공유 플랫폼에서는 사용자가 동영상을 업로드할 수 있게 하는데, 업로드된 동영상을 트랜스코딩하는데 오랜 시간이 걸립니다. 사용자가 동영상을 업로드하면 사이트는 곧 트랜스코딩이 시작될 것이라는 응답을 반환하고 비동기적으로 동영상의 트랜스코딩을 시작할 수 있습니다. 또 다른 예로는 사용자에게 이메일을 보낼 경우입니다. 사이트의 뷰에서 이메일로 알림을 보낼 경우에는 SMTP(Simple Mail Transfer Protocol) 연결에 실패하거나 응답 속도가 느려질 수 있습니다. 이메일을 비동기식으로 보내면 코드 실행이 차단되는 것을 방지할 수 있습니다.

비동기 실행은 특히 데이터 집약적, 리소스 집약적, 시간 소모적인 프로세스나 실패할 수 있는 프로세스에 적절한데, 재시도 정책이 필요할 수 있습니다.

8.4.2 워커, 메시지 큐 및 메시지 브로커

웹 서버가 요청을 처리하고 응답을 반환하는 동안 비동기 작업을 처리하려면 **워커(Worker)**라는 이름의 또 다른 작업 기반 서버가 필요합니다. 하나 또는 여러 개의 워커가 백그라운드에서 돌면서 작업을 실행할 수 있습니다. 이런 워커는 데이터베이스에 액세스하고, 파일을 처리하고, 이메일을 보내는 등의 작업을 수행할 수 있습니다. 워커는 향후 수행할 작업을 대기열에 추가할 수도 있습니다. 이런 작업들을 처리하면서도 메인 웹 서버는 여유 있게 HTTP 요청을 처리할 수 있습니다.

워커에게 어떤 작업을 실행할지 알려주려면 **메시지**를 보내야 합니다. 브로커와는 보통 **선입선출(FIFO)** 데이터 구조인 **메시지 큐(Message queue)**에 메시지를 추가해서 통신합니다. 브로커는 큐에서 첫 번째 메시지를 가져와 해당 작업을 실행시킵니다. 작업이 완료되면 브로커는 큐에서 다음 메시지를 가져와 해당 작업을 실행합니다. 메시지 큐가 비어 있으면 브로커는 유휴 상태가 됩니다. 여러 브로커를 사용하는 경우 각 브로커는 큐에서 사용 가능한 첫 번째 메시지부터 순서대로 가져옵니다. 큐는 각 브로커가 한 번에 하나의 작업만 가져가는 것을 보장하며, 어떤 작업도 여러 워커에 의해 처리되지 않도록 합니다.

그림 8.16은 메시지 큐의 작동 방식을 보여줍니다.

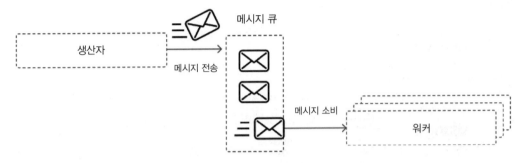

그림 8.16 메시지 큐와 워커를 사용한 비동기 실행

생산자가 큐에 메시지를 보내면 워커가 큐에 먼저 들어온 순서대로 메시지를 소비하게 되는데, 메시지 큐에 추가된 첫 번째 메시지가 워커가 처리할 첫 번째 메시지가 됩니다.

메시지 큐를 관리하기 위해서는 **메시지 브로커(Message broker)**가 필요합니다. 메시지 브로커는 메시지를 공식 메시징 프로토콜로 변환하고 여러 수신자의 메시지 큐를 관리하는 데 사용됩니다. 메시지 브로커는 메시지의 안정적인 저장과 메시지 전달을 보장합니다. 메시지 브로커를 사용하면 메시지 큐를 만들고, 메시지를 라우팅하고, 작업자 간에 메시지를 배포하는 등의 작업을 수행할 수 있습니다.

■ Celery 및 RabbitMQ와 함께 장고 사용하기

Celery는 방대한 양의 메시지를 처리할 수 있는 분산 작업 큐입니다. Celery를 사용해서 비동기 작업을 장고 애플리케이션 내에 파이썬 함수로 정의하겠습니다. 그리고 새로운 메시지를 가져와 비동기 작업을 처리하기 위해 메시지 브로커를 청취해서 새로운 메시지를 가져오는 Celery 워커를 실행하겠습니다.

Celery를 사용하면 비동기 작업을 쉽게 생성하고 가능한 한 빨리 워커가 실행하도록 할 수 있을 뿐만 아니라 특정 시간에 실행되도록 예약을 할 수도 있습니다. Celery의 문서는 https://docs.celeryq.dev/en/stable/index.html 에서 찾을 수 있습니다.

Celery는 메시지로 통신하며 클라이언트와 워커 사이를 중개하기 위해 메시지 브로커가 필요합니다. Redis와 같은 키/값 저장소 또는 RabbitMQ와 같은 실제 메시지 브로커등 Celery용 메시지 브로커에는 여러 가지 옵션이 있습니다.

RabbitMQ는 가장 널리 배포된 메시지 브로커입니다. 고급 메시지 큐 프로토콜(AMQP)과 같은 여러 메시징 프로토콜을 지원하며, Celery에서 권장됩니다. RabbitMQ는 가볍고 배포하기 쉬우며 확장성과 고가용성을 위해 구성할 수 있습니다.

그림 8.17은 비동기 작업을 실행하기 위해 장고, Celery, RabbitMQ를 사용하는 방법을 보여줍니다.

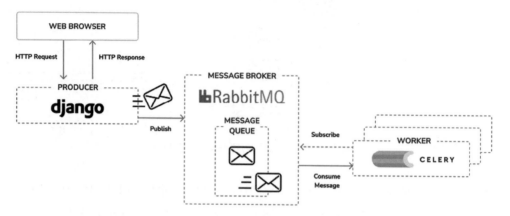

그림 8.17 장고, RabbitMQ, Celery를 사용한 비동기 작업 아키텍처

Celery 설치하기

Celery를 설치하고 프로젝트에 통합해 봅시다. 다음 명령을 사용하여 pip를 통해 Celery를 설치합니다.

```
pip install celery==5.2.7
```

Celery의 소개는 https://docs.celeryq.dev/en/stable/getting-started/introduction.html에서 확인할 수 있습니다.

RabbitMQ 설치하기

RabbitMQ 커뮤니티에서는 표준적인 구성을 가진 RabbitMQ 서버를 매우 쉽게 배포할 수 있는 Docker 이미지를 제공합니다. "7장, 사용자 활동 추적하기"에서 Docker를 설치하는 방법을 배웠다는 것을 기억하세요.

머신에 Docker를 설치한 후 쉘에서 다음 명령을 실행해서 RabbitMQ Docker 이미지를 쉽게 가져올 수 있습니다.

```
docker pull rabbitmq
```

그러면 RabbitMQ Docker 이미지가 로컬 머신에 다운로드됩니다. 공식 RabbitMQ Docker 이미지에 관한 정보는 https://hub.docker.com/_/rabbitmq에서 확인할 수 있습니다.

Docker를 사용하지 않고 컴퓨터에 RabbitMQ를 기본적인 구성으로 설치하려는 경우, https://www.rabbitmq.com/download.html에서 운영 체제별 자세한 설치 가이드를 찾을 수 있습니다. 쉘에서 다음 명령을 실행하여 Docker로 RabbitMQ 서버를 시작합니다.

```
docker run -it --rm --name rabbitmq -p 5672:5672 -p 15672:15672
rabbitmq:management
```

이 명령은 RabbitMQ가 포트 5672에서 실행되도록 하고, 포트 15672에서 웹 기반의 관리자 인터페이스를 실행합니다. 다음 줄이 포함된 메시지가 출력됩니다.

```
Starting broker...
...
completed with 4 plugins.
Server startup complete; 4 plugins started.
```

RabbitMQ가 포트 5672에서 실행 중이며 메시지를 수신할 준비가 되었습니다.

RabbitMQ의 관리자 인터페이스에 액세스하기

브라우저에서 http://127.0.0.1:15672/을 엽니다. RabbitMQ 관리자 UI의 로그인 화면이 표시됩니다. 다음과 같은 화면이 표시됩니다.

그림 8.18 RabbitMQ 관리자 UI 로그인 화면

사용자 아이디와 패스워드로 **guest**를 입력하고 **Login**을 클릭합니다. 다음 화면이 표시됩니다.

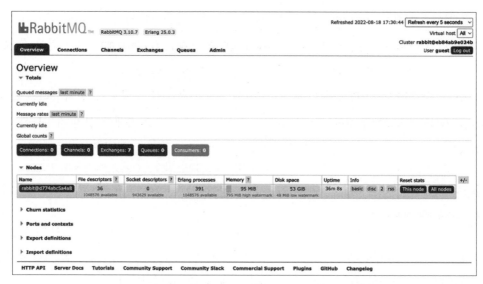

그림 8.19 RabbitMQ 관리자 UI 대시보드

guest는 RabbitMQ의 기본 관리자입니다. 이 화면에서 RabbitMQ의 현재 활동을 모니터링할 수 있습니다. 연결이나 큐에 등록되지 않은 채 실행 중인 노드가 하나 있는 것을 확인할 수 있습니다.

프로덕션 환경에서 RabbitMQ를 사용하는 경우, 새로운 관리자를 생성하고 기본 **guest** 사용자를 제거해야 합니다. 관리 UI의 **Admin** 섹션에서 이 작업을 수행할 수 있습니다. 이제 프로젝트에 Celery를 추가하겠습니다. 그런 다음 Celery를 실행하고 RabbitMQ에 대한 연결을 테스트하겠습니다.

프로젝트에 Celery 추가하기

Celery 인스턴스를 구성해야 합니다. `myshop`의 `settings.py` 파일 옆에 새로운 파일을 생성하고 이름을 `celery.py`로 지정합니다. 이 파일에는 프로젝트의 Celery 구성을 담습니다. 이 파일에 다음 코드를 추가합니다.

```
import os
from celery import Celery


# Celery 프로그램에 대한 기본 장고 설정 모듈을 설정
os.environ.setdefault('DJANGO_SETTINGS_MODULE', 'myshop.settings')
app = Celery('myshop')
app.config_from_object('django.conf:settings', namespace='CELERY')
app.autodiscover_tasks()
```

이 코드에서는 다음을 수행합니다.

- Celery 커맨드라인 프로그램에 대해 `DJANGO_SETTINGS_MODULE` 변수를 설정합니다.
- `app = Celery('myshop')`로 애플리케이션 인스턴스를 생성합니다.
- `config_from_object()` 메서드를 사용해서 프로젝트 설정에서 커스텀 구성을 로드합니다. `namespace` 속성은 `settings.py` 파일에 Celery 관련 설정이 가질 접두사를 지정합니다. `CELERY` 네임스페이스를 설정하면 모든 Celery 설정의 이름에 `CELERY_` 접두사가 포함되어야 합니다(예: `CELERY_BROKER_URL`).
- 끝으로, 애플리케이션의 비동기 작업을 자동으로 검색하도록 Celery에 지시합니다. Celery는 `INSTALLED_APPS`에 추가된 애플리케이션의 각 애플리케이션 디렉터리에서 `tasks.py` 파일을 찾은 후 이 파일에 정의된 비동기 작업을 로드합니다.

프로젝트의 `__init__.py` 파일에서 `celery` 모듈을 임포트해서 장고가 시작될 때 로드되도록 해야 합니다. `myshop/__init__.py` 파일을 열어 다음 코드를 추가합니다.

```
# celery 임포트
from .celery import app as celery_app


__all__ = ['celery_app']
```

장고 프로젝트에 Celery를 추가했으며 이제 사용할 수 있습니다.

Celery 워커 실행하기

Celery 워커는 전반적인 관리 기능을 처리하는 프로세스로, 대기열 메시지를 송수신하고, 작업을 등록하고, 멈춰있는 작업을 종료하고, 상태를 추적하는 등의 작업을 담당합니다. 워커 인스턴스는 여러 개의 메시지 큐에서 소비할 수 있습니다.

다른 셸을 열고 다음 명령을 사용해서 프로젝트 디렉터리에서 Celery 워커를 시작합니다.

```
celery -A myshop worker -l info
```

이제 Celery 워커가 실행 중이며 작업을 처리할 준비가 되었습니다. Celery와 RabbitMQ가 연결되어 있는지 확인해 봅시다.

브라우저에서 `http://127.0.0.1:15672/`을 열어 RabbitMQ 관리자 UI에 접속합니다.

그림 8.20과 같이 **Queued messages** 아래에 그래프가 표시되고 **Message rates** 아래에

또 다른 그래프가 표시됩니다.

그림 8.20 연결 및 대기열을 표시하는 RabbitMQ 관리 대시보드

아직 메시지 큐에 메시지를 보내지 않았기 때문에 큐에 대기 중인 메시지가 없습니다. Message rates 아래의 그래프는 5초마다 업데이트되어야 하며, 화면 오른쪽 상단에서 새로 고침 빈도를 확인할 수 있습니다. 이번에는 Connections 및 Queues 모두 0보다 높은 숫자가 표시되어야 합니다.

이제 비동기 작업 프로그래밍을 시작할 수 있습니다.

> **Note**
> CELERY_ALWAYS_EAGER 설정을 사용하면 작업을 대기열로 보내지 않고 동기식으로 로컬에서 실행할 수 있습니다. 이 설정은 단위 테스트를 실행하거나 Celery를 실행하지 않고 로컬 환경에서 애플리케이션을 실행할 때 유용합니다.

■ 애플리케이션에 비동기 작업 추가하기

온라인 상점에서 주문이 접수될 때마다 사용자에게 확인 이메일을 보내겠습니다. 이메일 전송을 파이썬 함수로 구현하고 이를 Celery에 작업으로 등록하겠습니다. 그런 다음 order_create 뷰에 추가하여 비동기적으로 작업을 실행합니다.

order_create 뷰가 실행되면, Celery는 RabbitMQ가 관리하는 메시지 큐로 메시지를 전송하고, 브로커는 우리가 파이썬 함수로 정의한 비동기 작업을 실행합니다.

Celery가 작업을 쉽게 검색하도록 하기 위한 규칙은 애플리케이션 디렉터리 내의 **tasks** 모듈에서 애플리케이션을 위한 비동기 작업을 정의해야 합니다.

orders 애플리케이션 내에 새로운 파일을 만들고 이름을 **tasks.py**로 지정합니다. 이 파일은 Celery가 비동기 작업을 찾는 곳입니다. 여기에 다음 코드를 추가합니다.

```python
from celery import shared_task
from django.core.mail import send_mail
from .models import Order


@shared_task
def order_created(order_id):
    """
    주문이 성공적으로 생성될 때
    이메일 알림을 보내는 작업을 생성
    """
    order = Order.objects.get(id=order_id)
    subject = f'Order nr. {order.id}'
    message = f'Dear {order.first_name},\n\n' \
              f'You have successfully placed an order.' \
              f'Your order ID is {order.id}.'
    mail_sent = send_mail(subject,
                          message,
                          'admin@myshop.com',
                          [order.email])
    return mail_sent
```

@shared_task 데코레이터를 사용해서 order_created 작업을 정의했습니다. 보시다시피 Celery 작업은 @shared_task로 데코레이트된 파이썬 함수일 뿐입니다. order_created 작업 함수는 order_id를 매개 변수로 받습니다. 항상 작업 함수에는 ID만 전달하고 태스크가 실행될 때 데이터베이스에서 객체를 조회하는 것이 좋습니다. 이렇게 하면 작업이 대기열에 있는 동안 데이터베이스의 데이터가 변경되었을 수 있으므로 오래된 정보에 액세스하는 것을 방지할 수 있습니다. 주문을 한 사용자에게 이메일 알림을 보내기 위해 장고에서 제공하는 send_mail() 함수를 사용했습니다.

"*2장, 고급 기능으로 블로그 향상하기*"에서 SMTP 서버를 사용하도록 장고를 구성하는 방법을 배웠습니다. 이메일 설정을 설정하지 않으려면 `settings.py` 파일에 다음 설정을 추가하여 장고가 콘솔에 이메일을 출력하도록 지시할 수 있습니다.

```
EMAIL_BACKEND = 'django.core.mail.backends.console.EmailBackend'
```

Tip 시간이 많이 걸리는 프로세스뿐만 아니라 실행하는 데 많은 시간이 걸리지 않지만 연결 실패가 발생하거나 재시도 정책이 필요한 다른 프로세스에도 비동기 작업을 사용하세요.

이제 `order_create` 뷰에 작업을 추가해야 합니다. `orders` 애플리케이션의 `views.py` 파일을 열고 task를 임포트한 후 다음과 같이 장바구니를 지우고 나서 `order_created` 비동기 작업을 호출합니다.

```python
from .tasks import order_created
# ...


def order_create(request):
    # ...
    if request.method == 'POST':
        # ...
        if form.is_valid():
            # ...
            cart.clear()
            # 비동기 작업 실행
            order_created.delay(order.id)
        # ...
```

작업의 `delay()` 메서드를 호출해서 작업을 비동기적으로 실행합니다. 작업은 메시지 큐에 추가되고 가능한 한 빨리 Celery 워커에 의해 실행됩니다.

RabbitMQ가 실행 중인지 확인합니다. 그리고 다음 명령으로 Celery 워커 프로세스를 중지하고 다시 시작합니다.

```
celery -A myshop worker -l info
```

이제 Celery 워커가 작업을 등록했습니다. 다른 쉘에서 프로젝트 디렉터리로 이동 후 다음 명령으로 개발 서버를 시작합니다.

```
python manage.py runserver
```

브라우저에서 http://127.0.0.1:8000/을 열고 장바구니에 제품을 추가한 후 주문을 완료합니다. Celery 워커를 시작한 쉘에서 다음과 유사한 출력을 볼 수 있습니다.

```
[2022-02-03 20:25:19,569: INFO/MainProcess] Task orders.tasks.order_
created[a94dc22e-372b-4339-bff7-52bc83161c5c] received ...
[2022-02-03 20:25:19,605: INFO/ForkPoolWorker-8] Task orders.tasks. order_
created[a94dc22e-372b-4339-bff7-52bc83161c5c] succeeded in
0.015824042027816176s: 1
```

order_created 작업이 실행되었으며 주문에 대한 이메일 알림이 전송되었습니다. 이메일 백엔드 console.EmailBackend를 사용하는 경우에는 이메일이 전송되지 않지만 콘솔에 출력된 이메일의 렌더링된 텍스트를 볼 수 있습니다.

■ Flower로 Celery 모니터링하기

RabbitMQ 관리자 UI 외에도 다른 도구를 사용하여 Celery로 실행되는 비동기 작업을 모니터링할 수 있습니다. Flower는 Celery를 모니터링하는 데 유용한 웹 기반 도구입니다. 다음 명령으로 Flower를 설치합니다.

```
pip install flower==1.1.0
```

설치가 완료되면 프로젝트 디렉터리의 새로운 쉘에서 다음 명령을 실행하여 Flower를 시작합니다.

```
celery -A myshop flower
```

브라우저에서 http://localhost:5555/dashboard을 엽니다. 활성 Celery 워커와 비동기 작업의 통계를 볼 수 있습니다. 화면은 다음과 같이 표시됩니다.

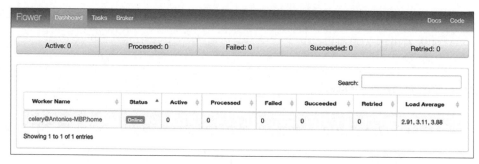

그림 8.21 Flower 대시보드

이름이 celery@로 시작하고 상태가 Online인 활성 작업자가 표시됩니다.

작업자의 이름을 클릭한 다음 Queues 탭을 클릭하면 다음 화면이 표시됩니다.

그림 8.22 Flower – Celery 워커 작업 큐

여기에서 celery라는 이름의 활성 큐를 볼 수 있습니다. 이것은 메시지 브로커에 연결된 활성 큐 소비자입니다. Tasks 탭을 클릭하면 다음 화면이 표시됩니다.

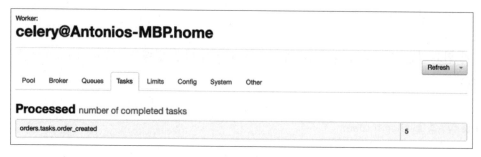

그림 8.23 Celery 워커 작업

여기에서 처리된 작업과 실행된 횟수를 확인할 수 있습니다. 주문 생성 작업과 해당 작업이 실행된 총횟수가 표시됩니다. 이 숫자는 주문 수에 따라 달라질 수 있습니다.

브라우저에서 http://localhost:8000/을 엽니다. 카트에 몇 가지 품목을 추가한 다음, 결제 프로세스를 완료합니다.

브라우저에서 http://localhost:5555/dashboard을 엽니다. Flower에서 작업을 처리된 것으로 등록했습니다. 이제 Processed 아래에 1개가 표시되고 Succeeded에도 1개가 표시됩니다.

그림 8.24 Flower – Celery 워커

Tasks에서 Celery에 등록된 각 작업에 대한 추가 세부 정보를 확인할 수 있습니다.

그림 8.25 Flower – Celery tasks

Flower의 설명서는 https://flower.readthedocs.io/에서 확인할 수 있습니다.

8.4 추가 자료

다음 링크들은 이 장에서 다루는 주제와 관련된 추가 정보를 제공합니다.

- 이 장의 소스 코드 – https://github.com/PacktPublishing/Django-4-by-example/tree/main/Chapter08
- 프로젝트의 정적 파일 – https://github.com/PacktPublishing/Django-4-by-Example/ tree/main/Chapter08/myshop/shop/static
- 장고 세션 설정 – https://docs.djangoproject.com/en/4.1/ref/settings/#sessions

- 장고 내장 콘텍스트 프로세서 — https://docs.djangoproject.com/en/4.1/ref/templates/api/#built-in-template-context-processors
- 요청 콘텍스트 정보 — https://docs.djangoproject.com/en/4.1/ref/templates/api/#django.template.RequestContext
- Celery 문서 — https://docs.celeryq.dev/en/stable/index.html
- Celery 소개 — https://docs.celeryq.dev/en/stable/getting-started/introduction.html
- 공식 RabbitMQ Docker 이미지 — https://hub.docker.com/_/rabbitmq
- RabbitMQ 설치 지침 — https://www.rabbitmq.com/download.html
- Flower 문서 — https://flower.readthedocs.io/

8.5 요약

이 장에서는 기본적인 전자 상거래 애플리케이션을 만들었습니다. 제품 카탈로그를 만들고 세션을 사용해 쇼핑 카트를 구축했습니다. 모든 템플릿에서 카트를 사용할 수 있도록 커스텀 콘텍스트 프로세서를 구현하고 주문을 위한 폼을 만들었습니다. 또한 Celery와 RabbitMQ를 사용하여 비동기 작업을 구현하는 방법도 배웠습니다.

다음 장에서는 결제 게이트웨이를 스토어에 통합하고, 관리 사이트에 커스텀 액션을 추가하고, CSV 형식으로 데이터를 내보낸 뒤 PDF 파일을 동적으로 생성하는 방법을 알아봅니다.

9장

결제 및 주문 관리하기

django

8장에서는 제품 카탈로그와 장바구니가 있는 기본 온라인 상점을 만들었습니다. 장고 세션을 사용하는 방법을 배웠고 커스텀 콘텍스트 프로세서를 빌드했습니다. 또한 Celery와 RabbitMQ를 사용해서 비동기 작업을 시작하는 방법도 배웠습니다.

이번 장에서는 사용자가 신용카드로 결제할 수 있도록 결제 게이트웨이를 사이트에 통합하는 방법을 배웁니다. 또한 다양한 기능으로 관리 사이트를 확장합니다.

이 장에서는 다음과 같은 기능들을 만듭니다.

- 프로젝트에 Stripe 결제 게이트웨이 통합하기
- Stripe로 신용카드 결제 처리하기
- 결제 알림 처리하기
- 주문을 CSV 파일로 내보내기
- 관리 사이트에 대한 커스텀 뷰 만들기
- 동적으로 PDF 인보이스 생성하기

이 장의 소스 코드는 `https://github.com/PacktPublishing/Django-4-by-example/tree/main/Chapter09`에서 찾을 수 있습니다.

이 장에서 사용된 모든 파이썬 패키지는 해당 장의 소스 코드에 있는 `requirements.txt` 파일에 포함되어 있습니다. 다음 섹션의 지침에 따라 각 파이썬 패키지를 설치하거나 `pip install -r requirements.txt` 명령을 사용하여 모든 요구 사항을 한 번에 설치할 수 있습니다.

9.1 전자결제 게이트웨이 통합하기

전자결제 게이트웨이는 판매자가 온라인에서 고객의 결제를 처리하는 데 사용하는 기술입니다. 전자결제 게이트웨이를 사용하면 고객의 주문을 관리하고 결제 처리를 신뢰할 수 있고 안전한 서드파티에 결제 처리를 맡길 수 있습니다. 신뢰할 수 있는 전자결제 게이트웨이를 사용하면 자체 시스템에서 신용카드를 처리하는 데 따르는 기술, 보안 및 규제 복잡성에 대해 걱정할 필요가 없습니다.

결제 게이트웨이는 여러 공급 업체 중에서 선택할 수 있는데, 여기서는 Shopify, Uber, Twitch, GitHub 등의 온라인 서비스에서 널리 사용되는 결제 게이트웨이인 Stripe를 통합할 예정입니다.

Stripe는 신용카드, Google Pay, Apple Pay 등 여러 결제 수단으로 온라인 결제를 처리할 수 있는 API를 제공합니다. Stripe에 관한 자세한 내용은 https://www.stripe.com/에서 확인할 수 있습니다.

Stripe는 결제 처리와 관련된 다양한 제품을 제공합니다. 일회성 결제, 구독 서비스를 위한 정기 결제, 플랫폼 및 마켓플레이스에서 발생하는 다자간 결제 등을 관리할 수 있습니다.

Stripe는 Stripe에서 호스팅하는 결제 양식부터 완전히 커스텀 가능한 결제 흐름까지 다양한 통합 방법을 제공합니다. 전환에 최적화된 결제 페이지로 구성된 *Stripe Checkout* 제품을 통합할 예정입니다. 사용자는 주문한 품목을 신용카드나 기타 결제 수단으로 쉽게 결제할 수 있습니다. 또한 Stripe에서 결제 알림을 받게 됩니다. *Stripe Checkout* 문서는 https://stripe.com/docs/payments/checkout에서 확인할 수 있습니다.

*Stripe Checkout*을 활용해서 결제를 처리하면 **결제 카드 업계(PCI)** 요구 사항을 준수하는 안전한 솔루션을 사용하게 됩니다. Google Pay, Apple Pay, Afterpay, Alipay, SEPA 자동 이체, Bacs 자동 이체, BECS 자동 이체, iDEAL, Sofort, GrabPay, FPX 및 기타 결제 방법으로 결제를 처리할 수 있습니다.

9.1.1 Stripe 계정 만들기

결제 게이트웨이를 사이트에 통합하려면 Stripe 계정이 필요합니다. Stripe API를 테스트하기 위해 계정을 생성해 보겠습니다. 브라우저에서 https://dashboard.stripe.com/register를 엽니다. 다음과 같은 폼이 표시됩니다.

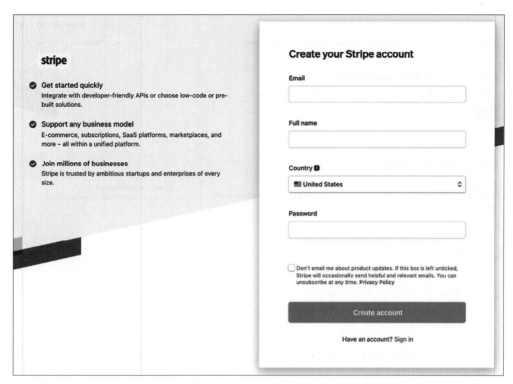

그림 9.1 Stripe 가입 폼

자신의 데이터로 양식을 채우고 **Create account**를 클릭합니다. 이메일 주소를 확인할 수 있는 링크가 포함된 이메일이 Stripe에서 전송됩니다. 이메일은 다음과 같이 표시됩니다.

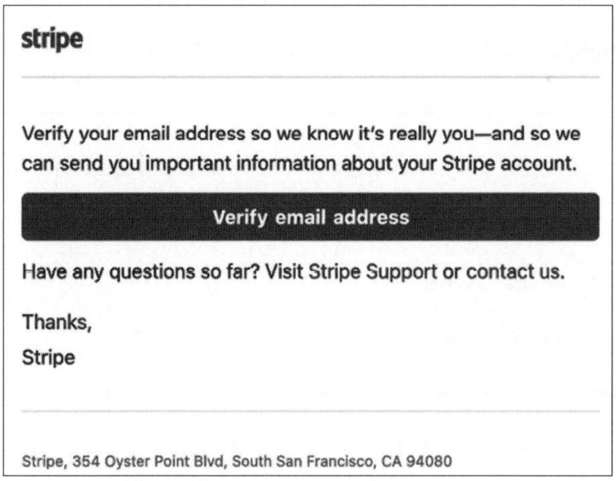

stripe

Verify your email address so we know it's really you—and so we can send you important information about your Stripe account.

Verify email address

Have any questions so far? Visit Stripe Support or contact us.

Thanks,

Stripe

Stripe, 354 Oyster Point Blvd, South San Francisco, CA 94080

그림 9.2 이메일 주소를 확인하기 위한 확인 이메일

받음 편지함에서 이메일을 열고 **Verify email address**을 클릭합니다. 다음과 같은 Stripe 대시보드 화면으로 리디렉션됩니다.

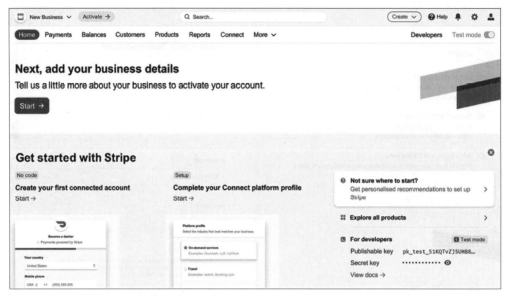

그림 9.3 이메일 주소를 확인한 후 Stripe 대시보드

화면 오른쪽 상단에서 **Test mode**가 활성화된 것을 확인할 수 있습니다. Stripe는 테스트 환경과 프로덕션 환경을 제공합니다. 비즈니스를 소유하거나 프리랜서인 경우 비즈니스 세부 정보를 추가해서 계정을 활성화하고 실제 결제를 처리할 수 있는 액세스 권한을 얻을 수 있습니다. 그러나 우리는 테스트 환경에서 작업할 것이고, 이 권한은 Stripe을 통해 결제를 구현하고 테스트하는 데는 필요하지 않습니다.

결제를 처리하려면 계정 이름을 추가해야 합니다. 브라우저에서 `https://dashboard.stripe.com/settings/account`을 열면 다음 화면이 표시됩니다.

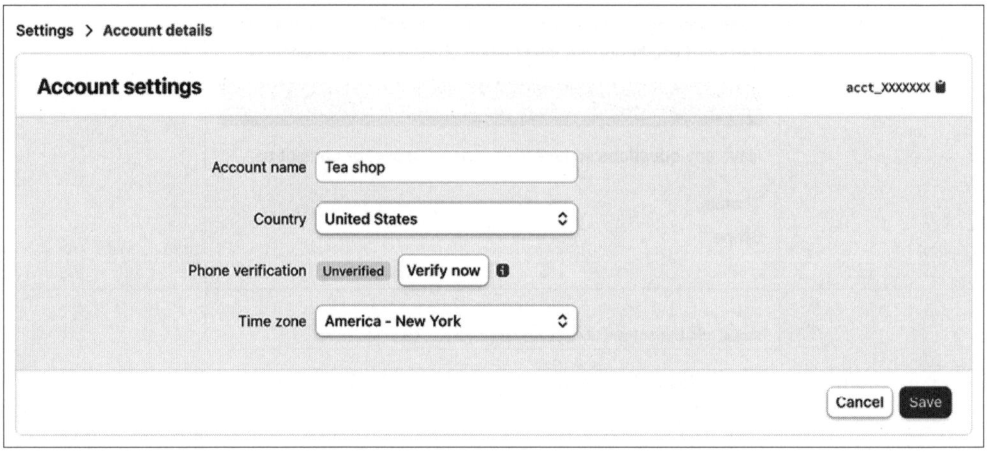

그림 9.4 Stripe 계정 설정

Account name 아래에 원하는 이름을 입력한 다음 저장을 클릭합니다. Stripe 대시보드로 돌아갑니다. 헤더에 계정 이름이 표시됩니다.

그림 9.5 계정 이름을 포함한 Stripe 대시보드의 헤더

계속해서 Stripe 파이썬 SDK를 설치하고 장고 프로젝트에 Stripe를 추가하겠습니다.

9.1.2 Stripe 파이썬 라이브러리 설치하기

Stripe는 API 처리를 간소화한 파이썬 라이브러리를 제공합니다. 이 라이브러리를 사용해 결제 게이트웨이를 프로젝트에 통합하려고 합니다.

Stripe 파이썬 라이브러리의 소스 코드는 https://github.com/stripe/stripepython에서 찾을 수 있습니다.

다음 명령을 사용하여 셸에서 stripe 라이브러리를 설치합니다.

```
pip install stripe==4.0.2
```

9.1.3 프로젝트에 Stripe 추가하기

브라우저에서 https://dashboard.stripe.com/test/apikeys을 엽니다. Stripe 대시보드에서 Developers를 클릭한 다음 API keys를 클릭해서 이 페이지에 액세스할 수도 있습니다. 다음 화면이 표시됩니다.

그림 9.6 Stripe 테스트 API 키 화면

Stripe는 테스트 환경과 프로덕션 환경의 두 가지 환경의 키 쌍을 제공합니다. 각 환경에는 Publishable key(공개 키)와 Secret key(개인 키)가 있습니다. 테스트 모드 게시 가능 키에는 접두사 `pk_test_`가 있고 라이브 모드 게시 가능 키에는 접두사 `pk_live_`가 있습니다. 테스트 모드 비밀 키에는 접두사 `sk_test_`가 있고 라이브 모드 비밀 키에는 접두사 `sk_live_`가 있습니다.

이 정보는 Stripe API의 요청을 인증하는 데 필요합니다. 개인 키는 항상 비밀로 유지하고 안전하게 보관해야 합니다. 공개 키는 JavaScript 스크립트와 같은 클라이언트 측 코드에서 사용할 수 있습니다. Stripe API 키에 관한 자세한 내용은 https://stripe.com/docs/keys에서 확인할 수 있습니다.

프로젝트의 `settings.py` 파일에 다음 설정을 추가합니다.

```
# Stripe 설정
STRIPE_PUBLISHABLE_KEY = '' # 공개 키
STRIPE_SECRET_KEY = ''      # 개인 키 STRIPE_API_VERSION = '2022-08-01'
```

`STRIPE_PUBLISHABLE_KEY` 및 `STRIPE_SECRET_KEY` 값을 Stripe에서 제공한 테스트 공개 키 및 개인 키로 바꿉니다. Stripe API 버전 `2022-08-01`을 사용합니다. 이 API 버전의 릴리스 노트는 https://stripe.com/docs/upgrades#2022-08-01에서 확인할 수 있습니다.

> **Note**
> 프로젝트는 테스트 환경 키를 사용하고 있습니다. 라이브로 전환하고 Stripe 계정의 유효성을 검사하면 프로덕션 환경 키를 얻게 됩니다. *"17장, 실서비스화"*에서는 여러 환경에 맞는 설정을 구성하는 방법을 배웁니다.

결제 게이트웨이를 결제 프로세스에 통합하겠습니다. Stripe에 관한 파이썬 문서는 https://stripe.com/docs/api?lang=python에서 찾을 수 있습니다.

9.1.4 결제 프로세스 구축하기

결제 프로세스는 다음과 같이 진행됩니다.

- 장바구니에 품목 추가
- 장바구니 결제
- 신용카드 정보를 입력하고 결제

결제를 관리하기 위해 새로운 애플리케이션을 만들겠습니다. 다음 명령을 사용해서 프로젝트에 새로운 애플리케이션을 생성합니다.

```
python manage.py startapp payment
```

프로젝트의 settings.py 파일을 편집하고 다음과 같이 INSTALLED_APPS 설정에 새로운 애플리케이션을 추가합니다. 새로운 줄은 굵은 글씨로 강조 표시됩니다.

```
INSTALLED_APPS = [
    # ...
    'shop.apps.ShopConfig',
    'cart.apps.CartConfig',
    'orders.apps.OrdersConfig',
    'payment.apps.PaymentConfig',
]
```

이제 프로젝트에서 payment 애플리케이션이 활성화되었습니다.

현재 사용자는 주문은 할 수 있지만 결제는 할 수 없습니다. 고객이 주문한 후에는 결제 프로세스로 리디렉션해야 합니다.

주문 애플리케이션의 views.py 파일을 열고 다음 임포트를 포함합니다.

```
from django.urls import reverse
from django.shortcuts import render, redirect
```

같은 파일에서 order_create 뷰의 다음과 같은 줄을 찾습니다.

```
# 비동기 작업 시작
order_created.delay(order.id)
return render(request,
              'orders/order/created.html',
              locals())
```

찾은 줄을 다음 코드로 바꿉니다.

```
# 비동기 작업 시작
order_created.delay(order.id)
# 세션 순서 결정
request.session['order_id'] = order.id
# 결제 리디렉션
return redirect(reverse('payment:process'))
```

수정된 코드는 다음과 같이 표시됩니다.

```
from django.urls import reverse
from django.shortcuts import render, redirect
# ...

def order_create(request):
    cart = Cart(request)
    if request.method == 'POST':
        form = OrderCreateForm(request.POST)
        if form.is_valid():
            order = form.save()
            for item in cart:
                OrderItem.objects.create(order=order,
                                         product=item['product'],
                                         price=item['price'],
                                         quantity=item['quantity'])
            # 카트를 비우기
            cart.clear()
            # 비동기 작업 시작
            order_created.delay(order.id)
            # 세션에서 순서 설정
```

```
            request.session['order_id'] = order.id
            # 결제 리디렉션
            return redirect(reverse('payment:process'))
    else:
        form = OrderCreateForm()
    return render(request,
                  'orders/order/create.html',
                  {'cart': cart, 'form': form})
```

새로운 주문을 할 때 orders/order/created.html 템플릿을 렌더링하는 대신 주문 ID가 사용자 세션에 저장되고 사용자가 payment:process URL로 리디렉션됩니다. 이 URL은 나중에 구현할 예정입니다. order_created 작업을 대기열에 넣고 실행하려면 Celery가 실행 중이어야 합니다.

결제 게이트웨이를 통합해 보겠습니다.

■ Strip Checkout 통합하기

Stripe Checkout 통합은 사용자가 결제 세부 정보(일반적으로 신용카드)를 입력하고 결제를 수금할 수 있는 Stripe에서 호스팅하는 결제 페이지로 구성됩니다. 결제가 성공하면 Stripe는 클라이언트를 성공 페이지로 리디렉션합니다. 클라이언트가 결제를 취소하면 클라이언트를 취소 페이지로 리디렉션합니다.

다음 세 가지 뷰를 구현하겠습니다.

- payment_process: Stripe 결제 세션을 생성하고 클라이언트를 Stripe에서 호스팅하는 결제 폼으로 리디렉션합니다. 결제 세션은 고객이 결제 폼으로 리디렉션될 때 표시되는 제품, 수량, 통화 및 청구 금액을 포함한 고객에게 표시되는 내용을 프로그래밍 방식으로 표현한 것입니다.
- payment_completed: 결제 성공 메시지를 표시합니다. 결제가 성공하면 사용자는 이 뷰로 리디렉션됩니다.
- payment_canceled: 결제 취소 메시지를 표시합니다. 결제가 취소된 경우 사용자가 이 뷰로 리디렉션됩니다.

그림 9.7은 결제 처리의 흐름을 보여줍니다.

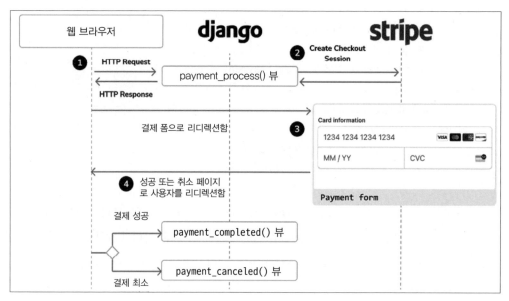

그림 9.7 결제 처리의 흐름

전체 결제 처리 과정은 다음과 같이 진행됩니다.

1. 주문이 생성되면 사용자는 `payment_process` 뷰로 리디렉션됩니다. 주문 요약과 결제를 진행할 수 있는 버튼이 사용자에게 표시됩니다.

2. 사용자가 결제를 진행하면 Stripe 결제 세션이 생성됩니다. 결제 세션에는 사용자가 구매할 항목의 목록, 결제 성공 후 사용자를 리디렉션할 URL, 결제가 취소된 경우 사용자를 리디렉션할 URL이 포함됩니다.

3. 이 보기는 사용자를 Stripe 호스팅 결제 페이지로 리디렉션합니다. 이 페이지에는 결제 폼이 포함됩니다. 고객이 신용카드 세부 정보를 입력하고 폼을 제출합니다.

4. Stripe에서 결제를 처리하고 클라이언트를 `payment_completed` 뷰로 리디렉션합니다. 고객이 결제를 완료하지 않으면 Stripe는 대신 고객을 `payment_canceled` 뷰로 리디렉션합니다.

결제 뷰를 만들어 보겠습니다. `payment` 애플리케이션의 `views.py` 파일을 편집하고 다음 코드를 추가합니다.

```
from decimal import Decimal import stripe
from django.conf import settings
from django.shortcuts import render, redirect, reverse,\
                    get_object_or_404
```

```
from orders.models import Order

# Stripe 인스턴스 생성
stripe.api_key = settings.STRIPE_SECRET_KEY
stripe.api_version = settings.STRIPE_API_VERSION
def payment_process(request):
    order_id = request.session.get('order_id', None)
    order = get_object_or_404(Order, id=order_id)
    if request.method == 'POST':
        success_url = request.build_absolute_uri(
                        reverse('payment:completed'))
        cancel_url = request.build_absolute_uri(
                        reverse('payment:canceled'))
        # Stripe 결제 세션 데이터
        session_data = {
            'mode': 'payment',
            'client_reference_id': order.id,
            'success_url': success_url,
            'cancel_url': cancel_url,
            'line_items': []
        }
        # Stripe 결제 세션 생성
        session = stripe.checkout.Session.create(**session_data)
        # Stripe 결제 양식으로 리디렉션
        return redirect(session.url, code=303)
    else:
        return render(request, 'payment/process.html', locals())
```

이전 코드에서는 Stripe 모듈을 가져오고 **STRIPE_SECRET_KEY** 설정 값을 사용해서 Stripe API 키를 설정했습니다. 사용할 API 버전도 **STRIPE_API_ VERSION** 설정 값을 사용해 설정합니다.

payment_process 뷰는 다음 작업을 수행합니다.

1. order_create 뷰에서 이전에 세션에 저장된 **order_id** 세션 키를 사용해서 데이터베이스에서 현재 Order 객체를 검색합니다.

2. 지정된 ID의 Order 객체를 검색합니다. 단축 함수 **get_object_or_404()**를 사용하면 지정된 ID의 주문이 없는 경우 Http404(페이지를 찾을 수 없음) 예외가 발생합니다.

3. GET 요청으로 뷰가 로드되면 payment/process.html 템플릿이 렌더링되어 반환됩니다. 이 템플릿에는 주문 요약과 결제 진행 버튼이 포함되며, 뷰에 POST 요청을 생성합니다.

4. POST 요청과 함께 뷰가 로드되는 경우 다음과 같은 매개 변수와 함께 stripe.checkout. Session.create()를 사용해서 Stripe 결제 세션이 생성됩니다.

- mode: 결제 세션의 모드입니다. 우리는 일회성 결제[1]를 사용합니다. 이 매개 변수에 허용되는 다양한 값은 https://stripe.com/docs/api/checkout/sessions/object#checkout_session_object-mode에서 확인할 수 있습니다.

- client_reference_id: 결제의 고유한 레퍼런스입니다. 이 정보를 사용해서 주문을 Stripe 결제 세션에 전달합니다. 주문 ID를 전달하면 Stripe 결제를 시스템에서 주문에 연결하고 Stripe로부터 결제 알림을 수신해서 주문을 결제된 것으로 표시할 수 있습니다.

- success_url: 결제가 성공한 경우 Stripe에서 사용자를 리디렉션할 URL입니다. request.build_absolute_uri()를 사용해 URL 경로로 절대 URI를 생성합니다. 이 메서드의 설명서는 https://docs.djangoproject.com/ en/4.1/ref/request-response/#django.http.HttpRequest.build_absolute_uri에서 확인할 수 있습니다.

- cancel_url: 결제가 취소된 경우 Stripe에서 사용자를 리디렉션할 URL입니다.

- line_items: 빈 리스트로 나중에 구매할 주문 항목들로 채웁니다.

5. 결제 세션을 생성한 후 상태 코드 303이 포함된 HTTP 리디렉션이 반환되어 사용자를 Stripe로 리디렉션합니다. 상태 코드 303은 HTTP POST가 수행된 후 웹 애플리케이션을 새로운 URI로 리디렉션하는 데 권장됩니다.

https://stripe.com/docs/api/checkout/sessions/create에서 Stripe 세션 개체를 생성하기 위한 모든 매개 변수를 확인할 수 있습니다.

결제 세션을 생성할 주문 품목으로 line_items 목록을 채워 보겠습니다. 각 품목에는 품목 이름, 청구할 금액, 사용할 통화, 구매 수량이 포함됩니다.

굵은 글씨로 강조 표시된 다음 코드를 payment_process 뷰에 추가합니다.

```
def payment_process(request):
    order_id = request.session.get('order_id', None)
    order = get_object_or_404(Order, id=order_id)
```

---

1 [역자주] 고객이 제품, 서비스 또는 구독에 대한 단일 결제를 한 번만 수행하는 것을 의미합니다. 반대로, "recurring payments"는 구독 요금 같은 반복적인 결제를 의미합니다.

```
    if request.method == 'POST':
        success_url = request.build_absolute_uri(
                        reverse('payment:completed'))
        cancel_url = request.build_absolute_uri(
                        reverse('payment:canceled'))
        # Stripe 결제 세션 데이터
        session_data = {
            'mode': 'payment',
            'success_url': success_url,
            'cancel_url': cancel_url,
            'line_items': []
        }
        # Stripe 결제 세션에 주문 품목 추가
        for item in order.items.all():
            session_data['line_items'].append({
                'price_data': {
                    'unit_amount': int(item.price * Decimal('100')),
                    'currency': 'usd',
                    'product_data': {
                        'name': item.product.name,
                    },
                },
                'quantity': item.quantity,
            })
        # Stripe 결제 세션 생성
        session = stripe.checkout.Session.create(**session_data)
        # Stripe 결제 양식으로 리디렉션
        return redirect(session.url, code=303)
    else:
        return render(request, 'payment/process.html', locals())
```

각 항목에는 다음 정보를 사용합니다.

- price_data: 가격 관련 정보입니다.
- unit_amount: 결제 시 지불할 센트 단위의 금액입니다. 이 값은 소수점 이하 자릿수가 없는 최소 통화 단위로 청구할 금액을 나타내는 양의 정수입니다. 예를 들어 $10.00을 청구하려면 1000(즉, 1,000센트)이 됩니다. 결제 항목의 가격인 item.price에 Decimal('100')을 곱해서 센트 단위의 값을 구한 다음 정수로 변환합니다.

- currency: 세 글자의 ISO 형식으로 사용할 통화입니다. 미국 달러의 경우 USD를 사용합니다. 지원되는 통화 목록은 https://stripe.com/docs/currencies에서 확인할 수 있습니다.
- product_data: 제품 관련 정보입니다.
- name: 제품의 이름입니다.
- quantity: 구매할 제품의 수량입니다.

이제 payment_process 뷰가 준비되었습니다. 간단한 결제 성공 및 취소 페이지 뷰를 만들어 보겠습니다.

결제 애플리케이션의 views.py 파일에 다음 코드를 추가합니다.

```python
def payment_completed(request):
    return render(request, 'payment/completed.html')


def payment_canceled(request):
    return render(request, 'payment/canceled.html')
```

payment 애플리케이션 디렉터리 내에 새로운 파일을 생성하고 이름을 urls.py로 지정합니다.

```python
from django.urls import path
from . import views

app_name = 'payment'
urlpatterns = [
    path('process/', views.payment_process, name='process'),
    path('completed/', views.payment_completed, name='completed'),
    path('canceled/', views.payment_canceled, name='canceled'),
]
```

이것이 결제 워크플로우의 URL입니다. URL 패턴들은 다음과 같습니다.

- process: 사용자에게 주문 요약을 표시하고 Stripe 결제 세션을 생성하며 사용자를 Stripe에서 호스팅하는 결제 폼으로 리디렉션하는 뷰입니다.
- completed: 결제가 완료된 경우 Stripe에서 사용자를 리디렉션하는 뷰입니다.
- canceled: 결제가 취소된 경우 Stripe에서 사용자를 리디렉션하는 뷰입니다.

myshop 프로젝트의 기본 urls.py 파일을 열어 다음과 같이 payment 애플리케이션의 URL 패턴을 추가합니다.

```
urlpatterns = [    path('admin/', admin.site.urls),
    path('cart/', include('cart.urls', namespace='cart')),
    path('orders/', include('orders.urls', namespace='orders')),
    path('payment/', include('payment.urls', namespace='payment')),
    path('', include('shop.urls', namespace='shop')),
]
```

shop.urls에 정의된 패턴과 의도치 않은 패턴 일치를 피하기 위해 shop.urls 패턴 앞에 새로운 경로를 배치했습니다. 장고는 각 URL 패턴을 순서대로 실행하고 요청된 URL과 일치하는 첫 번째 패턴에서 중지한다는 점을 기억하세요.

각 뷰에 맞는 템플릿을 작성해 보겠습니다. payment 애플리케이션 디렉터리 내에 다음과 같은 파일 구조를 만듭니다.

```
templates/
    payment/
        process.html
        completed.html
        canceled.html
```

payment/process.html 템플릿을 열어 다음 코드를 추가합니다.

```
{% extends "shop/base.html" %}
{% load static %} {% block title %}Pay your order{% endblock %}
{% block content %}
  <h1>Order summary</h1>
  <table class="cart">
    <thead>
      <tr>
        <th>Image</th>
        <th>Product</th>
        <th>Price</th>
        <th>Quantity</th>
        <th>Total</th>
      </tr>
```

```
      </thead>
      <tbody>
        {% for item in order.items.all %}
          <tr class="row{% cycle "1" "2" %}">
            <td>
              <img src="{% if item.product.image %}{{ item.product.image.url }}
              {% else %}{% static "img/no_image.png" %}{% endif %}">
            </td>
            <td>{{ item.product.name }}</td>
            <td class="num">${{ item.price }}</td>
            <td class="num">{{ item.quantity }}</td>
            <td class="num">${{ item.get_cost }}</td>
          </tr>
        {% endfor %}
        <tr class="total">
          <td colspan="4">Total</td>
          <td class="num">${{ order.get_total_cost }}</td>
        </tr>
      </tbody>
    </table>
<form action="{% url "payment:process" %}" method="post">
    <input type="submit" value="Pay now">
    {% csrf_token %}
  </form>
{% endblock %}
```

사용자에게 주문 요약을 표시하고 고객이 결제를 진행할 수 있도록 하는 템플릿입니다. 여기에는 POST를 통해 제출할 폼과 **Pay now** 버튼이 포함되어 있습니다. 폼이 제출되면 `payment_process` 뷰에서 Stripe 결제 세션을 생성하고 사용자를 Stripe에서 호스팅하는 결제 폼으로 리디렉션합니다.

`payment/completed.html` 템플릿을 열어 다음 코드를 추가합니다.

```
{% extends "shop/base.html" %}
{% block title %}Payment successful{% endblock %}
{% block content %}
    <h1>Your payment was successful</h1>
    <p>Your payment has been processed successfully.</p>
{% endblock %}
```

결제 성공 후 사용자가 리디렉션되는 페이지의 템플릿입니다.

`payment/canceled.html` 템플릿을 열어 다음 코드를 추가합니다.

```
{% extends "shop/base.html" %} {% block title %}Payment canceled{% endblock %}
{% block content %}
    <h1>Your payment has not been processed</h1>
    <p>There was a problem processing your payment.</p>
{% endblock %}
```

결제 취소 시 사용자가 리디렉션되는 페이지의 템플릿입니다.

URL 패턴과 템플릿을 포함하는 결제 처리에 필요한 뷰를 구현했습니다. 이제 결제 프로세스를 사용해 볼 차례입니다.

9.1.5 결제 프로세스 테스트하기

셸에서 다음 명령으로 Docker로 RabbitMQ 서버를 시작합니다.

```
docker run -it --rm --name rabbitmq -p 5672:5672 -p 15672:15672 rabbitmq:management
```

이렇게 하면 포트 5672에서 RabbitMQ를 실행하고 포트 15672에서 웹 기반 관리 인터페이스를 실행합니다.

또 다른 셸을 열고 다음 명령으로 프로젝트 디렉터리에서 Celery 워커를 시작합니다.

```
celery -A myshop worker -l info
```

셸을 하나 더 열고 다음 명령을 사용해서 프로젝트 디렉터리에서 개발 서버를 시작합니다.

```
python manage.py runserver
```

브라우저에서 `http://127.0.0.1:8000/`을 열고 카트에 제품을 추가한 다음 결제 폼을 작성합니다. **Place order** 버튼을 클릭합니다. 주문이 데이터베이스에 저장되고 주문 ID가 현재 세션에 저장되며 결제 처리 페이지로 리디렉션됩니다.

결제 처리 페이지는 다음과 같이 표시됩니다.

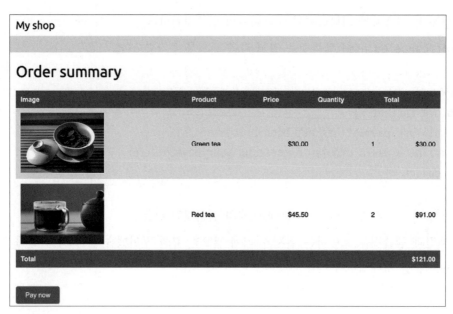

그림 9.8 주문 요약이 포함된 결제 프로세스

이 페이지에는 주문 요약과 **Pay now** 버튼이 표시됩니다. **Pay now**를 클릭합니다. payment_ process 뷰에서 Stripe 결제 세션이 생성되고 Stripe에서 호스팅하는 결제 폼으로 리디렉션됩니다. 다음 페이지가 표시됩니다.

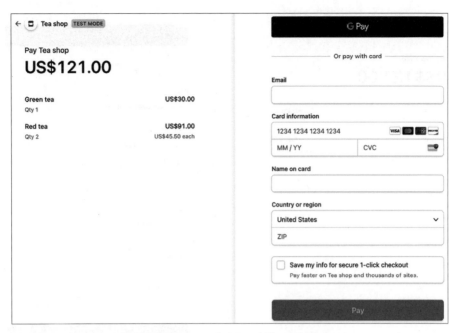

그림 9.9 Stripe에서 호스팅하는 결제 폼

■ 테스트 신용카드 사용하기

Stripe에서는 여러 카드 발급사 및 국가의 다양한 테스트 신용카드를 제공하므로 결제를 시뮬레이션하여 가능한 모든 시나리오(결제 성공, 결제 거부 등)를 테스트할 수 있습니다. 다음 표에는 다양한 시나리오에 대해 테스트할 수 있는 몇 가지 카드가 나와 있습니다.

결과	테스트 카드 번호	CVC	카드 유효 기간
결제 성공	4242 4242 4242 4242	아무 숫자 세자리	향후의 아무 날짜
결제 실패	4000 0000 0000 0002	아무 숫자 세자리	향후의 아무 날짜
3D 보안 인증 필요	4000 0025 0000 3155	아무 숫자 세자리	향후의 아무 날짜

테스트용 신용카드의 전체 목록은 https://stripe.com/docs/testing에서 확인할 수 있습니다. 테스트 카드 4242 4242 4242 4242는 성공적인 구매를 반환하는 Visa 카드입니다. CVC 123과 미래의 적당한 일자를 만료일(예: 12/29)로 사용할 것입니다. 결제 폼에 신용카드 정보를 다음과 같이 입력합니다.

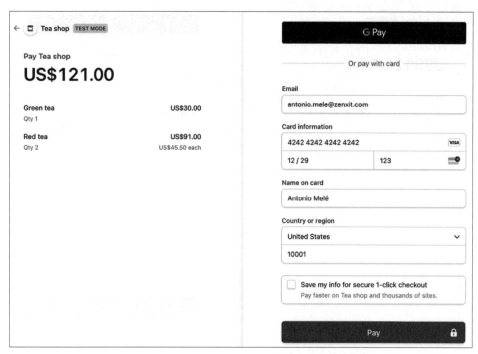

그림 9.10 유효한 테스트 신용카드의 정보가 포함된 결제 폼

Pay 버튼을 클릭합니다. 버튼 텍스트가 그림 9.11에서와 같이 Processing…으로 변경됩니다.

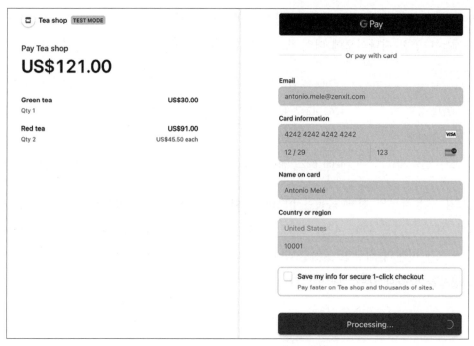

그림 9.11 처리 중인 결제 폼

몇 초 후 그림 9.12와 같이 버튼이 녹색으로 바뀌는 것을 볼 수 있습니다.

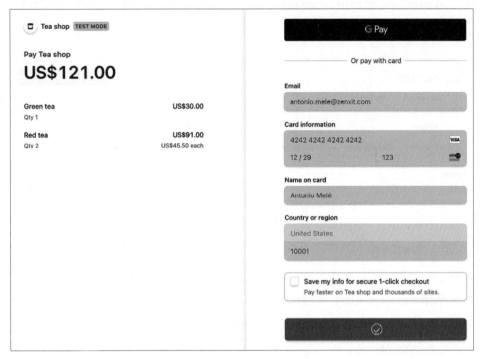

그림 9.12 결제가 완료된 후의 결제 폼

그러면 Stripe에서 결제 세션을 생성할 때 제공한 결제 완료 URL로 브라우저를 리디렉션합니다. 다음 페이지가 표시됩니다.

그림 9.13 결제 성공 페이지

■ **Stripe 대시보드에서 결제 정보 확인하기**

https://dashboard.stripe.com/test/payments에서 Stripe 대시보드에 액세스합니다. Payments 아래에서 그림 9.14와 같이 결제를 확인할 수 있습니다.

그림 9.14 스트라이프 대시보드에서 성공 상태의 결제 객체

결제 상태는 Succeeded입니다. 결제 설명에는 **pi_**로 시작하는 payment intent(결제 인텐트) ID가 있습니다. 결제 세션이 확인되면 Stripe는 세션과 연결된 결제 인텐트를 생성합니다. 결제 인텐트는 사용자로부터 결제 금액을 수금하는 데 사용됩니다. Stripe는 시도된 모든 결제를 결제 인텐트로 기록합니다. 각 결제 인텐트에는 고유 ID가 있으며 지원되는 결제 방법, 수금할 금액, 원하는 통화 등 거래 세부 정보가 캡슐화되어 있습니다. 거래를 클릭하면 결제 세부 정보에 액세스할 수 있습니다.

다음 화면이 표시됩니다.

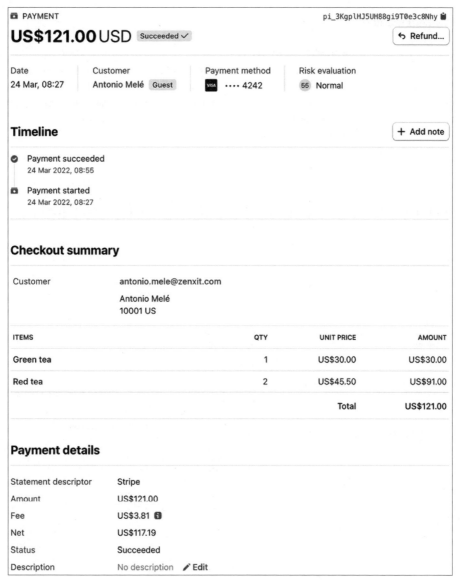

그림 9.15 Stripe 거래의 결제 상세 정보

여기에서 결제 정보 및 결제 변경 사항을 포함한 결제 타임라인을 확인할 수 있습니다. Checkout summary 아래에서 이름, 수량, 단가, 금액 등 구매한 품목을 확인할 수 있으며, Payment details 아래에서 결제 금액과 Stripe 결제 처리 수수료를 확인할 수 있습니다. Payment details 섹션 아래에는 그림 9.16과 같이 결제 방법 및 Stripe에서 수행한 신용카드 확인에 관한 세부 정보가 포함된 Payment method 섹션이 있습니다.

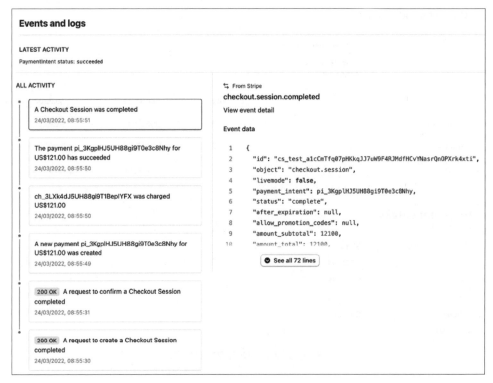

그림 9.16 Stripe 거래에 사용된 결제 방법

이 섹션 아래에는 그림 9.17과 같이 Events and logs라는 또 다른 섹션이 있습니다.

그림 9.17 Stripe 거래 이벤트 및 로그

이 섹션에는 Stripe API에 보낸 요청을 포함한 트랜잭션과 관련된 모든 활동들이 포함되어 있습니다. 아무 요청이나 클릭하면 Stripe API에 보낸 HTTP 요청과 JSON 형식의 응답을 볼 수 있습니다. 아래에서 위, 시간 순으로 활동 이벤트를 검토해 보겠습니다.

1. 먼저 Stripe API 엔드 포인트 /v1/checkout/sessions에 POST 요청을 전송하여 새로운 결제 세션이 생성됩니다. payment_process 뷰에서 사용되는 Stripe SDK 메서드

`stripe.checkout.Session.create()`는 요청을 빌드해서 Stripe API로 전송하고 응답을 처리해서 세션 객체를 반환합니다.

2. 사용자가 결제 폼을 제출하는 결제 페이지로 리디렉션됩니다. 결제 세션 확인 요청은 Stripe 결제 페이지에서 전송됩니다.

3. 새로운 결제 인텐트가 생성됩니다.

4. 결제 인텐트와 관련된 과금이 생성됩니다.

5. 이제 결제 인텐트가 결제 성공으로 완료됩니다.

6. 결제 세션이 완료됩니다.

축하합니다! 프로젝트에 Stripe 결제를 성공적으로 통합했습니다. 이제 Stripe에서 결제 알림을 수신하는 방법과 온라인 상점의 주문에서 Stripe 결제를 참조하는 방법을 알아보겠습니다.

9.1.6 웹후크를 사용한 결제 알림 받기

Stripe는 웹후크(webhook)를 사용해서 실시간 이벤트를 애플리케이션에 푸시할 수 있습니다. 콜백이라고도 하는 웹후크는 요청 중심의 API가 아닌 이벤트 중심의 API로 생각할 수 있습니다. 새로운 결제가 완료되었는지 확인하기 위해 Stripe API를 자주 폴링하는 대신 Stripe가 애플리케이션의 URL로 HTTP 요청을 전송해서 결제 성공 여부를 실시간으로 알릴 수 있습니다. 이러한 이벤트 알림은 이벤트가 발생하면 Stripe API에 대한 동기식 호출과 관계없이 비동기식으로 이루어집니다.

Stripe 이벤트를 수신하기 위해 웹후크 엔드 포인트를 만들 것입니다. 웹후크는 이벤트 정보를 처리하기 위해 이벤트 정보가 포함된 JSON 페이로드를 수신하는 뷰로 구성됩니다. 결제 세션이 성공적으로 완료되면 이벤트 정보를 사용해서 주문을 결제 완료로 표시합니다.

웹후크 엔드 포인트 만들기

Stripe 계정에 웹후크 엔드 포인트 URL을 추가해서 이벤트를 수신할 수 있습니다. 웹후크를 사용하고 있고 공개 URL을 통해 액세스할 수 있는 호스팅된 웹사이트가 없으므로 Stripe CLI(명령줄 인터페이스)를 사용하여 이벤트를 수신하고 로컬 환경으로 전달합니다.

브라우저에서 https://dashboard.stripe.com/test/webhooks을 엽니다. 다음 화면이 표시됩니다.

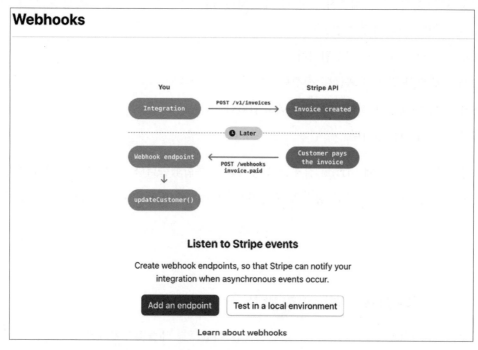

그림 9.18 Stripe 웹후크 기본 화면

여기에서 Stripe가 통합을 비동기적으로 알리는 방식을 위한 스키마를 볼 수 있습니다. 이벤트가 발생할 때마다 실시간으로 Stripe 알림을 받게 됩니다. Stripe는 결제 세션 생성, 결제 인텐트 생성, 결제 인텐트 업데이트 또는 결제 세션 완료와 같은 다양한 유형의 이벤트를 전송합니다. Stripe에서 전송하는 모든 유형의 이벤트 목록은 https://stripe.com/docs/api/events/types에서 확인할 수 있습니다.

Test in a local environment를 클릭하면 다음 화면이 표시됩니다.

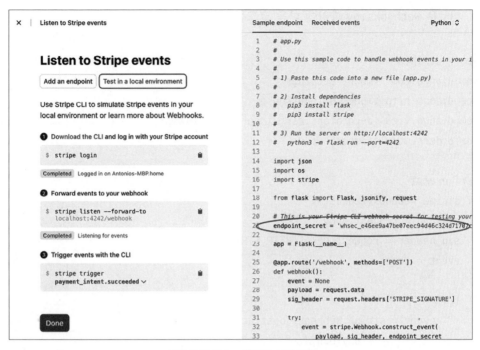

그림 9.19 Stripe 웹후크 설정 화면

이 화면에는 로컬 환경에서 Stripe 이벤트를 수신하는 단계가 나와 있습니다. 또한 샘플 파이썬 웹후크 엔드 포인트도 포함되어 있습니다. `endpoint_secret` 값만 복사합니다.

`myshop` 프로젝트의 `settings.py` 파일을 열고 다음 설정을 추가합니다.

```
STRIPE_WEBHOOK_SECRET = ''
```

`STRIPE_WEBHOOK_SECRET` 값을 Stripe에서 제공한 `endpoint_secret` 값으로 바꿉니다.

웹후크 엔드 포인트를 구축하기 위해 이벤트 상세 정보가 포함된 JSON 페이로드를 수신하는 뷰를 생성합니다. 이벤트 세부 정보를 확인해서 결제 세션이 완료된 시점을 식별하고 관련 주문을 결제된 것으로 표시합니다.

Stripe는 엔드 포인트로 전송하는 각 웹후크 이벤트마다 서명을 가진 **Stripe-Signature** 헤더를 추가해서 보냅니다. Stripe 서명을 확인하면 이벤트가 다른 곳이 아닌 Stripe에서 전송한 것인지를 확인할 수 있습니다. 서명을 확인하지 않으면 공격자가 의도적으로 가짜 이벤트를 웹후크에 보낼 수 있습니다. Stripe SDK는 서명을 확인할 수 있는 방법을 제공합니다. 이를 사용하여 서명을 확인하는 웹후크를 생성합니다.

payment 애플리케이션 디렉터리에 새로운 파일을 추가하고 이름을 `webhooks.py`로 지정합니다. 새로운 webhooks.py 파일에 다음 코드를 추가합니다.

```python
import stripe
from django.conf import settings
from django.http import HttpResponse
from django.views.decorators.csrf import csrf_exempt
from orders.models import Order


@csrf_exempt
def stripe_webhook(request):
    payload = request.body
    sig_header = request.META['HTTP_STRIPE_SIGNATURE']
    event = None

    try:
        event = stripe.Webhook.construct_event(
                    payload,
                    sig_header,
                    settings.STRIPE_WEBHOOK_SECRET)
    except ValueError as e:
        # 잘못된 페이로드
        return HttpResponse(status=400)
    except stripe.error.SignatureVerificationError as e:
        # 잘못된 서명
        return HttpResponse(status=400)

    return HttpResponse(status=200)
```

@csrf_exempt 데코레이터는 모든 POST 요청에 기본적으로 수행되는 CSRF 유효성 검사를 장고가 수행하지 못하도록 하는데 사용됩니다. 이벤트의 서명 헤더를 확인하기 위해 stripe 라이브러리의 stripe.Webhook.construct_event() 메서드를 사용합니다. 이벤트의 페이로드나 서명이 유효하지 않은 경우 HTTP 400 Bad Request 응답을 반환합니다. 그렇지 않으면 HTTP 200 OK 응답을 반환합니다. 여기까지가 서명을 확인하고 JSON 페이로드로 이벤트를 구성하는 데 필요한 기본 기능입니다. 이제 웹후크 엔드 포인트의 동작을 구현할 수 있습니다.

굵게 강조 표시된 다음 코드를 stripe_webhook 뷰에 추가합니다.

```python
@csrf_exempt
def stripe_webhook(request):
    payload = request.body
    sig_header = request.META['HTTP_STRIPE_SIGNATURE']
    event = None
    try:
        event = stripe.Webhook.construct_event(
                    payload,
                    sig_header,
                    settings.STRIPE_WEBHOOK_SECRET)
    except ValueError as e:
        # 잘못된 페이로드
        return HttpResponse(status=400)
    except stripe.error.SignatureVerificationError as e:
        # 잘못된 서명
        return HttpResponse(status=400)
    if event.type == 'checkout.session.completed':
        session = event.data.object
        if session.mode == 'payment' and session.payment_status == 'paid':
            try:
                order = Order.objects.get(id=session.client_reference_id)
            except Order.DoesNotExist:
                return HttpResponse(status=404)
            # 주문을 결재 완료로 표시
            order.paid = True
            order.save()
    return HttpResponse(status=200)
```

새로운 코드에서는 수신된 이벤트가 checkout.session.completed인지 확인합니다. 이 이벤트는 결제 세션이 성공적으로 완료되었음을 나타냅니다. 이 이벤트를 수신하면, 일회성 결제로 사용되는 모드이므로 세션 객체를 검색해서 세션 mode가 payment인지 확인합니다. 그런 다음 결제 세션을 생성할 때 사용한 client_reference_id 속성을 가져와서 장고 ORM을 사용해 지정된 id를 가진 Order 객체를 검색합니다. 그런 주문이 존재하지 않으면 HTTP 404 예외가 발생합니다. 그렇지 않으면 order.paid = True를 사용하여 주문을 결제 완료로 표시하고 주문을 데이터베이스에 저장합니다.

payment 애플리케이션의 `urls.py` 파일을 열고 다음의 굵게 강조 표시된 코드를 추가합니다.

```
from django.urls import path
from . import views
from . import webhooks

app_name = 'payment'
urlpatterns = [
    path('process/', views.payment_process, name='process'),
    path('completed/', views.payment_completed, name='completed'),
    path('canceled/', views.payment_canceled, name='canceled'),
    path('webhook/', webhooks.stripe_webhook, name='stripe-webhook'),
]
```

웹후크 모듈을 임포트하고 Stripe 웹후크의 URL 패턴을 추가했습니다.

■ 웹후크 알림 테스트하기

웹후크를 테스트하려면 Stripe CLI를 설치해야 합니다. Stripe CLI는 셸에서 직접 Stripe 와의 통합을 테스트하고 관리할 수 있는 개발자 도구입니다. 설치 지침은 https://stripe. com/docs/stripe-cli#install에서 확인할 수 있습니다.

macOS 또는 Linux를 사용하는 경우 다음 명령으로 홈브루(Homebrew)를 통해 Stripe CLI를 설치할 수 있습니다.

```
brew install stripe/stripe-cli/stripe
```

Windows를 사용 중이거나 홈브루 없이 macOS 또는 Linux를 사용하는 경우 https:// github.com/stripe/stripe-cli/releases/latest에서 macOS, Linux 또는 Windows 용 최신 Stripe CLI 릴리스를 다운로드하고 파일의 압축을 풉니다. Windows를 사용하는 경우 압축을 푼 stripe.exe 파일을 실행합니다.

Stripe CLI를 설치한 후 셸에서 다음 명령을 실행합니다.

```
stripe login
```

다음과 같은 출력이 표시됩니다.

```
Your pairing code is: xxxx-yyyy-zzzz-oooo
This pairing code verifies your authentication with Stripe.
Press Enter to open the browser or visit https://dashboard.stripe.com/
stripecli/confirm_auth?t=....
```

Enter 키를 누르거나 브라우저에서 URL을 엽니다. 브라우저를 열면 다음 화면이 표시됩니다.

그림 9.20 Stripe CLI 페어링 화면

Stripe CLI의 페어링 코드가 웹사이트에 표시된 코드와 일치하는지 확인한 후 Allow access를 클릭합니다. 다음 메시지가 표시됩니다.

그림 9.21 Stripe CLI 페어링 확인

이제 쉘에서 다음 명령을 실행합니다.

```
stripe listen --forward-to localhost:8000/payment/webhook/
```

이 명령을 사용하여 Stripe에게 이벤트를 수신하고 로컬 호스트로 전달하도록 지시합니다. 장고 개발 서버가 실행 중인 포트 8000과 웹후크의 URL 패턴과 일치하는 /payment/webhook/ 경로를 사용합니다.

다음과 같은 출력이 표시됩니다.

```
Getting ready... > Ready! You are using Stripe API Version [2022-08-01].
Your webhook signing secret is xxxxxxxxxxxxxxxxxxx (^C to quit)
```

여기에서 웹후크 비밀 키를 확인할 수 있습니다. 웹후크 서명 비밀 키가 프로젝트의 settings.py 파일에 있는 STRIPE_ WEBHOOK_SECRET 설정과 일치하는지 확인합니다.

브라우저에서 https://dashboard.stripe.com/test/webhooks을 엽니다. 다음과 같은 화면이 표시됩니다.

그림 9.22 스트라이프 웹후크 페이지

Local listeners 아래에 우리가 만든 로컬 리스너가 표시됩니다.

> Note
>
> 프로덕션 환경에서는 Stripe CLI가 필요하지 않습니다. 대신 다음을 수행해야 합니다. 호스팅된 애플리케이션의 URL을 사용해서 호스팅된 웹후크 엔드 포인트를 추가합니다.

브라우저에서 http://127.0.0.1:8000/을 열고 카트에 제품을 추가한 후 결제 절차를 완료합니다.

Stripe CLI를 실행하는 쉘을 확인합니다.

```
2022-08-17 13:06:13   --> payment_intent.created [evt_...]
2022-08-17 13:06:13  <--  [200] POST http://localhost:8000/payment/webhook/
[evt_...]
```

```
2022-08-17 13:06:13   --> payment_intent.succeeded [evt_...]
2022-08-17 13:06:13   <-- [200] POST http://localhost:8000/payment/webhook/
[evt_...]
2022-08-17 13:06:13   --> charge.succeeded [evt_...]
2022-08-17 13:06:13   <-- [200] POST http://localhost:8000/payment/webhook/
[evt_...]
2022-08-17 13:06:14   --> checkout.session.completed [evt_...]
2022-08-17 13:06:14   <-- [200] POST http://localhost:8000/payment/webhook/
[evt_...]
```

Stripe에서 로컬 웹후크 엔드 포인트로 전송한 다양한 이벤트를 확인할 수 있습니다. 다음은 시간 순으로 나열한 것입니다.

- payment_intent.created: 결제 인텐트가 생성되었습니다.
- payment_intent.succeeded: 결제 인텐트가 성공했습니다.
- charge.succeeded: 결제 인텐트와 연결된 과금이 성공했습니다.
- checkout.session.completed: 결제 세션이 완료되었습니다. 주문을 결제 완료로 표시하는 데 사용하는 이벤트입니다.

stripe_webhook 웹후크는 Stripe에서 전송한 모든 요청에 HTTP 200 OK 응답을 반환합니다. 단, 결제와 관련된 주문을 결제 완료로 표시하기 위해 checkout.session.completed 이벤트만 처리합니다.

그런 다음 브라우저에서 http://127.0.0.1:8000/admin/orders/order/를 엽니다. 이제 주문이 PAID로 표시되어야 합니다.

그림 9.23 관리 사이트의 주문 목록에서 PAID로 표시된 주문

이제 주문은 Stripe 결제 알림과 함께 자동으로 PAID로 표시됩니다. 다음으로 상점의 주문에서 Stripe 결제를 참조하는 방법을 알아보겠습니다.

9.1.7 orders 애플리케이션에서 Stripe 결제 참조하기

각 Stripe 결제에는 고유의 식별자가 있습니다. 결제 ID를 사용하여 각 주문을 해당 Stripe 결제와 연결할 수 있습니다. orders 애플리케이션의 Order 모델에 새로운 필드를 추가하여 해당 ID로 관련 결제를 참조할 수 있도록 하겠습니다. 이렇게 하면 각 주문을 관련 Stripe 거래와 연결할 수 있습니다.

orders 애플리케이션의 models.py 파일을 편집하고 Order 모델에 다음 필드를 추가합니다. 새로운 필드는 굵은 글씨로 강조 표시됩니다.

```
class Order(models.Model):
    # ...
    stripe_id = models.CharField(max_length=250, blank=True)
```

이 필드를 데이터베이스와 동기화해 보겠습니다. 다음 명령을 사용해서 프로젝트에 대한 데이터베이스 마이그레이션을 생성합니다.

```
python manage.py makemigrations
```

다음과 같은 출력이 표시됩니다.

```
Migrations for 'orders':    orders/migrations/0002_order_stripe_id.py
 - Add field stripe_id to order
```

다음 명령을 사용해서 데이터베이스에 마이그레이션을 적용합니다.

```
python manage.py migrate
```

다음 줄로 끝나는 출력이 표시됩니다.

```
Applying orders.0002_order_stripe_id... OK
```

이제 모델 변경 사항이 데이터베이스와 동기화됩니다. 이제 각 주문마다 Stripe 결제 ID를 저장할 수 있습니다.

결제 애플리케이션의 views.py 파일에서 stripe_webhook 함수를 편집해서 굵은 글씨로 강조 표시된 다음 줄을 추가합니다.

```
# ...
@csrf_exempt
def stripe_webhook(request):
    # ...
        if event.type == 'checkout.session.completed':
        session = event.data.object
        if session.mode == 'payment' and session.payment_status == 'paid':
            try:
                order = Order.objects.get(id=session.client_reference_id)
            except Order.DoesNotExist:
                return HttpResponse(status=404)
            # 주문을 결제 완료로 표시
            order.paid = True
            # 결제 ID 저장
            order.stripe_id = session.payment_intent
            order.save()
            # 비동기 작업 시작
            payment_completed.delay(order.id)
    return HttpResponse(status=200)
```

이 변경 사항으로 인해, 완료된 결제 세션에 대한 웹후크 알림을 수신할 때 결제 인텐트 ID 가 order 객체의 stripe_id 필드에 저장됩니다.

브라우저에서 http://127.0.0.1:8000/을 열고 장바구니에 제품을 추가한 후 결제 프로 세스를 완료합니다. 그런 다음 브라우저에서 http://127.0.0.1:8000/admin/orders/ order/에 액세스하여 최신 주문 ID를 클릭하여 편집합니다. stripe_id 필드에는 그림 9.24와 같이 결제 인텐트 ID가 포함되어야 합니다.

그림 9.24 결제 인텐트 ID가 포함된 Stripe ID 필드

됐습니다! 주문이 Stripe 결제를 성공적으로 참조하고 있습니다. 이제 관리 사이트 주문 목 록에 Stripe 결제 ID를 추가할 수 있습니다. 또한 각 결제 ID 링크를 포함하여 Stripe 대시 보드에서 결제 세부 정보를 확인할 수 있습니다.

orders 애플리케이션의 models.py 파일을 열고 굵게 강조 표시된 다음 코드를 추가합니다.

```
from django.db import models
from django.conf import settings
from shop.models import Product


class Order(models.Model):
    # ...
    class Meta:
        # ...
    def __str__(self):
        return f'Order {self.id}'
    def get_total_cost(self):
        return sum(item.get_cost() for item in self.items.all())


    def get_stripe_url(self):
        if not self.stripe_id:
            # 연결된 결제 없음
            return ''
        if '_test_' in settings.STRIPE_SECRET_KEY:
            # 테스트 결제를 위한 Stripe 경로
            path = '/test/'
        else:
            # 실제 결제를 위한 Stripe 경로
            path = '/'
        return f'https://dashboard.stripe.com{path}payments/{self.stripe_id}'
```

Order 모델에 새로운 get_stripe_url() 메서드를 추가했습니다. 이 메서드는 주문과 연결된 결제에 대한 Stripe 대시보드의 URL을 반환합니다. Order 개체의 stripe_id 필드에 결제 ID가 저장되지 않은 경우 빈 문자열이 반환됩니다. 저장되어 있다면 Stripe 대시보드의 결제 URL이 반환됩니다. 프로덕션 환경과 테스트 환경은 STRIPE_SECRET_KEY 설정에 _test_ 문자열 포함 여부로 구분합니다. 프로덕션 환경의 결제는 https://dashboard.stripe.com/payments/{id} 패턴을 따르는 반면, 테스트 결제는 https://dashboard.stripe.com/payments/test/{id} 패턴을 따릅니다. 관리 사이트의 목록 페이지에 각 Order 객체에 대한 링크를 추가해 보겠습니다.

orders 애플리케이션의 admin.py 파일을 편집해서 굵게 강조 표시된 다음 코드를 추가합니다.

```
from django.utils.safestring import mark_safe

def order_payment(obj):
    url = obj.get_stripe_url()
    if obj.stripe_id:
        html = f'<a href="{url}" target="_blank">{obj.stripe_id}</a>'
        return mark_safe(html)
    return '' order_payment.short_description = 'Stripe payment'

@admin.register(Order) class OrderAdmin(admin.ModelAdmin):
    list_display = ['id', 'first_name', 'last_name', 'email',
                    'address', 'postal_code', 'city', 'paid',
                    order_payment, 'created', 'updated']
    # ...
```

order_stripe_payment() 함수는 Order 객체를 인수로 받아 Stripe의 결제 URL이 포함된 HTML 링크를 반환합니다. 장고는 기본적으로 HTML 출력을 이스케이프 처리합니다. 자동 이스케이프를 피하기 위해서 mark_safe 함수를 사용합니다.

> **Note**
> 크로스 사이트 스크립팅(XSS)을 방지하기 위해 사용자의 입력에 mark_safe를 사용하지 마세요. 공격자가 XSS를 통해 다른 사용자가 보는 웹 콘텐츠에 클라이언트 측 스크립트를 삽입할 수 있습니다.

브라우저에서 http://127.0.0.1:8000/admin/orders/order/을 엽니다. STRIPE PAYMENT라는 새로운 열이 표시됩니다. 최근 주문 관련 Stripe 결제 ID가 표시됩니다. 결제 ID를 클릭하면 추가로 결제 상세 정보를 확인할 수 있는 Stripe의 결제 URL로 이동합니다.

PAID	STRIPE PAYMENT
✓	pi_3KgzZVJ5UH88gi9T1l8ofnc6

그림 9.25 관리 사이트의 주문 객체에 대한 Stripe 결제 ID

이제 결제 알림을 받을 때 주문에 Stripe 결제 ID가 자동으로 저장됩니다. 프로젝트에 Stripe를 성공적으로 통합한 것입니다.

9.1.8 실서비스화

통합을 테스트한 후에는 프로덕션용 Stripe 계정을 신청할 수 있습니다. 프로덕션 환경으로 이동할 준비가 되면 `settings.py` 파일에서 테스트 Stripe 자격 증명을 실제 자격 증명으로 교체하는 것을 잊지 마세요. 또한 Stripe CLI를 사용하는 대신 `https://dashboard.stripe.com/webhooks`에 호스팅된 웹사이트에 대한 웹후크의 엔드 포인트를 추가해야 합니다. "*17장, 실서비스화*"에서는 여러 환경에 맞게 프로젝트 설정을 구성하는 방법을 설명합니다.

9.2 주문을 CSV 파일로 내보내기

모델에 포함된 데이터를 다른 시스템으로 가져올 수 있도록 파일로 내보내야 하는 경우가 있습니다. 데이터를 내보내거나 가져오는 데 가장 널리 사용되는 형식 중 하나는 쉼표로 구분된 값(CSV)입니다. CSV 파일은 여러 레코드로 구성된 일반 텍스트 파일입니다. 일반적으로 한 줄 당 하나의 레코드와 레코드 필드를 구분하는 구분 기호 문자(일반적으로 리터럴 쉼표)가 있습니다. 주문을 CSV 파일로 내보낼 수 있도록 관리 사이트를 커스터마이징하겠습니다.

9.2.1 관리 사이트에 커스텀 액션 추가하기

장고는 관리 사이트를 커스터마이징할 수 있는 다양한 옵션을 제공합니다. 커스텀 관리 액션을 포함하도록 객체 목록 뷰를 수정하려고 합니다. 커스텀 관리 액션을 구현해서, 관리자가 목록 뷰에서 여러 요소에 한 번에 해당 작업을 적용할 수 있도록 할 것입니다.

해당 액션은 다음과 같이 작동합니다. 사용자가 관리자의 객체 목록 페이지에서 체크박스로 객체들을 선택한 다음, 선택한 모든 항목에 수행할 액션을 선택하고 해당 액션을 실행합니다. 그림 9.26은 관리 사이트에서 액션이 있는 위치를 보여줍니다.

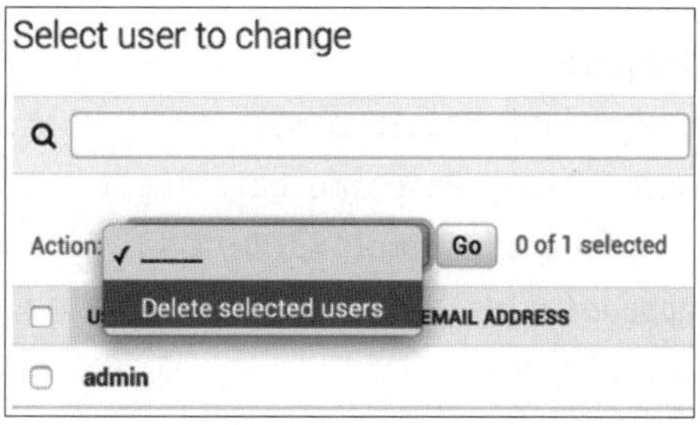

그림 9.26 장고 관리 액션 선택을 위한 드롭다운 메뉴

다음 매개 변수를 필요로 하는 일반 함수를 작성해서 커스텀 액션을 만들 수 있습니다.

- 표시 중인 현재 ModelAdmin
- HttpRequest 인스턴스로 표시되는 현재 요청 객체
- 사용자가 선택한 객체에 대한 QuerySet

이 함수는 관리 사이트에서 작업이 트리거될 때 실행됩니다.

주문 목록을 CSV 파일로 다운로드하는 커스텀 관리 액션을 만들려고 합니다.

orders 애플리케이션의 admin.py 파일을 열어서 OrderAdmin 클래스 앞에 다음 코드를 추가합니다.

```python
import csv
import datetime
from django.http import HttpResponse

def export_to_csv(modeladmin, request, queryset):
    opts = modeladmin.model._meta
    content_disposition = f'attachment; filename={opts.verbose_name}.csv'
    response = HttpResponse(content_type='text/csv')
    response['Content-Disposition'] = content_disposition
    writer = csv.writer(response)
    fields = [field for field in opts.get_fields() if not
              field.many_to_many and not field.one_to_many]

    # 헤더 정보로 첫 행 작성
    writer.writerow([field.verbose_name for field in fields])
    # 각 행의 데이터 작성
    for obj in queryset:
        data_row = []
```

```
        for field in fields:
            value = getattr(obj, field.name)
            if isinstance(value, datetime.datetime):
                value = value.strftime('%d/%m/%Y')
            data_row.append(value)
        writer.writerow(data_row)
    return response
export_to_csv.short_description = 'Export to CSV'
```

이 코드는 다음 작업을 수행합니다.

1. text/csv 콘텐츠 타입을 지정해서 응답을 CSV 파일로 처리해야 함을 브라우저에 알리는 HttpResponse 인스턴스를 생성합니다. 또한 HTTP 응답에 첨부 파일이 포함되어 있음을 나타내는 Content-Disposition 헤더를 추가합니다.

2. response 객체에 쓸 CSV writer 객체를 만듭니다.

3. 모델의 _meta 옵션의 get_fields() 메서드를 사용해서 model 필드를 동적으로 가져옵니다. 다대다 및 일대다 관계를 제외합니다.

4. 필드의 이름들을 가지고 있는 헤더 행을 작성합니다.

5. 주어진 QuerySet을 반복하고 QuerySet이 반환하는 각 객체에 대한 행(row)을 작성합니다. CSV의 출력값은 문자열이어야 하므로 datetime 객체의 서식을 지정해야 합니다.

6. 함수에 short_description 속성을 설정해서 관리 사이트의 작업(Action) 드롭다운 엘리먼트에 있는 작업의 표시 이름을 커스터마이징합니다.

모든 ModelAdmin 클래스에 추가할 수 있는 일반적인 관리 액션을 만들었습니다.

마지막으로 다음과 같이 새로운 export_to_csv 관리 액션을 OrderAdmin 클래스에 추가합니다. 새 코드는 굵게 강조 표시되어 있습니다.

```
@admin.register(Order)
class OrderAdmin(admin.ModelAdmin):
    list_display = ['id', 'first_name', 'last_name', 'email',
                    'address', 'postal_code', 'city', 'paid',
                    order_payment, 'created', 'updated']
    list_filter = ['paid', 'created', 'updated']
    inlines = [OrderItemInline]
    actions = [export_to_csv]
```

다음 명령으로 개발 서버를 시작합니다.

```
python manage.py runserver
```

브라우저에서 http://127.0.0.1:8000/admin/orders/order/을 엽니다. 최종적으로 관리 작업은 다음과 같이 표시되어야 합니다.

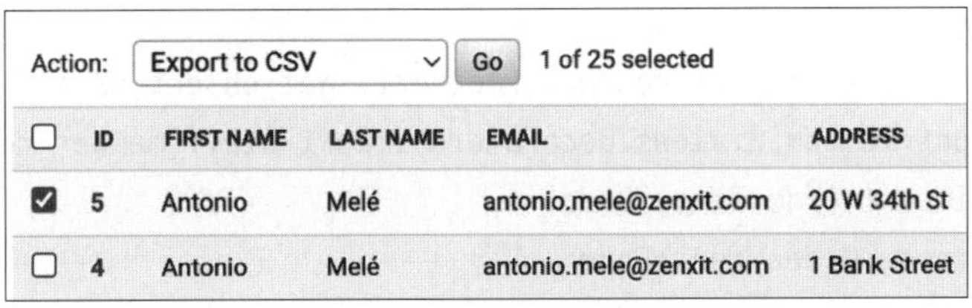

그림 9.27 커스텀 "Export to CSV" 관리 액션 사용

몇몇 주문을 선택하고, 셀렉트 박스에서 **Export to CSV** 작업을 선택한 다음 **Go** 버튼을 클릭합니다. 브라우저에서 order.csv라는 이름의 생성된 CSV 파일을 다운로드합니다. 텍스트 편집기를 사용하여 다운로드한 파일을 엽니다. 헤더 행과 선택한 각 주문 객체에 대한 행을 포함된 다음과 같은 콘텐츠가 표시됩니다.

```
ID, first name, last name, email, address, postal code, city, created, updated,
paid, stripe id5, Antonio, Melé,antonio.mele@zenxit.com, 20 W 34th St, 10001,
New York, 24/03/2022,24/03/2022, True, pi_3KgzZVJ5UH88gi9T1l8ofnc6 ...
```

보시다시피 관리 액션을 만드는 것은 매우 간단합니다. 장고로 CSV 파일을 생성하는 방법에 관한 자세한 내용은 https://docs.djangoproject.com/en/4.1/howto/outputting-csv/에서 확인할 수 있습니다. 다음으로 커스텀 관리 뷰를 만들어 관리 사이트를 추가로 커스터마이징하겠습니다.

9.3 커스텀 뷰로 관리 사이트 확장하기

때때로 ModelAdmin 구성, 관리 액션 만들기, 관리 템플릿 재정의 등을 통해 가능한 범위를 뛰어넘어 관리 사이트를 커스터마이징하고 싶을 수도 있습니다. 기존 관리 뷰 또는 템플릿에서 사용할 수 없는 추가 기능을 구현하고 싶을 수도 있습니다. 이 경우 커스텀 관리 뷰를 만들어야 합니다. 커스텀 뷰를 사용하면 원하는 모든 기능을 만들 수 있으며, 직원(스태프)만 뷰에 액세스할 수 있도록 하고 관리 템플릿을 확장해서 관리 템플릿의 모양과 느낌을 유지할 수 있습니다.

주문 정보를 표시하는 커스텀 뷰를 만들어 보겠습니다. 주문 애플리케이션의 views.py 파일을 편집해서 굵게 강조 표시된 다음 코드를 추가합니다.

```
from django.urls import reverse
from django.shortcuts import render, redirect, get_object_or_404
from django.contrib.admin.views.decorators import staff_member_required
from .models import OrderItem, Order
from .forms import OrderCreateForm ,
from .tasks import order_created
from cart.cart import Cart


def order_create(request):
    # ...
@staff_member_required
def admin_order_detail(request, order_id):
    order = get_object_or_404(Order, id=order_id)
    return render(request,
                  'admin/orders/order/detail.html',
                  {'order': order})
```

staff_member_required 데코레이터는 페이지를 요청하는 사용자의 is_active와 is_staff 필드가 모두 True로 설정되어 있는지를 확인합니다. 이 뷰에서는 지정된 ID를 가진 주문 객체를 가져와 주문을 표시하는 템플릿을 렌더링합니다.

그런 다음 주문 애플리케이션의 urls.py 파일을 열어 굵은 글씨로 강조 표시된 다음 URL 패턴을 추가합니다.

```
urlpatterns = [
    path('create/', views.order_create, name='order_create'),
    path('admin/order/<int:order_id>/', views.admin_order_detail,
                                name='admin_order_detail'),
]
```

orders 애플리케이션의 templates/ 디렉터리 내에 다음 파일 구조를 생성합니다.

```
admin/
    orders/
        order/
            detail.html
```

`detail.html` 템플릿을 열어서 다음 콘텐츠를 추가합니다.

```
{% extends "admin/base_site.html" %}
{% block title %}
  Order {{ order.id }} {{ block.super }}
{% endblock %}
{% block breadcrumbs %}
  <div class="breadcrumbs">
    <a href="{% url "admin:index" %}">Home</a> &rsaquo;
    <a href="{% url "admin:orders_order_changelist" %}">Orders</a>
    &rsaquo;
    <a href="{% url "admin:orders_order_change" order.id %}">Order {{ order.
id
}}</a>
    &rsaquo; Detail
  </div>
{% endblock %}
{% block content %}
<div class="module">
  <h1>Order {{ order.id }}</h1>
  <ul class="object-tools">
    <li>
      <a href="#" onclick="window.print();">
        Print order
      </a>
    </li>    </ul>
  <table>
    <tr>
      <th>Created</th>
      <td>{{ order.created }}</td>
    </tr>
    <tr>
      <th>Customer</th>
      <td>{{ order.first_name }} {{ order.last_name }}</td>
```

```
      </tr>
      <tr>
        <th>E-mail</th>
        <td><a href="mailto:{{ order.email }}">{{ order.email }}</a></td>
      </tr>
      <tr>
        <th>Address</th>
      <td>
        {{ order.address }},
        {{ order.postal_code }} {{ order.city }}
      </td>
      </tr>
      <tr>
        <th>Total amount</th>
        <td>${{ order.get_total_cost }}</td>
      </tr>      <tr>
        <th>Status</th>
        <td>{% if order.paid %}Paid{% else %}Pending payment{% endif %}</td>
      </tr>
      <tr>
        <th>Stripe payment</th>
      <td>
        {% if order.stripe_id %}
          <a href="{{ order.get_stripe_url }}" target="_blank">
            {{ order.stripe_id }}
          </a>
        {% endif %}
      </td>
      </tr>
    </table> </div>
<div class="module">
  <h2>Items bought</h2>
  <table style="width:100%">
    <thead>
      <tr>
        <th>Product</th>
        <th>Price</th>
        <th>Quantity</th>
        <th>Total</th>
```

```
        </tr>
      </thead>
      <tbody>
        {% for item in order.items.all %}
          <tr class="row{% cycle "1" "2" %}">
            <td>{{ item.product.name }}</td>
            <td class="num">${{ item.price }}</td>
            <td class="num">{{ item.quantity }}</td>
            <td class="num">${{ item.get_cost }}</td>
          </tr>
        {% endfor %}
        <tr class="total">
          <td colspan="3">Total</td>
          <td class="num">${{ order.get_total_cost }}</td>
        </tr>
      </tbody>
    </table>
  </div>
{% endblock %}
```

템플릿 태그가 여러 줄로 나뉘지는 않았는지 확인하세요.

관리 사이트에 주문 상세 정보를 표시하는 템플릿입니다. 이 템플릿은 기본 HTML 구조와 CSS 스타일이 포함된 장고 관리 사이트의 `admin/base_site.html` 템플릿을 확장한 것입니다. 상위 템플릿에 정의된 블록을 사용해서 자신만의 콘텐츠를 가지게 해, 주문 및 구매한 품목에 관한 정보를 표시합니다.

관리 템플릿을 확장하려면 해당 템플릿의 구조를 알고 기존 블록을 식별해야 합니다. 모든 관리 템플릿은 `https://github.com/django/django/tree/4.0/django/contrib/admin/templates/admin`에서 찾을 수 있습니다.

필요한 경우 관리 템플릿을 재정의할 수도 있습니다. 이렇게 하려면 동일한 상대 경로와 파일 이름을 유지하면서 해당 템플릿을 `templates/` 디렉터리에 복사하세요. 장고의 관리 사이트는 기본 템플릿 대신 커스텀 템플릿을 사용합니다.

마지막으로 관리 사이트의 목록 표시 페이지에 각 주문 객체의 링크를 추가해 보겠습니다. `orders` 애플리케이션의 `admin.py` 파일을 열고 `OrderAdmin` 클래스 위에 다음 코드를 추가합니다.

```
from django.urls import reverse

def order_detail(obj):
    url = reverse('orders:admin_order_detail', args=[obj.id])
    return mark_safe(f'<a href="{url}">View</a>')
```

Order 객체를 인수로 받아 admin_order_detail URL에 대한 HTML 링크를 반환하는 함수입니다. 장고는 기본적으로 HTML 출력을 이스케이프 처리합니다. 자동 이스케이프 처리를 원하지 않으면 mark_safe 함수를 사용해야 합니다.

그리고 다음과 같이 링크를 표시하도록 OrderAdmin 클래스를 편집합니다. 새 코드는 굵게 강조 표시됩니다.

```
class OrderAdmin(admin.ModelAdmin):
    list_display = ['id', 'first_name', 'last_name', 'email',
                    'address', 'postal_code', 'city', 'paid',
                    order_payment, 'created', 'updated',
                    order_detail]
    # ...
```

아래 명령으로 개발 서버를 시작합니다.

```
python manage.py runserver
```

브라우저에서 http://127.0.0.1:8000/admin/orders/order/를 엽니다. 각 행에는 다음과 같이 보기 링크가 포함됩니다.

PAID	STRIPE PAYMENT	CREATED ▼	UPDATED	ORDER DETAIL
✓	pi_3KgzZVJ5UH88gi9T1l8ofnc6	March 24, 2022, 10:55 p.m.	March 24, 2022, 7:44 p.m.	View

그림 9.28 각 주문의 행에 있는 View 링크

사용자 지정 주문 세부 정보 페이지를 로드하려면 주문의 View 링크를 클릭합니다. 다음과 같은 페이지가 표시됩니다.

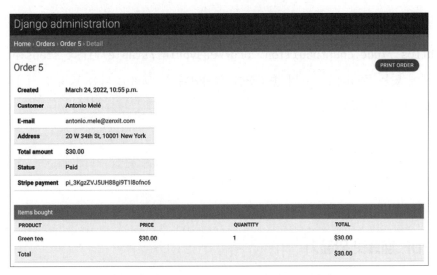

그림 9.29 관리 사이트의 커스텀 주문 상세 정보 페이지

이제 제품 상세 정보 페이지를 생성했으므로 PDF 형식의 주문 인보이스를 동적으로 생성하는 방법을 배우겠습니다.

9.4 동적으로 PDF 인보이스 생성하기

이제 완벽한 결제 및 결제 시스템을 갖추었으므로 각 주문의 PDF 인보이스를 생성할 수 있습니다. PDF 파일을 생성하는 파이썬 라이브러리는 여러 가지가 있습니다. 파이썬 코드로 PDF를 생성하는 데 널리 사용되는 라이브러리 중 하나는 ReportLab입니다. ReportLab을 사용하여 PDF 파일을 출력하는 방법에 관한 정보는 `https://docs.djangoproject.com/en/4.1/howto/outputting-pdf/`에서 확인할 수 있습니다.

대부분의 경우 PDF 파일에 커스텀 스타일과 서식을 추가해야 합니다. HTML 템플릿을 렌더링하고 PDF 파일로 변환해서 파이썬을 프레젠테이션 레이어에서 떨어뜨려 놓는 것이 더 편리하다는 것을 알게 될 것입니다. 이 접근 방식에 따라 모듈을 사용하여 장고로 PDF 파일을 생성하겠습니다. 그리고 HTML 템플릿에서 PDF 파일을 생성하기 위해 파이썬 라이브러리인 WeasyPrint를 사용하겠습니다.

9.4.1 WeasyPrint 설치하기

먼저 https://doc.courtbouillon. org/weasyprint/stable/first_steps.html에 서 운영 체제에 맞는 WeasyPrint의 종속성을 설치합니다. 그리고 다음 명령을 사용해 pip로 WeasyPrint를 설치합니다.

```
pip install WeasyPrint==56.1
```

9.4.2 PDF 템플릿 만들기

WeasyPrint의 입력으로 HTML 문서가 필요합니다. HTML 템플릿을 생성하고, 장고를 사용해 렌더링한 다음, 이를 WeasyPrint에 전달하여 PDF 파일을 생성합니다.

orders 애플리케이션의 templates/orders/order/ 디렉터리 내에 새로운 템플릿 파일을 만들고 이름을 pdf.html로 지정합니다. 여기에 다음 코드를 추가합니다.

```
<html>
<body>
  <h1>My Shop</h1>
  <p>
    Invoice no. {{ order.id }}<br>
    <span class="secondary">
      {{ order.created|date:"M d, Y" }}    </span>
  </p>
  <h3>Bill to</h3>
  <p>
    {{ order.first_name }} {{ order.last_name }}<br>
    {{ order.email }}<br>
    {{ order.address }}<br>
    {{ order.postal_code }}, {{ order.city }}
  </p>
  <h3>Items bought</h3>
  <table>
    <thead>
      <tr>
        <th>Product</th>
```

```
        <th>Price</th>
        <th>Quantity</th>
        <th>Cost</th>
      </tr>
    </thead>
    <tbody>
      {% for item in order.items.all %}
        <tr class="row{% cycle "1" "2" %}">
          <td>{{ item.product.name }}</td>
          <td class="num">${{ item.price }}</td>
          <td class="num">{{ item.quantity }}</td>
          <td class="num">${{ item.get_cost }}</td>
        </tr>
      {% endfor %}
      <tr class="total">
        <td colspan="3">Total</td>
        <td class="num">${{ order.get_total_cost }}</td>
      </tr>
    </tbody>
  </table>

  <span class="{% if order.paid %}paid{% else %}pending{% endif %}">
    {% if order.paid %}Paid{% else %}Pending payment{% endif %}
  </span> </body>
</html>
```

PDF 인보이스용 템플릿입니다. 이 템플릿에는 제품을 포함한 주문의 모든 상세 정보 및 HTML `<table>` 요소를 표시합니다. 또한 주문의 결제 여부를 표시하는 메시지도 포함합니다.

9.4.3 PDF 파일 렌더링하기

관리 사이트를 사용해서 기존의 주문별 PDF 인보이스를 생성하는 뷰를 생성하려고 합니다. orders 애플리케이션 디렉터리 내에서 views.py 파일을 편집하고 다음 코드를 추가합니다.

```
from django.conf import settings
```

```
from django.http import HttpResponse
from django.template.loader import render_to_string

import weasyprint

@staff_member_required
def admin_order_pdf(request, order_id):
    order = get_object_or_404(Order, id=order_id)
    html = render_to_string('orders/order/pdf.html',
                            {'order': order})
    response = HttpResponse(content_type='application/pdf')
    response['Content-Disposition'] = f'filename=order_{order.id}.pdf'
    weasyprint.HTML(string=html).write_pdf(response,
        stylesheets=[weasyprint.CSS(
                            settings.STATIC_ROOT / 'css/pdf.css')])
    return response
```

주문에 대한 PDF 인보이스를 생성하는 뷰입니다. 내부(직원) 사용자만 이 뷰에 액세스할 수 있도록 `staff_member_required` 데코레이터를 사용합니다.

지정된 ID를 가진 `Order` 객체를 가져와 장고에서 제공하는 `render_to_string()` 함수를 사용해서 `orders/order/pdf.html`을 렌더링합니다. 렌더링된 HTML은 `html` 변수에 저장됩니다. 그런 다음 `application/pdf` 콘텐츠 유형을 지정하고 파일 이름을 지정하는 `Content-Disposition` 헤더를 포함하는 새로운 `HttpResponse` 객체를 생성합니다. 렌더링된 HTML 코드에서 WeasyPrint를 사용하여 PDF 파일을 생성하고 이 파일을 `HttpResponse` 객체에 작성합니다.

정적 파일 `css/pdf.css`를 사용해서 생성된 PDF 파일에 CSS 스타일을 추가합니다. 그런 다음 `STATIC_ROOT` 설정을 사용해서 로컬 패스에서 로드합니다. 마지막으로 생성된 응답을 반환합니다.

CSS 스타일이 누락된 경우 **shop** 애플리케이션의 `static/` 디렉터리에 있는 정적 파일을 프로젝트의 동일한 위치에 복사하는 것을 잊지 마세요.
https://github.com/PacktPublishing/Django-4-byExample/tree/main/Chapter09/myshop/shop/static에서 디렉터리의 내용을 확인할 수 있습니다.

`STATIC_ROOT` 설정을 사용해야 하므로 프로젝트에 추가해야 합니다. 이 디렉터리는 정적 파일이 있는 프로젝트의 경로입니다. `myshop` 프로젝트의 `settings.py` 파일을 편집해서 다음 설정을 추가합니다.

```
STATIC_ROOT = BASE_DIR / 'static'
```

그리고 다음 명령을 실행합니다.

```
python manage.py collectstatic
```

다음과 같이 끝나는 메시지가 출력되어야 합니다.

```
131 static files copied to 'code/myshop/static'.
```

collectstatic 명령은 애플리케이션의 모든 정적 파일을 STATIC_ROOT 설정에 정의된 디렉터리로 복사합니다. 이렇게 하면 각 애플리케이션이 정적 파일이 포함된 **static/** 디렉터리를 사용해서 자체 정적 파일을 제공할 수 있습니다. STATICFILES_DIRS 설정에서 추가적인 정적 파일들을 제공할 수도 있습니다. STATICFILES_DIRS 목록에 지정된 모든 디렉터리는 collectstatic이 실행될 때 STATIC_ROOT 디렉터리에도 복사됩니다. collectstatic을 다시 실행할 때마다 기존 정적 파일을 재정의할지 묻는 메시지가 표시됩니다.

orders 애플리케이션 디렉터리 내의 urls.py 파일을 편집해서 굵게 강조 표시된 다음 URL 패턴을 추가합니다.

```
urlpatterns = [
    # ...
    path('admin/order/<int:order_id>/pdf/',
         views.admin_order_pdf,
         name='admin_order_pdf'),
]
```

이제 Order 모델의 관리자 목록 페이지를 편집해서 각 결과별 PDF 파일 링크를 추가할 수 있습니다. orders 애플리케이션 내에서 admin.py 파일을 편집해서 OrderAdmin 클래스 위에 다음 코드를 추가합니다.

```
def order_pdf(obj):
    url = reverse('orders:admin_order_pdf', args=[obj.id])
    return mark_safe(f'<a href="{url}">PDF</a>')
order_pdf.short_description = 'Invoice'
```

Callable에 `short_description` 속성을 지정하면 장고에서 컬럼(열)의 이름으로 이 속성을 사용합니다.

다음과 같이 `OrderAdmin` 클래스의 `list_display` 속성에 `order_pdf`를 추가합니다.

```python
class OrderAdmin(admin.ModelAdmin):
    list_display = ['id', 'first_name', 'last_name', 'email',
                    'address', 'postal_code', 'city', 'paid',
                    order_payment, 'created', 'updated',
                    order_detail, order_pdf]
```

개발 서버가 실행 중인지 확인합니다. 브라우저에서 `http://127.0.0.1:8000/admin/orders/order/`을 엽니다. 이제 각 행에 다음과 같은 PDF 링크가 포함되어야 합니다.

CREATED	UPDATED	ORDER DETAIL	INVOICE
March 24, 2022, 10:55 p.m.	March 24, 2022, 7:44 p.m.	View	PDF

그림 9.30 각 주문 행이 포함된 PDF 링크

주문 정보를 보여주는 PDF 링크를 클릭합니다. 아직 결제되지 않은 주문에는 다음과 같이 생성된 PDF 파일이 표시됩니다.

그림 9.31 미결제 주문의 정보를 표시하는 PDF 인보이스

지불이 완료된 주문의 경우 다음 PDF 파일이 표시됩니다.

그림 9.32 지불이 완료된 주문의 PDF

9.4.4 이메일로 PDF 파일 전송하기

결제가 완료되면 생성된 PDF 인보이스가 포함된 자동 이메일이 고객에게 전송됩니다. 이 작업을 수행하기 위해 비동기 작업을 생성합니다.

결제 애플리케이션 디렉터리 내에 새 파일을 만들고 이름을 tasks.py로 지정합니다. 여기에 다음 코드를 추가합니다.

```python
from io import BytesIO
from celery import shared_task
import weasyprint
from django.template.loader import render_to_string
from django.core.mail import EmailMessage
from django.conf import settings
from orders.models import Order
```

```
@shared_task
def payment_completed(order_id):
    """
    Task to send an e-mail notification when an order is
    successfully paid.
    """
    order = Order.objects.get(id=order_id)
    # 인보이스 이메일 생성
    subject = f'My Shop - Invoice no. {order.id}'
    message = 'Please, find attached the invoice for your recent purchase.'
    email = EmailMessage(subject,
                         message,
                         'admin@myshop.com',
                         [order.email])
    # PDF 생성
    html = render_to_string('orders/order/pdf.html', {'order': order})
    out = BytesIO()
    stylesheets=[weasyprint.CSS(settings.STATIC_ROOT / 'css/pdf.css')]
    weasyprint.HTML(string=html).write_pdf(out,
                                           stylesheets=stylesheets)
    # PDF 파일 첨부
    email.attach(f'order_{order.id}.pdf',
                 out.getvalue(),
                 'application/pdf')
    # 이메일 전송
    email.send()
```

@shared_task 데코레이터를 사용해서 payment_completed 작업을 정의합니다. 이 작업에서는 장고에서 제공하는 EmailMessage 클래스를 사용해서 email 객체를 만듭니다. 그런다음 템플릿을 html 변수에 렌더링합니다. 렌더링된 템플릿에서 PDF 파일을 생성하여 인메모리 바이트 버퍼인 BytesIO 인스턴스로 출력합니다. 그런 다음 출력 버퍼의 내용을 포함하여 생성된 PDF 파일을 attach() 메서드를 사용하여 EmailMessage 객체에 첨부합니다. 마지막으로 이메일을 전송합니다.

이메일을 보내기 위해 프로젝트의 settings.py 파일에서 SMTP(Simple Mail Transfer Protocol) 설정을 잊지 마세요. "2장, 고급 기능으로 블로그 향상하기"를 참조해서 SMTP 구성의 예제를 확인할 수 있습니다. 이메일 설정을 설정하지 않으려면 settings.py 파일에 다음 설정을 추가하여 장고가 콘솔에 이메일을 작성하도록 지시할 수 있습니다.

```
EMAIL_BACKEND = 'django.core.mail.backends.console.EmailBackend'
```

결제 완료 이벤트를 처리하는 웹후크 엔드포인트에 payment_completed 작업을 추가해 보겠습니다.

결제 애플리케이션의 webhooks.py 파일을 편집해서 다음과 같이 수정합니다.

```python
import stripe
from django.conf import settings
from django.http import HttpResponse
from django.views.decorators.csrf import csrf_exempt
from orders.models import Order
from .tasks import payment_completed
@csrf_exempt
def stripe_webhook(request):
    payload = request.body
    sig_header = request.META['HTTP_STRIPE_SIGNATURE']
    event = None
    try:
        event = stripe.Webhook.construct_event(
                    payload,
                    sig_header,
                    settings.STRIPE_WEBHOOK_SECRET)
    except ValueError as e:
        # 잘못된 페이로드
        return HttpResponse(status=400)
    except stripe.error.SignatureVerificationError as e:
        # 잘못된 서명
        return HttpResponse(status=400)
    if event.type == 'checkout.session.completed':
        session = event.data.object
        if session.mode == 'payment' and session.payment_status == 'paid':
            try:
                order = Order.objects.get(id=session.client_reference_id)
            except Order.DoesNotExist:
                return HttpResponse(status=404)
            # 주문을 결제 완료로 표시
```

```
            order.paid = True
            # Stripe 결제 ID 저장
            order.stripe_id = session.payment_intent
            order.save()
            # 비동기 작업 실행
            payment_completed.delay(order.id)
    return HttpResponse(status=200)
```

delay() 메서드를 호출해서 payment_completed 작업을 대기열에 추가합니다. 작업이 대기열에 추가되고 가능한 한 빨리 Celery 워커에 의해 비동기적으로 실행됩니다.

이제 이메일로 PDF 인보이스를 받는 새로운 결제 프로세스를 완료했습니다. 이메일 백엔드에 console.EmailBackend를 사용하는 경우, Celery를 실행하는 셸에서 다음과 같은 출력을 볼 수 있습니다.

```
MIME-Version: 1.0
Subject: My Shop - Invoice no. 7
From: admin@myshop.com
To: antonio.mele@zenxit.com
Date: Sun, 27 Mar 2022 20:15:24 -0000
Message-ID: <164841212458.94972.10344068999595916799@antonios-mbp.home>
--===============8908668108717577350==
Content-Type: text/plain; charset="utf-8"
MIME-Version: 1.0
Content-Transfer-Encoding: 7bit
Please, find attached the invoice for your recent purchase.
--===============8908668108717577350==
Content-Type: application/pdf
MIME-Version: 1.0
Content-Transfer-Encoding: base64
Content-Disposition: attachment; filename="order_7.pdf"
JVBERi0xLjcKJfCflqQKMSAwIG9iago8PAovVHlwZSA...
```

이 출력은 이메일에 첨부 파일이 포함되어 있음을 보여줍니다. 이제 이메일에 파일을 첨부하여 프로그래밍 방식으로 전송하는 방법을 배웠습니다.

축하합니다! Stripe 통합을 완료하고 온라인 상점 애플리케이션에 유용한 기능을 추가했습니다.

9.5 추가 자료

다음 리소스는 이 장에서 다루는 주제와 관련된 추가 정보를 제공합니다.

- 이 챕터의 소스 코드 – https://github.com/PacktPublishing/Django-4-by-example/tree/main/Chapter09
- Stripe 웹사이트 – https://www.stripe.com/
- Stripe 체크아웃 문서 – https://stripe.com/docs/payments/checkout
- Stripe 계정 생성 – https://dashboard.stripe.com/register
- Stripe 계정 설정 – https://dashboard.stripe.com/settings/account
- Stripe 파이썬 라이브러리 – https://github.com/stripe/stripe-python
- Stripe 테스트 API 키 – https://dashboard.stripe.com/test/apikeys
- Stripe API 키 문서 – https://stripe.com/docs/keys
- Stripe API 버전 2022-08-01 릴리스 노트 – https://stripe.com/docs/upgrades#2022-08-01
- Stripe 결제 세션 모드 – https://stripe.com/docs/api/checkout/sessions/object#checkout_session_object-mode
- 장고를 사용한 절대 URI 빌드 – https://docs.djangoproject.com/en/4.1/ref/request-response/#django.http.HttpRequest.build_absolute_uri
- Stripe 세션 만들기 – https://stripe.com/docs/api/checkout/sessions/create
- Stripe 지원 통화 – https://stripe.com/docs/currencies
- Stripe 결제 대시보드 – https://dashboard.stripe.com/test/payments
- Stripe 결제 테스트용 신용카드 – https://stripe.com/docs/testing
- Stripe 웹후크 – https://dashboard.stripe.com/test/webhooks
- Stripe에서 전송하는 이벤트 타입 – https://stripe.com/docs/api/events/types
- Stripe CLI 설치 – https://stripe.com/docs/stripe-cli#install
- 최신 Stripe CLI 릴리스 – https://github.com/stripe/stripe-cli/releases/latest
- 장고로 CSV 파일 생성 – https://docs.djangoproject.com/en/4.1/howto/outputting-csv/
- 장고 관리 템플릿 – https://github.com/django/django/tree/4.0/django/contrib/admin/templates/admin

- ReportLab으로 PDF 파일 출력 – `https://docs.djangoproject.com/en/4.1/howto/outputting-pdf/`
- WeasyPrint 설치 – `https://weasyprint.readthedocs.io/en/latest/install.html`
- 이 챕터의 정적 파일 – `https://github.com/PacktPublishing/Django-4-by-Example/tree/main/Chapter09/myshop/shop/static`

9.6 요약

이 장에서는 Stripe 결제 게이트웨이를 프로젝트에 통합하고 결제 알림을 수신하는 웹후크 엔드포인트를 만들었습니다. 주문을 CSV로 내보내는 커스텀 관리 액션을 만들었습니다. 또, 커스텀 뷰 및 템플릿을 사용해서 장고 관리 사이트를 커스터마이징했습니다. 마지막으로 WeasyPrint로 PDF 파일을 생성하는 방법과 이메일에 첨부하는 방법을 배웠습니다.

다음 장에서는 장고 세션을 사용해서 쿠폰 시스템을 만드는 방법을 배우고 Redis를 사용해서 제품 추천 엔진을 구축합니다.

10장

온라인 상점 확장하기

django

9장에서는 결제 게이트웨이를 온라인 상점에 통합하는 방법을 배웠습니다. 또한 CSV 및 PDF 파일을 생성하는 방법도 배웠습니다.

이번 장에서는 온라인 상점에 쿠폰 시스템을 추가하고 제품 추천 엔진을 만듭니다.

이 장에서는 다음 내용을 배우겠습니다.

- 쿠폰 시스템 생성하기
- 카트에 쿠폰 적용하기
- 주문에 쿠폰 적용하기
- 스트라이프 체크 아웃용 쿠폰 생성하기
- 일반적으로 함께 구매하는 제품 저장하기
- Redis로 제품 추천 엔진 구축하기

이 장의 소스 코드는 https://github.com/PacktPublishing/Django-4by-example/tree/main/Chapter10에서 찾을 수 있습니다.

이 장에서 사용된 모든 파이썬 패키지는 이 장의 소스 코드에 있는 requirements.txt 파일에 나열되어 있습니다. 이 장의 각 섹션에 필요시 나오는 지침에 따라 각 파이썬 패키지를 설치하거나 pip install -r requirements.txt 명령을 사용해서 모든 요구 사항을 한 번에 설치할 수 있습니다.

10.1 쿠폰 시스템 만들기

많은 온라인 상점에서 구매 시 할인을 받을 수 있는 쿠폰을 고객에게 제공합니다. 온라인 쿠폰은 일반적으로 사용자에게 제공되는 코드로 구성되며 특정 기간 동안 유효합니다.

온라인 상점을 위한 쿠폰 시스템을 생성하려고 합니다. 쿠폰은 특정 기간 동안 고객에게 유효합니다. 쿠폰은 사용할 수 있는 횟수에 제한이 없으며 장바구니의 총금액에 적용됩니다.

이 기능을 사용하려면 쿠폰 코드, 유효한 기간, 적용할 할인을 저장할 모델을 생성해야 합니다.

다음 명령을 사용하여 myshop 프로젝트 내에서 새 애플리케이션을 생성합니다.

```
python manage.py startapp coupons
```

myshop의 settings.py 파일을 편집하고 다음과 같이 INSTALLED_APPS 설정에 애플리케이션을 추가합니다.

```
INSTALLED_APPS = [
    # ...
    'coupons.apps.CouponsConfig',
]
```

이제 새로운 애플리케이션이 장고 프로젝트에서 활성화되었습니다.

10.1.1 쿠폰 모델 생성하기

쿠폰 모델을 만드는 것부터 시작하겠습니다. 쿠폰 애플리케이션의 `models.py` 파일을 편집하고 다음 코드를 추가합니다.

```python
from django.db import models
from django.core.validators import MinValueValidator, \
                                   MaxValueValidator


class Coupon(models.Model):
    code = models.CharField(max_length=50,
                            unique=True)
    valid_from = models.DateTimeField()
    valid_to = models.DateTimeField()
    discount = models.IntegerField(
                    validators=[MinValueValidator(0),
                                MaxValueValidator(100)],
                    help_text='Percentage value (0 to 100)')
    active = models.BooleanField()
    def __str__(self):
        return self.code
```

이 모델이 쿠폰을 저장하는 데 사용할 모델입니다. 쿠폰 모델에는 다음 필드가 포함됩니다.

• `code`: 사용자가 구매 시 쿠폰을 적용하기 위해 입력해야 하는 코드입니다.

• `valid_from`: 쿠폰 유효 기간의 시작 시점을 나타내는 날짜/시간 값입니다.

• `valid_to`: 쿠폰 유효 기간 끝 시점을 나타내는 날짜/시간 값입니다.

- discount: 적용할 할인율(백분율이므로 0에서 100 사이의 값을 사용 가능)입니다. 이 필드에 유효성 검사기를 사용하여 허용되는 최솟값과 최댓값을 제한할 수 있습니다.
- active: 쿠폰이 활성 상태인지를 나타내는 부울 값입니다.

다음 명령을 실행하여 coupons 애플리케이션에 대한 초기 마이그레이션을 생성합니다.

```
python manage.py makemigrations
```

출력에는 다음 메시지가 포함되어 있어야 합니다.

```
Migrations for 'coupons':
  coupons/migrations/0001_initial.py
    - Create model Coupon
```

그리고 다음 명령을 실행하여 마이그레이션을 적용합니다.

```
python manage.py migrate
```

다음 줄이 포함된 출력이 표시되어야 합니다.

```
Applying coupons.0001_initial... OK
```

이제 마이그레이션이 데이터베이스에 적용되었습니다. 관리 사이트에 Coupon 모델을 추가해 보겠습니다. coupons 애플리케이션의 admin.py 파일을 편집하고 다음 코드를 추가합니다.

```
from django.contrib import admin
from .models import Coupon

@admin.register(Coupon)
class CouponAdmin(admin.ModelAdmin):
    list_display = ['code', 'valid_from', 'valid_to',
                    'discount', 'active']
    list_filter = ['active', 'valid_from', 'valid_to']
    search_fields = ['code']
```

이제 Coupon 모델이 관리 사이트에 등록되었습니다. 로컬 서버가 다음 명령으로 실행 중인지 확인합니다.

```
python manage.py runserver
```

브라우저에서 http://127.0.0.1:8000/admin/coupons/coupon/add/을 엽니다.
다음과 같은 폼이 표시됩니다.

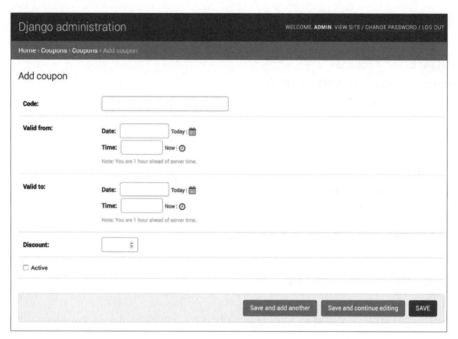

그림 10.1 장고 관리 사이트의 쿠폰 추가 폼

폼을 작성해서 현재 날짜에 유효한 새로운 쿠폰을 생성하고 Active 체크 박스를 선택했는지 확인한 다음 SAVE 버튼을 클릭합니다. 그림 10.2는 쿠폰 생성 예를 보여줍니다.

그림 10.2 샘플 데이터를 입력한 쿠폰 추가 폼

쿠폰을 생성하면 관리 사이트의 쿠폰 목록 페이지가 그림 10.3과 유사하게 표시됩니다.

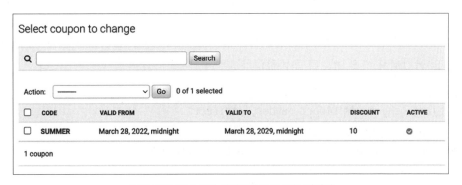

그림 10.3 장고 관리 사이트의 쿠폰 목록 페이지

다음으로 카트에 쿠폰을 적용하는 기능을 구현해 보겠습니다.

10.1.2 장바구니에 쿠폰 적용하기

새로운 쿠폰을 저장하고 기존의 쿠폰을 검색하기 위한 쿼리를 생성할 수 있습니다. 이제 고객이 구매에 쿠폰을 적용할 수 있는 방법이 필요합니다. 쿠폰을 적용하는 기능은 다음과 같습니다.

1. 사용자가 카트에 제품을 추가합니다.

2. 사용자가 카트 상세 페이지에 표시되는 폼에 쿠폰 코드를 입력합니다.

3. 사용자가 쿠폰 코드를 입력하고 폼을 제출하면 해당 코드의 현재 유효한 기존 쿠폰을 찾습니다. 쿠폰 코드가 사용자가 입력한 코드와 일치하는지, `active` 속성이 True인지, 현재 날짜가 `valid_from`과 `valid_to` 값 사이에 있는지 확인해야 합니다.

4. 쿠폰이 발견되면 사용자 세션에 저장하고 쿠폰에 적용된 할인 금액과 반영된 총금액을 카트에 표시합니다.

5. 사용자가 주문하면 해당 주문에 쿠폰을 저장합니다.

coupons 애플리케이션 디렉터리 내에 새로운 파일을 생성하고 이름을 `forms.py`로 지정합니다. 여기에 다음 코드를 추가합니다.

```python
from django import forms


class CouponApplyForm(forms.Form):
    code = forms.CharField()
```

사용자가 쿠폰 코드를 입력하는 데 사용할 폼입니다. coupons 애플리케이션 내부의 `views.py` 파일을 편집해서 다음 코드를 추가합니다.

```python
from django.shortcuts import render, redirect
from django.utils import timezone
from django.views.decorators.http import require_POST
from .models import Coupon
from .forms import CouponApplyForm


@require_POST
def coupon_apply(request):
    now = timezone.now()
    form = CouponApplyForm(request.POST)
    if form.is_valid():
        code = form.cleaned_data['code']
        try:
            coupon = Coupon.objects.get(code__iexact=code,
                                        valid_from__lte=now,
                                        valid_to__gte=now,
                                        active=True)
```

```
        request.session['coupon_id'] = coupon.id
    except Coupon.DoesNotExist:
        request.session['coupon_id'] = None
return redirect('cart:cart_detail')
```

coupon_apply 뷰는 쿠폰의 유효성을 검사하고 사용자 세션에 저장합니다. 이 뷰에
require_POST 데코레이터를 적용하여 POST 요청으로 제한합니다. 뷰에서 다음 작업을 수
행합니다.

1. 전달된 데이터를 사용하여 CouponApplyForm 폼을 인스턴스화하고 폼이 유효한지 확인합
   니다.
2. 폼이 유효한 경우 양식의 cleaned_data 딕셔너리에서 사용자가 입력한 code를 가져옵
   니다. 주어진 코드로 Coupon 객체를 조회합니다. 대소문자를 구분하지 않고 정확히 일
   치하는 필드 값을 조회합니다. 쿠폰은 현재 active(active=True) 상태여야 하며, 현재
   datetime에 유효해야 합니다. 장고의 timezone.now() 함수를 사용해서 현재 표준 시간
   대를 인식해서 datetime을 가져온 다음, 각각 lte(작거나 같음) 및 gte(크거나 같음) 필
   드 조회를 수행해서 valid_from 및 valid_to 필드와 비교합니다.
3. 쿠폰 ID를 사용자 세션에 저장합니다.
4. 쿠폰이 적용된 카트를 표시하기 위해 사용자를 cart_detail URL로 리디렉션합니다.

coupon_apply 보기를 위한 URL 패턴이 필요합니다. coupons 애플리케이션 디렉터리 내
에 새로운 파일을 생성하고 이름을 urls.py로 지정합니다. 여기에 다음 코드를 추가합니다.

```
from django.urls import path from . import views
app_name = 'coupons'

urlpatterns = [
    path('apply/', views.coupon_apply, name='apply'),
]
```

그런 다음 myshop 프로젝트의 기본 urls.py를 편집하여 굵게 강조 표시한 다음의 coupons
URL 패턴을 추가합니다.

```
urlpatterns = [
    path('admin/', admin.site.urls),
```

```
        path('cart/', include('cart.urls', namespace='cart')),
        path('orders/', include('orders.urls', namespace='orders')),
        path('payment/', include('payment.urls', namespace='payment')),
        path('coupons/', include('coupons.urls', namespace='coupons')),
        path('', include('shop.urls', namespace='shop')),
    ]
```

이 패턴을 shop.urls 패턴 앞에 배치하는 것을 잊지 마세요.

이제 카트 애플리케이션의 **cart.py** 파일을 편집합니다. 다음과 같이 임포트문을 추가합니다.

```
from coupons.models import Coupon
```

굵은 글씨로 강조 표시된 다음 코드를 Cart 클래스의 __init__() 메서드 끝에 추가하여 현재 세션에서 쿠폰을 초기화합니다.

```
class Cart:
    def __init__(self, request):
        """
        카트 초기화
        """
        self.session = request.session
        cart = self.session.get(settings.CART_SESSION_ID)
        if not cart:
            # 세션에 빈 카트 저장
            cart = self.session[settings.CART_SESSION_ID] = {}
        self.cart = cart
        # 현재 적용된 쿠폰 저장
        self.coupon_id = self.session.get('coupon_id')
```

이 코드에서는 현재 세션에서 coupon_id 세션 키를 가져와 해당 값을 Cart 객체에 저장하려고 합니다. 굵은 글씨로 강조 표시된 다음 메서드를 Cart 객체에 추가합니다.

```
class Cart:
    # ...
    @property
    def coupon(self):
        if self.coupon_id:
```

```
            try:
                return Coupon.objects.get(id=self.coupon_id)
            except Coupon.DoesNotExist:
                pass
        return None
    def get_discount(self):
        if self.coupon:
            return (self.coupon.discount / Decimal(100)) \
                * self.get_total_price()
        return Decimal(0)
    def get_total_price_after_discount(self):
        return self.get_total_price() - self.get_discount()
```

이러한 메서드는 다음과 같습니다.

- coupon(): 이 메서드를 property로 정의합니다. 카트에 coupon_id 속성이 포함된 경우
  지정된 ID를 가진 Coupon 객체가 반환됩니다.
- get_discount(): 카트에 쿠폰이 포함된 경우, 해당 쿠폰의 할인율을 검색하고 카트의 총
  금액에서 차감할 금액을 반환합니다.
- get_total_price_after_discount(): get_discount() 메서드에서 반환된 금액을 공
  제한 후 카트의 총금액을 반환합니다.

이제 Cart 클래스는 현재 세션에 적용된 쿠폰을 처리하고 해당 할인을 적용할 준비가 되었
습니다.
카트의 상세 보기에 쿠폰 시스템을 포함시켜 보겠습니다. 카트 애플리케이션의 views.py
파일을 열어 파일 맨 위에 다음 임포트를 추가합니다.

```
from coupons.forms import CouponApplyForm
```

아래로 내려가서 다음과 같이 cart_detail 뷰를 편집해서 새로운 폼을 추가합니다.

```
def cart_detail(request):
    cart = Cart(request)
    for item in cart:
        item['update_quantity_form'] = CartAddProductForm(initial={
                            'quantity': item['quantity'],
```

```
                                'override': True})
        coupon_apply_form = CouponApplyForm()
        return render(request,
                        'cart/detail.html',
                      {'cart': cart,
                       'coupon_apply_form': coupon_apply_form})
```

cart 애플리케이션의 cart/detail.html 템플릿을 열고 다음 줄을 찾습니다.

```
<tr class="total">
  <td>Total</td>
  <td colspan="4"></td>
  <td class="num">${{ cart.get_total_price }}</td>
</tr>
```

해당 줄을 다음 코드로 바꿉니다.

```
{% if cart.coupon %}
  <tr class="subtotal">
    <td>Subtotal</td>
    <td colspan="4"></td>
    <td class="num">${{ cart.get_total_price|floatformat:2 }}</td>
  </tr>
  <tr>
    <td>
      "{{ cart.coupon.code }}" coupon
      ({{ cart.coupon.discount }}% off)
    </td>
    <td colspan="4"></td>
    <td class="num neg">
      - ${{ cart.get_discount|floatformat:2 }}
    </td>
  </tr>
{% endif %}
<tr class="total">
  <td>Total</td>
  <td colspan="4"></td>
  <td class="num">
```

```
    ${{ cart.get_total_price_after_discount|floatformat:2 }}
  </td>
</tr>
```

경우에 따라 쿠폰과 해당 할인율을 표시하는 코드입니다. 카트에 쿠폰이 포함된 경우 카트의 총금액을 소계로 해서 첫 번째 행을 표시합니다. 그런 다음 두 번째 행을 사용하여 카트에 적용된 현재 쿠폰을 표시합니다. 마지막으로 카트 객체의 get_total_price_after_discount() 메서드를 호출하여 할인이 적용된 총가격을 표시합니다.

같은 파일에서 </table> HTML 태그 뒤에 다음 코드를 포함합니다.

```
<p>Apply a coupon:</p>
<form action="{% url "coupons:apply" %}" method="post">
  {{ coupon_apply_form }}
  <input type="submit" value="Apply">
  {% csrf_token %}
</form>
```

그러면 쿠폰 코드를 입력하고 현재 장바구니에 적용할 수 있는 폼이 표시됩니다.

브라우저에서 http://127.0.0.1:8000/ 을 열고 장바구니에 제품을 추가합니다. 이제 카트 페이지에 쿠폰 적용 폼이 포함된 것을 확인할 수 있습니다.

그림 10.4 쿠폰 적용 폼이 포함된 카트 세부 정보 페이지

Code 필드에 관리 사이트를 사용해서 생성한 쿠폰 코드를 입력합니다.

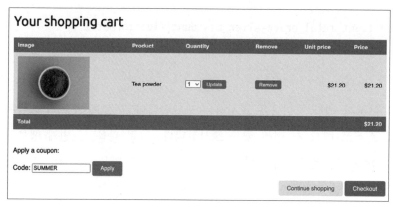

그림 10.5 폼에 쿠폰 코드 폼이 포함된 카트 세부 정보 페이지

Apply 버튼을 클릭합니다. 쿠폰이 적용되고 카트에 다음과 같이 쿠폰 할인이 표시됩니다.

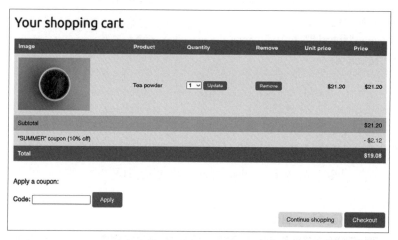

그림 10.6 쿠폰이 적용된 카트 세부 정보 페이지

구매 프로세스의 다음 단계에 쿠폰을 추가해 보겠습니다. 주문 애플리케이션의 orders/order/create.html 템플릿을 열어 다음 줄을 찾습니다.

```
<ul>
  {% for item in cart %}
    <li>
      {{ item.quantity }}x {{ item.product.name }}
      <span>${{ item.total_price }}</span>
    </li>
  {% endfor %}
</ul>
```

해당 줄을 다음 코드로 바꿉니다.

```
<ul>
  {% for item in cart %}
    <li>
      {{ item.quantity }}x {{ item.product.name }}
      <span>${{ item.total_price|floatformat:2 }}</span>
    </li>
  {% endfor %}
  {% if cart.coupon %}
    <li>
      "{{ cart.coupon.code }}" ({{ cart.coupon.discount }}% off)
      <span class="neg">- ${{ cart.get_discount|floatformat:2 }}</span>
    </li>
  {% endif %}
</ul>
```

이제 주문 요약에 적용된 쿠폰이 있는 경우 해당 쿠폰이 포함되어야 합니다. 이제 다음 줄을
찾습니다.

```
<p>Total: ${{ cart.get_total_price }}</p>
```

이를 다음처럼 바꿉니다.

```
<p>Total: ${{ cart.get_total_price_after_discount|floatformat:2 }}</p>
```

이렇게 하면 쿠폰 할인을 적용한 총가격도 계산됩니다.

브라우저에서 http://127.0.0.1:8000/orders/create/를 엽니다. 주문 요약에 다음과
같이 적용된 쿠폰이 포함된 것을 확인할 수 있습니다.

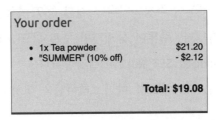

그림 10.7 카트에 적용된 쿠폰을 포함한 주문 요약

이제 사용자는 카트에 쿠폰을 적용할 수 있습니다. 사용자가 카트를 결제할 때 쿠폰 정보를 생성된 주문에 저장해야 합니다.

10.1.3 주문에 쿠폰 적용하기

각 주문에 적용된 쿠폰을 저장하려고 합니다. 먼저 주문 모델을 수정해서 관련 쿠폰 객체가 있는 경우 해당 객체를 저장해야 합니다.

주문 애플리케이션의 models.py 파일을 편집하고 다음 임포트를 추가합니다.

```
from decimal import Decimal
from django.core.validators import MinValueValidator, \
                                   MaxValueValidator
from coupons.models import Coupon
```

그런 다음 주문 모델에 다음 필드를 추가합니다.

```
class Order(models.Model):
    # ...
    coupon = models.ForeignKey(Coupon,
                               related_name='orders',
                               null=True,
                               blank=True,
                               on_delete=models.SET_NULL)
    discount = models.IntegerField(default=0,
                                   validators=[MinValueValidator(0),
                                   MaxValueValidator(100)])
```

이 필드에는 주문의 쿠폰과 쿠폰에 적용되는 할인율을 저장할 수 있습니다. 할인은 관련 Coupon 객체에 저장되지만 쿠폰이 수정되거나 삭제된 경우 이를 보존하기 위해 Order 모델에 포함시켜 보존할 수 있습니다. 쿠폰이 삭제되면 쿠폰 필드가 Null로 설정되지만 할인은 유지되도록 on_delete를 models.SET_NULL로 설정합니다.

Order 모델의 새로운 필드를 포함하도록 마이그레이션을 생성해야 합니다. 커맨드 라인에서 다음 명령을 실행합니다.

```
python manage.py makemigrations
```

다음과 같은 출력이 표시되어야 합니다.

```
Migrations for 'orders':
  orders/migrations/0003_order_coupon_order_discount.py
    - Add field coupon to order
    - Add field discount to order
```

다음 명령으로 새로운 마이그레이션을 적용합니다.

```
python manage.py migrate orders
```

새로운 마이그레이션이 적용되었음을 나타내는 확인 메시지가 다음과 같이 표시됩니다.

```
Applying orders.0003_order_coupon_order_discount... OK
```

이제 Order 모델 필드의 변경 사항이 데이터베이스와 동기화됩니다.

models.py 파일을 열어 다음과 같이 Order 모델에 get_total_cost_before_discount() 및 get_discount() 두 개의 새로운 메서드를 추가합니다. 새로운 코드는 굵게 강조 표시되어 있습니다.

```
class Order(models.Model):
    # ...
    def get_total_cost_before_discount(self):
        return sum(item.get_cost() for item in self.items.all())
    def get_discount(self):
        total_cost = self.get_total_cost_before_discount()
        if self.discount:
            return total_cost * (self.discount / Decimal(100))
        return Decimal(0)
```

그런 다음 Order 모델의 get_total_cost() 메서드를 다음과 같이 편집합니다. 새로운 코드는 굵게 강조 표시되어 있습니다.

```
    def get_total_cost(self):
        total_cost = self.get_total_cost_before_discount()
        return total_cost - self.get_discount()
```

이제 Order 모델의 get_total_cost() 메서드는 적용된 할인이 있는 경우, 이를 고려합니다. orders 애플리케이션의 views.py 파일을 열고 order_create 뷰를 수정해서 새로운 주문을 생성할 때 관련 쿠폰과 해당 할인을 저장합니다. 굵게 강조 표시된 다음 코드를 order_create 뷰에 추가합니다.

```python
def order_create(request):
    cart = Cart(request)
    if request.method == 'POST':
        form = OrderCreateForm(request.POST)
        if form.is_valid():
            order = form.save(commit=False)
            if cart.coupon:
                order.coupon = cart.coupon
                order.discount = cart.coupon.discount
            order.save()
            for item in cart:
                OrderItem.objects.create(order=order,
                                         product=item['product'],
                                         price=item['price'],
                                         quantity=item['quantity'])
            # 카트 비우기
            cart.clear()
            # 비동기 작업 실행
            order_created.delay(order.id)
            # 세션에서 순서 설정
            request.session['order_id'] = order.id
            # 결제 리디렉션
            return redirect(reverse('payment:process'))
    else:
        form = OrderCreateForm()
    return render(request,
                  'orders/order/create.html',
                  {'cart': cart, 'form': form})
```

새로운 코드에서는 OrderCreateForm 폼의 save() 메서드를 사용해서 Order 객체를 만듭니다. commit=False를 사용하여 아직 데이터베이스에 저장하지 않도록 합니다. 카트에 쿠폰이 포함된 경우 관련 쿠폰과 적용된 할인을 저장합니다. 그런 다음 order 객체를 데이터베이스에 저장합니다.

payment 애플리케이션의 payment/process.html 템플릿을 열고 다음 줄을 찾습니다.

```
<tr class="total">
  <td>Total</td>
  <td colspan="4"></td>
  <td class="num">${{ order.get_total_cost }}</td>
</tr>
```

찾은 부분을 다음의 코드로 바꿉니다. 새로운 줄은 굵게 강조 표시됩니다.

```
{% if order.coupon %}
  <tr class="subtotal">
    <td>Subtotal</td>
    <td colspan="3"></td>
    <td class="num">
      ${{ order.get_total_cost_before_discount|floatformat:2 }}
    </td>
  </tr>
  <tr>
    <td>
      "{{ order.coupon.code }}" coupon
      ({{ order.discount }}% off)
    </td>
    <td colspan="3"></td>
    <td class="num neg">
      - ${{ order.get_discount|floatformat:2 }}
    </td>
  </tr>
{% endif %}
<tr class="total">
  <td>Total</td>
  <td colspan="3"></td>
  <td class="num">
    ${{ order.get_total_cost|floatformat:2 }}
  </td>
</tr>
```

결제 전에 주문 요약을 업데이트했습니다.

다음 명령으로 개발 서버가 실행 중인지 확인합니다.

```
python manage.py runserver
```

Docker가 실행 중인지 확인하고, 다른 쉘에서 다음 명령을 실행해서 Docker로 RabbitMQ 서버를 시작합니다.

```
docker run -it --rm --name rabbitmq -p 5672:5672 -p 15672:15672
rabbitmq:management
```

다른 쉘을 열고 다음 명령으로 프로젝트 디렉터리에서 Celery 워커를 시작합니다.

```
celery -A myshop worker -l info
```

추가 쉘을 열고 다음 명령을 실행해, Stripe 이벤트를 로컬 웹후크 URL로 전달합니다.

```
stripe listen --forward-to localhost:8000/payment/webhook/
```

브라우저에서 http://127.0.0.1:8000/을 열고 생성한 쿠폰을 사용하여 주문을 생성합니다. 장바구니의 품목들을 확인한 후 주문 요약 페이지에서 주문에 적용된 쿠폰을 확인할 수 있습니다.

그림 10.8 주문에 적용된 쿠폰을 포함한 주문 요약 페이지

Pay now를 클릭하면 그림 10.9에 표시된 것처럼 Stripe에서 적용된 할인을 인식하지 못하는 모습을 볼 수 있습니다.

그림 10.9 할인 쿠폰이 없는 스트라이프 결제 페이지의 품목 상세 정보

Stripe에는 공제 없이 결제할 전체 금액이 표시됩니다. 이는 Stripe에 할인을 전달하지 않기 때문입니다. payment_process 뷰에서는 각 주문 품목의 비용과 수량을 포함하여 주문 품목을 line_items로 Stripe에 전달한다는 점을 기억하세요.

10.1.4 Stripe Checkout용 쿠폰 생성하기

Stripe를 사용하면 할인 쿠폰을 정의하고 일회성 결제에 연결할 수 있습니다. Stripe Checkout용으로 할인을 생성하는 방법에 관한 추가 정보는 https://stripe.com/docs/payments/checkout/discounts에서 확인할 수 있습니다.

payment_process 프로세스 뷰를 열고 Stripe Checkout용 쿠폰을 생성해 보겠습니다. 결제 애플리케이션의 views.py 파일을 열고 굵은 글씨로 강조 표시된 다음 코드를 payment_process 뷰에 추가합니다.

```python
def payment_process(request):
    order_id = request.session.get('order_id', None)
    order = get_object_or_404(Order, id=order_id)
    if request.method == 'POST':
        success_url = request.build_absolute_uri(
                        reverse('payment:completed'))
        cancel_url = request.build_absolute_uri(
                        reverse('payment:canceled'))
        # Stripe 결제 세션 데이터
        session_data = {
            'mode': 'payment',
            'client_reference_id': order.id,
```

```
        'success_url': success_url,
        'cancel_url': cancel_url,
        'line_items': []
    }
    # Stripe 결제 세션에 주문 품목 추가
    for item in order.items.all():
        session_data['line_items'].append({
            'price_data': {
                'unit_amount': int(item.price * Decimal('100')),
                'currency': 'usd',
                'product_data': {
                    'name': item.product.name,
                },
            },
            'quantity': item.quantity,
        })

    # Stripe 쿠폰
    if order.coupon:
        stripe_coupon = stripe.Coupon.create(
                            name=order.coupon.code,
                            percent_off=order.discount,
                            duration='once')
        session_data['discounts'] = [{
            'coupon': stripe_coupon.id
        }]

    # Stripe 결제 세션 생성
    session = stripe.checkout.Session.create(**session_data)
    # Stripe 결제 폼으로 리디렉션
    return redirect(session.url, code=303)
else:
    return render(request, 'payment/process.html', locals())
```

새로운 코드에서는 주문에 관련 쿠폰이 있는지 확인합니다. 이 경우 Stripe SDK를 사용해
서 `stripe.Coupon.create()`를 사용해 Stripe 쿠폰을 생성합니다. 쿠폰에는 다음의 속성
들을 사용합니다.

- name: order 객체와 관련된 쿠폰 코드가 사용됩니다.
- percent_off: 발행된 order 개체의 discount.
- duration: 값이 한 번 사용됩니다. 이는 Stripe에 일회성 결제에 대한 쿠폰임을 나타냅니다.

쿠폰을 생성하면 Stripe Checkout 세션을 생성하는 데 사용되는 session_data 딕셔너리에 해당 쿠폰의 ID가 추가됩니다. 이렇게 쿠폰이 결제 세션에 연결됩니다.

브라우저에서 http://127.0.0.1:8000/을 열고 생성한 쿠폰을 사용해서 구매를 완료합니다. Stripe Checkout 페이지로 리디렉션되면 쿠폰이 적용된 것을 확인할 수 있습니다.

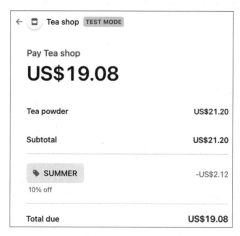

그림 10.10 SUMMER라는 할인 쿠폰을 포함한 Stripe 결제 페이지의 품목 상세 정보

이제 Stripe 결제 페이지에 주문 쿠폰이 포함되며, 총결제 금액에 쿠폰을 사용하여 차감된 금액이 포함됩니다.

구매를 완료한 다음, 브라우저에서 http://127.0.0.1:8000/admin/orders/order/을 엽니다. 쿠폰이 사용된 order 객체를 클릭합니다. 그림 10.11과 같이 편집 폼에 적용된 할인이 표시됩니다.

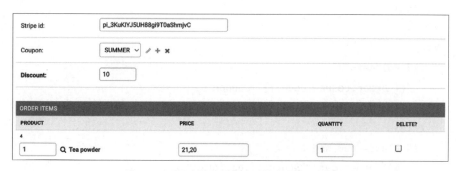

그림 10.11 쿠폰과 할인 적용이 포함된 주문 편집 양식

이제 주문에 쿠폰을 성공적으로 저장하고 할인이 적용된 결제를 처리할 수 있습니다. 다음으로 관리 사이트의 주문 상세 정보 뷰와 주문에 대한 PDF 인보이스에 쿠폰을 추가합니다.

10.1.5 관리 사이트의 주문 및 PDF 인보이스에 쿠폰 추가하기

관리 사이트의 주문 상세 정보 페이지에 쿠폰을 추가해 보겠습니다. orders 애플리케이션의 admin/orders/order/ detail.html 템플릿을 열어서 굵게 강조 표시된 다음 코드를 추가합니다.

```
...
<table style="width:100%">
  ...
  <tbody>
    {% for item in order.items.all %}
      <tr class="row{% cycle "1" "2" %}">
        <td>{{ item.product.name }}</td>
        <td class="num">${{ item.price }}</td>
        <td class="num">{{ item.quantity }}</td>
        <td class="num">${{ item.get_cost }}</td>
      </tr>
    {% endfor %}
    {% if order.coupon %}
      <tr class="subtotal">
        <td colspan="3">Subtotal</td>
        <td class="num">
          ${{ order.get_total_cost_before_discount|floatformat:2 }}
        </td>
      </tr>
      <tr>
        <td colspan="3">
          "{{ order.coupon.code }}" coupon
          ({{ order.discount }}% off)
        </td>
        <td class="num neg">
          - ${{ order.get_discount|floatformat:2 }}
```

```
          </td>
        </tr>
    {% endif %}
    <tr class="total">
      <td colspan="3">Total</td>
      <td class="num">
        ${{ order.get_total_cost|floatformat:2 }}
      </td>
    </tr>
  </tbody>
</table>
...
```

브라우저로 http://127.0.0.1:8000/admin/orders/order/에 접속하여 최근 주문의 View 링크를 클릭합니다. 이제 그림 10.12와 같이 Items bought 테이블에 사용된 쿠폰이 포함됩니다.

Items bought			
PRODUCT	PRICE	QUANTITY	TOTAL
Tea powder	$21.20	2	$42.40
Subtotal			$42.40
"SUMMER" coupon (10% off)			- $4.24
Total			$38.16

그림 10.12 사용된 쿠폰이 포함된 관리 사이트의 제품 상세 정보 페이지

이제 주문에 사용된 쿠폰을 포함하도록 주문 인보이스의 템플릿을 수정해 보겠습니다. orders 애플리케이션의 orders/order/detail.pdf 템플릿을 열어서 굵게 강조 표시된 다음 코드를 추가합니다.

```
...
<table>
  <thead>
    <tr>
      <th>Product</th>
      <th>Price</th>
      <th>Quantity</th>
      <th>Cost</th>
```

```
      </tr>
    </thead>
    <tbody>
      {% for item in order.items.all %}
        <tr class="row{% cycle "1" "2" %}">
          <td>{{ item.product.name }}</td>
          <td class="num">${{ item.price }}</td>
          <td class="num">{{ item.quantity }}</td>
          <td class="num">${{ item.get_cost }}</td>
        </tr>
      {% endfor %}
      {% if order.coupon %}
        <tr class="subtotal">
          <td colspan="3">Subtotal</td>
          <td class="num">
            ${{ order.get_total_cost_before_discount|floatformat:2 }}
          </td>
        </tr>
        <tr>
          <td colspan="3">
            "{{ order.coupon.code }}" coupon
            ({{ order.discount }}% off)
          </td>
          <td class="num neg">
            - ${{ order.get_discount|floatformat:2 }}
          </td>
        </tr>
      {% endif %}
      <tr class="total">
        <td colspan="3">Total</td>
        <td class="num">${{ order.get_total_cost|floatformat:2 }}</td>
      </tr>
    </tbody>
  </table>
...
```

브라우저로 http://127.0.0.1:8000/admin/orders/order/에 접속해서 최근 주문의 PDF 링크를 클릭합니다. 이제 그림 10.13과 같이 Items bought 테이블에 사용된 쿠폰이 보입니다.

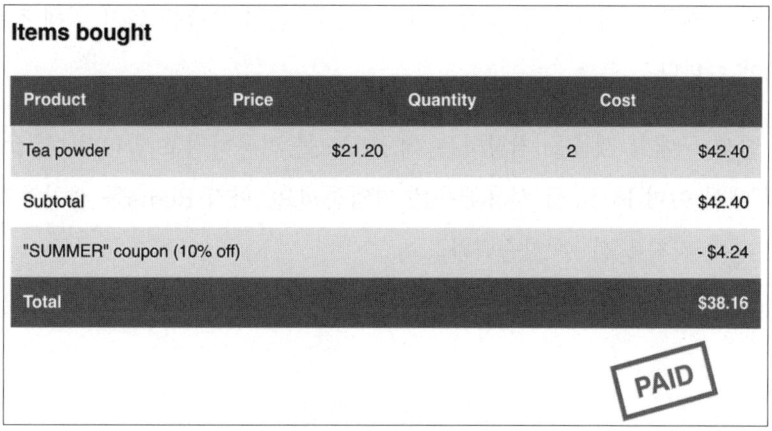

Items bought			
Product	Price	Quantity	Cost
Tea powder	$21.20	2	$42.40
Subtotal			$42.40
"SUMMER" coupon (10% off)			- $4.24
Total			$38.16

PAID

그림 10.13 사용된 쿠폰이 포함된 PDF 주문 인보이스

온라인 상점에 쿠폰 시스템을 성공적으로 추가했습니다. 다음으로 제품 추천 엔진을 구축할 것입니다.

10.2 추천 엔진 구축하기

추천 엔진은 사용자의 품목 선호도나 등급을 예측하는 시스템입니다. 이 시스템은 사용자의 행동과 사용자에 대한 지식을 기반으로 사용자에게 적합한 품목을 선택합니다. 오늘날 추천 시스템은 많은 온라인 서비스에서 사용됩니다. 추천 시스템은 사용자와 관련이 없는 방대한 양의 데이터 중에서 사용자가 관심을 가질 만한 품목을 선별하여 사용자에게 도움을 줍니다. 좋은 추천을 제공하면 사용자 참여도를 향상시킵니다. 전자 상거래 사이트에서도 관련성 높은 제품 추천을 제공함으로써 사용자당 평균 매출을 높일 수 있습니다.

일반적으로 함께 구매하는 제품을 추천하는 간단하면서도 강력한 추천 엔진을 만들 것입니다. 과거의 판매 기록을 기반으로 함께 구매된 제품을 파악하여 제안합니다. 두 가지 서로 다른 시나리오에서 상호 보완적인 제품을 제안할 것입니다.

• Product detail page: 특정 제품과 함께 일반적으로 구매한 제품 목록을 표시합니다. 이 *제품을 구매한 사용자들이 X, Y, Z도 구매한 것으로 표시됩니다.* 각 제품이 표시되는 제품과 함께 구매된 횟수를 저장할 수 있는 데이터 구조가 필요합니다.

• Cart detail page: 사용자들이 장바구니에 추가하는 제품을 기반으로 해당 제품과 함께

주로 구매하는 제품을 제안할 수 있습니다. 이 경우 관련 제품을 얻기 위해 점수를 계산해서 합산해야 합니다.

일반적으로 함께 구매한 제품을 저장하는 데 Redis를 사용하려고 합니다. "7장, 사용자 활동 추적하기"에서 이미 Redis를 사용했음을 기억하세요. 아직 Redis를 설치하지 않은 경우 해당 장에서 설치 지침을 볼 수 있습니다.

10.2.1 과거 구매내역을 기반으로 상품 추천하기

자주 함께 구매하는 상품을 기반으로 사용자에게 상품을 추천하겠습니다. 그리고 이를 위해 사이트에서 구매한 각 제품에 대한 키를 Redis에 저장하겠습니다. **제품 키에는 점수로 Redis의 정렬된 세트(sorted set)가 포함됩니다.** 새로운 구매가 완료될 때마다 함께 구매한 각 제품에 점수가 1씩 증가합니다. 정렬된 세트를 사용하면 함께 구매한 제품에 점수를 부여할 수 있습니다. 제품이 다른 제품과 함께 구매된 횟수를 해당 항목의 점수로 사용합니다. 아직 설치되어 있지 않다면, 다음 명령을 사용해서 사용자 환경에 **redis-py**를 설치합니다.

```
pip install redis==4.3.4
```

프로젝트의 `settings.py` 파일을 열어 다음 설정을 추가합니다.

```
# Redis 설정
REDIS_HOST = 'localhost'
REDIS_PORT = 6379
REDIS_DB = 1
```

다음은 Redis 서버와의 연결을 설정하는 데 필요한 설정입니다. **shop** 애플리케이션 디렉터리 내에 새로운 파일을 생성하고 이름을 `recommender.py`로 지정합니다. 여기에 다음 코드를 추가합니다.

```
import redis
from django.conf import settings
from .models import Product

# Redis 연결
```

```
r = redis.Redis(host=settings.REDIS_HOST,
                port=settings.REDIS_PORT,
                db=settings.REDIS_DB)

class Recommender:
    def get_product_key(self, id):
        return f'product:{id}:purchased_with'

    def products_bought(self, products):
        product_ids = [p.id for p in products]
        for product_id in product_ids:
            for with_id in product_ids:
                # 각 제품과 함께 구매한 다른 제품 획득
                if product_id != with_id:
                    # 함께 구매한 제품의 점수 증가
                    r.zincrby(self.get_product_key(product_id),
                            1,
                            with_id)
```

이 클래스는 제품 구매 내역을 저장하고 특정 제품에 맞는 추천 제품을 조회할 수 있는
Recommender 클래스입니다.

get_product_key() 메서드는 Product 객체의 ID를 받아서 관련 제품이 저장된 Redis 정
렬된 세트의 키를 생성합니다. 이 키는 product:[id]:purchased_with 형식을 가집니다.

products_bought() 메서드는 함께 구매된(동일한 주문에 속한 제품들) Product 객체들의
목록을 받습니다.

이 메서드에서는 다음 작업을 수행합니다.

• 주어진 Product 객체들의 제품 ID 목록을 가져옵니다.

• 제품 ID 목록을 반복합니다. 각 ID에 대해 제품 ID 목록을 다시 반복하고, 동일한 제품을
건너뛰어 목록의 각 제품에 대해 함께 구매한 제품을 가져옵니다.

• get_product_id() 메서드를 사용해서 구매한 각 제품의 Redis 제품 키를 가져옵니다.
ID가 33인 제품의 경우 이 메서드는 product:33:purchased_with 키를 반환합니다. 이
키는 이 제품과 함께 구매한 제품의 제품 ID들이 포함된 정렬된 세트의 키입니다.

• 정렬된 세트에 포함된 각 제품 ID의 점수를 1씩 증가시킵니다. 점수는 주어진 제품과 함
께 다른 제품을 구매한 횟수를 나타냅니다.

이제 함께 구매한 제품을 저장하고 점수를 매기는 메서드가 생겼습니다. 다음으로, 주어진 제품 목록에서 함께 구매한 제품을 검색하는 메서드가 필요합니다. Recommender 클래스에 다음과 같은 suggest_products_for() 메서드를 추가합니다.

```python
def suggest_products_for(self, products, max_results=6):
    product_ids = [p.id for p in products]
    if len(products) == 1:
        # 단 1개의 제품
        suggestions = r.zrange(
                    self.get_product_key(product_ids[0]),
                    0, -1, desc=True)[:max_results]
    else:
        # 임시 키 생성
        flat_ids = ''.join([str(id) for id in product_ids])
        tmp_key = f'tmp_{flat_ids}'
        # 주어진 각 제품들에 함께 구매한 제품들의 점수 합산
        # 결과가 정렬된 세트를 임시 키에 저장
        keys = [self.get_product_key(id) for id in product_ids]
        r.zunionstore(tmp_key, keys)
        # 처음에 주어진 제품들의 ID를 추천 목록에서 제거
        r.zrem(tmp_key, *product_ids)
        # 점수를 기준으로 역정렬해서 제품 ID 목록을 가져옴
        suggestions = r.zrange(tmp_key, 0, -1,
                            desc=True)[:max_results]
        # 임시 키 제거
        r.delete(tmp_key)

    suggested_products_ids = [int(id) for id in suggestions]
    # 추천 제품 정보 조회 및 순서대로 정렬해 표시
    suggested_products = list(Product.objects.filter(
        id__in=suggested_products_ids))
    suggested_products.sort(key=lambda x: suggested_products_ids.index(x.id))
    return suggested_products
```

suggest_products_for() 메서드는 다음 매개 변수를 받습니다.

- products: 추천을 받을 Product 객체의 목록으로 하나 이상의 제품을 포함할 수 있습니다.

- `max_results`: 반환할 최대 추천 항목 수를 나타내는 정수입니다.

이 메서드에서는 다음 작업을 수행합니다.

1. 주어진 **Product** 목록에서 제품의 ID 목록을 얻습니다.
2. 상품이 하나만 주어진 경우, 해당 상품과 함께 구매한 상품의 ID들을 함께 구매한 총횟수를 기준으로 조회합니다. 이를 위해 Redis의 **ZRANGE** 명령을 사용합니다. 결과 수를 `max_results` 속성에 지정된 수로 제한합니다(기본 값은 6개).
3. 두 개 이상의 제품이 제공되면 해당 제품의 ID 목록으로 만들어진 임시 Redis 키를 생성합니다.
4. 주어진 각 제품의 정렬된 세트에 포함된 항목의 모든 점수를 합산합니다. 이 작업은 Redis **ZUNIONSTORE** 명령을 사용해서 수행됩니다. **ZUNIONSTORE** 명령은 주어진 키들에 해당하는 정렬된 집합들에 대해 유니온을 수행하면서 동일한 요소들의 점수를 집계합니다. 이 명령에 관한 자세한 내용은 https://redis.io/commands/zunionstore/에서 확인할 수 있습니다. 집계된 점수를 임시 키에 저장합니다.
5. 점수를 집계하기 때문에 추천을 받는 제품과 동일한 제품을 얻을 수 있습니다. 따라서 생성된 정렬된 세트에서 **ZREM** 명령을 사용하여 해당 제품을 제거합니다.
6. **ZRANGE** 명령을 사용하여 점수에 따라 정렬된 임시 키에서 제품의 ID 목록을 조회합니다. 결과 수를 `max_results` 속성에 지정된 수로 제한합니다. 그런 다음 임시 키를 제거합니다.
7. 마지막으로 주어진 ID 목록의 **Product** 객체들을 가져와서 제품을 동일한 순서로 정렬합니다.

더 쓸만하게 만들기 위해 추천 목록을 지우는 메서드도 추가해 보겠습니다. **Recommender** 클래스에 다음 메서드를 추가합니다.

```
def clear_purchases(self):
    for id in Product.objects.values_list('id', flat=True):
        r.delete(self.get_product_key(id))
```

추천 엔진을 사용해 보겠습니다. 데이터베이스에 여러 개의 **Product** 객체가 포함되어 있는지 확인하고 다음 명령을 사용하여 Redis Docker 컨테이너를 초기화합니다.

```
docker run -it --rm --name redis -p 6379:6379 redis
```

다른 쉘을 열고 다음 명령을 실행하여 파이썬 쉘을 엽니다.

```
python manage.py shell
```

데이터베이스에 최소 4개의 서로 다른 제품이 있는지 확인합니다. 이름으로 4개의 서로 다른 제품을 검색합니다.

```
>>> from shop.models import Product
>>> black_tea = Product.objects.get(name='Black tea')
>>> red_tea = Product.objects.get(name='Red tea')
>>> green_tea = Product.objects.get(name='Green tea')
>>> tea_powder = Product.objects.get(name='Tea powder')
```

그런 다음 추천 엔진에 몇 가지 테스트 구매를 추가합니다.

```
>>> from shop.recommender import Recommender
>>> r = Recommender()
>>> r.products_bought([black_tea, red_tea])
>>> r.products_bought([black_tea, green_tea])
>>> r.products_bought([red_tea, black_tea, tea_powder])
>>> r.products_bought([green_tea, tea_powder])
>>> r.products_bought([black_tea, tea_powder])
>>> r.products_bought([red_tea, green_tea])
```

다음과 같이 점수를 저장했습니다.

```
black_tea:  red_tea (2), tea_powder (2), green_tea (1)
red_tea:    black_tea (2), tea_powder (1), green_tea (1)
green_tea:  black_tea (1), tea_powder (1), red_tea(1)
tea_powder: black_tea (2), red_tea (1), green_tea (1)
```

각 제품이 함께 구매된 횟수와 함께 구매된 제품들을 나타냅니다.

이제 하나의 제품에 같이 추천할 제품들을 조회해 보겠습니다.

```
>>> r.suggest_products_for([black_tea])
[<Product: Tea powder>, <Product: Red tea>, <Product: Green tea>]
>>> r.suggest_products_for([red_tea])
```

```
[<Product: Black tea>, <Product: Tea powder>, <Product: Green tea>]
>>> r.suggest_products_for([green_tea])
[<Product: Black tea>, <Product: Tea powder>, <Product: Red tea>]
>>> r.suggest_products_for([tea_powder])
[<Product: Black tea>, <Product: Red tea>, <Product: Green tea>]
```

추천 제품의 순서가 점수에 따라 결정되는 것을 확인할 수 있습니다. 집계된 점수로 여러 제품이 있을 때 추가로 추천할 제품을 가져와 보겠습니다.

```
>>> r.suggest_products_for([black_tea, red_tea])
[<Product: Tea powder>, <Product: Green tea>]
>>> r.suggest_products_for([green_tea, red_tea])
[<Product: Black tea>, <Product: Tea powder>]
>>> r.suggest_products_for([tea_powder, black_tea])
[<Product: Red tea>, <Product: Green tea>]
```

추천된 제품의 순서가 집계된 점수와 일치하는 것을 확인할 수 있습니다. 예를 들어, black_tea와 red_tea에 추천된 제품은 tea_powder(2+1), green_tea(1+1)입니다.
추천 알고리즘이 예상대로 작동하는지 확인했습니다. 이제 사이트에 추천 제품들을 표시해 보겠습니다.
shop 애플리케이션의 views.py 파일을 열고 다음과 같이 product_detail 뷰에 최대 4개의 추천 제품을 검색하는 기능을 추가합니다.

```
from .recommender import Recommender

def product_detail(request, id, slug):
    product = get_object_or_404(Product,
                                id=id,
                                slug=slug,
                                available=True)
    cart_product_form = CartAddProductForm()
    r = Recommender()
    recommended_products = r.suggest_products_for([product], 4)
    return render(request,
                  'shop/product/detail.html',
                  {'product': product,
```

```
                       'cart_product_form': cart_product_form,
                'recommended_products': recommended_products})
```

shop 애플리케이션의 shop/product/detail.html 템플릿을 열고 {{ product.description
|linebreaks }} 뒤에 다음 코드를 추가합니다.

```
{% if recommended_products %}
  <div class="recommendations">
    <h3>People who bought this also bought</h3>
    {% for p in recommended_products %}
      <div class="item">
        <a href="{{ p.get_absolute_url }}">
          <img src="{% if p.image %}{{ p.image.url }}{% else %}
          {% static  "img/no_image.png" %}{% endif %}">
        </a>
        <p><a href="{{ p.get_absolute_url }}">{{ p.name }}</a></p>
      </div>
    {% endfor %}
  </div>
{% endif %}
```

개발 서버를 실행하고 브라우저에서 http://127.0.0.1:8000/을 엽니다. 제품을 클릭해서
세부 정보를 확인합니다. 그림 10.14와 같이 추천 제품 목록이 제품 아래에 표시되는 것을
볼 수 있습니다.

그림 10.14 추천 제품의 목록을 포함한 제품 상세 정보 페이지

또한 카트에도 제품 추천 기능을 포함할 것입니다. 추천은 사용자가 카트에 추가한 제품을 기반으로 합니다.

카트 애플리케이션 내에서 views.py를 열어 Recommender 클래스를 임포트한 다음 cart_detail 뷰가 다음 코드와 같이 표시되도록 합니다.

```python
from shop.recommender import Recommender

def cart_detail(request):
    cart = Cart(request)
    for item in cart:
        item['update_quantity_form'] = CartAddProductForm(initial={
                            'quantity': item['quantity'],
                            'override': True})
    coupon_apply_form = CouponApplyForm()


    r = Recommender()
```

```
    cart_products = [item['product'] for item in cart]
    if(cart_products):
        recommended_products = r.suggest_products_for(
                                    cart_products,
                                    max_results=4)
    else:
        recommended_products = []
    return render(request,
                  'cart/detail.html',
                  {'cart': cart,
                   'coupon_apply_form': coupon_apply_form,
                   'recommended_products': recommended_products})
```

cart 애플리케이션의 cart/detail.html 템플릿을 열고 </table> HTML 태그 바로 뒤에
다음 코드를 추가합니다.

```
{% if recommended_products %}
  <div class="recommendations cart">
    <h3>People who bought this also bought</h3>
    {% for p in recommended_products %}
      <div class="item">
        <a href="{{ p.get_absolute_url }}">
          <img src="{% if p.image %}{{ p.image.url }}{% else %}
          {% static "img/no_image.png" %}{% endif %}">
        </a>
        <p><a href="{{ p.get_absolute_url }}">{{ p.name }}</a></p>
      </div>
    {% endfor %}
  </div>
{% endif %}
```

브라우저에서 http://127.0.0.1:8000/en/ 을 열고 몇 가지 제품을 카트에 추가합니다.
http://127.0.0.1:8000/en/cart/으로 이동하면 다음과 같이 카트에 있는 항목에 대한
계산된 추천 제품 목록이 표시됩니다.

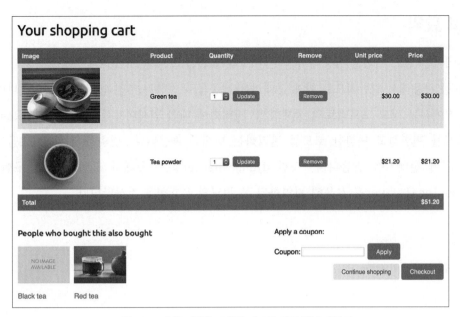

그림 10.15 추천 제품을 포함한 카트의 세부 정보 페이지

축하합니다! 지금까지 장고와 Redis를 사용해서 완전한 추천 엔진을 만들었습니다.

10.3 추가 자료

다음 자료들은 이 장에서 다루는 주제와 관련된 추가 정보를 제공합니다.

- 이 장의 소스 코드 – https://github.com/PacktPublishing/Django-4-by-example/tree/main/Chapter10
- Stripe 결제 할인 – https://stripe.com/docs/payments/checkout/discounts
- Redis ZUNIONSTORE 명령 – https://redis.io/commands/zunionstore/

10.4 요약

이 장에서는 장고 세션을 사용해서 쿠폰 시스템을 만들고 이를 Stripe와 연동했습니다. 또한 Redis를 사용해서 일반적으로 함께 구매하는 제품을 추천하는 추천 엔진을 만들었습니다.

다음 장에서는 장고 프로젝트의 국제화 및 지역화에 대한 인사이트를 제공합니다. Rosetta 로 코드를 변환하고 변환한 코드를 관리하는 방법을 배웁니다. 변환을 위한 URL을 구현하고 언어 선택기를 만듭니다. 또한 `django-parler`를 사용해서 모델 변환을 구현하고 `django-localflavor`를 사용해 지역화된 폼 필드의 유효성을 검사합니다.

11장

온라인 상점에 국제화 추가하기

django

10장에서는 온라인 상점에 쿠폰 시스템을 추가하고 제품 추천 엔진을 구축했습니다.

이번 장에서는 국제화 및 지역화가 어떻게 작동하는지 알아봅니다.

이 장에서는 다음 주제를 다룹니다.

- 국제화를 위한 프로젝트 준비하기
- 번역 파일 관리하기
- 파이썬 코드 번역하기
- 템플릿 번역하기
- Rosetta를 사용하여 번역 관리하기
- URL 패턴 번역 및 URL에 언어 접두사 사용하기
- 사용자가 언어를 전환할 수 있도록 허용하기
- django-parler를 사용해서 모델 번역하기
- ORM에서 번역 사용하기
- 번역을 사용하도록 뷰 조정하기
- django-localflavor의 지역화된 폼 필드 사용하기

이 장의 소스 코드는 https://github.com/PacktPublishing/Django-4-by-example/tree/main/Chapter11에서 찾을 수 있습니다.

이 장에서 사용된 모든 파이썬 모듈은 제공되는 소스 코드의 requirements.txt 파일에 포함되어 있습니다. 지침에 따라 파이썬 모듈을 각기 설치하거나 pip install -r requirements.txt 명령을 사용하여 모든 요구 모듈을 한 번에 설치할 수 있습니다.

11.1 장고로 국제화하기

장고는 완전한 국제화 및 지역화 지원을 제공합니다. 이를 통해 애플리케이션을 여러 언어로 번역할 수 있으며 날짜, 시간, 숫자 및 시간대의 지역별 서식을 처리합니다. 국제화와 지역화의 차이점을 명확히 해 보겠습니다.

국제화(흔히 약칭으로 i18n)는 소프트웨어가 특정 언어나 지역에 고정되지 않도록 다양한 언어 및 지역에서의 잠재적인 사용에 맞도록 조정하는 프로세스입니다.

지역화(약칭으로 l10n)는 소프트웨어를 실제로 번역해서 특정 로케일에 맞게 조정하는 프로

세스입니다. 장고 자체는 국제화 프레임워크를 사용해서 50개 이상의 언어로 번역됩니다. 국제화 프레임워크를 사용하면 파이썬 코드와 템플릿 모두에서 번역할 문자열을 쉽게 표시할 수 있습니다. 메시지 파일을 생성하고 관리하기 위해 GNU gettext 툴셋을 사용합니다. 메시지 파일은 언어를 나타내는 일반 텍스트 파일입니다. 이 파일에는 애플리케이션에 있는 전체나 일부 번역 문자열과 한 언어의 번역문이 포함되어 있습니다. 메시지 파일의 확장자는 .po입니다. 번역이 완료되면 번역된 문자열에 빠르게 액세스할 수 있도록 메시지 파일이 컴파일됩니다. 컴파일된 번역 파일의 확장자는 .mo입니다.

11.1.1 국제화 및 지역화 설정

장고는 국제화를 위한 몇 가지 설정을 제공합니다. 가장 관련성이 높은 설정은 다음과 같습니다.

- **USE_I18N**: 장고의 번역 시스템 활성화 여부를 지정하는 부울입니다. 기본 값은 **True**입니다.
- **USE_L10N**: 지역화된 서식 지정의 활성화 여부를 나타내는 부울입니다. 활성화되면 날짜 및 숫자에 지역화된 서식이 사용됩니다. 기본 값은 **False**입니다.
- **USE_TZ**: 날짜/시간을 표준 시간대로 인식할지를 지정하는 부울입니다. startproject 명령으로 프로젝트를 만들면 이 값은 **True**로 설정됩니다.
- **LANGUAGE_CODE**: 프로젝트의 기본 언어 코드입니다. 표준 언어 ID 형식입니다(예: 미국 영어의 경우 'en-us', 영국 영어의 경우 'en-gb'). 이 설정을 적용하려면 USE_I18N을 True로 설정해야 합니다. 유효한 언어 ID 목록은 http://www.i18nguy.com/unicode/language-identifiers.html에서 확인할 수 있습니다.
- **LANGUAGES**: 프로젝트에 사용 가능한 언어가 포함된 튜플입니다. 언어 코드와 언어 이름의 두 가지 튜플로 구성됩니다. 사용 가능한 언어 목록은 django.conf.global_settings에서 확인할 수 있습니다. 사이트에서 사용할 수 있는 언어를 선택하면 해당 목록의 하위 집합으로 LANGUAGES를 설정합니다.
- **LOCALE_PATHS**: 장고가 프로젝트의 번역이 포함된 메시지 파일을 찾는 디렉터리 목록입니다.
- **TIME_ZONE**: 프로젝트의 표준 시간대를 나타내는 문자열입니다. startproject 명령을 사용하여 새 프로젝트를 만들 때 'UTC'로 설정됩니다. 'Europe/Madrid'와 같은 다른 시간

대로 설정할 수 있습니다.

이 설정들은 사용 가능한 국제화 및 지역화 설정들 중 일부입니다. 전체 목록은 https://docs.djangoproject.com/en/4.1/ref/settings/#globalization-i18n-l10n에서 확인할 수 있습니다.

11.1.2 국제화 관리 명령

장고에는 번역을 관리하기 위한 다음과 같은 관리 명령이 포함되어 있습니다.

- makemessages: 이 명령은 소스 트리를 실행하여 번역용으로 표시된 모든 문자열을 찾고 locale 디렉터리에 .po 메시지 파일을 생성하거나 업데이트합니다. 각 언어마다 단일 .po 파일이 생성됩니다.
- compilemessages: 기존 .po 메시지 파일을 번역을 검색하는 데 사용되는 .mo 파일로 컴파일합니다.

11.1.3 gettext 툴킷 설치하기

메시지 파일을 만들고, 업데이트하고, 컴파일하려면 gettext 툴킷이 필요합니다. 대부분의 Linux 배포판에는 gettext 툴킷이 포함되어 있습니다. macOS를 사용하는 경우 가장 간단하게 설치하는 방법은 홈브루(https://brew.sh/)로 다음 명령을 사용하여 설치하는 것입니다.

```
brew install gettext
```

다음 명령을 사용해서 강제로 링크해야 할 수도 있습니다.

```
brew link --force gettext
```

Windows를 사용하는 경우 https://docs.djangoproject.com/en/4.1/topics/i18n/translation/#gettext-on-windows의 단계를 따르세요. 미리 컴파일된 Windows용 gettext 바이너리 설치 프로그램은 https://mlocati.github.io/articles/gettext-iconv-windows.html에서 다운로드할 수 있습니다.

11.1.4 장고 프로젝트에 번역을 추가하는 방법

프로젝트를 국제화하는 과정을 살펴봅시다. 다음을 수행해야 합니다.

1. 파이썬 코드와 템플릿에서 번역할 문자열을 표시합니다.
2. makemessages 명령을 실행해서 코드의 모든 번역이 필요한 문자열이 포함된 메시지 파일을 만들거나 업데이트합니다.
3. 메시지 파일에 포함된 문자열을 번역하고 compilemessages 관리 명령을 사용하여 컴파일합니다.

11.1.5 장고가 현재 언어를 결정하는 방법

장고에는 요청 데이터를 기반으로 현재 언어를 결정하는 미들웨어가 함께 제공됩니다. 이 미들웨어는 django.middleware.locale.LocaleMiddleware에 존재하는 LocaleMiddleware로 다음과 같은 작업을 수행합니다.

1. i18n_patterns를 사용하는 경우, 다시 말해 번역된 URL 패턴을 사용하는 경우에는 요청된 URL에서 언어 접두사를 찾아 현재 언어를 결정합니다.
2. 언어 접두사를 찾을 수 없으면 현재 사용자의 세션에서 기존 LANGUAGE_SESSION_KEY를 찾습니다.
3. 세션에 언어가 설정되어 있지 않은 경우, 현재 언어를 나타내는 쿠키를 찾습니다. 이 쿠키의 이름은 LANGUAGE_COOKIE_NAME 설정에서 제공할 수 있습니다. 기본적으로 이 쿠키의 이름은 django_language입니다.
4. 쿠키를 찾을 수 없으면 요청의 Accept-Language HTTP 헤더를 찾습니다.
5. Accept-Language 헤더에 언어가 지정되지 않은 경우, 장고는 LANGUAGE_CODE 설정에 정의된 언어를 사용합니다.

기본적으로 장고는 LocaleMiddleware를 사용하지 않는 한 LANGUAGE_CODE 설정에 정의된 언어를 사용합니다. 여기에 설명된 프로세스는 LocaleMiddleware 미들웨어를 사용할 때만 적용됩니다.

11.2 국제화를 위한 프로젝트 준비하기

프로젝트를 다른 언어로 사용할 수 있도록 준비해 봅시다. 온라인 상점에 영어 버전과 스페인어 버전을 만들려고 합니다. 프로젝트의 settings.py 파일을 편집하고 다음 LANGUAGES 설정을 추가합니다. LANGUAGE_CODE 설정 다음에 배치합니다.

```
LANGUAGES = [
    ('en', 'English'),
    ('es', 'Spanish'),
]
```

LANGUAGES 설정에는 언어 코드와 이름으로 구성된 두 개의 튜플이 포함됩니다. 언어 코드는 en-us 또는 en-gb와 같은 특정 지역 코드이거나 en과 같은 일반 코드일 수 있습니다. 이 설정을 사용하면 애플리케이션이 영어와 스페인어로만 제공되도록 지정할 수 있습니다. 커스텀 LANGUAGES 설정을 정의하지 않은 경우, 사이트는 장고가 번역된 모든 언어로 사용 가능합니다.

LANGUAGE_CODE 설정을 다음과 같이 만듭니다.

```
LANGUAGE_CODE = 'en'
```

MIDDLEWARE 설정에 'django.middleware.locale.LocaleMiddleware'를 추가합니다. LocaleMiddleware는 세션 데이터를 사용해야 하므로 이 미들웨어는 SessionMiddleware 뒤에 위치해야 합니다. 또한, 요청된 URL을 해석하기 위해 CommonMiddleware보다 앞에 위치해야 합니다. 이제 MIDDLEWARE 설정은 다음과 같이 보이게 될 것입니다.

```
MIDDLEWARE = [
    'django.middleware.security.SecurityMiddleware',
    'django.contrib.sessions.middleware.SessionMiddleware',
    'django.middleware.locale.LocaleMiddleware',
    'django.middleware.common.CommonMiddleware',
    'django.middleware.csrf.CsrfViewMiddleware',
    'django.contrib.auth.middleware.AuthenticationMiddleware',
    'django.contrib.messages.middleware.MessageMiddleware',
    'django.middleware.clickjacking.XFrameOptionsMiddleware',
]
```

각 미들웨어는 이전에 실행된 다른 미들웨어가 설정한 데이터에 의존할 수 있으므로 미들웨어 클래스의 순서는 매우 중요합니다. 미들웨어는 요청에는 미들웨어에 나타난 순서대로, 응답에는 역순으로 적용됩니다.

메인 프로젝트 디렉터리 내에 **manage.py** 파일 옆에 다음과 같은 디렉터리 구조를 만듭니다.

```
locale/
    en/
    es/
```

locale 디렉터리는 애플리케이션의 메시지 파일이 저장되는 곳입니다. 설정을 편집합니다. py 파일을 다시 열고 다음 설정을 추가합니다.

```
LOCALE_PATHS = [
    BASE_DIR / 'locale',
]
```

LOCALE_PATHS 설정은 장고가 번역 파일을 찾아야 하는 디렉터리를 지정합니다. 가장 먼저 표시되는 로케일 경로가 가장 높은 우선순위를 갖습니다.

프로젝트 디렉터리에서 **makemessages** 명령을 사용하면 프로젝트의 **locale/** 경로에 메시지 파일이 생성됩니다. 그러나 애플리케이션에 **locale/**디렉터리가 존재하는 경우, 메시지 파일은 해당 디렉터리에 생성됩니다.

11.3 파이썬 코드 번역하기

파이썬 코드에서 리터럴을 번역하기 위해, **django.utils.translation**에 포함된 **gettext()** 함수를 사용할 수 있습니다. 이 함수는 번역된 메시지를 반환하는데, 보통 _(밑줄 문자)와 같은 짧은 별칭으로 이 함수를 임포트하는 것이 관례입니다.

장고의 번역에 관한 모든 문서는 https://docs.djangoproject.com/en/4.1/ topics/ i18n/translation/에서 확인할 수 있습니다.

11.3.1 표준 번역

다음 코드는 번역을 위해 문자열을 표시하는 방법을 보여줍니다.

```
from django.utils.translation import gettext as _
output = _('Text to be translated.')
```

11.3.2 지연(Lazy) 번역

Django는 모든 번역 함수에 대해 뒤에 _lazy() 접미사가 붙은 lazy(지연) 버전을 제공하고 있습니다. lazy 함수를 사용하면 문자열은 호출하는 시점이 아닌 값에 접근하는 시점에 번역됩니다. 이러한 이유로 lazy 함수들은 지연 번역(lazy translation)이라고 불립니다. lazy 번역 함수들은 번역을 위해 표시된 문자열이 모듈이 로드될 때 실행되는 경로에 있을 때 유용합니다.

> **Note** gettext() 대신 gettext_lazy()를 사용하면 문자열이 액세스될 때, 즉 값에 액세스할 때 문자열이 번역됩니다. 장고는 모든 번역 함수의 지연 버전을 제공합니다.

11.3.3 변수를 포함한 번역

번역할 문자열에는 번역에 변수를 포함하기 위한 플레이스홀더가 포함될 수 있습니다. 다음 코드는 플레이스홀더가 있는 번역 문자열의 예입니다.

```
from django.utils.translation import gettext as _
month = _('April')
day = '14'
output = _('Today is %(month)s %(day)s') % {'month': month,
                                            'day': day}
```

플레이스홀더를 사용하면 텍스트 변수의 순서를 바꿀 수 있습니다. 예를 들어, 이전 예제의 영어 번역은 *today is April 14*인 반면, 스페인어 번역은 *hoy es 14 de Abril*이 될 수 있습니다. 번역 문자열에 둘 이상의 매개 변수가 있는 경우 항상 위치 보간[1] 대신 문자열 보간[2]을 사용하세요. 그렇게 하면 플레이스홀더 텍스트의 순서를 바꿀 수 있습니다.

11.3.4 번역의 복수형

복수형에 대해서는 `ngettext()`와 `ngettext_lazy()`를 사용할 수 있습니다. 이런 함수는 객체의 수를 나타내는 인자에 따라 단수형과 복수형을 번역합니다. 다음 예제에서는 이러한 함수를 사용하는 방법을 보여줍니다.

```
output = ngettext('there is %(count)d product',
                  'there are %(count)d products',
                  count) % {'count': count}
```

파이썬 코드에서 리터럴을 번역하는 기본적인 사항들을 알았으니 이제 프로젝트에 번역을 적용할 차례입니다.

11.3.5 자체 코드 번역하기

프로젝트의 `settings.py` 파일을 열고 `gettext_lazy()` 함수를 임포트한 다음, `LANGUAGES` 설정을 다음과 같이 변경하여 언어 이름을 번역합니다.

```
from django.utils.translation import gettext_lazy as _
# ...

LANGUAGES = [
    ('en', _('English')),
    ('es', _('Spanish')),
]
```

여기서는 순환 임포트를 피하기 위해 `gettext()` 대신 `gettext_lazy()` 함수를 사용하여 언

---

1 [역자주] 예: _('Hello, my name is {} and I am {} years old.').format(name, age)

2 [역자주] 예: _('Hello, my name is {name} and I am {age} years old.').format(name=name, age=age)

어 이름에 액세스할 때 언어 이름을 번역합니다.

쉘을 열고 프로젝트 디렉터리에서 다음 명령을 실행합니다.

```
django-admin makemessages --all
```

다음과 같은 출력이 표시됩니다.

```
processing locale es
processing locale en
```

locale/ 디렉터리를 살펴보면, 다음과 같은 파일 구조를 볼 수 있을 것입니다.

```
en/
    LC_MESSAGES/
        django.po es/
    LC_MESSAGES/
        django.po
```

각 언어마다 .po 메시지 파일이 생성되었습니다. 텍스트 편집기로 es/LC_MESSAGES/
django.po 파일을 엽니다. 파일 끝에 다음과 같은 내용을 볼 수 있습니다.

```
#: myshop/settings.py:118
msgid "English"
msgstr ""
#: myshop/settings.py:119
msgid "Spanish"
msgstr ""
```

각 번역 문자열은 해당 파일과 찾은 줄의 세부 정보를 보여주는 주석으로 시작됩니다. 각 번역은 두 개의 문자열로 구성됩니다.

- msgid: 소스 코드에 표시되는 번역 문자열입니다.
- msgstr: 언어 번역으로, 기본적으로 비어 있습니다. 여기에 주어진 문자열에 대한 실제 번역을 입력해야 합니다.

다음과 같이 주어진 msgid 문자열에 msgstr 번역을 입력합니다.

```
#: myshop/settings.py:118
msgid "English"
msgstr "Inglés"
#: myshop/settings.py:119
msgid "Spanish"
msgstr "Español"
```

수정한 메시지 파일을 저장하고 쉘을 열어 다음 명령을 실행합니다.

```
django-admin compilemessages
```

모든 것이 정상적으로 진행되면 다음과 같은 메시지가 표시됩니다.

```
processing file django.po in myshop/locale/en/LC_MESSAGES
processing file django.po in myshop/locale/es/LC_MESSAGES
```

이 출력은 컴파일 중인 메시지 파일의 정보를 제공합니다. myshop 프로젝트의 locale 디렉터리를 다시 살펴봅니다. 다음과 같은 파일들이 표시되어야 합니다.

```
en/
    LC_MESSAGES/
        django.mo
        django.po es/
    LC_MESSAGES/
        django.mo
        django.po
```

각 언어마다 .mo로 컴파일된 메시지 파일이 생성된 것을 확인할 수 있습니다.

언어 명칭을 번역했으므로 이제 사이트에 표시되는 모델 필드 이름을 번역해 보겠습니다. orders 애플리케이션의 models.py 파일을 편집하고, 다음과 같이 번역을 위해 표시된 이름을 Order 모델 필드에 추가합니다.

```
from django.utils.translation import gettext_lazy as _

class Order(models.Model):
    first_name = models.CharField(_('first name'),
```

```
                            max_length=50)
    last_name = models.CharField(_('last name'),
                            max_length=50)
    email = models.EmailField(_('e-mail'))
    address = models.CharField(_('address'),
                            max_length=250)
    postal_code = models.CharField(_('postal code'),
                            max_length=20)
    city = models.CharField(_('city'),
                            max_length=100)
    # ...
```

사용자가 새로운 주문을 할 때 표시되는 필드들에 명칭을 추가했습니다. first_name, last_name, email, address, postal_code 및 city입니다. verbose_name 속성을 사용해서 필드들의 명칭을 지정할 수도 있습니다.

orders 애플리케이션 디렉터리 내에 다음과 같은 디렉터리 구조를 생성합니다.

```
locale/
    en/
    es/
```

locale 디렉터리를 만들면 이 애플리케이션의 번역 문자열이 메인 메시지 파일 대신 이 디렉터리 아래의 메시지 파일에 저장됩니다. 이렇게 하면 각 애플리케이션에 맞추어 별도의 번역 파일을 생성할 수 있습니다.

프로젝트 디렉터리에서 쉘을 열고 다음 명령을 실행합니다.

```
django-admin makemessages --all
```

다음과 같은 메시지가 출력되어야 합니다.

```
processing locale es
processing locale en
```

텍스트 편집기를 사용하여 주문 애플리케이션의 locale/es/LC_MESSAGES/django.po 파일을 엽니다. Order 모델의 번역 문자열이 표시됩니다. 주어진 msgid 문자열에 대해 다음 줄의 msgstr에 번역을 입력합니다.

```
#: orders/models.py:12
msgid "first name"
msgstr "nombre"
#: orders/models.py:14
msgid "last name"
msgstr "apellidos"
#: orders/models.py:16
msgid "e-mail"
msgstr "e-mail"
#: orders/models.py:17
msgid "address"
msgstr "dirección"
#: orders/models.py:19
msgid "postal code"
msgstr "código postal"
#: orders/models.py:21
msgid "city"
msgstr "ciudad"
```

번역 추가를 완료한 다음 파일을 저장합니다.

텍스트 편집기 외에도 Poedit을 사용하여 번역을 편집할 수 있습니다. Poedit은 gettext 를 사용하는 번역 편집용 소프트웨어입니다. Linux, Windows 및 macOS에서 사용할 수 있습니다. Poedit은 https://poedit.net/에서 다운로드할 수 있습니다.

프로젝트 폼들도 번역해 보겠습니다. orders 애플리케이션의 OrderCreateForm은 번역 이 필요 없습니다. 이 폼은 ModelForm이고 폼 필드 레이블에 Order 모델 필드의 verbose_ name 속성을 사용하기 때문입니다.

cart 애플리케이션 디렉터리 내에서 forms.py 파일을 열고 CartAddProductForm의 quan- tity 필드에 label 속성을 추가합니다. 그 후, 다음과 같이 이 필드를 번역할 필드로 표시 합니다.

```
from django import forms
from django.utils.translation import gettext_lazy as _

PRODUCT_QUANTITY_CHOICES = [(i, str(i)) for i in range(1, 21)]
```

```
class CartAddProductForm(forms.Form):
    quantity = forms.TypedChoiceField(
                    choices=PRODUCT_QUANTITY_CHOICES,
                    coerce=int,
                    label=_('Quantity'))
    override = forms.BooleanField(required=False,
                                  initial=False,
                                  widget=forms.HiddenInput)
```

coupons 애플리케이션의 forms.py 파일을 열어 CouponApplyForm 폼을 다음과 같이 번역합니다.

```
from django import forms
from django.utils.translation import gettext_lazy as _

class CouponApplyForm(forms.Form):
    code = forms.CharField(label=_('Coupon'))
```

code 필드에 레이블을 추가하고 번역용으로 표시했습니다.

11.4 템플릿 번역하기

장고는 템플릿의 문자열을 번역하기 위해 {% trans %} 및 {% blocktrans %} 템플릿 태그를 제공합니다. 번역 템플릿 태그를 사용하려면 템플릿 상단에 {% load i18n %}을 추가해서 템플릿을 로드해야 합니다.

11.4.1 {% trans %} 템플릿 태그

{% trans %} 템플릿 태그를 사용하면 번역할 리터럴을 표시할 수 있습니다. 내부적으로 장고는 주어진 텍스트에 gettext()를 실행합니다. 다음은 템플릿에서 번역할 문자열을 표시하는 방법입니다.

```
{% trans "Text to be translated" %}
```

번역된 내용을 템플릿 전체에서 사용할 수 있는 변수에 저장할 수 있습니다. 다음 예제에서는 번역된 텍스트를 greeting이라는 변수에 저장합니다.

```
{% trans "Hello!" as greeting %}
<h1>{{ greeting }}</h1>
```

{% trans %} 태그는 단순한 번역 문자열에는 유용하지만 변수가 포함된 번역 콘텐츠는 처리할 수 없습니다.

11.4.2 {% blocktrans %} 템플릿 태그

{% blocktrans %} 템플릿 태그를 사용하면 플레이스홀더를 사용해서 리터럴 및 변수를 포함한 콘텐츠를 표시할 수 있습니다. 다음 예에서는 번역할 콘텐츠에 이름 변수를 포함하여 {% blocktrans %} 태그를 사용하는 방법을 보여줍니다.

```
{% blocktrans %}Hello {{ name }}!{% endblocktrans %}
```

with 문을 사용해서 객체의 속성에 접근하거나 변수에 템플릿 필터를 적용하는 등 템플릿 표현식을 포함할 수 있습니다. 이러한 경우 항상 플레이스홀더를 사용해야 합니다. blocktrans 블록 내에서는 표현식이나 객체 속성에 접근할 수 없습니다. 다음 예제에서는 capfirst 필터가 적용된 객체 속성을 포함하기 위해 with를 사용하는 방법을 보여줍니다.

```
{% blocktrans with name=user.name|capfirst %}
    Hello {{ name }}!
{% endblocktrans %}
```

> **Note**
> 번역 문자열에 가변 콘텐츠를 포함해야 하는 경우 {% trans %} 대신 {% blocktrans %} 태그를 사용하세요.

11.4.3 온라인 상점 템플릿 번역하기

shop 애플리케이션의 shop/base.html 템플릿을 엽니다. 템플릿 상단에 i18n 태그를 로드하고 다음과 같이 번역할 문자열을 표시해야 합니다. 새로운 코드는 굵게 강조해서 표시했습니다.

```
{% load i18n %}
{% load static %} <!DOCTYPE html>
<html>
<head>
  <meta charset="utf-8" />
  <title>
    {% block title %}{% trans "My shop" %}{% endblock %}
  </title>
  <link href="{% static "css/base.css" %}" rel="stylesheet">
</head>
<body>
  <div id="header">
    <a href="/" class="logo">{% trans "My shop" %}</a>    </div>
  <div id="subheader">
    <div class="cart">
      {% with total_items=cart|length %}
        {% if total_items > 0 %}
          {% trans "Your cart" %}:
          <a href="{% url "cart:cart_detail" %}">
            {% blocktrans with total=cart.get_total_price count items=total_
items %}
              {{ items }} item, ${{ total }}
              {% plural %}
              {{ items }} items, ${{ total }}
            {% endblocktrans %}
          </a>
        {% elif not order %}
          {% trans "Your cart is empty." %}
        {% endif %}
      {% endwith %}
    </div>
  </div>
  <div id="content">
```

```
    {% block content %}
    {% endblock %}
  </div>
</body>
</html>
```

템플릿 태그가 여러 줄에 걸쳐 분할되어 있지 않는지 확인하세요.

카트의 요약을 표시하기 위한 **{% blocktrans %}** 태그를 확인하세요. 이전에는 카트 요약이 다음과 같이 표시되었습니다.

```
{{ total_items }} item{{ total_items|pluralize }},
${{ cart.get_total_price }}
```

변경한 후 이제 **{% blocktrans with ... %}**를 사용해서 cart.get_total_price(여기서 객체 메서드를 호출) 값으로 플레이스홀더 total 값을 설정합니다. 또한 count를 사용해서 장고가 올바른 복수형 형태를 선택하기 위해 객체를 세는 데 사용할 변수를 설정합니다. items 변수는 total_items의 값으로 객체를 세는 데 사용됩니다.

이를 통해 단수형과 복수형에 대한 번역을 설정할 수 있는데, **{% blocktrans %}** 블록 내에서 **{% plural %}** 태그로 단수형, 복수형에 사용할 템플릿 구문을 구분합니다. 결과 코드는 다음과 같습니다.

```
{% blocktrans with total=cart.get_total_price count items=total_items %}
  {{ items }} item, ${{ total }}
{% plural %}
  {{ items }} items, ${{ total }}
{% endblocktrans %}
```

그런 다음 shop 애플리케이션의 shop/product/detail.html 템플릿을 열고 상단에 i18n 태그를 로드하되, 항상 템플릿의 첫 번째 태그가 되어야 하는 **{% extends %}** 태그 뒤에 로드합니다.

```
{% extends "shop/base.html" %}
{% load i18n %}
{% load static %} ...
```

그리고 다음 줄을 찾습니다.

```
<input type="submit" value="Add to cart">
```

찾을 줄을 다음과 같이 바꿉니다.

```
<input type="submit" value="{% trans "Add to cart" %}">
```

다시 다음과 같은 줄을 찾습니다.

```
<h3>People who bought this also bought</h3>
```

찾을 줄을 다음과 같이 바꿉니다.

```
<h3>{% trans "People who bought this also bought" %}</h3>
```

이제 orders 애플리케이션 템플릿을 번역합니다. 주문 애플리케이션의 orders/order/create.html 템플릿을 열고 다음과 같이 번역할 텍스트를 표시합니다.

```
{% extends "shop/base.html" %}
{% load i18n %}
{% block title %}
  {% trans "Checkout" %}
{% endblock %}
{% block content %}
  <h1>{% trans "Checkout" %}</h1>
  <div class="order-info">
    <h3>{% trans "Your order" %}</h3>
    <ul>
      {% for item in cart %}
        <li>
          {{ item.quantity }}x {{ item.product.name }}
          <span>${{ item.total_price }}</span>
        </li>
      {% endfor %}
      {% if cart.coupon %}
        <li>
```

```
        {% blocktrans with code=cart.coupon.code discount=cart.coupon.
discount %}
            "{{ code }}" ({{ discount }}% off)
        {% endblocktrans %}
        <span class="neg">- ${{ cart.get_discount|floatformat:2 }}</span>
      </li>
    {% endif %}
  </ul>
  <p>{% trans "Total" %}: ${{
    cart.get_total_price_after_discount|floatformat:2 }}</p>    </div>
  <form method="post" class="order-form">
    {{ form.as_p }}
    <p><input type="submit" value="{% trans "Place order" %}"></p>
    {% csrf_token %}
  </form>
{% endblock %}
```

템플릿 태그가 여러 줄에 걸쳐 나뉘어 작성되지 않았는지 확인하세요. 그리고 이 장에 첨부된 코드의 다음 파일들을 찾아서 번역을 위해 문자열이 어떻게 표시되었는지 확인해 보세요.

- shop 애플리케이션: 템플릿 shop/product/list.html
- orders 애플리케이션: 템플릿 orders/order/pdf.html
- cart 애플리케이션: 템플릿 cart/detail.html
- payments 애플리케이션: 템플릿 payment/process.html, payment/completed.html, and payment/canceled.html

이 장의 소스 코드는 https://github.com/PacktPublishing/Django-4-by-Example/tree/master/Chapter11에서 찾을 수 있습니다.

새로운 번역 문자열을 포함하도록 메시지 파일을 업데이트해 보겠습니다. 쉘을 열고 다음 명령을 실행합니다.

```
django-admin makemessages --all
```

.po 파일은 myshop 프로젝트의 locale 디렉터리 내에 있으며, 이제 orders 애플리케이션에 번역용으로 표시한 모든 문자열이 포함되어 있는 것을 볼 수 있습니다.

프로젝트와 orders 애플리케이션의 .po 번역 파일을 열어서 msgstr에 스페인어 번역을 포함합니다. 이 장과 함께 제공되는 소스 코드의 번역된 .po 파일을 사용할 수도 있습니다.
다음 명령을 실행해서 번역 파일을 컴파일합니다.

```
django-admin compilemessages
```

다음과 같은 메시지가 출력됩니다.

```
processing file django.po in myshop/locale/en/LC_MESSAGES
processing file django.po in myshop/locale/es/LC_MESSAGES
processing file django.po in myshop/orders/locale/en/LC_MESSAGES
processing file django.po in myshop/orders/locale/es/LC_MESSAGES
```

각 번역 파일 .po 파일마다 번역이 포함된 컴파일된 .mo 파일이 생성되었습니다.

11.5 Rosetta 번역 인터페이스 사용하기

Rosetta는 인터페이스를 사용해서 번역을 편집할 수 있는 서드파티 애플리케이션입니다.
Rosetta를 사용하면 .po 파일을 쉽게 편집할 수 있으며, 컴파일된 번역 파일을 업데이트할
수 있습니다. 프로젝트에 추가해 보겠습니다.
다음 명령을 사용해 pip로 Rosetta를 설치합니다.

```
pip install django-rosetta==0.9.8
```

그리고 다음과 같이 프로젝트의 settings.py 파일에 있는 INSTALLED_APPS 설정에
'rosetta'를 추가합니다.

```
INSTALLED_APPS = [
    # ...
    'rosetta',
]
```

기본 URL 구성에 Rosetta의 URL을 추가해야 합니다. 프로젝트의 메인 urls.py 파일을
열어서 굵은 글씨로 강조 표시된 다음 URL 패턴을 추가합니다.

```
urlpatterns = [
    path('admin/', admin.site.urls),
    path('cart/', include('cart.urls', namespace='cart')),
    path('orders/', include('orders.urls', namespace='orders')),
    path('payment/', include('payment.urls', namespace='payment')),
    path('coupons/', include('coupons.urls', namespace='coupons')),
    path('rosetta/', include('rosetta.urls')),
    path('', include('shop.urls', namespace='shop')),
]
```

원치 않는 패턴 일치를 피하기 위해 shop.urls 패턴 앞에 배치해야 합니다.
http://127.0.0.1:8000/admin/을 열고 슈퍼유저로 로그인합니다. 그런 다음 브라우저에
서 http://127.0.0.1:8000/rosetta/로 이동합니다. Filter 메뉴에서 THIRD PARTY를 클
릭해서 orders 애플리케이션에 속한 메시지 파일을 포함한, 사용 가능한 모든 메시지 파일
을 표시합니다.

다음과 같이 기존 언어의 목록이 표시됩니다.

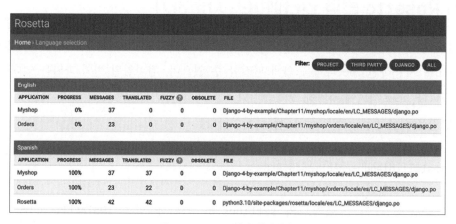

그림 11.1 Rosetta 관리 인터페이스

Spanish 섹션 아래의 Myshop 링크를 클릭하면 다음과 같이 스페인어 번역 문자열 목록이
표시되어 편집할 수 있습니다.

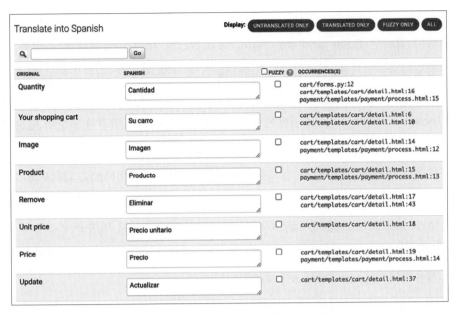

그림 11.2 Rosetta를 이용한 스페인어 번역 편집

SPANISH 열 아래에 번역을 입력할 수 있습니다. OCCURRENCE(S) 열에는 각 번역 문자열이 발견된 파일과 코드 줄이 표시됩니다.

플레이스홀더가 포함된 번역은 다음과 같이 표시됩니다.

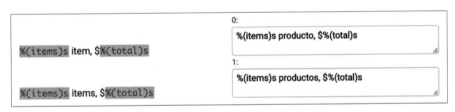

그림 11.3 플레이스홀더를 포함한 번역

Rosetta는 플레이스홀더를 다른 배경색으로 표시합니다. 콘텐츠를 번역할 때는 플레이스홀더는 제외해야 합니다. 예를 들어 다음 문자열을 예로 들어 보겠습니다.

```
%(items)s items, $%(total)s
```

스페인어로 번역하면 다음과 같습니다.

```
%(items)s productos, $%(total)s
```

이 챕터와 함께 제공되는 소스 코드를 살펴보고 프로젝트에 동일한 스페인어 번역을 사용할 수 있습니다.

번역 편집이 끝나면 Save and translate next block 버튼을 클릭하여 번역을 .po 파일에 저장합니다. 번역을 저장할 때 Rosetta가 메시지 파일을 컴파일하므로 사용자가 compilemessages 명령을 실행할 필요가 없습니다. 그러나 Rosetta가 메시지 파일을 작성하려면 locale 디렉터리의 쓰기 권한이 필요하므로, 디렉터리에 적절한 권한이 있는지 확인하세요.

다른 사용자가 번역을 편집할 수 있도록 하려면 브라우저에서 http://127.0.0.1:8000/admin/ auth/group/add/를 열고 translators라는 이름의 새로운 그룹을 만듭니다. 그런 다음 http://127.0.0.1:8000/admin/auth/user/에 액세스해서 번역을 편집할 수 있도록 권한을 부여할 사용자를 편집합니다. 사용자를 편집할 때 Permissions 섹션에서 번역가 그룹을 각 사용자의 Chosen Groups에 추가합니다.

Rosetta에 관한 설명은 https://django-rosetta.readthedocs.io/에서 확인할 수 있습니다.

> **Note**
> 프로덕션 환경에 새로운 번역을 추가할 때 실제 웹 서버로 장고를 서비스하는 경우, 변경 사항을 적용하려면 compilemessages 명령을 실행하거나 Rosetta로 번역을 저장한 후 서버를 다시 로드해야 합니다.

번역을 편집할 때 번역을 퍼지(fuzzy) 번역으로 표시할 수 있는데, 퍼지 번역이 무엇인지 살펴보겠습니다.

11.6 퍼지 번역

Rosetta에서 번역을 편집할 때, FUZZY 열을 볼 수 있습니다. 이는 Rosetta의 기능이 아닌 gettext에서 제공하는 기능입니다. FUZZY 플래그가 활성화된 경우, 해당 번역은 컴파일된 메시지 파일에 포함되지 않습니다. 이 플래그는 번역 문자열이 번역자에 의해 검토가 필요함을 나타냅니다. .po 파일이 새로운 번역 문자열로 업데이트될 때, 일부 번역 문자열이 자동으로 퍼지로 플래그 처리될 수 있습니다. 이는 gettext가 약간 수정된 msgid를 찾았을 때 이전의 번역으로 간주하고 퍼지로 플래그 처리하기 때문입니다. 번역자는 이런 퍼지 번역을 검토하고, FUZZY 플래그를 제거한 다음 번역 파일을 다시 컴파일해야 합니다.

11.7 국제화를 위한 URL 패턴

장고는 국제화 URL 기능을 제공합니다. 여기에는 두 가지의 국제화된 URL을 위한 주요 기능이 포함되어 있습니다.

- 언어 접두사 URL 패턴: URL에 언어 접두사를 추가해서 각 언어 버전을 서로 다른 기본 URL로 제공합니다.
- 번역된 URL 패턴: 모든 URL이 언어별로 다르게 표시되도록 URL 패턴을 번역하는 기능입니다.

URL을 번역하는 이유 중 하나는 검색 엔진에 맞게 사이트를 최적화하기 위해서입니다. 패턴에 언어 접두사를 추가하면 모든 언어에 대응하는 단일 URL 대신 각 언어별로 URL을 색인화할 수 있습니다. 또한 URL을 각 언어로 번역하면 검색 엔진이 각 언어에 더 높은 순위를 매길 수 있는 URL을 제공할 수 있습니다.

11.7.1 URL 패턴에 언어 접두사 추가하기

장고에서는 URL 패턴에 언어 접두사를 추가할 수 있습니다. 예를 들어, 사이트의 영어 버전은 /en/으로 시작하는 경로에서, 스페인어 버전은 /es/로 시작하는 경로에서 제공될 수 있습니다. URL 패턴에서 언어를 사용하려면 장고에서 제공하는 LocaleMiddleware를 사용해야 합니다. 프레임워크는 이를 사용해서 요청된 URL로부터 현재 언어를 식별합니다. 앞서 프로젝트의 미들웨어 설정에 추가했으므로 지금은 추가할 필요가 없습니다.

URL 패턴에 언어 접두사를 추가해 보겠습니다. myshop 프로젝트의 메인 urls.py 파일을 열고 다음과 같이 i18n_patterns()를 추가합니다.

```
from django.conf.urls.i18n import i18n_patterns

urlpatterns = i18n_patterns(
    path('admin/', admin.site.urls),
    path('cart/', include('cart.urls', namespace='cart')),
    path('orders/', include('orders.urls', namespace='orders')),
    path('payment/', include('payment.urls', namespace='payment')),
    path('coupons/', include('coupons.urls', namespace='coupons')),
    path('rosetta/', include('rosetta.urls')),
```

```
    path('', include('shop.urls', namespace='shop')),
)
```

번역되지 않는 표준 URL 패턴과 i18n_patterns 아래의 패턴을 결합해서 일부 패턴에는 언어 접두사가 포함되고 다른 패턴에는 포함되지 않도록 할 수 있습니다. 그러나 잘못하여 번역이 제공되는 URL이 그렇지 않은 URL 패턴과 중복될 가능성을 피하기 위해 번역된 URL만 사용하는 것이 좋습니다.

개발 서버를 실행하고 브라우저에서 http://127.0.0.1:8000/을 엽니다. "11.1.5 장고가 현재 언어를 결정하는 방법" 섹션에 설명된 단계를 수행해서 현재 언어를 결정하고 언어 접두사를 추가해서 요청된 URL로 리디렉션합니다. 브라우저에서 URL을 확인하면 이제 http://127.0.0.1:8000/en/처럼 보일 것입니다. 현재 언어는 스페인어 또는 영어인 경우 브라우저의 Accept-Language 헤더에 설정된 언어이며, 그렇지 않은 경우 설정에 정의된 기본 LANGUAGE_CODE(영어)가 사용됩니다.

11.7.2 URL 패턴 번역하기

장고는 URL 패턴에서 번역된 문자열을 지원합니다. 하나의 URL 패턴에 각 언어마다 다른 번역을 사용할 수 있습니다. 리터럴을 사용할 때와 동일한 방식으로 gettext_lazy() 함수를 사용해서 번역할 URL 패턴을 표시할 수 있습니다.

myshop 프로젝트의 기본 urls.py 파일을 열고 다음과 같이 cart, orders, payment 및 coupons 애플리케이션의 URL 패턴 정규 표현식에 번역 문자열을 추가합니다.

```
from django.utils.translation import gettext_lazy as _

urlpatterns = i18n_patterns(    path('admin/', admin.site.urls),
    path(_('cart/'), include('cart.urls', namespace='cart')),
    path(_('orders/'), include('orders.urls', namespace='orders')),
    path(_('payment/'), include('payment.urls', namespace='payment')),
    path(_('coupons/'), include('coupons.urls', namespace='coupons')),
    path('rosetta/', include('rosetta.urls')),
    path('', include('shop.urls', namespace='shop')),
)
```

orders 애플리케이션의 urls.py 파일을 편집해서 다음과 같이 번역할 order_create URL 패턴을 표시합니다.

```
from django.utils.translation import gettext_lazy as _

    urlpatterns = [
    path(_('create/'), views.order_create, name='order_create'),
    # ...
]
```

결제 애플리케이션의 urls.py 파일을 열어서 코드를 다음과 같이 변경합니다.

```
from django.utils.translation import gettext_lazy as _

urlpatterns = [
    path(_('process/'), views.payment_process, name='process'),
    path(_('done/'), views.payment_done, name='done'),
    path(_('canceled/'), views.payment_canceled, name='canceled'),
    path('webhook/', webhooks.stripe_webhook, name='stripe-webhook'),
]
```

프로젝트의 메인 urls.py 파일의 i18n_patterns() 아래에 포함되어 있기 때문에 이 URL 패턴에는 언어 접두사가 포함됩니다. 이로 인해 각 언어별로 다른 URI를 가지는 URL 패턴이 생성됩니다. 예를 들어, /en/으로 시작하는 영어용 URI, /es/로 시작하는 스페인어용 등의 URI가 생성됩니다. 그러나 Stripe에 이벤트를 알리기 위해서는 단일 URL이 필요하며, webhook URL에서 언어 접두사를 제외해야 합니다.

payment 애플리케이션의 urls.py 파일에서 webhook URL 패턴을 제거합니다. 이제 파일은 다음과 같이 표시되어야 합니다.

```
from django.utils.translation import gettext_lazy as _

urlpatterns = [
    path(_('process/'), views.payment_process, name='process'),
    path(_('done/'), views.payment_done, name='done'),
    path(_('canceled/'), views.payment_canceled, name='canceled'),
]
```

그런 다음, myshop 프로젝트의 기본 urls.py 파일에 다음 webhook URL 패턴을 추가합니다. 새로운 코드는 굵은 글씨로 강조 표시했습니다.

```python
from django.utils.translation import gettext_lazy as _
from payment import webhooks

urlpatterns = i18n_patterns(
    path('admin/', admin.site.urls),
    path(_('cart/'), include('cart.urls', namespace='cart')),
    path(_('orders/'), include('orders.urls', namespace='orders')),
    path(_('payment/'), include('payment.urls', namespace='payment')),
    path(_('coupons/'), include('coupons.urls', namespace='coupons')),
    path('rosetta/', include('rosetta.urls')),
    path('', include('shop.urls', namespace='shop')),
)

urlpatterns += [
    path('payment/webhook/', webhooks.stripe_webhook,
                        name='stripe-webhook'),
]
if settings.DEBUG:
    urlpatterns += static(settings.MEDIA_URL,
                    document_root=settings.MEDIA_ROOT)
```

Stripe의 이벤트 알림에 대응하도록 단일 URL을 유지하기 위해 i18n_patterns() 외부의 urlpatterns에 webhook URL 패턴을 추가했습니다.

shop 애플리케이션의 URL 패턴은 변수로 만들어지고 다른 리터럴을 포함하지 않으므로 번역할 필요가 없습니다.

쉘을 열어 다음 명령을 실행해서 메시지 파일을 새로운 번역으로 업데이트합니다.

```
django-admin makemessages --all
```

다음 명령으로 개발 서버가 실행 중인지 확인합니다.

```
python manage.py runserver
```

브라우저에서 http://127.0.0.1:8000/en/rosetta/ 을 열고 Spanish 섹션 아래의

Myshop 링크를 클릭합니다. 아직 번역되지 않은 문자열만 보려면 UNTRANSLATED ONLY 를 클릭합니다. 이제 그림 11.4와 같이 번역을 위한 URL 패턴이 표시됩니다.

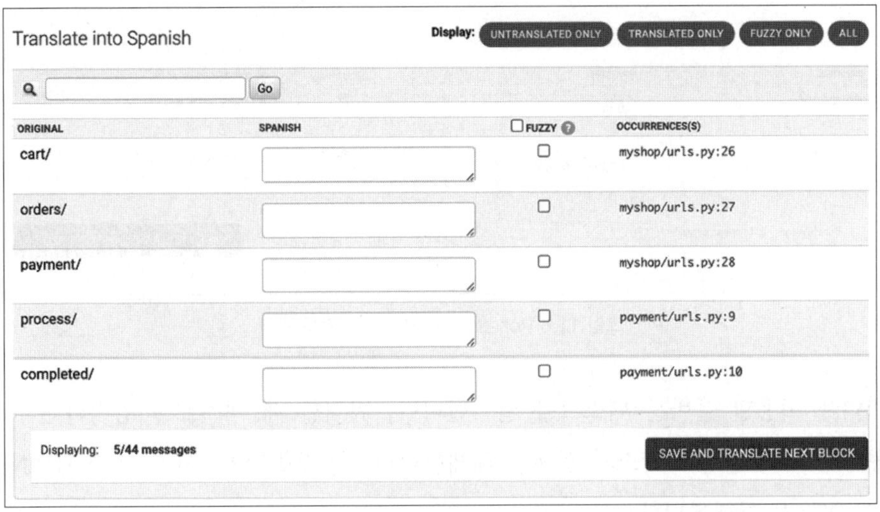

그림 11.4 Rosetta 인터페이스에서 번역을 위한 URL 패턴

각 URL마다 다른 번역 문자열을 추가합니다. 그림 11.5에 표시된 것처럼 각 URL 끝에 슬 래시 문자(/)를 포함시키는 것을 잊지 마세요.

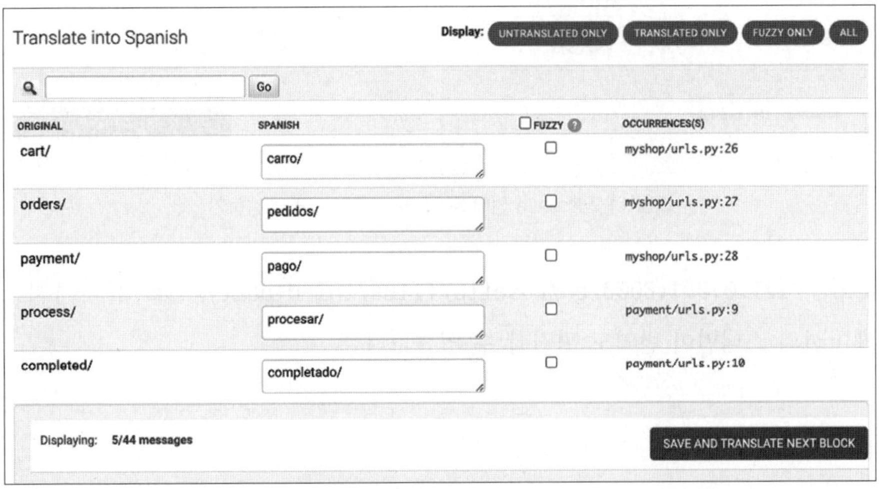

그림 11.5 Rosetta 인터페이스의 URL 패턴에 대한 스페인어 번역

완료했으면 SAVE AND TRANSLATE NEXT BLOCK을 클릭합니다.

그런 다음 FUZZY ONLY을 클릭합니다. 유사한 원본 문자열의 이전 번역과 짝을 이루어 퍼 지로 플래그가 지정된 번역이 표시됩니다. 그림 11.6에 표시된 번역은 번역이 올바르지 않으므로 수정해야 합니다.

그림 11.6 Rosetta 인터페이스의 퍼지 번역

퍼지 번역에 사용할 올바른 텍스트를 입력합니다. 번역할 새 텍스트를 입력하면 Rosetta
가 자동으로 퍼지 셀렉트 박스의 선택을 해제합니다. 완료했으면 SAVE AND TRANSLATE
NEXT BLOCK을 클릭합니다.

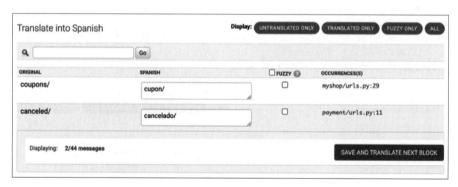

그림 11.7 Rosetta 인터페이스에서 퍼지 번역 수정하기

이제 `http://127.0.0.1:8000/en/rosetta/files/third-party/`으로 돌아가서 `orders`
애플리케이션의 스페인어 번역도 편집할 수 있습니다.

11.8 사용자가 언어를 바꿀 수 있게 허용하기

여러 언어로 제공되는 콘텐츠를 제공하고 있으므로 사용자가 사이트의 언어를 전환할 수 있
도록 해야 합니다. 사이트에 언어 선택기를 추가하려고 합니다. 언어 선택기는 사용 가능한

언어 링크의 목록을 사용해서 표시합니다.

shop 애플리케이션의 shop/base.html 템플릿을 열어 다음 줄을 찾습니다.

```
<div id="header">
  <a href="/" class="logo">{% trans "My shop" %}</a>
</div>
```

찾은 줄을 다음 코드로 대체합니다.

```
<div id="header">
  <a href="/" class="logo">{% trans "My shop" %}</a>
  {% get_current_language as LANGUAGE_CODE %}
  {% get_available_languages as LANGUAGES %}
  {% get_language_info_list for LANGUAGES as languages %}
  <div class="languages">
    <p>{% trans "Language" %}:</p>
    <ul class="languages">
      {% for language in languages %}
        <li>
          <a href="/{{ language.code }}/"
          {% if language.code == LANGUAGE_CODE %} class="selected"{% endif %}>
            {{ language.name_local }}
          </a>
        </li>
      {% endfor %}
    </ul>
  </div>
</div>
```

템플릿 태그가 여러 줄로 나뉘어 있지 않은지 확인하세요.

언어 선택기를 작성하는 방법은 다음과 같습니다.

1. {% load i18n %}을 사용하여 국제화 태그를 로드합니다.

2. {% get_current_language %} 태그를 사용해서 현재 언어를 검색합니다.

3. {% get_available_languages %} 템플릿 태그를 사용해서 LANGUAGES 설정에 정의된 언어를 가져옵니다.

4. {% get_language_info_list %} 태그를 사용해서 언어 속성에 쉽게 액세스할 수 있습니다.

5. 사용 가능한 모든 언어를 표시하는 HTML 목록을 작성하고 selected 클래스 속성을 현재의 활성 언어에 추가합니다.

프로젝트의 설정에 기반해서 i18n에서 제공하는 템플릿 태그를 사용해 언어 선택기의 코드를 작성했습니다. 이제 웹 브라우저에서 http://127.0.0.1:8000/을 열어보세요. 사이트의 우측 상단에 언어 선택기가 표시될 것입니다. 다음과 같습니다.

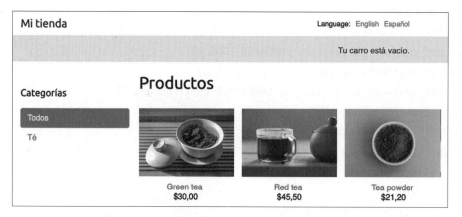

그림 11.8 사이트 헤더에 언어 선택기가 포함된 제품 목록 페이지

> **Note**
> **이 장에서 사용하는 이미지**
> • **Green tea**: Unsplash에 게시된 Jia Ye씨의 사진
> • **Red tea**: Unsplash에 게시된 김만기씨의 사진
> • **Tea powder**: Unsplash에 게시된 Phuong Nguyen씨의 사진

이제 사용자는 원하는 언어를 클릭해서 원하는 언어로 쉽게 전환할 수 있습니다.

11.9 django-parler로 모델 번역하기

장고는 모델을 바로 번역할 수 있는 솔루션을 제공하지 않습니다. 다른 언어로 저장된 콘텐츠를 관리하기 위해 자체 솔루션을 구현하거나 모델 번역을 위해 서드파티 모듈을 사용해야 합니다. 모델 필드를 번역할 수 있는 여러 서드파티 애플리케이션이 있습니다. 각 애플리케이션은 번역을 저장하고 액세스하는 데 서로 다른 접근 방식을 취합니다. 이런 애플리케이션 중 하나가 django-parler입니다. 이 모듈은 모델을 번역하는 매우 효과적인 방법을 제공하며, 장고의 관리 사이트와 원활하게 통합됩니다.

django-parler는 번역이 포함된 각 모델마다 별도의 데이터베이스 테이블을 생성합니다. 이 테이블에는 번역된 모든 필드와 번역이 속한 원본 객체에 대한 외래 키가 포함됩니다. 또한 각 행은 언어 하나의 콘텐츠를 저장하므로 언어 필드도 포함됩니다.

11.9.1 django-parler 설치하기

다음 명령으로 pip를 통해 django-parler를 설치합니다.

```
pip install django-parler==2.3
```

프로젝트의 settings.py 파일을 열어 다음과 같이 INSTALLED_APPS 설정에 'parler'를 추가합니다.

```
INSTALLED_APPS = [
    # ...
    'parler',
]
```

그리고 설정에 다음 코드를 추가합니다.

```
# django-parler 설정
PARLER_LANGUAGES = {
    None: (
        {'code': 'en'},
        {'code': 'es'},
    ),
    'default': {
        'fallback': 'en',
        'hide_untranslated': False,
    }
}
```

이 설정은 django-parler에서 사용 가능한 언어인 en과 es를 정의합니다. 기본 언어로 en을 지정하고, django-parler가 번역되지 않은 콘텐츠를 숨기지 않도록 설정합니다.

11.9.2 모델 필드 번역하기

제품 카탈로그에 번역을 추가해 보겠습니다. django-parler는 모델 필드를 번역할 수 있는 TranslatableModel 모델 클래스와 TranslatedFields 래퍼를 제공합니다.

shop 애플리케이션 디렉터리에서 models.py 파일을 편집하고 다음의 임포트문을 추가합니다.

```python
from parler.models import TranslatableModel, TranslatedFields
```

그리고 다음과 같이 카테고리 모델을 수정해서 name 및 slug 필드를 번역할 수 있도록 합니다.

```python
class Category(TranslatableModel):
    translations = TranslatedFields(
        name = models.CharField(max_length=200),
        slug = models.SlugField(max_length=200,
                                unique=True),
    )
```

이제 Category 모델은 models.Model 대신 TranslatableModel을 상속하며, name 필드와 slug 필드는 모두 TranslatedFields 래퍼에 포함됩니다.

다음과 같이 Product 모델을 편집해서 name, slug 및 description 필드의 번역을 추가합니다.

```python
class Product(TranslatableModel):
    translations = TranslatedFields(
        name = models.CharField(max_length=200),
        slug = models.SlugField(max_length=200),
        description = models.TextField(blank=True)
    )
    category = models.ForeignKey(Category,
                                 related_name='products',
                                 on_delete=models.CASCADE)
```

```
    image = models.ImageField(upload_to='products/%Y/%m/%d',
                              blank=True)
    price = models.DecimalField(max_digits=10,
                                decimal_places=2)
    available = models.BooleanField(default=True)
    created = models.DateTimeField(auto_now_add=True)
    updated = models.DateTimeField(auto_now=True)
```

django-parler는 번역 가능한 각 모델마다 다른 모델을 생성하여 번역을 관리합니다. 다음 스키마를 통해 Product 모델의 필드와 생성된 ProductTranslation 모델의 모양을 볼 수 있습니다.

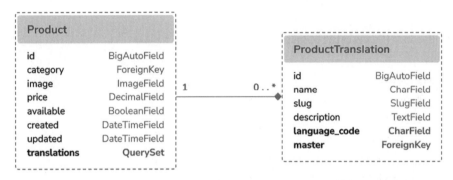

그림 11.9 django-parler에서 생성된 Product 모델과 관련 ProductTranslation 모델

django-parler에서 생성된 ProductTranslation 모델에는 번역 가능 필드 name, slug 및 description과 language_code 필드 및 해당 Product 객체에 대한 ForeignKey인 master 필드가 있습니다. Product에서 ProductTranslation으로는 일대다 관계입니다. Product 객체의 사용 가능한 각 언어마다 ProductTranslation 객체가 존재하기 때문입니다.

장고는 번역을 위해 별도의 테이블을 사용하기 때문에 사용할 수 없는 장고 기능이 몇 가지 있습니다. 번역된 필드를 기준으로 기본 정렬을 사용할 수 없습니다. 쿼리에서 번역된 필드를 기준으로 필터링할 수는 있지만 Meta의 ordering 옵션에 번역 가능한 필드를 포함할 수는 없습니다. 또한 번역된 필드는 번역 모델에 있기 때문에 원래 모델에는 존재하지 않으므로 번역된 필드에 인덱스를 사용할 수 없습니다.

shop 애플리케이션의 models.py 파일을 편집해서 Category.Meta 클래스의 ordering 및 indexes 속성을 주석 처리합니다.

```
class Category(TranslatableModel):
    # ...
    class Meta:
        # ordering = ['name']
        # indexes = [
        #     models.Index(fields=['name']),
        # ]
        verbose_name = 'category'
        verbose_name_plural = 'categories'
```

또한 Product.Meta 클래스의 ordering 및 속성과 번역된 필드를 참조하는 인덱스를 주석
처리해야 합니다. Product Meta class의 줄을 다음과 같이 주석 처리합니다.

```
class Product(TranslatableModel):
    # ...
    class Meta:
        # ordering = ['name']
        indexes = [
            # models.Index(fields=['id', 'slug']),
            # models.Index(fields=['name']),
            models.Index(fields=['-created']),
        ]
```

django-parler 모듈과 장고의 호환성에 관한 자세한 사항은 https://djangoparler.
readthedocs.io/en/latest/compatibility.html 에서 확인할 수 있습니다.

11.9.3 관리 사이트에 번역 통합하기

django-parler는 장고 관리 사이트와 원활하게 통합됩니다. 여기에는 모델의 번역을 관리
하기 위해 장고에서 제공하는 ModelAdmin 클래스를 재정의한 TranslatableAdmin 클래스
가 포함되어 있습니다.

상점 애플리케이션의 admin.py 파일을 편집하고 다음 임포트를 추가합니다.

```
from parler.admin import TranslatableAdmin
```

CategoryAdmin과 ProductAdmin 클래스를 수정해서 ModelAdmin 대신 TranslatableAdmin을 상속하도록 합니다. django-parler는 prepopulated_fields 속성을 지원하지 않지만, 동일한 기능을 제공하는 get_prepopulated_fields() 메서드는 지원합니다. 지원하는 메서드를 사용하도록 변경해 보겠습니다. admin.py 파일을 다음과 같이 편집합니다.

```python
from django.contrib import admin
from parler.admin import TranslatableAdmin
from .models import Category, Product

@admin.register(Category)
class CategoryAdmin(TranslatableAdmin):
    list_display = ['name', 'slug']

    def get_prepopulated_fields(self, request, obj=None):
        return {'slug': ('name',)}

@admin.register(Product)
class ProductAdmin(TranslatableAdmin):
    list_display = ['name', 'slug', 'price',
                    'available', 'created', 'updated']
    list_filter = ['available', 'created', 'updated']
    list_editable = ['price', 'available']

    def get_prepopulated_fields(self, request, obj=None):
        return {'slug': ('name',)}
```

새로운 번역된 모델을 사용하도록 관리 사이트를 조정했습니다. 이제 모델 변경 사항과 데이터베이스를 동기화할 수 있습니다.

11.9.4 모델 번역을 위한 마이그레이션 만들기

셸을 열고 다음 명령을 실행해서 모델 번역의 새로운 마이그레이션을 생성합니다.

```
python manage.py makemigrations shop --name "translations"
```

다음과 같은 출력이 표시됩니다.

```
Migrations for 'shop':
shop/migrations/0002_translations.py
    - Create model CategoryTranslation
    - Create model ProductTranslation
    - Change Meta options on category
    - Change Meta options on product
    - Remove index shop_catego_name_289c7e_idx from category
    - Remove index shop_produc_id_f21274_idx from product
    - Remove index shop_produc_name_a2070e_idx from product
    - Remove field name from category
    - Remove field slug from category
    - Remove field description from product
    - Remove field name from product
    - Remove field slug from product
    - Add field master to producttranslation
    - Add field master to categorytranslation
    - Alter unique_together for producttranslation (1 constraint(s))
    - Alter unique_together for categorytranslation (1 constraint(s))
```

이 마이그레이션에는 django-parler에 의해 동적으로 생성된 CategoryTranslation 및 ProductTranslation 모델이 자동으로 포함됩니다. 이 마이그레이션은 모델에서 기존 필드를 삭제한다는 점에 유의해야 합니다. 즉, 해당 데이터가 손실되므로 실행 후 관리 사이트에서 카테고리 및 제품을 다시 설정해야 합니다.

shop 애플리케이션의 migrations/0002_translations.py 파일을 엽니다.

```
bases=(parler.models.TranslatedFieldsModelMixin, models.Model),
```

위의 줄이 두 번 나타나는데, 모두 다음 줄로 바꿉니다.

```
bases=(parler.models.TranslatableModel, models.Model),
```

이것은 이 책에서 사용 중인 django-parler 버전에서 발견된 사소한 문제를 교정하기 위함입니다. 마이그레이션을 적용할 때 마이그레이션이 실패하는 것을 막기 위해서는 이 코드 변경이 필요합니다. 이 문제는 모델의 기존 필드에 대한 번역을 만드는 일과 관련이 있는데, 최신 django-parler 버전에서 수정될 예정입니다.

마이그레이션을 적용하기 위해 다음 명령을 실행합니다.

```
python manage.py migrate shop
```

다음 줄로 끝나는 메시지가 출력됩니다.

```
Applying shop.0002_translations... OK
```

이제 모델이 데이터베이스와 동기화되었습니다.
다음 명령을 사용해서 개발 서버를 실행합니다.

```
python manage.py runserver
```

브라우저에서 `http://127.0.0.1:8000/en/admin/shop/category/`을 엽니다. 기존 카테고리들은 해당 필드를 삭제하고 대신 **django-parler**에서 생성된 번역 가능한 모델을 사용하기 때문에, 이름과 슬러그가 사라진 것을 볼 수 있습니다. 그림 11.10에서와 같이 각 열에 대시가 표시됩니다.

그림 11.10 번역 모델을 생성한 후 장고 관리 사이트의 카테고리 목록

카테고리 이름 아래의 대시를 클릭하여 수정합니다. **Change category** 페이지에 영어 번역과 스페인어 번역, 이렇게 두 가지 탭이 있는 것을 볼 수 있습니다.

그림 11.11 django-parler에서 추가한 언어 탭을 가진 카테고리 편집 폼

모든 기존 카테고리의 이름과 슬러그를 입력해야 합니다. 카테고리를 편집할 때 영어로 세
부 정보를 입력하고 Save and continue editing을 클릭합니다. 그런 다음 Spanish를 클릭
하고 필드에 스페인어 번역을 추가한 다음 SAVE를 클릭합니다.

그림 11.12 카테고리 수정 폼의 스페인어 번역

언어 탭 전환 전에 변경 사항을 저장하는 것을 잊지 마세요.

기존 카테고리에 대한 데이터 입력을 완료한 후 `http://127.0.0.1:8000/en/admin/shop/product/`를 열고 각 제품의 영어와 스페인어 이름, 슬러그, 설명을 입력합니다.

11.9.5 ORM에서 번역 사용하기

번역 QuerySet을 사용하려면 **shop** 뷰를 조정해야 합니다. 다음 명령을 실행해서 파이썬 쉘
을 엽니다.

```
python manage.py shell
```

번역 필드를 조회하고 쿼리하는 방법을 살펴보겠습니다. 번역 가능한 필드들이 특정 언어로 번역된 객체를 얻기 위해서는 다음과 같이 장고의 **activate()** 함수를 사용할 수 있습니다.

```
>>> from shop.models import Product
>>> from django.utils.translation import activate
>>> activate('es')
>>> product=Product.objects.first()
>>> product.name
'Té verde'
```

이 작업을 수행하는 또 다른 방법은 다음과 같이 **django-parler**에서 제공하는 **language()** 관리자를 사용하는 것입니다.

```
>>> product=Product.objects.language('en').first()
>>> product.name
'Green tea'
```

번역된 필드에 접근할 때 현재 언어를 사용해서 해당 필드를 해결(resolve)합니다. 특정 번역에 접근하기 위해 다음과 같이 객체의 현재 언어를 변경할 수 있습니다.

```
>>> product.set_current_language('es')
>>> product.name
'Té verde'
>>> product.get_current_language()
'es'
```

QuerySet을 사용해서 **filter()**를 수행할 때, **translations__** 구문을 사용해 관련된 번역 객체를 필터링할 수 있는데, 예를 들면 다음과 같습니다.

```
>>> Product.objects.filter(translations__name='Green tea')
<TranslatableQuerySet [<Product: Té verde>]>
```

11.9.6 번역에 맞게 뷰 조정하기

제품 카탈로그의 뷰들을 조정해 보겠습니다. shop 애플리케이션의 views.py 파일을 열어 굵은 글씨로 강조 표시된 다음 코드를 product_list 뷰에 추가합니다.

```python
def product_list(request, category_slug=None):
    category = None
    categories = Category.objects.all()
    products = Product.objects.filter(available=True)
    if category_slug:
        language = request.LANGUAGE_CODE
        category = get_object_or_404(Category,
                                    translations__language_code=language,
                                    translations__slug=category_slug)
        products = products.filter(category=category)
    return render(request,
                'shop/product/list.html',
                {'category': category,
                 'categories': categories,
                 'products': products})
```

그런 다음, product_detail 뷰를 편집해서 굵게 강조 표시된 다음 코드를 추가합니다.

```python
def product_detail(request, id, slug):
    language = request.LANGUAGE_CODE
    product = get_object_or_404(Product,
                                id=id,
                                translations__language_code=language,
                                translations__slug=slug,
                                available=True)
    cart_product_form = CartAddProductForm()
    r = Recommender()
    recommended_products = r.suggest_products_for([product], 4)
    return render(request,
                'shop/product/detail.html',
                {'product': product,
                 'cart_product_form': cart_product_form,
                 'recommended_products': recommended_products})
```

이제 `product_list`과 `product_detail` 뷰가 번역된 필드를 사용해서 객체를 조회하도록 조정되었습니다. 다음 명령으로 개발 서버를 실행합니다.

```
python manage.py runserver
```

브라우저에서 http://127.0.0.1:8000/es/을 엽니다. 스페인어로 번역된 제품 목록 페이지가 표시됩니다.

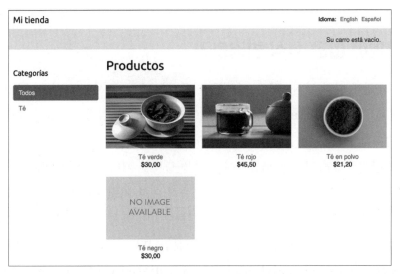

그림 11.13 스페인어 버전의 제품 목록 페이지

이제 각 제품의 URL은 현재 언어로 번역된 슬러그 필드를 사용하여 작성됩니다. 예를 들어 스페인어로 된 제품의 URL은 http://127.0.0.1:8000/es/2/te-rojo/이고 영어로 된 제품의 URL은 http://127.0.0.1:8000/en/2/red-tea/입니다. 제품 상세 페이지로 이동하면 다음 예와 같이 번역된 URL과 선택한 언어로 콘텐츠가 표시됩니다.

그림 11.14 스페인어 버전의 제품 세부 정보 페이지

https://django-parler.readthedocs.io/en/latest/에서 django-parler의 전체 설명서를 확인할 수 있습니다.

지금까지 파이썬 코드, 템플릿, URL 패턴 및 모델 필드를 번역하는 방법을 배웠습니다. 국제화 및 지역화 프로세스를 완료하려면 날짜, 시간 그리고 숫자에도 지역화된 서식을 사용해야 합니다.

11.10 지역에 따라 서식 변경하기

사용자의 로케일에 따라 날짜, 시간, 숫자를 다른 서식으로 표시하고 싶을 수 있습니다. 지역화된 서식은 프로젝트의 settings.py 파일에서 USE_L10N 설정을 True로 변경해서 활성화할 수 있습니다.

USE_L10N이 활성화되면 장고는 템플릿에서 값을 출력할 때마다 로케일별로 서식을 사용하려고 시도합니다. 영어 버전의 사이트에서는 소수점 이하 자릿수가 점으로 구분되어 표시되는 반면, 스페인어 버전에서는 쉼표를 사용하여 소수점이 표시되는 것을 볼 수 있습니다. 이는 장고에서 es 로케일에 지정된 로케일 서식 때문입니다. 스페인어 서식 구성을 https://github.com/django/django/blob/stable/4.0.x/django/conf/locale/es/formats.py에서 확인할 수 있습니다.

일반적으로 USE_L10N 설정을 True로 설정해서 장고가 각 로케일에 서식 지역화를 적용하도록 합니다. 그러나 JavaScript나 JSON을 출력하는 경우와 같이 지역화된 값의 사용을 원하지 않는 경우도 있을 수 있습니다. 이런 경우 기계가 읽을 수 있는 형식으로 제공해야 하므로 특히 중요합니다.

장고는 템플릿 조각에 대해 지역화를 켜고 끌 수 있는 {% localize %} 템플릿 태그를 제공합니다. 이를 통해 지역화된 서식을 제어할 수 있습니다. 이 템플릿 태그를 사용하기 위해 l10n 태그를 로드해야 합니다. 다음은 템플릿에서 지역화를 켜고 끄는 예시입니다.

```
{% load l10n %}

{% localize on %}
  {{ value }}
{% endlocalize %}
```

```
{% localize off %}
  {{ value }}
{% endlocalize %}
```

또한 장고는 값의 지역화를 강제하거나 피하기 위해 `localize` 및 `unlocalize` 템플릿 필터를 제공합니다. 이러한 필터는 다음과 같이 적용할 수 있습니다.

```
{{ value|localize }}
{{ value|unlocalize }}
```

사용자 지정 서식 파일을 생성해서 로케일 서식을 지정할 수도 있습니다. 서식의 현지화에 관한 자세한 내용은 https://docs.djangoproject.com/en/4.1/topics/i18n/formatting/ 에서 확인할 수 있습니다. 다음으로 지역화된 서식 필드를 만드는 방법을 배웁니다.

11.11 django-localflavor로 폼 필드 유효성 검사하기

`django-localflavor`는 각 국가에 특정한 폼 필드 또는 모델 필드와 같은 유틸리티 모음을 포함한 서드파티 모듈입니다. 지역, 지역 전화번호, 신분증 번호, 주민등록번호 등의 유효성을 검사하는 데 매우 유용합니다. 이 패키지는 ISO 3166 국가 코드의 이름을 딴 일련의 모듈들로 구성되어 있습니다.
다음 명령을 통해 `django-localflavor`를 설치합니다.

```
pip install django-localflavor==3.1
```

프로젝트의 `settings.py` 파일을 열고 다음과 같이 `INSTALLED_APPS` 설정에 `localflavor`를 추가합니다.

```
INSTALLED_APPS = [
    # ...
    'localflavor',
]
```

새로운 주문을 생성하는 데 필요한 유효한 미국 우편 번호를 위해 미국 우편 번호 필드를 추가하겠습니다.

orders 애플리케이션의 forms.py 파일을 열어서 다음과 같이 만듭니다.

```python
from django import forms
from localflavor.us.forms import USZipCodeField
from .models import Order

class OrderCreateForm(forms.ModelForm):
    postal_code = USZipCodeField()
    class Meta:
        model = Order
        fields = ['first_name', 'last_name', 'email', 'address',
                  'postal_code', 'city']
```

localflavor의 us 패키지에서 USZipCodeField 필드를 임포트해서 주문 생성 양식의 postal_code 필드에 사용합니다. 다음 명령으로 개발 서버를 실행합니다.

```
python manage.py runserver
```

브라우저에서 http://127.0.0.1:8000/en/orders/create/을 엽니다. 모든 입력란을 채우고 세 글자로 된 우편번호를 입력한 다음 폼을 제출합니다. 다음과 같은 유효성 검사 오류가 발생하는데, 이것은 USZipCodeField에서 발생합니다.

```
Enter a zip code in the format XXXXX or XXXXX-XXXX.
```

그림 11.15는 양식 유효성 검사 오류를 보여줍니다.

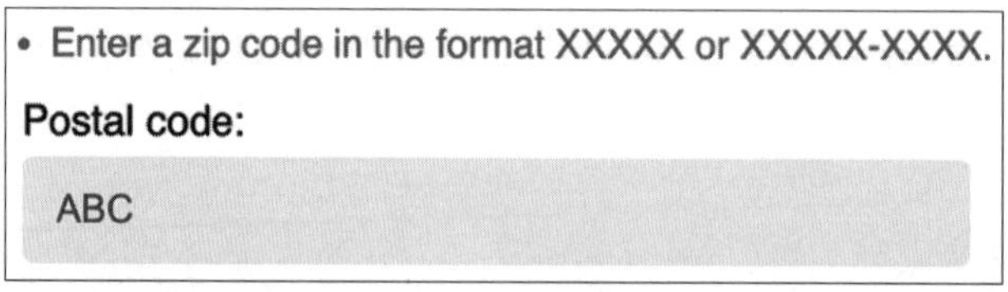

그림 11.15 잘못된 미국 우편 번호에 대한 유효성 검사 오류

이것은 유효성 검사를 위해 프로젝트에서 localflavor의 커스텀 필드를 사용하는 방법의 간단한 예일 뿐입니다. localflavor에서 제공하는 로컬 컴포넌트는 애플리케이션을 특정

국가에 맞게 조정하는 데 매우 유용합니다. https://django-localflavor.readthedocs.io/en/latest/에서 django-localflavor 설명을 읽으면 국가별로 사용 가능한 모든 로컬 컴포넌트를 확인할 수 있습니다.

11.12 추가 자료

다음 리소스들은 이 장에서 다루는 주제와 관련된 추가 정보를 제공합니다.

- 이 장의 소스 코드 – https://github.com/PacktPublishing/Django-4-by-example/tree/main/Chapter11
- 유효한 언어 ID 목록 – http://www.i18nguy.com/unicode/language-identifiers.html
- 국제화 및 지역화 설정 목록 – https://docs.djangoproject.com/en/4.1/ref/settings/#globalization-i18n-l10n
- 홈브루 패키지 관리자 – https://brew.sh/
- Windows에서 gettext 설치하기 – https://docs.djangoproject.com/en/4.1/topics/i18n/translation/#gettext-on-windows
- Windows용 gettext 바이너리 설치 파일 – https://mlocati.github.io/articles/gettext-iconv-windows.html
- 번역에 관한 문서 – https://docs.djangoproject.com/en/4.1/topics/i18n/translation/
- Poedit 번역 파일 편집기 – https://poedit.net/
- 장고 Rosetta 문서 – https://django-rosetta.readthedocs.io/
- django-parler 모듈의 장고 호환성 – https://django-parler.readthedocs.io/en/latest/compatibility.html
- django-parler 문서 – https://django-parler.readthedocs.io/en/latest/
- 스페인어 로케일에 대한 장고 서식 설정 – https://github.com/django/django/blob/stable/4.0.x/django/conf/locale/es/formats.py
- 장고 형식 지역화 – https://docs.djangoproject.com/en/4.1/topics/i18n/formatting/

- django-localflavor 문서 − https://django-localflavor.readthedocs.io/en/latest/

11.13 요약

이 장에서는 장고 프로젝트의 국제화와 지역화에 관한 기본적인 사항들을 배웠습니다. 번역할 코드 및 템플릿 문자열을 표시하고 번역 파일을 생성 및 컴파일하는 방법을 배웠습니다. 또한 프로젝트에 Rosetta를 설치하여 웹 인터페이스를 통해 번역을 관리했습니다. URL 패턴을 번역하고 사용자가 사이트의 언어를 전환할 수 있도록 언어 선택기를 만들었습니다. 그리고 django-parler를 사용해서 모델을 번역하고, django-localflavor를 사용하여 지역화된 폼 필드의 유효성 검사를 수행했습니다.

다음 장에서는 e-러닝 플랫폼으로 구성된 새로운 장고 프로젝트를 시작합니다. 애플리케이션 모델을 생성하고, 모델에 초기 데이터를 제공하기 위해 픽스처(fixtures)를 생성하고 적용하는 방법을 배우게 됩니다. 커스텀 모델 필드를 만들어 모델에서 사용합니다. 또한 새로운 애플리케이션의 인증(authentication) 뷰를 구축합니다.

12장

e-러닝 플랫폼 구축하기

django

11장에서 장고 프로젝트의 국제화 및 지역화에 관한 기본적인 사항들을 배웠습니다. 온라인 상점 프로젝트에 국제화를 추가했습니다. 파이썬 문자열, 템플릿 그리고 모델을 번역하는 방법을 배웠습니다. 또한 번역을 관리하는 방법과 언어 선택기를 만들고 폼에 지역화된 필드를 추가하는 방법도 배웠습니다.

이번 장에서는 자체 **콘텐츠 관리 시스템(CMS)**이 있는 온라인 학습 플랫폼으로 구성된 새로운 장고 프로젝트를 시작합니다. 온라인 학습 플랫폼은 유연성을 염두에 두고 콘텐츠를 생성할 수 있는 도구들을 제공해야 하는 애플리케이션의 좋은 예입니다.

이 장에서는 다음을 배웁니다.

- CMS용 모델 생성하기
- 모델의 픽스처(fixtures)를 생성하고 적용하기
- 모델 상속을 사용해서 다형성 콘텐츠에 대한 데이터 모델 생성하기
- 커스텀 모델 필드 생성하기
- 코스 콘텐츠 및 모듈 주문하기
- CMS용 인증 뷰 생성하기

이 장의 소스 코드는 `https://github.com/PacktPublishing/Django-4-by-example/tree/main/Chapter12`에서 찾을 수 있습니다.

이 장에서 사용된 모든 파이썬 모듈들은 이 장과 함께 제공되는 소스 코드의 `requirements.txt` 파일에 포함되어 있습니다. 이 장의 내용에 나오는 지침에 따라 파이썬 모듈을 각기 설치하거나 `pip install -r requirements.txt` 명령을 사용하여 모든 요구사항을 한 번에 설치할 수 있습니다.

12.1 e-러닝 프로젝트 환경 설정

최종 실습 프로젝트는 e-러닝 플랫폼이 될 것입니다. 먼저 다음 명령을 사용해서 env/ 디렉터리 내에 새 프로젝트를 위한 가상 환경을 만듭니다.

```
python -m venv env/educa
```

Linux 또는 macOS를 사용하는 경우, 다음 명령을 실행하여 가상 환경을 활성화합니다.

```
source env/educa/bin/activate
```

Windows를 사용하는 경우에는 대신 다음 명령을 사용합니다.

```
.\env\educa\Scripts\activate
```

다음 명령으로 가상 환경에 장고를 설치합니다.

```
pip install Django~=4.1.0
```

프로젝트에서 이미지 업로드를 관리할 예정이므로 다음 명령으로 Pillow도 설치해야 합니다.

```
pip install Pillow==9.2.0
```

다음 명령을 사용하여 새 프로젝트를 생성합니다.

```
django-admin startproject educa
```

새로운 디렉터리 educa에 들어가서 다음 명령으로 새로운 애플리케이션을 생성합니다.

```
cd educa
django-admin startapp courses
```

educa 프로젝트의 settings.py 파일을 열고 다음과 같이 INSTALLED_APPS 설정에
courses를 추가합니다. 코드에서 새로운 줄은 굵게 강조 표시되어 있습니다.

```
INSTALLED_APPS = [
    'courses.apps.CoursesConfig',
    'django.contrib.admin',
    'django.contrib.auth',
    'django.contrib.contenttypes',
    'django.contrib.sessions',
    'django.contrib.messages',
    'django.contrib.staticfiles',
]
```

이제 프로젝트에 대한 courses 애플리케이션이 활성화되었습니다. 다음으로 미디어 파일을 제공하기 위한 프로젝트를 준비하고 강좌와 그 콘텐츠의 모델을 정의하겠습니다.

12.2 미디어 파일 서비스하기

강좌와 그 콘텐츠의 모델을 생성하기 전에 미디어 파일을 제공하기 위한 프로젝트를 준비합니다. 강좌의 강사는 우리가 구축할 CMS를 사용해서 미디어 파일을 강좌 콘텐츠에 업로드할 수 있습니다. 따라서 미디어 파일을 서비스하도록 프로젝트를 구성합니다.

프로젝트의 settings.py 파일을 수정하고 다음 줄을 추가합니다.

```
MEDIA_URL = 'media/'
MEDIA_ROOT = BASE_DIR / 'media'
```

이를 통해 장고는 파일 업로드를 관리하고 미디어 파일을 제공할 수 있습니다. MEDIA_URL은 사용자가 업로드한 미디어 파일을 제공하는 데 사용되는 기본 URL입니다. MEDIA_ROOT는 파일이 저장되어 있는 로컬 경로입니다. 파일의 경로와 URL은 이식성을 위해 프로젝트 경로 또는 미디어 URL을 앞에 추가해서 동적으로 만들어집니다.

이제 educa 프로젝트의 메인 urls.py 파일을 열어서 다음과 같이 코드를 수정합니다. 새로운 줄은 굵게 강조 표시되어 있습니다.

```
from django.contrib import admin
from django.urls import path
from django.conf import settings
from django.conf.urls.static import static

urlpatterns = [
    path('admin/', admin.site.urls),
]

if settings.DEBUG:
    urlpatterns += static(settings.MEDIA_URL,
                          document_root=settings.MEDIA_ROOT)
```

개발하는 동안(즉, **DEBUG** 설정이 True로 설정된 경우) 장고 개발 서버에서 미디어 파일을 제공하기 위해 **static()** 헬퍼 함수를 추가했습니다.

> **Note**
>
> **static()** 헬퍼 함수는 개발용으로는 적합하지만 프로덕션용으로는 적합하지 않다는 점에 유의하세요. 장고는 정적 파일을 제공하는 데 매우 비효율적입니다. 프로덕션 환경에서는 절대로 정적 파일을 장고로 서비스하지 마세요. 프로덕션 환경에서 정적 파일을 제공하는 방법은 "17장, 실서비스화"에서 배우게 됩니다.

이제 프로젝트에서 미디어 파일을 서비스할 준비가 되었습니다. 이제 강좌와 강좌의 콘텐츠의 모델을 만들어 보겠습니다.

12.3 강좌 모델 만들기

e-러닝 플랫폼은 다양한 주제의 강좌를 제공합니다. 각 강좌는 구성 가능한 수의 모듈들로 나뉘며, 각 모듈에는 구성 가능한 수의 콘텐츠가 포함됩니다. 콘텐츠는 텍스트, 파일, 이미지 또는 비디오 등 다양한 유형이 될 수 있습니다. 다음 예는 강좌 카탈로그의 데이터 구조가 어떻게 구성되는지 보여줍니다.

```
Subject 1
  Course 1
    Module 1
      Content 1 (image)
      Content 2 (text)
    Module 2
      Content 3 (text)
      Content 4 (file)
      Content 5 (video)
      ...
```

강좌의 모델을 작성해 보겠습니다. course 애플리케이션의 models.py 파일을 수정해서 다음 코드를 추가합니다.

```
from django.db import models
from django.contrib.auth.models import User
```

```
class Subject(models.Model):
    title = models.CharField(max_length=200)
    slug = models.SlugField(max_length=200, unique=True)
    class Meta:
        ordering = ['title']
    def __str__(self):
        return self.title


class Course(models.Model):
    owner = models.ForeignKey(User,
                              related_name='courses_created',
                              on_delete=models.CASCADE)
    subject = models.ForeignKey(Subject,
                                related_name='courses',
                                on_delete=models.CASCADE)
    title = models.CharField(max_length=200)
    slug = models.SlugField(max_length=200, unique=True)
    overview = models.TextField()
    created = models.DateTimeField(auto_now_add=True)
    class Meta:
        ordering = ['-created']
    def __str__(self):
        return self.title


class Module(models.Model):
    course = models.ForeignKey(Course,
                               related_name='modules',
                               on_delete=models.CASCADE)
    title = models.CharField(max_length=200)
    description = models.TextField(blank=True)
    def __str__(self):
        return self.title
```

이것이 초기 Subject, Course 및 Module 모델입니다. Course 모델 필드는 다음과 같습니다.

- owner: 이 강좌를 개설한 강사입니다.
- subject: 이 강좌가 속한 주제로, Subject 모델을 가리키는 외래 키 필드입니다.
- title: 강좌의 제목입니다.

- slug: 강좌의 슬러그로 나중에 URL에 사용됩니다.

- overview: 강좌의 개요를 저장하는 TextField 컬럼입니다.

- created: 강좌가 생성된 일시입니다. auto_now_add=True로 새로운 객체를 생성할 때 장고에서 자동으로 설정합니다.

각 코스는 여러 모듈로 나뉩니다. 따라서 Module 모델에는 Course 모델을 가리키는 Foreign Key 필드가 포함됩니다.

쉘을 열고 다음 명령을 실행해서 이 애플리케이션의 초기 마이그레이션을 만듭니다.

```
python manage.py makemigrations
```

다음과 같은 메시지가 출력되는 것을 볼 수 있습니다.

```
Migrations for 'courses':
  courses/migrations/0001_initial.py:
    - Create model Course
    - Create model Module
    - Create model Subject
    - Add field subject to course
```

그리고 다음 명령으로 모든 마이그레이션을 데이터베이스에 적용합니다.

```
python manage.py migrate
```

장고 마이그레이션을 포함해, 적용된 모든 마이그레이션이 포함된 출력이 표시되어야 합니다. 출력에는 다음 줄이 포함됩니다.

```
Applying courses.0001_initial... OK
```

이제 courses 애플리케이션의 모델이 데이터베이스와 동기화되었습니다.

12.3.1 관리 사이트에 모델 등록하기

관리 사이트에 강좌 모델을 추가해 보겠습니다. 애플리케이션 디렉터리 내에서 admin.py 파일을 열어 다음 코드를 추가합니다.

```
from django.contrib import admin
from .models import Subject, Course, Module


@admin.register(Subject)
class SubjectAdmin(admin.ModelAdmin):
    list_display = ['title', 'slug']
    prepopulated_fields = {'slug': ('title',)}


class ModuleInline(admin.StackedInline):
    model = Module


@admin.register(Course)
class CourseAdmin(admin.ModelAdmin):
    list_display = ['title', 'subject', 'created']
    list_filter = ['created', 'subject']
    search_fields = ['title', 'overview']
    prepopulated_fields = {'slug': ('title',)}
    inlines = [ModuleInline]
```

이제 강좌 신청용 모델이 관리 사이트에 등록되었습니다. 관리 사이트에 모델을 등록하려면 @admin.register() 데코레이터를 사용해야 합니다.

12.3.2 픽스처를 사용하여 모델에 초기 데이터 제공하기

하드코딩된 데이터로 데이터베이스를 미리 채우고 싶을 때가 있습니다. 이 기능은 프로젝트 설정에 초기 데이터를 자동으로 포함시켜서 수동으로 추가하지 않아도 되도록 할 때 유용합니다. 장고에는 데이터베이스에서 **픽스처(fixtures)**라고 하는 파일로 데이터를 로드하고 덤프하는 간단한 방법을 제공합니다. 장고는 JSON, XML 또는 YAML 형식의 픽스처를 지원합니다. 프로젝트에 대한 몇 가지 초기 Subject 객체에 대한 픽스처를 만들려고 합니다. 먼저 다음 명령을 사용해서 슈퍼유저를 만듭니다.

```
python manage.py createsuperuser
```

그리고, 다음 명령으로 개발 서버를 실행합니다.

```
python manage.py runserver
```

브라우저에서 http://127.0.0.1:8000/admin/courses/subject/을 엽니다. 관리 사이트를 사용해 여러 개의 주제를 생성합니다. 목록 페이지는 다음과 같이 표시되어야 합니다.

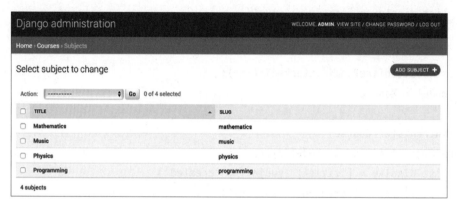

그림 12.1 관리 사이트의 주제 목록 보기

쉘에서 다음 명령을 실행합니다.

```
python manage.py dumpdata courses --indent=2
```

다음과 유사한 메시지가 출력됩니다.

```
[
{
  "model": "courses.subject",
  "pk": 1,
  "fields": {
    "title": "Mathematics",
    "slug": "mathematics"
  }
},
{
  "model": "courses.subject",
  "pk": 2,
  "fields": {
    "title": "Music",
    "slug": "music"
```

```
    }
  },
  {
    "model": "courses.subject",
    "pk": 3,
    "fields": {
      "title": "Physics",
      "slug": "physics"
    }
  },
  {
    "model": "courses.subject",
    "pk": 4,
    "fields": {
      "title": "Programming",
      "slug": "programming"
    }
  }
]
```

dumpdata 명령은 데이터베이스의 데이터를 표준 출력으로 덤프하며, 기본적으로 JSON 형식으로 직렬화됩니다. 결과 데이터 구조에는 장고가 데이터베이스에 로드할 수 있도록 모델 및 해당 필드의 정보가 포함됩니다.

명령에 애플리케이션의 이름을 제공하거나 app.Model 형식을 사용해서 데이터 출력을 위한 단일 모델을 지정해서 출력을 애플리케이션의 해당 모델로 제한할 수 있습니다. format 플래그를 사용해서 형식을 지정할 수도 있습니다. 기본적으로 dumpdata는 직렬화된 데이터를 표준 출력으로 출력합니다. 그러나 --output 플래그를 사용해서 출력 파일을 지정할 수 있습니다. indent 플래그를 사용하면 들여쓰기를 지정할 수 있습니다. dumpdata의 매개 변수에 관한 자세한 내용을 보려면 python manage.py dumpdata --help를 실행해 보세요.

다음 명령을 사용해서 이 덤프를 courses 애플리케이션의 새로운 fixtures/ 디렉터리에 있는 fixtures 파일에 저장합니다.

```
mkdir courses/fixtures
python manage.py dumpdata courses --indent=2 --output=courses/fixtures/
subjects.json
```

그림 12.2와 같이 개발 서버를 실행하고 관리 사이트를 사용해서 생성한 주제를 제거합니다.

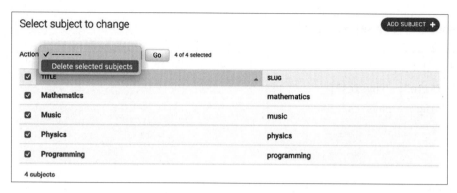

그림 12.2 기존의 모든 주제 삭제하기

모든 주제들을 삭제한 후 다음 명령을 사용해서 데이터베이스에 픽스처를 로드합니다.

```
python manage.py loaddata subjects.json
```

픽스처에 포함된 모든 **Subject** 객체들이 데이터베이스에 다시 로드됩니다.

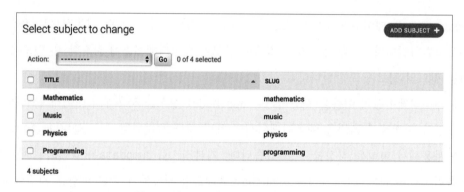

그림 12.3 픽스처의 주제가 데이터베이스에 로드됨

기본적으로 장고는 각 애플리케이션의 `fixtures/` 디렉터리에서 파일을 찾지만, `loaddata` 명령에 픽스처 파일의 전체 경로를 지정할 수 있습니다. 또 `FIXTURE_DIRS` 설정을 사용해서 장고가 픽스처를 찾을 추가 디렉터리를 지정할 수도 있습니다.

> **Note**
> 픽스처는 초기 데이터를 설정하는 데 유용할 뿐만 아니라 애플리케이션에 필요한 샘플 데이터나 테스트에 필요한 데이터를 제공하는 데에도 유용합니다.

테스트에 픽스처를 사용하는 방법에 관한 자세한 내용은 `https://docs.djangoproject.com/en/4.1/topics/testing/tools/#fixture-loading`에서 확인할 수 있습니다.

모델 마이그레이션에서 픽스처를 로드하려면 데이터 마이그레이션에 관한 장고 문서를 참조하세요. 데이터 마이그레이션 설명서는 `https://docs.djangoproject.com/en/4.1/topics/migrations/#data-migrations`에서 찾을 수 있습니다.

강좌 주제, 강좌 및 강좌 모듈을 관리하기 위한 모델을 생성했습니다. 다음으로, 다양한 유형의 모듈 콘텐츠를 관리하기 위한 모델을 생성합니다.

12.4 다형성 콘텐츠를 위한 모델 생성하기

텍스트, 이미지, 파일 및 비디오와 같은 다양한 유형의 콘텐츠를 강의 모듈에 추가할 계획입니다. 다형성은 서로 다른 유형의 엔티티에 단일 인터페이스를 제공하는 것입니다. 단일 인터페이스를 통해 접근할 수 있는 다양한 콘텐츠를 저장할 수 있는 다목적 데이터 모델이 필요합니다. "7장, 사용자 활동 추적하기"에서는 일반화한 관계를 사용해서 모든 모델의 객체를 가리킬 수 있는 외래 키를 만드는 것의 편리함을 배웠습니다. 이제 모듈의 콘텐츠를 나타내는 Content 모델을 만들고 모든 객체를 콘텐츠 객체와 연결하는 일반화한 관계를 정의하겠습니다.

courses 애플리케이션의 `models.py` 파일을 수정해서 다음 임포트문을 추가합니다.

```
from django.contrib.contenttypes.models import ContentType
from django.contrib.contenttypes.fields import GenericForeignKey
```

그런 다음, 파일 끝에 다음 코드를 추가합니다.

```
class Content(models.Model):
    module = models.ForeignKey(Module,
                               related_name='contents',
                               on_delete=models.CASCADE)
    content_type = models.ForeignKey(ContentType,
                               on_delete=models.CASCADE)
    object_id = models.PositiveIntegerField()
    item = GenericForeignKey('content_type', 'object_id')
```

이것이 Content 모델입니다. 모듈에는 여러 개의 콘텐츠가 포함되어 있으므로 Module 모델을 가리키는 ForeignKey 필드를 정의합니다. 일반화한 관계를 설정해서, 서로 다른 타입의 콘텐츠를 나타내는 서로 다른 모델의 객체를 연결할 수도 있습니다. 일반화한 관계를 설정하려면 세 가지 필드가 필요한데, Content 모델에서는 다음과 같습니다.

- content_type: ContentType 모델에 대한 ForeignKey 필드입니다.
- object_id: 관련 객체의 기본 키를 저장하는 PositiveIntegerField입니다.
- item: 앞의 두 필드를 결합한 관련 객체에 대한 GenericForeignKey 필드입니다.

content_type과 object_id 필드만이 이 모델의 데이터베이스 테이블에 해당하는 열을 가지고 있습니다. item 필드는 관련된 객체를 직접적으로 조회하거나 설정할 수 있는데, 해당 기능은 서로 다른 두 필드를 가지고 구축됩니다.

각 콘텐츠 타입은 서로 다른 모델을 사용하게 됩니다. Content 모델에는 몇 가지 공통된 필드가 있지만 저장할 수 있는 실제 데이터는 다를 수 있습니다. 이렇게 하면 다양한 유형의 콘텐츠에 대응하는 단일 인터페이스를 만들 수 있습니다.

12.4.1 모델 상속 사용하기

장고는 모델 상속을 지원합니다. 이는 파이썬의 표준 클래스 상속과 유사한 방식으로 작동합니다. 장고는 모델 상속을 사용하기 위해 다음 세 가지 옵션을 제공합니다.

- **추상 모델(Abstract models)**: 몇 가지 공통 정보를 여러 모델에 넣으려는 경우에 유용합니다.
- **다중 테이블 모델 상속(Multi-table model inheritance)**: 계층 구조의 각 모델이 그 자체로 완전한 모델로 간주될 때 적용 가능합니다.
- **프록시 모델(Proxy models)**: 추가 메서드를 포함하거나 기본 관리자를 변경하거나 다른 메타 옵션을 사용하는 등 모델의 동작을 변경해야 할 때 유용합니다.

각각을 자세히 살펴보겠습니다.

■ 추상 모델

추상 모델은 모든 자식 모델에 포함할 필드를 정의하는 기본 클래스입니다. 장고는 추상 모델에 대한 데이터베이스 테이블을 생성하지 않습니다. 추상 클래스에서 상속된 필드와 자식 모델에 정의된 필드를 포함해서 각 자식 모델의 데이터베이스 테이블을 생성합니다.
모델을 추상 모델로 표시하려면 Meta 클래스에 abstract=True를 포함해야 합니다. 그러면
장고는 추상 모델임을 인식하고 해당 모델에 대한 데이터베이스 테이블을 생성하지 않습니
다. 자식 모델을 만들려면 추상 모델을 서브클래싱하면 됩니다.
다음 예제는 추상 콘텐츠 모델과 자식 텍스트 모델을 보여줍니다.

```python
from django.db import models

class BaseContent(models.Model):
    title = models.CharField(max_length=100)
    created = models.DateTimeField(auto_now_add=True)
    class Meta:
        abstract = True


class Text(BaseContent):
    body = models.TextField()
```

이 경우 장고는 title, created 및 body 필드를 포함해서 Text 모델 전용 테이블을 생성합
니다.

■ **다중 테이블 모델 상속**

다중 테이블 상속에서 각 모델은 데이터베이스 테이블에 해당합니다. 장고는 자식 모델과
부모 모델 간의 관계에 대한 OneToOneField 필드를 생성합니다. 다중 테이블 상속을 사용
하기 위해서는 기존 모델을 서브클래스화해야 합니다. 장고는 원본 모델과 서브 모델 모두
에 대한 데이터베이스 테이블을 생성합니다. 다음 예시는 다중 테이블 상속을 보여줍니다.

```python
from django.db import models

class BaseContent(models.Model):
    title = models.CharField(max_length=100)
    created = models.DateTimeField(auto_now_add=True)


class Text(BaseContent):
    body = models.TextField()
```

장고는 텍스트 모델에 자동으로 생성된 OneToOneField 필드를 포함하며, 각 모델의 데이터

베이스 테이블을 생성합니다.

■ 프록시 모델

프록시 모델은 모델의 동작을 변경합니다. 두 모델 모두 원본 모델의 데이터베이스 테이블에서 작동합니다. 프록시 모델을 만들려면 모델의 `Meta` 클래스에 `proxy=True`를 추가해야 합니다. 다음 예는 프록시 모델을 만드는 방법을 보여줍니다.

```python
from django.db import models
from django.utils import timezone

class BaseContent(models.Model):
    title = models.CharField(max_length=100)
    created = models.DateTimeField(auto_now_add=True)

class OrderedContent(BaseContent):
    class Meta:
        proxy = True
        ordering = ['created']

    def created_delta(self):
        return timezone.now() - self.created
```

여기서는 `Content` 모델의 프록시 모델인 `OrderedContent` 모델을 정의합니다. 이 모델은 QuerySet에 기본 순서와 추가 메서드 `created_delta()`를 제공합니다. 두 모델 `Content`와 `OrderedContent`는 모두 동일한 데이터베이스 테이블에서 작동하며, 두 모델 중 어느 모델을 통하든 ORM을 통해 객체에 액세스할 수 있습니다.

12.4.2 Content 모델 생성하기

courses 애플리케이션의 Content 모델에는 다양한 타입의 콘텐츠를 연계하기 위한 일반화한 관계가 포함되어 있습니다. 각 콘텐츠 타입마다 서로 다른 모델을 생성합니다. 모든 콘텐츠 모델에는 공통적으로 몇 가지 필드와 커스텀 데이터를 저장하기 위한 추가 필드가 있습니다. 모든 콘텐츠 모델에 공통 필드를 제공하기 위한 추상 모델을 만들겠습니다.

courses 애플리케이션의 `models.py` 파일을 수정해서 다음 코드를 추가합니다.

```python
class ItemBase(models.Model):
    owner = models.ForeignKey(User,
                              related_name='%(class)s_related',
                              on_delete=models.CASCADE)
    title = models.CharField(max_length=250)
    created = models.DateTimeField(auto_now_add=True)
    updated = models.DateTimeField(auto_now=True)

    class Meta:
        abstract = True

    def __str__(self):
        return self.title

class Text(ItemBase):
    content = models.TextField()

class File(ItemBase):
    file = models.FileField(upload_to='files')

class Image(ItemBase):
        file = models.FileField(upload_to='images')

class Video(ItemBase):
    url = models.URLField()
```

이 코드에서는 ItemBase라는 추상 모델을 정의합니다. 따라서 해당 Meta 클래스에서 abstract=True를 설정합니다.

이 모델에서는 owner, title, created 및 updated 필드가 있습니다. 이러한 공통 필드는 모든 타입의 콘텐츠에 사용됩니다.

owner 필드는 어떤 사용자가 콘텐츠를 생성했는지를 저장할 수 있게 해 줍니다. 이 필드는 추상 클래스에 정의되어 있기 때문에, 각 서브 모델마다 다른 related_name이 필요합니다. 장고는 관련된 모델의 클래스 이름에 대한 플레이스홀더인 %(class)s를 related_name 속성에 지정할 수 있도록 해 줍니다. 이렇게 함으로써, 각 자식 모델의 related_name은 자동으로 생성됩니다. '%(class)s_related'를 related_name으로 사용하고 있기 때문에, 자식 모델들의 역방향 관계는 각각 text_related, file_related, image_related, video_ related가 될 것입니다.

ItemBase 추상 모델에서 상속하는 네 가지 콘텐츠 모델을 정의했는데, 해당 모델들은 다음과 같습니다.

- Text: 텍스트 콘텐츠를 저장하기 위한 모델
- File: PDF 등의 파일을 저장하기 위한 모델
- Image: 이미지 파일을 저장하기 위한 모델
- Video: 동영상을 저장하기 위한 모델로 임베드할 동영상 URL을 제공하기 위해 URLField 필드를 사용합니다.

각 하위 모델에는 자체 필드 외에도 ItemBase 클래스에 정의된 필드가 포함됩니다. Text, File, Image 및 Video 모델마다 각각 데이터베이스 테이블이 생성됩니다. ItemBase 모델은 추상 모델이므로 연결된 데이터베이스 테이블이 없습니다.

이전에 생성한 Content 모델을 찾아서 다음과 같이 content_type 필드를 수정합니다.

```
content_type = models.ForeignKey(ContentType,
                    on_delete=models.CASCADE,
                    limit_choices_to={'model__in':(
                                    'text',
                                    'video',
                                    'image',
                                    'file')})
```

일반화한 관계에서 사용할 ContentType 객체를 제한하기 위해 limit_choices_to 인수를 추가합니다. model__in 필드 룩업을 사용하여 model 속성이 'text', 'video', 'image', 'file'인 ContentType 객체로 쿼리를 필터링합니다.

추가한 새로운 모델을 포함하도록 마이그레이션을 만들어 보겠습니다. 명령 창에서 다음 명령을 실행합니다.

```
python manage.py makemigrations
```

다음과 같은 메시지가 출력됩니다.

```
Migrations for 'courses':
  courses/migrations/0002_video_text_image_file_content.py
    - Create model Video
    - Create model Text
    - Create model Image
    - Create model File
    - Create model Content
```

그리고 다음 명령을 실행해서 새로운 마이그레이션을 적용합니다.

```
python manage.py migrate
```

표시되는 메시지의 출력은 다음과 같은 줄로 끝나야 합니다.

```
Applying courses.0002_video_text_image_file_content... OK
```

강의 모듈에 다양한 콘텐츠를 추가하는 데 알맞도록 모델을 생성했습니다. 그러나 모델에 아직 누락된 부분이 있습니다. 강의 모듈 및 콘텐츠는 특정한 순서를 가지고 있습니다. 따라서 쉽게 정렬할 수 있는 필드가 필요합니다.

12.4.3 커스텀 모델 필드 만들기

장고는 모델을 빌드하는 데 사용할 수 있는 모델 필드의 전체 컬렉션을 제공합니다. 그러나 커스텀 데이터를 저장하거나 기존 필드의 동작을 변경하기 위해 자체적인 모델 필드를 만들 수도 있습니다.

객체 순서를 정의할 수 있는 필드가 필요합니다. 기존 장고 필드를 사용해서 객체의 순서를 지정하는 쉬운 방법은 모델에 PositiveIntegerField를 추가하는 것입니다. 정수를 사용하면 객체들의 순서를 쉽게 지정할 수 있습니다. PositiveIntegerField를 상속해서 추가적인 동작을 제공하는 커스텀 순서 필드를 만들 수 있습니다.

순서 필드에 만들 두 가지 관련 함수가 있습니다.

- **특정한 순서(order)가 제공되지 않을 때 자동으로 순서 값을 할당하기**: 특정한 순서가 없는 새로운 객체를 저장할 때, 필드는 마지막으로 정렬된 객체 다음에 오는 숫자를 자동으로

할당해야 합니다. 예를 들어, 순서가 각각 1과 2인 두 개의 객체가 있다면, 세 번째 객체를 저장할 때 특정한 순서가 제공되지 않을 시 자동으로 순서 3을 할당해야 합니다.

- 다른 필드를 기준으로 객체 **정렬 새로 매기기**: 강좌(course) 모듈은 해당 강좌에 맞추어 정렬되며, 모듈 콘텐츠는 해당 모듈에 맞추어 정렬될 것입니다.

courses 애플리케이션의 디렉터리 내에 새로운 fields.py 파일을 생성한 후 다음 코드를 추가합니다.

```python
from django.db import models
from django.core.exceptions import ObjectDoesNotExist


class OrderField(models.PositiveIntegerField):

    def __init__(self, for_fields=None, *args, **kwargs):
        self.for_fields = for_fields
        super().__init__(*args, **kwargs)

    def pre_save(self, model_instance, add):
        if getattr(model_instance, self.attname) is None:
            # 현재 값이 아님
            try:
                qs = self.model.objects.all()
                if self.for_fields:
                    # "for_fields"의 필드를
                    # 동일한 필드 값을 가진 객체를 기준으로 필터링
                    query = {field: getattr(model_instance, field)\
                             for field in self.for_fields}
                    qs = qs.filter(**query)
                # 마지막 항목의 순서 가져오기
                last_item = qs.latest(self.attname)
                value = last_item.order + 1
            except ObjectDoesNotExist:
                value = 0
            setattr(model_instance, self.attname, value)
            return value
        else:
            return super().pre_save(model_instance, add)
```

이것이 커스텀 OrderField입니다. 이 필드는 장고에서 제공하는 PositiveIntegerField에서 상속됩니다. OrderField는 데이터 순서를 매기는데 기준으로 사용되는 필드를 표시할 수 있는 for_fields 매개 변수를 옵션으로 받습니다.

이 필드는 데이터베이스에 필드를 저장하기 전에 실행되는 PositiveIntegerField의 pre_save() 메서드를 재정의하는데 여기서는 다음 작업을 수행합니다.

1. 모델 인스턴스에 이 필드의 값이 이미 있는지 확인합니다. 모델에서 필드에 지정된 속성 이름인 self.attname(모델에서 필드에 지정된 속성 이름)을 사용합니다. 속성의 값이 None인 경우, 다음과 같이 할당해야 할 순서를 계산합니다.

   1. 필드의 모든 객체를 조회하기 위해 QuerySet을 작성합니다. self.model에 액세스해서 필드가 속한 모델 클래스를 조회합니다.

   2. 만약 필드의 for_fields 속성에 필드 이름이 포함되어 있다면, for_fields에서 현재 모델 필드의 값을 사용하여 QuerySet을 필터링합니다. 이를 통해 주어진 필드에 따른 순서를 계산합니다.

   3. 데이터베이스에서 가장 높은 순서 값을 가진 객체를 last_item = qs.latest(self.attname)을 사용하여 가져옵니다. 객체가 없는 경우, 이 객체가 첫 번째 객체라고 가정하고 순서 0을 할당합니다.

   4. 객체가 있는 경우, 가장 큰 순서에 1을 더합니다.

   5. 계산된 순서를 모델 인스턴스의 필드에 setattr()을 사용하여 할당하고, 그 값을 반환합니다.

2. 모델 인스턴스에 현재 필드에 대한 값이 있는 경우, 계산하는 대신 해당 값을 사용합니다.

> Tip 커스텀 모델 필드를 만들 때는 일반적인 필드로 만드세요. 그리고 특정 모델이나 필드에 의존하는 데이터를 하드코딩하지 마세요. 필드는 모든 모델에서 작동해야 합니다.

커스텀 모델 필드 작성에 관한 자세한 내용은 https://docs.djangoproject.com/en/4.1/howto/custom-model-fields/에서 확인할 수 있습니다.

12.4.4 모듈 및 콘텐츠 객체에 순서 추가하기

모델에 새로운 필드를 추가해 보겠습니다. 다음과 같이 courses 애플리케이션의 models.py 파일을 수정해서 다음과 같이 OrderField 클래스와 필드를 모듈 모델로 가져옵니다.

```
from .fields import OrderField
```

```
class Module(models.Model):
    # ...
    order = OrderField(blank=True, for_fields=['course'])
```

새로운 필드 order의 이름을 지정하고 for_fields=['course']를 설정해서 강좌를 기준
으로 순서를 매기도록 지정합니다. 즉, 새로운 모듈의 순서는 동일한 **Course** 객체의 마지막
모듈에 1을 더하여 할당됩니다.

이제 다음과 같이 모듈 모델의 __str__() 메서드를 수정해서 순서를 포함할 수 있습니다.

```
class Module(models.Model):
    # ...
    def __str__(self):
        return f'{self.order}. {self.title}'
```

모듈 콘텐츠도 특정 순서를 따라야 합니다. 다음과 같이 콘텐츠 모델에 **OrderField**를 추가
합니다.

```
class Content(models.Model):
    # ...
    order = OrderField(blank=True, for_fields=['module'])
```

이번에는 모듈 필드를 기준으로 순서를 매기도록 지정합니다.

마지막으로 두 모델에 대한 기본 순서를 추가해 보겠습니다. **Module** 및 **Content** 모델에 다
음 **Meta** 클래스를 추가합니다.

```
class Module(models.Model):
    # ...
    class Meta:
        ordering = ['order']

class Content(models.Model):
    # ...
    class Meta:
        ordering = ['order']
```

이제 **Module** 및 **Content** 모델은 다음과 같이 보일 것입니다.

```
class Module(models.Model):
    course = models.ForeignKey(Course,
                               related_name='modules',
                               on_delete=models.CASCADE)
    title = models.CharField(max_length=200)
    description = models.TextField(blank=True)
    order = OrderField(blank=True, for_fields=['course'])

    class Meta:
        ordering = ['order']
    def __str__(self):
        return f'{self.order}. {self.title}'

class Content(models.Model):
    module = models.ForeignKey(Module,
                               related_name='contents',
                               on_delete=models.CASCADE)
    content_type = models.ForeignKey(ContentType,
                          on_delete=models.CASCADE,
                          limit_choices_to={'model__in':(
                                            'text',
                                            'video',
                                            'image',
                                            'file')})
    object_id = models.PositiveIntegerField()
    item = GenericForeignKey('content_type', 'object_id')
    order = OrderField(blank=True, for_fields=['module'])

    class Meta:
        ordering = ['order']
```

순서 필드를 반영한 새로운 모델 마이그레이션을 생성해 보겠습니다. 쉘을 열고 다음 명령을 실행합니다.

```
python manage.py makemigrations courses
```

다음과 같은 메시지가 출력됩니다.

```
It is impossible to add a non-nullable field 'order' to content without
specifying a default. This is because the database needs something to populate
existing rows. Please select a fix:
 1) Provide a one-off default now (will be set on all existing rows with a
null value for this column)
 2) Quit and manually define a default value in models.py.
Select an option:
```

데이터베이스의 기존 행에는 새로운 order 필드에 기본 값을 제공해야 한다는 메시지가 표시됩니다. 필드에 null=True가 포함되어 있다면 null 값을 허용하며, 장고는 기본 값을 요청하는 대신 자동으로 마이그레이션을 생성합니다. 기본 값을 지정하거나, 마이그레이션을 취소하고 models.py 파일에서 order 필드에 default 속성을 추가한 후에 마이그레이션을 생성할 수 있습니다.

1을 입력하고 Enter 키를 눌러서 기존 레코드에 기본 값을 입력합니다. 다음과 같은 출력이 표시됩니다.

```
Please enter the default value as valid Python.
The datetime and django.utils.timezone modules are available, so it is possible
to provide e.g. timezone.now as a value.
Type 'exit' to exit this prompt
>>>
```

기존 레코드의 기본 값이 되도록 0을 입력하고 Enter 키를 누릅니다. 그러면 모듈 모델의 기본 값을 묻는 메시지가 표시됩니다. 첫 번째 옵션을 선택하고 다시 기본 값으로 0을 입력합니다.

마지막으로 다음과 유사한 출력이 표시됩니다.

```
Migrations for 'courses': courses/migrations/0003_alter_content_options_
alter_module_options_and_more.py
    - Change Meta options on content
    - Change Meta options on module
    - Add field order to content
    - Add field order to module
```

그리고 다음 명령으로 새로운 마이그레이션을 적용합니다.

```
python manage.py migrate
```

출력문으로 다음과 같이 마이그레이션이 성공적으로 적용되었음을 알려줍니다.

```
Applying courses.0003_alter_content_options_alter_module_options_and_more... OK
```

새로운 필드를 테스트해 보겠습니다. 다음 명령으로 쉘을 엽니다.

```
python manage.py shell
```

다음과 같이 새 강좌를 생성합니다.

```
>>> from django.contrib.auth.models import User
>>> from courses.models import Subject, Course, Module
>>> user = User.objects.last()
>>> subject = Subject.objects.last()
>>> c1 = Course.objects.create(subject=subject, owner=user, title='Course 1',
slug='course1')
```

데이터베이스에 강좌를 생성했습니다. 이제 강좌에 모듈을 추가하고 순서가 자동으로 계산되는 방식을 확인합니다. 초기 모듈을 생성하고 순서를 확인합니다.

```
>>> m1 = Module.objects.create(course=c1, title='Module 1')
>>> m1.order
0
```

OrderField는 지정된 강좌에 생성된 첫 번째 모듈 객체이므로 값을 0으로 설정합니다. 동일한 강좌에 두 번째 모듈을 만들 수 있습니다.

```
>>> m2 = Module.objects.create(course=c1, title='Module 2')
>>> m2.order
1
```

OrderField는 기존 객체의 가장 높은 주문에 1을 더하여 다음 주문 값을 계산합니다. 특정 주문을 강제로 적용하는 세 번째 모듈을 생성해 보겠습니다.

```
>>> m3 = Module.objects.create(course=c1, title='Module 3', order=5)
>>> m3.order
5
```

객체를 생성하거나 저장할 때 커스텀 순서를 제공하면 OrderField는 순서를 계산하는 대신 해당 값을 사용합니다. 네 번째 모듈을 추가해 보겠습니다.

```
>>> m4 = Module.objects.create(course=c1, title='Module 4')
>>> m4.order
6
```

이 모듈의 순서가 자동으로 설정되었습니다. OrderField 필드는 모든 순서 값이 연속됨을 보장하지 않습니다. 그러나 기존 순서 값을 존중해서 항상 가장 높은 기존 순서 값을 기준으로 다음 순서 값을 할당합니다.

두 번째 강좌를 생성하고 여기에 모듈을 추가해 보겠습니다.

```
>>> c2 = Course.objects.create(subject=subject, title='Course 2',
slug='course2', owner=user)
>>> m5 = Module.objects.create(course=c2, title='Module 1')
>>> m5.order
0
```

새로운 모듈의 순서를 계산할 때 필드에서는 동일한 코스에 속한 기존 모듈만 고려합니다. 두 번째 코스의 첫 번째 모듈이므로 결과 순서는 0입니다. 이는 모듈 모델의 순서 필드에 for_fields=['course']를 지정했기 때문입니다.

축하합니다! 첫 번째 사용자 지정 모델 필드를 성공적으로 만들었습니다. 다음으로 CMS 인증 시스템을 생성하겠습니다.

12.5 인증 뷰 추가하기

이제 다형성 데이터 모델을 생성했으므로 코스 및 해당 콘텐츠를 관리하기 위한 CMS를 구축하겠습니다. 첫 번째 단계는 CMS 인증 시스템을 추가하는 것입니다.

12.5.1 인증 시스템 추가하기

사용자가 e-러닝 플랫폼에 인증할 수 있도록 장고의 인증 프레임워크를 사용할 것입니다. 강사와 학생은 모두 장고의 사용자 모델의 인스턴스가 되므로 `django.contrib.auth`의 인증 뷰를 사용해서 사이트에 로그인할 수 있습니다.

`educa` 프로젝트의 기본 `urls.py` 파일을 수정해서 장고 인증 프레임워크의 로그인 및 로그아웃 뷰를 추가합니다.

```python
from django.contrib import admin
from django.urls import path
from django.conf import settings
from django.conf.urls.static import static
from django.contrib.auth import views as auth_views

urlpatterns = [
    path('accounts/login/', auth_views.LoginView.as_view(),
        name='login'),
    path('accounts/logout/', auth_views.LogoutView.as_view(),
        name='logout'),
    path('admin/', admin.site.urls),
]

if settings.DEBUG:
    urlpatterns += static(settings.MEDIA_URL,
                        document_root=settings.MEDIA_ROOT)
```

12.5.2 인증 플랫폼 만들기

`courses` 애플리케이션 디렉터리 내에 다음과 같은 파일 구조를 생성합니다.

```
templates/
    base.html
    registration/
        login.html
        logged_out.html
```

인증 템플릿을 만들기 전에 프로젝트의 기본 템플릿을 준비해야 합니다. base.html 템플릿
파일을 편집해서 다음 콘텐츠를 추가합니다.

```
{% load static %} <!DOCTYPE html>
<html>
  <head>
    <meta charset="utf-8" />
    <title>{% block title %}Educa{% endblock %}</title>
    <link href="{% static "css/base.css" %}" rel="stylesheet">
  </head>
  <body>
    <div id="header">
      <a href="/" class="logo">Educa</a>
      <ul class="menu">
        {% if request.user.is_authenticated %}
          <li><a href="{% url "logout" %}">Sign out</a></li>
        {% else %}
          <li><a href="{% url "login" %}">Sign in</a></li>
        {% endif %}
      </ul>
    </div>
    <div id="content">
      {% block content %}
      {% endblock %}
    </div>
    <script>
      document.addEventListener('DOMContentLoaded', (event) => {
        // DOM 로드됨
        {% block domready %}
        {% endblock %}
      })
    </script>
```

```
    </body>
</html>
```

이 템플릿은 나머지 다른 템플릿에서 확장할 기본 템플릿입니다. 이 템플릿에서는 다음 블록을 정의합니다.

- title: 다른 템플릿에서 각 페이지에 커스텀 제목을 추가하기 위한 블록입니다.
- content: 콘텐츠의 기본 블록입니다. 기본 템플릿을 확장하는 모든 템플릿은 이 블록에 콘텐츠를 추가해야 합니다.
- domready: DOMContentLoaded 이벤트의 JavaScript 이벤트 리스너 내에 위치해 있습니다. 이를 통해 **문서 객체 모델(DOM)**의 로딩이 완료될 때 코드를 실행할 수 있습니다.

이 템플릿에 사용된 CSS 스타일은 이 장과 함께 제공되는 코드에서 courses 애플리케이션의 static/ 디렉터리에 있습니다. 해당 스타일을 사용하려면 static/ 디렉터리를 프로젝트의 동일한 디렉터리에 복사합니다. 해당 디렉터리의 내용은 https://github.com/PacktPublishing/Django-4-by-Example/tree/main/Chapter12/educa/courses/static에서 찾을 수 있습니다.

registration/login.html 템플릿을 편집해서 다음 코드를 추가합니다.

```
{% extends "base.html" %} {% block title %}Log-in{% endblock %}
{% block content %}
  <h1>Log-in</h1>
  <div class="module">
    {% if form.errors %}
      <p>Your username and password didn't match. Please try again.</p>
    {% else %}
      <p>Please, use the following form to log-in:</p>
    {% endif %}
    <div class="login-form">
      <form action="{% url 'login' %}" method="post">
        {{ form.as_p }}
        {% csrf_token %}
        <input type="hidden" name="next" value="{{ next }}" />
        <p><input type="submit" value="Log-in"></p>
      </form>
```

```
      </div>
    </div>
  {% endblock %}
```

이것은 장고의 `login` 뷰를 위한 표준 로그인 템플릿입니다.

`registration/logged_out.html` 템플릿을 편집해서 다음 코드를 추가합니다.

```
{% extends "base.html" %}
{% block title %}Logged out{% endblock %}
{% block content %}
  <h1>Logged out</h1>
  <div class="module">
    <p>
      You have been successfully logged out.
      You can <a href="{% url "login" %}">log-in again</a>.
    </p>
  </div>
{% endblock %}
```

로그아웃 후 사용자에게 표시될 템플릿입니다. 다음 명령으로 개발 서버를 실행합니다.

```
python manage.py runserver
```

브라우저에서 `http://127.0.0.1:8000/accounts/login/`을 엽니다. 로그인 페이지가 표시됩니다.

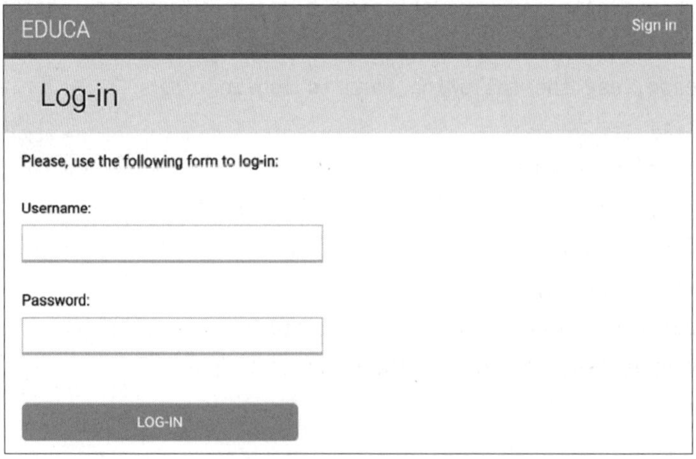

그림 12.4 계정 로그인 페이지

브라우저에서 `http://127.0.0.1:8000/accounts/logout/`을 엽니다. 이제 *그림 12.5*와 같이 Logged out 페이지가 표시됩니다.

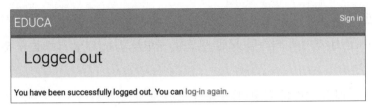

그림 12.5 계정 로그아웃 페이지

CMS 인증 시스템이 성공적으로 만들어졌습니다.

12.6 추가 자료

다음 리소스는 이 장에서 다루는 주제와 관련된 추가 정보를 제공합니다.

- 이 장의 소스 코드 – https://github.com/PacktPublishing/Django-4-by-example/tree/main/Chapter12
- 테스트에 장고 픽스처 사용하기 – https://docs.djangoproject.com/en/4.1/topics/testing/tools/#fixture-loading
- 데이터 마이그레이션 – https://docs.djangoproject.com/en/4.1/topics/migrations/#datamigrations
- 커스텀 모델 필드 만들기 – https://docs.djangoproject.com/en/4.1/howto/custommodel-fields/
- e-러닝 프로젝트를 위한 정적 디렉터리 –https://github.com/PacktPublishing/Django4-by-Example/tree/main/Chapter12/educa/courses/static

12.7 요약

이 장에서는 픽스처를 사용해서 모델의 초기 데이터를 제공하는 방법을 배웠습니다. 모델 상속을 사용한 강좌 모듈의 다양한 타입의 콘텐츠를 관리할 수 있는 유연한 시스템을 생성했습니다. 또한 순서 객체에 커스텀 모델 필드를 구현하고 e-러닝 플랫폼용 인증 시스템을 생성했습니다.

다음 장에서는 클래스 기반의 뷰를 사용해서 강좌 콘텐츠를 관리하는 CMS 기능을 구현할 것입니다. 장고의 그룹 및 권한 시스템을 사용해서 뷰 접근을 제한하고, 폼셋(formsets)을 사용해서 강좌 내용을 편집할 것입니다. 또한 JavaScript와 장고를 사용하여 강좌 모듈과 그들의 콘텐츠를 드래그 앤 드롭으로 재정렬하는 기능도 구현할 것입니다.

13장

콘텐츠 관리 시스템
만들기

django

12장에서는 e-러닝 플랫폼용 애플리케이션 모델을 생성하고 모델의 데이터 픽스처를 생성하고 적용하는 방법을 배웠습니다. 객체를 정렬하기 위해 커스텀 모델 필드를 만들고 사용자 인증을 구현했습니다.

이번 장에서는 강사가 코스를 생성하고 해당 코스의 콘텐츠를 다양하고 효율적인 방식으로 관리할 수 있는 기능을 구축하는 방법을 배웁니다.

이 장에서는 다음을 배웁니다.

- 클래스 기반 뷰 및 믹스인(mixins)을 사용해 콘텐츠 관리 시스템 만들기
- 폼셋(formsets) 및 모델 폼셋을 생성하여 코스 모듈 및 모듈 콘텐츠 수정하기
- 그룹 및 권한 관리하기
- 드래그 앤 드롭 기능을 구현해서 모듈 및 콘텐츠 재정렬하기

이 장의 소스 코드는 https://github.com/PacktPublishing/Django-4-by-example/tree/main/Chapter13에서 찾을 수 있습니다.

이 장에서 사용된 모든 파이썬 모듈은 이 장과 함께 제공되는 소스 코드의 requirements.txt 파일에 포함되어 있습니다. 이 장의 내용 지침에 따라 각각의 파이썬 모듈을 설치하거나 pip install -r requirements.txt 명령을 사용해서 필요한 모든 모듈을 한 번에 설치할 수 있습니다.

13.1 CMS 생성하기

이제 다목적 데이터 모델을 생성했으므로 CMS를 구축하겠습니다. CMS를 통해 강사는 강좌를 생성하고 콘텐츠를 관리할 수 있습니다. 우리는 다음과 같은 기능을 제공해야 합니다.

- 강사가 생성한 강좌 나열
- 강좌 생성, 수정 및 삭제
- 강좌에 모듈 추가 및 순서를 변경하기
- 각 모듈에 다양한 유형의 콘텐츠 추가
- 강좌 모듈 및 콘텐츠 재정렬하기

기본 CRUD 뷰부터 시작해 보겠습니다.

13.1.1 클래스 기반 뷰 생성하기

강좌를 생성, 수정 및 삭제할 수 있는 뷰를 생성합니다. 이를 위해 클래스 기반 뷰를 사용합니다. `courses` 애플리케이션의 `views.py` 파일을 수정해서 다음 코드를 추가합니다.

```python
from django.views.generic.list import ListView
from .models import Course

class ManageCourseListView(ListView):
    model = Course
    template_name = 'courses/manage/course/list.html'
    def get_queryset(self):
        qs = super().get_queryset()
        return qs.filter(owner=self.request.user)
```

이것은 `ManageCourseListView` 뷰입니다. 이 뷰는 장고의 일반 `ListView`를 상속합니다. 현재의 사용자가 생성한 강좌만 조회하도록 뷰의 `get_queryset()` 메서드를 재정의합니다. 사용자가 자신이 생성하지 않은 강좌를 수정, 업데이트 또는 삭제하지 못하도록 하려면 생성, 업데이트 및 삭제 뷰에서의 `get_queryset()` 메서드도 재정의해야 합니다. 여러 클래스 기반 뷰에 대해 특정 동작을 제공해야 하는 경우 믹스인을 사용하는 것이 좋습니다.

13.1.2 클래스 기반 뷰에 믹스인 사용하기

믹스인은 클래스에 대한 특별한 종류의 다중 상속입니다. 믹스인 클래스는 다른 클래스에 상속될 수 있으며, 그 결과로 해당 클래스에 믹스인의 기능이 추가됩니다. 믹스인을 사용하는 상황에는 크게 두 가지가 있습니다.

- 클래스에 선택하여 사용할 수 있는 여러 가지 기능을 제공하려는 경우
- 여러 클래스에서 특정 기능을 공통적으로 사용하려는 경우

장고에는 클래스 기반 뷰에 추가 기능을 제공하는 여러 믹스인이 제공됩니다. 믹스인에 관한 자세한 내용은 https://docs.djangoproject.com/en/4.1/topics/class-basedviews/mixins/에서 확인할 수 있습니다.

여기서는 믹스인 클래스에서 여러 뷰들의 공통된 동작을 구현하고 이를 강좌 뷰에 사용하려고 합니다. courses 애플리케이션의 **views.py** 파일을 열어 다음과 같이 수정합니다.

```python
from django.views.generic.list import ListView
from django.views.generic.edit import CreateView, \
    UpdateView, DeleteView
from django.urls import reverse_lazy
from .models import Course

class OwnerMixin:
    def get_queryset(self):
        qs = super().get_queryset()
        return qs.filter(owner=self.request.user)

class OwnerEditMixin:
    def form_valid(self, form):
        form.instance.owner = self.request.user
        return super().form_valid(form)

class OwnerCourseMixin(OwnerMixin):
    model = Course
    fields = ['subject', 'title', 'slug', 'overview']
    success_url = reverse_lazy('manage_course_list')

class OwnerCourseEditMixin(OwnerCourseMixin, OwnerEditMixin):
    template_name = 'courses/manage/course/form.html'

class ManageCourseListView(OwnerCourseMixin, ListView):
    template_name = 'courses/manage/course/list.html'

class CourseCreateView(OwnerCourseEditMixin, CreateView):
    pass

class CourseUpdateView(OwnerCourseEditMixin, UpdateView):
    pass

class CourseDeleteView(OwnerCourseMixin, DeleteView):
    template_name = 'courses/manage/course/delete.html'
```

이 코드에서는 OwnerMixin과 OwnerEditMixin 믹스인을 생성합니다. 이러한 믹스인은 장고에서 제공하는 ListView, CreateView, UpdateView 및 DeleteView 뷰와 함께 사용됩니다. OwnerMixin은 뷰에서 기본 QuerySet을 가져오는 데 사용되는 get_queryset() 메서드를 구현합니다. 믹스인은 이 메서드를 재정의해서 owner 속성을 기준으로 객체를 필터링해, 현재의 사용자(request.user)에 속한 객체들만 조회합니다.

OwnerEditMixin은 form_valid() 메서드를 구현하는데, 이 메서드는 장고의 ModelFormMixin을 사용하는 뷰, 즉 CreateView 및 UpdateView와 같은 폼 또는 모델 폼이 있는 뷰에서 사용됩니다. form_valid()는 제출된 폼이 유효할 때 실행됩니다.

이 메서드의 기본 동작은 인스턴스(모델 폼의 경우)를 저장하고 사용자를 success_url로 리디렉션하는 것입니다. 이 메서드를 오버라이드해서 저장 중인 객체의 owner 속성을 자동으로 현재 사용자로 설정할 수 있습니다. 이렇게 하면 객체가 저장될 때 자동으로 객체의 소유자가 설정됩니다.

owner 속성을 가진 모든 모델과 상호작용하는 뷰에 OwnerMixin 클래스를 사용할 수 있습니다.

또한 OwnerMixin을 상속해서 하위 뷰에 다음과 같은 속성을 제공하는 OwnerCourseMixin 클래스를 정의합니다.

- model: QuerySet에 사용되는 모델이며 모든 뷰에서 사용됩니다.
- fields: CreateView 및 UpdateView 뷰의 모델 폼을 작성하기 위한 모델의 필드들입니다.
- success_url: CreateView, UpdateView 및 DeleteView에서 폼이 성공적으로 제출되거나 객체가 삭제된 후 사용자를 리디렉션하는 데 사용됩니다. 나중에 생성할 manage_course_list라는 이름의 URL을 사용합니다.

다음 속성을 사용하여 OwnerCourseEditMixin을 정의합니다.

- template_name: CreateView 및 UpdateView 뷰에 사용할 템플릿입니다.

마지막으로 OwnerCourseMixin의 서브클래스인 다음 뷰들을 생성합니다.

- ManageCourseListView: 사용자가 생성한 강좌들을 나열합니다. OwnerCourseMixin과 ListView를 상속합니다. 특정 템플릿을 사용하여 강좌를 나열하기 위해 template_name 속성을 정의합니다.

- **CourseCreateView**: 새로운 Course 객체를 생성하기 위해 모델 폼을 사용합니다. OwnerCourseMixin에서 정의한 필드를 사용해서 모델 폼을 구축하고 CreateView를 상속합니다. OwnerCourseEditMixin에 정의된 템플릿을 사용합니다.
- **CourseUpdateView**: 기존 Course 객체를 편집합니다. OwnerCourseMixin에서 정의한 필드를 사용해서 모델 폼을 구축하고 UpdateView를 상속합니다. OwnerCourseEditMixin에서 정의된 템플릿을 사용합니다.
- **CourseDeleteView**: OwnerCourseMixin과 일반적인 DeleteView를 상속합니다. 코스 삭제를 확인하는 템플릿을 위해 특정 template_name 속성을 정의합니다.

코스를 관리하기 위한 기본적인 뷰들을 생성했습니다. 다음으로 장고 인증 그룹 및 권한을 사용해서 생성한 뷰에 접근을 제한할 것입니다.

13.1.3 그룹 및 권한을 가지고 작업하기

현재 모든 사용자는 뷰에 접근해서 강좌를 관리할 수 있습니다. 강사만 강좌를 생성하고 관리할 수 있는 권한을 갖도록 이런 뷰들을 제한하려고 합니다.

장고의 인증 프레임워크에는 사용자 및 그룹에 권한을 할당할 수 있는 권한 시스템이 포함되어 있습니다. 강사를 위한 그룹을 생성하고 강좌를 생성, 업데이트 및 삭제할 수 있는 권한을 할당하려고 합니다.

다음 명령을 사용하여 개발 서버를 실행합니다.

```
python manage.py runserver
```

브라우저에서 http://127.0.0.1:8000/admin/auth/group/add/를 열어, 새로운 Group 객체를 생성합니다. 그룹 이름으로 Instructors를 입력하고 Subject 모델의 권한을 제외한 courses 애플리케이션의 모든 권한을 선택합니다.

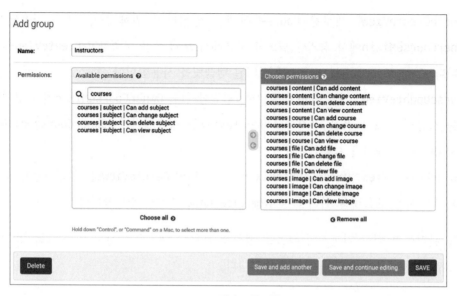

그림 13.1 강사 그룹 권한

보시다시피 각 모델에는 *can view*, *can add*, *can change*, *can delete* 이렇게 네 가지 권한이 있습니다. 그룹에 맞는 권한을 선택한 후 SAVE 버튼을 클릭합니다.

장고는 모델에 필요한 권한을 자동으로 생성하지만 커스텀 권한을 생성할 수도 있습니다. 커스텀 권한을 만드는 방법은 "*15장, API 구축하기*"에서 배우게 됩니다. 커스텀 권한 추가에 관한 자세한 내용은 https://docs.djangoproject.com/en/4.1/topics/auth/customizing/#custom-permissions에서 확인할 수 있습니다.

http://127.0.0.1:8000/admin/auth/user/add/을 열고 새로운 사용자를 만듭니다. 다음과 같이 사용자를 수정해서 Instructors 그룹에 추가합니다.

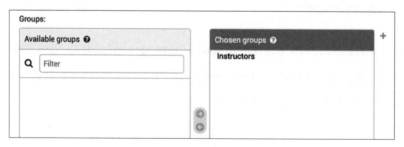

그림 13.2 사용자 그룹 선택

사용자는 자신이 속한 그룹의 권한을 상속받지만 관리 사이트를 사용해서 단일 사용자에게 개별 권한을 추가할 수도 있습니다. is_superuser가 True로 설정된 사용자는 자동으로 모든 권한을 갖습니다.

■ 클래스 기반 뷰에 접근 제한하기

적절한 권한이 있는 사용자만 Course 객체를 추가, 변경 또는 삭제할 수 있도록 뷰 접근을 제한할 것입니다. 뷰 접근을 제한하기 위해 django.contrib.auth에서 제공하는 다음 두 가지 믹스인을 사용하겠습니다.

- LoginRequiredMixin: login_required 데코레이터의 기능을 복제합니다.
- PermissionRequiredMixin: 특정 권한이 있는 사용자에게 뷰 액세스 권한을 부여합니다. 슈퍼유저는 자동으로 모든 권한을 갖습니다.

courses 애플리케이션의 views.py 파일을 수정하고 다음 임포트를 추가합니다.

```
from django.contrib.auth.mixins import LoginRequiredMixin, \
                                       PermissionRequiredMixin
```

다음과 같이 OwnerCourseMixin이 LoginRequiredMixin 및 PermissionRequiredMixin을 상속하도록 합니다.

```
class OwnerCourseMixin(OwnerMixin,
                       LoginRequiredMixin,
                       PermissionRequiredMixin):
    model = Course
    fields = ['subject', 'title', 'slug', 'overview']
    success_url = reverse_lazy('manage_course_list')
```

그리고 다음과 같이 강좌(Course) 관련 뷰에 permission_required 속성을 추가합니다.

```
class ManageCourseListView(OwnerCourseMixin, ListView):
    template_name = 'courses/manage/course/list.html'
    permission_required = 'courses.view_course'

class CourseCreateView(OwnerCourseEditMixin, CreateView):
    permission_required = 'courses.add_course'

class CourseUpdateView(OwnerCourseEditMixin, UpdateView):
    permission_required = 'courses.change_course'

class CourseDeleteView(OwnerCourseMixin, DeleteView):
```

```
template_name = 'courses/manage/course/delete.html'
permission_required = 'courses.delete_course'
```

PermissionRequiredMixin은 뷰에 액세스하는 사용자에게 permission_required 속성에 지정된 사용 권한이 있는지 확인합니다. 이제 적절한 사용 권한이 있는 사용자만 뷰에 액세스할 수 있습니다.

이러한 뷰의 URL을 생성해 보겠습니다. courses 애플리케이션 디렉터리 내에 새로운 파일을 생성하고 이름을 urls.py로 지정합니다. 여기에 다음 코드를 추가합니다.

```
from django.urls import path from . import views

urlpatterns = [
    path('mine/',
         views.ManageCourseListView.as_view(),
         name='manage_course_list'),
    path('create/',
         views.CourseCreateView.as_view(),
         name='course_create'),
    path('<pk>/edit/',
         views.CourseUpdateView.as_view(),
         name='course_edit'),
    path('<pk>/delete/',
         views.CourseDeleteView.as_view(),
         name='course_delete'),
]
```

다음은 강좌 뷰, 생성, 수정 및 삭제에 대한 URL 패턴입니다. pk 매개 변수는 기본 키 필드를 참조합니다. pk는 기본 키(primary key)의 줄임말입니다. 모든 장고 모델에는 기본 키 역할을 하는 필드가 있습니다. 기본적으로 기본 키는 자동으로 생성된 ID 필드입니다. 단일 객체에 대한 장고의 일반 뷰는 pk 필드로 개체를 조회합니다. educa 프로젝트의 기본 urls.py 파일을 수정하여 다음과 같이 courses 애플리케이션의 URL 패턴을 추가합니다. 코드에서 새로운 코드는 굵게 강조 표시되어 있습니다.

```
from django.contrib import admin
from django.urls import path, include
```

```
from django.conf import settings
from django.conf.urls.static import static
from django.contrib.auth import views as auth_views

urlpatterns = [
    path('accounts/login/',
          auth_views.LoginView.as_view(),
          name='login'),
    path('accounts/logout/',
          auth_views.LogoutView.as_view(),
          name='logout'),
    path('admin/', admin.site.urls),
    path('course/', include('courses.urls')),
]
if settings.DEBUG:
    urlpatterns += static(settings.MEDIA_URL,
                           document_root=settings.MEDIA_ROOT)
```

이러한 뷰의 템플릿을 생성해야 합니다. courses 애플리케이션의 **templates/** 디렉터리 내에 다음 디렉터리와 파일을 생성합니다.

```
courses/
    manage/
        course/
            list.html
            form.html
            delete.html
```

courses/manage/course/list.html 템플릿을 열어 다음 코드를 추가합니다.

```
{% extends "base.html" %}
{% block title %}My courses{% endblock %}
{% block content %}
  <h1>My courses</h1>
  <div class="module">
    {% for course in object_list %}
      <div class="course-info">
        <h3>{{ course.title }}</h3>
```

```
        <p>
          <a href="{% url "course_edit" course.id %}">Edit</a>
          <a href="{% url "course_delete" course.id %}">Delete</a>
        </p>
      </div>
    {% empty %}
      <p>You haven't created any courses yet.</p>
    {% endfor %}
    <p>
      <a href="{% url "course_create" %}" class="button">Create new course</a>
    </p>
  </div>
{% endblock %}
```

이 템플릿은 ManageCourseListView용 템플릿입니다. 이 템플릿에서는 현재 사용자가 생성한 강좌를 나열합니다. 각 강좌를 수정 또는 삭제할 수 있는 링크와 새로운 강좌를 생성할 수 있는 링크가 포함되어 있습니다.

다음 명령으로 개발 서버를 실행합니다.

```
python manage.py runserver
```

브라우저에서 http://127.0.0.1:8000/accounts/login/?next=/course/mine/을 열고 Instructors 그룹에 속하는 사용자로 로그인합니다. 로그인하면 http://127.0.0.1:8000/course/mine/ URL로 리디렉션되고 다음 페이지가 표시됩니다.

그림 13.3 강좌가 없는 강사의 강좌 목록 페이지

이 페이지에는 현재 사용자가 생성한 모든 강좌가 표시됩니다.

강좌 생성 및 업데이트 뷰에 대한 폼을 표시하는 템플릿을 생성해 보겠습니다. courses/ manage/course/form.html 템플릿을 열어서 다음 코드를 작성합니다.

```
{% extends "base.html" %}

{% block title %}
  {% if object %}
    Edit course "{{ object.title }}"
  {% else %}
    Create a new course
  {% endif %}
{% endblock %}
{% block content %}    <h1>
    {% if object %}
      Edit course "{{ object.title }}"
    {% else %}
      Create a new course
    {% endif %}
  </h1>
  <div class="module">
    <h2>Course info</h2>
    <form method="post">
      {{ form.as_p }}
      {% csrf_token %}
      <p><input type="submit" value="Save course"></p>
    </form>
  </div>
{% endblock %}
```

form.html 템플릿은 CourseCreateView 및 CourseUpdateView 뷰 모두에 사용됩니다. 이 템플릿에서는 object 변수가 콘텍스트에 있는지 확인합니다. object가 콘텍스트에 있는 경우 기존 강좌를 업데이트한다는 것임을 알 수 있으므로 페이지 제목에 object.title을 사용합니다. 그렇지 않으면 새로운 Course 객체를 생성합니다.

브라우저에서 http://127.0.0.1:8000/course/mine/을 열고 CREATE NEW COURSE 버튼을 클릭합니다. 다음 페이지가 표시됩니다.

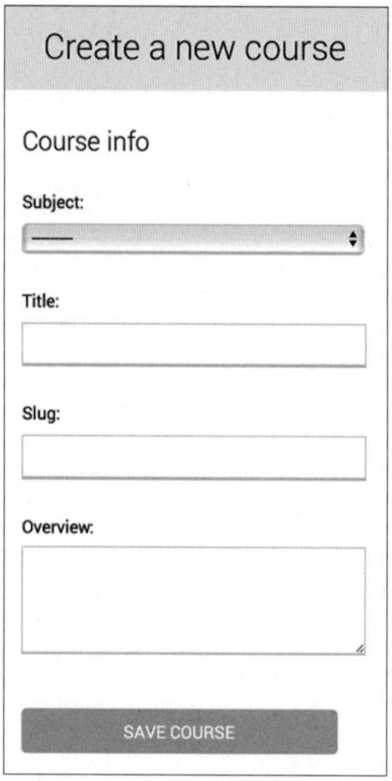

그림 13.4 새로운 강좌를 생성하기 위한 폼

폼을 작성하고 SAVE COURSE 버튼을 클릭합니다. 강좌가 저장되고 강좌 목록 페이지로 리디렉션되는데, 다음과 같이 표시됩니다.

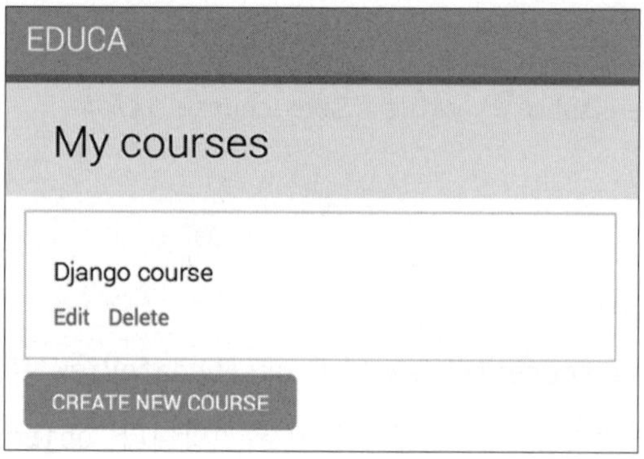

그림 13.5 하나의 강좌가 있는 강사의 강좌 목록 페이지

그런 다음, 방금 생성한 강좌의 Edit 링크를 클릭합니다. 폼이 다시 표시되지만 이번에는 새로 생성하는 대신 기존 Course 객체를 수정합니다.

마지막으로 courses/manage/course/delete.html 템플릿을 열어 다음 코드를 추가합니다.

```
{% extends "base.html" %}
{% block title %}Delete course{% endblock %}
{% block content %}
  <h1>Delete course "{{ object.title }}"</h1>
  <div class="module">
    <form action="" method="post">
      {% csrf_token %}
      <p>Are you sure you want to delete "{{ object }}"?</p>
      <input type="submit" value="Confirm">
    </form>
  </div>
{% endblock %}
```

이 템플릿은 CourseDeleteView 뷰용 템플릿입니다. 이 뷰는 객체를 삭제하기 위해 사용자 확인을 기다리는 장고가 제공하는 DeleteView를 상속합니다.

브라우저에서 강좌 목록을 열고 강좌의 Delete 링크를 클릭합니다. 다음과 같은 확인 페이지가 표시됩니다.

그림 13.6 강좌 삭제 확인 페이지

CONFIRM 버튼을 클릭합니다. 강좌가 삭제되고 강좌 목록 페이지로 다시 리디렉션됩니다. 이제 강사는 강좌를 생성, 수정 및 삭제할 수 있습니다. 다음으로, 강사에게 강좌 모듈과 해당 콘텐츠를 추가할 수 있는 CMS를 제공해야 합니다. 강좌 모듈 관리부터 시작하겠습니다.

13.2 강좌 모듈과 해당 콘텐츠 관리하기

강좌 모듈과 해당 콘텐츠를 관리하기 위한 시스템을 만들겠습니다. 강좌당 여러 모듈을 관리하는 데 사용할 수 있는 폼과 각 모듈에 필요한 서로 다른 타입의 콘텐츠를 구축해야 합니다.

모듈과 해당 콘텐츠는 모두 특정 순서를 따라야 하며, CMS를 사용해서 순서를 변경할 수 있어야 합니다.

13.2.1 강좌 모듈에 폼셋 사용하기

장고에는 동일한 페이지에서 여러 폼으로 작업할 수 있는 추상화 계층이 제공됩니다. 이러한 폼 그룹을 **폼셋(formsets)**이라고 합니다. 폼셋은 특정한 Form 또는 ModelForm의 여러 인스턴스를 관리합니다. 모든 폼은 한 번에 제출되며, 폼셋은 표시할 초기 폼의 수를 관리하고, 제출할 수 있는 최대 폼의 수를 제한하며, 모든 폼의 유효성을 검사합니다.

폼셋에는 한 번에 모든 폼의 유효성을 검사하는 is_valid() 메서드가 있습니다. 또한 폼에 초기 데이터를 제공하고 추가로 표시할 빈 폼의 수를 지정할 수도 있습니다. 폼셋에 관한 더 자세한 내용은 https://docs.djangoproject.com/en/4.1/topics/forms/formsets/을, 모델 폼셋에 관한 더 자세한 내용은 https://docs.djangoproject.com/en/4.1/topics/forms/modelforms/#model-formsets을 참조하세요. 강좌는 나뉜 모듈의 수가 일정치 않기 때문에 폼셋을 사용해 관리하는 것이 합리적입니다. courses 애플리케이션 디렉터리에 forms.py 파일을 생성하고 다음 코드를 추가합니다.

```python
from django import forms
from django.forms.models import inlineformset_factory
from .models import Course, Module

ModuleFormSet = inlineformset_factory(Course,
                                      Module,
                                      fields=['title',
                                              'description'],
                                      extra=2,
                                      can_delete=True)
```

이것이 ModuleFormSet 폼셋입니다. 장고에서 제공하는 inlineformset_factory() 함수를 사용해서 만듭니다. 인라인 폼셋은 관련 객체 작업을 간소화하는 폼셋 위에 있는 작은 추상화입니다. 이 함수를 사용하면 Course 객체와 관련된 Module 객체들에 대한 동적인 모델 폼셋을 생성할 수 있습니다.

폼셋을 구성하는 데는 다음과 같은 매개 변수를 사용합니다.

- fields: 폼셋의 각 폼에 포함될 필드입니다.
- extra: 폼셋에 표시될 빈 추가 폼의 수를 설정하는 매개 변수입니다.
- can_delete: 이 값을 True로 설정하면 장고는 각 폼에 삭제 대상임을 표시하기 위한 체크 박스 입력 필드를 포함합니다. 삭제할 객체를 표시할 수 있게 합니다.

courses 애플리케이션의 views.py 파일을 수정해서 다음 코드를 추가합니다.

```python
from django.shortcuts import redirect, get_object_or_404
from django.views.generic.base import TemplateResponseMixin, View
from .forms import ModuleFormSet

class CourseModuleUpdateView(TemplateResponseMixin, View):
    template_name = 'courses/manage/module/formset.html'
    course = None
    def get_formset(self, data=None):
        return ModuleFormSet(instance=self.course,
                             data=data)

    def dispatch(self, request, pk):
        self.course = get_object_or_404(Course,
                                        id=pk,
                                        owner=request.user)
        return super().dispatch(request, pk)

    def get(self, request, *args, **kwargs):
        formset = self.get_formset()
        return self.render_to_response({
                                'course': self.course,
                                'formset': formset})

    def post(self, request, *args, **kwargs):
        formset = self.get_formset(data=request.POST)
        if formset.is_valid():
            formset.save()
            return redirect('manage_course_list')

        return self.render_to_response({
                                'course': self.course,
                                'formset': formset})
```

CourseModuleUpdateView는 특정 강좌에 모듈을 추가, 업데이트 및 삭제하는 폼셋을 처리합니다. 이 뷰는 다음 믹스인과 뷰에서 상속됩니다.

- TemplateResponseMixin: 이 믹스인은 템플릿을 렌더링하고 HTTP 응답을 반환하는 작업을 담당합니다. 이 믹스인에는 렌더링할 템플릿을 나타내는 template_name 속성이 필요하며, 콘텍스트를 전달하고 템플릿을 렌더링하는 render_to_response() 메서드를 제공합니다.
- View: 장고에서 제공하는 기본 클래스 기반 뷰입니다.

이 뷰에서는 다음 메서드를 구현합니다.

- get_formset(): 폼셋을 빌드하기 위한 코드 반복을 피하기 위해 이 메서드를 정의합니다. 선택적인(optional) 데이터를 사용해 지정된 Course 객체에 대한 ModuleFormSet 객체를 생성합니다.
- dispatch(): 이 메서드는 View 클래스에서 제공합니다. 이 메서드는 HTTP 요청과 해당 매개 변수를 받고, 거기에 사용된 HTTP 메서드와 일치하는 소문자 메서드로 위임을 시도합니다. GET 요청은 get() 메서드에, POST 요청은 post() 메서드에 각각 위임됩니다. 이 메서드는 get_object_or_404() 도우미 함수를 사용해서 현재의 사용자에게 속한, 주어진 id 매개 변수의 Course 객체를 가져옵니다. dispatch() 메서드에 이 코드를 포함한 이유는 GET 및 POST 요청에서 모두 강좌를 조회해야 하기 때문입니다. 강좌를 뷰의 course 속성에 저장해서 다른 메서드들이 액세스할 수 있도록 합니다.
- get(): GET 요청 시 실행됩니다. 빈 ModuleFormSet 폼셋을 생성하고 TemplateResponseMixin에서 제공하는 render_to_response() 메서드를 사용해서 현재 Course 객체와 함께 템플릿에 렌더링합니다.
- post(): POST 요청 시 실행됩니다.

이 메서드에서는 다음 작업을 수행합니다.

1. 전달된 데이터를 사용해서 ModuleFormSet 인스턴스를 생성합니다.
2. 폼셋의 is_valid() 메서드를 실행해서 모든 폼의 유효성을 검사합니다.
3. 폼셋이 유효한 경우, save() 메서드를 호출해서 폼셋을 저장합니다. 이 시점에서 추가, 업데이트 또는 삭제를 위해 모듈을 추가하거나 표시한 모든 변경 사항이 데이터베이스에 적용됩니다. 그런 다음 사용자를 manage_course_list URL로 리디렉션합니다. 폼셋이

유효하지 않은 경우, 템플릿을 렌더링해서 오류를 표시합니다.

courses 애플리케이션의 urls.py 파일을 수정하고 다음 URL 패턴을 추가합니다.

```
path('<pk>/module/',
     views.CourseModuleUpdateView.as_view(),
     name='course_module_update'),
```

courses/manage/template 디렉터리 내에 새로운 디렉터리를 생성하고 이름을 module로 지정합니다. courses/manage/module/formset.html 템플릿을 만들고 다음 코드를 추가합니다.

```
{% extends "base.html" %}

{% block title %}
  Edit "{{ course.title }}"
{% endblock %}
{% block content %}
  <h1>Edit "{{ course.title }}"</h1>
  <div class="module">
    <h2>Course modules</h2>
    <form method="post">
      {{ formset }}
      {{ formset.management_form }}
      {% csrf_token %}
      <input type="submit" value="Save modules">
    </form>
  </div>
{% endblock %}
```

이 템플릿에서는 폼셋을 포함한 HTML 요소 <form>을 만듭니다. 또한 {{ formset. management_form }} 변수를 사용해서 폼셋의 관리 폼을 포함합니다. 관리 폼에는 폼의 초기 수, 총수, 최소 및 최대 수를 제어하는 숨겨진 필드가 있습니다. 이렇듯 폼셋 생성은 참 쉽습니다.

courses/manage/course/list.html 템플릿을 수정해서 강좌 수정 및 삭제 링크 아래에 course_ module_update URL에 관한 다음 링크들을 추가합니다.

```
<a href="{% url "course_edit" course.id %}">Edit</a>
<a href="{% url "course_delete" course.id %}">Delete</a>
<a href="{% url "course_module_update" course.id %}">Edit modules</a>
```

코스 모듈을 수정할 수 있는 링크가 포함했습니다.

브라우저에서 http://127.0.0.1:8000/course/mine/을 엽니다. 강좌를 생성하고 해당 강좌의 모듈 수정 링크를 클릭합니다. 다음과 같은 폼셋이 표시될 것입니다.

그림 13.7 강좌 모듈용 폼셋을 포함한 강좌 수정 페이지

폼셋에는 코스에 포함된 각 모듈 객체의 폼이 포함되어 있습니다. 그 다음에는 Module FormSet에 대해 extra=2를 설정했기 때문에 두 개의 빈 추가 폼이 표시됩니다. 폼셋을 저장할 때, 장고는 새로운 모듈을 추가하기 위해 두 개의 추가 필드를 더 포함합니다.

13.2.2 강좌 모듈에 콘텐츠 추가하기

이제 강좌 모듈에 콘텐츠를 추가하는 방법이 필요합니다. 콘텐츠에는 텍스트, 비디오, 이미지 및 파일의 네 가지 타입이 있습니다. 각 모델 당 하나씩 네 가지 뷰를 만들어서 콘텐츠를 생성하는 방법을 생각해 볼 수 있습니다. 그러나 보다 일반화한 접근 방식으로, 모든 콘텐츠 모델의 객체를 생성하거나 업데이트를 처리하는 뷰를 생성하려고 합니다.
courses 애플리케이션의 views.py 파일을 수정해서 다음 코드를 추가합니다.

```python
from django.forms.models import modelform_factory
from django.apps import apps
from .models import Module, Content


class ContentCreateUpdateView(TemplateResponseMixin, View):
    module = None
    model = None
    obj = None
    template_name = 'courses/manage/content/form.html'

    def get_model(self, model_name):
        if model_name in ['text', 'video', 'image', 'file']:
            return apps.get_model(app_label='courses',
                                  model_name=model_name)
        return None

    def get_form(self, model, *args, **kwargs):
        Form = modelform_factory(model, exclude=['owner',
                                                 'order',
                                                 'created',
                                                 'updated'])
        return Form(*args, **kwargs)

    def dispatch(self, request, module_id, model_name, id=None):
        self.module = get_object_or_404(Module,
                                        id=module_id,
                                        course__owner=request.user)
        self.model = self.get_model(model_name)
        if id:
            self.obj = get_object_or_404(self.model,
                                         id=id,
                                         owner=request.user)
        return super().dispatch(request, module_id, model_name, id)
```

이 코드가 ContentCreateUpdateView의 첫 번째 부분입니다. 이 뷰를 통해 다양한 모델의
콘텐츠를 생성하고 업데이트할 수 있습니다. 이 뷰는 다음 메서드를 정의합니다.

- get_model(): 여기서는 주어진 모델 이름이 네 가지 콘텐츠의 모델 중 하나인 Text, Video, Image, File 중 하나인지 확인합니다. 그런 다음 장고의 apps 모듈을 사용해서 주어진 모델 이름의 실제 클래스를 가져옵니다. 주어진 모델 이름이 유효한 모델 이름이 아닌 경우 None을 반환합니다.

- get_form(): 폼 프레임워크의 modelform_factory() 함수를 사용해서 동적으로 폼을 빌드합니다. Text, Video, Image, File 모델의 폼을 작성할 예정이므로 exclude 매개 변수를 사용해서 폼에서 제외할 공통 필드를 지정하고 다른 모든 속성은 자동으로 포함되도록 합니다. 이렇게 하면 모델에 따라 어떤 필드를 포함할지 알 필요가 없습니다.

- dispatch(): 다음 URL 매개 변수를 수신하고 해당 모듈, 모델 및 콘텐츠 객체를 클래스의 속성으로 저장합니다.

- module_id: 콘텐츠가 연결되었거나 연결될 모듈의 ID입니다.

- model_name: 생성/업데이트할 콘텐츠의 모델 이름입니다.

- id: 업데이트할 객체의 ID입니다. 새로운 객체를 만들 경우에는 None입니다.

ContentCreateUpdateView에 다음의 get()과 post() 메서드를 추가합니다.

```python
def get(self, request, module_id, model_name, id=None):
    form = self.get_form(self.model, instance=self.obj)
    return self.render_to_response({'form': form,
                                    'object': self.obj})


def post(self, request, module_id, model_name, id=None):
    form = self.get_form(self.model,
                         instance=self.obj,
                         data=request.POST,
                         files=request.FILES)
    if form.is_valid():
        obj = form.save(commit=False)
        obj.owner = request.user
        obj.save()
        if not id:
            # 새 콘텐츠
            Content.objects.create(module=self.module,
                                   item=obj)
        return redirect('module_content_list', self.module.id)
```

```
        return self.render_to_response({'form': form,
                                         'object': self.obj})
```

앞의 메서드는 다음과 같습니다.

- get(): GET 요청이 수신되면 실행됩니다. 업데이트 중인 Text, Video, Image, File 인
  스턴스의 모델 폼을 작성합니다. ID가 제공되지 않으면 self.obj가 None이므로 새로운
  객체를 생성할 인스턴스를 전달하지 않습니다.
- post(): POST 요청이 수신되면 실행됩니다. 모델 폼을 작성해서 제출된 데이터와 파일
  을 전달합니다. 그런 다음 유효성을 검사합니다. 폼이 유효하면 새로운 객체를 만들고
  request.user를 소유자로 지정한 다음, 데이터베이스에 저장합니다. id 매개 변수를 확
  인합니다. ID가 제공되지 않으면 사용자가 기존 객체를 업데이트하는 대신 새로운 개체
  를 생성하는 것입니다. 새로운 객체인 경우 지정된 모듈에 대한 Content 객체를 생성하
  고 새로운 콘텐츠를 연결합니다.

courses 애플리케이션의 urls.py 파일을 수정하여 다음 URL 패턴을 추가합니다.

```
path('module/<int:module_id>/content/<model_name>/create/',
     views.ContentCreateUpdateView.as_view(),
     name='module_content_create'),
path('module/<int:module_id>/content/<model_name>/<id>/',
     views.ContentCreateUpdateView.as_view(),
     name='module_content_update'),
```

새로운 URL 패턴은 다음과 같습니다.

- module_content_create: 새로운 텍스트, 비디오, 이미지 또는 파일 객체를 생성하고 해
  당 모듈에 추가하기 위한 경로입니다. module_id와 model_name 매개 변수가 포함되어
  있습니다. module_id는 새로운 콘텐츠 객체를 주어진 모듈과 연결하는 데 사용됩니다.
  model_name은 폼을 구축할 콘텐츠 모델을 지정합니다.
- module_content_update: 기존의 텍스트, 비디오, 이미지 또는 파일 객체를 업데이트하
  기 위한 경로입니다. module_id와 model_name 매개 변수와 함께 업데이트되는 콘텐츠를
  식별하는 id 매개 변수가 포함됩니다.

템플릿 디렉터리 courses/manage/ 내에 새 디렉터리를 생성하고 이름을 content로 지정합

니다. courses/manage/content/form.html 템플릿을 생성하고 다음 코드를 추가합니다.

```
{% extends "base.html" %}

{% block title %}
  {% if object %}
    Edit content "{{ object.title }}"
  {% else %}
    Add new content
  {% endif %}
{% endblock %}
{% block content %}    <h1>
    {% if object %}
      Edit content "{{ object.title }}"
    {% else %}
      Add new content
    {% endif %}
  </h1>
  <div class="module">
    <h2>Course info</h2>
    <form action="" method="post" enctype="multipart/form-data">
      {{ form.as_p }}
      {% csrf_token %}
      <p><input type="submit" value="Save content"></p>
    </form>
  </div>
{% endblock %}
```

이 템플릿은 ContentCreateUpdateView의 템플릿입니다. 이 템플릿에서는 콘텍스트에 object 변수가 있는지 확인합니다. object가 콘텍스트에 존재한다면 기존 객체를 업데이트하고, 그렇지 않다면 새로운 객체를 생성하는 식입니다.

HTML 요소 <form>에 enctype="multipart/form-data"를 포함하는 이유는 파일 및 이미지 콘텐츠 모델을 위한 파일 업로드가 폼에 포함되기 때문입니다.

개발 서버를 실행하고 http://127.0.0.1:8000/course/mine/를 열어 기존 강의의 Edit modules를 클릭하고 모듈을 생성합니다. 그리고, 다음 명령으로 파이썬 셸을 엽니다.

```
python manage.py shell
```

다음과 같이 가장 최근에 생성한 모듈의 ID를 가져옵니다.

```
>>> from courses.models import Module
>>> Module.objects.latest('id').id
6
```

개발 서버를 실행하고 브라우저에서 http://127.0.0.1:8000/course/module/6/content/ image/create/를 열어 모듈 ID를 앞서 획득한 것으로 바꿉니다. 다음과 같이 Image 오브젝트를 생성하는 폼이 표시됩니다.

그림 13.8 강좌에서 새로운 이미지 콘텐츠 폼 추가

아직 폼을 제출하지 마세요. 폼을 제출하려고 하면 module_content_list URL을 아직 정의하지 않았기 때문에 실패합니다. 잠시 후에 만들겠습니다.

콘텐츠 삭제를 위한 뷰도 필요합니다. courses 애플리케이션의 views.py 파일을 수정하여 다음 코드를 추가합니다.

```
class ContentDeleteView(View):
    def post(self, request, id):
        content = get_object_or_404(Content,
                        id=id,
                        module__course__owner=request.user)
        module = content.module
```

```
        content.item.delete()
        content.delete()
        return redirect('module_content_list', module.id)
```

ContentDeleteView 클래스는 지정된 ID를 가진 콘텐츠 객체를 조회합니다. 관련 Text, Video, Image, File 객체를 삭제합니다. 마지막으로 Content 객체를 삭제하고 모듈의 다른 콘텐츠들을 나열하기 위해 사용자를 module_content_list URL로 리디렉션합니다. courses 애플리케이션의 urls.py 파일을 수정하고 다음 URL 패턴을 추가합니다.

```
path('content/<int:id>/delete/',
     views.ContentDeleteView.as_view(),
     name='module_content_delete'),
```

이제 강사는 콘텐츠를 쉽게 생성, 업데이트 및 삭제할 수 있게 됐습니다.

13.2.3 모듈과 해당 콘텐츠 관리하기

강좌 모듈과 해당 콘텐츠들을 생성, 수정 및 삭제할 수 있는 뷰를 생성했습니다. 다음으로 강좌의 모든 모듈을 표시하고 특정 모듈의 콘텐츠들을 나열하는 뷰가 필요합니다. courses 애플리케이션의 views.py 파일을 수정해서 다음 코드를 추가합니다.

```
class ModuleContentListView(TemplateResponseMixin, View):
    template_name = 'courses/manage/module/content_list.html'
    def get(self, request, module_id):
        module = get_object_or_404(Module,
                                   id=module_id,
                                   course__owner=request.user)
        return self.render_to_response({'module': module})
```

ModuleContentListView라는 이름의 뷰입니다. 이 뷰는 현재의 사용자에게 속한 지정된 ID의 Module 객체를 가져와서 해당 모듈의 콘텐츠들을 나열하는 템플릿을 렌더링합니다. Courses 애플리케이션의 urls.py 파일을 열고 다음 URL 패턴을 추가합니다.

```
path('module/<int:module_id>/',
    views.ModuleContentListView.as_view(),
    name='module_content_list'),
```

templates/courses/manage/module/ 디렉터리 내에 새로운 템플릿을 생성하고 이름을
content_list.html로 지정한 후, 다음 코드를 추가합니다.

```
{% extends "base.html" %}

{% block title %}
  Module {{ module.order|add:1 }}: {{ module.title }}
{% endblock %}
{% block content %}
{% with course=module.course %}
  <h1>Course "{{ course.title }}"</h1>
  <div class="contents">
    <h3>Modules</h3>
    <ul id="modules">
      {% for m in course.modules.all %}
        <li data-id="{{ m.id }}" {% if m == module %}
         class="selected"{% endif %}>
          <a href="{% url "module_content_list" m.id %}">
            <span>
              Module <span class="order">{{ m.order|add:1 }}</span>
            </span>
            <br>
            {{ m.title }}
          </a>
        </li>
      {% empty %}
        <li>No modules yet.</li>
      {% endfor %}
    </ul>
    <p><a href="{% url "course_module_update" course.id %}">
    Edit modules</a></p>
  </div>
  <div class="module">
    <h2>Module {{ module.order|add:1 }}: {{ module.title }}</h2>
```

```
<h3>Module contents:</h3>
<div id="module-contents">
  {% for content in module.contents.all %}
    <div data-id="{{ content.id }}">
      {% with item=content.item %}
        <p>{{ item }}</p>
        <a href="#">Edit</a>
        <form action="{% url "module_content_delete" content.id %}"
         method="post">
          <input type="submit" value="Delete">
          {% csrf_token %}
        </form>
      {% endwith %}
    </div>
  {% empty %}
    <p>This module has no contents yet.</p>
  {% endfor %}
</div>
<h3>Add new content:</h3>
<ul class="content-types">
  <li>
    <a href="{% url "module_content_create" module.id "text" %}">
    Text
    </a>
  </li>
  <li>
    <a href="{% url "module_content_create" module.id "image" %}">
    Image
    </a>
  </li>
  <li>
    <a href="{% url "module_content_create" module.id "video" %}">
    Video
    </a>
  </li>
  <li>
    <a href="{% url "module_content_create" module.id "file" %}">
    File
    </a>
```

```
        </li>
      </ul>
    </div>
  {% endwith %}
{% endblock %}
```

템플릿 태그가 여러 줄에 걸쳐 나뉘진 않았는지 확인합니다.

이 템플릿은 강좌의 모든 모듈들과 선택한 모듈의 콘텐츠를 표시하는 템플릿입니다. 강좌 모듈 목록을 반복하여 사이드 바에 표시합니다. 모듈의 콘텐츠 목록을 반복하고 content. item에 접근해서 관련 Text, Video, Image, File 객체를 가져옵니다. 또한 새로운 텍스트, 비디오, 이미지 또는 파일 콘텐츠를 생성하는 링크를 포함할 수도 있습니다.

여기서 우리는 각 항목의 객체가 어떤 타입의 객체인지 알고 싶습니다. Text, Video, Image 또는 File 중 하나일 것입니다. 객체를 편집하기 위한 URL을 작성하려면 모델 이름이 필요합니다. 또한 콘텐츠 타입에 따라 템플릿에서 각 항목을 다르게 표시할 수 있습니다. 객체의 모델 이름은 객체의 _meta 속성을 통해 모델의 Meta 클래스에서 얻을 수 있습니다. 그러나 장고는 템플릿에서 밑줄(_)로 시작하는 변수나 속성에 접근하는 것을 허용하지 않습니다. 이는 비공개 속성이나 비공개 메서드를 가져오거나 호출하는 것을 방지하기 위한 것입니다. 이를 해결하기 위해 커스텀 템플릿 필터를 작성할 수 있습니다.

courses 애플리케이션 디렉터리 내에 다음과 같은 파일 구조를 생성합니다.

```
templatetags/
    __init__.py
    course.py
```

course.py 모듈을 열어서 다음 코드를 추가합니다.

```python
from django import template

register = template.Library()
@register.filter def model_name(obj):
    try:
        return obj._meta.model_name
    except AttributeError:
        return None
```

이것은 model_name 템플릿 필터입니다. 객체의 모델의 이름을 얻기 위해 object¦model_name으로 템플릿에서 사용할 수 있습니다.

templates/courses/manage/module/content_list.html 템플릿을 수정하고 {% extends %} 템플릿 태그 아래에 다음 줄을 추가합니다.

```
{% load course %}
```

그러면 course 템플릿 태그가 로드됩니다. 그리고 다음 줄을 찾습니다.

```
<p>{{ item }}</p>
<a href="#">Edit</a>
```

찾은 줄을 다음과 같이 바꿉니다.

```
<p>{{ item }} ({{ item¦model_name }})</p>
<a href="{% url "module_content_update" module.id item¦model_name item.id %}">
  Edit
</a>
```

앞의 코드에서는 템플릿에 항목 모델명을 표시하고 이 모델명을 사용해서 객체를 수정할 수 있는 링크를 만듭니다.

courses/manage/course/list.html 템플릿을 수정해서 다음과 같이 module_content_list URL에 링크를 추가합니다.

```
<a href="{% url "course_module_update" course.id %}">Edit modules</a>
{% if course.modules.count > 0 %}
  <a href="{% url "module_content_list" course.modules.first.id %}">
    Manage contents
  </a>
{% endif %}
```

새로운 링크를 통해 사용자는 강좌의 첫 번째 모듈(있는 경우)의 콘텐츠에 접근할 수 있습니다. 개발 서버를 중지하고 다음 명령을 사용해서 다시 실행합니다.

```
python manage.py runserver
```

개발 서버를 중지했다가 실행해서 강좌 템플릿 태그 파일이 로드되었는지 확인합니다.
브라우저에서 http://127.0.0.1:8000/course/mine/을 열고 모듈이 하나 이상 포함된 강
좌의 Manage contents 링크를 클릭합니다. 다음과 같은 페이지가 표시됩니다.

그림 13.9 강좌 모듈 콘텐츠를 관리하는 페이지

왼쪽 사이드 바에서 모듈을 클릭하면 해당 콘텐츠가 기본 영역에 표시됩니다. 템플릿에는
표시되는 모듈에 새로운 텍스트, 동영상, 이미지 또는 파일 콘텐츠를 추가할 수 있는 링크도
포함되어 있습니다.
모듈에 몇 가지 다른 타입의 콘텐츠를 추가하고 결과를 살펴봅니다. 모듈 콘텐츠는 Module
contents 아래에 표시됩니다.

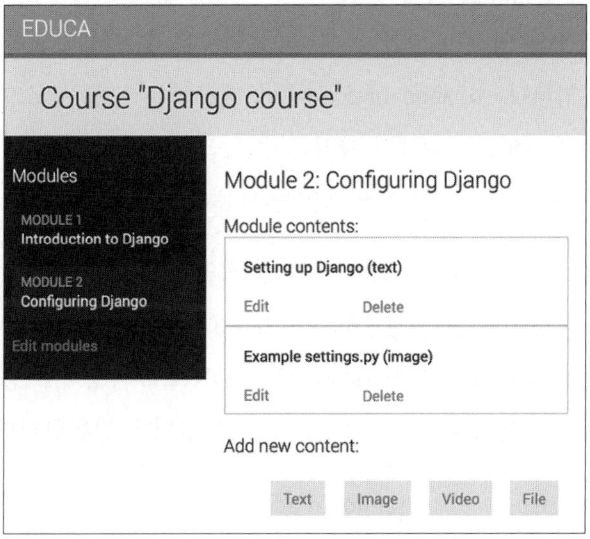

그림 13.10 다양한 모듈 콘텐츠 관리하기

다음으로, 강좌의 강사가 간단한 드래그 앤 드롭 기능으로 모듈 및 모듈 콘텐츠들을 재정렬할 수 있도록 하겠습니다.

13.2.4 모듈과 해당 콘텐츠 재정렬하기

강좌의 강사가 드래그 앤 드롭으로 강좌 모듈의 순서를 변경할 수 있도록 JavaScript 드래그 앤 드롭 기능을 구현하겠습니다.

이 기능을 구현하기 위해 HTML5 Sortable 라이브러리를 사용하겠습니다. 이 라이브러리는 기본 HTML5 드래그 앤 드롭 API를 사용해서 정렬 가능한 목록을 생성하는 과정을 간소화합니다.

사용자가 모듈 드래그를 완료하면 JavaScript Fetch API를 사용해서 비동기 HTTP 요청을 서버에 보내 새로운 모듈 순서를 저장합니다.

HTML5 드래그 앤 드롭 API에 대한 자세한 정보는 `https://www.w3schools.com/html/html5_draganddrop.asp`에서 확인할 수 있으며, HTML5 Sortable 라이브러리를 사용한 예제는 `https://lukasoppermann.github.io/html5sortable/`에서, HTML5 Sortable 라이브러리의 문서는 `https://github.com/lukasoppermann/html5sortable`에서 볼 수 있습니다.

■ django-braces에서 믹스인 사용하기

`django-braces`는 장고의 클래스 기반 뷰에 추가 기능을 제공하는 일반적인 믹스인을 포함하는 서드파티 모듈입니다. `django-braces`에서 제공하는 모든 믹스인 목록은 `https://django-braces.readthedocs.io/`에서 확인할 수 있습니다.

여기서는 다음과 같은 `django-braces` 믹스인을 사용하겠습니다.

- `CsrfExemptMixin`: POST 요청에서 **사이트 간 요청 위조(CSRF)** 토큰을 확인하지 않도록 합니다. 이를 사용하면 `csrf` 토큰을 전달하지 않고 AJAX **POST** 요청을 수행할 수 있습니다.
- `JsonRequestResponseMixin`: 요청 데이터를 JSON으로 파싱하고 응답을 JSON으로 직렬화해서 `application/json` 콘텐츠 유형의 HTTP 응답을 반환합니다.

다음 명령을 사용하여 `pip`를 통해 `django-braces`를 설치하세요.

```
pip install django-braces==1.15.0
```

JSON으로 인코딩된 모듈 ID 목록의 새로운 순서를 수신하고 그에 따라 순서를 업데이트하는 뷰가 필요합니다. courses 애플리케이션의 views.py 파일을 수정해서 다음 코드를 추가합니다.

```python
from braces.views import CsrfExemptMixin, JsonRequestResponseMixin

class ModuleOrderView(CsrfExemptMixin,
                      JsonRequestResponseMixin,
                      View):
    def post(self, request):
        for id, order in self.request_json.items():
            Module.objects.filter(id=id,
                    course__owner=request.user).update(order=order)
        return self.render_json_response({'saved': 'OK'})
```

위 코드가 강좌 모듈의 순서를 업데이트할 수 있는 ModuleOrderView입니다.

비슷한 뷰를 생성해서 모듈의 콘텐츠를 정렬할 수 있습니다. views.py 파일에 다음 코드를 추가합니다.

```python
class ContentOrderView(CsrfExemptMixin,
                       JsonRequestResponseMixin,
                       View):
    def post(self, request):
        for id, order in self.request_json.items():
            Content.objects.filter(id=id,
                        module__course__owner=request.user) \
                        .update(order=order)
        return self.render_json_response({'saved': 'OK'})
```

이제 courses 애플리케이션의 urls.py 파일을 열고 다음 URL 패턴을 추가합니다.

```python
path('module/order/',
     views.ModuleOrderView.as_view(),
     name='module_order'), path('content/order/',
     views.ContentOrderView.as_view(),
     name='content_order'),
```

마지막으로 템플릿에서 드래그 앤 드롭 기능을 구현해야 합니다. 표준 HTML 드래그 앤 드롭 API를 사용해서 정렬 가능한 엘리먼트 생성을 간소화하는 HTML5 Sortable 라이브러리를 사용합니다.

courses 애플리케이션의 `templates/` 디렉터리에 있는 `base.html` 템플릿을 열어서 굵게 강조 표시된 다음 블록을 추가합니다.

```
{% load static %}
<!DOCTYPE html>
<html>
  <head>
    # ...
  </head>
  <body>
    <div id="header">
      # ...
    </div>
    <div id="content">
      {% block content %}
      {% endblock %}
    </div>
    {% block include_js %}
    {% endblock %}
    <script>
      document.addEventListener('DOMContentLoaded', (event) => {
        // DOM 로드됨
        {% block domready %}
        {% endblock %}
      })
    </script>
  </body>
</html>
```

`include_js`라는 이름의 이 새로운 블록을 사용하면 `base.html` 템플릿을 확장하는 모든 템플릿에 JavaScript 파일을 삽입할 수 있습니다.

다음으로 `courses/manage/module/content_list.html` 템플릿을 수정해서 템플릿 하단에 굵게 강조 표시된 다음 코드를 추가합니다.

```
# ...
{% block content %}
  # ...
{% endblock %}
{% block include_js %}
  <script src="https://cdnjs.cloudflare.com/ajax/libs/html5sortable/0.13.3/
html5sortable.min.js"></script>
{% endblock %}
```

이 코드에서는 공용 CDN에서 HTML5 Sortable 라이브러리를 로드합니다. 이전에 "6장, 웹사이트에서 콘텐츠 공유하기"에서 콘텐츠 전송 네트워크(CDN)에서 JavaScript 라이브러리를 로드한 것을 기억하세요.

이제 다음의 굵은 글씨로 강조 표시된 domready 블록을 courses/manage/module/content_list.html 템플릿에 추가합니다.

```
# ...
{% block content %}
  # ...
{% endblock %}

{% block include_js %}
  <script src="https://cdnjs.cloudflare.com/ajax/libs/html5sortable/0.13.3/
html5sortable.min.js"></script>
{% endblock %}
{% block domready %}
var options = {
    method: 'POST',
    mode: 'same-origin'
  }
  const moduleOrderUrl = '{% url "module_order" %}';
{% endblock %}
```

다음 코드는 base.html 템플릿의 DOMContentLoaded 이벤트에 대한 이벤트 리스너 내에서 {% block domready %} 블록에 JavaScript 코드를 추가합니다. 이를 통해 페이지가 로드된 후에 JavaScript 코드가 실행되도록 보장합니다. 이 코드를 사용해서 모듈 목록의 순서를 업데이트하도록 Fetch API를 사용해서 POST 요청을 보내기 위한 options를 정의합니다.

모듈 목록의 순서를 업데이트하기 위해 생성된 module_order URL 경로는 JavaScript 상수 moduleOrderUrl에 빌드되어 저장됩니다.

굵은 글씨로 강조 표시된 다음 코드를 domready 블록에 추가합니다.

```
{% block domready %}
  var options = {
      method: 'POST',
      mode: 'same-origin'
  }
  const moduleOrderUrl = '{% url "module_order" %}';
  sortable('#modules', {
    forcePlaceholderSize: true,
    placeholderClass: 'placeholder'
  });
{% endblock %}
```

새로운 코드에서는 id="modules"인 HTML 엘리먼트에 대해 sortable 엘리먼트를 정의합니다. 이 엘리먼트는 사이드 바의 모듈 목록을 나타냅니다. 주어진 id를 가진 엘리먼트를 선택하기 위해 CSS 셀렉터 #을 사용합니다. 아이템을 드래그하기 시작하면 HTML5 Sortable 라이브러리가 플레이스홀더 아이템을 생성해서 해당 엘리먼트가 배치될 위치를 쉽게 확인할 수 있게 합니다.

forcePlacehoderSize 옵션을 true로 설정해서 플레이스홀더 엘리먼트가 높이를 갖도록 강제합니다. 또한 placeholderClass를 사용하여 플레이스홀더 엘리먼트의 CSS 클래스를 정의합니다. base.html 템플릿에서 로드되는 css/base.css 정적 파일에 정의된 placeholder라는 클래스를 사용합니다.

브라우저에서 http://127.0.0.1:8000/course/mine/을 열고 아무 강좌의 Manage contents를 클릭합니다. 이제 그림 13.11에 나와 있는 것과 같이 강좌 모듈을 왼쪽 사이드 바에서 드래그해서 드롭할 수 있습니다.

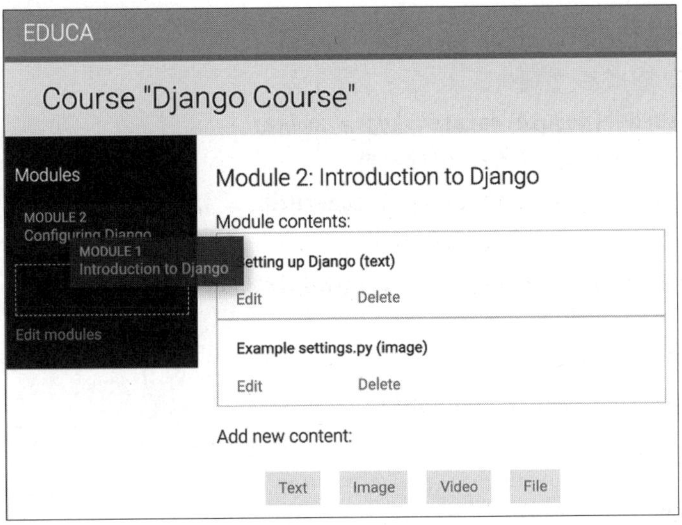

그림 13.11 드래그 앤 드롭 기능을 사용한 모듈 재정렬하기

엘리먼트를 드래그하는 동안 Sortable 라이브러리에서 생성한 플레이스홀더 항목이 점선 테두리로 표시됩니다. 플레이스홀더 엘리먼트를 사용하면 드래그한 엘리먼트가 놓일 위치를 식별할 수 있습니다.

모듈을 다른 위치로 드래그하면 새로운 순서를 저장하기 위해 서버에 HTTP 요청을 보내야 합니다. 이 작업은 정렬 가능한 요소에 이벤트 핸들러를 첨부하고 JavaScript Fetch API 를 사용해서 서버에 요청을 보내면 됩니다.

courses/manage/module/content_list.html 템플릿의 domready 블록을 수정해서 굵게 강조 표시된 다음 코드를 추가합니다.

```
{% block domready %}
  var options = {
      method: 'POST',
      mode: 'same-origin'
  }
  const moduleOrderUrl = '{% url "module_order" %}';
  sortable('#modules', {
    forcePlaceholderSize: true,
    placeholderClass: 'placeholder'
  })[0].addEventListener('sortupdate', function(e) {

    modulesOrder = {};
    var modules = document.querySelectorAll('#modules li');
```

```
    modules.forEach(function (module, index) {
        // 모듈 인덱스 업데이트
        modulesOrder[module.dataset.id] = index;
        // HTML 엘리먼트 인덱스 업데이트
        module.querySelector('.order').innerHTML = index + 1;
        // 새 순서를 HTTP 요청 옵션에 추가
        options['body'] = JSON.stringify(modulesOrder);

        // HTTP 요청 전송
        fetch(moduleOrderUrl, options)
    });
  });
{% endblock %}
```

새로운 코드에서는 sortable 요소의 sortupdate 이벤트의 이벤트 리스너가 생성됩니다. sortupdate 이벤트는 엘리먼트가 다른 위치로 드롭될 때 트리거됩니다. 이벤트 함수에서 다음 작업이 수행됩니다.

1. 빈 modulesOrder 딕셔너리를 생성합니다. 이 딕셔너리의 키는 모듈 ID이고 값은 각 모듈의 인덱스를 포함합니다.

2. document.querySelectorAll()을 사용해서 #modules HTML 엘리먼트의 리스트 엘리먼트를 선택합니다. 셀렉터로 #modules li를 사용합니다.

3. forEach()를 사용해서 각 리스트 엘리먼트를 반복합니다.

4. 각 모듈의 새로운 인덱스는 modulesOrder 딕셔너리에 저장됩니다. 모듈의 ID는 module.dataset.id를 통해 HTML의 data-id 속성에서 가져옵니다. 모듈의 ID를 modulesOrder 사전의 키로 사용해서 모듈의 새로운 인덱스를 값으로 설정합니다.

5. 각 모듈에 대한 표시 순서가 order CSS 클래스를 가진 엘리먼트를 선택해서 업데이트됩니다. 인덱스는 0부터 시작하므로 1을 더해주어 1부터 시작하는 인덱스로 표시합니다.

6. options 딕셔너리에 body라는 키를 추가하고 modulesOrder를 값으로 설정합니다. JSON.stringify() 메서드를 사용해서 JavaScript 객체를 JSON 문자열로 변환합니다. 이것은 모듈 순서를 업데이트하는 HTTP 요청의 본문입니다.

7. Fetch API를 사용하여 모듈 순서를 업데이트하기 위해 fetch() HTTP 요청을 생성합니다. module_order URL에 해당하는 ModuleOrderView가 모듈의 순서를 업데이트하는 작업을 처리합니다.

이제 모듈을 드래그 앤 드롭할 수 있습니다. 모듈의 드래그가 끝난 후에는 HTTP 요청이 module_order URL로 보내져 모듈의 순서를 업데이트합니다. 페이지를 새로고침하면 데이터베이스에서 최신 모듈 순서가 유지되기 때문에 변경된 순서가 반영됩니다. *그림 13.12*는 드래그 앤 드롭을 사용해서 사이드 바의 모듈들을 정렬한 후의 변경된 순서를 보여줍니다.

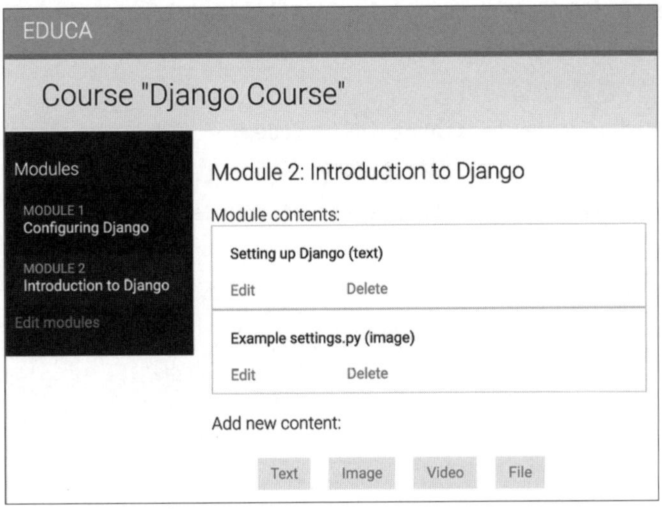

그림 13.12 드래그 앤 드롭으로 모듈 순서를 변경한 후의 새로운 순서

문제가 발생하면 브라우저의 개발자 도구를 사용하여 JavaScript 및 HTTP 요청을 디버깅하세요. 일반적으로 웹사이트의 아무 곳이나 마우스 오른쪽 버튼으로 클릭하여 상황에 맞는 메뉴를 열고 **검사(Inspect)** 또는 **요소 검사(Inspect Element)**를 클릭해서 브라우저의 웹 개발자 도구에 접근할 수 있습니다.

동일한 드래그 앤 드롭 기능을 추가해서 강좌의 강사가 모듈의 콘텐츠 목록도 정렬할 수 있도록 해 보겠습니다.

courses/manage/module/content_list.html 템플릿의 domready 블록을 수정해서 굵게 강조 표시된 다음 코드를 추가합니다.

```
{% block domready %}

  // ...

  const contentOrderUrl = '{% url "content_order" %}';

  sortable('#module-contents', {
```

```
    forcePlaceholderSize: true,
    placeholderClass: 'placeholder'
  })[0].addEventListener('sortupdate', function(e) {

    contentOrder = {};
    var contents = document.querySelectorAll('#module-contents div');
    contents.forEach(function (content, index) {
      // 콘텐츠 인덱스 업데이트
      contentOrder[content.dataset.id] = index;
      // 새 순서를 HTTP 요청 옵션에 추가
      options['body'] = JSON.stringify(contentOrder);

      // HTTP 요청 전송
      fetch(contentOrderUrl, options)
    });
  });
{% endblock %}
```

이 경우 module_order 대신 content_order URL을 사용하고 ID가 module-contents인 HTML 엘리먼트에 sortable 기능을 만듭니다. 기능은 주로 강좌 모듈을 정렬할 때와 동일합니다. 이 경우 콘텐츠에는 표시되는 인덱스가 포함되지 않으므로 콘텐츠의 번호 매기기를 업데이트할 필요가 없습니다.

이제 그림 13.13과 같이 모듈과 모듈 콘텐츠를 드래그 앤 드롭할 수 있습니다.

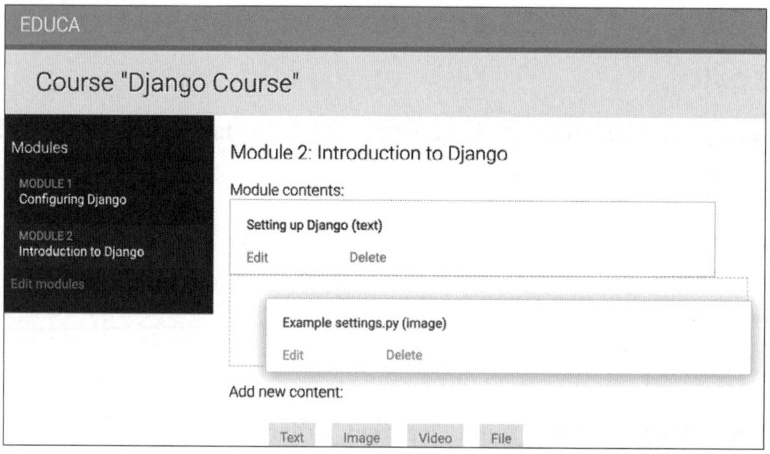

그림 13.13 드래그 앤 드롭 기능으로 모듈 콘텐츠 재정렬하기

훌륭합니다! 강좌의 강사를 위한 매우 다재다능한 콘텐츠 관리 시스템을 구축했습니다.

13.3 추가 자료

다음 자료들은 이 장에서 다루는 주제와 관련된 추가 정보를 제공합니다.

- 이 장의 소스 코드 – https://github.com/PacktPublishing/Django-4-by-example/tree/main/Chapter13
- 장고 믹스인 문서 – https://docs.djangoproject.com/en/4.1/topics/classbased-views/mixins/
- 커스텀 권한 만들기 – https://docs.djangoproject.com/en/4.1/topics/auth/customizing/#custom-permissions
- 장고 폼셋 – https://docs.djangoproject.com/en/4.1/topics/forms/formsets/
- 장고 모델 폼셋 – https://docs.djangoproject.com/en/4.1/topics/forms/modelforms/#model-formsets
- HTML5 드래그 앤 드롭 API – https://www.w3schools.com/html/html5_draganddrop.asp
- HTML5 Sortable 라이브러리 문서 – https://github.com/lukasoppermann/html5sortable
- HTML5 Sortable 라이브러리 예제 – https://lukasoppermann.github.io/html5sortable/
- django-braces 문서 – https://django-braces.readthedocs.io/

13.4 요약

이 장에서는 클래스 기반 뷰 및 믹스인을 사용하여 콘텐츠 관리 시스템을 만드는 방법을 배웠습니다. 또한 그룹 및 권한을 사용해서 뷰 접근을 제한하는 작업도 수행했습니다. 폼셋과 모델 폼셋을 사용해서 강좌 모듈과 해당 콘텐츠를 관리하는 방법을 배웠습니다. 또한 JavaScript를 사용하여 드래그 앤 드롭 기능을 구축해서 강좌 모듈과 해당 콘텐츠를 재정렬했습니다.

다음 장에서는 학생 등록 시스템을 생성하고 강좌에 대한 학생 등록을 관리합니다. 또한 장고의 캐시(cache) 프레임워크를 사용해서 다양한 종류의 콘텐츠를 렌더링하고 콘텐츠를 캐시하는 방법을 배웁니다.

14장

콘텐츠 렌더링과
캐시

django

13장에서는 모델 상속 및 관계 일반화로 유연한 강좌의 콘텐츠 모델을 생성했습니다. 커스텀 모델 필드를 구현하고 클래스 기반 뷰를 사용해서 강좌 관리 시스템을 만들었습니다. 끝으로, 강좌 모듈 및 해당 콘텐츠를 정렬하기 위해 비동기 HTTP 요청을 사용하여 JavaScript 드래그 앤 드롭 기능을 만들었습니다.

이번 장에서는 강좌 콘텐츠에 접근하고, 학생 등록 시스템을 만들고, 강좌에 학생을 등록하고 관리하는 기능을 구축합니다. 또한 장고 캐시 프레임워크를 사용하여 데이터를 캐시하는 방법도 배웁니다.

이 장에서는 다음 내용을 학습합니다.

- 강의 정보를 표시하기 위한 공개 뷰 생성하기
- 학생 등록 시스템 구축하기
- 강좌에 학생 등록 및 관리하기
- 강좌 모듈을 위한 다양한 콘텐츠 렌더링하기
- Memcached 설치 및 구성하기
- 장고 캐시 프레임워크를 사용해 콘텐츠 캐시하기
- 캐시 백엔드로 Memcached 및 Redis 사용하기
- 장고 관리 사이트에서 Redis 서버 모니터링하기

학생이 기존 강좌를 찾아보고 등록할 수 있는 강좌 카탈로그를 생성하는 것부터 시작하겠습니다.

이 장의 소스 코드는 https://github.com/PacktPublishing/Django-4-by-example/tree/main/Chapter14에서 찾을 수 있습니다.

이 장에서 사용되는 모든 파이썬 모듈은 이 장과 함께 제공되는 소스 코드의 requirements.txt 파일에 포함되어 있습니다. 이 장의 내용에 나오는 지침에 따라 각 파이썬 모듈을 설치하거나 pip install -r requirements.txt 명령을 사용해서 요구되는 모든 모듈을 한 번에 설치할 수 있습니다.

14.1 강좌 표시하기

강좌 카탈로그의 경우 다음과 같은 기능을 구축해야 합니다.

- 사용 가능한 모든 강좌 나열(선택 사항으로 주제별로 필터링할 수 있음)
- 단일 강좌 상세 정보 표시

courses 애플리케이션의 **views.py** 파일을 수정해서 다음 코드를 추가합니다.

```python
from django.db.models import Count
from .models import Subject

class CourseListView(TemplateResponseMixin, View):
    model = Course
    template_name = 'courses/course/list.html'

    def get(self, request, subject=None):
        subjects = Subject.objects.annotate(
                        total_courses=Count('courses'))
        courses = Course.objects.annotate(
                        total_modules=Count('modules'))
        if subject:
            subject = get_object_or_404(Subject, slug=subject)
            courses = courses.filter(subject=subject)
        return self.render_to_response({'subjects': subjects,
                                        'subject': subject,
                                        'courses': courses})
```

CourseListView 뷰입니다. **TemplateResponseMixin**과 **View**를 상속합니다. 이 뷰에서는 다음 작업을 수행합니다.

1. 각 주제의 총강좌 수를 얻기 위해 **Count()** 집계 함수와 함께 ORM의 **annotate()** 메서드를 사용해서 모든 주제를 조회합니다.
2. 각 강좌에 포함된 총모듈 수를 포함해서 사용 가능한 모든 강좌를 검색합니다.
3. 주제의 슬러그(subject slug)가 URL의 매개 변수로 주어진 경우, 해당 **subject** 객체를 조회하고 해당 주제에 속하는 강좌들로 쿼리를 제한합니다.
4. **TemplateResponseMixin**에서 제공하는 **render_to_response()** 메서드를 사용해서 객체를 템플릿에 렌더링하고 HTTP 응답을 반환합니다.

단일 강좌의 상세 정보를 표시하기 위한 상세 뷰를 만들어 보겠습니다. **views.py** 파일에 다음 코드를 추가합니다.

```
from django.views.generic.detail import DetailView
class CourseDetailView(DetailView):
    model = Course
    template_name = 'courses/course/detail.html'
```

이 뷰는 장고에서 제공하는 일반 DetailView를 상속합니다. model과 template_name 속성을 지정합니다. 장고의 DetailView는 주어진 모델에 대한 단일 객체를 조회하기 위해 기본키(pk)나 슬러그를 URL의 매개 변수로 기대합니다. 이 뷰는 템플릿 콘텍스트 변수 object의 Course 객체를 가지고 template_name에 지정된 템플릿을 렌더링합니다.

educa 프로젝트의 기본 urls.py 파일을 수정해서 다음의 URL 패턴을 추가합니다.

```
from courses.views import CourseListView

urlpatterns = [
    # ...
    path('', CourseListView.as_view(), name='course_list'),
]
```

강좌 목록을 URL http://127.0.0.1:8000/에 게시하면서 강좌 애플리케이션의 다른 모든 URL에 접두사 /course/를 붙이려고 하기 때문에 프로젝트의 메인 urls.py 파일에 course_list URL 패턴을 추가합니다.

courses 애플리케이션의 urls.py 파일을 수정해서 다음 URL 패턴을 추가합니다.

```
path('subject/<slug:subject>/',
    views.CourseListView.as_view(),
    name='course_list_subject'),
path('<slug:slug>/',
    views.CourseDetailView.as_view(),
    name='course_detail'),
```

다음 URL 패턴을 정의합니다.

• course_list_subject: 한 주제에 대한 모든 강좌 목록 표시
• course_detail: 강좌 하나의 상세 정보 표시

CourseListView 및 CourseDetailView 템플릿을 작성해 보겠습니다.

강좌 애플리케이션의 **templates/courses/** 디렉터리 내에 다음 파일 구조를 생성합니다.

```
course/
    list.html
    detail.html
```

강좌 애플리케이션의 **courses/course/list.html** 템플릿을 수정해서 다음 코드를 작성합니다.

```
{% extends "base.html" %}

{% block title %}
  {% if subject %}
    {{ subject.title }} courses
  {% else %}
    All courses
  {% endif %}
{% endblock %}
{% block content %}
  <h1>
    {% if subject %}
      {{ subject.title }} courses
    {% else %}
      All courses
    {% endif %}
  </h1>
  <div class="contents">
    <h3>Subjects</h3>
    <ul id="modules">
      <li {% if not subject %}class="selected"{% endif %}>
        <a href="{% url "course_list" %}">All</a>
      </li>
      {% for s in subjects %}
        <li {% if subject == s %}class="selected"{% endif %}>
          <a href="{% url "course_list_subject" s.slug %}">
            {{ s.title }}
            <br>
            <span>
              {{ s.total_courses }} course{{ s.total_courses|pluralize }}
```

```
            </span>
          </a>
        </li>
      {% endfor %}
    </ul>
  </div>
  <div class="module">
    {% for course in courses %}
      {% with subject=course.subject %}
        <h3>
          <a href="{% url "course_detail" course.slug %}">
            {{ course.title }}
          </a>
        </h3>
        <p>
          <a href="{% url "course_list_subject" subject.slug %}">{{ subject
}}</a>.
          {{ course.total_modules }} modules.
          Instructor: {{ course.owner.get_full_name }}
        </p>
      {% endwith %}
    {% endfor %}
  </div>
{% endblock %}
```

템플릿 태그가 여러 줄로 나뉘지는 않았는지 확인하세요.

이 코드는 사용 가능한 강좌를 나열하기 위한 템플릿입니다. 모든 Subject 객체를 표시하는 HTML 목록을 생성하고 각 객체에 대한 course_list_subject URL에 대한 링크를 작성합니다. 또한 각 주제의 총강좌 수를 얻고 pluralize 템플릿 필터를 사용해 숫자가 1과 다른 경우 course(강좌)라는 단어에 복수 접미사를 추가해서 *0 courses, 1 course, 2 courses* 등으로 표시합니다. 주제가 선택된 경우 HTML 클래스 selected를 추가해서 현재 주제를 강조 표시합니다. 해당하는 모든 강좌 객체들을 반복하여 총모듈 수와 강사의 이름을 표시합니다.

개발 서버를 실행하고 브라우저에서 http://127.0.0.1:8000/을 엽니다. 다음과 유사한 페이지가 표시됩니다.

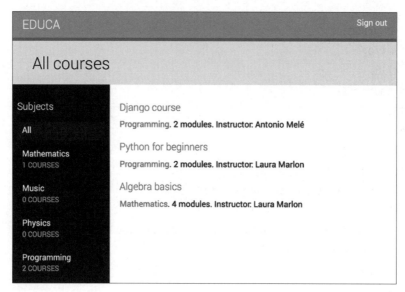

그림 14.1 강좌 목록 페이지

왼쪽 사이드 바에는 각 과목의 총강좌 수를 포함한 모든 과목이 표시됩니다. 원하는 주제를 클릭해서 표시되는 강좌를 필터링할 수 있습니다.

courses/course/detail.html 템플릿을 열고 다음 코드를 추가합니다.

```
{% extends "base.html" %}

{% block title %}
  {{ object.title }}
{% endblock %}
{% block content %}
  {% with subject=object.subject %}
    <h1>
      {{ object.title }}
    </h1>
    <div class="module">
      <h2>Overview</h2>
      <p>
        <a href="{% url "course_list_subject" subject.slug %}">
        {{ subject.title }}</a>.
        {{ object.modules.count }} modules.
        Instructor: {{ object.owner.get_full_name }}
      </p>
      {{ object.overview|linebreaks }}
```

```
    </div>
  {% endwith %}
{% endblock %}
```

이 템플릿에서는 강좌 하나의 개요와 상세 정보를 표시합니다. 브라우저에서 `http://127.0.0.1:8000/` 을 열고 강좌 중 하나를 클릭합니다. 다음과 같은 구조의 페이지가 표시됩니다.

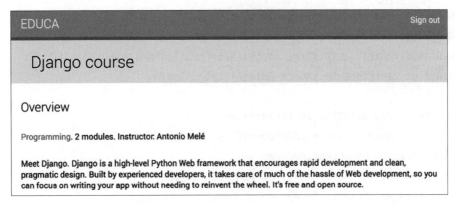

그림 14.2 강좌의 상세 페이지

강좌를 표시하기 위한 공개 영역을 만들었습니다. 다음으로 사용자가 학생으로 등록하고 강좌에 등록할 수 있도록 해야 합니다.

14.2 학생 등록 기능 추가하기

다음 명령으로 새로운 애플리케이션을 만듭니다.

```
python manage.py startapp students
```

educa 프로젝트의 `settings.py` 파일을 열고 다음과 같이 `INSTALLED_APPS` 설정에 새로운 애플리케이션을 추가합니다.

```
INSTALLED_APPS = [
    # ...
```

```
    'students.apps.StudentsConfig',
]
```

14.2.1 학생 등록 뷰 만들기

students 애플리케이션의 views.py 파일을 수정해서 다음 코드를 작성합니다.

```python
from django.urls import reverse_lazy
from django.views.generic.edit import CreateView
from django.contrib.auth.forms import UserCreationForm
from django.contrib.auth import authenticate, login

class StudentRegistrationView(CreateView):
    template_name = 'students/student/registration.html'
    form_class = UserCreationForm
    success_url = reverse_lazy('student_course_list')
    def form_valid(self, form):
        result = super().form_valid(form)
        cd = form.cleaned_data
        user = authenticate(username=cd['username'],
                            password=cd['password1'])
        login(self.request, user)
        return result
```

학생이 사이트에 등록할 수 있는 뷰입니다. 모델 객체를 생성하는 기능을 제공하는 일반 CreateView를 사용합니다. 이 보기에는 다음 속성이 필요합니다.

- template_name: 이 뷰를 렌더링할 템플릿의 경로입니다.
- form_class: 객체를 만들기 위한 폼으로, ModelForm이어야 합니다. 사용자 개체를 만들기 위한 등록 양식으로 장고의 UserCreationForm을 사용합니다.
- success_url: 폼이 성공적으로 제출되었을 때 사용자를 리디렉션할 URL입니다. 학생이 등록한 강좌를 나열하기 위해 "14.3 강좌 콘텐츠에 접근하기" 섹션에서 생성할 student_course_list라는 이름에서 실제 URL을 얻어냅니다.

form_valid() 메서드는 유효한 폼 데이터가 수신되면 실행됩니다. 이 메서드는 HTTP 응답을 반환해야 합니다. 사용자가 성공적으로 등록한 후에 로그인할 수 있도록 이 메서드를 재정합니다.

students 애플리케이션 디렉터리 내에 새로운 파일을 생성하고 이름을 urls.py로 지정합니다. 여기에 다음 코드를 추가합니다.

```
from django.urls import path
from . import views

urlpatterns = [
    path('register/',
        views.StudentRegistrationView.as_view(),
        name='student_registration'),
]
```

그런 다음, educa 프로젝트의 메인 urls.py 파일에 students 애플리케이션의 URL을 포함하려면 다음과 같이 URL 구성에 다음 패턴을 추가하면 됩니다.

```
urlpatterns = [
    # ...
    path('students/', include('students.urls')),
]
```

students 애플리케이션 디렉터리 내에 다음과 같은 파일 구조를 생성합니다.

```
templates/
    students/
        student/
            registration.html
```

students/student/registration.html 템플릿을 편집해서 다음 코드를 추가합니다.

```
{% extends "base.html" %}

{% block title %}
  Sign up
{% endblock %}
{% block content %}
  <h1>
```

```
    Sign up
  </h1>
  <div class="module">
    <p>Enter your details to create an account:</p>
    <form method="post">
      {{ form.as_p }}
      {% csrf_token %}
      <p><input type="submit" value="Create my account"></p>
    </form>
  </div>
{% endblock %}
```

개발 서버를 실행하고 브라우저에서 `http://127.0.0.1:8000/students/register/`을 열면, 다음과 같은 등록 폼이 표시됩니다.

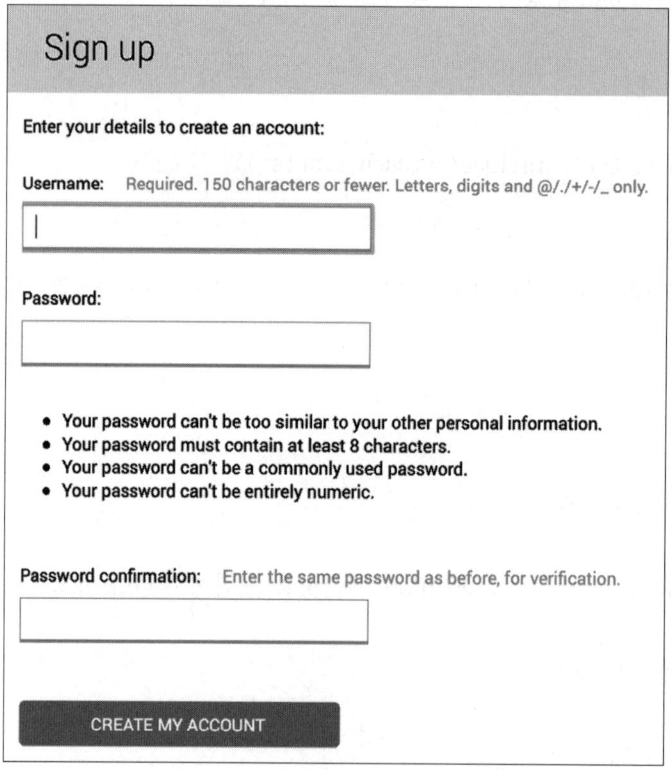

그림 14.3 학생 등록 폼

`StudentRegistrationView`의 `success_url` 속성에 지정된 `student_course_list` URL은 아직 존재하지 않습니다. 따라서 폼을 제출하면 등록 성공 후 리디렉션할 URL을 장고에서

찾지 못합니다. 앞서 언급했듯이 "14.3 강좌 콘텐츠에 접근하기" 섹션에서 이 URL을 생성합니다.

14.2.2 강좌에 등록하기

사용자가 계정을 생성한 후에는 강좌에 등록할 수 있어야 합니다. 등록을 저장하려면 Course 모델과 User 모델 간에 다대다 관계를 생성해야 합니다.

courses 애플리케이션의 models.py 파일을 수정하고 Course 모델에 다음 필드를 추가합니다.

```
students = models.ManyToManyField(User,
                                  related_name='courses_joined',
                                  blank=True)
```

셸에서 다음 명령을 실행하여 이 변경 사항을 적용하기 위한 마이그레이션을 생성합니다.

```
python manage.py makemigrations
```

다음과 유사한 메시지가 출력됩니다.

```
Migrations for 'courses':   courses/migrations/0004_course_students.py    -
Add field students to course
```

그리고 다음 명령을 실행해서 보류 중인 마이그레이션을 적용합니다.

```
python manage.py migrate
```

다음 줄로 끝나는 메시지가 출력되어야 합니다.

```
Applying courses.0004_course_students... OK
```

이제 학생을 학생이 등록한 강좌에 연결할 수 있습니다. 학생이 강좌에 등록할 수 있는 기능을 만들어 보겠습니다.

students 애플리케이션 디렉터리 내에 새로운 파일을 생성하고 이름을 forms.py로 지정합니다. 여기에 다음 코드를 추가합니다.

```
from django import forms
from courses.models import Course

class CourseEnrollForm(forms.Form):
    course = forms.ModelChoiceField(
                queryset=Course.objects.all(),
                widget=forms.HiddenInput)
```

학생이 강좌에 등록할 때 이 폼을 사용할 것입니다. course 필드는 사용자가 등록할 강좌에 대한 것이므로 ModelChoiceField입니다. 사용자에게 이 필드를 표시하지 않으므로 HiddenInput 위젯을 사용합니다. 이 폼을 CourseDetailView에서 사용해 등록 버튼을 표시하게 만들겠습니다.

students 애플리케이션의 views.py 파일을 수정해서 다음 코드를 추가합니다.

```
from django.views.generic.edit import FormView
from django.contrib.auth.mixins import LoginRequiredMixin
from .forms import CourseEnrollForm

class StudentEnrollCourseView(LoginRequiredMixin,
                             FormView):
    course = None
    form_class = CourseEnrollForm

    def form_valid(self, form):
        self.course = form.cleaned_data['course']
        self.course.students.add(self.request.user)
        return super().form_valid(form)

    def get_success_url(self):
        return reverse_lazy('student_course_detail',
                            args=[self.course.id])
```

이것이 StudentEnrollCourseView입니다. 이 뷰는 강좌에 등록하는 학생을 처리합니다. 로그인한 사용자만 뷰에 액세스할 수 있도록 LoginRequiredMixin 믹스인을 상속합니다. 또한 폼의 제출을 처리하기 때문에 장고의 FormView 뷰도 상속합니다. form_class 속성에 CourseEnrollForm 폼을 사용하고 주어진 Course 객체를 저장하기 위한 course 속성도 정의합니다. 폼이 유효하면 강좌에 등록한 학생에 현재의 사용자를 추가합니다.
get_success_url() 메서드는 폼이 성공적으로 제출된 경우 사용자가 리디렉션될 URL을
반환합니다. 이 메서드는 success_url 속성과 동일한 역할을 합니다. 그런 다음, student_
course_detail라는 이름의 URL을 만들어 냅니다(reverse[1]).

students 애플리케이션의 urls.py 파일을 수정하고 다음 URL 패턴을 추가합니다.

```
path('enroll-course/',
    views.StudentEnrollCourseView.as_view(),
    name='student_enroll_course'),
```

강좌 상세 페이지에 등록 버튼 폼을 추가해 보겠습니다. courses 애플리케이션의 views.py
파일을 수정하고 CourseDetailView를 수정하여 다음과 같이 표시되도록 합니다.

```
from students.forms import CourseEnrollForm

class CourseDetailView(DetailView):
    model = Course
    template_name = 'courses/course/detail.html'

    def get_context_data(self, **kwargs):
        context = super().get_context_data(**kwargs)
        context['enroll_form'] = CourseEnrollForm(
                                    initial={'course':self.object})
        return context
```

get_context_data() 메서드를 사용하여 템플릿 렌더링을 위한 콘텍스트에 등록 폼을 포함
시킵니다. 폼의 숨겨진 course 필드를 현재 Course 객체로 초기화하여 직접 제출할 수 있
도록 합니다.

courses/course/detail.html 템플릿을 열어서 다음 줄을 찾습니다.

```
{{ object.overview|linebreaks }}
```

찾은 줄을 다음과 같이 변경합니다.

---

1   urls.py에서 설정한 URL의 이름이나 뷰의 이름 등을 통해서 실제 URL을 만들어냄.

```
{{ object.overview|linebreaks }}
{% if request.user.is_authenticated %}
  <form action="{% url "student_enroll_course" %}" method="post">
    {{ enroll_form }}
    {% csrf_token %}
    <input type="submit" value="Enroll now">
  </form>
{% else %}
  <a href="{% url "student_registration" %}" class="button">
    Register to enroll
  </a>
{% endif %}
```

추가된 부분은 강좌에 등록하는 버튼입니다. 사용자가 인증되었다면 student_enroll_course URL로 이어지는 숨겨진 폼을 가진 등록 버튼을 표시합니다. 사용자가 인증되지 않았다면 사이트에 가입하기 위한 링크를 표시합니다.

개발 서버가 실행 중인 것을 확인하고, 브라우저에서 http://127.0.0.1:8000/을 열어 강좌를 클릭하세요. 로그인된 상태라면 강좌 상세 정보 아래에 다음과 같이 ENROLL NOW 버튼이 표시될 것입니다.

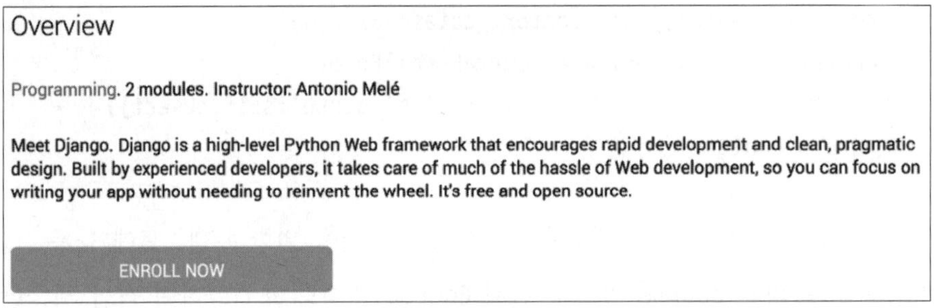

Overview

Programming. 2 modules. Instructor: Antonio Melé

Meet Django. Django is a high-level Python Web framework that encourages rapid development and clean, pragmatic design. Built by experienced developers, it takes care of much of the hassle of Web development, so you can focus on writing your app without needing to reinvent the wheel. It's free and open source.

ENROLL NOW

그림 14.4 ENROLL NOW 버튼을 가진 강좌 상세 페이지

로그인하지 않은 경우 등록하려면 REGISTER TO ENROLL 버튼이 대신 표시됩니다.

14.3 강좌 콘텐츠에 접근하기

학생이 등록한 강좌를 표시하기 위한 뷰와 실제 강좌 콘텐츠에 접근하기 위한 뷰가 필요합니다. students 애플리케이션의 views.py 파일을 수정하여 다음 코드를 추가합니다.

```python
from django.views.generic.list import ListView
from courses.models import Course

class StudentCourseListView(LoginRequiredMixin, ListView):
    model = Course
    template_name = 'students/course/list.html'
    def get_queryset(self):
        qs = super().get_queryset()
        return qs.filter(students__in=[self.request.user])
```

학생이 등록한 강좌를 볼 수 있는 뷰입니다. 로그인한 사용자만 이 뷰에 접근할 수 있도록 하기 위해 LoginRequiredMixin을 상속합니다. 또한 Course 객체 목록을 표시하기 위해 일반 ListView를 상속합니다. 학생이 등록한 강좌만 검색하기 위해 get_queryset() 메서드를 재정의하고, 학생의 ManyToManyField 필드를 기준으로 QuerySet을 필터링합니다. 그런 다음, students 애플리케이션의 views.py 파일에 다음 코드를 추가합니다.

```python
from django.views.generic.detail import DetailView

class StudentCourseDetailView(DetailView):
    model = Course
    template_name = 'students/course/detail.html'

    def get_queryset(self):
        qs = super().get_queryset()
        return qs.filter(students__in=[self.request.user])

    def get_context_data(self, **kwargs):
        context = super().get_context_data(**kwargs)
        # 강좌 객체 가져오기
        course = self.get_object()
        if 'module_id' in self.kwargs:
            # 현재 모듈 가져오기
            context['module'] = course.modules.get(
```

```
            id=self.kwargs['module_id'])
    else:
        # 첫 번째 모듈 가져오기
        context['module'] = course.modules.all()[0]
    return context
```

이 뷰는 StudentCourseDetailView입니다. get_queryset() 메서드를 재정의해서 기본 QuerySet을 학생이 등록한 강좌로 제한합니다. 또한 module_id URL 매개 변수가 지정된 경우 get_context_data() 메서드를 재정의해서 콘텍스트에서 강좌 모듈을 설정할 수 있습니다. 그렇지 않으면 강좌의 첫 번째 모듈을 설정합니다. 이렇게 하면 학생이 강좌 내의 모듈을 탐색할 수 있습니다.

students 애플리케이션의 urls.py 파일을 수정해서 다음 URL 패턴을 추가합니다.

```
path('courses/',
     views.StudentCourseListView.as_view(),
     name='student_course_list'),
path('course/<pk>/',
     views.StudentCourseDetailView.as_view(),
     name='student_course_detail'),
path('course/<pk>/<module_id>/',
     views.StudentCourseDetailView.as_view(),
     name='student_course_detail_module'),
```

학생 애플리케이션의 templates/students/ 디렉터리 내에 다음 파일 구조를 생성합니다.

```
course/
    detail.html
    list.html
```

students/course/list.html 템플릿을 수정해서 다음 코드를 추가합니다.

```
{% extends "base.html" %}

{% block title %}My courses{% endblock %}
```

```
{% block content %}
  <h1>My courses</h1>
  <div class="module">
    {% for course in object_list %}
      <div class="course-info">
        <h3>{{ course.title }}</h3>
        <p><a href="{% url "student_course_detail" course.id %}">
        Access contents</a></p>
      </div>
    {% empty %}
      <p>
        You are not enrolled in any courses yet.
        <a href="{% url "course_list" %}">Browse courses</a>
        to enroll on a course.
      </p>
    {% endfor %}
  </div>
{% endblock %}
```

이 템플릿은 학생이 등록한 강좌를 표시합니다. 새로운 학생이 플랫폼에 성공적으로 등록하면 student_course_list URL로 리디렉션된다는 점을 기억하세요. 또한 학생이 플랫폼에 로그인할 때 이 URL로 리디렉션되도록 해 보겠습니다.

educa 프로젝트의 settings.py 파일을 수정해서 다음 코드를 추가합니다.

```
from django.urls import reverse_lazy
LOGIN_REDIRECT_URL = reverse_lazy('student_course_list')
```

요청에 다음 매개 변수가 없는 경우 로그인 성공 후 학생을 리디렉션하기 위해 인증 모듈에서 사용하는 설정입니다. 로그인에 성공하면 학생은 등록한 강좌를 볼 수 있도록 student_course_list URL로 리디렉션됩니다.

students/course/detail.html 템플릿을 수정해서 다음 코드를 추가합니다.

```
{% extends "base.html" %}

{% block title %}
  {{ object.title }}
```

```
{% endblock %}
{% block content %}
  <h1>
    {{ module.title }}
  </h1>
  <div class="contents">
    <h3>Modules</h3>
    <ul id="modules">
      {% for m in object.modules.all %}
        <li data-id="{{ m.id }}" {% if m == module %}class="selected"{% endif %}>
          <a href="{% url "student_course_detail_module" object.id m.id %}">
            <span>
              Module <span class="order">{{ m.order|add:1 }}</span>
            </span>
            <br>
            {{ m.title }}
          </a>
        </li>
      {% empty %}
        <li>No modules yet.</li>
      {% endfor %}
    </ul>
  </div>
  <div class="module">
    {% for content in module.contents.all %}
      {% with item=content.item %}
        <h2>{{ item.title }}</h2>
        {{ item.render }}
      {% endwith %}
    {% endfor %}
  </div>
{% endblock %}
```

템플릿 태그가 여러 줄로 나눠지지 않았는지 확인합니다. 이 템플릿은 등록한 학생이 강좌의 콘텐츠에 접근하기 위한 템플릿입니다. 먼저 모든 강좌 모듈을 포함하고 현재 모듈을 강조 표시하는 HTML 목록을 작성합니다. 그런 다음 현재 모듈의 콘텐츠를 반복함으로써 각 콘텐츠 항목에 접근해서 {{ item.render }}를 사용해 표시합니다. 다음으로 콘텐츠 모델에 render() 메서드를 추가합니다. 이 메서드는 콘텐츠 렌더링을 알맞게 처리합니다.
이제 http://127.0.0.1:8000/students/register/에 접속해서 새로운 학생 계정을 등록하면 모든 강좌에 등록할 수 있습니다.

14.3.1 다양한 타입의 콘텐츠 렌더링하기

강좌 콘텐츠를 표시하려면 생성한 다양한 콘텐츠 타입(텍스트, 이미지, 비디오 및 파일)을 렌더링해야 합니다.

강좌 애플리케이션의 models.py 파일을 열어서 ItemBase 모델에 다음 render() 메서드를 추가합니다.

```python
from django.template.loader import render_to_string

class ItemBase(models.Model):
    # ...
    def render(self):
        return render_to_string(
            f'courses/content/{self._meta.model_name}.html',
            {'item': self})
```

이 메서드는 템플릿을 렌더링하고 렌더링된 콘텐츠를 문자열로 반환하는 render_to_string() 함수를 사용합니다. 각 종류의 콘텐츠는 콘텐츠 모델의 이름을 딴 템플릿을 사용해 렌더링됩니다. self._meta.model_name을 사용해서 각 콘텐츠 모델에 적합한 템플릿 이름을 동적으로 생성할 수 있습니다. render() 메서드는 다양한 콘텐츠를 렌더링하기 위한 공통 인터페이스를 제공합니다.

courses 애플리케이션의 templates/courses/ 디렉터리 내에 다음과 같은 파일 구조를 생성합니다.

```
content/
    text.html
    file.html
    image.html
    video.html
```

courses/content/text.html 템플릿을 열어 다음 코드를 추가합니다.

```
{{ item.content|linebreaks }}
```

이 템플릿은 텍스트 콘텐츠를 렌더링하는 템플릿입니다. linebreaks 템플릿 필터는 일반 텍스트의 줄 바꿈을 HTML의 줄 바꿈으로 바꿉니다.

courses/content/file.html 템플릿을 수정해서 다음을 추가합니다.

```
<p>
  <a href="{{ item.file.url }}" class="button">Download file</a>
</p>
```

이 템플릿은 파일을 렌더링하는 템플릿입니다. 파일을 다운로드할 수 있는 링크를 생성합니다.

courses/content/image.html 템플릿을 수정합니다.

```
<p>
  <img src="{{ item.file.url }}" alt="{{ item.title }}">
</p>
```

이 템플릿은 이미지를 렌더링하기 위한 템플릿입니다.

비디오 객체를 렌더링하기 위한 템플릿도 생성해야 합니다. django-embed-video를 사용하여 비디오 콘텐츠를 임베드합니다. django-embed-video는 YouTube 또는 Vimeo와 같이 소스에서 공개 URL을 제공하기만 하면 템플릿에 비디오를 임베드할 수 있는 서드파티 장고 애플리케이션입니다. 다음 명령으로 패키지를 설치합니다.

```
pip install django-embed-video==1.4.4
```

프로젝트의 settings.py 파일을 편집해서 다음과 같이 INSTALLED_APPS 설정에 애플리케이션을 추가합니다.

```
INSTALLED_APPS = [
    # ...
    'embed_video',
]
```

django-embed-video 애플리케이션의 문서는 https://django-embed-video.readthedocs.io/en/latest/ 에서 볼 수 있습니다.

courses/content/video.html 템플릿을 열어서 다음 코드를 작성합니다.

```
{% load embed_video_tags %}
{% video item.url "small" %}
```

이 템플릿이 동영상을 렌더링하는 템플릿입니다.

이제 개발 서버를 실행하고 브라우저에서 http://127.0.0.1:8000/course/mine/에 접속합니다. 강사 그룹에 속하는 사용자로 사이트에 접속해서 강좌에 여러 콘텐츠를 추가합니다. 비디오 콘텐츠를 포함하려면 https://www.youtube.com/watch?v=bgV39DlmZ2U와 같은 YouTube URL을 복사하여 양식의 URL 필드에 입력하면 됩니다.

강좌에 콘텐츠를 추가한 후 http://127.0.0.1:8000/을 열고 코스를 클릭한 다음 ENROLL NOW 버튼을 클릭합니다. 강좌에 등록되고 student_course_detail URL로 리디렉션되어야 합니다. 그림 14.5는 샘플 강좌의 콘텐츠 페이지를 보여줍니다.

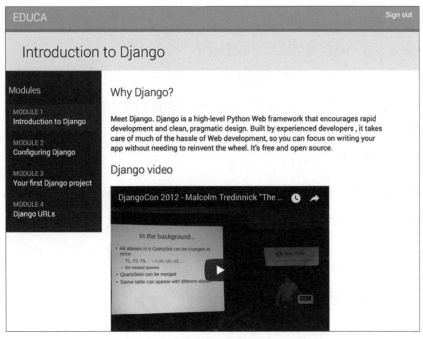

그림 14.5 강좌 콘텐츠 페이지

훌륭합니다! 다양한 타입의 콘텐츠가 포함된 강좌를 렌더링하기 위한 공통 인터페이스를 생성했습니다.

14.4 캐시 프레임워크 사용하기

웹 애플리케이션의 HTTP 요청을 처리하려면 일반적으로 데이터베이스 액세스, 데이터 조작, 템플릿 렌더링이 수반됩니다. 정적 웹사이트를 제공하는 것보다 처리 비용이 훨씬 더 많이 듭니다. 사이트 트래픽이 점점 증가하기 시작하면 일부 요청의 오버헤드가 상당히 커질 수 있습니다. 바로 이때 캐시가 중요해집니다. HTTP 요청에서 쿼리, 계산 결과 또는 렌더링된 콘텐츠를 캐시하면 동일한 데이터를 반환해야 하는 다음 요청에서 비용이 많이 드는 작업을 피할 수 있습니다. 이는 서버 측에서 응답 시간이 단축되고 처리량이 줄어든다는 의미로 해석됩니다.

장고에는 다양한 수준의 조각으로 데이터를 캐시할 수 있는 강력한 캐시 시스템이 포함되어 있습니다. 단일 쿼리, 특정 뷰의 출력, 렌더링된 템플릿 콘텐츠의 일부 또는 전체 사이트를 캐시할 수 있습니다. 캐시 항목은 기본 설정 시간 동안 캐시 시스템에 저장되지만 데이터를 캐시할 때 시간 제한을 지정할 수 있습니다.

애플리케이션이 HTTP 요청을 처리할 때 일반적으로 캐시 프레임워크를 사용하는 방식은 다음과 같습니다.

1. 캐시에서 요청된 데이터를 찾습니다.
2. 데이터를 찾으면 캐시된 데이터를 반환합니다.
3. 찾을 수 없는 경우 다음 단계를 수행합니다.

   1. 데이터를 생성하는 데 필요한 데이터베이스 쿼리 또는 처리를 수행합니다.
   2. 생성된 데이터를 캐시에 저장합니다.
   3. 데이터를 반환합니다.

장고의 캐시 시스템에 관한 자세한 정보는 https://docs.djangoproject.com/ko/4.1/topics/cache/에서 확인할 수 있습니다.

14.4.1 사용가능한 캐시 백엔드

장고에는 다음과 같은 캐시 백엔드가 제공됩니다.

- backends.memcached.PyMemcacheCache 또는 backends.memcached.PyLibMCCache: Memcached 백엔드로 빠르고 효율적인 메모리 기반 캐시 서버입니다. 사용할 백엔드는

선택한 Memcached 파이썬 바인딩에 따라 다릅니다.

- `backends.redis.RedisCache`: Redis 캐시 백엔드입니다. 이 백엔드는 장고 4.0에 추가되었습니다.

- `backends.db.DatabaseCache`: 데이터베이스를 캐시 시스템으로 사용합니다.

- `backends.filebased.FileBasedCache`: 파일 저장 시스템을 사용합니다. 이 캐시 백엔드는 각 캐시 값을 별도의 파일로 직렬화해서 저장합니다.

- `backends.locmem.LocMemCache`: 로컬 메모리 캐시 백엔드로 기본 캐시 백엔드입니다.

- `backends.dummy.DummyCache`: 개발 전용 더미 캐시 백엔드로 실제로 아무것도 캐싱하지 않고 캐시 인터페이스를 구현합니다. 이 캐시는 프로세스별 캐시이며 스레드에 안전합니다.

Tip 최적의 성능을 얻으려면 메모리 기반 캐시 백엔드(예: Memcached 또는 Redis 백엔드)를 사용하세요.

14.4.2 Memcached 설치하기

Memcached는 널리 사용되는 고성능 메모리 기반 캐시 서버입니다. 여기서는 Memcached와 **PyMemcacheCache** Memcached 백엔드를 사용하겠습니다.

14.4.3 Memcached 도커 이미지 설치하기

셸에서 다음 명령어를 실행하여 Memcached 도커 이미지를 가져옵니다.

```
docker pull memcached
```

그러면 Memcached 도커 이미지가 로컬 머신에 다운로드됩니다. 도커를 사용하지 않으려는 경우 https://memcached.org/downloads에서 Memcached를 다운로드할 수도 있습니다. 다음 명령으로 Memcached 도커 컨테이너를 실행합니다.

```
docker run -it --rm --name memcached -p 11211:11211 memcached -m 64
```

Memcached는 기본적으로 11211 포트에서 실행됩니다. p 옵션은 11211 포트를 동일한 호스트 인터페이스 포트에 게시하는 데 사용됩니다. m 옵션은 컨테이너의 메모리를 64MB로 제한하는 데 사용됩니다. Memcached는 메모리에서 실행되며 지정된 양의 RAM이 할당됩니다. 할당된 RAM이 가득 차면 Memcached는 새로운 데이터를 저장하기 위해 가장 오래된 데이터를 제거하기 시작합니다. 분리(detached) 모드(터미널의 백그라운드에서) 명령을 실행하려면 -d 옵션을 사용하면 됩니다.

Memcached에 관한 자세한 정보는 https://memcached.org에서 확인할 수 있습니다.

14.4.4 Memcached 파이썬 바인딩 설치하기

Memcached를 설치한 후에는 Memcached 파이썬 바인딩을 설치해야 합니다. 여기서는 빠르면서도 순수 파이썬 Memcached 클라이언트인 **pymemcache**를 설치하겠습니다. 쉘에서 다음 명령을 실행합니다.

```
pip install pymemcache==3.5.2
```

pymemcache 라이브러리에 관한 자세한 내용은 https://github.com/pinterest/pymemcache 에서 확인할 수 있습니다.

14.4.5 장고 캐시 세팅

장고는 다음과 같은 캐시 설정을 지원합니다.

- **CACHES**: 프로젝트에 사용 가능한 모든 캐시가 포함된 딕셔너리입니다.
- **CACHE_MIDDLEWARE_ALIAS**: 저장에 사용할 캐시 별칭입니다.
- **CACHE_MIDDLEWARE_KEY_PREFIX**: 캐시 키에 사용할 접두사입니다. 여러 사이트 간에 동일한 캐시를 공유하는 경우 키 충돌을 방지하기 위해 접두사를 설정합니다.
- **CACHE_MIDDLEWARE_SECONDS**: 페이지를 캐시할 기본 설정 시간(초)입니다.

프로젝트의 캐싱 시스템은 **CACHES** 설정을 사용해서 구성할 수 있습니다. 이 설정을 사용하면 여러 캐시의 구성을 지정할 수 있습니다. **CACHES** 딕셔너리에 포함된 각 캐시는 다음 데이터를 지정할 수 있습니다.

- **BACKEND**: 사용할 캐시 백엔드입니다.
- **KEY_FUNCTION**: 접두사, 버전, 키를 인수로 받아 최종 캐시 키를 반환하는 호출 가능한 객체에 관한 점으로 구분된 경로가 포함된 문자열입니다.
- **KEY_PREFIX**: 충돌을 피하기 위한 모든 캐시 키의 문자열 접두사입니다.
- **LOCATION**: 캐시 위치입니다. 캐시 백엔드에 따라 디렉터리, 호스트 및 포트 또는 인메모리 백엔드의 이름일 수 있습니다.
- **OPTIONS**: 캐시 백엔드에 전달할 추가적인 매개 변수입니다.
- **TIMEOUT**: 캐시 키를 저장하기 위해 기본으로 설정된 시간 제한(초)입니다. 기본 값은 300초(5분)입니다. **None**으로 설정하면 캐시 키가 만료되지 않습니다.
- **VERSION**: 캐시 키의 기본 버전 번호입니다. 캐시의 버전 관리에 유용합니다.

14.4.6 프로젝트에 Memcached 추가하기

프로젝트에 캐시를 구성해 보겠습니다. educa 프로젝트의 settings.py 파일을 열고 다음 코드를 추가합니다.

```
CACHES = {
    'default': {
        'BACKEND': 'django.core.cache.backends.memcached.PyMemcacheCache',
        'LOCATION': '127.0.0.1:11211',
    }
}
```

PyMemcacheCache 백엔드를 사용하고 있습니다. address:port 표기법을 사용해서 위치를 지정합니다. 여러 개의 Memcached 인스턴스가 있는 경우, LOCATION에 목록을 사용할 수 있습니다.

프로젝트에 Memcached를 설정했습니다. 이제 데이터 캐싱을 시작하겠습니다!

14.4.7 캐싱 수준

장고는 다음과 같은 수준의 캐싱을 제공하며, 여기에는 정밀도가 높은 것부터 낮은 순으로 나열되어 있습니다.

- **낮은 수준의 캐시 API**: 장고에서 제공하는 가장 정밀한 캐싱 수준입니다. 특정 쿼리나 계산 결과를 캐시할 수 있습니다.
- **템플릿 캐시**: 장고에서는 템플릿 일부(fragment)를 캐시할 수 있습니다.
- **뷰별 캐시**: 이 캐싱 수준은 개별 뷰의 출력을 캐시할 수 있도록 합니다.
- **사이트별 캐시**: 가장 높은 수준의 캐시입니다. 전체 사이트를 캐시합니다.

Tip 캐시를 구현하기 전에 캐시 전략을 고려해 보세요. 먼저 사용자별로 계산되지 않는 비용이 많이 드는 쿼리나 연산에 집중해 보기를 권합니다.

먼저 파이썬 코드에서 낮은 수준의 캐시 API를 사용하는 방법부터 알아봅시다.

14.4.8 낮은 수준의 캐시 API를 사용하기

낮은 수준의 캐시 API를 사용하면 어떤 정밀한 수준으로도 객체를 캐시에 저장할 수 있습니다. 이는 `django.core.cache`에 위치해 있습니다. 다음과 같이 가져올 수 있습니다.

```
from django.core.cache import cache
```

기본 설정된 캐시를 사용합니다. 이는 `caches['default']`와 동일합니다. 별칭으로 특정 캐시에 접근하는 것도 가능합니다.

```
from django.core.cache import caches
my_cache = caches['alias']
```

캐시 API가 어떻게 작동하는지 살펴보겠습니다. 다음 명령으로 장고 쉘을 엽니다.

```
python manage.py shell
```

다음 코드를 실행합니다.

```
>>> from django.core.cache import cache
>>> cache.set('musician', 'Django Reinhardt', 20)
```

기본 캐시 백엔드에 접속하고 `set(key, value, timeout)`을 사용해서 `'musician'`이라는

이름의 키와 'Django Reinhardt'라는 문자열 값을 20초 동안 저장합니다. 시간 제한을 지정하지 않으면 장고는 CACHES 설정에서 캐시 백엔드에 지정된 기본 설정 시간 제한을 사용합니다. 이제 다음 코드를 실행합니다.

```
>>> cache.get('musician')
'Django Reinhardt'
```

캐시에서 키를 조회합니다. 20초 동안 기다렸다가 동일한 코드를 실행합니다.

```
>>> cache.get('musician')
```

이번에는 아무런 값도 반환되지 않습니다. 'musician' 캐시 키가 만료되어서, 더 이상 해당 키가 캐시에 없기 때문에 get() 메서드가 None을 반환합니다.

Tip 실제 값이 없는 것과 캐시 누락을 구분할 수 없으므로 항상 캐시 키에 **None** 값을 저장하지 마세요.

다음 코드로 QuerySet을 캐시해 보겠습니다.

```
>>> from courses.models import Subject
>>> subjects = Subject.objects.all()
>>> cache.set('my_subjects', subjects)
```

Subject 모델에 대해 QuerySet을 수행하고 반환된 객체를 'my_subjects' 키에 저장합니다. 캐시된 데이터를 검색해 보겠습니다.

```
>>> cache.get('my_subjects')
<QuerySet [<Subject: Mathematics>, <Subject: Music>, <Subject: Physics>,
<Subject: Programming>]>
```

뷰에서 몇 가지 쿼리를 캐시하려고 합니다. 강좌 애플리케이션의 views.py 파일을 수정해서 다음 임포트문을 추가합니다.

```
from django.core.cache import cache
```

CourseListView의 get() 메서드에서 다음 줄을 찾습니다.

```
subjects = Subject.objects.annotate(
            total_courses=Count('courses'))
```

찾은 줄을 다음 코드로 바꿉니다.

```
subjects = cache.get('all_subjects')
if not subjects:
    subjects = Subject.objects.annotate(
                total_courses=Count('courses'))
    cache.set('all_subjects', subjects)
```

이 코드에서는 cache.get()을 사용해서 캐시에서 all_students 키를 가져오려 합니다. 주어진 키를 찾을 수 없으면 None을 반환합니다. 키를 찾을 수 없는 경우(아직 캐시되지 않았거나 캐시되었지만 시간 초과) 쿼리를 수행해서 모든 Subject 객체와 해당 강좌 수를 조회해서 cache.set()을 사용해 결과를 캐시에 저장합니다.

14.4.9 장고 디버그 도구 모음으로 캐시 요청 확인하기

캐시된 쿼리를 확인하기 위해 프로젝트에 장고 디버그 도구 모음을 추가해 보겠습니다. "7장, 사용자 활동 추적하기"에서 장고 디버그 툴바를 사용하는 법을 배웠습니다. 먼저 다음 명령어로 장고 디버그 도구를 설치합니다.

```
pip install django-debug-toolbar==3.6.0
```

프로젝트의 settings.py 파일을 편집해서 다음과 같이 INSTALLED_APPS 설정에 debug_toolbar를 추가합니다. 새로운 줄은 굵게 강조 표시되어 있습니다.

```
INSTALLED_APPS = [
    # ...
    'debug_toolbar',
]
```

같은 파일에서 굵게 강조 표시된 다음 줄을 MIDDLEWARE 설정에 추가합니다.

```
MIDDLEWARE = [
    'debug_toolbar.middleware.DebugToolbarMiddleware',
    'django.middleware.security.SecurityMiddleware',
    'django.contrib.sessions.middleware.SessionMiddleware',
    'django.middleware.common.CommonMiddleware',
    'django.middleware.csrf.CsrfViewMiddleware',
    'django.contrib.auth.middleware.AuthenticationMiddleware',
    'django.contrib.messages.middleware.MessageMiddleware',
    'django.middleware.clickjacking.XFrameOptionsMiddleware',
]
```

DebugToolbarMiddleware는 다른 미들웨어보다 먼저 배치되어야 하지만, GZipMiddleware
와 같이 응답의 콘텐츠를 인코딩하는 미들웨어는 예외입니다(있는 경우 가장 먼저 배치해
야 함).

settings.py 파일 끝에 다음 줄을 추가합니다.

```
INTERNAL_IPS = [
    '127.0.0.1',
]
```

장고 디버그 도구 모음은 IP 주소가 INTERNAL_IPS 설정의 항목과 일치하는 경우에만 표시
됩니다.

프로젝트의 기본 urls.py 파일을 열어서 urlpatterns에 다음 URL 패턴을 추가합니다.

```
path('__debug__/', include('debug_toolbar.urls')),]
```

개발 서버를 실행하고 브라우저에서 http://127.0.0.1:8000/을 엽니다.

이제 페이지 오른쪽에 장고 디버그 도구 모음이 표시됩니다. 사이드 바 메뉴에서 캐시를 클
릭하면 다음 패널이 표시됩니다.

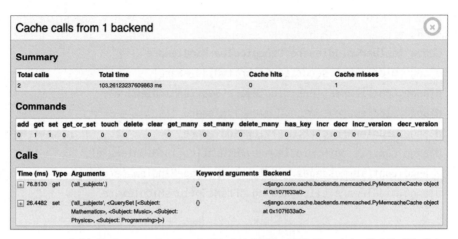

그림 14.6 캐시 누락 시 CourseListView에 대한 캐시 요청을 기록한 장고 디버그 툴바의 캐시 패널

Total calls 아래에 2가 표시되어야 합니다. CourseListView 보기가 처음 실행될 때 두 번의 캐시 요청이 있습니다. 명령 아래에 get 명령이 한 번 실행되었고 set 명령도 한 번 실행되었음을 확인할 수 있습니다. get 명령은 all_subjects 캐시 키를 조회하는 호출에 해당합니다. 이것은 Calls 아래에 표시되는 첫 번째 호출입니다. 뷰가 처음 실행될 때는 아직 데이터가 캐시되지 않았기 때문에 캐시 누락이 발생합니다. 그렇기 때문에 캐시 누락 아래에 1이 표시됩니다. 그런 다음 set 명령을 사용하여 all_subjects 캐시 키를 사용해서 주제를 조회한 QuerySet의 결과를 캐시에 저장합니다. 이것이 Calls 아래에 표시되는 두 번째 호출입니다.

장고 디버그 도구 모음의 SQL 메뉴 항목에서 이 요청에서 실행된 총 SQL쿼리 수를 확인할 수 있습니다. 여기에는 캐시에 저장된 모든 주제를 검색하는 쿼리가 포함됩니다.

그림 14.7 캐시 누락 시 CourseListView에 대해 실행된 SQL 쿼리

브라우저에서 페이지를 새로고침하고 사이드 바 메뉴에서 캐시를 클릭합니다.

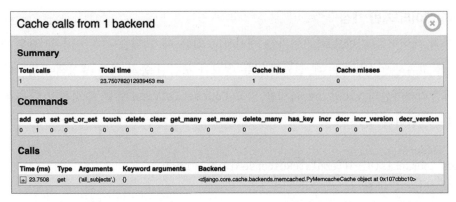

그림 14.8 캐시 사용 시 CourseListView 보기에 대한 캐시 요청을 기록한 장고 디버그 도구 모음의 캐시 패널

이제 캐시 요청이 하나만 있습니다. Total calls 아래에 1이 표시되어야 합니다. 그리고 Commands에서 캐시 요청이 get 명령에 해당하는 것을 볼 수 있습니다. 이 경우 캐시에서 데이터를 찾았으므로 캐시 누락(Cache misses)이 아니라 캐시 사용(Cache hits)이 있습니다. Calls 아래에서 all_subjects 캐시 키를 검색하는 get 요청을 볼 수 있습니다.

디버그 도구 모음의 SQL 메뉴 항목을 확인합니다. 이 요청에 SQL 쿼리가 하나 줄어든 것을 볼 수 있습니다. 뷰가 캐시에서 데이터를 찾고 데이터베이스에서 데이터를 검색할 필요가 없기 때문에 SQL 쿼리가 하나 줄어듭니다.

그림 14.9 캐시 사용 시 CourseListView에 대해 실행된 SQL 쿼리

이 예에서는 단일 요청의 경우 캐시에서 항목을 조회하는 데 추가 SQL 쿼리에서 절약되는 시간보다 더 많은 시간이 소요됩니다. 그러나 사이트에 액세스하는 사용자가 많은 경우, 데이터베이스를 사용하는 대신 캐시에서 데이터를 조회하면 시간이 크게 단축되며 더 많은 동시 사용자에게 서비스를 제공할 수 있습니다.

동일한 URL에 대한 연속적인 요청은 캐시에서 데이터를 조회합니다. CourseListView 뷰에서 cache.set('all_subjects', subjects)로 데이터를 캐시할 때 시간 제한을 지정하지 않았으므로 기본 설정 시간 제한(기본적으로 300초, 즉 5분)이 사용됩니다. 시간 제한에 도달하면 URL에 대한 다음 요청에서 캐시 누락이 발생하고 QuerySet이 실행되며 데이터가 5분 동안 또 캐시됩니다. CACHES 설정의 TIMEOUT 요소로 시간 제한 기본 설정을 다르게 정의할 수 있습니다.

■ 동적 데이터 기반 캐싱

종종 동적 데이터를 기반으로 무언가를 캐시하고 싶을 때가 있습니다. 이러한 경우 캐시된 데이터를 고유하게 식별하는 데 필요한 모든 정보가 포함된 동적 키를 생성해야 합니다.

코스 애플리케이션의 `views.py` 파일을 열고 `CourseListView` 뷰를 수정해서 다음과 같이 표시되도록 합니다.

```python
class CourseListView(TemplateResponseMixin, View):
    model = Course
    template_name = 'courses/course/list.html'
    def get(self, request, subject=None):
        subjects = cache.get('all_subjects')
        if not subjects:
            subjects = Subject.objects.annotate(
                            total_courses=Count('courses'))
            cache.set('all_subjects', subjects)
        all_courses = Course.objects.annotate(
                            total_modules=Count('modules'))
        if subject:
            subject = get_object_or_404(Subject, slug=subject)
            key = f'subject_{subject.id}_courses'
            courses = cache.get(key)
            if not courses:
                courses = all_courses.filter(subject=subject)
                cache.set(key, courses)
        else:
            courses = cache.get('all_courses')
            if not courses:
                courses = all_courses
                cache.set('all_courses', courses)
        return self.render_to_response({'subjects': subjects,
                                        'subject': subject,
                                        'courses': courses})
```

이 경우 모든 강좌 그리고 주제별로 필터링된 강좌 모두 캐시됩니다. 주제가 지정되지 않은 경우 모든 강좌를 저장하는 데 `all_courses` 캐시 키를 사용합니다. 주제가 있는 경우 `f'subject_{subject.id}_courses'`를 사용해서 동적으로 키를 생성합니다.

캐시된 쿼리 집합은 실제로 QuerySet의 결과이므로 캐시된 QuerySet을 사용하여 다른 조건의 QuerySet을 빌드할 수 없다는 점에 유의하는 것이 중요합니다. 따라서 다음을 수행할 수 없습니다.

```
courses = cache.get('all_courses')
courses.filter(subject=subject)
```

대신, 필요한 시점까지 실행되지 않는 기본 QuerySet `Course.objects.annotate(total_modules=Count('modules'))`를 생성해야 하고, 캐시에서 데이터를 찾을 수 없는 경우 이를 사용해서 `all_courses.filter(subject=subject)`로 QuerySet의 조회 범위를 추가로 제한해야 합니다.

14.4.10 템플릿 부분 캐시하기

템플릿 부분 캐시는 더 높은 수준의 접근 방식입니다. `{% load cache %}`를 사용해서 템플릿에서 캐시 템플릿 태그를 로드해야 합니다. 그런 다음 `{% cache %}` 템플릿 태그를 사용해 특정 템플릿 부분을 캐시할 수 있습니다. 일반적으로 템플릿 태그는 다음과 같이 사용합니다.

```
{% cache 300 fragment_name %}
    ...
{% endcache %}
```

`{% cache %}` 템플릿 태그는 두 개의 필수 인자가 있습니다. 초 단위의 시간 제한과 캐시할 템플릿 부분에 붙일 이름입니다. 동적 데이터에 따라 콘텐츠를 캐시하려면 추가 인자를 `{% cache %}` 템플릿 태그에 전달해서 캐시되는 템플릿의 부분을 고유하게 식별할 수 있습니다. students 애플리케이션의 `/students/course/detail.html` 파일을 열어서 `{% extends %}` 태그 바로 다음에 다음 코드를 추가합니다.

```
{% load cache %}
```

그리고 다음 줄을 찾습니다.

```
{% for content in module.contents.all %}
{% with item=content.item %}
    <h2>{{ item.title }}</h2>
    {{ item.render }}
  {% endwith %}
{% endfor %}
```

찾은 부분을 다음과 같이 바꿉니다.

```
{% cache 600 module_contents module %}
  {% for content in module.contents.all %}
    {% with item=content.item %}
      <h2>{{ item.title }}</h2>
      {{ item.render }}
    {% endwith %}
  {% endfor %}
{% endcache %}
```

이 템플릿 부분을 module_contents라는 이름으로 캐시하고 현재 Module 객체를 전달해서 캐시를 고유하게 식별하도록 합니다. 캐시되는 템플릿 부분을 고유하게 식별하는 것은 다른 모듈을 요청할 때 캐시된 모듈의 콘텐츠를 잘못 제공하는 것을 피하기 위해 중요합니다.

USE_I18N 설정이 True로 설정되어 있으면 사이트별 미들웨어 캐시가 현재 활성된 언어를 따릅니다. {% cache %} 템플릿 태그를 사용하는 경우, 동일한 결과를 얻으려면 {% cache 600 name request.LANGUAGE_CODE %}처럼 템플릿에서 사용할 수 있는 번역 관련 변수 중 하나를 사용해야 합니다.

14.4.11 뷰 캐시하기

django.views.decorators.cache에 있는 cache_page 데코레이터를 사용해서 개별 뷰의 출력을 캐시할 수 있습니다. 데코레이터에는 timeout 인자가 필요합니다(초 단위).
실제 뷰에서 사용해 보겠습니다. students 애플리케이션의 urls.py 파일을 편집해서 다음 임포트문을 추가합니다.

```
from django.views.decorators.cache import cache_page
```

그리고 다음과 같이 student_course_detail 및 student_course_detail_ module URL
패턴에 cache_page 데코레이터를 적용합니다.

```
path('course/<pk>/',
    cache_page(60 * 15)(views.StudentCourseDetailView.as_view()),
    name='student_course_detail'),
path('course/<pk>/<module_id>/',
    cache_page(60 * 15)(views.StudentCourseDetailView.as_view()),
    name='student_course_detail_module'),
```

이제 StudentCourseDetailView에서 반환된 전체 콘텐츠가 15분 동안 캐시됩니다.

 뷰별 캐시는 URL을 사용해서 캐시 키를 만듭니다. 동일한 뷰를 가리키는 여러 개의 URL은 각각 별
개로 캐시됩니다.

■ 사이트별 캐시 사용하기

가장 높은 수준의 캐시입니다. 전체 사이트를 캐시할 수 있습니다. 사이트별 캐시를 허용하
려면 다음과 같이 프로젝트의 settings.py 파일을 편집해서 다음과 같이 MIDDLEWARE 설정
에 UpdateCacheMiddleware 및 FetchFromCacheMiddleware 클래스를 추가합니다.

```
MIDDLEWARE = [
    'debug_toolbar.middleware.DebugToolbarMiddleware',
    'django.middleware.security.SecurityMiddleware',
    'django.contrib.sessions.middleware.SessionMiddleware',
    'django.middleware.cache.UpdateCacheMiddleware',
    'django.middleware.common.CommonMiddleware',
    'django.middleware.cache.FetchFromCacheMiddleware',
    'django.middleware.csrf.CsrfViewMiddleware',
    'django.contrib.auth.middleware.AuthenticationMiddleware',
    'django.contrib.messages.middleware.MessageMiddleware',
    'django.middleware.clickjacking.XFrameOptionsMiddleware',
]
```

미들웨어는 요청 단계에서는 주어진 순서대로 실행되고, 응답 단계에서는 그 반대 순서로
실행된다는 점을 상기하세요. UpdateCacheMiddleware는 응답 시에 실행되므로 Common
Middleware 앞에 배치됩니다. FetchFromCacheMiddleware는 CommonMiddleware 뒤에 일

부러 배치되었는데, 이는 CommonMiddleware에서 설정한 요청 데이터에 접근해야 하기 때문입니다.

다음으로 settings.py 파일에 다음 설정을 추가합니다.

```
CACHE_MIDDLEWARE_ALIAS = 'default'
CACHE_MIDDLEWARE_SECONDS = 60 * 15  # 15 minutes
CACHE_MIDDLEWARE_KEY_PREFIX = 'educa'
```

이 설정에서는 캐시 미들웨어에 기본 설정된 캐시를 사용하고 전역 캐시 시간 제한을 15분으로 설정합니다. 또한 여러 프로젝트에 동일한 Memcached 백엔드를 사용하는 경우 충돌을 피하기 위해 모든 캐시 키에 접두사를 지정합니다. 이제 사이트에서 모든 GET 요청에 대해 캐시된 콘텐츠를 캐시하고 반환합니다.

장고 디버그 도구 모음을 사용해서 서로 다른 페이지에 접근한 후 캐시 요청을 확인할 수 있습니다. 하지만 사이트별 캐시는 많은 사이트에는 적합하지 않을 수 있습니다. 왜냐하면 모든 뷰에 영향을 주기 때문입니다. 실제로 캐시하지 않고 데이터베이스에서 최신 변경 내용을 반영해야 하는 관리자 뷰와 같은 캐시를 원하지 않는 뷰도 포함될 수 있습니다.

이 프로젝트에서 가장 좋은 접근 방식은 학생에게 강좌의 콘텐츠를 표시하는 데 사용되는 템플릿 또는 뷰를 캐시하고 강사용 콘텐츠 관리자 뷰는 캐시하지 않고 그대로 두는 것입니다.

사이트별 캐시를 비활성화해 보겠습니다. 프로젝트의 settings.py 파일을 수정해서 다음과 같이 미들웨어 설정에서 UpdateCacheMiddleware 및 FetchFromCacheMiddleware 클래스를 주석 처리합니다.

```
MIDDLEWARE = [
    'debug_toolbar.middleware.DebugToolbarMiddleware',
    'django.middleware.security.SecurityMiddleware',
    'django.contrib.sessions.middleware.SessionMiddleware',
    # 'django.middleware.cache.UpdateCacheMiddleware',
    'django.middleware.common.CommonMiddleware',
    # 'django.middleware.cache.FetchFromCacheMiddleware',
    'django.middleware.csrf.CsrfViewMiddleware',
    'django.contrib.auth.middleware.AuthenticationMiddleware',
    'django.contrib.messages.middleware.MessageMiddleware',
    'django.middleware.clickjacking.XFrameOptionsMiddleware',
]
```

장고에서 제공하는 다양한 데이터 캐시 방법을 살펴보았습니다. 항상 비용이 많이 드는 QuerySet이나 연산, 자주 변경되지 않는 데이터, 많은 사용자가 동시에 액세스하는 데이터 등을 고려해서 캐시 전략을 현명하게 세워야 합니다.

■ Redis 캐시 백엔드 사용하기

장고 4.0에는 Redis 캐시 백엔드가 도입되었습니다. 프로젝트의 캐시 백엔드로 Memcached 대신 Redis를 사용하도록 설정을 변경해 보겠습니다. *"7장, 사용자 활동 추적하기"*와 *"10장, 온라인 상점 확장하기"*에서 이미 Redis를 사용했었습니다.

다음 명령을 사용해서 개발자 환경에 **redis-py**를 설치합니다.

```
pip install redis==4.3.4
```

그런 다음, **educa** 프로젝트의 **settings.py** 파일을 편집하고 다음과 같이 **CACHES** 설정을 수정합니다.

```
CACHES = {
    'default': {
        'BACKEND': 'django.core.cache.backends.redis.RedisCache',
        'LOCATION': 'redis://127.0.0.1:6379',
    }
}
```

이제 프로젝트가 **RedisCache** 캐시 백엔드를 사용합니다. 위치는 **redis://[host]:[port]** 형식으로 정의됩니다. **127.0.0.1**은 로컬 호스트를 가리키고 **6379**는 Redis의 기본 포트입니다.

다음 명령을 사용하여 Redis Docker 컨테이너를 초기화합니다.

```
docker run -it --rm --name redis -p 6379:6379 redis
```

백그라운드에서(detached 모드에서) 명령을 실행하려면 **-d** 옵션을 사용합니다.

개발 서버를 실행하고 브라우저에서 **http://127.0.0.1:8000/**을 엽니다. 장고 디버그 도구 모음의 **Cache** 패널에서 캐시 요청을 확인합니다. 이제 프로젝트의 캐시 백엔드로 Memcached 대신 Redis를 사용합니다.

■ 장고 Redisboard로 Redis 모니터링하기

장고 Redisboard를 사용하여 Redis 서버를 모니터링할 수 있습니다. 장고 Redisboard
는 장고 관리 사이트에 Redis 통계를 추가합니다. 장고 Redisboard에 관한 자세한 정보는
https://github.com/ionelmc/django-redisboard에서 확인할 수 있습니다.
다음 명령을 사용하여 개발자 환경에 django-redisboard를 설치합니다.

```
pip install django-redisboard==8.3.0
```

다음 명령을 사용해서 개발자 환경에 django-redisboard에서 사용하는 파이썬 라이브러리
attrs을 설치합니다.

```
pip install attrs
```

프로젝트의 settings.py 파일을 열어 다음과 같이 INSTALLED_APPS 설정에 애플리케이션
을 추가합니다.

```
INSTALLED_APPS = [
    # ...
    'redisboard',
]
```

프로젝트 디렉터리에서 다음 명령을 실행해 장고 Redisboard 마이그레이션을 실행합니다.

```
python manage.py migrate redisboard
```

개발 서버를 실행하고 브라우저에서 http://127.0.0.1:8000/admin/redisboard/
redisserver/add/를 열어 모니터링할 Redis 서버를 추가합니다. Label 아래에 redis를
입력하고 URL에 그림 14.10과 같이 redis://localhost:6379/0을 입력합니다.

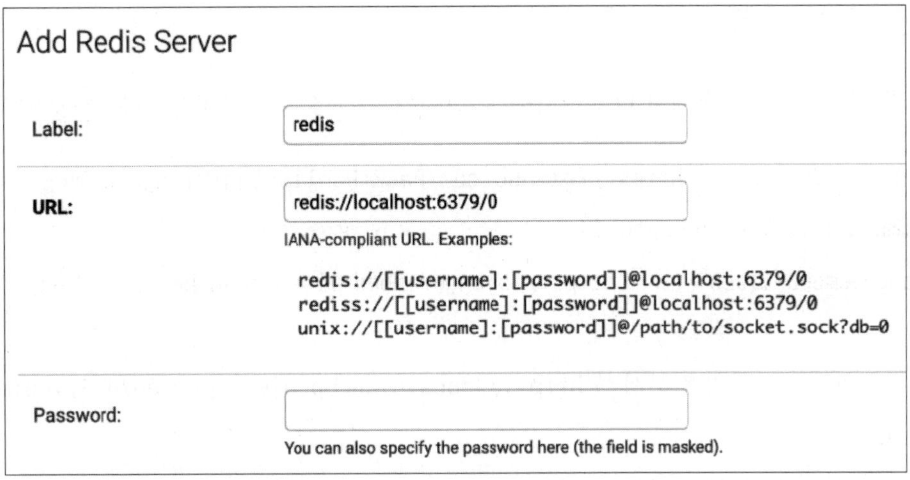

그림 14.10 관리 사이트에서 Django Redisboard에 Redis 서버를 추가하는 양식

로컬 호스트에서 실행 중인 Redis 인스턴스를 모니터링할 것입니다. 이 인스턴스는 포트 6379에서 실행되며 Redis 데이터베이스 번호 0을 사용합니다. SAVE를 클릭합니다. 정보가 데이터베이스에 저장되고 장고 관리 사이트에서 Redis 구성 및 지표들을 볼 수 있습니다.

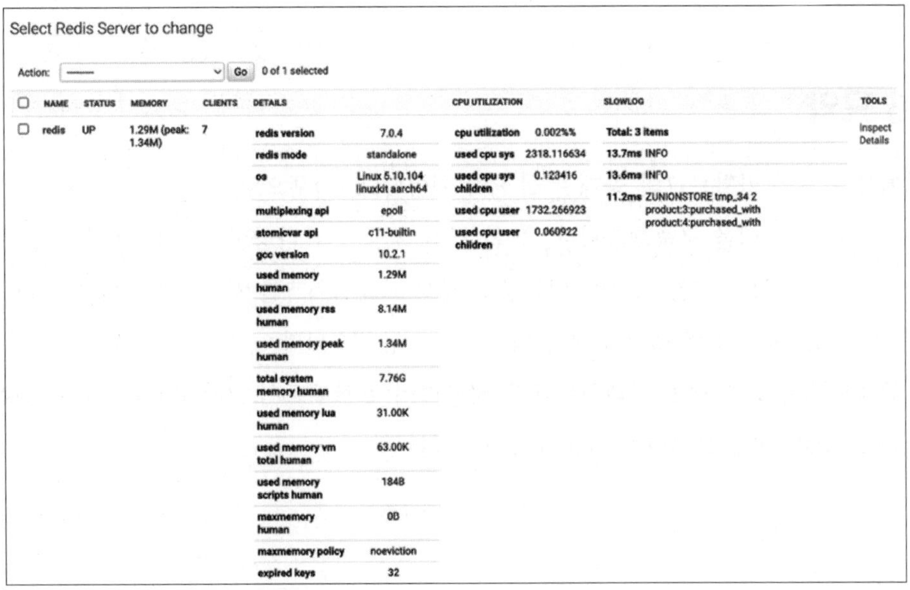

그림 14.11 관리 사이트, 장고 Redisboard의 Redis 모니터링

축하합니다! 프로젝트에 캐시를 성공적으로 구현했습니다.

14.5 추가 자료

다음 자료들에서는 이 장에서 다루는 주제와 관련된 추가 정보를 제공합니다.

- 이 챕터의 소스 코드 – `https://github.com/PacktPublishing/Django-4-by-example/tree/main/Chapter14`
- django-embed-video 문서 – `https://django-embed-video.readthedocs.io/en/latest/`
- 장고의 캐시 프레임워크 문서 – `https://docs.djangoproject.com/en/4.1/topics/cache/`
- Memcached 다운로드 – `https://memcached.org/downloads`
- Memcached 공식 웹사이트 – `https://memcached.org`
- Pymemcache의 소스 코드 – `https://github.com/pinterest/pymemcache`
- 장고 Redisboard의 소스 코드 – `https://github.com/ionelmc/django-redisboard`

14.6 요약

이 장에서는 강좌 카탈로그의 공개 뷰를 구현했습니다. 학생으로 등록하고 강좌를 수강 신청할 수 있는 시스템을 구축했습니다. 또한 강좌 모듈마다 다양한 타입의 콘텐츠를 렌더링하는 기능을 생성했습니다. 마지막으로 장고 캐시 프레임워크를 사용하는 방법을 배웠고 프로젝트에 Memcached 및 Redis 캐시 백엔드를 사용했습니다.

다음 장에서는 장고 REST 프레임워크를 사용하여 프로젝트의 RESTful API를 구축하고 파이썬 `requests` 라이브러리를 사용하게 될 것입니다.

15장

API 구축하기

django

15.1 RESTful API 만들기

14장에서는 학생 등록 및 강좌 수강신청을 위한 시스템을 구축했습니다. 강좌 콘텐츠를 표시하는 뷰를 생성하고 장고의 캐시 프레임워크를 사용하는 방법을 배웠습니다.

이번 장에서는 e-러닝 플랫폼을 위한 RESTful API를 생성합니다. API를 사용하면 웹사이트, 모바일 애플리케이션, 플러그인 등과 같은 여러 플랫폼에서 사용할 수 있는 공통적인 코어를 구축할 수 있습니다. 예를 들어, e-러닝 플랫폼용 모바일 애플리케이션에서 사용할 API를 생성할 수 있습니다. 서드파티에게 API를 제공하면 서드파티는 정보를 소비하고 프로그래밍 방식으로 애플리케이션을 사용할 수 있습니다. 개발자는 API를 통해 플랫폼에서 작업을 자동화하고 서비스를 다른 애플리케이션 또는 온라인 서비스와 통합할 수 있습니다. 이 장에서는 e-러닝 플랫폼을 위한 모든 기능을 갖춘 API를 구축합니다.

이 장에서는 다음을 수행합니다.

- 장고 REST 프레임워크 설치하기
- 모델에 대한 시리얼라이저 생성하기
- RESTful API 구축하기
- 중첩된 시리얼라이저 생성하기
- 커스텀 API 뷰 구축하기
- API 인증 처리하기
- API 뷰에 권한 추가하기
- 커스텀 권한 생성하기
- ViewSets 및 라우터 구현하기
- API 사용을 위해 Requests 라이브러리 사용하기

API 설정부터 시작해 봅시다.

이 장의 소스 코드는 https://github.com/PacktPublishing/Django-4by-example/tree/main/Chapter15에서 찾을 수 있습니다.

이 장에서 사용된 모든 파이썬 모듈은 이 장과 함께 제공되는 소스 코드의 `requirements.txt` 파일에 포함되어 있습니다. 이 장의 내용에 나오는 지침에 따라 파이썬 모듈을 각기 설치하거나 `pip install -r requirements.txt` 명령을 사용해서 모든 요구 사항을 한 번에 설치할 수 있습니다.

15.1 RESTful API 만들기

API를 빌드할 때 엔드 포인트와 작업을 구조화하는 방법에는 여러 가지가 있지만 REST 원칙을 따르는 것이 좋습니다. **REST** 아키텍처는 **표현 상태 전송**(Represental State Transfer)에서 비롯됩니다. RESTful API는 리소스 기반입니다. 여러분의 모델은 리소스를 나타내며, `GET`, `POST`, `PUT` 또는 `DELETE`와 같은 HTTP 메서드를 사용하여 객체를 조회, 생성, 업데이트 또는 삭제합니다. HTTP 응답 코드도 이런 맥락에서 사용됩니다. HTTP 요청의 결과를 나타내기 위해 다양한 HTTP 응답 코드가 반환됩니다. 예를 들어, 성공을 나타내는 2XX 응답 코드, 오류를 나타내는 4XX 응답 코드 등이 있습니다.

RESTful API에서 데이터를 교환하는 가장 일반적인 형식은 JSON과 XML입니다. 프로젝트에 JSON 직렬화를 사용하여 RESTful API를 빌드합니다. API는 다음과 같은 기능을 제공합니다.

- 주제 조회
- 사용 가능한 강좌 검색
- 강좌 콘텐츠 검색
- 강좌 등록

장고에서 커스텀 뷰를 생성해서 API를 처음부터 만들 수 있습니다. 그러나 프로젝트의 API 생성을 간소화하는 몇 가지 서드파티 모듈이 있으며, 그중 가장 많이 사용되는 모듈은 장고 REST 프레임워크입니다.

15.1.1 장고 REST 프레임워크 설치하기

장고 REST 프레임워크를 사용하면 프로젝트에 대한 RESTful API를 쉽게 만들 수 있습니다. REST 프레임워크에 관한 모든 정보는 `https://www.django-rest-framework.org/`에서 확인할 수 있습니다. 쉘을 열고 다음 명령을 사용해서 프레임워크를 설치합니다.

```
pip install djangorestframework==3.13.1
```

다음과 같이 educa 프로젝트의 `settings.py` 파일을 편집하고 `INSTALLED_APPS` 설정에 `rest_framework`를 추가해서 애플리케이션을 활성화합니다.

```
INSTALLED_APPS = [      # ...
    'rest_framework',
]
```

그런 다음 settings.py 파일에 다음 코드를 추가합니다.

```
REST_FRAMEWORK = {
    'DEFAULT_PERMISSION_CLASSES': [
      'rest_framework.permissions.DjangoModelPermissionsOrAnonReadOnly'
    ]
}
```

REST_FRAMEWORK 설정을 사용하면 API의 구체적인 구성을 제공할 수 있습니다. REST 프레임워크는 기본 동작을 구성하기 위한 다양한 설정을 제공합니다. DEFAULT_PERMISSION_CLASSES 설정은 객체를 읽고, 만들고, 업데이트하거나 삭제할 수 있는 기본 권한을 지정합니다. 여기서는 DjangoModelPermissionsOrAnonReadOnly를 유일한 기본 권한 클래스로 설정합니다. 이 클래스는 장고의 권한 시스템에 의존해서 사용자가 객체를 생성, 업데이트 또는 삭제할 수 있도록 허용하는 동시에 익명 사용자에게 읽기 전용 액세스를 제공합니다. 나중에 "15.1.9 뷰에 관한 권한 추가하기" 섹션에서 권한을 자세히 알아보겠습니다.

REST 프레임워크에 사용 가능한 설정의 전체 목록은 https://www.django-rest-framework.org/api-guide/settings/ 에서 확인할 수 있습니다.

15.1.2 직렬화 정의하기

REST 프레임워크를 설정한 후에는 데이터를 직렬화할 방법을 지정해야 합니다. 출력 데이터는 특정 형식으로 직렬화되어야 하며, 입력 데이터는 처리를 위해 역직렬화 될 수 있어야 합니다. 프레임워크는 단일 객체에 대한 시리얼라이저를 만들기 위해 다음과 같은 클래스를 제공합니다.

• Serializer: 일반 파이썬 클래스 인스턴스 직렬화를 제공합니다.
• ModelSerializer: 모델 인스턴스 직렬화를 제공합니다.
• HyperlinkedModelSerializer: ModelSerializer와 동일하지만 기본 키가 아닌 링크로 객체 관계를 나타냅니다.

첫 번째 시리얼라이저를 만들어 보겠습니다. courses 애플리케이션 디렉터리 내에 다음과 같이 파일 구조를 생성합니다.

```
api/
    __init__.py
    serializers.py
```

잘 구조화될 수 있도록 모든 API 기능을 api 디렉터리 내에 만듭니다. serializers.py 파일을 열고 다음 코드를 추가합니다.

```python
from rest_framework import serializers
from courses.models import Subject

class SubjectSerializer(serializers.ModelSerializer):
    class Meta:
        model = Subject
        fields = ['id', 'title', 'slug']
```

이 코드는 Subject 모델의 시리얼라이저입니다. 시리얼라이저는 장고의 Form과 ModelForm 클래스와 유사한 방식으로 정의됩니다. Meta 클래스를 사용하면 직렬화할 모델과 직렬화를 위해 포함할 필드를 지정할 수 있습니다. 필드 속성을 설정하지 않으면 모든 모델 필드가 포함됩니다.

시리얼라이저를 사용해 보겠습니다. 커맨드라인을 열고 다음 명령으로 장고 쉘을 시작합니다.

```
python manage.py shell
```

다음 코드를 실행합니다.

```
>>> from courses.models import Subject
>>> from courses.api.serializers import SubjectSerializer
>>> subject = Subject.objects.latest('id')
>>> serializer = SubjectSerializer(subject)
>>> serializer.data
{'id': 4, 'title': 'Programming', 'slug': 'programming'}
```

이 예제에서는 Subject 객체를 가져와서 SubjectSerializer의 인스턴스를 만들고 직렬

화된 데이터에 액세스합니다. 모델 데이터가 파이썬 네이티브 데이터 타입으로 변환된 것을
볼 수 있습니다.

15.1.3 파서와 렌더러 이해하기

직렬화된 데이터를 HTTP 응답으로 반환하기 전에 특정 형식으로 렌더링해야 합니다. 마찬
가지로 HTTP 요청을 받으면 들어오는 데이터를 구문 분석하고 역직렬화해야만 작업을 수
행할 수 있습니다. REST 프레임워크에는 이를 처리하기 위한 렌더러(renderer)와 파서
(parser)가 포함되어 있습니다.

들어오는 데이터를 구문 분석하는 방법을 살펴보겠습니다. 파이썬 쉘에서 다음 코드를 실행
합니다.

```
>>> from io import BytesIO
>>> from rest_framework.parsers import JSONParser
>>> data = b'{"id":4,"title":"Programming","slug":"programming"}'
>>> JSONParser().parse(BytesIO(data))
{'id': 4, 'title': 'Programming', 'slug': 'programming'}
```

JSON 문자열 입력이 주어지면 REST 프레임워크에서 제공하는 **JSONParser** 클래스를 사
용하여 이를 파이썬 객체로 변환할 수 있습니다.

REST 프레임워크에는 API 응답을 형식화할 수 있는 렌더러 클래스도 포함되어 있습니다.
프레임워크는 요청의 **Accept** 헤더를 검사하여 응답의 예상 콘텐츠 유형을 결정함으로써 어
떤 렌더러를 사용할지 결정합니다. 때로 URL의 형식 접미사에 따라 렌더러가 결정될 수도
있습니다. 예를 들어, **http://127.0.0.1:8000/api/data.json** URL은 JSON 응답을 반
환하기 위해 **JSONRenderer**를 트리거하는 엔드 포인트일 수 있습니다.

쉘로 돌아가서 다음 코드를 실행해서 이전 시리얼라이저 예제에서 **serializer** 객체를 렌더
링합니다.

```
>>> from rest_framework.renderers import JSONRenderer
>>> JSONRenderer().render(serializer.data)
```

그러면 다음과 같은 메시지가 출력됩니다.

```
b'{"id":4,"title":"Programming","slug":"programming"}'
```

JSONRenderer를 사용해서 직렬화된 데이터를 JSON으로 렌더링합니다. 기본적으로 REST 프레임워크는 두 가지 렌더러를 사용합니다. JSONRenderer와 BrowsableAPIRenderer입니다. 후자는 API를 쉽게 탐색할 수 있는 웹 인터페이스를 제공합니다. REST_FRAMEWORK 설정의 DEFAULT_RENDERER_CLASSES 옵션으로 기본으로 설정되는 렌더러 클래스를 변경할 수 있습니다.

렌더러와 파서에 관한 자세한 내용은 각각 https://www.django-rest-framework.org/api-guide/renderers/ 및 https://www.django-rest-framework.org/api-guide/parsers/에서 확인할 수 있습니다.

다음으로 API 뷰를 빌드하고 뷰에서 시리얼라이저를 사용하는 방법을 배워보겠습니다.

15.1.4 목록 및 상세 뷰 빌드하기

REST 프레임워크에는 API 뷰를 빌드하는 데 사용할 수 있는 일반 뷰 및 믹스인 세트가 함께 제공됩니다. 이러한 뷰는 모델 개체를 조회, 생성, 업데이트 또는 삭제하는 기능을 제공합니다. REST 프레임워크에서 제공하는 모든 일반 믹스인과 뷰는 https://www.django-rest-framework.org/api-guide/generic-views/에서 확인할 수 있습니다.

Subject 객체를 검색하기 위한 목록 및 상세 뷰를 생성해 보겠습니다. courses/api/ 디렉터리 내에 새로운 파일을 생성하고 이름을 views.py로 지정합니다. 여기에 다음 코드를 추가합니다.

```python
from rest_framework import generics
from courses.models import Subject
from courses.api.serializers import SubjectSerializer


class SubjectListView(generics.ListAPIView):
    queryset = Subject.objects.all()
    serializer_class = SubjectSerializer


class SubjectDetailView(generics.RetrieveAPIView):
    queryset = Subject.objects.all()
    serializer_class = SubjectSerializer
```

이 코드에서는 REST 프레임워크의 일반 `ListAPIView`와 `RetrieveAPIView` 뷰를 사용하고 있습니다. 지정된 기본 키의 객체를 조회하기 위해서는 상세 뷰에 대한 URL의 매개 변수 `pk`가 있어야 합니다. 두 뷰 모두 다음과 같은 속성을 가집니다.

- `queryset`: 객체를 조회하는 데 사용할 기본 `QuerySet`입니다.
- `serializer_class`: 객체를 직렬화할 클래스입니다.

뷰의 URL 패턴을 추가해 보겠습니다. `courses/api/` 디렉터리 내에 새로운 파일을 생성하고 이름을 `urls.py`로 지정한 후 다음과 같이 작성합니다.

```python
from django.urls import path
from . import views

app_name = 'courses'
urlpatterns = [
    path('subjects/',
        views.SubjectListView.as_view(),
        name='subject_list'),
    path('subjects/<pk>/',
        views.SubjectDetailView.as_view(),
        name='subject_detail'),
]
```

다음과 같이 `educa` 프로젝트의 메인 `urls.py` 파일을 편집해서 API 패턴을 포함시킵니다.

```python
urlpatterns = [
    # ...
    path('api/', include('courses.api.urls', namespace='api')),
]
```

이제 초기 API 엔드 포인트를 사용할 준비가 되었습니다.

15.1.5 API 사용하기

API URL에 **api** 네임스페이스를 사용합니다. 다음 명령으로 서버가 실행 중인지 확인합니다.

```
python manage.py runserver
```

curl은 서버와 데이터를 주고받을 수 있는 커맨드라인 도구입니다. Linux, macOS 또는 Windows 10/11을 사용하는 경우 curl이 시스템에 포함되어 있을 가능성이 높습니다. 물론 https://curl.se/download.html에서 curl을 다운로드할 수도 있습니다.

다음과 같이 셸을 열고 curl을 사용해서 http://127.0.0.1:8000/api/subjects/ URL을 조회합니다.

```
curl http://127.0.0.1:8000/api/subjects/
```

다음과 유사한 응답을 받게 됩니다.

```
[
    {
        "id":1,
        "title":"Mathematics",
        "slug":"mathematics"
    },
    {
        "id":2,
        "title":"Music",
        "slug":"music"
    },
    {
        "id":3,
        "title":"Physics",
        "slug":"physics"
    },
    {
        "id":4,
        "title":"Programming",
        "slug":"programming"
    }
]
```

보다 읽기 쉽고 들여쓰기가 잘 된 JSON 응답을 얻으려면 다음과 같이 json_pp 유틸리티와 함께 curl을 사용할 수 있습니다.

```
curl http://127.0.0.1:8000/api/subjects/ | json_pp
```

HTTP 응답에는 JSON 형식의 **Subject** 객체 목록이 포함돼 있습니다.

curl 대신 https://www.getpostman.com/에서 다운로드할 수 있는 **Postman**과 같은 브라우저 확장 프로그램을 비롯한 다른 도구를 사용해도 커스텀 HTTP 요청을 보낼 수 있습니다.

브라우저에서 http://127.0.0.1:8000/api/subjects/을 엽니다. 다음과 같이 REST 프레임워크의 인터페이스에 결과가 표시됩니다.

```
Subject List                                    OPTIONS    GET ▾

GET /api/subjects/

HTTP 200 OK
Allow: GET, HEAD, OPTIONS
Content-Type: application/json
Vary: Accept

[
    {
        "id": 1,
        "title": "Mathematics",
        "slug": "mathematics"
    },
    {
        "id": 2,
        "title": "Music",
        "slug": "music"
    },
    {
        "id": 3,
        "title": "Physics",
        "slug": "physics"
    },
    {
        "id": 4,
        "title": "Programming",
        "slug": "programming"
    }
]
```

그림 15.1 REST 프레임워크의 주제 목록 페이지

이 HTML 인터페이스는 **BrowsableAPIRenderer** 렌더러에서 제공합니다. 결과 헤더와 콘텐츠를 표시하고 요청을 수행할 수 있습니다. URL에 ID를 포함해서 **Subject** 객체에 대한 상세 API 뷰에 액세스할 수도 있습니다.

브라우저에서 http://127.0.0.1:8000/api/subjects/1/을 열어보면, 다음과 같이 JSON 형식으로 렌더링된 단일 **Subject** 객체가 표시됩니다.

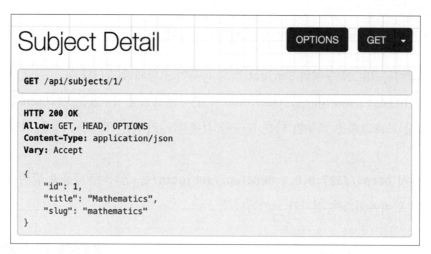

그림 15.2 REST 프레임워크의 주제 상세 정보 페이지

이것이 SubjectDetailView에 대한 응답입니다. 다음으로 모델 시리얼라이저를 더 자세히 살펴보겠습니다.

15.1.6 중첩된 시리얼라이저 만들기

강좌 모델용 시리얼라이저를 생성하겠습니다. Courses 애플리케이션의 api/serializers. py 파일을 수정하고 굵게 강조 표시된 다음 코드를 추가합니다.

```
from courses.models import Subject, Course
class CourseSerializer(serializers.ModelSerializer):
    class Meta:
        model = Course
        fields = ['id', 'subject', 'title', 'slug',
                  'overview', 'created', 'owner',
                  'modules']
```

Course 객체가 직렬화되는 방법을 살펴보겠습니다. 셸을 열고 다음 명령을 실행합니다.

```
python manage.py shell
```

셸에서 다음 코드를 실행합니다.

```
>>> from rest_framework.renderers import JSONRenderer
>>> from courses.models import Course
>>> from courses.api.serializers import CourseSerializer
>>> course = Course.objects.latest('id')
>>> serializer = CourseSerializer(course)
>>> JSONRenderer().render(serializer.data)
```

CourseSerializer에 지정한 필드들을 가진 JSON 객체가 표시됩니다. 모듈과 관계를 담고 있는 modules의 관련 객체가 다음과 같이 기본 키 목록으로 직렬화되어 있음을 볼 수 있습니다.

```
"modules": [6, 7, 9, 10]
```

여기서 각 모듈에 관한 자세한 정보를 포함하려면 Module 객체를 직렬화해서 중첩시켜야 합니다. courses 애플리케이션의 api/serializers.py 파일의 이전 코드를 다음과 같이 수정합니다.

```python
from rest_framework import serializers
from courses.models import Subject, Course, Module


class ModuleSerializer(serializers.ModelSerializer):

    class Meta:
        model = Module
        fields = ['order', 'title', 'description']

class CourseSerializer(serializers.ModelSerializer):
    modules = ModuleSerializer(many=True, read_only=True)

    class Meta:
        model = Course
        fields = ['id', 'subject', 'title', 'slug',
                  'overview', 'created', 'owner',
                  'modules']
```

새로운 코드에서 Module 모델 직렬화 기능을 제공하기 위해 ModuleSerializer를 정의합니다. 그런 다음 CourseSerializer에 modules 속성을 추가해서 ModuleSerializer를 중첩합니다. 여러 객체를 직렬화한다는 것을 나타내기 위해 many=True를 설정합니다. read_only 매개 변수는 이 필드가 읽기 전용이며 객체를 생성하거나 업데이트하기 위한 입력에 포함되지 않아야 함을 나타냅니다.

셸을 열고 CourseSerializer의 인스턴스를 다시 생성합니다. JSONRenderer를 사용해서 시리얼라이저의 데이터 속성을 렌더링합니다. 이번에는 다음과 같이 나열된 modules 속성이 중첩된 ModuleSerializer를 사용해서 직렬화된 것을 볼 수 있습니다.

```
"modules": [
    {
        "order": 0,
        "title": "Introduction to overview",
        "description": "A brief overview about the Web Framework."
    },
    {
        "order": 1,
        "title": "Configuring Django",
        "description": "How to install Django."
    },
    ...
]
```

시리얼라이저에 관한 자세한 내용은 https://www.django-rest-framework.org/api-guide/serializers/에서 확인할 수 있습니다.

일반 API 뷰는 모델과 시리얼라이저를 기반으로 REST API를 빌드하는 데 매우 유용합니다. 그러나 때로는 커스텀 로직을 가진 고유한 뷰를 구현해야 할 수도 있습니다. 이제 커스텀 API 뷰를 만드는 방법을 배워보겠습니다.

15.1.7 커스텀 API 뷰 빌드하기

REST 프레임워크는 장고의 View 클래스 위에 API 기능을 만들 수 있는 APIView 클래스를 제공합니다. APIView 클래스는 REST 프레임워크의 커스텀 요청 및 응답 객체를 사용하고 APIException 예외를 처리해서 적절한 HTTP 응답을 반환한다는 점에서 View와 다릅니다. 또한 뷰에 대한 액세스를 관리하기 위한 인증 및 권한 부여 시스템이 내장되어 있습니다.

사용자가 강좌에 등록할 수 있는 뷰를 만들려고 합니다. courses 애플리케이션의 api/

`views.py` 파일을 수정해서 굵게 강조 표시된 다음 코드를 추가합니다.

```python
from django.shortcuts import get_object_or_404
from rest_framework.views import APIView
from rest_framework.response import Response
from rest_framework import generics
from courses.models import Subject, Course
from courses.api.serializers import SubjectSerializer

# ...
class CourseEnrollView(APIView):
    def post(self, request, pk, format=None):
        course = get_object_or_404(Course, pk=pk)
        course.students.add(request.user)
        return Response({'enrolled': True})
```

`CourseEnrollView` 뷰는 강좌에서 사용자 등록을 처리하는데, 앞의 코드는 다음과 같습니다.

1. `APIView`를 서브클래스하는 커스텀 뷰를 생성합니다.
2. POST 동작에 대한 `post()` 메서드를 정의합니다. 이 뷰에는 다른 HTTP 메서드가 허용되지 않습니다.
3. 강좌의 ID가 포함된 URL 매개 변수 pk가 있을 것으로 기대합니다. 지정된 **pk** 매개 변수로 강좌를 조회하고 강좌를 찾을 수 없는 경우 **404** 예외를 발생시킵니다.
4. **Course** 객체의 다대다 관계 **students**에 현재의 사용자를 추가하고 성공 응답을 반환합니다.

`api/urls.py` 파일을 열어서 CourseEnrollView에 대한 다음 URL 패턴을 추가합니다.

```python
path('courses/<pk>/enroll/',
     views.CourseEnrollView.as_view(),
     name='course_enroll'),
```

이론적으로는 이제 현재 사용자를 강좌에 등록하기 위한 **POST** 요청을 수행할 수 있습니다. 그러나 사용자를 식별하고 인증되지 않은 사용자가 이 뷰에 접근하는 것을 방지할 수 있어야 합니다. API 인증 및 권한이 어떻게 작동하는지 살펴보겠습니다.

15.1.8 인증 처리하기

REST 프레임워크는 요청을 수행하는 사용자를 식별하기 위한 인증 클래스를 제공합니다. 인증에 성공하면 프레임워크는 request.user에 인증된 User 객체를 설정합니다. 인증된 사용자가 없는 경우, 대신 장고의 AnonymousUser 인스턴스가 설정됩니다.

REST 프레임워크는 다음과 같은 인증 백엔드를 제공합니다.

- BasicAuthentication: HTTP 기본 인증입니다. 사용자 및 패스워드는 클라이언트가 Base64로 인코딩된 HTTP 헤더 Authorization로 전송합니다. 자세한 내용은 https://en.wikipedia.org/wiki/Basic_access_authentication에서 확인할 수 있습니다.
- TokenAuthentication: 토큰 기반 인증입니다. Token 모델은 사용자 토큰을 저장하는 데 사용됩니다. 사용자는 인증을 위해 HTTP 헤더 Authorization에 토큰을 포함하고 있습니다.
- SessionAuthentication: 인증을 위해 장고의 세션 백엔드를 사용합니다. 이 백엔드는 웹사이트의 프론트엔드에서 API에 대한 인증된 AJAX 요청을 수행하는 데 유용합니다.
- RemoteUserAuthentication: 이를 통해 웹 서버에 인증을 위임할 수 있으며, 웹 서버는 REMOTE_USER 환경 변수를 설정합니다.

REST 프레임워크에서 제공하는 BaseAuthentication 클래스를 서브클래싱하고 authenticate() 메서드를 재정의해서 커스텀 인증 백엔드를 만들 수 있습니다.

인증은 뷰 별로 설정하거나 DEFAULT_AUTHENTICATION_CLASSES 설정을 사용해 전역적으로 설정할 수 있습니다.

> **Note**
> 인증은 요청을 수행하는 사용자가 등록된 사용자인지를 식별합니다. 뷰에 액세스를 허용하거나 거부하지 않습니다. 뷰에 액세스를 제한하려면 권한을 사용해야 합니다.

인증에 관한 모든 정보는 https://www.django-rest-framework.org/api-guide/authentication/에서 볼 수 있습니다.

뷰에 BasicAuthentication를 추가해 보겠습니다. 다음과 같이 courses 애플리케이션의 api/views.py 파일을 수정해서 CourseEnrollView에 authentication_classes 속성을 추가합니다.

```
# ...
from rest_framework.authentication import BasicAuthentication

class CourseEnrollView(APIView):
    authentication_classes = [BasicAuthentication]
    # ...
```

사용자는 HTTP 요청의 인증 헤더에 설정된 자격 증명으로 식별됩니다.

15.1.9 뷰에 관한 권한 추가하기

REST 프레임워크에는 뷰에 액세스를 제한하는 권한 시스템이 포함되어 있습니다. REST 프레임워크의 기본 제공 권한 중 일부는 다음과 같습니다.

- AllowAny: 사용자의 인증 여부와 관계없이 무제한 액세스를 허용합니다.
- IsAuthenticated: 인증된 사용자에게만 액세스를 허용합니다.
- IsAuthenticatedOrReadOnly: 인증된 사용자에 대한 모든 액세스를 허용합니다. 익명 사용자는 GET, HEAD 또는 OPTIONS와 같은 읽기 메서드만 실행할 수 있습니다.
- DjangoModelPermissions: django.contrib.auth에 연결된 권한입니다. 뷰에는 queryset 속성이 필요합니다. 모델 권한이 할당된 인증된 사용자에게만 권한이 부여됩니다.
- DjangoObjectPermissions: 객체별 장고 권한입니다.

사용자에게 권한이 거부되면 일반적으로 다음 HTTP 오류 코드 중 하나가 표시됩니다.

- HTTP 401: 권한 없음
- HTTP 403: 권한 거부됨

권한에 관한 자세한 내용은 https://www.django-rest-framework.org/api-guide/permissions/에서 확인할 수 있습니다.

다음과 같이 courses 애플리케이션의 api/views.py 파일을 수정해서 CourseEnrollView 에 permission_classes 속성을 추가합니다.

```
# ...
from rest_framework.authentication import BasicAuthentication
from rest_framework.permissions import IsAuthenticated

class CourseEnrollView(APIView):
    authentication_classes = [BasicAuthentication]
    permission_classes = [IsAuthenticated]
    # ...
```

IsAuthenticated 권한을 포함합니다. 이렇게 하면 익명의 사용자가 뷰에 액세스할 수 없습니다. 이제 새로운 API 메서드에 POST 요청을 수행할 수 있습니다.

개발 서버가 실행 중인지 확인한 후, 쉘을 열어 다음 명령을 실행합니다.

```
curl -i -X POST http://127.0.0.1:8000/api/courses/1/enroll/
```

다음과 같은 응답이 표시됩니다.

```
HTTP/1.1 401
Unauthorized ...
{"detail": "Authentication credentials were not provided."}
```

인증되지 않았으므로 예상대로 401 HTTP 코드가 표시됩니다. 사용자 중 한 명에게 기본 인증을 사용해 보겠습니다. student:password를 알맞은 기존 사용자의 자격 증명 내용으로 바꿔서 다음 명령을 실행합니다.

```
curl -i -X POST -u student:password http://127.0.0.1:8000/api/courses/1/
enroll/
```

다음과 같은 응답이 표시됩니다.

```
HTTP/1.1 200 OK ...
{"enrolled": true}
```

이제 관리 사이트에 접근해서 사용자가 강좌에 수강신청이 되었는지 확인할 수 있습니다.
다음으로 ViewSets을 사용해서 공통 뷰를 작성하는 다른 방법을 배우겠습니다.

15.1.10 ViewSets과 라우터 만들기

ViewSets을 사용하면 API의 상호작용을 정의하고 REST 프레임워크가 라우터 객체를 사용해서 URL을 동적으로 빌드할 수 있습니다. ViewSets을 사용하면 여러 뷰에 반복되는 로직을 피할 수 있습니다. ViewSets에는 다음과 같은 표준 작업에 관한 동작이 포함되어 있습니다.

- 만들기 작업: create()
- 조회 작업: list() 및 retrieve()
- 업데이트 작업: update() 및 partial_update()
- 삭제 작업: destroy()

Course 모델에 대한 ViewSet을 만들어 보겠습니다. api/views.py 파일을 열어 다음 코드를 추가합니다.

```python
# ...
from rest_framework import viewsets
from courses.api.serializers import SubjectSerializer,
    CourseSerializer

class CourseViewSet(viewsets.ReadOnlyModelViewSet):
    queryset = Course.objects.all()
    serializer_class = CourseSerializer
```

ReadOnlyModelViewSet를 서브클래스하면 list()와 retrieve()라는 읽기 전용 액션을 제공받을 수 있습니다. list()는 객체 목록을 반환하고 retrieve()는 단일 객체를 가져옵니다. 다음과 같이 api/urls.py 파일을 편집하고 ViewSet의 라우터를 만듭니다.

```python
from django.urls import path, include
from rest_framework import routers
from . import views

router = routers.DefaultRouter()
router.register('courses', views.CourseViewSet)
urlpatterns = [
    # ...
    path('', include(router.urls)),
]
```

DefaultRouter 객체를 생성하고 ViewSet을 courses 접두사와 함께 등록합니다. 라우터는 ViewSet의 URL을 자동으로 생성하는 역할을 맡습니다.

브라우저에서 http://127.0.0.1:8000/api/을 엽니다. 그림 15.3과 같이 라우터가 기본 URL에 모든 ViewSet을 나열하는 것을 볼 수 있습니다.

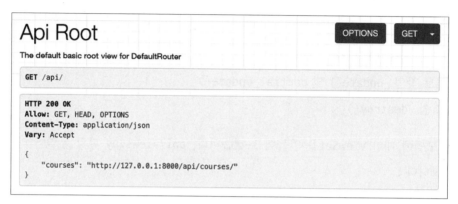

그림 15.3 REST 프레임워크의 API 루트 페이지

http://127.0.0.1:8000/api/courses/에 접속해서 강좌의 목록을 조회할 수 있습니다. ViewSets에 관한 자세한 내용은 https://www.django-rest-framework.org/api-guide/viewsets/에서 확인할 수 있습니다. 라우터에 관한 자세한 내용은 https://www.django-rest-framework.org/api-guide/routers/에서 확인할 수 있습니다.

15.1.11 ViewSets에 동작 추가하기

ViewSets에 동작을 추가할 수 있습니다. 이전의 CourseEnrollView를 커스텀 ViewSet 동작으로 변경해 보겠습니다. api/views.py 파일을 열어서 CourseViewSet 클래스를 다음과 같이 수정합니다.

```
# ...
from rest_framework.decorators import action

class CourseViewSet(viewsets.ReadOnlyModelViewSet):
    queryset = Course.objects.all()
    serializer_class = CourseSerializer
    @action(detail=True,
```

```
            methods=['post'],
            authentication_classes=[BasicAuthentication],
            permission_classes=[IsAuthenticated])
    def enroll(self, request, *args, **kwargs):
        course = self.get_object()
        course.students.add(request.user)
        return Response({'enrolled': True})
```

앞의 코드에서 이 ViewSet에 관한 추가 동작을 나타내는 커스텀 enroll() 메서드를 추가합니다. 앞의 코드는 다음과 같습니다.

1. 프레임워크의 action 데코레이터를 detail=True 매개 변수와 함께 사용해서 단일 객체에 대해 수행될 액션으로 지정합니다.
2. 데코레이터를 사용해서 액션에 커스텀 속성을 추가할 수 있습니다. 이 뷰에는 post() 메서드만 허용되도록 정의하고 인증 및 권한 클래스를 설정합니다.
3. self.get_object()를 사용해서 Course 객체를 검색합니다.
4. 현재 사용자를 다대다 관계인 students에 추가하고 커스텀 성공 응답을 반환합니다.

api/urls.py 파일을 열어서 다음 URL은 더 이상 필요하지 않으므로 제거하거나 주석 처리합니다.

```
path('courses/<pk>/enroll/',
     views.CourseEnrollView.as_view(),
     name='course_enroll'),
```

그런 다음, api/views.py 파일을 수정하고 CourseEnrollView 클래스를 제거하거나 주석 처리합니다.

이제 라우터에서 강좌 수강신청을 위한 URL이 자동으로 생성됩니다. URL은 enroll이라는 동작의 이름을 사용해서 동적으로 작성되므로 동일하게 유지됩니다.

학생이 강좌에 등록한 후에는 강좌의 콘텐츠에 접근해야 합니다. 다음으로 수강신청한 학생만 강좌에 접근할 수 있도록 하는 방법을 알아보겠습니다.

15.1.12 커스텀 권한 생성하기

학생은 등록한 강좌의 콘텐츠에 접근할 수 있어야 합니다. 그리고 강좌에 수강 신청한 학생만 해당 콘텐츠에 접근할 수 있어야 합니다. 이를 수행하는 가장 좋은 방법은 커스텀 권한 클래스를 사용하는 것인데, REST 프레임워크에서는 다음과 같은 메서드를 정의할 수 있는 BasePermission 클래스를 제공합니다.

- has_permission(): 뷰 수준의 권한 확인
- has_object_permission(): 인스턴스 수준의 권한 확인

이러한 메서드는 접근 권한을 부여하면 True를 반환하고, 그렇지 않으면 False를 반환해야 합니다.

courses/api/ 디렉터리 내에 새로운 파일을 생성하고 이름을 permissions.py로 지정합니다. 여기에 다음 코드를 추가합니다.

```python
from rest_framework.permissions import BasePermission

class IsEnrolled(BasePermission):
    def has_object_permission(self, request, view, obj):
        return obj.students.filter(id=request.user.id).exists()
```

BasePermission 클래스를 서브클래싱하고 has_object_permission()을 재정의합니다. 요청을 수행하는 사용자가 Course 객체의 students 관계 내에 존재하는지 확인합니다. 이후 IsEnrolled 권한을 사용합니다.

15.1.13 강좌의 콘텐츠 직렬화하기

강좌 콘텐츠를 직렬화해야 합니다. Content 모델에는 서로 다른 콘텐츠 모델 객체를 연결할 수 있는 일반 외래 키가 포함되어 있습니다. 이전 장에서 모든 콘텐츠 모델을 위해 공통적인 render() 메서드를 추가했습니다. 이 메서드를 사용해서 API에 렌더링된 콘텐츠를 제공할 수 있습니다.

courses 애플리케이션의 api/serializers.py 파일을 열고 다음 코드를 추가합니다.

```
from courses.models import Subject, Course, Module, Content

class ItemRelatedField(serializers.RelatedField):
    def to_representation(self, value):
        return value.render()

class ContentSerializer(serializers.ModelSerializer):
    item = ItemRelatedField(read_only=True)
    class Meta:
        model = Content
        fields = ['order', 'item']
```

이 코드에서는 REST 프레임워크에서 제공하는 직렬화 필드 RelatedField를 서브클래스화하고 to_representation() 메서드를 오버라이드해서 커스텀 필드를 정의합니다. Content 모델의 시리얼라이저 ContentSerializer를 정의하고 제네릭 외래 키 item에 커스텀 필드를 사용합니다.

해당 콘텐츠를 가지고 있는 Module 모델의 대체 시리얼라이저와 Course의 확장된 시리얼라이저도 필요합니다. api/serializers.py 파일을 수정해서 다음 코드를 추가합니다.

```
class ModuleWithContentsSerializer(
    serializers.ModelSerializer):
    contents = ContentSerializer(many=True)

    class Meta:
        model = Module
        fields = ['order', 'title', 'description',
                  'contents']

class CourseWithContentsSerializer(
    serializers.ModelSerializer):
    modules = ModuleWithContentsSerializer(many=True)
    class Meta:
        model = Course
        fields = ['id', 'subject', 'title', 'slug',
                  'overview', 'created', 'owner',
                  'modules']
```

retrieve()의 동작을 모방하지만 강좌 콘텐츠를 포함한 뷰를 만들어 보겠습니다. api/views.py 파일을 수정해서 CourseViewSet 클래스에 다음 메서드를 추가합니다.

```python
from courses.api.permissions import IsEnrolled
from courses.api.serializers import CourseWithContentsSerializer


class CourseViewSet(viewsets.ReadOnlyModelViewSet):
    # ...
    @action(detail=True,
            methods=['get'],
            serializer_class=CourseWithContentsSerializer,
            authentication_classes=[BasicAuthentication],
            permission_classes=[IsAuthenticated, IsEnrolled])
    def contents(self, request, *args, **kwargs):
        return self.retrieve(request, *args, **kwargs)
```

이 메서드는 다음과 같이 동작합니다.

1. 매개 변수 detail=True와 함께 action 데코레이터를 사용해서 단일 객체에 대해 수행되는 동작임을 지정합니다.
2. 이 동작에 대해서는 GET 메서드만 허용되도록 지정합니다.
3. 렌더링된 강의 콘텐츠를 포함한 새로운 CourseWithContentsSerializer 클래스를 사용합니다.
4. IsAuthenticated와 커스텀 IsEnrolled 권한을 함께 사용합니다. 이렇게 함으로써 강의에 등록된 사용자만 해당 콘텐츠에 액세스할 수 있도록 합니다.
5. 기존의 retrieve() 동작을 사용해서 Course 객체를 반환합니다.

브라우저에서 http://127.0.0.1:8000/api/courses/1/contents/을 엽니다. 올바른 자격 증명을 사용해서 뷰에 접근하면 다음과 같이 각 강좌의 모듈에 해당 콘텐츠를 렌더링한 HTML이 포함되어 있는 것을 확인할 수 있습니다.

```json
{
    "order": 0,
    "title": "Introduction to Django",
    "description": "Brief introduction to the Django Web Framework.",
    "contents": [
```

```
        {
            "order": 0,
            "item": "<p>Meet Django. Django is a high-level
            Python Web framework
            ...</p>"
        },
        {
            "order": 1,
            "item": "\n<iframe width=\"480\" height=\"360\"
            src=\"http://www.youtube.com/embed/bgV39DlmZ2U?
            wmode=opaque\"
            frameborder=\"0\" allowfullscreen></iframe>\n"
        }
    ]
}
```

다른 서비스에서 프로그래밍 방식을 통해 courses 애플리케이션에 접근할 수 있는 간단한 API를 구축했습니다.

또한 REST 프레임워크를 사용하면 ModelViewSet 클래스를 사용해서 객체를 생성 및 수정할 수 있습니다. 여기에서는 장고 REST 프레임워크의 주요 측면을 다루었지만, 기능에 관한 더 많은 정보는 해당 프레임워크의 광범위한 문서인 https://www.django-rest-framework.org/에서 찾을 수 있습니다.

15.1.14 RESTful API 사용하기

이제 API를 구현했으므로 다른 애플리케이션에서 프로그래밍 방식으로 API를 사용할 수 있습니다. "6장, 웹사이트에서 콘텐츠 공유하기"에서 구축한 기능과 비슷하게 애플리케이션의 프론트엔드에서 JavaScript Fetch API를 사용해서 API와 상호작용할 수 있습니다. 또한 파이썬이나 다른 프로그래밍 언어로 구축된 애플리케이션에서 API를 사용할 수도 있습니다.

여기서는 사용 가능한 모든 강좌를 조회하고 모든 강좌에 학생을 등록하기 위해 RESTful API를 사용하는 간단한 파이썬 애플리케이션을 만듭니다. HTTP 기본 인증을 사용해서 API에 대해 인증하고 GET 및 POST 요청을 수행하는 방법을 배우게 됩니다.

파이썬 Requests 라이브러리로 API를 사용하겠습니다. 우리는 앞 챕터인 "6장, 웹사이트에서 콘텐츠 공유하기"에서 Requests를 사용해 URL로 이미지를 검색했었습니다. Requests는 HTTP 요청 처리의 복잡성을 추상화해서 매우 간단한 인터페이스를 제공함으로써 HTTP 서비스를 사용할 수 있도록 합니다. Requests 라이브러리 문서는 https://requests.readthedocs.io/en/master/에서 찾을 수 있습니다.

쉘을 열고 다음 명령을 사용하여 Requests 라이브러리를 설치합니다.

```
pip install requests==2.28.1
```

educa 프로젝트 디렉터리 옆에 새로운 디렉터리를 생성하고 이름을 api_examples로 지정합니다. api_examples/ 디렉터리 내에 새 파일을 생성하고 이름을 enroll_all.py로 지정합니다. 이제 파일 구조는 다음과 같아야 합니다.

```
api_examples/
    enroll_all.py
educa/
    ...
```

enroll_all.py 파일을 열어 다음 코드를 추가합니다.

```
import requests

base_url = 'http://127.0.0.1:8000/api/'

# 모든 강좌 검색
r = requests.get(f'{base_url}courses/')
courses = r.json()

available_courses = ', '.join([course['title'] for course in courses])
print(f'Available courses: {available_courses}')
```

이 코드에서는 다음과 같은 작업을 수행합니다.

1. Requests 라이브러리를 가져오고 API의 기본 URL을 정의합니다.
2. requests.get()을 사용해 http://127.0.0.1:8000/api/courses/ URL로 GET 요청으로 API에서 데이터를 조회합니다. 이 API 엔드 포인트는 공개적으로 액세스할 수 있으므

로 인증이 필요하지 않습니다.

3. 응답 객체의 `json()` 메서드를 사용해서 API에서 반환한 JSON 데이터를 디코딩합니다.

4. 각 강좌의 제목을 인쇄합니다.

다음 명령을 사용하여 educa 프로젝트 디렉터리에서 개발 서버를 시작합니다.

```
python manage.py runserver
```

다른 셸을 열고 **api_examples/** 디렉터리로 이동해 다음 명령을 실행합니다.

```
python enroll_all.py
```

다음과 같이 모든 강좌의 제목들이 출력됩니다.

```
Available courses: Introduction to Django, Python for beginners, Algebra
basics
```

이것이 API의 첫 번째 자동 호출입니다.

enroll_all.py 파일을 열고 다음과 같이 보이도록 변경합니다.

```python
import requests

username = ''
password = ''
base_url = 'http://127.0.0.1:8000/api/'

# 모든 강좌 검색
r = requests.get(f'{base_url}courses/')
courses = r.json()
available_courses = ', '.join([course['title'] for course in courses])
print(f'Available courses: {available_courses}')

for course in courses:
    course_id = course['id']
    course_title = course['title']
    r = requests.post(f'{base_url}courses/{course_id}/enroll/',
                      auth=(username, password))
```

```
    if r.status_code == 200:
        # 성공적인 요청
        print(f'Successfully enrolled in {course_title}')
```

username과 password 변수의 값을 기존 사용자의 것으로 바꿉니다.

새로운 코드는 다음 작업을 수행합니다.

1. 강좌에 등록하려는 학생의 사용자명과 패스워드를 정의합니다.

2. API에서 조회된 사용 가능한 강좌 목록을 반복합니다.

3. 강좌 ID를 course_id 변수에 저장하고 제목을 course_ title 변수에 저장합니다.

4. requests.post()로 http://127.0.0.1:8000/api/courses/[id]/enroll/ URL 형태
   의 강좌별 POST 요청을 보냅니다. 이 URL은 강좌에 사용자를 등록할 수 있는 CourseEnr
   ollView API 뷰에 해당됩니다. course_id 변수를 사용해서 각 강좌의 URL을 작성합니
   다. CourseEnrollView 뷰를 사용하려면 인증이 필요합니다. 이 뷰는 IsAuthenticated
   권한과 BasicAuthentication 인증 클래스를 사용합니다. Requests 라이브러리는
   HTTP 기본 인증을 기본적으로 지원합니다. auth 매개 변수를 사용해서 사용자명과 패
   스워드가 포함된 튜플을 전달하면 HTTP 기본 인증을 사용하여 사용자를 인증할 수 있습
   니다.

5. 응답의 상태 코드가 200 OK인 경우 사용자가 강좌에 성공적으로 수강 신청되었음을 나
   타내는 메시지를 인쇄합니다.

Requests로 다양한 종류의 인증을 사용할 수 있습니다. Requests를 사용한 인증의 자세한
내용은 https://requests.readthedocs.io/en/master/user/authentication/에서 확
인할 수 있습니다.

api_examples/ 디렉터리에서 다음 명령을 실행합니다.

```
python enroll_all.py
```

이제 다음과 같은 메시지가 출력됩니다.

```
Available courses: Introduction to Django, Python for beginners, Algebra
basics
Successfully enrolled in Introduction to Django
```

```
Successfully enrolled in Python for beginners
Successfully enrolled in Algebra basics
```

훌륭합니다! API를 사용해서 사용 가능한 모든 강좌에 사용자를 성공적으로 등록했습니다. 플랫폼의 각 강좌에 Successfully enrolled 메시지가 표시됩니다. 보시다시피 다른 애플리케이션에서 API를 사용하는 것은 매우 쉽습니다. API를 기반으로 다른 기능을 손쉽게 구축할 수 있으며, 다른 사람들이 API를 자신의 애플리케이션에 통합하도록 할 수도 있습니다.

15.2 추가 자료

다음 자료들은 이 장에서 다루는 주제와 관련된 추가 정보를 제공합니다.

- 이 장의 소스 코드 − https://github.com/PacktPublishing/Django-4-by-example/tree/main/Chapter15
- REST 프레임워크 웹사이트 − https://www.django-rest-framework.org/
- REST 프레임워크 설정 − https://www.django-rest-framework.org/api-guide/settings/
- REST 프레임워크 렌더러 − https://www.django-rest-framework.org/api-guide/renderers/
- REST 프레임워크 파서 − https://www.django-rest-framework.org/api-guide/parsers/
- REST 프레임워크 제네릭 믹스인과 뷰 − https://www.django-rest-framework.org/api-guide/generic-views/
- curl 다운로드 − https://curl.se/download.html
- Postman API 플랫폼 − https://www.getpostman.com/
- REST 프레임워크 시리얼라이저 − https://www.django-rest-framework.org/api-guide/serializers/
- HTTP 기본 인증 − https://en.wikipedia.org/wiki/Basic_access_authentication
- REST 프레임워크 인증 − https://www.django-rest-framework.org/api-guide/authentication/

- REST 프레임워크 권한 − `https://www.django-rest-framework.org/api-guide/permissions/`
- REST 프레임워크 ViewSets − `https://www.django-rest-framework.org/api-guide/viewsets/`
- REST 프레임워크 라우터 − `https://www.django-rest-framework.org/api-guide/routers/`
- Python 요청 라이브러리 문서 − `https://requests.readthedocs.io/en/master/`
- 요청 라이브러리를 사용한 인증 − `https://requests.readthedocs.io/en/master/user/authentication/`

15.3 요약

이 장에서는 장고 REST 프레임워크를 사용하여 프로젝트를 위한 RESTful API를 구축하는 방법을 배웠습니다. 모델의 시리얼라이저와 뷰를 생성하고 커스텀 API 뷰를 만들었습니다. 또한 API에 인증을 추가하고 권한을 사용해 API 뷰 접근을 제한했습니다. 다음으로 커스텀 권한을 만드는 방법을 알아보고 **ViewSets**과 라우터를 구현했습니다. 마지막으로, 외부 파이썬 스크립트에서 API를 사용하기 위해 Requests 라이브러리를 사용했습니다.

다음 장에서는 장고의 채널을 사용하여 채팅 서버를 구축하는 방법을 배우게 됩니다. 웹 소켓을 통해 비동기 통신을 구현하고, 채널 레이어를 설정하기 위해 Redis를 사용할 것입니다.

16장
채팅 서버 구축하기

django

15장에서는 프로젝트에서 사용할 RESTful API를 만들었습니다. 이번 장에서는 장고 채널을 사용해서 학생들을 위한 채팅 서버를 구축하겠습니다. 학생들이 등록한 각 강좌의 채팅방에 접근할 수 있도록 만들겠습니다. 채팅 서버를 생성하기 위한 **비동기 서버 게이트웨이 인터페이스(ASGI)**를 통해 장고 프로젝트에 서비스를 제공하는 방법을 배우고 비동기 통신을 구현합니다.

이 장에서는 다음을 수행합니다.

- 프로젝트에 채널 추가하기
- 웹소켓 컨슈머 및 적절한 라우팅 구축하기
- 웹소켓 클라이언트 구현하기
- Redis를 사용하여 채널 레이어 활성화하기
- 컨슈머를 완전히 비동기로 만들기

이 장의 소스 코드는 `https://github.com/PacktPublishing/Django-4-by-example/tree/main/Chapter16`에서 찾을 수 있습니다.

이 장에서 사용된 모든 파이썬 모듈은 이 장과 함께 제공되는 소스 코드의 `requirements.txt` 파일에 포함되어 있습니다. 이 장의 내용에 나오는 각각의 지침에 따라 파이썬 모듈을 설치하거나 `pip install -r requirements.txt` 명령을 사용해 모든 필요 모듈을 한 번에 설치할 수 있습니다.

16.1 채팅 애플리케이션 만들기

채팅 서버를 구현해서 학생에게 강좌별 채팅방을 제공하려 합니다. 강좌에 등록한 학생은 강좌의 채팅방에서 실시간으로 메시지를 교환할 수 있습니다. 이 기능을 구축하기 위해 채널을 사용하겠습니다. 채널(Channels)은 장고 애플리케이션으로, 웹소켓, 챗봇, MQTT(사물 인터넷(IoT) 프로젝트에서 일반적으로 사용되는 가벼운 발행/구독 메시지 전송 프로토콜)와 같이 오랜 시간 동안 연결이 유지되어야 하는 프로토콜을 처리하기 위해 장고를 확장하는 애플리케이션입니다.

채널을 사용하면 표준 HTTP 동기식 뷰 외에도 프로젝트에 실시간 또는 비동기 기능을 쉽게 구현할 수 있습니다. 프로젝트에 새로운 애플리케이션을 추가하는 것으로 시작합니다. 이 새로운 애플리케이션은 채팅 서버의 로직을 가집니다.

장고 채널에 관한 문서는 https://channels.readthedocs.io/에서 확인할 수 있습니다.

채팅 서버 구현을 시작하겠습니다. 프로젝트 educa 디렉터리에서 다음 명령을 실행하여 새로운 애플리케이션의 파일 구조를 만듭니다.

```
django-admin startapp chat
```

다음 코드처럼 educa 프로젝트의 settings.py 파일을 편집하고 INSTALLED_APPS 설정을 편집해서 프로젝트에서 채팅 애플리케이션을 활성화합니다.

```
INSTALLED_APPS = [
    # ...
    'chat',
]
```

이제 새로운 채팅 애플리케이션이 프로젝트에서 활성화되었습니다.

16.1.1 채팅방 뷰 구현하기

학생에게 각 강좌마다 다른 채팅방을 제공할 수 있습니다. 학생이 특정 강좌의 채팅방에 참여할 수 있는 뷰를 생성해야 합니다. 강좌에 등록한 학생만 강좌의 채팅방에 접근할 수 있습니다.

새로운 채팅 애플리케이션의 views.py 파일을 수정해서 다음 코드를 추가합니다.

```python
from django.shortcuts import render, get_object_or_404
from django.http import HttpResponseForbidden
from django.contrib.auth.decorators import login_required


@login_required
def course_chat_room(request, course_id):
    try:
        # 현재 사용자가 가입한 ID가 지정된 코스를 검색
        course = request.user.courses_joined.get(id=course_id)
    except:
        # 사용자가 코스의 학생이 아니거나 코스가 존재하지 않는 경우
```

```
        return HttpResponseForbidden()
    return render(request, 'chat/room.html', {'course': course})
```

이 코드가 course_chat_room 뷰입니다. 이 뷰에서는 인증되지 않은 사용자가 뷰에 접근하지 못하도록 @login_required 데코레이터를 사용합니다. 이 뷰는 지정된 ID를 가진 강좌를 조회하는 데 사용되는 필수 매개 변수 course_id를 수신합니다.

사용자는 수강을 신청한 강좌들에 courses_joined 관계를 통해 접근하고 해당 강좌들의 집합 중에서 지정된 ID를 가진 강좌를 조회합니다. 지정된 ID를 가진 강좌가 존재하지 않거나 사용자가 등록되어 있지 않은 경우, 상태 403의 HTTP 응답으로 변환되는 HttpResponseForbidden 응답을 반환합니다.

지정된 ID를 가진 강좌가 존재하고 사용자가 수강 신청되어 있는 경우 course 객체를 chat/room.html 템플릿에 전달해서 렌더링합니다.

이 뷰의 URL 패턴을 추가해야 합니다. chat 애플리케이션 디렉터리 내에 새로운 파일을 생성하고 이름을 urls.py로 지정합니다. 여기에 다음 코드를 추가합니다.

```python
from django.urls import path
from . import views

app_name = 'chat'

urlpatterns = [
    path('room/<int:course_id>/', views.course_chat_room,
        name='course_chat_room'),
]
```

이 파일은 chat 애플리케이션의 초기 URL 패턴 파일입니다. 여기에는 정수 값만 예상되므로 int 접두사가 있는 매개 변수 course_id로 course_chat_room URL 패턴을 정의합니다.
chat 애플리케이션의 새로운 URL 패턴을 프로젝트의 기본 URL 패턴에 추가합니다.
educa 프로젝트의 기본 urls.py 파일을 열고 다음 줄을 추가합니다.

```python
urlpatterns = [
    # ...
    path('chat/', include('chat.urls', namespace='chat')),
]
```

chat 애플리케이션의 URL 패턴은 chat/ 경로 아래로 프로젝트에 추가됩니다. course_chat_room 뷰용 템플릿을 생성해야 합니다. 이 템플릿에는 채팅에서 주고받는 메시지를 시각화하는 영역과 채팅에 문자 메시지를 보내기 위한 제출 버튼을 가진 텍스트 박스가 있습니다.

chat 애플리케이션 디렉터리 내에 다음과 같은 파일 구조를 만듭니다.

```
templates/
    chat/
        room.html
```

chat/room.html 템플릿을 편집하고 다음 코드를 추가합니다.

```
{% extends "base.html" %}

{% block title %}Chat room for "{{ course.title }}"{% endblock %}

{% block content %}
  <div id="chat">
  </div>
  <div id="chat-input">
    <input id="chat-message-input" type="text">
    <input id="chat-message-submit" type="submit" value="Send">   </div>
{% endblock %}

{% block include_js %}
{% endblock %}

{% block domready %}
{% endblock %}
```

이 템플릿은 강좌의 채팅방을 위한 템플릿입니다. 이 템플릿에서는 프로젝트의 base.html 템플릿을 확장해서 content 블록을 채웁니다. 템플릿에서는 사용자와 다른 학생들이 보내는 채팅 메시지를 표시하기 위해 채팅 ID를 가진 HTML 요소 <div>를 정의합니다. 또한 사용자가 메시지를 보낼 수 있는 텍스트 입력 박스와 제출 버튼이 있는 두 번째 <div> 엘리먼트를 정의합니다. 나중에 구현할 include_js와 domready 블록을 추가해서 웹소켓과의 연결을 수립해서 메시지를 보내거나 받을 수 있도록 합니다.

개발 서버를 실행하고 브라우저에서 `http://127.0.0.1:8000/chat/room/1/`을 엽니다. 여기서 1을 데이터베이스에 있는 기존 강좌의 ID로 바꿔주세요. 강좌에 등록된 로그인한 사용자로 채팅방에 접속하면 다음과 같은 화면이 표시됩니다.

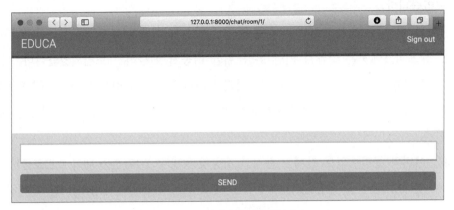

그림 16.1 강좌의 채팅방 페이지

화면은 학생이 강좌 내에서 어떤 토픽에 대해 토론하는 데 사용하는 채팅방 화면입니다.

16.2 채널을 이용한 실시간 장고

학생에게 각 강좌의 채팅방을 제공하기 위해 채팅 서버를 구축해 봅시다. 강좌에 등록한 학생은 강좌의 채팅방에서 메시지를 주고받을 수 있습니다. 이렇게 하려면 서버와 클라이언트 간의 실시간 통신이 필요합니다. 클라이언트는 언제든지 채팅에 연결해서 데이터를 주고받을 수 있어야 합니다. 이 기능을 구현하는 방법에는 여러 가지가 있는데, 데이터베이스 또는 Redis에 메시지를 저장하는 것과 함께 AJAX 폴링 또는 롱 폴링을 사용할 수 있습니다. 그러나 표준 동기 웹 애플리케이션을 사용해서 채팅 서버를 구현하는 효율적인 방법이 없기 때문에, ASGI를 통한 비동기 통신을 사용해 채팅 서버를 구축하려고 합니다.

16.2.1 ASGI를 사용한 비동기 애플리케이션

장고는 일반적으로 파이썬 애플리케이션이 HTTP 요청을 처리하기 위한 표준 인터페이스인 **웹 서버 게이트웨이 인터페이스(WSGI)**를 사용해 배포됩니다. 그러나 비동기 애플리케이션으로 작업하려면 웹소켓 요청도 처리할 수 있는 ASGI라는 다른 인터페이스를 사용해야 합니다. ASGI는 비동기 웹 서버 및 애플리케이션을 위한 새로운 파이썬 표준입니다.

ASGI의 소개는 `https://asgi.readthedocs.io/en/latest/introduction.html`에서 확인할 수 있습니다.

장고는 ASGI를 통한 비동기 파이썬 실행을 지원합니다. 비동기 뷰 작성은 장고 3.1부터 지원되며, 장고 4.1에서는 클래스 기반 뷰를 위한 비동기 핸들러가 도입되었습니다. 채널은 장고에서 사용할 수 있는 네이티브 ASGI 지원을 기반으로 구축되며 웹소켓, IoT 프로토콜, 채팅 프로토콜과 같이 장기간 연결이 필요한 프로토콜을 처리하기 위한 추가 기능을 제공합니다.

웹소켓은 서버와 클라이언트 간에 지속적인 개방형 양방향 **TCP(전송 제어 프로토콜)** 연결을 설정해서 전이중 통신을 제공합니다. 우리는 웹소켓을 사용해서 채팅 서버를 구현하게 됩니다.

ASGI를 사용해 장고를 배포하는 방법에 관한 자세한 정보는 `https://docs.djangoproject.com/en/4.1/howto/deployment/asgi/`에서 확인할 수 있습니다.

비동기 뷰 작성에 관해 장고가 지원하는 자세한 정보는 `https://docs.djangoproject.com/en/4.1/topics/async/`에서, 비동기 클래스 기반 뷰에 관해 장고가 지원하는 정보는 `https://docs.djangoproject.com/en/4.1/topics/class-based-views/#async-classbased-views`에서 확인할 수 있습니다.

16.2.2 채널을 사용한 요청/응답 주기

일반적인 동기식 요청 주기와 채널을 사용한 요청 주기 사이의 차이를 이해하는 것이 중요합니다. 다음 스키마는 장고의 동기식 요청 주기를 보여줍니다.

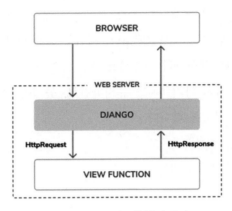

그림 16.2 장고의 요청/응답 주기

브라우저에서 웹 서버로 HTTP 요청이 전송되면, 장고는 요청을 처리하고 해당 뷰에 HttpRequest 객체를 전달합니다. 뷰는 요청을 처리하고 HTTP 응답으로 브라우저로 다시 전송되는 HttpResponse 객체를 반환합니다. 연결된 HTTP 요청 없이 열린 연결을 유지하거나 브라우저에 데이터를 전송하는 메커니즘은 없습니다.

다음 스키마는 웹소켓이 있는 채널을 사용한 장고 프로젝트의 요청 주기를 보여줍니다.

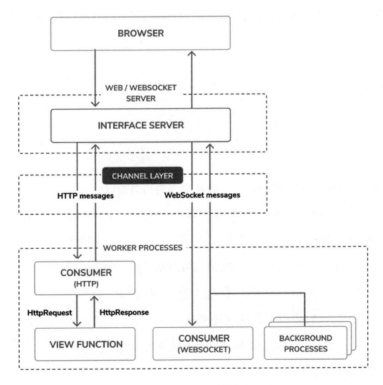

그림 16.3 장고 채널 요청/응답 주기

채널은 장고의 요청/응답 주기를 채널을 통해 전송되는 메시지로 대체합니다. HTTP 요청은 여전히 장고를 통해 뷰 함수로 라우팅되지만, 채널을 통해 라우팅됩니다. 이를 통해 웹소켓 메시지 처리도 가능하며, 생산자와 컨슈머가 채널 레이어를 통해 메시지를 교환할 수 있습니다. 채널은 장고의 동기식 아키텍처를 유지하면서, 동기식 코드와 비동기식 코드 또는 그 둘의 조합을 선택할 수 있도록 합니다.

16.3 채널 설치하기

프로젝트에 채널을 추가하고 HTTP 요청을 관리하기 위해 필요한 기본 ASGI 애플리케이션 라우팅을 설정할 것입니다.

다음 명령어로 가상 환경에 채널을 설치합니다.

```
pip install channels==3.0.5
```

educa 프로젝트의 settings.py 파일을 열고 다음과 같이 INSTALLED_APPS 설정에 채널을 추가합니다.

```
INSTALLED_APPS = [
    # ...
    'channels',
]
```

이제 프로젝트에서 channels 애플리케이션이 활성화되었습니다.

채널은 요청 종류와 상관없이 항상 실행될 하나의 루트 애플리케이션이 필요합니다. 프로젝트에 ASGI_APPLICATION 설정을 추가해 루트 애플리케이션을 정의할 수 있습니다. 이는 프로젝트의 기본 URL 패턴을 가리키는 ROOT_URLCONF 설정과 유사합니다. 루트 애플리케이션은 프로젝트의 어느 곳에나 배치할 수 있지만 프로젝트와 같은 수준의 파일에 배치하는 것이 좋습니다. 루트 라우팅 구성을 ASGI 애플리케이션이 정의될 asgi.py 파일에 직접 추가할 수 있습니다. educa 프로젝트 디렉터리에서 asgi.py 파일을 열고 굵게 강조 표시된 다음 코드를 추가합니다.

```
import os

from django.core.asgi import get_asgi_application
from channels.routing import ProtocolTypeRouter

os.environ.setdefault('DJANGO_SETTINGS_MODULE', 'educa.settings')

django_asgi_app = get_asgi_application()

application = ProtocolTypeRouter({
    'http': django_asgi_app,
})
```

이전 코드에서는 ASGI를 통해 장고 프로젝트를 서비스할 때 실행될 메인 ASGI 애플리케이션을 정의했습니다. 라우팅 시스템의 주요 진입점으로 채널에서 제공하는 ProtocolTypeRouter 클래스를 사용합니다. ProtocolTypeRouter는 http 또는 websocket과 같은 통신 타입을 ASGI 애플리케이션에 매핑하는 딕셔너리를 받습니다. 이 클래스를 HTTP 프로토콜의 기본 애플리케이션으로 인스턴스화합니다. 나중에 웹소켓을 위한 프로토콜을 추가하겠습니다.

프로젝트의 settings.py 파일에 다음 줄을 추가합니다.

```
ASGI_APPLICATION = 'educa.routing.application'
```

ASGI_APPLICATION 설정은 채널에서 루트 라우팅 구성을 찾을 때 사용됩니다.

채널이 INSTALLED_APPS 설정에 추가되면, 기존의 표준 장고 개발 서버를 대체해서 runserver 명령을 처리합니다. 채널 개발 서버는 동기 요청에 대한 장고 뷰의 URL 라우팅뿐만 아니라 웹소켓의 컨슈머로의 경로도 관리합니다.

다음 명령을 사용해 개발 서버를 시작합니다.[1]

```
python manage.py runserver
```

다음과 유사한 메시지가 출력됩니다.

---

1 [역자주] 장고 최신 버전(4.2.x)은 channels를 지원하지 않습니다. 이 책에서 사용하는 장고 버전은 4.1.0입니다.

```
Watching for file changes with StatReloader
Performing system checks...

System check identified no issues (0 silenced).
May 30, 2022 - 08:02:57
Django version 4.0.4, using settings 'educa.settings'
Starting ASGI/Channels version 3.0.4 development server at
http://127.0.0.1:8000/ Quit the server with CONTROL-C.
```

출력에 "Starting ASGI/Channels version 3.0.4 development server"이라는 줄이 포함되어 있는지 확인합니다. 이 줄은 표준 장고 개발 서버 대신 동기 및 비동기 요청을 관리할 수 있는 채널 개발 서버를 사용하고 있음을 나타냅니다. HTTP 요청은 이전과 동일하게 계속 작동하지만 채널을 통해 라우팅됩니다.

이제 프로젝트에 채널이 설치되었으므로 강좌용 채팅 서버를 만들 수 있습니다. 프로젝트에 채팅 서버를 구현하려면 다음 단계를 수행해야 합니다.

1. **컨슈머를 설정합니다.** 컨슈머는 기존 HTTP 뷰와 매우 유사한 방식으로 웹소켓을 처리할 수 있는 개별 코드 조각입니다. 통신 채널에 메시지를 읽고 쓸 수 있는 컨슈머를 구축합니다.

2. **라우팅을 구성합니다.** 채널은 여러 컨슈머를 결합하고 스택으로 쌓을 수 있는 라우팅 클래스를 제공합니다. 채팅 컨슈머에 대한 URL 라우팅을 구성합니다.

3. **웹소켓 클라이언트를 구현합니다.** 학생이 채팅방에 접속하면 브라우저에서 웹소켓에 연결하고 JavaScript를 사용해 메시지를 주고받습니다.

4. **채널 레이어를 활성화합니다.** 채널 레이어를 사용하면 애플리케이션의 여러 인스턴스 간의 대화를 할 수 있습니다. 이는 분산형 실시간 애플리케이션을 만드는 데 유용한 부분입니다. Redis를 사용하여 채널 레이어를 설정합니다.

웹소켓에 연결하고, 메시지를 수신 및 전송하며 연결을 끊는 작업을 처리하는 컨슈머를 작성하는 것으로 시작하겠습니다.

16.4 컨슈머 작성하기

컨슈머는 비동기 애플리케이션을 위한 장고 뷰와 동일합니다. 앞서 언급했듯이, 기존 뷰가 HTTP 요청을 처리하는 방식과 매우 유사한 방식으로 웹소켓을 처리합니다. 컨슈머는 메시지, 알림 및 기타 사항을 처리할 수 있는 ASGI 애플리케이션입니다. 장고 뷰와 달리, 컨슈머는 지속적인 연결을 위해 구축되었습니다. URL은 라우팅 클래스를 통해 컨슈머에 매핑되며, 이를 통해 컨슈머를 결합하고 쌓을 수 있습니다.

웹소켓 연결을 수락하고 웹소켓에서 수신한 모든 메시지를 다시 되돌리는(에코하는) 기본 컨슈머를 구현해 보겠습니다. 이 초기 기능을 통해 학생은 컨슈머에게 메시지를 보내고 보낸 메시지를 다시 받을 수 있습니다.

chat 애플리케이션 디렉터리 내에 새로운 파일을 만들고 이름을 consumers.py로 지정합니다. 여기에 다음 코드를 추가합니다.

```python
import json
from channels.generic.websocket import WebsocketConsumer

class ChatConsumer(WebsocketConsumer):
    def connect(self):
        # 연결 수락
        self.accept()
    def disconnect(self, close_code):
        pass
    # 웹소켓에서 메시지 수신
    def receive(self, text_data):
        text_data_json = json.loads(text_data)
        message = text_data_json['message']
        # 웹소켓으로 메시지 전송
        self.send(text_data=json.dumps({'message': message}))
```

컨슈머 ChatConsumer입니다. 이 클래스는 기본 웹소켓 컨슈머를 구현하기 위해 채널 WebsocketConsumer 클래스를 상속합니다. 이 컨슈머에서는 다음 메서드를 구현합니다.

- connect(): 새로운 연결이 수신될 때 호출됩니다. accept()로 모든 연결을 수락합니다. self.close()를 호출해서 연결을 거부할 수도 있습니다.
- disconnect(): 소켓이 닫힐 때 호출됩니다. 클라이언트가 연결을 닫을 때 아무런 동작을 구현할 필요가 없으므로 pass를 사용합니다.

- receive(): 데이터가 수신될 때마다 호출됩니다. 텍스트가 **text_data**로 수신된다고 전제합니다(바이너리 데이터의 경우 **binary_data**일 수도 있음). 수신된 텍스트 데이터는 JSON으로 처리합니다. 따라서 **json.loads()**로 수신된 JSON 데이터를 파이썬 딕셔너리로 로드합니다. 수신된 JSON 구조에 있을 것으로 예상되는 **message** 키에 액세스합니다. 메시지를 되돌리려면 전송하고 **json.dumps()**로 다시 JSON 형식으로 변환하고 **self.send()**를 사용해서 웹소켓으로 메시지를 돌려보냅니다.

초기 버전의 ChatConsumer는 모든 웹소켓 연결을 수락하고 수신하는 모든 메시지를 웹소켓 클라이언트에 되돌립니다. 컨슈머는 아직 다른 클라이언트에 메시지를 브로드캐스트하지 않는다는 점을 기억하세요, 나중에 채널 레이어를 구현해서 이 기능을 구축할 것입니다.

16.5 라우팅

구현한 ChatConsumer에게 연결을 라우팅하기 위한 URL을 정의해야 합니다. 채널은 연결 내용에 따라 디스패치할 컨슈머를 결합하고 쌓을 수 있는 라우팅 클래스를 제공합니다. 비동기 애플리케이션을 위한 장고의 URL 라우팅 시스템이라고 생각하시면 됩니다.
chat 애플리케이션 디렉터리 내에 새로운 파일을 만들고 **routing.py**라 이름지은 뒤 여기에 다음 코드를 추가합니다.

```python
from django.urls import re_path
from . import consumers

websocket_urlpatterns = [
    re_path(r'ws/chat/room/(?P<course_id>\d+)/$',
            consumers.ChatConsumer.as_asgi()),
]
```

이 코드에서는 chat/consumers.py 파일에서 정의한 ChatConsumer 클래스로 URL 패턴을 매핑합니다. 장고의 **re_path**를 사용해 정규 표현식으로 경로를 정의합니다. 채널의 URL 라우팅의 제한으로 인해 일반적인 **path** 함수 대신 **re_path** 함수를 사용합니다. URL에는 **course_id**라는 정수 매개 변수가 포함되어 있습니다. 이 매개 변수는 컨슈머의 scope에 있으며 사용자가 연결된 강좌의 채팅방을 식별하는 데 사용될 수 있습니다. **consumer** 클래

스의 as_asgi() 메서드를 호출해 각 사용자의 연결에 대해 컨슈머의 인스턴스를 생성하는
ASGI 애플리케이션을 얻습니다. 이 동작은 클래스 기반 뷰의 장고의 as_view() 메서드와
유사합니다.

> **Note**
> 표준 동기식 HTTP 요청에 사용되는 URL과 구분하기 위해 웹소켓 URL 앞에는 **/ws/**를 추가하는 것
> 이 좋습니다. 이렇게 하면 HTTP 서버가 경로를 기반으로 요청을 라우팅할 때 실서비스 환경에서의
> 설정도 간소화할 수 있습니다.

settings.py 파일과 같은 수준에 있는 글로벌 asgi.py 파일을 다음과 같이 편집합니다.

```python
import os

from django.core.asgi import get_asgi_application
from channels.routing import ProtocolTypeRouter, URLRouter
from channels.auth import AuthMiddlewareStack
import chat.routing

os.environ.setdefault('DJANGO_SETTINGS_MODULE', 'educa.settings')

django_asgi_app = get_asgi_application()

application = ProtocolTypeRouter({
    'http': django_asgi_app,
    'websocket': AuthMiddlewareStack(
        URLRouter(chat.routing.websocket_urlpatterns)
    ),
})
```

이 코드에서는 websocket 프로토콜에 대한 새로운 경로를 추가합니다. URLRouter를 사용
해서 websocket 연결을 websocket_urlpatterns 리스트에 정의된 URL 패턴과 매핑합니
다. AuthMiddlewareStack도 사용합니다. 채널에서 제공하는 AuthMiddlewareStack 클래
스는 사용자의 상세 정보가 세션에 저장되는 표준 장고 인증을 지원합니다. 나중에 메시지
를 보내는 사용자를 식별하기 위해 컨슈머(consumer)의 scope에 있는 사용자 인스턴스에
액세스합니다.

16.6 웹소켓 클라이언트 구현하기

지금까지는 course_chat_room 뷰와 해당하는 템플릿을 생성해서 학생들이 강좌의 채팅방에 접근할 수 있도록 구현했습니다. 또한 채팅 서버를 위한 웹소켓 컨슈머를 구현하고 URL 라우팅과 연결했습니다. 이제 웹소켓 클라이언트를 구축해서 강좌의 채팅방 템플릿의 웹소켓과 연결하고 메시지를 보내고 받을 수 있도록 해야 합니다.

브라우저에서 연결을 열고 유지하기 위해 JavaScript를 사용하여 웹소켓 클라이언트를 구현할 것입니다. JavaScript를 사용하여 DOM(Document Object Model)과 상호작용하게 됩니다.

chat 애플리케이션의 chat/room.html 템플릿을 열고 include_js와 domready 블록을 다음과 같이 수정합니다.

```
{% block include_js %}
  {{ course.id|json_script:"course-id" }}
{% endblock %}
{% block domready %}
  const courseId = JSON.parse(
    document.getElementById('course-id').textContent
  );
  const url = 'ws://' + window.location.host +
              '/ws/chat/room/' + courseId + '/';
  const chatSocket = new WebSocket(url);
{% endblock %}
```

include_js 블록에서는 course.id 값을 안전하게 JavaScript와 함께 사용하기 위해 json_script 템플릿 필터를 사용합니다. 장고에서 제공하는 json_script 템플릿 필터는 파이썬 객체를 JSON으로 변환하고 <script> 태그로 감싸서 JavaScript에서 안전하게 사용할 수 있도록 합니다. 코드 {{ course.id|json_script:"course-id" }}는 <script id="course-id" type="application/json">6</script>로 렌더링됩니다. 이 값을 domready 블록에서는 JSON.parse()를 사용해 id="course-id"를 가진 엘리먼트의 내용을 파싱해서 조회합니다. 이것이 JavaScript에서 파이썬 객체를 사용하는 안전한 방법입니다. json_script 템플릿 필터에 관한 자세한 내용은 https://docs.djangoproject. com/ko/4.1/ref/templates/builtins/#json-script에서 확인할 수 있습니다.

domready 블록에서는 웹소켓 프로토콜을 사용하는 URL을 정의합니다. 이 URL은 ws://로 시작하며(`https://`와 같은 보안 웹소켓인 경우 `wss://`), 현재 브라우저의 위치인 `window.location.host`를 사용해 URL을 구성합니다. URL의 나머지는 chat 애플리케이션의 `routing.py` 파일에 정의한 채팅방 URL 패턴의 경로로 구성됩니다.

URL을 생성하지 않고 URL을 일일이 코드로 조합하는 이유는 채널에서 URL을 역으로 생성하는(reverse)하는 방법을 제공하지 않기 때문입니다. `courseId`를 사용해 현재 강좌에 대한 URL을 생성하고 이 URL을 새로운 상수인 `url`에 저장합니다.

그런 다음 `new WebSocket(url)`를 통해 저장된 URL로 웹소켓 연결을 엽니다. 웹소켓 클라이언트 객체가 생성된 것을 chatSocket이라는 새로운 상수에 할당합니다.

웹소켓 컨슈머를 생성하고 라우팅을 추가했으며 기본 웹소켓 클라이언트를 구현했습니다. 이제 초기 버전의 채팅을 사용해 보겠습니다.

다음 명령으로 개발 서버를 시작합니다.

```
python manage.py runserver
```

브라우저에서 URL `http://127.0.0.1:8000/chat/room/1/`을 열고 1을 데이터베이스에 있는 기존 강좌의 `id`로 바꿉니다. 콘솔 출력을 살펴봅니다. 다음과 같이 페이지 및 해당 정적 파일에 대한 HTTP `GET` 요청 외에도 WebSocket HANDSHAKING과 WebSocket CONNECT를 포함한 두 줄이 표시되어야 합니다.

```
HTTP GET /chat/room/1/ 200 [0.02, 127.0.0.1:57141]
HTTP GET /static/css/base.css 200 [0.01, 127.0.0.1:57141]
WebSocket HANDSHAKING /ws/chat/room/1/ [127.0.0.1:57144]
WebSocket CONNECT /ws/chat/room/1/ [127.0.0.1:57144]
```

채널 개발 서버는 표준 TCP 소켓을 사용해서 들어오는 소켓 연결을 수신 대기합니다. 핸드셰이크는 HTTP에서 웹소켓으로 연결되는 다리 역할을 합니다. 핸드셰이크에서 연결에 대한 세부 정보가 협상되며 양쪽 모두 완료되기 전에 연결을 닫을 수 있습니다. chat 애플리케이션의 `consumers.py` 파일에 구현된 ChatConsumer 클래스의 `connect()` 메서드에서 `self.accept()`를 사용해 모든 연결을 수락하고 있다는 점을 상기하세요. 연결이 수락되므로 콘솔에 WebSocket CONNECT 메시지가 표시됩니다.

브라우저 개발자 도구를 사용해서 네트워크 연결을 추적하면 설정된 웹소켓 연결에 대한 정보도 볼 수 있습니다.

그림 16.4에서 그 모습을 볼 수 있습니다.

그림 16.4 웹소켓 연결이 설정되었음을 보여주는 브라우저 개발자 도구

이제 웹소켓에 연결했으므로 웹소켓과 상호작용할 차례입니다. 메시지 수신과 연결 종료와 같은 일반적인 이벤트를 처리하는 메서드를 구현합니다. 다음과 같이 chat 애플리케이션의 chat/room.html 템플릿을 열어서 domready 블록을 수정합니다.

```
{% block domready %}
  const courseId = JSON.parse(
    document.getElementById('course-id').textContent    );
  const url = 'ws://' + window.location.host +
              '/ws/chat/room/' + courseId + '/';
  const chatSocket = new WebSocket(url);

  chatSocket.onmessage = function(event) {
    const data = JSON.parse(event.data);
    const chat = document.getElementById('chat');

    chat.innerHTML += '<div class="message">' +
                      data.message + '</div>';
    chat.scrollTop = chat.scrollHeight;
  };

  chatSocket.onclose = function(event) {
    console.error('Chat socket closed unexpectedly');    };
{% endblock %}
```

코드에서는 웹소켓 클라이언트에 다음과 같은 이벤트를 정의합니다.

- onmessage: 웹소켓을 통해 데이터를 수신할 때 발생하는 이벤트입니다. 메시지는 JSON 형식으로 받을 것으로 예상하고, 해당 메시지의 message 속성에 접근합니다. 그런 다음 수신된 메시지가 포함된 새로운 <div> 엘리먼트를 ID가 chat인 HTML 엘리먼트에 추가

합니다. 이렇게 하면 채팅 로그에 새로운 메시지가 추가되며 이전에 로그에 추가되었던 모든 메시지는 그대로 유지됩니다. 채팅 로그 <div>를 하단으로 스크롤하여 새로운 메시지가 보이도록 합니다. 이를 위해 채팅 로그를 스크롤 가능한만큼 최대한 스크롤하는데, 이는 scrollHeight 속성에 접근하여 이 길이를 얻을 수 있습니다.

- onclose: 웹소켓과 연결이 닫힐 때 발생하는 이벤트입니다. 연결이 닫힐 것으로 예상하지 않으므로, 이 경우 콘솔 로그에 "Chat socket closed unexpectedly"라는 오류 메시지를 기록합니다.

새로운 메시지를 수신할 때마다 메시지를 표시하는 작업을 구현했습니다. 이제 소켓에 메시지를 보내는 기능도 구현해야 합니다.

chat 애플리케이션의 chat/room.html 템플릿을 편집해서 domready 블록 하단에 다음 JavaScript 코드를 추가합니다.

```javascript
const input = document.getElementById('chat-message-input');
const submitButton = document.getElementById('chat-message-submit');

submitButton.addEventListener('click', function(event) {
  const message = input.value;
  if(message) {
    // JSON 형식의 메시지 전송
    chatSocket.send(JSON.stringify({'message': message}));
    // input 내용 제거
    input.innerHTML = '';
    input.focus();
  }
});
```

이 코드에서는 ID가 chat-message-submit인 제출 버튼의 클릭 이벤트에 대한 이벤트 리스너를 정의합니다. 버튼이 클릭되면 다음 작업을 수행합니다.

1. ID가 chat-message-input인 텍스트 입력 엘리먼트의 값에서 사용자가 입력한 메시지를 읽습니다.
2. if(message)로 메시지에 내용이 있는지 확인합니다.
3. 사용자가 메시지를 입력한 경우, JSON.stringify()를 사용해 {'message': '사용자가 입력한 문자열'}과 같은 JSON 콘텐츠를 구성합니다.

4. 웹소켓을 통해 JSON 콘텐츠를 전송하기 위해 **chatSocket** 클라이언트의 **send()** 메서드를 호출합니다.

5. **input.innerHTML = ''**을 사용해 텍스트 입력의 내용을 지웁니다.

6. **input.focus()**를 사용하여 텍스트 입력에 다시 포커스를 설정해서 사용자가 즉시 새로운 메시지를 작성할 수 있도록 합니다.

이제 사용자는 텍스트 입력을 사용하고 제출 버튼을 클릭해 메시지를 보낼 수 있습니다. 사용자 경험을 향상하기 위해 페이지가 로드될 때 텍스트 입력에 자동으로 포커스가 주어져 사용자가 직접 입력할 수 있도록 하겠습니다. 또한 키보드의 키 입력 이벤트를 캡처하여 *Enter* 키를 인식하고 제출 버튼의 **click** 이벤트를 발생시킬 것입니다. 사용자는 버튼을 클릭하거나 *Enter* 키를 눌러 메시지를 보낼 수 있습니다.

chat 애플리케이션의 **chat/room.html** 템플릿을 열어 **domready** 블록 하단에 다음 JavaScript 코드를 추가합니다.

```
input.addEventListener('keypress', function(event) {
    if (event.key === 'Enter') {
      // 필요시 기본 작업을 취소
      event.preventDefault();
      // 버튼의 click 이벤트를 발생시킴
      submitButton.click();
    }
  });


input.focus();
```

이 코드에서는 **input** 엘리먼트의 **keypress** 이벤트에 대한 함수도 정의합니다. 사용자가 누르는 모든 키에 대해 해당 키가 **Enter** 키인지 확인합니다. **event.preventDefault()**를 사용해서 이 키의 기본 동작이 수행되지 않도록 합니다. *Enter* 키를 누르면 제출 버튼의 **click** 이벤트를 실행해서 메시지를 웹소켓으로 보냅니다.

이벤트 핸들러 외부의 **domready** 블록에 대한 메인 JavaScript 코드에서는 **input.focus()**를 사용해 텍스트 입력에 포커스를 부여하는데, DOM이 로드될 때 사용자가 메시지를 입력할 수 있도록 **input** 엘리먼트에 포커스가 설정됩니다.

이제 **chat/room.html** 템플릿의 **domready** 블록은 다음과 같이 보일 것입니다.

```
{% block domready %}
    const courseId = JSON.parse(
        document.getElementById('course-id').textContent
    );
    const url = 'ws://' + window.location.host +
                '/ws/chat/room/' + courseId + '/';
    const chatSocket = new WebSocket(url);

    chatSocket.onmessage = function(event) {
        const data = JSON.parse(event.data);
        const chat = document.getElementById('chat');
        chat.innerHTML += '<div class="message">' +
                          data.message + '</div>';
        chat.scrollTop = chat.scrollHeight;
    };


    chatSocket.onclose = function(event) {
        console.error('Chat socket closed unexpectedly');
    };


    const input = document.getElementById('chat-message-input');
    const submitButton = document.getElementById('chat-message-submit');

    submitButton.addEventListener('click', function(event) {
        const message = input.value;
        if(message) {
            // JSON 형식의 메시지 전송
            chatSocket.send(JSON.stringify({'message': message}));
            // input 내용 제거
            input.value = '';
            input.focus();
        }
    });

    input.addEventListener('keypress', function(event) {
        if (event.key === 'Enter') {
            // 필요시 기본 작업을 취소
            event.preventDefault();
            // 버튼의 click 이벤트를 발생시킴
```

```
        submitButton.click();
      }
  });
  input.focus();
{% endblock %}
```

브라우저에서 URL http://127.0.0.1:8000/chat/room/1/을 열고 1을 데이터베이스에 있는 기존 강좌의 ID로 바꿉니다. 로그인한 사용자로 강좌에 등록한 상태에서 입력 필드에 텍스트를 입력하고 SEND 버튼을 클릭하거나 *Enter* 키를 누릅니다.

채팅 로그에 메시지가 표시되는 것을 확인할 수 있습니다.

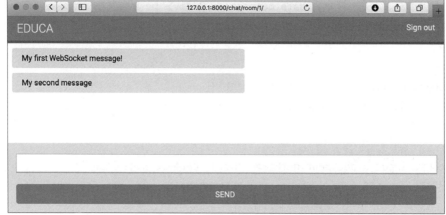

그림 16.5 웹소켓을 통해 전송된 메시지가 표시된 대화방 페이지

훌륭합니다! 웹소켓을 통해 메시지가 전송되었고 ChatConsumer가 메시지를 수신한 후 웹소켓을 통해 다시 돌려보냈습니다. 채팅 소켓 클라이언트가 메시지 이벤트를 수신하고 onmessage 함수가 실행되면서 채팅 로그에 메시지가 추가됩니다.

웹소켓 컨슈머와 웹소켓 클라이언트로 기능을 구현해서 클라이언트/서버 연결을 수립하고 이벤트를 보내거나 받을 수 있습니다. 그러나 채팅 서버가 다른 클라이언트에 메시지를 브로드캐스트할 수 없습니다. 두 번째 브라우저 탭을 열고 메시지를 입력하면 첫 번째 탭에 메시지가 표시되지 않습니다. 컨슈머 간의 통신을 구축하려면 채널 레이어를 활성화해야 합니다.

16.7 채널 레이어 활성화하기

채널 레이어를 사용하면 애플리케이션의 여러 인스턴스 간에 통신할 수 있습니다. 채널 레이어는 여러 컨슈머 인스턴스가 서로 통신하고 장고의 다른 부분과 통신할 수 있도록 하는 전송 메커니즘입니다.

채팅 서버에서 동일한 강좌의 채팅방에 대해 여러 개의 **ChatConsumer** 인스턴스를 가질 것입니다. 채팅방에 참여하는 각 학생은 브라우저에서 웹소켓 클라이언트를 인스턴스화할 것이고, 그러면 웹소켓 컨슈머 인스턴스와의 연결이 열립니다. 컨슈머 간에 메시지를 배포하려면 공통 채널 레이어가 필요합니다.

16.7.1 채널과 그룹

채널 레이어는 커뮤니케이션을 관리하기 위한 두 가지 추상화로 채널과 그룹을 제공합니다.

- Channel: 채널은 메시지를 보낼 수 있는 받은 편지함 또는 작업 대기열로 생각할 수 있습니다. 각 채널에는 이름이 있습니다. 채널 이름을 아는 사람이 채널로 메시지를 보내면 해당 채널에서 듣는 컨슈머에게 메시지가 전달됩니다.
- Group: 여러 채널을 그룹으로 묶을 수 있습니다. 각 그룹에는 이름이 있습니다. 그룹 이름을 아는 사람은 누구나 채널을 그룹에 추가하거나 그룹에서 제거할 수 있습니다. 그룹 이름을 사용해서 그룹의 모든 채널에 메시지를 보낼 수도 있습니다.

채널 그룹을 사용해 채팅 서버를 구현합니다. 각 강좌의 채팅방에 대해 채널 그룹을 생성하면 **ChatConsumer** 인스턴스가 서로 통신할 수 있습니다.

16.7.2 Redis로 채널 레이어 설정하기

채널은 다른 타입의 채널 레이어를 지원하지만 채널 레이어에는 Redis가 선호됩니다. Redis는 채널 계층의 통신 저장소로 작동합니다. *"7장, 사용자 활동 추적하기"*, *"10장, 온라인 상점 확장하기"* 및 *"14장, 콘텐츠 렌더링과 캐시"*에서 이미 Redis를 사용했음을 기억하세요.

아직 Redis를 설치하지 않은 경우 *"7장, 사용자 활동 추적하기"*에서 설치 지침을 찾을 수 있습니다.

Redis를 채널 레이어로 사용하려면 channels-redis 패키지를 설치해야 합니다. 다음 명령으로 가상 환경에 channels-redis를 설치합니다.

```
pip install channels-redis==3.4.1
```

educa 프로젝트의 settings.py 파일을 편집해서 다음 코드를 추가합니다.

```
CHANNEL_LAYERS = {
    'default': {
        'BACKEND': 'channels_redis.core.RedisChannelLayer',
        'CONFIG': {
            'hosts': [('127.0.0.1', 6379)],
        },
    },
}
```

CHANNEL_LAYERS 설정은 프로젝트에서 사용할 수 있는 채널 레이어 구성을 정의합니다. channels-redis에서 제공하는 RedisChannelLayer 백엔드를 사용해 기본 채널 레이어를 정의하고 Redis가 실행되는 호스트 127.0.0.1과 포트 6379를 지정합니다.

채널 레이어를 사용해 보겠습니다. 다음 명령을 사용하여 Redis Docker 컨테이너를 초기화합니다.

```
docker run -it --rm --name redis -p 6379:6379 redis
```

백그라운드에서 실행(detached 모드로)하려면 명령에 -d 옵션을 사용할 수 있습니다.

프로젝트 디렉터리에서 다음 명령을 사용해 장고 셸을 엽니다.

```
python manage.py shell
```

채널 레이어가 Redis와 통신할 수 있는지를 확인하려면 다음 코드를 작성해 test_channel 이라는 테스트 채널에 메시지를 보내고 다시 수신합니다.

```
>>> import channels.layers
>>> from asgiref.sync import async_to_sync
>>> channel_layer = channels.layers.get_channel_layer()
>>> async_to_sync(channel_layer.send)('test_channel', {'message': 'hello'})
>>> async_to_sync(channel_layer.receive)('test_channel')
```

다음과 같은 출력이 표시되어야 합니다.

```
{'message': 'hello'}
```

이전 코드에서는 채널 레이어을 통해 테스트 채널에 메시지를 보낸 다음, 채널 레이어에서 메시지를 조회합니다. 채널 레이어가 Redis와 성공적으로 통신하고 있습니다.

16.7.3 메시지를 브로드캐스트하도록 컨슈머 수정하기

채널 레이어를 사용하도록 ChatConsumer를 수정해 보겠습니다. 각 강좌 채팅방의 채널 그룹을 사용할 것입니다. 따라서 강좌 id를 그룹 이름으로 합니다. ChatConsumer 인스턴스는 그룹 이름을 알고 서로 통신할 수 있습니다.

chat 애플리케이션의 consumers.py 파일을 열고 async_to_sync() 함수를 임포트한 후, 다음과 같이 ChatConsumer 클래스의 connect() 메서드를 수정합니다.

```
import json
from channels.generic.websocket import WebsocketConsumer
from asgiref.sync import async_to_sync

class ChatConsumer(WebsocketConsumer):
    def connect(self):
        self.id = self.scope['url_route']['kwargs']['course_id']
        self.room_group_name = f'chat_{self.id}'
        # 그룹 참여
        async_to_sync(self.channel_layer.group_add)(
            self.room_group_name,
            self.channel_name
        )
        # 연결 승인
```

```
    self.accept()
# ...
```

이 코드에서는 비동기 채널 레이어 메서드에 대한 호출을 래핑하기 위해 async_to_sync()
도우미 함수를 임포트합니다. ChatConsumer는 동기식인 WebsocketConsumer이지만 채널
레이어의 비동기 메서드를 호출해야 합니다.

새로운 connect() 메서드에서는 다음 작업을 수행합니다.

1. 채팅방이 연결된 강의를 알기 위해 scope에서 강의 id를 조회합니다. self.
   scope['url_route']['kwargs']['course_id']를 사용해 URL에서 course_id 매개
   변수를 조회합니다. 각각의 컨슈머에는 연결에 대한 정보, URL에서 전달된 인수, 그리고
   인증된 사용자(있는 경우)에 대한 정보를 가지고 있는 scope가 있습니다.
2. 그룹 이름은 해당하는 강의의 id로 작성합니다. 각각의 채팅방마다 채널 그룹이 있을 것
   입니다. 그룹 이름은 컨슈머의 room_group_name 속성에 저장합니다.
3. 현재 채널을 그룹에 추가해서 그룹에 참여합니다. 컨슈머의 channel_name 속성에서 채
   널 이름을 얻습니다. 채널 레이어의 group_add 메서드를 사용해 채널을 그룹에 추가합니
   다. 비동기 메서드를 사용하기 위해 async_to_sync() 래퍼를 사용합니다.
4. self.accept()로 웹소켓 연결을 수락합니다.

컨슈머 ChatConsumer가 새로운 웹소켓 연결을 받으면 해당 scope의 강좌와 연결된 그룹에
채널을 추가합니다. 이제 컨슈머는 그룹으로 전송된 모든 메시지를 수신할 수 있습니다.
동일한 consumers.py 파일에서 다음과 같이 ChatConsumer 클래스의 disconnect() 메서
드를 수정합니다.

```
class ChatConsumer(WebsocketConsumer):
    # ...
    def disconnect(self, close_code):
        # 그룹 탈퇴
        async_to_sync(self.channel_layer.group_discard)(
            self.room_group_name,
            self.channel_name
        )
    # ...
```

연결이 닫히면 채널 계층의 `group_discard()` 메서드를 호출해서 그룹에서 탈퇴합니다. 채널 레이어의 비동기 메서드를 사용하려면 `async_to_sync()` 래퍼를 사용합니다.

동일한 `consumers.py` 파일에서 `ChatConsumer` 클래스의 `receive()` 메서드를 다음과 같이 수정합니다.

```python
class ChatConsumer(WebsocketConsumer):
    # ...
    # 웹소켓으로 메시지 수신
    def receive(self, text_data):
        text_data_json = json.loads(text_data)
        message = text_data_json['message']
        # 그룹에 메시지 전송
        async_to_sync(self.channel_layer.group_send)(
            self.room_group_name,
            {
                'type': 'chat_message',
                'message': message,
            }
        )
```

웹소켓 연결에서 메시지를 받으면 연결된 채널로 메시지를 보내는 대신 그룹으로 메시지를 보냅니다. 채널 레이어의 `group_send()` 메서드를 호출해 이 작업을 수행합니다. 채널 레이어의 비동기 메서드를 사용하려면 `async_to_sync()` 래퍼를 사용합니다. 그룹에 전송되는 이벤트는 다음 정보를 전달합니다.

- `type`: 이벤트 타입입니다. 이것은 이벤트를 수신하는 컨슈머에서 호출해야 하는 메서드의 이름에 해당하는 특수 키입니다. 메시지 유형과 동일한 이름의 메서드를 컨슈머에 구현해 특정 타입의 메시지가 수신될 때마다 실행되도록 할 수 있습니다.
- `message`: 보내는 실제 메시지입니다.

동일한 `consumers.py` 파일에서 다음과 같이 `ChatConsumer` 클래스에 새로운 `chat_message()` 메서드를 추가합니다.

```python
class ChatConsumer(WebsocketConsumer):
    # ...
    # 그룹에서 메시지 수신
```

```
    def chat_message(self, event):
        # 웹소켓으로 메시지 전송
        self.send(text_data=json.dumps(event))
```

이 메서드의 이름을 chat_message()로 지정해 웹소켓에서 메시지가 수신될 때 채널 그룹으로 전송되는 type 키와 일치하도록 합니다. 타입이 chat_message인 메시지가 그룹으로 전송되면 그룹에 가입한 모든 컨슈머가 메시지를 수신하고 chat_message() 메서드를 실행합니다. chat_message() 메서드에서는 수신된 이벤트 메시지를 웹소켓으로 보냅니다.

이제 전체 consumers.py 파일이 다음과 같이 작성되어 있을 것입니다.

```
import json from channels.generic.websocket import WebsocketConsumer from
asgiref.sync import async_to_sync
class ChatConsumer(WebsocketConsumer):
    def connect(self):
        self.id = self.scope['url_route']['kwargs']['course_id']
        self.room_group_name = f'chat_{self.id}'
        # 그룹 참여
        async_to_sync(self.channel_layer.group_add)(
            self.room_group_name,
            self.channel_name
        )
        # 연결 승인
        self.accept()
    def disconnect(self, close_code):
        # 그룹 탈퇴
        async_to_sync(self.channel_layer.group_discard)(
            self.room_group_name,
            self.channel_name
        )
    # 웹소켓으로 메시지 수신
    def receive(self, text_data):
        text_data_json = json.loads(text_data)
        message = text_data_json['message']
        # 그룹에 메시지 전송
        async_to_sync(self.channel_layer.group_send)(
            self.room_group_name,
            {
```

```
                'type': 'chat_message',
                'message': message,
            }
        )
# 그룹에서 메시지 수신
def chat_message(self, event):
    # 웹소켓으로 메시지 전송
    self.send(text_data=json.dumps(event))
```

ChatConsumer에서 채널 레이어를 구현해 컨슈머가 메시지를 브로드캐스트하고 서로 커뮤니케이션할 수 있도록 했습니다.

다음 명령으로 개발 서버를 실행합니다.

```
python manage.py runserver
```

브라우저에서 URL http://127.0.0.1:8000/chat/room/1/을 열고 1을 데이터베이스에 있는 기존 강좌의 id로 바꿉니다. 메시지를 작성하여 전송합니다. 그런 다음, 두 번째 브라우저 창을 열고 동일한 URL에 접근합니다. 각 브라우저 창에서 메시지를 보냅니다.

결과는 다음과 같아야 합니다.

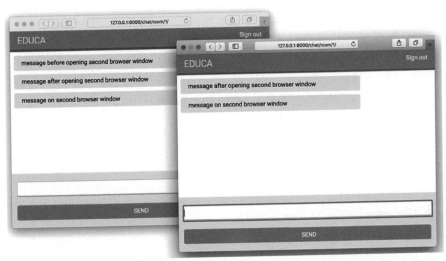

그림 16.6 서로 다른 브라우저 창에서 메시지를 보낸 경우 채팅방 페이지

첫 번째 메시지는 첫 번째 브라우저 창에만 표시되는 것을 볼 수 있습니다. 두 번째 브라우저 창을 열면 모든 브라우저 창에서 보낸 메시지가 두 브라우저 창 모두에 표시됩니다. 새로

운 브라우저 창을 열고 대화방 URL에 접속하면 브라우저의 JavaScript 웹소켓 클라이언트와 서버의 웹소켓 컨슈머 간에 새로운 웹소켓 연결이 설정됩니다. 각 채널은 강좌 ID와 연결된 그룹에 추가되고 URL을 통해 컨슈머에게 전달됩니다. 메시지는 그룹으로 전송되고 모든 컨슈머가 수신합니다.

16.7.4 메시지에 콘텍스트 추가하기

이제 대화방의 모든 사용자 사이에 메시지를 주고받을 수 있게 되었으니, 누가 어떤 메시지를 언제 보냈는지 표시하고 싶습니다. 메시지에 콘텍스트를 추가해 보겠습니다.
chat 애플리케이션의 consumers.py 파일을 편집해서 다음과 같은 변경 사항을 구현합니다.

```python
import json
from channels.generic.websocket import WebsocketConsumer
from asgiref.sync import async_to_sync
from django.utils import timezone


class ChatConsumer(WebsocketConsumer):
    def connect(self):
        self.user = self.scope['user']
        self.id = self.scope['url_route']['kwargs']['course_id']
        self.room_group_name = f'chat_{self.id}'
        # 그룹 참여
        async_to_sync(self.channel_layer.group_add)(
            self.room_group_name,
            self.channel_name
        )
        # 연결 수락
        self.accept()
    def disconnect(self, close_code):
        # 그룹에서 나가기
        async_to_sync(self.channel_layer.group_discard)(
            self.room_group_name,
            self.channel_name
        )
    # 웹소켓에서 메시지 수신
```

```
    def receive(self, text_data):
        text_data_json = json.loads(text_data)
        message = text_data_json['message']
        now = timezone.now()
        # 그룹에 메시지 전송
        async_to_sync(self.channel_layer.group_send)(
            self.room_group_name,
            {
                'type': 'chat_message',
                'message': message,
                'user': self.user.username,
                'datetime': now.isoformat(),
            }
        )

    # 그룹에서 메시지 수신
    def chat_message(self, event):
        # 웹소켓으로 메시지 전송
        self.send(text_data=json.dumps(event))
```

이제 장고에서 제공하는 timezone 모듈을 임포트합니다. 컨슈머의 connect() 메서드에서
self.scope['user']를 사용해 scope에서 현재 사용자를 조회하고 이를 컨슈머의 새로운
user 속성에 저장합니다. 컨슈머가 웹소켓을 통해 메시지를 수신하면 timezone.now()로
현재 시간을 가져와 채널 그룹에 전송된 이벤트의 메시지와 함께 현재 user와 datetime을
ISO 8601 형식으로 전달합니다.

chat 애플리케이션의 chat/room.html 템플릿을 편집해서 include_js 블록에 굵은 글씨로
강조 표시된 다음 줄을 추가합니다.

```
{% block include_js %}
  {{ course.id|json_script:"course-id" }}
  {{ request.user.username|json_script:"request-user" }}
{% endblock %}
```

json_script 템플릿을 사용하면 요청 사용자의 아이디를 안전하게 획득해서 JavaScript
에서 사용할 수 있습니다.

chat/room.html 템플릿의 domready 블록에 굵은 글씨로 강조 표시된 다음 줄을 추가합니다.

```
{% block domready %}
const courseId = JSON.parse(
    document.getElementById('course-id').textContent
  );
  const requestUser = JSON.parse(
    document.getElementById('request-user').textContent
  );
  # ...
{% endblock %}
```

새로운 코드에서는 ID가 **request-user**인 엘리먼트의 데이터를 안전하게 구문 분석해서 상수 **requestUser**에 저장합니다. 그런 다음 domready 블록에서 다음 줄을 찾습니다.

```
const data = JSON.parse(e.data);
const chat = document.getElementById('chat');

chat.innerHTML += '<div class="message">' +
                  data.message + '</div>';
chat.scrollTop = chat.scrollHeight;
```

해당 줄을 다음 코드로 바꿉니다.

```
const data = JSON.parse(e.data);
const chat = document.getElementById('chat');

const dateOptions = {hour: 'numeric', minute: 'numeric', hour12: true};
const datetime = new Date(data.datetime).toLocaleString('en', dateOptions);
const isMe = data.user === requestUser;
const source = isMe ? 'me' : 'other';
const name = isMe ? 'Me' : data.user;

chat.innerHTML += '<div class="message ' + source + '">' +
                  '<strong>' + name + '</strong> ' +
                  '<span class="date">' + datetime + '</span><br>' +
                  data.message + '</div>';
chat.scrollTop = chat.scrollHeight;
```

이 코드에서는 다음과 같은 변경 사항을 구현합니다.

1. 메시지에서 수신한 `datetime`을 JavaScript Date 객체로 변환하고 특정 지역으로 서식을 지정합니다.
2. 메시지에서 받은 사용자 이름을 두 가지 다른 상수와 비교하여 사용자를 식별하는 데 도움을 줍니다.
3. 상수 `source`는 현재 사용자가 메시지를 보내는 경우 `me` 값을 가지고, 그렇지 않은 경우 `other` 값을 가집니다
4. 상수 `name`은 현재 사용자가 메시지를 보내는 경우 `Me` 값을 가지거나, 그렇지 않은 경우 메시지를 보내는 사용자의 이름을 가져옵니다. 이를 통해 메시지를 보내는 사용자의 이름을 표시합니다.
5. `source`의 값을 메인 `<div>` 메시지 엘리먼트의 `class`로 사용해서 현재 사용자가 보낸 메시지와 다른 사용자가 보낸 메시지를 구분합니다. `class` 속성을 기반으로 다른 CSS 스타일이 적용됩니다. 이러한 CSS 스타일은 정적 파일 `css/base.css`에 선언되어 있습니다.
6. 채팅 로그에 추가하는 메시지에 사용자 이름과 `datetime`을 씁니다.

브라우저에서 `http://127.0.0.1:8000/chat/room/1/`을 열고 1을 데이터베이스에 있는 기존 강좌의 `id`로 바꿉니다. 강좌에 등록되어 있는 로그인한 사용자로 메시지를 작성하여 전송합니다.

그런 다음, 두 번째 브라우저 창 시크릿 모드로 열어 동일한 세션이 사용되지 않도록 합니다. 같은 강좌에 등록되어 있는 다른 사용자로 로그인해서 메시지를 보냅니다.

두 명의 다른 사용자를 사용하여 메시지를 주고받을 수 있는데, 해당 사용자가 보낸 메시지와 다른 사용자가 보낸 메시지를 명확하게 구분해 사용자와 시간을 확인할 수 있습니다. 두 사용자 간의 대화는 다음과 비슷할 것입니다.

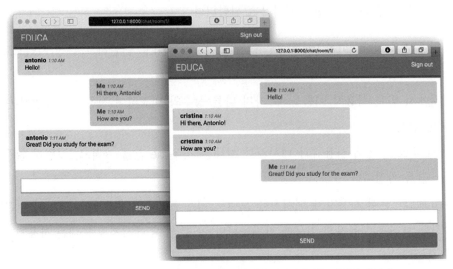

그림 16.7 서로 다른 두 사용자 세션에서 작성한 메시지가 있는 대화방 페이지

훌륭합니다! 채널을 사용해서 기능적으로 충분한 실시간 채팅 애플리케이션을 구축했습니다. 다음으로 채팅 컨슈머를 완전히 비동기화해서 개선하는 방법을 알아보겠습니다.

16.8 컨슈머를 완전한 비동기로 만들기

우리가 구현한 ChatConsumer는 기본적으로 동기적인 WebsocketConsumer 클래스를 상속받습니다. 동기 컨슈머는 장고의 모델에 접근하고 일반적인 동기 I/O 함수를 호출하는 데 편리합니다. 그러나 비동기 컨슈머는 요청 처리 시 추가적인 스레드가 필요하지 않아 더 나은 성능을 발휘합니다. 비동기 채널 레이어 함수를 사용하고 있으므로 ChatConsumer 클래스를 비동기로 재작성하는 것은 쉽게 할 수 있습니다.

chat 애플리케이션의 consumers.py 파일을 열고 다음과 같이 변경 사항을 구현합니다.

```python
import json
from channels.generic.websocket import AsyncWebsocketConsumer
from asgiref.sync import async_to_sync
from django.utils import timezone


class ChatConsumer(AsyncWebsocketConsumer):
```

```python
    async def connect(self):
        self.user = self.scope['user']
        self.id = self.scope['url_route']['kwargs']['course_id']
        self.room_group_name = 'chat_%s' % self.id
        # 그룹 참여
        await self.channel_layer.group_add(
            self.room_group_name,
            self.channel_name
        )
        # 연결 수락
        await self.accept()

    async def disconnect(self, close_code):
        # 그룹에서 나가기
        await self.channel_layer.group_discard(
            self.room_group_name,
            self.channel_name
        )

    # 웹소켓에서 메시지 수신
    async def receive(self, text_data):
        text_data_json = json.loads(text_data)
        message = text_data_json['message']
        now = timezone.now()
        # 그룹에 메시지 전송
        await self.channel_layer.group_send(
            self.room_group_name,
            {
                'type': 'chat_message',
                'message': message,
                'user': self.user.username,
                'datetime': now.isoformat(),
            }
        )

    # 그룹에서 메시지 수신
    async def chat_message(self, event):
        # 웹소켓으로 메시지 전송
        await self.send(text_data=json.dumps(event))
```

코드는 다음과 같은 변경 사항을 구현합니다.

1. ChatConsumer 컨슈머는 이제 비동기 호출을 구현하기 위해 AsyncWebsocketConsumer 클래스를 상속받습니다.
2. 모든 메서드의 정의를 def 대신 async def로 변경했습니다.
3. I/O 작업을 수행하는 비동기 함수를 호출할 때 await를 사용했습니다.
4. 채널 레이어의 메서드를 호출할 때 async_to_sync() 도우미 함수를 더 이상 사용하지 않습니다.

다시 두 개의 다른 브라우저 창으로 http://127.0.0.1:8000/chat/room/1/을 열고 채팅 서버가 여전히 작동하는지 확인합니다. 채팅 서버는 이제 완전한 비동기입니다!

16.9 채팅 애플리케이션을 기존의 뷰와 통합하기

이제 채팅 서버가 완전히 구현되어 강좌에 등록한 학생들이 서로 커뮤니케이션할 수 있습니다. 학생이 각 강좌의 채팅방에 참여할 수 있는 링크를 추가해 보겠습니다.

students 애플리케이션의 students/course/detail.html 템플릿을 수정하고 <div class="contents"> 요소 하단에 다음 HTML 엘리먼트 ⟨h3⟩의 코드를 추가합니다.

```
<div class="contents">
  ...
  <h3>
    <a href="{% url "chat:course_chat_room" object.id %}">
      Course chat room
    </a>
  </h3>
</div>
```

브라우저를 열고 학생이 등록한 강좌에 접근해서 강좌의 콘텐츠를 확인합니다. 이제 사이드바에 강좌의 채팅방 뷰로 연결되는 Course chat room 링크가 포함됩니다. 이 링크를 클릭하면 채팅방으로 이동합니다.

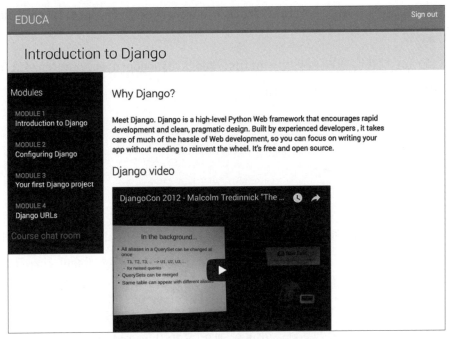

그림 16.8 강좌의 채팅방 링크가 포함된 강좌 상세 정보 페이지

축하합니다! 장고 채널을 사용해 첫 번째 비동기 애플리케이션을 성공적으로 빌드했습니다.

16.10 추가 자료

다음 자료들은 이 장에서 다룬 주제와 관련된 추가 정보를 제공합니다.

- 이 장의 소스 코드 – https://github.com/PacktPublishing/Django-4-by-example/tree/main/Chapter16
- ASGI 소개 – https://asgi.readthedocs.io/en/latest/introduction.html
- 비동기 뷰를 위한 장고 지원 – https://docs.djangoproject.com/en/4.1/topics/async/
- 비동기 클래스 기반 뷰를 위한 장고 지원 – https://docs.djangoproject.com/en/4.1/topics/class-based-views/#async-class-based-views
- 장고 채널 문서 – https://channels.readthedocs.io/

- ASGI를 사용한 장고 배포 — https://docs.djangoproject.com/en/4.1/howto/deployment/asgi/
- json_script 템플릿 필터 사용법 — https://docs.djangoproject.com/en/4.1/ref/templates/builtins/#json-script

16.11 요약

이 장에서는 채널을 사용하여 채팅 서버를 만드는 방법을 배웠습니다. 웹소켓 컨슈머와 클라이언트를 구현했습니다. 또한 Redis를 사용한 채널 레이어를 통해 컨슈머 간의 통신을 가능하게 했으며, 컨슈머를 완전히 비동기로 수정했습니다.

다음 장에서는 NGINX, uWSGI, Daphne 및 Docker Compose를 사용해서 장고 프로젝트를 위한 프로덕션 환경을 구축하는 방법을 배울 것입니다. 또한 커스텀 미들웨어를 구현하고 커스텀 관리 명령을 생성하는 방법도 배우게 될 것입니다.

17장

실서비스화

django

16장에서는 장고 채널을 사용해 학생들을 위한 실시간 채팅 서버를 구축했습니다. 이제 완전한 기능을 갖춘 e-러닝 플랫폼을 만들었으므로 인터넷을 통해 접속할 수 있는 프로덕션 환경을 설정해야 합니다. 지금까지는 개발 환경에서 작업하며 장고 개발 서버를 사용해 사이트를 실행했습니다. 이 장에서는 장고 프로젝트를 안전하고 효율적으로 제공할 수 있는 프로덕션 환경을 설정하는 방법을 배우게 될 것입니다.

이 장에서는 다음과 같은 주제를 다룰 것입니다.

- 여러 환경에 맞는 장고 설정 구성하기
- Docker Compose를 사용해 여러 서비스 실행하기
- uWSGI와 장고를 사용해 웹 서버 설정하기
- Docker Compose로 PostgreSQL과 Redis 서비스하기
- Django 시스템 체크 프레임워크 사용하기
- Docker를 사용해 NGINX 서비스하기
- NGINX를 통해 정적 파일 제공하기
- TLS/SSL을 통해 연결 안전하게 만들기
- 장고 채널을 위해 Daphne ASGI 서버 사용하기
- 커스텀 장고 미들웨어 생성하기
- 커스텀 장고 관리 명령 구현하기

이 장의 소스 코드는 https://github.com/PacktPublishing/Django-4-by-example/tree/main/Chapter17에서 찾을 수 있습니다.

이 장에서 사용된 모든 파이썬 모듈은 이 장과 함께 제공되는 소스 코드의 requirements.txt 파일에 포함되어 있습니다. 이 장의 내용에 나오는 지침에 따라 각 파이썬 모듈을 설치하거나 pip install -r requirements.txt 명령을 사용해서 모든 요구 사항을 한 번에 설치할 수 있습니다.

17.1 프로덕션 환경 만들기

이제 프로덕션 환경에 장고 프로젝트를 배포할 차례입니다. 여러 환경에 맞는 장고 설정을 구성하는 것으로 시작한 후 프로덕션 환경을 설정합니다.

17.1.1 여러 환경에 맞는 설정 관리하기

실제 프로젝트에서는 여러 환경을 다루어야 합니다. 일반적으로 최소한의 개발을 위한 로컬 환경과 애플리케이션을 서비스하기 위한 프로덕션 환경이 있습니다. 테스트 환경이나 스테이징 환경과 같은 다른 환경도 있을 수 있습니다.

일부 프로젝트 설정들은 모든 환경에 공통으로 적용되지만 다른 설정들은 각 환경에 따라 다릅니다. 일반적으로 공통된 설정들을 정의하는 기본 파일과 필요한 설정을 재정의하고, 추가 설정들을 정의하는 환경별 설정 파일을 사용합니다.

다음과 같은 환경을 관리합니다.

- local: 여러분의 컴퓨터에서 프로젝트를 실행하기 위한 로컬 환경
- prod: 프로덕션 서버에 프로젝트를 배포하기 위한 환경

educa 프로젝트의 settings.py 파일 옆에 settings/ 디렉터리를 생성합니다. settings. py 파일의 이름을 base.py로 바꾸고 새로운 settings/ 디렉터리로 옮깁니다.

settings/ 폴더 내에 다음과 같은 추가적인 파일들을 생성해서 새로운 디렉터리가 다음과 같이 보이도록 합니다.

```
settings/
    __init__.py
    base.py
    local.py
    prod.py
```

이 파일들은 다음과 같습니다.

- base.py: 공통적인 설정이 포함된 기본 설정 파일(이전에는 settings.py)
- local.py: 로컬 환경을 위한 커스텀 설정
- prod.py: 프로덕션 환경을 위한 커스텀 설정

설정 파일을 한 단계 아래 디렉터리로 옮겼으므로 기본 프로젝트 디렉터리를 가리키도록 settings/base.py 파일에서 BASE_DIR 설정을 업데이트해야 합니다.

여러 환경을 처리하는 경우 기본 설정 파일과 각 환경별 설정 파일을 만듭니다. 환경 설정 파일은 공통 설정을 상속하고 환경별로 설정을 재정의해야 합니다.

settings/base.py 파일을 열어서 다음의 줄을 바꿉니다.

```
BASE_DIR = Path(__file__).resolve().parent.parent
```

앞의 줄을 다음과 같이 바꿉니다.

```
BASE_DIR = Path(__file__).resolve().parent.parent.parent
```

BASE_DIR 경로에 .parent를 추가해서 한 단계 더 위의 디렉터리를 가리킵니다. 로컬 환경
의 설정을 구성해 보겠습니다.

■ 로컬 환경 설정하기

DEBUG 및 DATABASES 설정에 디폴트 구성을 사용하는 대신 각 환경에 맞게 명시적으로 정의
합니다. 이러한 설정은 환경에 따라 달라집니다. educa/settings/local.py 파일을 열어
다음 줄을 추가합니다.

```
from .base import *

DEBUG = True
DATABASES = {
    'default': {
        'ENGINE': 'django.db.backends.sqlite3',
        'NAME': BASE_DIR / 'db.sqlite3',
    }
}
```

이 파일은 로컬 환경의 설정 파일입니다. 이 파일에서 base.py 파일에 정의된 모든 설정을
가져오고 해당 환경의 DEBUG 및 DATABASES 설정을 정의합니다. DEBUG 및 DATABASES 설정
은 개발에 사용하던 것과 동일하게 유지됩니다.

이제 base.py 설정 파일에서 DATABASES와 DEBUG 설정을 제거합니다.

프로젝트 설정 파일이 기본 settings.py 파일이 아니기 때문에 장고 관리 명령이 사용할
설정 파일을 자동으로 감지하지 못합니다. 관리 명령을 실행할 때 다음과 같이 --settings
옵션을 추가해서 사용할 설정 모듈을 지정해야 합니다.

```
python manage.py runserver --settings=educa.settings.local
```

다음으로 프로젝트와 로컬 환경 구성을 검증하겠습니다.

■ 로컬 환경 실행하기

새로운 설정 구조를 사용해서 로컬 환경을 실행해 보겠습니다. Redis가 실행 중인지 확인하거나 다음 명령을 사용해 쉘에서 Redis Docker 컨테이너를 시작합니다.

```
docker run -it --rm --name redis -p 6379:6379 redis
```

프로젝트 디렉터리에서 다른 쉘을 열어 다음 관리 명령을 실행합니다.

```
python manage.py runserver --settings=educa.settings.local
```

브라우저에서 http://127.0.0.1:8000/을 열고 사이트가 올바르게 로드되는지 확인합니다. 이제 local 환경의 설정을 사용해서 사이트를 서비스하고 있습니다.

관리 명령을 실행할 때마다 --settings 옵션을 전달하고 싶지 않다면 DJANGO_SETTINGS_MODULE 환경 변수를 정의할 수 있습니다. 장고는 이 변수를 통해 사용할 설정 모듈을 식별합니다. Linux 또는 macOS를 사용하는 경우 쉘에서 다음 명령을 실행해 환경 변수를 정의할 수 있습니다.

```
export DJANGO_SETTINGS_MODULE=educa.settings.local
```

Windows를 사용할 경우에는 쉘에서 다음 명령을 실행할 수 있습니다.

```
set DJANGO_SETTINGS_MODULE=educa.settings.local
```

이후 실행하는 모든 관리 명령은 DJANGO_SETTINGS_MODULE 환경 변수에 정의된 설정을 사용합니다.

장고 개발 서버가 실행 중인 쉘에서 Ctrl + C 키를 눌러 개발 서버를 중지하고, Redis Docker 컨테이너가 실행 중인 쉘에서도 역시 Ctrl + C 키를 눌러 Docker 컨테이너를 중지합니다.

로컬 환경이 잘 작동합니다. 이제 프로덕션 환경에 대한 설정을 준비해 봅시다.

■ 프로덕션 환경 설정하기

프로덕션 환경의 초기 설정을 추가하는 것부터 시작하겠습니다. educa/settings/prod.py 파일을 열어서 다음과 같이 만듭니다.

```
from .base import *
DEBUG = False
ADMINS = [
    ('Antonio M', 'email@mydomain.com'),
]
ALLOWED_HOSTS = ['*']
DATABASES = {
    'default': {
    }
}
```

다음은 프로덕션 환경의 설정 사항들입니다.

- **DEBUG**: 모든 프로덕션 환경에서는 DEBUG를 False로 설정해야 합니다. 그렇지 않으면 트레이스백 정보와 민감한 구성 데이터가 모든 사용자에게 노출됩니다.
- **ADMINS**: DEBUG가 **False**이고 뷰에서 예외가 발생하면 해당 정보가 **ADMINS** 설정에 나열된 사람들에게 이메일로 전송됩니다. 이름/이메일 튜플을 자신의 정보로 바꾸어야 합니다.
- **ALLOWED_HOSTS**: 보안상의 이유로 장고는 이 목록에 포함된 호스트만 프로젝트에 서비스를 제공할 수 있도록 허용합니다. 지금은 별표 기호 *를 사용하여 모든 호스트를 허용합니다. 나중에 프로젝트를 제공하는 데 사용할 수 있는 호스트를 제한할 수 있습니다.
- **DATABASES**: 나중에 프로덕션 데이터베이스를 구성할 것이므로 기본 데이터베이스 설정을 비워 둡니다.

이 장의 다음 섹션에서는 프로덕션 환경의 설정 파일을 완성합니다.

여러 환경을 처리하기 위한 설정을 성공적으로 구성했습니다. 이제 Docker로 다양한 서비스를 설정해서 완전한 프로덕션 환경을 구축하겠습니다.

17.2 Docker Compose 사용하기

Docker를 사용하면 애플리케이션 컨테이너를 빌드, 배포 및 실행할 수 있습니다. Docker 컨테이너는 애플리케이션 소스 코드와 애플리케이션을 실행하는 데 필요한 운영 체제 라이브러리 및 종속성을 결합합니다. 애플리케이션 컨테이너를 사용하면 애플리케이션의 이식성을 향상할 수 있습니다. 이미 로컬 환경에서 Redis를 제공하기 위해 Redis Docker 이미지를 사용하고 있습니다. 이 Docker 이미지에는 Redis를 실행하는 데 필요한 모든 것이 포함되어 있으며, 사용자 컴퓨터에서 원활하게 실행할 수 있습니다. 프로덕션 환경의 경우, Docker Compose를 사용해서 다양한 Docker 컨테이너를 빌드하고 실행합니다.

Docker Compose는 여러 개의 컨테이너로 구성된 애플리케이션을 정의하고 실행하는 도구입니다. 구성 파일을 만들어서 서로 다른 서비스들을 정의하고 구성에 따라 모든 서비스를 한 번에 시작하는 단일 명령을 사용할 수 있습니다. Docker Compose에 관한 정보는 https://docs.docker.com/compose/에서 찾을 수 있습니다.

프로덕션 환경에서는 여러 개의 Docker 컨테이너에서 실행되는 분산 애플리케이션을 생성합니다. 각 Docker 컨테이너는 다른 서비스를 실행합니다. 먼저 다음과 같은 세 가지 서비스를 정의하고, 다음 섹션에서 다른 서비스를 추가할 것입니다.

• 웹 서비스: 장고 프로젝트를 제공하는 웹 서버
• 데이터베이스 서비스: PostgreSQL을 실행하는 데이터베이스 서비스
• 캐시 서비스: Redis를 실행하는 서비스

Docker Compose 설치부터 시작하겠습니다.

17.2.1 Docker Compose 설치하기

macOS, 64비트 Linux 및 Windows에서 Docker Compose를 실행할 수 있습니다. Docker Compose를 설치하는 가장 빠른 방법은 Docker Desktop을 설치하는 것입니다. 이 설치에는 Docker 엔진, 커맨드라인 인터페이스 및 Docker Compose 플러그인이 포함됩니다.

https://docs.docker.com/compose/install/compose-desktop/의 지침에 따라 Docker Desktop을 설치합니다.

Docker Desktop 애플리케이션을 열고 컨테이너를 클릭합니다. 다음과 같은 화면이 표시됩니다.

그림 17.1 Docker Desktop 인터페이스

Docker Compose를 설치한 후, 장고 프로젝트의 Docker 이미지를 생성해야 합니다.

17.2.2 Dockerfile 생성하기

장고 프로젝트를 실행하려면 Docker 이미지를 생성해야 합니다. **Dockerfile**은 Docker가 Docker 이미지를 구성하기 위해 사용하는 명령어를 포함한 텍스트 파일입니다. 장고 프로젝트용 Docker 이미지를 빌드하는 명령어가 포함된 **Dockerfile**을 준비해 봅시다.

educa 프로젝트 디렉터리에 새로운 파일을 생성하고 이름을 **Dockerfile**로 지정합니다. 새로운 파일에 다음 코드를 추가합니다.

```
# 공식 기본 파이썬 Docker 이미지 가져오기
FROM python:3.10.6

# 환경 변수 설정
ENV PYTHONDONTWRITEBYTECODE=1
ENV PYTHONUNBUFFERED=1

# 작업 디렉터리 설정
WORKDIR /code

# 필요 요소 설치
RUN pip install --upgrade pip
COPY requirements.txt /code/
RUN pip install -r requirements.txt
```

```
# 장고 프로젝트 복사
COPY . /code/
```

이 코드는 다음 작업을 수행합니다.

1. 파이썬 3.10.6 상위 Docker 이미지가 사용됩니다. 공식 파이썬 Docker 이미지는 https://hub.docker.com/_/python에서 찾을 수 있습니다.
2. 다음 환경 변수가 설정됩니다.
    a. PYTHONDONTWRITEBYTECODE:: 파이썬이 pyc 파일을 작성하지 못하도록 합니다.
    b. PYTHONUNBUFFERED:: 파이썬의 표준 출력(stdout)과 오류 출력(stderr)이 버퍼링 없이 직접 터미널로 전송되도록 합니다.
3. WORKDIR 명령은 이미지의 작업 디렉터리를 정의하는 데 사용됩니다.
4. 이미지의 pip 패키지가 업그레이드됩니다.
5. requirements.txt 파일을 로컬 디렉터리의 code 디렉터리로 복사합니다.
6. requirements.txt에 있는 파이썬 패키지들을 이미지에 pip을 사용하여 설치합니다
7. 장고 프로젝트 소스 코드를 로컬 디렉터리에서 이미지의 코드 디렉터리로 복사합니다.

이 Dockerfile로 장고를 제공할 Docker 이미지가 어떻게 구성될지 정의했습니다. Dockerfile 참조는 https://docs.docker.com/engine/reference/builder/에서 확인할 수 있습니다.

17.2.3 파이썬 필요 모듈 추가하기

Dockerfile에서 생성한 requirements.txt 파일은 프로젝트에 필요한 모든 파이썬 패키지를 설치하는 데 사용됩니다.

educa 프로젝트 디렉터리에 새로운 파일을 만들고 requirements.txt라고 이름을 지정합니다. 이미 이전에 이 파일을 만들었고 https://github.com/PacktPublishing/Django-4-by-example/blob/main/Chapter17/requirements.txt에서 requirements.txt 파일의 내용을 복사했다면 다음 줄들을 새로 생성된 requirements.txt 파일에 추가합니다.

```
asgiref==3.5.2
Django~=4.1
Pillow==9.2.0
sqlparse==0.4.2
django-braces==1.15.0
django-embed-video==1.4.4
pymemcache==3.5.2
django-debug-toolbar==3.6.0
redis==4.3.4
django-redisboard==8.3.0
djangorestframework==3.13.1
requests==2.28.1
channels==3.0.5
channels-redis==3.4.1
psycopg2==2.9.3
uwsgi==2.0.20
daphne==3.0.2
```

이전 챕터에서 설치한 파이썬 패키지 외에도 `requirements.txt`에는 다음 패키지가 포함되어 있습니다.

- **psycopg2**: PostgreSQL 어댑터입니다. 프로덕션 환경에서는 PostgreSQL을 사용합니다.
- **uwsgi**: WSGI 웹 서버입니다. 나중에 이 웹 서버를 구성해서 프로덕션 환경에서 장고를 제공하게 됩니다.
- **daphne**: ASGI 웹 서버입니다. 나중에 이 웹 서버를 사용하여 장고 채널을 서비스할 것입니다.

Docker Compose에서 Docker 애플리케이션을 설정하는 것부터 시작해 보겠습니다. 웹 서버, 데이터베이스 및 Redis 서비스의 정의가 포함된 Docker Compose 파일을 생성하겠습니다.

17.2.4 Docker Compose 파일 생성하기

서로 다른 Docker 컨테이너에서 실행될 서비스를 정의하기 위해 Docker Compose 파일을 사용합니다. Compose 파일은 Docker 애플리케이션의 서비스, 네트워크 및 데이터 볼륨을 정의하는 YAML 형식의 텍스트 파일입니다. YAML은 사람이 읽을 수 있는 데이터 직렬화 형식입니다. https://yaml.org/에서 YAML 파일의 예시를 볼 수 있습니다.

educa 프로젝트 디렉터리에 새로운 파일을 만들고 이름을 docker-compose.yml로 지정합니다. 여기에 다음 코드를 추가합니다.

```
services:
  web:
    build: .
    command: python /code/educa/manage.py runserver 0.0.0.0:8000
    restart: always
    volumes:
      - .:/code
    ports:
      - "8000:8000"
    environment:
      - DJANGO_SETTINGS_MODULE=educa.settings.prod
```

이 파일에서는 웹 서비스를 정의합니다. 이 서비스를 정의하는 섹션은 다음과 같습니다.

- build: 서비스 컨테이너 이미지를 빌드하는 데 필요한 사항들을 정의합니다. 단일 점 (.)으로 상대 경로를 제공해서 Compose 파일이 있는 동일한 디렉터리를 가리킵니다. Docker Compose는 이 위치에서 Dockerfile을 찾습니다. 빌드 섹션에 관한 더 자세한 내용은 https://docs.docker.com/compose/compose-file/build/를 참조하세요.

- command: 컨테이너의 기본 명령을 덮어씁니다. 관리 명령 runserver를 사용해서 장고 개발 서버를 실행합니다. 프로젝트는 호스트 0.0.0.0의 8000 포트에서 제공됩니다.

- restart: 컨테이너의 재시작 정책을 정의합니다. always를 사용하여 컨테이너가 정지될 경우 항상 다시 시작됩니다. 이는 다운 타임을 최소화하기 위한 프로덕션 환경에서 유용합니다. 재시작 정책에 관한 더 자세한 내용은 https://docs.docker.com/config/containers/start-containers-automatically/를 참조하세요.

- volumes: Docker 컨테이너의 데이터는 영구적이지 않습니다. 각 Docker 컨테이너에는 이미지 파일로 구성된 가상 파일 시스템이 있으며 컨테이너가 중지될 때 파기됩니다. 볼륨은 Docker 컨테이너에서 생성 및 사용하는 데이터를 유지하는데 선호되는 방법입니다. 이 섹션에서는 로컬 디렉터리(.)를 이미지의 /code 디렉터리에 마운트합니다. Docker 볼륨에 관한 더 자세한 내용은 https://docs.docker.com/storage/volumes/를 참조하세요.

- **ports**: 컨테이너 포트를 노출합니다. 호스트 포트 8000은 컨테이너의 8000 포트와 매핑되며, 장고 개발 서버가 실행되는 포트입니다.
- **environment**: 환경 변수를 정의합니다. `DJANGO_SETTINGS_MODULE` 환경 변수를 설정해서 프로덕션에서의 장고 설정 파일인 `educa.settings.prod`를 사용합니다.

참고로, Docker Compose 파일 정의 중에는 장고 개발 서버를 사용해서 애플리케이션을 서비스하고 있습니다. 장고 개발 서버는 프로덕션 환경에 적합하지 않으므로 나중에 WSGI 파이썬 웹 서버로 교체할 것입니다.

Docker Compose 사양에 관한 정보는 `https://docs.docker.com/compose/compose-file/`를 참조할 수 있습니다.

이 시점에서 상위 디렉터리의 이름이 **Chapter17**이라고 가정하면 파일 구조는 다음과 같아야 합니다.

```
Chapter17/
    Dockerfile
    docker-compose.yml
    educa/
        manage.py
        ...
    requirements.txt
```

`docker-compose.yml` 파일이 있는 상위 디렉터리에서 쉘을 열고 다음 명령을 실행합니다.

```
docker compose up
```

그러면 Docker Compose 파일에 정의된 Docker 앱이 시작됩니다. 다음 줄이 포함된 메시지가 출력됩니다.

```
chapter17-web-1  | Performing system checks...
chapter17-web-1  |
chapter17-web-1  | System check identified no issues (0 silenced).
chapter17-web-1  | July 19, 2022 - 15:56:28
chapter17-web-1  | Django version 4.1, using settings 'educa.settings.prod'
chapter17-web-1  | Starting ASGI/Channels version 3.0.5 development server
at http://0.0.0.0:8000/
chapter17-web-1  | Quit the server with CONTROL-C.
```

장고 프로젝트용 Docker 컨테이너가 실행 중입니다!

브라우저로 `http://localhost:8000/admin/`을 엽니다. 장고 관리 사이트의 로그인 폼이 표시되어야 합니다. 그림 17.2와 같이 표시되어야 합니다.

Django administration
Username:
Password:
Log in

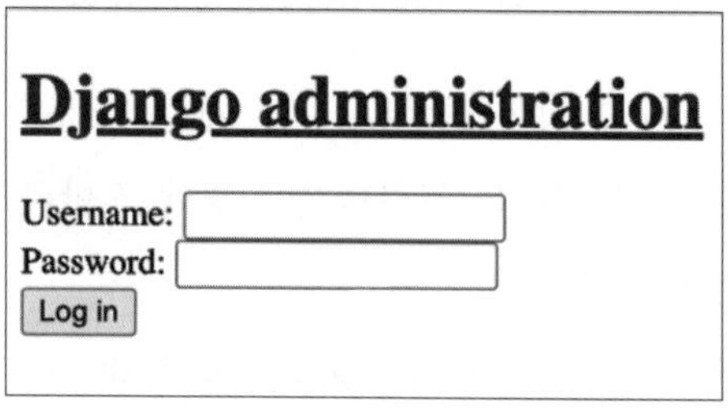

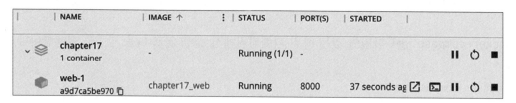

그림 17.2 장고 관리 사이트 로그인 폼

CSS 스타일이 로드되지 않습니다. `DEBUG=False`를 사용하고 있으므로 정적 파일을 제공하기 위한 URL 패턴이 프로젝트의 기본 `urls.py` 파일에 포함되지 않습니다. 장고 개발 서버는 정적 파일을 제공하는 데 적합하지 않다는 점을 기억하세요. 이 장의 뒷부분에서 정적 파일을 제공하기 위한 서버를 구성할 것입니다.

사이트의 다른 URL에 액세스하는 경우 프로덕션 환경의 데이터베이스를 아직 구성하지 않았기 때문에 HTTP `500` 오류가 발생할 수 있습니다.

Docker Desktop 앱을 살펴보면 다음과 같은 컨테이너들이 표시됩니다.

NAME
IMAGE
STATUS
PORT(S)
STARTED
chapter17
1 container
Running (1/1)
web-1
a9d7ca5be970
chapter17_web
Running
8000
37 seconds ag

그림 17.3 Docker Desktop의 chapter17 애플리케이션과 web-1 컨테이너

`chapter17` Docker 애플리케이션이 실행 중이며 포트 8000에서 실행되는 `web-1`이라는 단일 컨테이너가 있습니다. Docker 애플리케이션의 이름은 Docker Compose 파일이 있는 디렉터리 이름(이 경우 `chapter17`)을 사용해서 동적으로 생성됩니다.

다음으로, Docker 애플리케이션에 PostgreSQL 서비스 및 Redis 서비스를 추가하겠습니다.

17.2.5 PostgreSQL 서비스 구성하기

이 책에서는 주로 SQLite 데이터베이스를 사용했습니다. SQLite는 간단하고 빠르게 설정할 수 있지만 프로덕션 환경의 경우 PostgreSQL, MySQL 또는 Oracle과 같은 더 강력한 데이터베이스가 필요합니다. "3장, 블로그 애플리케이션 확장하기"에서 PostgreSQL을 설치하는 방법을 배웠습니다. 프로덕션 환경에서는 PostgreSQL Docker 이미지를 대신 사용하겠습니다. PostgreSQL Docker 이미지에 관한 공식적인 정보는 https://hub.docker.com/_/postgres에서 찾을 수 있습니다.

docker-compose.yml 파일을 편집해서 굵은 글씨로 강조 표시된 다음 줄들을 추가합니다.

```
services:

  db:
    image: postgres:14.5
    restart: always
    volumes:
      - ./data/db:/var/lib/postgresql/data
    environment:
      - POSTGRES_DB=postgres
      - POSTGRES_USER=postgres
      - POSTGRES_PASSWORD=postgres

  web:
    build: .
    command: python /code/educa/manage.py runserver 0.0.0.0:8000
    restart: always
    volumes:
      - .:/code
    ports:
      - "8000:8000"
    environment:
      - DJANGO_SETTINGS_MODULE=educa.settings.prod
      - POSTGRES_DB=postgres
      - POSTGRES_USER=postgres
      - POSTGRES_PASSWORD=postgres
    depends_on:
      - db
```

이 변경으로 db라는 서비스가 정의됩니다. 여기에는 다음과 같은 하위 섹션이 포함됩니다.

- image: 서비스는 기본 postgres Docker 이미지를 사용합니다.
- restart: 재시작 정책은 always로 설정됩니다.
- volumes: ./data/db 디렉터리를 이미지의 /var/lib/postgresql/data 디렉터리에 마운트해서 데이터베이스를 유지시켜 Docker 애플리케이션이 중지된 후에도 데이터베이스에 저장된 데이터가 유지됩니다. 이렇게 하면 로컬 data/db/ 경로가 생성됩니다.
- environment: 기본으로 POSTGRES_DB(데이터베이스 이름), POSTGRES_USER, POSTGRES_PASSWORD 변수를 사용합니다.

web 서비스의 정의에는 이제 장고를 위한 PostgreSQL 환경 변수가 포함됩니다. depends_on을 사용해 서비스 종속성을 만들어서 db 서비스가 시작된 후에 web 서비스가 시작되도록 합니다. 이렇게 하면 컨테이너 초기화 순서가 보장되지만 PostgreSQL이 완전히 초기화된 후 장고 웹 서버가 시작되는 것은 보장되지 않습니다. 이 문제를 해결하기 위해 데이터베이스 호스트와 해당 TCP 포트의 가용성을 대기하는 스크립트를 사용해야 합니다. Docker는 컨테이너 초기화를 제어하는데 도구로 waitfor-it을 사용하는 것이 좋습니다. https://github.com/vishnubob/wait-for-it/blob/ master/wait-for-it.sh에서 wait-for-it.sh Bash 스크립트를 다운로드하고 docker-compose.yml 파일과 같은 위치에 저장합니다. 그런 다음, dockercompose.yml 파일을 편집해서 다음과 같이 web 서비스 정의를 수정합니다. 새로운 코드는 굵게 강조 표시되어 있습니다.

```
web:
  build: .
  command: ["./wait-for-it.sh", "db:5432", "--",
           "python", "/code/educa/manage.py", "runserver",
           "0.0.0.0:8000"]
  restart: always
  volumes:
     - .:/code
    environment:
      - DJANGO_SETTINGS_MODULE=educa.settings.prod
      - POSTGRES_DB=postgres
      - POSTGRES_USER=postgres
      - POSTGRES_PASSWORD=postgres
```

```
    depends_on:
      - db
```

이 서비스 정의에서는 **wait-for-it.sh** Bash 스크립트를 사용해서 장고 개발 서버를 시작하기 전에 **db** 호스트가 준비되고 PostgreSQL의 기본 포트인 포트 **5432**에서 연결을 수락할 때까지 기다립니다. Compose의 서비스 시작 순서에 관한 자세한 내용은 https://docs.docker.com/compose/startup-order/에서 확인할 수 있습니다.

장고 설정을 편집해 보겠습니다. **educa/settings/prod.py** 파일을 열어서 굵게 강조 표시된 다음 코드를 추가합니다.

```
import os from .base import *
DEBUG = False
ADMINS = [
    ('Antonio M', 'email@mydomain.com'),
]
ALLOWED_HOSTS = ['*']
DATABASES = {
    'default': {
        'ENGINE': 'django.db.backends.postgresql',
        'NAME': os.environ.get('POSTGRES_DB'),
        'USER': os.environ.get('POSTGRES_USER'),
        'PASSWORD': os.environ.get('POSTGRES_PASSWORD'),
        'HOST': 'db',
        'PORT': 5432,
    }
}
```

프로덕션 설정 파일에서는 다음 설정을 사용하고 있습니다.

• **ENGINE**: PostgreSQL을 위한 장고 데이터베이스 백엔드를 사용합니다.

• **NAME, USER 및 PASSWORD**: os.environ.get()을 사용해서 환경 변수인 **POSTGRES_DB**(데이터베이스 이름), **POSTGRES_USER** 및 **POSTGRES_PASSWORD**를 조회합니다. 이러한 환경 변수는 Docker Compose 파일에 설정되어 있습니다.

• **HOST**: db라는 컨테이너 호스트명을 사용합니다. 이 호스트명은 Docker Compose 파일에서 정의된 데이터베이스 서비스를 가리킵니다. 컨테이너 호스트명은 Docker에서 컨테

이너의 기본 ID로 설정됩니다. 그래서 db라는 호스트명을 사용하는 것입니다.

- **PORT**: PostgreSQL의 기본 포트인 **5432**를 사용합니다.

Ctrl + C 키를 누르거나 Docker Desktop 앱의 중지 버튼을 사용하여 쉘에서 Docker 애플리케이션을 중지합니다. 그런 다음 명령으로 Compose를 다시 시작합니다.

```
docker compose up
```

Docker Compose 파일에 **db** 서비스를 추가한 후 처음 실행할 때는 PostgreSQL이 데이터베이스를 초기화해야 하므로 시간이 더 오래 걸립니다. 출력에는 다음 두 줄이 포함됩니다.

```
chapter17-db-1   | database system is ready to accept connections
...
chapter17-web-1  | Starting ASGI/Channels version 3.0.5 development server at
http://0.0.0.0:8000/
```

PostgreSQL 데이터베이스와 장고 애플리케이션이 모두 준비되었습니다. 프로덕션 데이터베이스는 비어 있으므로 데이터베이스 마이그레이션을 적용해야 합니다.

17.2.6 데이터베이스 마이그레이션 적용 및 슈퍼유저 만들기

상위 디렉터리에서 다른 쉘을 열고 docker-compose.yml 파일이 있는 곳에서 다음 명령을 실행합니다.

```
docker compose exec web python /code/educa/manage.py migrate
```

docker compose exec 명령을 사용하면 컨테이너에서 명령을 실행할 수 있습니다. 이 명령을 사용해서 **web** Docker 컨테이너에서 **migrate** 관리 명령을 실행합니다.
끝으로 다음 명령으로 슈퍼유저를 생성합니다.

```
docker compose exec web python /code/educa/manage.py createsuperuser
```

데이터베이스에 마이그레이션이 적용되었고 슈퍼유저를 생성했습니다. 슈퍼유저 자격 증명을 사용해서 http://localhost:8000/admin/에 액세스할 수 있습니다. 아직 정적 파일 제공을 구성하지 않았기 때문에 CSS 스타일이 로드되지 않습니다.

Docker Compose를 사용해서 장고와 PostgreSQL에 서비스를 제공할 서비스를 정의했습니다. 다음으로, 프로덕션 환경에서 Redis를 서비스할 서비스를 추가합니다.

17.2.7 Redis 서비스 구성하기

Docker Compose 파일에 Redis 서비스를 추가해 보겠습니다. 이를 위해 공식 Redis Docker 이미지를 사용합니다. 공식 Redis Docker 이미지에 관한 정보는 https://hub.docker.com/_/redis에서 확인할 수 있습니다.

docker-compose.yml 파일을 열어서 굵게 강조 표시된 다음 줄을 추가합니다.

```
services:

  db:
    # ...

  cache:
    image: redis:7.0.4
    restart: always
    volumes:
      - ./data/cache:/data

  web:
    # ...
    depends_on:
      - db
      - cache
```

앞의 코드에서는 다음 하위 섹션들을 사용해서 cache 서비스를 정의하고 있습니다.

- image: 이 서비스는 기본 redis Docker 이미지를 사용합니다.
- restart: 재시작 정책이 always으로 설정됩니다.
- volumes: ./data/cache 디렉터리를 Redis 쓰기가 지속될 이미지 디렉터리 /data에 마운트합니다. 이렇게 하면 로컬 data/cache/ 경로가 생성됩니다.

web 서비스 정의에서 cache 서비스를 종속성으로 추가해서 cache 서비스 다음에 web 서비스가 시작되도록 합니다. Redis 서버는 빠르게 초기화되므로 이 경우 wait-for-it 도구를 사용할 필요가 없습니다.

educa/settings/prod.py 파일을 편집해서 다음 줄을 추가합니다.

```
REDIS_URL = 'redis://cache:6379'
CACHES['default']['LOCATION'] = REDIS_URL
CHANNEL_LAYERS['default']['CONFIG']['hosts'] = [REDIS_URL]
```

이 설정에서는 cache 서비스 이름과 Redis에서 사용하는 포트 6379를 사용하여 Docker Compose에서 자동으로 생성되는 cache 호스트 이름을 사용합니다. 프로덕션 Redis URL을 사용하도록 장고 CACHE 설정과 채널에서 사용하는 CHANNEL_LAYERS 설정을 수정합니다. 쉘에서 *Ctrl + C* 키를 누르거나 Docker Desktop 앱의 중지 버튼을 사용해서 Docker 애플리케이션을 중지합니다. 그리고 다음 명령으로 Compose를 다시 시작합니다.

```
docker compose up
```

Docker Desktop 애플리케이션을 엽니다. 이제 Docker Compose 파일에 정의된 각 서비스(db, cache, web)의 컨테이너를 실행하는 chapter17 Docker 애플리케이션을 볼 수 있을 것입니다.

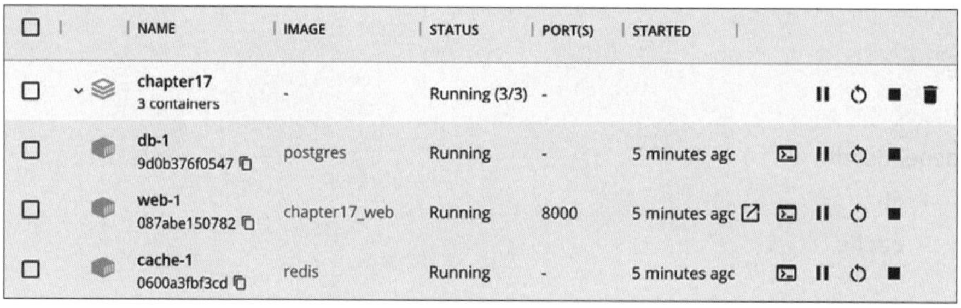

그림 17.4 Docker Desktop에서 조회된 db-1, web-1, cache-1 컨테이너가 포함된 chapter17 애플리케이션

여전히 프로덕션용으로 적합하지 않은 장고 개발 서버로 장고를 서비스하고 있습니다. 이 서버를 WSGI 파이썬 웹 서버로 교체해 보겠습니다.

17.3 WSGI와 NGINX를 통해 장고 서비스하기

Django의 기본 배포 플랫폼은 **WSGI**입니다. **WSGI**는 웹 서버 게이트웨이 인터페이스의 약자로, 웹으로 파이썬 애플리케이션을 서비스하기 위한 표준입니다.

`startproject` 명령을 사용해 새로운 프로젝트를 생성하면 장고는 프로젝트 디렉터리 내에 `wsgi.py` 파일을 생성합니다. 이 파일에는 호출 가능한 WSGI 애플리케이션의 액세스 포인트가 포함되어 있습니다.

WSGI는 장고 개발 서버에서 프로젝트를 실행하고, 프로덕션 환경에서 선택한 서버로 애플리케이션을 배포하는 데 모두 사용됩니다. WSGI에 관한 더 자세한 사항은 `https://wsgi.readthedocs.io/en/latest/`를 참조하세요.

17.3.1 uWSGI 사용하기

이 책에서는 로컬 환경에서는 프로젝트를 실행하기 위해 장고 개발 서버를 사용해 왔습니다. 그러나 프로덕션 환경에 애플리케이션을 배포하려면 표준 웹 서버가 필요합니다.

uWSGI는 매우 빠른 파이썬 애플리케이션 서버입니다. WSGI 사양을 사용해 파이썬 애플리케이션과 통신합니다. uWSGI는 웹 요청을 장고 프로젝트가 처리할 수 있는 형식으로 변환합니다.

장고 프로젝트에 서비스를 제공하도록 uWSGI를 구성해 보겠습니다. 이미 프로젝트의 `requirements.txt` 파일에 uwsgi==2.0.20을 추가했으므로 uWSGI는 이미 웹 서비스의 Docker 이미지에 설치되어 있습니다.

`docker-compose.yml` 파일을 편집해서 다음과 같이 웹 서비스의 정의를 수정합니다. 새로운 코드가 강조 표시됩니다.

```
web:
    build: .
    command: ["./wait-for-it.sh", "db:5432", "--",
                "uwsgi", "--ini", "/code/config/uwsgi/uwsgi.ini"]
    restart: always
    volumes:
      - .:/code
    environment:
```

```
            - DJANGO_SETTINGS_MODULE=educa.settings.prod
            - POSTGRES_DB=postgres
            - POSTGRES_USER=postgres
            - POSTGRES_PASSWORD=postgres
          depends_on:
            - db
            - cache
```

ports 섹션을 제거해야 합니다. uWSGI는 소켓으로 연결할 수 있으므로 컨테이너에 포트를 노출할 필요가 없습니다.

이미지에 대한 새로운 명령은 구성 파일 /code/config/uwsgi/uwsgi.ini를 전달하는 uwsgi를 실행합니다. uWSGI용 구성 파일을 생성해 보겠습니다.

17.3.2 uWSGI 구성하기

uWSGI는 .ini 파일에 커스텀 구성을 정의할 수 있습니다. docker-compose.yml 파일과 같은 위치에 config/uwsgi/uwsgi.ini 파일 경로를 생성합니다. 상위 디렉터리의 이름이 Chapter17일때의 파일 구조는 다음과 같아야 합니다.

```
Chapter17/
    config/
        uwsgi/
            uwsgi.ini
    Dockerfile
    docker-compose.yml
    educa/
        manage.py
        ...
    requirements.txt
```

config/uwsgi/uwsgi.ini 파일을 열어서 다음 코드를 추가합니다.

```
[uwsgi]
socket=/code/educa/uwsgi_app.sock
```

```
chdir = /code/educa/
module=educa.wsgi:application
master=true
chmod-socket=666
uid=www-data
gid=www-data
vacuum=true
```

uwsgi.ini 파일에서는 다음 옵션들을 정의하고 있습니다.

- socket: 서버를 바인드할 UNIX/TCP 소켓입니다.
- chdir: 파이썬 애플리케이션을 로딩하기 전에 uWSGI가 해당 디렉터리로 변경해야 하는 프로젝트 디렉터리의 경로입니다.
- module: 사용할 WSGI 모듈입니다. 이를 프로젝트의 wsgi 모듈에 포함된 애플리케이션 callable로 설정합니다.
- master: 마스터 프로세스를 활성화합니다.
- chmod-socket: 소켓 파일에 적용할 파일 권한입니다. 여기에서는 NGINX가 소켓을 읽고 쓸 수 있도록 666을 사용합니다.
- uid: 프로세스가 시작된 후의 사용자 ID입니다.
- gid: 프로세스가 시작된 후의 그룹 ID입니다.
- vacuum: true를 사용하면 uWSGI가 생성한 임시 파일이나 UNIX 소켓을 정리하도록 지시합니다.

소켓 옵션은 NGINX와 같은 일부 서드파티 라우터와의 통신을 위한 것입니다. 소켓을 사용해서 uWSGI를 실행하고 소켓을 통해 uWSGI와 통신할 웹 서버로 NGINX를 구성할 것입니다.

사용 가능한 uWSGI 옵션 목록은 https://uwsgi-docs.readthedocs.io/en/latest/Options.html에서 확인할 수 있습니다.

소켓을 통해 실행 중이므로 이제 브라우저에서 uWSGI 인스턴스에 액세스할 수 없습니다. 프로덕션 환경을 완성해 보겠습니다.

17.3.3 NGINX 사용하기

웹사이트를 서비스할 때는 동적 콘텐츠도 제공해야 하지만 CSS 스타일시트, JavaScript 파일, 이미지와 같은 정적 파일도 제공해야 합니다. uWSGI가 정적 파일을 제공할 수 있지만 HTTP 요청에 불필요한 오버헤드를 추가하므로 그 앞에 NGINX와 같은 웹 서버를 설정하는 것이 좋습니다.

NGINX는 높은 동시성, 성능, 낮은 메모리 사용량에 중점을 둔 웹 서버입니다. 또한 NGINX는 리버스 프록시 역할도 수행하여 HTTP 및 웹소켓 요청을 수신해서 다른 백엔드로 라우팅하기도 합니다.

일반적으로 정적 파일을 효율적으로 제공하기 위해 uWSGI 앞에 NGINX와 같은 웹 서버를 사용하고, 동적 요청은 uWSGI 워커에 전달합니다. NGINX를 사용하면 다양한 규칙을 적용할 수 있으며 역방향 프록시 기능의 이점을 누릴 수도 있습니다.

공식 NGINX Docker 이미지를 사용하여 Docker Compose 파일에 NGINX 서비스를 추가합니다. 공식 NGINX Docker 이미지 정보는 `https://hub.docker.com/_/nginx`에서 볼 수 있습니다.

`docker-compose.yml` 파일을 열어서 굵게 강조 표시된 다음 줄을 추가합니다.

```
services:
  db:
    # ...
  cache:
    # ...
  web:
    # ...
  nginx:
    image: nginx:1.23.1
    restart: always
    volumes:
      - ./config/nginx:/etc/nginx/templates
      - .:/code
    ports:
      - "80:80"
```

NGINX 웹 서버를 구성하기 위해 다음과 같이 `nginx` 서비스 정의에 다음 세부 사항을 추가했습니다.

- **image**: 이 서비스는 기본 **nginx** Docker 이미지를 사용합니다.
- **restart**: 재시작 정책을 **always**으로 설정했습니다.
- **volumes**: ./config/nginx 볼륨을 Docker 이미지의 /etc/nginx/templates 디렉터리에 마운트합니다. 이곳에서 NGINX는 기본 구성 템플릿을 찾을 것입니다. 또한 현재 디렉터리 .을 이미지의 /code 디렉터리에 마운트해서 NGINX가 정적 파일에 액세스할 수 있도록 합니다.
- **ports**: HTTP의 기본 포트 80번 포트를 노출하고, 이것은 컨테이너의 80번 포트와 매핑됩니다.

이제 NGINX 웹 서버를 구성해 보겠습니다.

17.3.4 NGINX 구성하기

config/ 디렉터리 아래에 굵게 강조 표시된 다음 파일 경로를 생성합니다.

```
config/
    uwsgi/
      uwsgi.ini
    nginx/
        default.conf.template
```

nginx/default.conf.template 파일을 열어서 다음 코드를 추가합니다.

```
# uWSGI의 업스트림 설정
upstream uwsgi_app {
    server unix:/code/educa/uwsgi_app.sock;
}
server {
    listen      80;
    server_name  www.educaproject.com educaproject.com;
    error_log    stderr warn;
    access_log   /dev/stdout main;
    location / {
        include      /etc/nginx/uwsgi_params;
        uwsgi_pass   uwsgi_app;
```

```
    }
}
```

이것이 NGINX의 기본 구성입니다. 이 구성에서는 uWSGI가 생성한 소켓을 가리키는 uwsgi_app이라는 이름의 업스트림을 설정합니다. server 블록을 다음과 같이 구성합니다.

- 포트 80에서 수신 대기하도록 NGINX에 지시합니다.
- 서버 이름을 www.educaproject.com과 educaproject.com으로 설정합니다. NGINX는 두 도메인 모두에서 들어오는 요청을 처리합니다.
- 오류 로그가 표준 오류 파일에 기록되도록 error_log 지시어에 stderr를 사용합니다. 두 번째 매개 변수는 로깅 수준을 결정합니다. 더 높은 심각도의 경고 및 오류를 얻으려면 warn을 사용합니다.
- access_log를 /dev/stdout으로 표준 출력을 가리킵니다.
- 경로 아래의 모든 요청을 uwsgi_app 소켓으로 라우팅하여 uWSGI로 보내도록 지정합니다.
- NGINX와 함께 제공되는 기본 uWSGI 구성 파라미터를 포함합니다. 이 파라미터는 /etc/nginx/uwsgi_params에 있습니다.

이제 NGINX가 구성되었습니다. NGINX 문서는 https://nginx.org/en/docs/에서 찾을 수 있습니다.

쉘에서 *Ctrl* + *C* 키를 누르거나 Docker Desktop 앱의 중지 버튼을 사용하여 Docker 애플리케이션을 중지합니다. 그리고 다음 명령으로 Compose를 다시 시작합니다.

```
docker compose up
```

브라우저에서 http://localhost/ URL을 엽니다. 표준 HTTP 포트 80을 통해 호스트에 접근하므로 URL에 포트를 추가할 필요가 없습니다. 그림 17.5와 같이 CSS 스타일이 없는 강좌 목록 페이지가 표시되어야 합니다.

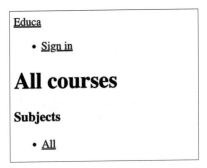

그림 17.5 NGINX와 uWSGI가 함께 제공하는 강좌 목록 페이지

다음 다이어그램은 설정한 프로덕션 환경의 요청/응답 주기를 보여줍니다.

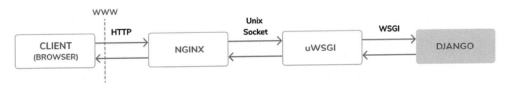

그림 17.6 프로덕션 환경의 요청/응답 주기

클라이언트 브라우저가 HTTP 요청을 보내면 다음과 같은 일이 발생합니다.

1. NGINX가 HTTP 요청을 수신합니다.
2. NGINX가 소켓을 통해 요청을 uWSGI에 위임합니다.
3. uWSGI는 처리를 위해 요청을 장고에 전달합니다.
4. 장고는 HTTP 응답을 반환하고, 이 응답은 다시 NGINX로 전달되며, 다시 클라이언트 브라우저로 전달됩니다.

Docker Desktop 애플리케이션을 확인하면 4개의 컨테이너가 실행되고 있는 것을 볼 수 있습니다.

- PostgreSQL을 실행하는 db 서비스
- Redis를 실행하는 cache 서비스
- uWSGI + 장고를 실행하는 web 서비스
- NGINX를 실행하는 nginx 서비스

프로덕션 환경의 설정을 계속 진행하겠습니다. localhost를 사용해서 프로젝트에 액세스하는 대신 호스트명 educaproject.com을 사용하도록 프로젝트를 구성하겠습니다.

17.3.5 호스트명 사용하기

사이트에 educaproject.com 호스트명을 사용합니다. 샘플 도메인 이름을 사용하므로 로컬 호스트로 리디렉션해야 합니다.

Linux 또는 macOS를 사용하는 경우 /etc/hosts 파일을 열어서 다음 줄을 추가합니다.

```
127.0.0.1 educaproject.com www.educaproject.com
```

Windows를 사용하는 경우 C:\Windows\System32\drivers\etc 파일을 열어서 같은 줄을 추가합니다.

이렇게 하면 호스트 이름 educaproject.com과 www.educaproject.com을 로컬 서버로 라우팅하게 됩니다. 프로덕션 서버에서는 고정 IP 주소가 있고 도메인의 DNS 구성에서 호스트 이름이 서버를 가리키게 되므로 이 작업을 수행할 필요가 없습니다.

브라우저에서 http://educaproject.com/을 엽니다. 정적 파일들이 로드되지 않은 사이트를 볼 수 있을 것입니다. 프로덕션 환경이 거의 준비되었습니다.

이제 장고 프로젝트를 제공할 수 있는 호스트를 제한할 수 있습니다. 프로젝트의 프로덕션 모드의 설정 파일 educa/settings/prod.py를 열어서 다음과 같이 ALLOWED_HOSTS 설정을 변경합니다.

```
ALLOWED_HOSTS = ['educaproject.com', 'www.educaproject.com']
```

장고는 애플리케이션이 이러한 호스트 이름 중 하나에서 실행되는 경우에만 애플리케이션을 서비스합니다. ALLOWED_HOSTS 설정에 관한 자세한 내용은 https://docs.djangoproject.com/en/4.1/ref/settings/#allowed-hosts에서 확인할 수 있습니다.

프로덕션 환경이 거의 준비되었습니다. 정적 파일들을 제공하도록 NGINX를 구성해서 계속 진행하겠습니다.

17.3.6 정적 및 미디어 파일 서비스하기

uWSGI는 정적 파일을 완벽하게 제공할 수 있지만 NGINX만큼 빠르고 효과적이지는 않습니다. 최상의 성능을 위해 프로덕션 환경에서 정적 파일을 서비스할 때는 NGINX를 사용해야 합니다. 애플리케이션의 정적 파일(CSS 스타일 시트, JavaScript 파일 및 이미지)과 강사가 코스 콘텐츠를 위해 업로드한 미디어 파일을 모두 제공하도록 NGINX를 설정합니다. settings/base.py 파일을 열어서 STATIC_URL 설정 바로 아래에 다음 줄을 추가합니다.

```
STATIC_ROOT = BASE_DIR / 'static'
```

이것은 프로젝트의 모든 정적 파일의 루트 디렉터리입니다. 다음으로, 여러 장고 애플리케이션에서 정적 파일을 공통 디렉터리로 모을 것입니다.

■ 정적 파일 수집하기

장고 프로젝트의 각 애플리케이션은 static/ 디렉터리에 정적 파일을 포함할 수 있습니다. 장고는 모든 애플리케이션의 정적 파일을 단일 위치로 수집하는 명령을 제공합니다. 이렇게 하면 프로덕션 환경에서 정적 파일을 제공하기 위한 설정이 간소화됩니다. collectstatic 명령은 프로젝트의 모든 애플리케이션에서 STATIC_ROOT 설정으로 정의된 경로로 정적 파일을 수집합니다.

Ctrl + C 키를 누르거나 Docker Desktop 앱의 중지 버튼을 사용해서 쉘에서 Docker 애플리케이션을 중지합니다. 그리고 다음 명령으로 Compose를 다시 시작합니다.

```
docker compose up
```

상위 디렉터리에서 다른 쉘을 열고 docker-compose.yml 파일이 있는 위치에서 다음 명령을 실행합니다.

```
docker compose exec web python /code/educa/manage.py collectstatic
```

또는 쉘의 educa/ 프로젝트 디렉터리에서 다음 명령을 실행할 수도 있습니다.

```
python manage.py collectstatic --settings=educa.settings.local
```

기본 로컬 디렉터리가 Docker 이미지에 마운트되므로 두 명령 모두 동일한 효과를 가져옵니다. 루트 디렉터리에 있는 기존 파일을 재정의할 것인지 묻는 메시지가 표시됩니다. yes를 입력하고 Enter 키를 누릅니다. 다음과 같은 출력이 표시됩니다.

```
171 static files copied to '/code/educa/static'.
```

INSTALLED_APPS 설정에 있는 각 애플리케이션의 static/ 디렉터리 아래에 있는 파일들이 글로벌 /educa/static/ 프로젝트 디렉터리로 복사되었습니다.

■ NGINX로 정적 파일 서비스하기

config/nginx/default.conf.template 파일을 열어서 server 블록에 굵게 강조 표시된 다음 줄을 추가합니다.

```
server {
    # ...

    location / {
        include        /etc/nginx/uwsgi_params;
        uwsgi_pass    uwsgi_app;
    }

    location /static/ {
        alias /code/educa/static/;
    }

    location /media/ {
        alias /code/educa/media/;
    }
}
```

이 지시어는 /static/과 /media/ 경로 아래에 있는 정적 파일을 직접 제공하도록 NGINX 에 지시합니다. 이 경로는 다음과 같습니다.

• static/: STATIC_URL 설정의 경로에 해당합니다. 대상 경로는 STATIC_ROOT 설정 값에 해당합니다. 이 경로를 사용해서 애플리케이션의 정적 파일을 NGINX Docker 이미지에 마운트된 디렉터리에서 제공합니다.

• media/: MEDIA_URL 설정의 경로에 해당하며, 대상 경로는 MEDIA_ROOT 설정 값에 해당합니다. 이 경로를 사용해서 강좌의 콘텐츠로 업로드된 미디어 파일을 NGINX Docker 이미지에 마운트된 디렉터리에서 제공합니다.

프로덕션 환경 구성은 이제 다음과 같습니다.

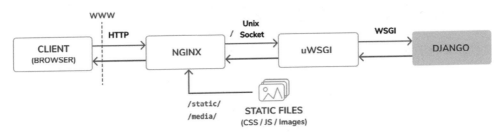

그림 17.7 정적 파일을 포함한 프로덕션 환경의 요청/응답 주기

/static/ 및 /media/ 경로의 파일은 이제 NGINX가 직접 제공하며, uWSGI로 전달되지 않습니다. 다른 경로로의 요청은 여전히 NGINX에서 UNIX 소켓을 통해 uWSGI로 전달됩니다.

쉘에서 *Ctrl + C* 키를 누르거나 Docker Desktop 앱의 정지 버튼을 사용하여 Docker 애플리케이션을 중지합니다. 그리고 다음 명령으로 Compose를 다시 시작합니다.

```
docker compose up
```

브라우저에서 http://educaproject.com/을 엽니다. 다음 화면이 표시되어야 합니다.

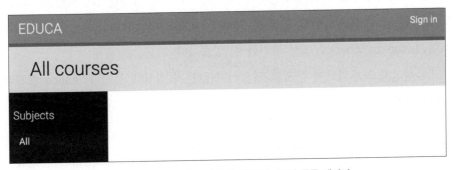

그림 17.8 NGINX와 uWSGI로 제공되는 강좌 목록 페이지

이제 CSS 스타일시트 및 이미지와 같은 정적 리소스가 올바르게 로드됩니다. 이제 정적 파일에 대한 HTTP 요청이 uWSGI로 전달되지 않고 NGINX에서 직접 서비스됩니다.

정적 파일을 제공하도록 NGINX를 성공적으로 구성했습니다. 다음으로, 프로덕션 환경에 배포하기 위해 장고 프로젝트를 검사하고 HTTPS로 사이트를 서비스할 것입니다.

17.4 SSL/TLS로 보안 연결 적용하기

TLS(전송 레이어 보안) 프로토콜은 보안 연결을 통해 웹사이트를 제공하기 위한 표준입니다. TLS의 전신은 **보안 소켓 레이어(SSL)**입니다. SSL은 이제 더 이상 사용되지 않지만 여러 라이브러리와 온라인 문서에서 TLS와 SSL이라는 용어의 언급을 찾을 수 있습니다. 웹사이트를 HTTPS를 통해 서비스할 것을 강력히 권장합니다.

이 섹션에서는 프로덕션 배포를 위해 장고 프로젝트를 확인하고 HTTPS를 통해 프로젝트를 서비스할 수 있도록 준비합니다. 그런 다음 사이트를 안전하게 서비스하기 위해 NGINX에서 SSL/TLS 인증서를 구성합니다.

17.4.1 프로덕션용 프로젝트 검사하기

장고에는 언제든지 프로젝트의 유효성을 검사하기 위한 시스템 검사 프레임워크가 포함되어 있습니다. 검사 프레임워크는 장고 프로젝트에 설치된 애플리케이션을 검사하고 일반적인 문제를 감지합니다. runserver 및 migrate와 같은 관리 명령을 실행할 때 검사가 암시적으로 실행됩니다. 그러나 check 관리 명령을 사용해서 명시적으로 검사를 실행시킬 수 있습니다.

장고의 시스템 검사 프레임워크에 관한 자세한 내용은 https://docs.djangoproject.com/en/4.1/topics/checks/에서 확인할 수 있습니다.

검사 프레임워크가 프로젝트에 문제를 일으키지 않는지 검사해 봅시다. educa 프로젝트 디렉터리에서 쉘을 열고 다음 명령을 실행해서 프로젝트를 검사합니다.

```
python manage.py check --settings=educa.settings.prod
```

다음과 같은 메시지가 출력됩니다.

```
System check identified no issues (0 silenced).
```

시스템 검사 프레임워크에서 문제를 식별하지 못했습니다. --deploy 옵션을 사용하면 시스템 검사 프레임워크가 프로덕션 배포와 관련된 추가 검사를 수행합니다.

educa 프로젝트 디렉터리에서 다음 명령을 실행합니다.

```
python manage.py check --deploy --settings=educa.settings.prod
```

다음과 같은 메시지가 출력됩니다.

```
System check identified some issues:
WARNINGS:
(security.W004) You have not set a value for the SECURE_HSTS_SECONDS setting.
...
(security.W008) Your SECURE_SSL_REDIRECT setting is not set to True...
(security.W009) Your SECRET_KEY has less than 50 characters, less than 5
unique characters, or it's prefixed with 'django-insecure-'...
(security.W012) SESSION_COOKIE_SECURE is not set to True. ...
(security.W016) You have 'django.middleware.csrf.CsrfViewMiddleware' in your
MIDDLEWARE, but you have not set CSRF_COOKIE_SECURE ...
System check identified 5 issues (0 silenced).
```

검사 프레임워크에서 5개의 문제(오류 0개, 경고 5개)를 확인했습니다. 모든 경고는 보안 관련 설정과 관련이 있습니다.

문제 security.W009를 해결해 보겠습니다. educa/settings/base.py 파일을 열어서 django-insecure- 접두사를 제거하고 임의의 문자를 추가해 50자 이상의 문자열을 생성하는 방식으로 SECRET_KEY 설정을 수정합니다.

check 명령을 다시 실행하여 security.W009 문제가 더 이상 발생하지 않는지 확인합니다. 나머지 경고는 SSL/TLS 구성과 관련된 것입니다. 다음에 이 문제를 해결하겠습니다.

17.4.2 SSL/TLS를 위한 장고 프로젝트 구성하기

장고에는 SSL/TLS 지원을 위한 특정 설정이 제공됩니다. HTTPS를 통해 사이트를 서비스하도록 프로덕션 설정을 편집할 것입니다.

educa/settings/prod.py 설정 파일을 편집해서 다음 설정을 추가합니다.

```
# Security
CSRF_COOKIE_SECURE = True
SESSION_COOKIE_SECURE = True
SECURE_SSL_REDIRECT = True
```

이러한 설정은 다음과 같습니다.

- **CSRF_COOKIE_SECURE**: 사이트 간 요청 위조(CSRF) 보호를 위해 보안 쿠키를 사용합니다. **True**로 설정하면 브라우저는 HTTPS를 통해서만 쿠키를 전송합니다.
- **SESSION_COOKIE_SECURE**: 보안 세션 쿠키를 사용합니다. **True**로 설정하면 브라우저는 HTTPS를 통해서만 쿠키를 전송합니다.
- **SECURE_SSL_REDIRECT**: HTTP 요청을 HTTPS로 리디렉션해야 하는지를 저장합니다.

이제 장고는 HTTP 요청을 HTTPS로 리디렉션하며, 세션 및 CSRF 쿠키는 HTTPS를 통해서만 전송됩니다.

프로젝트의 메인 디렉터리에서 다음 명령을 실행합니다.

```
python manage.py check --deploy --settings=educa.settings.prod
```

security.W004 경고 하나가 남아 있습니다.

```
(security.W004) You have not set a value for the SECURE_HSTS_SECONDS setting.
...
```

이 경고는 **HTTP 엄격한 전송 보안(HSTS)** 정책과 관련이 있습니다. HSTS 정책은 사용자가 경고를 우회하여 만료되었거나 자체 서명되었거나 잘못된 SSL 인증서가 있는 사이트에 연결하지 못하도록 방지합니다. 다음 섹션에서는 사이트에 자체 서명된 인증서를 사용하므로 이 경고를 무시하겠습니다. 실제 도메인을 소유하고 있는 경우 브라우저에서 도메인의 신원을 확인할 수 있도록 신뢰할 수 있는 인증 기관(CA)에 SSL/TLS 인증서를 발급하도록 신청할 수 있습니다. 이 경우 기본 값인 0보다 높은 값을 **SECURE_HSTS_SECONDS**에 지정할 수 있습니다. HSTS 정책에 관한 자세한 내용은 https://docs.djangoproject.com/en/4.1/ref/middleware/#http-stricttransport-security에서 확인할 수 있습니다.

검사 프레임워크에서 제기한 문제들을 성공적으로 해결했습니다. 장고 배포 체크리스트에 관한 자세한 내용은 https://docs.djangoproject.com/en/4.1/howto/deployment/checklist/에서 확인할 수 있습니다.

17.4.3 SSL/TLS 인증서 만들기

educa 프로젝트 디렉터리 내에 새로운 디렉터리를 만들고 이름을 ssl로 지정합니다. 그런 다음 명령줄에서 다음 명령을 사용하여 SSL/TLS 인증서를 생성합니다.

```
openssl req -x509 -newkey rsa:2048 -sha256 -days 3650 -nodes \
  -keyout ssl/educa.key -out ssl/educa.crt \
  -subj '/CN=*.educaproject.com' \
  -addext 'subjectAltName=DNS:*.educaproject.com'
```

그러면 개인 키와 10년간 유효한 2048비트 SSL/TLS 인증서가 생성됩니다. 이 인증서는 호스트 이름 *.educaproject.com에 대해 발급됩니다. 이런 인증서를 와일드카드 인증서라 하는데, 도메인 이름에 와일드카드 문자 *를 사용하면 해당 인증서를 www.educaproject. com 또는 django.educaproject.com과 같은 educaproject.com의 모든 하위 도메인에 사용할 수 있습니다. 인증서를 생성하고 나면 educa/ssl/ 디렉터리에는 educa.key(비공개키)와 educa.crt(인증서), 이렇게 두 개의 파일이 존재합니다.

addext 옵션을 사용하려면 OpenSSL 1.1.1 또는 LibreSSL 3.1.0 이상이 필요합니다. 컴퓨터에서 OpenSSL 위치는 openssl 명령으로 확인할 수 있으며, 버전은 openssl version 명령으로 확인할 수 있습니다.

SSL/TLS 인증서를 생성하지 않고 이 장의 소스 코드에 제공된 SSL/TLS 인증서를 사용할 수도 있습니다. 인증서는 https://github.com/PacktPublishing/Django-4-by-example/blob/main/ Chapter17/educa/ssl/에서 찾을 수 있습니다. 이 인증서를 프로덕션 환경에서는 사용하지 말아야 하고 개인 키를 생성해야 한다는 점에 유의하세요.

17.4.4 SSL/TLS를 사용하도록 NGINX 구성하기

docker-compose.yml 파일을 열고 굵게 강조 표시된 다음 줄을 추가합니다.

```
services:
  # ...
  nginx:
    #...
    ports:
```

```
        - "80:80"
        - "443:443"
```

NGINX 컨테이너 호스트는 포트 80(HTTP) 및 포트 443(HTTPS)을 통해 액세스할 수 있습니다. 호스트 포트 443은 컨테이너 포트 443에 매핑됩니다.

educa 프로젝트의 config/nginx/default.conf.template 파일을 열어서 server 블록에 SSL/TLS를 포함하도록 다음과 같이 수정합니다.

```
server {
    listen                  80;
    listen                  443 ssl;
    ssl_certificate         /code/educa/ssl/educa.crt;
    ssl_certificate_key     /code/educa/ssl/educa.key;
    server_name             www.educaproject.com educaproject.com;
    # ...
}
```

앞의 코드를 사용하면 이제 NGINX가 포트 80을 통한 HTTP와 포트 443을 통한 HTTPS를 모두에서 수신 대기합니다. SSL/TLS 인증서 경로는 ssl_certificate로, 인증서 키는 ssl_certificate_key로 지정합니다.

쉘에서 *Ctrl + C* 키를 누르거나 Docker Desktop 앱의 중지 버튼을 사용하여 Docker 애플리케이션을 중지합니다. 그리고 다음 명령으로 Compose를 다시 시작합니다.

```
docker compose up
```

브라우저로 https://educaproject.com/을 엽니다. 다음과 유사한 경고 메시지가 표시됩니다.

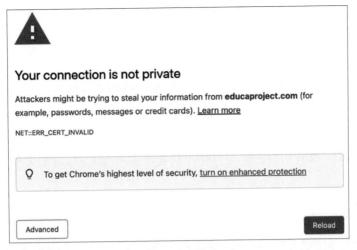

그림 17.9 잘못된 인증서 경고

이 화면은 브라우저에 따라 다를 수 있습니다. 사이트에서 신뢰할 수 있거나 유효한 인증서를 사용하고 있지 않으므로 브라우저에서 사이트의 신원을 확인할 수 없음을 알려줍니다. 이는 신뢰할 수 있는 CA에서 인증서를 발급받는 대신 자체 인증서에 서명했기 때문입니다. 실제 도메인을 소유하고 있는 경우, 브라우저에서 도메인의 신원을 확인할 수 있도록 신뢰할 수 있는 CA에 SSL/TLS 인증서를 발급하도록 신청할 수 있습니다. 실제 도메인에 대한 신뢰할 수 있는 인증서를 받으려면 Linux 재단에서 만든 Let's Encrypt 프로젝트를 참조할 수 있습니다. 이 프로젝트는 신뢰할 수 있는 SSL/TLS 인증서를 무료로 간편하게 획득하고 갱신할 수 있는 비영리 CA입니다. 자세한 정보는 https://letsencrypt.org에서 확인할 수 있습니다.

추가 정보를 제공하는 링크 또는 버튼을 클릭하고 경고를 무시하고 웹사이트를 방문하도록 선택합니다. 브라우저에 따라 이 인증서에 대한 예외를 추가하거나 인증서를 신뢰하는지 확인하라는 메시지가 표시될 수 있습니다. 만약 Chrome을 사용 중이라면 웹사이트로 진입할 수 있는 옵션을 못 볼 수도 있습니다. 이런 경우에는 Chrome의 경고 페이지에서 thisisunsafe를 직접 입력하고 Enter 키를 누르세요. 그러면 Chrome이 웹 사이트를 로드합니다. 단, 이 작업은 자체 발급된 인증서에 한정되며, 다른 도메인의 알 수 없는 인증서를 신뢰하거나 브라우저의 SSL/TLS 인증서 확인을 우회하는 것은 권장하지 않습니다.

사이트에 액세스하면 브라우저에 그림 17.10과 같이 URL 옆에 자물쇠 아이콘이 표시됩니다.

그림 17.10 보안 연결 자물쇠 아이콘이 포함된 브라우저 주소 표시줄

다른 브라우저에서는 그림 17.11과 같이 인증서를 신뢰할 수 없음을 나타내는 경고가 표시될 수 있습니다.

▲ Not Secure | https://educaproject.com

그림 17.11 경고 메시지가 포함된 브라우저 주소 표시줄

자물쇠 아이콘 또는 경고 아이콘을 클릭하면 다음과 같이 SSL/TLS 인증서 상세 정보가 표시됩니다.

*.educaproject.com

*.educaproject.com
Root certificate authority
Expires: Saturday, 17 July 2032 at 17:15:16 Central European Summer Time
➕ This certificate is marked as trusted for this account

> **Trust**
> **Details**

? OK

그림 17.12 TLS/SSL 인증서 상세 정보

인증서 상세 정보에서 자체 서명된 인증서임을 확인할 수 있으며 만료 날짜도 볼 수 있습니다. 브라우저에서 인증서를 안전하지 않은 것으로 표시할 수 있지만, 우리는 테스트 목적으로만 사용하는 것입니다. 이제 HTTPS를 통해 사이트를 안전하게 서비스하게 되었습니다.

17.4.5 HTTP 트래픽을 HTTPS로 리디렉션하기

우리는 장고의 SECURE_SSL_REDIRECT 설정을 사용해서 HTTP 요청을 HTTPS로 리디렉션하고 있습니다. http://을 사용하는 모든 요청은 https://을 사용하는 동일한 URL로 리디렉션됩니다. 그러나 NGINX를 사용하면 더 효율적인 방식으로 처리할 수 있습니다. config/nginx/default.conf.template 파일을 편집해서 굵게 강조 표시된 다음 줄을 추가합니다.

```
# upstream for uWSGI
upstream uwsgi_app {
    server unix:/code/educa/uwsgi_app.sock;
}
server {
    listen      80;
    server_name www.educaproject.com educaproject.com;
    return 301 https://$host$request_uri;
}
server {
    listen              443 ssl;
    ssl_certificate     /code/educa/ssl/educa.crt;
    ssl_certificate_key /code/educa/ssl/educa.key;
    server_name         www.educaproject.com educaproject.com;
    # ...
}
```

이 코드에서는 원래의 서버 블록에서 listen 80; 지시문을 제거해서 플랫폼을 HTTPS (포트 443)로만 사용할 수 있도록 합니다. 원래의 server 블록 위에 추가적인 server 블록을 추가하며, 이 블록은 포트 80에서만 수신하고 모든 HTTP 요청을 HTTPS로 리디렉션합니다. 이를 위해 $host 및 $request_uri 변수를 사용해서 요청된 URL의 https:// 버전으로 리디렉션하도록 HTTP 응답 코드 301 (영구 리디렉션)를 반환합니다.

docker-compose.yml 파일이 있는 상위 디렉터리에서 쉘을 열고 다음 명령을 실행해 NGINX를 다시 로드합니다.

```
docker compose exec nginx nginx -s reload
```

이렇게 하면 nginx 컨테이너에서 nginx -s reload 명령이 실행됩니다. 이제 NGINX를 사용해서 모든 HTTP 트래픽을 HTTPS로 리디렉션합니다.

TLS/SSL로 보호되는 환경을 만들었습니다. 이제 프로덕션 환경을 완료하려면 장고 채널용 비동기 웹 서버를 설정해야 합니다.

17.5 장고 채널에 Daphne 사용하기

*"16장, 채팅 서버 구축하기"*에서는 장고 채널을 사용해서 웹소켓을 통해 채팅 서버를 빌드했습니다. uWSGI는 장고 또는 다른 WSGI 애플리케이션을 실행하는 데는 적합하지만 **ASGI(비동기 서버 게이트웨이 인터페이스)** 또는 웹소켓을 사용하는 비동기 통신은 지원하지 않습니다. 프로덕션 환경에서 채널을 실행하려면 웹소켓을 관리할 수 있는 ASGI 웹 서버가 필요합니다.

Daphne는 채널을 제공하기 위해 개발된 ASGI용 HTTP, HTTP2 및 웹소켓 서버입니다. Daphne을 uWSGI와 함께 실행해서 ASGI와 WSGI 애플리케이션을 모두 효율적으로 서비스할 수 있습니다. Daphne에 대한 자세한 정보는 https://github.com/django/daphne 에서 확인할 수 있습니다.

이미 프로젝트의 requirements.txt 파일에 daphne==3.0.2를 추가되어 있습니다. Docker Compose 파일에 새로운 서비스를 만들어서 Daphne 웹 서버를 실행해 봅시다.

docker-compose.yml 파일을 열고 다음 줄을 추가합니다.

```
daphne:
    build: .
    working_dir: /code/educa/
    command: ["../wait-for-it.sh", "db:5432", "--",
              "daphne", "-u", "/code/educa/daphne.sock",
              "educa.asgi:application"]
    restart: always
    volumes:
      - .:/code
    environment:
      - DJANGO_SETTINGS_MODULE=educa.settings.prod
      - POSTGRES_DB=postgres
      - POSTGRES_USER=postgres
      - POSTGRES_PASSWORD=postgres
    depends_on:
      - db
      - cache
```

daphne 서비스를 정의하는 방법은 웹 서비스 정의 방법과 매우 유사합니다. daphne 서비스의 이미지도 이전에 웹 서비스용으로 만든 Docker 파일로 빌드됩니다. 주요 차이점은 다음과 같습니다.

- **working_dir**은 이미지의 작업 디렉터리를 **/code/educa/**로 변경합니다.
- **command**는 educa/asgi.py 파일에 정의된 **educa.asgi:application** 애플리케이션을 UNIX 소켓을 사용해서 **daphne**과 함께 실행합니다. 또한 웹 서버를 초기화하기 전에 **wait-for-it** Bash 스크립트를 통해 PostgreSQL 데이터베이스가 준비될 때까지 기다립니다.

장고를 프로덕션 환경에서 실행하고 있기 때문에. 장고는 HTTP 요청을 수신할 때 **ALLOWED_HOSTS**를 확인합니다. 웹소켓 연결에 대해서도 동일한 유효성 검사를 구현할 것입니다.

프로젝트의 educa/asgi.py 파일을 열고, 굵은 글씨로 강조 표시된 다음 줄을 추가합니다.

```
import os

from django.core.asgi import get_asgi_application
from channels.routing import ProtocolTypeRouter, URLRouter
from channels.security.websocket import AllowedHostsOriginValidator
from channels.auth import AuthMiddlewareStack
import chat.routing

os.environ.setdefault('DJANGO_SETTINGS_MODULE', 'educa.settings')

django_asgi_app = get_asgi_application()

application = ProtocolTypeRouter({
    'http': django_asgi_app,
    'websocket': AllowedHostsOriginValidator(
        AuthMiddlewareStack(
            URLRouter(chat.routing.websocket_urlpatterns)
        )
    ),
})
```

이제 채널 구성이 프로덕션에서 사용될 준비가 되었습니다.

17.5.1 웹소켓 보안 연결 사용하기

SSL/TLS로 보안 연결을 사용하도록 NGINX를 구성했습니다. 이제 HTTP 연결이 HTTPS를 통해 제공되고 있는 것과 같은 방식으로 ws(웹소켓) 연결이 wss(웹소켓 보안) 프로토콜을 사용하도록 변경해야 합니다.

chat 애플리케이션의 chat/room.html 템플릿을 편집하고 domready 블록에서 다음 줄을 찾습니다.

```
const url = 'ws://' + window.location.host +
```

해당 줄을 다음 줄로 바꿉니다.

```
const url = 'wss://' + window.location.host +
```

ws:// 대신 wss://를 사용하면 명시적으로 보안 웹소켓에 연결하게 됩니다.

17.5.2 NGINX 구성에 Daphne 포함하기

프로덕션 환경에서는 Daphne를 UNIX 소켓으로 실행하고 NGINX를 앞단에 두어 사용할 것입니다. NGINX는 요청된 경로에 따라 Daphne에 요청을 전달할 것입니다. uWSGI 설정과 마찬가지로 NGINX를 통해 Daphne를 UNIX 소켓 인터페이스로 노출시킬 것입니다. config/nginx/default.conf.template 파일을 편집해서 다음과 같이 만듭니다.

```
# upstream for uWSGI
upstream uwsgi_app {
    server unix:/code/educa/uwsgi_app.sock;
}
# upstream for Daphne
upstream daphne {
    server unix:/code/educa/daphne.sock;
}
server {
    listen       80;
    server_name www.educaproject.com educaproject.com;
    return 301 https://$host$request_uri;
```

```
}

server {
    listen              443 ssl;
    ssl_certificate     /code/educa/ssl/educa.crt;
    ssl_certificate_key /code/educa/ssl/educa.key;
    server_name         www.educaproject.com educaproject.com;
    error_log           stderr warn;
    access_log          /dev/stdout main;
}
    location / {
        include     /etc/nginx/uwsgi_params;
        uwsgi_pass  uwsgi_app;
    }
    location /ws/ {
        proxy_http_version  1.1;
        proxy_set_header    Upgrade $http_upgrade;
        proxy_set_header    Connection "upgrade";
        proxy_redirect      off;
        proxy_pass          http://daphne;
    }

    location /static/ {
        alias /code/educa/static/;
    }    location /media/ {
        alias /code/educa/media/;
    }
}
```

이 구성에서는 Daphne가 생성한 UNIX 소켓을 가리키는 **daphne**이라는 이름의 새로운 업
스트림을 설정합니다. **server** 블록에서 요청을 Daphne으로 전달하도록 **/ws/** 위치를 구성
합니다. **proxy_pass** 지시어를 사용해서 요청을 Daphne에 전달하며, 몇 가지 추가적인 프
록시 지시어를 포함합니다.

이 구성을 사용하면 NGINX가 직접 서비스하는 **/static/** 또는 **/media/** 경로 아래의 파일
을 제외하고 **/ws/** 접두사로 시작하는 모든 URL 요청은 Daphne으로 전달하고 나머지는
uWSGI로 전달합니다.

이제 Daphne를 포함한 프로덕션 설정은 다음과 같습니다.

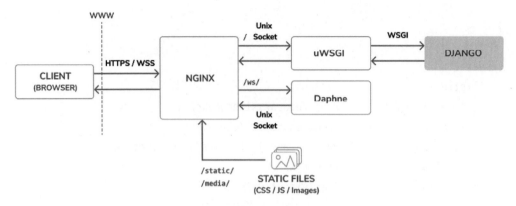

그림 17.13 Daphne을 포함한 프로덕션 환경 요청/응답 주기

NGINX는 역방향 프록시 서버로서 uWSGI와 Daphne 앞에서 실행됩니다. NGINX는 웹을 대상으로 하며, 경로 접두사를 기준으로 요청을 해당하는 애플리케이션 서버(uWSGI 또는 Daphne)로 전달합니다. 이 외에도 NGINX는 정적 파일을 제공하며, 보안되지 않은 요청을 보안 요청으로 리디렉션합니다. 이러한 설정은 다운타임을 줄이고 서버 리소스를 절약하며, 성능과 보안을 향상합니다.

Docker 애플리케이션을 쉘에서 *Ctrl + C* 키를 누르거나 Docker Desktop 앱의 정지 버튼을 사용해서 중지할 수 있습니다. 그리고 다음 명령을 사용해 Compose를 다시 시작합니다.

```
docker compose up
```

브라우저를 사용해서 강사와 함께 샘플 강좌를 생성하고 강좌에 등록한 사용자로 로그인한 후 브라우저로 https://educaproject.com/chat/room/1/을 엽니다. 다음 예와 같이 메시지를 주고받을 수 있어야 합니다.

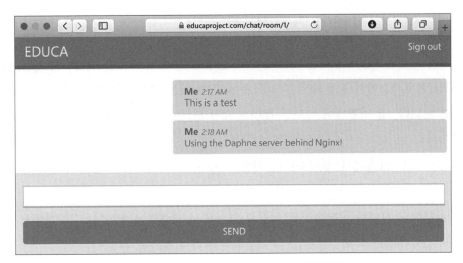

그림 17.14 NGINX와 Daphne로 제공되는 강좌 채팅방

Daphne이 올바르게 작동하고 있으며 NGINX가 웹소켓 요청을 전달하고 있습니다. 모든 연결은 SSL/TLS로 보호됩니다.

축하합니다! NGINX, uWSGI 및 Daphne을 사용해 프로덕션에 바로 사용할 수 있는 커스텀 스택을 구축했습니다. NGINX, uWSGI, Daphne의 구성 설정을 통해 성능 및 보안 강화를 위한 추가 최적화를 수행할 수 있지만 이대로도 프로덕션 설정으로 좋은 출발점이 됩니다!

Docker Compose를 사용해 여러 컨테이너에서 서비스를 정의하고 실행했습니다. 로컬 개발 환경과 프로덕션 환경 모두에 Docker Compose를 사용할 수 있다는 점에 유의하세요.

프로덕션 환경에서의 Docker Compose 사용에 대한 추가 정보는 `https://docs.docker.com/compose/production/`에서 확인할 수 있습니다.

보다 고급 수준의 프로덕션 환경의 경우, 다양한 수의 머신에 컨테이너를 동적으로 배포해야 합니다. 이를 위해서는 Docker Compose 대신 Docker Swarm 모드 또는 Kubernetes와 같은 오케스트레이터가 필요합니다. Docker Swarm 모드에 관한 정보는 `https:// docs.docker.com/engine/swarm/`에서, Kubernetes에 관한 정보는 `https:// kubernetes.io/docs/home/`에서 찾을 수 있습니다.

17.6 커스텀 미들웨어 만들기

프로젝트에 미들웨어를 포함하는 MIDDLEWARE 설정은 이미 알고 있을 것입니다. 미들웨어는 요청/응답 프로세스에서 실행되는 후크를 구현할 수 있는 로우레벨 플러그인 시스템이라고 생각하면 됩니다. 각 미들웨어는 모든 HTTP 요청 또는 응답 시 실행될 특정한 작업을 담당합니다.

미들웨어는 모든 요청에서 실행되므로 비용이 많이 드는 처리를 미들웨어에 추가하지 마세요.

HTTP 요청이 수신되면 미들웨어는 설정에 표시된 순서대로 실행됩니다. 장고에서 HTTP 응답이 생성되면 응답은 역순으로 모든 미들웨어를 다시 통과합니다.

미들웨어는 다음과 같이 함수로 작성할 수 있습니다.

```python
def my_middleware(get_response):
    def middleware(request):
        # 뷰(및 이후 미들웨어)가 호출되기 전에
        # 각 요청에 대해 실행되는 코드입니다.
        response = get_response(request)
        # 뷰가 호출되고 나서
        # 각 요청/응답에 대해 실행되는 코드입니다.
        return response
    return middleware
```

미들웨어 팩토리는 callable get_response을 받아 미들웨어를 반환하는 callable입니다. 미들웨어는 뷰와 마찬가지로 요청을 받아 응답을 반환하는 callable입니다. callable get_response는 체인의 다음 미들웨어일 수도 있고 마지막에 나열된 미들웨어의 경우 뷰일 수도 있습니다.

어떤 미들웨어가 callable get_response을 호출하지 않고 응답을 반환하면 프로세스가 중단되어 더 이상 미들웨어가 실행되지 않으며(뷰도 실행되지 않음), 응답은 요청이 전달된 것과 동일한 계층을 통해 반환됩니다.

미들웨어는 이전에 실행된 다른 미들웨어에 의해 요청 데이터에 따라 달라질 수 있으므로 MIDDLEWARE 설정에서 미들웨어의 순서는 매우 중요합니다.

MIDDLEWARE 설정에 새로운 미들웨어를 추가할 때 올바른 위치에 미들웨어를 배치해야 합니다. 미들웨어는 요청 단계에서 설정에 표시된 순서대로 실행되며 응답 단계의 경우 역순으로 실행됩니다.

미들웨어에 관한 자세한 내용은 https://docs.djangoproject.com/en/4.1/topics/ http/middleware/에서 확인할 수 있습니다.

17.6.1 하위 도메인 미들웨어 만들기

커스텀 하위 도메인을 통해 강좌에 접근할 수 있도록 커스텀 미들웨어를 생성할 것입니다. 각 강좌 상세 페이지 URL(예: https://educaproject.com/course/django/)은 강좌의 슬러그를 사용하는 하위 도메인(예: https://django.educaproject.com/)을 통해서도 접근할 수 있습니다. 사용자는 하위 도메인을 강좌 상세 페이지에 접근하기 위한 바로 가기로 사용할 수 있습니다. 하위 도메인에 대한 모든 요청은 각기 해당 강좌 상세 페이지 URL로 리디렉션됩니다.

미들웨어는 프로젝트 내 어디에나 배치할 수 있습니다. 그러나 애플리케이션 디렉터리에 middleware.py 파일을 생성하는 것이 좋습니다.

courses 애플리케이션 디렉터리 내에 새로운 파일을 생성하고 이름을 middleware.py로 지정하고 여기에 다음 코드를 추가합니다.

```python
from django.urls import reverse
from django.shortcuts import get_object_or_404, redirect
from .models import Course


def subdomain_course_middleware(get_response):
    """
    Subdomains for courses
    """
    def middleware(request):
        host_parts = request.get_host().split('.')
        if len(host_parts) > 2 and host_parts[0] != 'www':
            # 주어진 하위 도메인에서 강좌 가져오기
            course = get_object_or_404(Course, slug=host_parts[0])
            course_url = reverse('course_detail',
                                 args=[course.slug])
            # 현재 요청을 course_detail 뷰로 리디렉션
            url = '{}://{}{}'.format(request.scheme,
```

```
                              '.'.join(host_parts[1:]),
                              course_url)
            return redirect(url)
        response = get_response(request)
        return response        return middleware
```

HTTP 요청이 수신되면 다음 작업을 수행합니다.

1. 요청에 사용되는 호스트명을 가져와서 여러 부분으로 나눕니다. 예를 들어 사용자가 mycourse.educaproject.com에 접근하는 경우 ['mycourse', 'educaproject', 'com'] 목록을 생성합니다.
2. 분할로 인해 두 개 이상의 요소가 생성되었는지 확인해서 호스트명에 하위 도메인이 포함되어 있는지 확인합니다. 호스트명에 하위 도메인이 포함되어 있고 www가 아닌 경우 하위 도메인에 제공된 슬러그를 사용하여 강좌를 가져옵니다.
3. 강좌를 찾을 수 없는 경우 HTTP 404 예외를 발생시킵니다. 그렇지 않으면 브라우저를 강좌 상세 페이지 URL로 리디렉션합니다.

프로젝트의 settings/base.py 파일을 수정해서 다음과 같이 MIDDLEWARE 목록 하단에 'courses.middleware.SubdomainCourseMiddleware'를 추가합니다.

```
MIDDLEWARE = [
    # ...
    'courses.middleware.subdomain_course_middleware',
]
```

이제 모든 요청에서 미들웨어가 실행됩니다.

장고 프로젝트에 서비스를 제공할 수 있는 호스트 이름은 ALLOWED_HOSTS 설정에 지정되어 있다는 것을 기억하세요. 이 설정을 변경해서 educaproject.com의 가능한 모든 하위 도메인이 애플리케이션을 서비스할 수 있도록 허용해 보겠습니다.

educa/settings/prod.py 파일을 편집해서 다음과 같이 ALLOWED_HOSTS 설정을 수정합니다.

```
ALLOWED_HOSTS = ['.educaproject.com']
```

마침표로 시작하는 값은 하위 도메인 와일드카드로 사용되며, '.educaproject.com'은 educaproject.com과 이 도메인의 모든 하위 도메인(예: course.educaproject.com 및

django.educaproject.com)과 매칭됩니다.

■ NGINX로 여러 하위 도메인 서비스하기

가능한 모든 하위 도메인으로 사이트를 서비스하기 위해서는 NGINX가 필요합니다. config/nginx/ default.conf.template 파일을 열어 다음과 같은 줄 두 개를 찾습니다.

```
server_name  www.educaproject.com educaproject.com;
```

찾은 줄을 다음 줄과 같이 바꿉니다.

```
server_name  *.educaproject.com educaproject.com;
```

별표를 사용하면 이 규칙이 educaproject.com의 모든 하위 도메인에 적용됩니다. 미들웨어를 로컬에서 테스트하려면 테스트하려는 하위 도메인을 /etc/hosts에 추가해야 합니다. 슬러그 django가 있는 Course 객체로 미들웨어를 테스트하려면 /etc/hosts 파일에 다음 줄을 추가합니다.

```
127.0.0.1  django.educaproject.com
```

쉘에서 *Ctrl + C* 키를 누르거나 Docker Desktop 앱의 중지 버튼을 사용해 Docker 애플리케이션을 중지합니다. 그리고 다음 명령으로 Compose를 다시 시작합니다.

```
docker compose up
```

그런 다음, 브라우저에서 https://django.educaproject.com/을 엽니다. 미들웨어가 하위 도메인으로 강좌를 찾아 브라우저를 https://educaproject.com/course/django/로 리디렉션합니다.

17.7 커스텀 관리 명령 구현하기

장고에서는 애플리케이션에서 manage.py 유틸리티에 대한 사용자 지정 관리 명령을 등록할 수 있습니다. 예를 들어, *"11장, 온라인 상점에 국제화 추가하기"*에서 관리 명령인

makemessages 및 compilemessages를 사용해 번역 파일을 만들고 컴파일했습니다.

관리 명령은 django.core.management.base.BaseCommand 또는 그 하위 클래스 중 하나에서 상속하는 Command 클래스를 포함한 파이썬 모듈로 구성됩니다. 간단한 명령을 만들거나 위치와 필요에 따라 선택적인 인자를 입력으로 받도록 만들 수 있습니다.

장고는 INSTALLED_APPS 설정의 각 활성 애플리케이션에 대해 management/commands/ 디렉터리에서 관리 명령을 찾습니다. 발견된 각 모듈은 해당 모듈의 이름을 딴 관리 명령으로 등록됩니다.

커스텀 관리 명령에 대한 자세한 내용은 https://docs.djangoproject.com/en/4.1/howto/custom-management-commands/에서 확인할 수 있습니다.

학생에게 적어도 하나의 강좌에 등록하도록 상기시키는 사용자 지정 관리 명령을 생성하려고 합니다. 이 명령은 지정된 기간 이상 등록되어 있지만 아직 강좌에 등록하지 않은 사용자에게 이메일로 알림을 보냅니다.

students 애플리케이션 디렉터리 내에 다음 파일 구조를 생성합니다.

```
management/
    __init__.py
    commands/
        __init__.py
        enroll_reminder.py
```

enroll_reminder.py 파일을 열어 다음 코드를 추가합니다.

```python
import datetime
from django.conf import settings
from django.core.management.base import BaseCommand
from django.core.mail import send_mass_mail
from django.contrib.auth.models import User
from django.db.models import Count
from django.utils import timezone


class Command(BaseCommand):
    help = 'Sends an e-mail reminder to users registered more \
            than N days that are not enrolled into any courses yet'

    def add_arguments(self, parser):
```

```
        parser.add_argument('--days', dest='days', type=int)

    def handle(self, *args, **options):
        emails = []
        subject = 'Enroll in a course'
        date_joined = timezone.now().today() - \
                        datetime.timedelta(days=options['days'] or 0)
        users = User.objects.annotate(course_count=Count('courses_joined'))\
                        .filter(course_count=0,
                                date_joined__date__lte=date_joined)
        for user in users:
            message = """Dear {},
            We noticed that you didn't enroll in any courses yet.
            What are you waiting for?""".format(user.first_name)
            emails.append((subject,
                            message,
                            settings.DEFAULT_FROM_EMAIL,
                            [user.email]))
        send_mass_mail(emails)
        self.stdout.write('Sent {} reminders'.format(len(emails)))
```

이것이 enroll_reminder 명령입니다. 앞의 코드는 다음과 같습니다.

- Command 클래스는 BaseCommand를 상속합니다.

- help 속성을 포함합니다. 이 속성은 python manage.py help enroll_reminder 명령을
  실행할 때 명령에 대한 간단한 설명을 제공합니다.

- add_arguments() 메서드를 사용해서 --days라는 이름의 인자를 추가합니다. 이 인자는
  사용자가 강좌에 등록하지 않은 상태에서 미리 알림을 받게 되는 미등록의 최소 일수를
  지정하는 데 사용됩니다.

- handle() 메서드에는 실제 명령이 포함됩니다. 명령 줄에서 파싱한 days 속성을 가져옵
  니다. 이 값이 설정되지 않은 경우 0을 사용하여 등록한 적이 없는 모든 사용자에게 강좌
  에 등록하지 않았음을 알리는 알림을 보냅니다. 장고에서 제공하는 timezone 유틸리티
  를 사용하여 현재 시간대를 고려한 날짜를 timezone.now().date()를 통해 가져옵니다
  (프로젝트의 시간대는 TIME_ZONE 설정으로 정할 수 있습니다). 지정된 일 수보다 오래 등
  록된 사용자이면서 아직 어떤 강좌에도 등록되지 않은 사용자를 가져옵니다. 이를 위해

QuerySet에 사용자별로 등록된 강좌의 총수를 주석으로 추가합니다. 각 사용자에 대해 알림 이메일을 생성하고 emails 리스트에 추가합니다. 마지막으로, send_mass_mail() 함수를 사용해 모든 전자메일을 한 번에 보내는 최적화된 방식으로 이메일을 보냅니다. 이는 각메일당 하나의 연결을 열지 않고 하나의 SMTP 연결로 모든 이메일을 보냅니다.

첫 번째 관리 명령을 만들었습니다. 쉘을 열고 다음 명령을 실행합니다.

```
docker compose exec web python /code/educa/manage.py \
  enroll_reminder --days=20 --settings=educa.settings.prod
```

로컬 SMTP 서버를 실행하고 있지 않은 경우, "2장, 고급 기능으로 블로그 향상하기"에서 첫 번째 장고 프로젝트에 SMTP 설정을 구성한 내용을 참조할 수 있습니다. 또는 settings.py 파일에 다음 설정을 추가해 개발 중에 장고가 표준 출력으로 이메일을 출력하도록 할 수 있습니다.

```
EMAIL_BACKEND = 'django.core.mail.backends.console.EmailBackend'
```

장고에는 파이썬을 사용해서 관리 명령을 호출하는 유틸리티도 포함되어 있습니다. 다음과 같이 코드에서 관리 명령을 실행할 수 있습니다.

```
from django.core import management
management.call_command('enroll_reminder', days=20)
```

축하합니다! 이제 애플리케이션에 대한 커스텀 관리 명령을 만들 수 있습니다.

17.8 추가 자료

다음은 이 장에서 다룬 주제와 관련된 추가 정보를 제공하는 자료들입니다.

- 이 장의 소스 코드 – https://github.com/PacktPublishing/Django-4-by-example/tree/main/Chapter17
- Docker Compose 개요 – https://docs.docker.com/compose/

- Docker Desktop 설치하기 — https://docs.docker.com/compose/install/compose-desktop/
- 공식 파이썬 Docker 이미지 — https://hub.docker.com/_/python
- Dockerfile 참조 — https://docs.docker.com/engine/reference/builder/
- 이 장의 requirements.txt 파일 — https://github.com/PacktPublishing/Django-4-by-example/blob/main/Chapter17/requirements.txt
- YAML 파일 예제 — https://yaml.org/
- Dockerfile 빌드 섹션 — https://docs.docker.com/compose/compose-file/build/
- Docker 재시작 정책 — https://docs.docker.com/config/containers/start-containers-automatically/
- Docker 볼륨 — https://docs.docker.com/storage/volumes/
- Docker Compose 사양 — https://docs.docker.com/compose/compose-file/
- 공식 PostgreSQL Docker 이미지 — https://hub.docker.com/_/postgres
- Docker용 wait-for-it.sh Bash 스크립트 — https://github.com/vishnubob/wait-for-it/blob/master/wait-for-it.sh
- Compose에서의 서비스 시작 순서 — https://docs.docker.com/compose/startup-order/
- 공식 Redis Docker 이미지 — https://hub.docker.com/_/redis
- WSGI 문서 — https://wsgi.readthedocs.io/en/latest/
- uWSGI 옵션 목록 — https://uwsgi-docs.readthedocs.io/en/latest/Options.html
- 공식 NGINX Docker 이미지 — https://hub.docker.com/_/nginx
- NGINX 문서 — https://nginx.org/en/docs/
- ALLOWED_HOSTS 설정 — https://docs.djangoproject.com/en/4.1/ref/settings/#allowedhosts
- 장고의 시스템 체크 프레임워크 — https://docs.djangoproject.com/en/4.1/topics/checks/
- 장고를 통한 HTTP Strict Transport Security 정책 — https://docs.djangoproject.com/en/4.1/ref/middleware/#http-strict-transport-security
- 장고 배포 체크리스트 — https://docs.djangoproject.com/en/4.1/howto/

deployment/checklist/

- 이 장의 SSL/TLS 인증서 디렉터리 — https://github.com/PacktPublishing/ Django-4-by-example/blob/main/Chapter17/educa/ssl/
- Let's Encrypt 인증 기관 — https://letsencrypt.org/
- Daphne 소스 코드 — https://github.com/django/daphne
- Docker Compose를 사용한 프로덕션 환경 — https://docs.docker.com/compose/ production/
- Docker Swarm 모드 — https://docs.docker.com/engine/swarm/
- Kubernetes — https://kubernetes.io/docs/home/
- 장고 미들웨어 — https://docs.djangoproject.com/en/4.1/topics/http/middle ware/
- 커스텀 관리 명령 생성하기 — https://docs.djangoproject.com/en/4.1/howto/ custom-management-commands/

17.9 요약

이 장에서는 Docker Compose를 사용해서 프로덕션 환경을 만들었습니다. 프로덕션 환경에서 애플리케이션을 서비스하기 위해 NGINX, uWSGI 및 Daphne을 구성했습니다. SSL/TLS를 사용하여 보안을 추가했습니다. 또한 커스텀 미들웨어를 구현하고 커스텀 관리 명령을 만드는 방법을 배웠습니다.

이 책의 마지막 장을 다 읽으셨습니다. 축하합니다! 이제 장고로 성공적인 웹 애플리케이션을 구축하는 데 필요한 기술을 배웠습니다. 이 책은 실제 프로젝트를 개발하고 장고를 다른 기술과 통합하는 과정을 안내했습니다. 이제 간단한 프로토타입이든 대규모 웹 애플리케이션이든 자신만의 장고 프로젝트를 만들 준비가 된 것입니다.

장고와 함께하는 다음 모험에 행운을 빕니다!

예제로 배우는

Django 4

1판 1쇄 발행 2024년 3월 5일

저 자 | 안토니오 멜레
역 자 | 김성원
발행인 | 김길수
발행처 | (주)영진닷컴
주 소 | (우)08507 서울 금천구 가산디지털1로 128
         STX-V타워 4층 401호
등 록 | 2007. 4. 27. 제16-4189호

ⓒ 2024. (주)영진닷컴

ISBN 978-89-314-7443-5

이 책에 실린 내용의 무단 전재 및 무단 복제를 금합니다.
파본이나 잘못된 도서는 구입하신 곳에서 교환해 드립니다.

영진닷컴
프로그래밍 도서

영진닷컴에서 출간된 프로그래밍 분야의 다양한 도서들을 소개합니다.
파이썬, 인공지능, 알고리즘, 안드로이드 앱 제작, 개발 관련 도서 등 초보자를 위한 입문서부터
활용도 높은 고급서까지 독자 여러분께 도움이 될만한 다양한 분야, 난이도의 도서들이 있습니다.

하루 만에 배우는
안드로이드 앱 with 코틀린

서창준 저
384쪽 | 25,000원

풀스택 개발이 쉬워지는
다트&플러터

이성원 저
720쪽 | 40,000원

실용 SQL

앤서니 드바로스 저
460쪽 | 30,000원

클린 코드의 기술

Christian Mayer 저
192쪽 | 20,000원

JAVA 언어로 배우는
디자인 패턴 입문

유키 히로시 저
560쪽 | 32,000원

파이썬 코드로 배우는
Git&Github

유광명 저
384쪽 | 20,000원

KODE VICIOUS
개발 지옥

조지 V. 네빌–닐 저
400쪽 | 28,000원

백엔드를 위한
Go 프로그래밍

탠메이 박시, 바히어 카말 저
192쪽 | 22,000원

백엔드를 위한
Django REST
Framework with 파이썬

권태형 저 | 248쪽 | 18,000원

코딩 테스트로 시작하는
파이썬 프로그래밍

다니엘 진가로 저
380쪽 | 24,000원

김변수와 시작하는
코딩생활 with 파이썬

코뮤니티 운영진(휴몬랩) 저
376쪽 | 18,000원

딥러닝을 위한
파이토치 입문

딥러닝호형 저
320쪽 | 25,000원